suhrkamp taschenbuch 3189

Als 1938 in Deutschland die Synagogen brannten, faßte die Berlinerin Ruth Andreas-Friedrich einen Entschluß: »Tag für Tag schrieb ich auf, was ich hörte, sah, erlebte«, denn es war ihr klar, »wie schwer es einmal sein würde, denen von draußen zu beweisen, daß nicht jeder, der in Deutschland blieb, ein Nazi sei. Ihnen verständlich zu machen, warum wir blieben und nicht gingen.« Sie und ihre Freunde blieben und gründeten die Widerstandsgruppe »Onkel Emil«. Sie begingen Werksabotage gegen die Kriegsmaschinerie Hitlers, rissen Naziaufrufe von den Wänden, retteten Kriegsgegner durch ärztliche Atteste vor dem Wehrdienst, leiteten politische Informationen ins Ausland weiter, versorgten Untergetauchte, politische Flüchtlinge und jüdische Mitbürger mit Ausweispapieren, beherbergten sie, beschafften Lebensmittel.

Davon, aber auch vom schwierigen Alltag in den Kriegsjahren, berichten Andreas-Friedrichs Tagebuchaufzeichnungen aus den Jahren 1938 bis 1945, die faßlicher machen, was im Grunde unfaßlich bleibt.

Nach Kriegsende schrieb sie weiter, ihre Notizen aus den Jahren 1945 bis 1948 sind das unbestechliche Dokument des Scheiterns eines Neuanfangs in Deutschland, abgelesen am Modell Berlin.

Ruth Andreas Friedrich, 1901 in Berlin geboren, starb 1977 in München. Nach ihrer Ausbildung zur Buchhändlerin arbeitete sie als freie Journalistin. Nach dem Krieg war sie Mitherausgeberin der ersten westdeutschen Frauenzeitschrift *sie*.

Ruth Andreas-Friedrich
Der Schattenmann
Schauplatz Berlin

Tagebuchaufzeichnungen

1938-1948

Mit einem Nachwort
von Jörg Drews

Suhrkamp

Der Schattenmann. Tagebuchaufzeichnungen 1938-1945
erschien 1986 als st 1267 und
Schauplatz Berlin. Tagebuchaufzeichnungen 1945-1948
als st 1294.

5. Auflage 2024

Erste Auflage 2000
suhrkamp taschenbuch 3189

Umschlaggestaltung: Göllner, Michels, Zegarzewski
Umschlagabbildung: Ruth Andreas-Friedrich. Foto: Iffland
Druck: CPI books GmbH, Leck
Printed in Germany
ISBN 978-3-518-39689-6

Suhrkamp Verlag AG
Torstraße 44, 10119 Berlin
info@suhrkamp.de
www.suhrkamp.de

Inhalt

Der Schattenmann

Tagebuchaufzeichnungen
1938-1945

Für Andrik
den geliebten Freund
Leo Borchard

Vorwort

Dieses Buch will kein Kunstwerk sein. Dieses Buch ist Wahrheit. – Als am 10. November 1938 die Synagogen brannten, entstand in mir der Entschluß, es zu schreiben. Seine Aufzeichnung, die Sammlung seines Materials und seiner Unterlagen erfolgte Tag für Tag in den Jahren 1938 bis 1945. Ich habe nicht die Absicht, politische Heldentaten zu zeigen, Verschwörungen aufzudecken oder von bewaffnetem Widerstand gegen Gestapo und Hitler-Tyrannei zu erzählen. Der ganzen Welt ist es bekannt, daß wir Hitler nicht beseitigt, Goebbels nicht gestürzt, Göring nicht umgebracht haben. Nur wenige aber wissen, warum das alles nicht geschah.

Zwölfeinhalb Jahre lang hat das deutsche Volk hinter Gefängnismauern gelebt. Was in Wirklichkeit hinter diesen Mauern vor sich ging, ist fast nie an die Öffentlichkeit gedrungen. Es gab viele Nazigegner in Deutschland. Sie, die seit Beginn des Regimes als Nichtjuden gegen Partei und Hitlertum standen, glaubten es nicht verantworten zu können, die allzu wenigen Emigrierungschancen, die die Welt den Bedrohten und Verfolgten zur Verfügung stellte, für sich in Anspruch zu nehmen. Freiwillig blieben sie im Lande. Sie ahnten, was kommen würde. Sie wußten von allen Greueltaten, die geschahen, wenn auch immer nur gerüchtweise. Und eben weil sie es wußten und ahnten, fühlten sie sich verpflichtet, an Ort und Stelle ihre Kräfte einzusetzen, damit wenigstens nicht jedes Unrecht, das geplant war, zur Auswirkung käme.

Viele unter den Bedrohten hätten die Auswanderung nicht geschafft, wenn alle Hitlergegner vor ihnen das Land verlassen hätten. Unzählige Untergetauchte und Verfolgte hätten ohne fremde Hilfe nicht bis zum Ende durchhalten können. Wie schwer es war, zwischen Bomben und Trümmern, bespitzelt, verdächtigt, durch Verordnungen eingeengt, abgetrennt von der Wahrheit, einzig und allein auf Gerüchte angewiesen, oft ohne Verkehrsmittel, ohne Strom, Gas, Wasser und Telephon, selbst die einfachsten Hilfsaktionen durchzuführen –, das aufzuzeigen ist die Absicht meines Buches. Denn wenn die Völker einander lieben wollen, müssen sie zuvor lernen, einander zu verstehen.

Heute gilt Deutschland als Enfant terrible in der Welt. Man ist geneigt, das ganze Volk mit den Untaten seiner Führung zu identifizieren. Tausende und aber Tausende jedoch haben mit diesen Untaten nicht das geringste zu tun. Sie haben, im Gegenteil, jahraus, jahrein Leben und Freiheit dafür eingesetzt – ohne Hilfe fremder Staaten, ohne Unterstützung irgendeiner Organisation oder mächtiger Parteistellen –, wo immer sie nur konnten, der Menschlichkeit zu dienen.

Von diesen Deutschen aus allen Schichten und Kreisen, von ihrem Leben und ihrer Arbeit ist hier die Rede. Ich habe mit Absicht auf jede nachträgliche Korrektur verzichtet. Manches Gerücht von damals ist zwar inzwischen aufgeklärt, manches ungenau Überlieferte jetzt durch Presse und Rundfunk richtiggestellt worden. Doch gerade die Unklarheit über das tatsächliche Geschehen ist ein so charakteristisches Merkmal jener Zeit, daß es ihre lebensgetreue Darstellung verfälschen hieße, wollte man hier nachträglich etwas abändern.

Dieses Buch kann seinen Zweck nur dann erfüllen, wenn es Wort für Wort ehrlich ist. Möge es als Zeugnis in die Welt hinausgehen, daß auch unter Hitlers Regime in Deutschland Menschen gelebt haben, die es nicht verdienen, daß man um einer verantwortungslosen Regierung willen sie und ihr ganzes Volk verachtet! Dann werden diese Aufzeichnungen – und das ist ihr Ziel – vielleicht in bescheidenem Maße dazu beitragen helfen, das tiefgesunkene Ansehen des deutschen Volkes in der ganzen Welt um ein winziges wieder zu heben.

Berlin, im Oktober 1945
Ruth Andreas-Friedrich

Berlin. Dienstag, 27. September 1938

Die Menschen sehen heute anders aus als gewöhnlich. Irgendwie riecht es in der Luft beunruhigend nach Sensationen. Ich biege mit Karla Simson in die Leipziger Straße ein. Jeder, der an uns vorbeiläuft, scheint angestrengt über etwas nachzudenken. Über etwas sehr Unerfreuliches offenbar. »Herrn Goebbels' ›Land des Lächelns‹ präsentiert sich wieder mal von der vorteilhaftesten Seite«, stellt meine Freundin ironisch fest. »Sieh dir bloß diese belämmerten Gesichter an! Was hältst du von einem Schnaps?« Ich halte etwas davon. Ich halte immer etwas von Schnaps. Besonders, wenn ich acht Stunden lang in der Redaktion Artikel redigiert habe. Karla hakt mich ein. »Also los – zum Kaiserhof!«

Wir überkreuzen die Mauerstraße. Es beginnt dämmerig zu werden. Wie graue Schatten huschen kurz hintereinander ein paar Wehrmachtsautos um die Ecke und entfernen sich schnell nach der Wilhelmstraße zu. »Es liegt in der Luft eine Sachlichkeit. Es liegt in der Luft eine Stachligkeit. Es liegt in der Luft, es liegt in der Luft, und es geht nicht mehr raus aus der Luft«, summe ich gedankenlos. Komisch. Was man so, ohne an etwas zu denken, vor sich hinsummt, trifft fast immer den Nagel auf den Kopf! Selbst Freud könnte seine Freude daran haben. »Ahnst du eigentlich, was hier gespielt wird?« erkundige ich mich. Die Anhäufung nervöser Gesichter beginnt mich unruhig zu machen. Karla zuckt die Achseln. »Bestimmt nichts Gutes – woher sollte es auch!«

Dann sind wir am Kaiserhof. Auf dem Platz vor der Reichskanzlei stehen etwa zweihundert Menschen. Nicht mit den strahlenden Gesichtern der Provinzler, die dort tagaus, tagein das Pflaster treten, um aus Berlin als schönste Erinnerung einen »Blick auf den Führer« heimzutragen. Was sich hier zusammengefunden hat, scheint wenig geneigt, seiner Begeisterung in Siegheilrufen Luft zu machen. Stumm, die Hände in den

Taschen, die Schultern wie fröstelnd ein wenig hochgezogen, steht die Menge und wartet. Auf was? Auf wen?

Die Bar vom Kaiserhof ist um diese Zeit ziemlich leer. Wir setzen uns in eine Ecke und bestellen zwei Martini. Dann nochmals zwei und wieder zwei. »Du«, meint Karla schließlich und fischt nachdenklich die letzte Olive aus ihrem Glas, »ich glaube, wir sind hier fehl am Platze. Die Weltgeschichte spielt sich draußen ab.« Ihre Prognose klingt einleuchtend. Schon seit etlichen Minuten tönt von der Straße her ein dumpfes Rumpeln und Poltern, als rollte eine unaufhörliche Kette schwerer Lastwagen über das Pflaster. »Also gut, mischen wir uns unter das Volk«, schlage ich vor. »Aber bitte getrennt, sonst passiert ein Unglück.« Ich kenne Karlas Neigung, wenn irgendeine gleichgestimmte Seele in der Nähe ist, den Mund nicht halten zu können. Und ich verspüre wenig Lust, mich im Angesicht der Reichskanzlei wegen zersetzender Äußerungen verhaften zu lassen.

Es ist inzwischen fast dunkel geworden. Auf dem Zietenplatz steht noch immer dasselbe Häuflein Menschen. Dicht aneinandergedrängt, starren sie mit angespannten Gesichtern auf den ununterbrochenen Zug, der, von den Linden kommend, am historischen Balkon vorüberfährt. Kanonen, Gepäckwagen, Pferde, Panzer, Soldaten. Soldaten ohne Ende. Den Stahlhelm in die Stirn gedrückt, die Blicke regungslos geradeaus gerichtet, sitzen sie in ihren Sätteln, hocken auf Kutschböcken und Protzen, stampfen klirrend über den Asphalt.

Oben öffnet sich die Balkontür. Hitler tritt heraus. Barhäuptig, die Hände in den Taschen seiner Litewka, geht er rasch bis zur Brüstung. In ehrerbietigem Abstand folgen ein paar Offiziere. Ich erkenne Raeder, sehe im Dämmerlicht die Goldstickereien mehrerer Generalsuniformen. Verstohlen beobachte ich die Gesichter der Umstehenden. Verkniffene Lippen, gerunzelte Stirnen. Sie stehen wie geprügelte Hunde. Mit jenem genierten Blick der Schuldbewußten, die genau wissen, daß sie nicht wollen, was sie eigentlich sollen müßten. Nirgends hebt sich eine Hand. Ja, warum brüllen sie nicht, wie sie immer brüllten? Hinter mir zupft mich jemand am Mantel. »Bestellt und nicht abgeholt«, tuschelt Karla. Das Mädchen ist unverbesserlich. Als ob sie nicht wüßte, daß wir seit fünfeinhalb Jahren unter Spitzelregime stehen. Wenn nun einer ... Doch niemand kümmert sich um uns. Die Panzer rollen, die Menschen schweigen, und unbejubelt verschwindet der »Führer« vom Balkon. Weißbehandschuhte SS-Leute schließen die Tür, ziehen hinter den Scheiben die Gardinen zusammen.

Mir ist nicht wohl zumute. Wenn ich hier bloß schon heraus wäre, denke ich, weit weg und allein, nicht eingezwängt in diese stumme, hilflose Abwehr! Neben mir schnaubt sich ein junger Arbeiter geräuschvoll die Nase. »Wenn det nich Krieg heißt, freß ick 'n Besen«, knurrt er zwischen den Zähnen. Sein Nachbar, ein etwa fünfzigjähriger Briefträger mit Dienstmütze und Tasche, blickt sich vorsichtig um, ehe er ein zustimmendes Nicken wagt. »Und wir sind die Dummen«, flüstert er – und erschrickt selbst über so viel Bekennermut. Als er merkt, daß ich ihn beobachte, schweigt er verstört. Ich lächle, so nett ich nur kann, trete ihm sogar ein bißchen auf den Fuß, bloß um freundlich »Pardon« sagen zu können und ihm durch dieses »Pardon« meine Gesinnungsverbundenheit anzudeuten. Dann schlängele ich mich aus der Menge. Am nächsten Laternenpfahl erwartet mich Karla. »'s ist Krieg, 's ist Krieg, und ich begehre, nicht schuld daran zu sein«, deklamiert sie. – »Ich auch nicht«, seufze ich. »Aber es wird uns nichts übrigbleiben.«

Kein Zweifel, Hitler will den Krieg. Was wir eben gesehen haben, war ein »Test«. Eine Prüfung der Volksstimmung. Trägt das Eis? Oder trägt es noch nicht? Wir haben »Nein« gesagt – Gott, was rühme ich mich! – »Nein« gedacht! Wir meinen Nein. Und wir wollen nicht. Aber was bedeutet unser Wollen? Was bedeutet es schon im Naziregime, wenn zweihundert Menschen so tun, als ob sie eine Meinung äußern! Und dabei doch nichts anderes zuwege bringen als den kläglichen Mut, Herrn Hitler auf seinem Balkon zu übersehen! Morgen

wird Krieg sein. Mor–gen–wird–Krieg–sein. Unsere Schritte hallen im Takte der Worte.
Am Potsdamer Platz trennen wir uns. »Adieu«, sage ich zerstreut. Ich habe keine Lust, nach Hause zu gehen. So renne ich durch die Straßen. Begreifen die Menschen überhaupt, wozu man sie vergewaltigt? In den Kneipen sitzen sie wie jede Nacht. Trinken ihr Bier, ihren Korn, und über der Theke steht: »Der Deutsche grüßt mit Heil Hitler!« Daneben vergilbt ein Spruch: »An Gottes Segen ist alles gelegen.« Und ein grellfarbenes Reklameplakat: »Dornberg-Liköre sind die besten.« Nein, ich mag nicht mehr! Warum müssen wir in den Krieg, wenn wir Frieden wollen? Warum machen fast alle Menschen das, was sie im tiefsten Herzen ablehnen?
Als ich kurz nach eins bei Hiller hineinschaue, finde ich dort Heinrich Mühsam. Er sitzt in einer Ecke, den Tisch bedeckt mit einem Haufen von Papieren, und schreibt. Briefe an sich selbst – vielleicht auch an mich. Wie jeden Abend. Seit ihn der Verlag wegen nichtarischer Abstammung hinausgeworfen hat, entdeckt er mit Hilfe der Straßenbahn Berlin, grübelt darüber nach, warum ihn die Frauen nicht mögen, und verstreut seine Klugheit, seinen Charme und seine Tatkraft ins Leere. Er war Redakteur bei uns. Jetzt verzehrt er die Rente, die ihm ein Verkehrsunfall einbrachte, und wartet aufs Vierte Reich. Wartet, wartet und findet den Absprung nicht. Ich mag ihn gern, den Dr. Mühsam. Wir sprechen die gleiche Sprache. Wenn wir uns am Tisch gegenübersitzen, lieben wir uns beinahe. Nur küssen mag ich ihn nicht. Aber das wage ich ihm nicht zu sagen. Man kann nicht Leute kränken, die es ohnehin schwer genug haben. Dr. Mühsam ist nicht schön. Wenn er nachdenkt, wird seine Nase dick und glänzend. Er hat strähniges Haar und einen immer verknautschten Anzug. Manchmal denke ich, man müßte ihn nur mal richtig auslüften. Aber es lüftet ihn niemand aus. Um drei Uhr bringt er mich nach Hause. Im Taxi bemühe ich mich, sehr sachlich zu sein. Als ich später allein bin, schäme ich mich meiner Sachlichkeit.

Berlin. Mittwoch, 28. September 1938

Natürlich habe ich die Zeit verschlafen. Vom Markuskirchturm schlägt es neun Uhr, als ich die Augen öffne. Mir ist wohl zumute, friedlich und heiter. Wie es einem meistens geht, wenn man sich noch nicht aus dem Schlaf heraus- und in den Tag hineingefunden hat. Bis einem plötzlich einfällt, daß es da irgend etwas gibt – etwas Drohendes und Unbehagliches. Eine Last auf der Seele, an die man sich zwar nicht genau erinnert, von der man aber weiß, daß sie einem gleich wieder gegenwärtig sein wird. Unangenehm gegenwärtig! Wie der Schmerz, wenn die Morphiumwirkung aufhört. Was ist es doch? Krieg ist es! Wie ich das habe vergessen können!

Seit fast einem Monat hängt die Gefahr über unseren Köpfen. Mit dem großen Aufklärungsfeldzug über das volksdeutsche Martyrium im Sudetenland hat es begonnen. Erst in Kleindruck auf der letzten Zeitungsseite, dann mit Riesenschlagzeilen auf der ersten. Geschändete Mütter, ihr Kind an der Brust, schwangere Frauen, von »tschechischen Bestien« verfolgt. Ein Kreuzweg des Jammers. Nie hatten wir geahnt, daß es im zivilisierten Europa solche Scheußlichkeiten gäbe. Als dann noch die Wochenschau bemüht wurde, die Greuel im Bilde einzufangen, strichen die meisten vor so viel greifbarer Demonstrierung die Segel. Und es gab wenige, die sich zweifelnd fragten: Wie mag es der Kameramann fertiggebracht haben, inmitten dieses Aufruhrs ungerührt seinen Film zu drehen? Sogar unserer verständigen Putzfrau, verschworener Nazifeindin seit 1933, rinnen die Tränen stromweise übers Gesicht, als sie im Radio den sudetendeutschen Flüchtlingsberichten lauscht. »Nanu, Frau Kramm, fallen selbst Sie auf diesen Propagandatrick herein?« frage ich erstaunt. – »Ich weiß ja, daß alles gelogen ist«, schluchzt Frau Kramm, »aber es ist doch so traurig!«

Es ist auch traurig! Das Lügen ebensosehr wie das Belogenwerden. Das Sudetenland soll »heim ins Reich«. So hat es sich Herr Hitler in den Kopf gesetzt. Es soll ebenso eingegliedert werden wie Österreich und das Saargebiet. Gibt man es ihm nicht

friedlich, nimmt er es sich im Krieg. Die Panzer rollen, und wer nicht selbst denken kann, den fängt die Propaganda ein.
Nun weiß ich wieder alles. Und es legt sich wie ein Alpdruck auf meine Seele. Aber was nützt es! Man kann nicht bis zehn Uhr im Bett liegen und grübeln. Einmal muß der Mensch auch aufstehen. Mechanisch schlüpfe ich in die Hausschuhe, in den Bademantel und unter die Brause. In der Wohnung herrscht Totenstille. Seit fünf Monaten bin ich Besitzerin eines Leerzimmers in der Siedlung am Wasserturm. Der Hauswirt hat jeden Raum einzeln an Berufstätige vermietet. Mit Bad- und Küchenbenutzung. So haben wir alle ein Zuhause. Und keiner ist mehr genötigt, in seinen Mußestunden greuliche Öldrucke anzustarren oder sich als Einbrecher in fremder Leute Familienleben zu fühlen. Jetzt sind sie sämtlich ausgeflogen, die hier Dach, Badewanne und Kochherd mit mir teilen. Der eine hockt hinter dem Schreibtisch, der andere auf dem Katheder. Lauter fleißige Leute, die dem Tage geben, was des Tages ist. Wirklich, es wird höchste Zeit, daß auch ich ...
Da klingelt es an der Haustür. Viermal hintereinander. Das gilt mir. Ich stürze in den Bademantel, renne zum Gang und – stehe vor Karla. »Mensch – abgeblasen!« keucht sie atemlos. – »Was – wo – wer?« Mein Begriffsvermögen scheint auszusetzen. – »Na, der Krieg natürlich«, erklärt Karla ungeduldig. Ich verstehe noch immer nicht. – »Du scheinst etwas mitgenommen«, sagt meine Freundin gönnerhaft. – »Wenn du wenigstens erlauben würdest, daß ich erst in die Kleider komme und einen Tee aufsetze«, murmele ich entschuldigend. Karla erlaubt. Zähneputzen, Anziehen, Tee aufbrühen, Brot holen. Stumm hockt Karla im Sessel. Sie weiß, daß mein Gehirn vor der ersten Tasse Tee schwer ansprechbar ist.
Aber dann kommt es wie eine Kaskade. »Also kein Krieg! Frieden! Echter, ehrlicher Frieden! Morgen soll er ausgehandelt werden. In München. Zwischen Hitler, Mussolini, Daladier und Chamberlain. Ich weiß es authentisch.« »Authentisch« ist das Schlagwort unserer Zeit. Sagen wir: eines der unzähligen Schlagworte. Das Bekenntnis zur Ehrlichkeit gegen

Greuelmärchen und Flüsterpropaganda. In diesem Falle heißt die »Ehrlichkeit« Erich Tuch, Vetter von Karla Simson und sogenannte »rechte Hand« eines der meistgenannten Nazibonzen. Wenn einer etwas authentisch weiß, dann ist er es, der täglich und stündlich mit beiden Händen in der Weltgeschichte herumrührt. Er rührt, ruhrt – und denkt sich sein Teil. Aber das wissen die Nazis nicht. Und dürfen es auch nie erfahren. »Also, rede schon«, flehe ich Karla an. – »Erich war drin, als wir draußen standen! Alles hat er gesehen! Alles! Sogar uns! Unter den zweihundert Menschen auf dem Platz vor der Reichskanzlei. Gerade da stand der Krieg auf des Messers Schneide. Hitler trat auf den Balkon, um seinen Soldaten den Feldgruß zu geben. Niemals war er so entschlossen, im Sturm zu nehmen, was man ihm friedlich verweigert. Wir haben geholfen, ihm das zu versalzen. Mit unseren mürrischen Gesichtern und unseren unerhobenen Händen. Dreißig Minuten hat er nach seinem Abtritt noch hinter der Gardine gestanden und unsere Abneigung zur Kenntnis genommen. Während Goebbels, den Hut in die Stirn gedrückt, im geschlossenen Auto kreuz und quer durch Berlin fuhr und die Volksstimmung prüfte. Da hat es sich entschieden. ›Mit so was läßt sich kein Blumentopp gewinnen‹, würde der Berliner sagen – geschweige denn ein Krieg führen, stellten die Nazis fest. Und also gingen sie in sich und vertagten die Sache. Paß auf, ab morgen verschwinden die gequälten Volksdeutschen aus allen Zeitungen. Wir dürfen wieder friedlichere Töne anschlagen, und alles erweist sich als Sturm im Wasserglas.«

Karla verstummt. Von dem gewaltigen Absturz der Spannung ist ihr ebenso flau im Magen wie mir. Benommen gehe ich ans Radio und stelle den Prager Sender ein. Vysherad – Vysherad tönt klagend das Pausenzeichen. Dann singen Männer einen schwermütigen Choral. Es klingt wie das Totenlied über einem gemordeten Opfer. Vysherad – Vysherad. Mir zieht sich das Herz zusammen. Den Rest des Tages gehe ich wie im Traum umher. Die Überspannung der letzten Wochen hat uns sogar den Schwung zur Freude geraubt. Vysherad

– Vysherad. Krieg oder Frieden? Beides erscheint mir gleich schrecklich und schuldbeladen.

Berlin. Donnerstag, 29. September 1938

Erich Tuch ist mit seinem Chef nach München geflogen. Noch heute erwartet man die Entscheidung. Unsere Leitartikelredakteure sitzen mit gespitzter Feder. In allen Schriftleitungen herrscht Hochbetrieb. Bis zur letzten Sekunde spart man den Raum für die Schlagzeilen. Morgenausgabe – Mittagsausgabe – Abendausgabe. Immer noch nichts. Immer noch nichts. Wir hocken neben dem Radio. Ohne Pause klingeln die Telephone. Vor lauter Nervosität raucht man eine Zigarette nach der andern. Hitler konferiert mit Mussolini. Geheim – noch geheimer. Ganz geheim. Die Achsenbrüder sind wieder mal ein Herz und eine Seele. Der dicke Hollner, unser Feuilletonschriftleiter, flattert wie ein Unglücksrabe von Zimmer zu Zimmer, schüttelt den Kopf und krächzt: »Kinder, Kinder, wenn das man gut geht! Zwei Wölfe gegen zwei Lämmer. Frage ich euch, wer frißt da wen?«

Es ist sonderbar. Jeden Tag rollen aus diesem Haus hunderttausend Zentner bedruckten Papiers. Spülen eine Sturzflut nationalsozialistischer Propaganda über die Menschheit. Und doch gibt es kaum einen unter dem Dach, der ja sagt zu dem, was er schreibt, setzt, druckt, redigiert oder als Botenjunge durch die Gänge trägt. Solange die Wände noch keine Ohren haben, greuelt man zu zweien oder in Grüppchen hinter allen Türen. Die paar Hundertprozentigen sind bekannt, werden hofiert und – gemieden. Man warnt vor ihnen, schweigt oder wechselt das Thema, sobald sie ins Zimmer treten. Keiner aber wagt es, ihnen ins Gesicht zu sagen, was er denkt, was ihn drückt und wovor er zittert. Die Gewissensakrobaten unter uns sind der Meinung, daß jeder, der Augen habe, es zwischen den Zeilen lesen müsse, wie sehr ihre Feder sich sträube, die befohlenen Lügen niederzuschreiben. Ich kann mir nicht helfen. Ich lese nichts zwischen den Zeilen. Wenn überhaupt in ihnen ein Pulsschlag klopft, dann höchstens der eines Hasenherzens. Aber wo soll der Mut herkommen, wenn der Verlust des Kopfes darauf steht, ihn zu bezeugen! Wer im Glashaus sitzt, darf nicht mit Steinen werfen. Bekennermut in der Diktatur wird von anderen Gesetzen regiert als Opposition in einer Demokratie. Diese Weisheit haben weder Herr Chamberlain noch Herr Daladier bis heute begriffen. Und ob es ein sittlicher Gewinn ist, daß wir dahintergekommen sind? Wer weiß?

Berlin. Freitag, 30. September 1938

Sie haben es doch geschafft. Die Wölfe gegen die Lämmer! Mit Fanfarengetöse wurde es spät in der Nacht bekanntgegeben. Bis zum 10. Oktober räumen die tschechischen Truppen das Sudetenland. Frankreich, England, Italien und Deutschland sind übereingekommen, die Sudetengebiete an das Reich abzutreten. Vysherad – Vysherad. Dein Ruf hat vergebens getönt! In München steht das Volk vor Begeisterung Kopf. Und Daladier genießt mit kindlichem Vergnügen den Divarausch, Dutzende von Malen vor den Vorhang treten zu dürfen. Das heißt, richtiger gesagt, auf den Balkon. Demokratien pflegen ihre Staatsmänner nicht zu verwöhnen. Kein Wunder, daß ihm das rhythmische Siegheil unserer applaustrainierten Massen betörend in den Ohren klingt. Unsere hohen Herren gönnen ihm den Spaß und reiben sich die Hände. Dieses Schäfchen ist ins trockene gebracht. Wir dürfen die volksdeutschen Greuel vom Programm absetzen und wieder zu innerpolitischen Aufgaben zurückkehren. Es lebe die wohlausgerichtete Presse!

Berlin. Samstag, 15. Oktober 1938

Die Tage gehen weiter, die Arbeit geht weiter. Alles scheint sich wunderbar beruhigt zu haben. Man trinkt wieder täglich seinen Kaffee bei Schmitt, ärgert sich über Kleinigkeiten und ist geneigt, im Alltag auf- und unterzugehen. Als ich aber gestern abend Dr. Mühsam bei Hiller treffe, macht er ein besorgtes Gesicht, starrt tiefsinnig auf seine zwischen Weingläser und halbgeleerte Schüsseln ausgestreuten Briefblätter und seufzt: »Mir gefällt diese Stille nicht. Die Stille noch weniger als der

Sturm.« Sein unbelehrbarer Pessimismus verdrießt mich ein wenig. »Immer nur meckern hat auch keinen Sinn. Was haben Sie denn jetzt wieder auszusetzen?« Er schüttelt den Kopf. »Gar nichts auszusetzen! Nur logisch zu folgern. Sehen Sie: Was tut ein Diktator ohne Erfolge? Ich meine: ohne sichtbare Erfolge. Er setzt sich selbst außer Kurs. Nur Könige oder liberale Staatspräsidenten können es sich leisten, auf ihren Lorbeeren auszuruhen. Tyrannen aber sind Getriebene. Rastlose Wanderer zwischen Hosianna und Kreuzige. Soll ihnen nicht selbst der Atem ausgehen, müssen sie andere in Atem halten. Massen wollen Zirkus und Brot. Ist die außenpolitische Galanummer abgelaufen, springt der Clown aus dem Kasten. Wissen Sie, wer der Clown ist? Es ist der deutsche Jude! Ahasver füllt den Zwischenakt. Ahasver muß wieder mal herhalten. Wie schon tausendfach in der Weltgeschichte. Glauben Sie mir: Sie werden ihn so bemalen und ausstaffieren, daß keiner mehr unter der Fratze sein weinendes Antlitz erkennt. Der Jude ist an allem schuld. Tretet ihn! Prügelt ihn! Lacht über ihn! Über den armen Mann, der die Ohrfeigen bekommt.« – »Ja, aber wieso denn?« – »Wieso denn?« grollt Dr. Mühsam und wischt sich den Schweiß von der Nase. »Ja, sind Sie denn blind? Sehen Sie nicht, was sich da schwelend unter der Decke vorbereitet? Wie die ›Stürmer‹-Kästen dutzendweise aus der Erde schießen? Wie eine antisemitische Maßnahme die andere jagt? Ausscheidung der Juden aus dem deutschen Volkskörper. Mischehen zwischen Deutschen und Juden verboten. Der Jude kann nicht Reichsbürger sein. Völlige Ausschaltung aus dem Kulturleben. Keine jüdischen Schriftsteller, Maler, Schauspieler, Zeitungs- und Filmleute. Erst sind wir abgetreten. Jetzt werden wir isoliert. Und nach der Isolierung kommt die Ausmerzung. Das folgt wie das Amen in der Kirche.« Er gießt ein Glas spanischen Weißwein hinunter und lächelt. »Wenn man nur nicht schon hundert Jahre in diesem geliebten Lande zu Hause wäre!«

O Gott, wie ich jenen Jammer kenne! Dieses verzweifelte Sichaufbäumen gegen Rasse- und Blutgesetz! Darf nicht jeder da zu Hause sein, wo er zu Hause sein will? Als ich klein war, habe ich niemals das Wort Jude gehört. Man unterschied gute Menschen und schlechte Menschen, anständige und nichtanständige, liebenswerte und ablehnenswerte. Daß wir »Jude« sagen und »Arier«, beweist nur, wie sehr selbst die Andersdenkenden sich schon von der menschlichen Wertung entfernt haben. In Amerika ist jeder Zugewanderte nach einer Generation Amerikaner. In Rußland ist er Russe. Warum? Weil ihn die Landschaft formt, in der er aufwächst. Weil ihn die Sprache formt, die er spricht. Nicht nur das Sauerkraut, das er ißt, nicht nur der Schnee, der winters auf seinem Dach liegt, sondern auch die Wolken, die hoch oder niedrig über seinen Horizont ziehen, die Atmosphäre, in der er atmet, die Art, wie man in seiner Umgebung Tote begräbt, Fische auf dem Markt verkauft oder seine Liebessehnsucht äußert. Hundert Jahre Wiener Strudel zu essen, zählt viel! Hundert Jahre über märkischen Sand zu laufen, macht, daß man märkischen Sand mehr lieben muß als alles andere auf der Welt. »Heimat ist dort«, sagt Dr. Mühsam, »wo an der Mauer geschrieben steht: ›Paule is doof‹. Wo man Murmeln gespielt hat und Räuber und Gendarm. Alle Hitler der Erde können einem das nicht wegnehmen.« – »Wegnehmen nicht, aber sehr verdunkeln.« Mir fallen die unzähligen Auswanderungen ein, die ich seit 1933 mitgemacht habe. Wer sich irgend losreißen konnte, ist längst davongezogen. Nach den Vereinigten Staaten, nach Bolivien, nach Sumatra. In aller Herren Länder haben sich die Freunde verstreut. Wohl denen, die noch mit einem blauen Auge davongekommen sind, die nicht mehr einbüßten als einen fünfundsiebzigprozentigen Verlust ihres Vermögens! Geld kann man wieder verdienen, Vermögensverlust läßt sich verschmerzen. Menschliche Kränkung nie.

Und wie wurden sie gekränkt! Dumm und sinnlos. Da war die Sache mit meinen Vize-Eltern. Als die Nürnberger Gesetze herauskamen, rüsteten sie zum Aufbruch. Weiß Gott nicht mit leichtem Herzen. Fünf Jahre lebte ich an ihrer Seite. Fünf Jahre habe ich nur Gutes von ihnen erfahren. Ich und alle, die zu ihnen kamen. Sie hielten eine Köchin, ein rührendes Faktotum. Bei seiner Ausreise hatte mein Vize-Vater das Pech, noch nicht sechzig Jahre alt zu sein, die Köchin das Malheur, um sechs Monate unter dem kanonischen Alter zu liegen. Da entschied das Gesetz, daß jüdische Männer Lüstlinge seien, die es unbedingt auf die Tugend ihrer arischen Hausangestellten absehen müßten. Und trotz seines tadellosen Leumunds, trotz des zwölfjährigen Dienstverhältnisses und einer vorgelegten Fahrkarte nach Amerika mußte mein Vize-Vater das eigene Haus räumen. Mußte für die letzten zwei Wochen seines Aufenthalts in Europa als Logiergast zu Freunden übersiedeln. Nur, weil das Schlafzimmer der Hausangestellten nach amtlichem Zollstock weniger als zehn Meter von dem seinen entfernt lag. Auf neun Meter Anmarsch also schätzte man die jüdische Sinnlichkeit. Zehn Meter waren selbst für arisches Vorstellungsvermögen zuviel. Hätte ich es nicht erlebt, ich würde es niemals geglaubt haben. Das ist es ja. Die Allgemeinheit erfährt fast nie von diesen Dingen. Wer keinen jüdischen Umgang hat, bleibt ahnungslos. Sagt man es ihm, dann glaubt er es nicht. Zu lächerlich klingt dieses Märchen, zu unwahrscheinlich. Und nur die ganz Beflissenen haben sich bisher an das Unwahrscheinliche gewöhnt. An die Maske des Clowns, der aus dem Kasten springt.

Dr. Mühsam hat recht, das Spiel geht weiter. Mit dem Abtreten allein ist es nicht getan. Noch während man die Fanfare für die Galanummer bläst, wird hinter den Kulissen der Zwischenakt vorbereitet. Jedes jüdische Geschäft ist bis zum ... mit weißer Aufschrift namentlich zu kennzeichnen. Alle jüdischen Einwohner werden der Gestapo gemeldet, registriert und in Listen zusammengefaßt. Wehe, wenn man das Zeichen geben wird, diese Platte in Gang zu setzen! Ich blicke mich ängstlich um. Drückt nicht irgend jemand bereits auf den Knopf?

»Sie sollten doch schauen, hinauszukommen«, dränge ich meinen Freund. Und als wir im Taxi nach Hause fahren, vergesse ich, daß ich ihn eigentlich nicht küssen mag, und ich küsse ihn. Viele Male. Denn er erbarmt mich ...

Berlin. Donnerstag, 27. Oktober 1938

Andrik Krassnow ist zurückgekommen. Von seiner Gastspielreise durch Schweden. Gestern erschienen die Freunde zur Wiedersehensfeier. Wie immer gab es Gespräche ohne Ende, Rätselraten über die Zukunft und leidenschaftliche Diskussionen »zur Lage«.

Andrik und ich gehören zusammen. Schon seit sieben Jahren. In unserem Appartementhaus bewohnt er mein Nebenzimmer. Er ist Dirigent und lebte lange in Finnland. Gemeinsam saßen wir am Radio, als am Abend des 30. Januar 1933 Adolf Hitlers Ernennung zum Reichskanzler verkündet wurde. Wir hatten ihn nicht gewählt. Wir haben ihn niemals gewählt – weder aus Überzeugung noch aus Angst. Wenn an den Wahltagen am späten Nachmittag die Schlepper erschienen, säumige Volksgenossen zur Wahlurne zu holen, steckten wir einen Kopierstift in die Tasche, weil man Kopierstiftkreuze nicht ausradieren kann. Und als es schließlich gar nicht mehr um die Kreuze ging, als Flüsterpropaganda die Furchtsamen mit dem Gerücht erschreckte, es gäbe in jeder Wahlurne einen geheimen Zählapparat, der den Neinsager entlarve, da sagten wir gar nichts mehr. Da zerrissen wir den Wahlzettel in kleine Fetzen und schoben ihn unausgefüllt in den Umschlag. Den großen Ja-Kreis und den winzigen Nein-Kreis. Mochten sie dann, wie viele behaupteten, zum guten Schluß nur die abgegebenen Umschläge zu ihren Gunsten zählen, – wir hatten ein reines Gewissen, wenn auch nicht immer ein sorgloses.

Andrik haßt die Nazis. Genau wie ich. Genau so wie fast alle Menschen in unserem Kreis. Die Betroffenen und die Nichtbetroffenen. Seit 1933 haben wir es gewußt. Alles, was kommen würde! Damals, als wir am Radio saßen. Nicht in den Einzelheiten, aber in der großen Linie. Freiheitsberaubung, Massenhypnose, Gewalt, Sadismus, unentwegtes Strammstehen und grenzenlose Selbstbeweihräucherung. Die Revolution des wildgewordenen Kleinbürgers hatte begonnen. Andrik als erster bekam ihre Folgen zu spüren. Der Rundfunk verdächtigte ihn als politisch unzuverlässig. Weil er es wagte, ein frischgebackenes Parteimitglied an seine ehemalige Zugehörigkeit zur SPD zu erinnern. Der ehrenwerte Parteigenosse war unglücklicherweise Mitglied des Orchesters, mit dem Andrik am 20. April 1933 Hitlers Geburtstag musikalisch verschönen sollte. Das Orchester weigerte sich, unter ihm zu spielen. Man gab eidesstattlich zu Protokoll, daß man ihn für einen Ausländer halte, daß er die Juden im Orchester bevorzuge und daß er vor drei Jahren irgendwo beim Abspielen der Deutschlandhymne die Nase gerümpft habe. Er hatte nicht die Nase gerümpft. Er hatte nur geniest. Aber wer will das nach drei Jahren noch einwandfrei aufklären? Damals setzten wir Himmel und Hölle in Bewegung, den törichten Vorwurf aus der Welt zu schaffen. Man kann doch schließlich nicht eines einzigen Niesers wegen die Karriere aufgeben. Aber wohin wir uns wandten, überall kamen wir vor verschlossene Türen. Keiner wollte sich einsetzen. Niemand für eine so läppische Sache die Gunst der herrschenden Meinung verscherzen. So bekam der Dirigent Andrik Krassnow auf den amtlichen Listen ein schwarzes Kreuz hinter seinen Namen. Für keinen sichtbar, außer für ihn und für mich. Man ließ ihn ganz einfach nicht mehr auftreten. Und nur, wenn das Ausland ihn anforderte, bewilligte man ihm großmütig ein Gastspiel.

Nun war er aus Schweden zurückgekommen, hatte echten Whisky mitgebracht, zwölf Schachteln Camel, geschickt durch den Zoll geschmuggelt, und einen Haufen Neuigkeiten von jenseits des Käfigs. »Thomas Mann hat ein neues Buch geschrieben. Georg Bernhard verleugnet die Voß-Tradition durch sein unwahrscheinlich niveauloses Pariser Tagblatt. Bruno Walter entfesselt im Ausland Stürme der Begeisterung. Unser Staatssekretär Schäffer ›macht‹ jetzt in Streichhölzern. Sitzt in Schweden und stützt den Kreuger-Konzern. Brüning pendelt zwischen England und Amerika. Er denkt über seine Fehler nach und schweigt.«

Vierzig Augen hängen gespannt an Andriks Lippen. Im Zimmer steht ein Qualm, daß man die Luft schneiden kann. Aber der Qualm riecht nach Ausland – also nach Freiheit. Darum ist er gut. Darum merkt man ihn kaum. Sie sitzen auf Stühlen und Hockern, auf Tischkanten und Sofakissen. Wo immer ein Plätzchen ist, hat sich einer zusammengekauert, Whiskyglas neben sich, Aschbecher neben sich, qualmt, trinkt und starrt tiefsinnig vor sich hin. Karla und Erich Tuch, Dr. Hollner und Hirschbergs, Angels, Levys, Dr. Mühsam, Flamm, Hinrichs und alle die andern. »Wenn uns jetzt die Gestapo hoppnähme!« unkt Hollner. Doch keiner hört auf ihn. – »Ahnen die draußen überhaupt, wie es bei uns aussieht?« erkundigt sich Karla. Andrik runzelt die Stirn. »Das ist ja das Trostlose! Wer rausgeht, wird abgetrennt. Vier Wochen Emigration, und sie haben alles vergessen. Was man schreiben darf, und was man nicht schreiben darf. Wie man helfen könnte, und wie man nicht helfen soll. Der Mensch hat nun einmal keine Phantasie für Unrecht. Was er nicht mit eigenen Augen sieht, vermag er sich kaum vorzustellen. Auch jüdische Emigranten bilden keine Ausnahme von dieser Regel. Und doch hat mehr als einer unter ihnen damals seine Stimme für Hitler abgegeben.« – Ja, das hatten sie wahrhaftig getan. Dutzende unserer jüdischen Freunde waren kurz vor der Machtübernahme auf diesen Irrtum hineingefallen. Fest überzeugt, daß er in vier Wochen abgewirtschaftet haben werde, wählten sie Adolf Hitler, damit »dieser Unfug endlich ein Ende nähme«. Nicht er nahm ein Ende, sondern sie nahmen es. Auf ihrem Rücken wurde der »Unfug« ausgespielt.

Es war Hitlers bester Trick, als er sich vor das Volk hinstellte und ihm zurief: »Letzte Verantwortung vor Volk und Geschichte trägt der Führer! Ich nehme euch jene lästige Bürde ab. Werft sie auf mich – ich allein trage die Folgen.« Wird er sie wirklich tragen? Die Folgen, in der er uns seit fünf Jahren hineinsteuert? Und wenn ein Krieg käme? Kann er für uns alle sterben? Würde er für uns alle sterben? Oder nicht vielmehr einen nach dem andern in den Tod schicken? Wie aber stünde es dann mit der Verantwortung für verlorenes Leben, für menschlichen Jammer und endlosen Gram? Die Masse durchschaut den Trick nicht – bis jetzt noch

nicht. Und wir müssen ausharren, bis es der Dümmste begriffen hat.
Man spricht an diesem Abend viel über jene Frage. So viel und so lange, daß man ganz vergißt, auf das übliche Thema zu kommen, das heute in allen gegnerischen Kreisen den ebenso unfruchtbaren wie permanenten Gesprächsstoff bildet. Das Thema: Blutrache an allen Nazibonzen. Nicht etwa, daß dabei irgendwelche hochverräterischen Pläne geschmiedet würden. O nein! Die Deutschen sind keine Revolutionäre. Auch die deutschen Juden sind es nicht. Sonst hätte schon längst einer die Konsequenzen aus seinem Martyrium gezogen. Man malt sich nur aus, wie man, wenn alles vorüber ist, die Bonzen für ihre Untaten bestrafen würde. Den Hitler, den Göring, den Ley, den Goebbels oder den Himmler. Jeder hat da seine speziellen Passionen, schildert sie in allen Details und kann sich stundenlang an solcher sadistischen Gehirngymnastik vergnügen. »Das Saure-Trauben-Spiel« nennen Karla und ich diese Beschäftigung. Gewiß, man soll nicht ungerecht sein. Irgendwo muß sich der jahrelang unter Druck gesetzte Verstand, das ewig gepeinigte Gefühl ein Ventil schaffen. Was aber nach dem großen Umbringen kommen soll, wie man dann den Karren aus dem Dreck zieht, darüber zerbrechen sich leider sehr wenige den Kopf. Und die, die es tun, müssen achtgeben, daß man nicht ihnen den Kopf zerbricht.

Berlin. Dienstag, 8. November 1938

Die Abendblätter berichten, daß irgendein jüdischer Emigrant auf ein Mitglied der deutschen Botschaft in Paris geschossen habe. Manche behaupten, die Sache hätte politische Hintergründe, wäre ein Racheakt des gepeinigten Judentums am nazistischen Regime. Andere munkeln von einem homosexuellen Liebesverhältnis, von Erpressung und Eifersucht. Von einem zweiten Horst-Wessel-Fall. Sonderbar, diese Gedankenverbindung mit Hitlers umstrittenem Märtyrer. Man flocht ihm Lorbeerkränze, erschlug in seinem Namen Tausende von Kommunisten, zündete den Reichstag an, nannte Plätze nach ihm, Straßen, Regimenter, ja sogar himmlische Heerscharen. Sein Todestag wurde zum Volksfest, sein Kampflied zur Nationalhymne. Kein Mittel hat man gespart, den ehemaligen Korpsstudenten zum obersten Heiligen der Bewegung zu machen. Und doch ist es selbst der leidenschaftlichsten Nazipropaganda nicht gelungen, ihren Helden von dem Verdacht zu reinigen, er sei im Privatleben ein recht anrüchiger Bursche gewesen. Ein minderwertiges Subjekt, bei dessen Tod es keineswegs um die Ehre Deutschlands, sondern um die Unehre eines bestimmten Sexualverhaltens ging. Niemand soll behaupten, was er nicht mit Gewißheit weiß. Ich habe Horst Wessel weder persönlich gekannt noch bei seinen Liebesaffären die Lampe gehalten. Aber wenn ein Mensch der Nachwelt als kostbarstes Vermächtnis ein Lied hinterläßt, dessen Melodie laut Reichsgerichtsentscheidung einer Leierkastenmoritat entlehnt ist, und wenn er dazu noch die Worte dichtet:

Kam'raden, die Rotfront und Reaktion erschossen,
Marschier'n im Geist in unseren Reihen mit –

dann bin auch ich geneigt, den gotteslästerlichsten Vermutungen Glauben zu schenken. Heros oder Zuhälter? Sollte die Geschichte wirklich so einfallsarm sein, sich für ein und denselben politischen Zweck zweimal der gleichen Mittel zu bedienen? Damals die Kommunisten – diesmal die Juden. Gestern ein Zuhälter – heute ein Homosexueller. Mag das Gerücht erfunden sein – daß man es erfand, sowohl hier als auch dort, beweist, wie sehr es in der Luft liegt.
Andrik grinst, als ich ihm von der Sache erzähle. »Graf, dieser Mortimer starb euch sehr gelegen«, zitiert er ironisch. »Zeig mal her die Zeitung.« Er durchfliegt sie von oben bis unten. »Na, allzu wichtig scheint man es nicht zu nehmen«, seufzt er erleichtert. »Kleine Notiz auf der dritten Seite. Und ohne Kommentar. Ich hatte mindestens gedacht ...«

Berlin. Mittwoch, 9. November 1938

Andrik hat richtig gedacht. Über Nacht ist das Pariser Attentat zur Weltsensation geworden. »Feiger Mordanschlag des Juden

Grünspan auf den Gesandtschaftsrat Ernst vom Rath«, schreit es mit Riesenbuchstaben aus allen Morgenausgaben. »Weltjuda reißt die Maske vom Gesicht.« Dann folgen spaltenlange Schilderungen über Verdienst und Lebenslauf des Opfers. Jede Stunde ein neues ärztliches Bulletin. Noch scheinen die Verletzungen nicht tödlich. Wehe, wehe, wenn sie es werden sollten! Im Omnibus, auf der Straße, in Geschäften und Kaffeehäusern wird der Fall Grünspan laut und leise diskutiert. Nirgends merke ich antisemitische Entrüstung, wohl aber eine drükkende Beklommenheit, wie vor dem Ausbruch eines Gewitters. Am Kurfürstendamm, auf der Tauentzienstraße und der Leipziger Straße sind die Geschäfte, die sich laut amtlicher Anordnung durch weiße Namensaufschrift als jüdische kennzeichnen mußten, auffallend leer. Man wagt wieder mal nicht ... Man hat Angst, sich unbeliebt zu machen. Zu oft stand es im »Stürmer« zu lesen: »Kauft nicht bei Juden!«
Auf dem Wege zur Redaktion springe ich schnell zu Dr. Mühsam hinauf. Er sitzt an der Schreibmaschine und tippt Briefe ab. Kinderbriefe, die er selbst geschrieben hat. An seine Eltern, an seine Wärterin, an einen Jugendfreund, der inzwischen längst nach Amerika gegangen ist. Jahrgangweise liegen sie zusammengebündelt. »Liebe, gute Mutti«, lese ich flüchtig irgendwo.
Man sollte nicht mehr zurückschauen. Es ist nicht gut, sich in der Vergangenheit zu verlieren, das Gewesene zum Lebensinhalt zu machen. Und doch rührt es mich, wie dieser entthronte Mann sich ein Tagewerk schafft, wie er alles daransetzt, der seelischen Auflösung des Müßiggangs zu entrinnen.
»Wird er sterben?« frage ich ihn. »Und wenn er stirbt, was dann?« – »Natürlich stirbt er. Sonst hätte das Ganze ja keinen Wert. Um ihn zu rächen, muß man erst um ihn weinen. Je größer die Trauer, desto fanatischer der Haß. Haben Sie nicht gewußt, daß politische Zwischenfälle nur dann aufzutreten pflegen, wenn man bis zum letzten Gamaschenknopf darauf vorbereitet ist? Wenn alle Verordnungen erlassen, alle Vorkehrungen getroffen, alle Maßnahmen abgesprochen sind? Kein

Zweifel: der jüdische Krieg steht vor der Tür. Ich für meinen Teil gedenke Pazifist zu bleiben. Mehr als sterben kann auch ein Jude nicht.« Er wendet sich wieder seiner Maschine zu. »Liebe, gute Mutti«, tippt er ernst und aufmerksam. Was soll man da sagen. »Also dann auf Wiedersehen«, murmele ich resigniert. Viel Trost trage ich nicht mit mir fort. Draußen ruft man die neuen Zeitungen aus. »Befinden Ernst vom Raths verschlechtert.« Als ich bei Grünfeld durch die Drehtür gehe, scheint es mir fast, als beträte ich ein Sterbehaus.

Berlin. Donnerstag, 10. November 1938

Um sieben Uhr früh läutet es. Achtmal – neunmal – zehnmal hintereinander. Als schlüge jemand auf dem Klingelknopf einen Trommelsturm. Vor der Tür steht Dr. Weißmann, der Rechtsanwalt. »Verstecken Sie mich, sie sind hinter mir her!« keucht er. Ich starre ihn an. »Wer? Was? Ich verstehe nicht.« – »Machen Sie wenigstens die Tür zu. Sind Sie allein? Wo soll ich ... wo kann ich denn hin, um Gottes willen!« Er drängt an mir vorüber ins Zimmer, wirft sich auf einen Stuhl und schlägt die Hände vors Gesicht. Sein Überzieher ist zerrissen, die Haare hängen ihm in die Stirn. Der ganze Mann sieht aus, als hätte er sich in einer Schmutzlache gewälzt. »Ja, was ist denn passiert?« frage ich entsetzt. – »Leben Sie auf dem Mond?« höhnt er bitter. »Der Teufel geht um in Berlin! Die Synagogen brennen. Das Judenblut spritzt vom Messer. SA marschiert und schlägt Scheiben ein. Und Sie fragen noch: Was ist passiert?« Das Übermaß der Erregung verschlägt ihm die Stimme. »Wie Hasen werden wir gejagt«, knirscht er. »Den halben Kurfürstendamm entlang haben sie mich laufen lassen. Judenschwein! Massenmörder! Verrecke, du Aas! mir nachgebrüllt. Mit Steinen auf mich geworfen und mit Dreckklumpen. Die Lümmel, die Lausejungen, die verfluchten SA-Bengels!« – »Und die Polizei?« – »Die Polizei schaut zu. Läßt brennen, was brennt, und umkommen, was umgebracht werden soll.« – »Also ist er doch gestorben?« – »Wer?« – »Na, der vom Rath.« – »Ja, tot«, nickt Dr. Weißmann. »Und jetzt zelebriert man

ihm die Totenmesse. Mit Pechfackeln und Benzinfässern. Mit Kirchenschändung und Massenmord. Fast hätten sie mich erwischt. Aber ich bin in eine Seitenstraße geschlüpft. Da haben sie statt meiner einen anderen verhauen.«
Mir ist kalt und heiß vor Entsetzen. O Andrik, Andrik, wie recht hattest du! Nie ist ein Mortimer so verdächtig gelegen gestorben. Ich schaue auf die Uhr. »Warten Sie«, sage ich. »Ich hole Brötchen und Milch. Wir machen erst mal einen Tee. Dann sehen wir weiter.« Um neun liegt Dr. Weißmann in Andriks Bett, gefrühstückt, gebadet, in Andriks neuem schwedischem Pyjama. Gottlob, fürs erste haben wir ihn untergebracht.
Um halb zehn fahre ich in die Redaktion. Der Omnibusschaffner sieht mich an, als wolle er mir etwas Wichtiges mitteilen. Aber dann schüttelt er nur den Kopf und schaut schuldbewußt zur Seite. Die Mitfahrenden blicken überhaupt nicht auf. Jeder macht ein Gesicht, als bäte er irgendwie um Verzeihung. Der Kurfürstendamm ist ein einziges Scherbenmeer. An der Ecke Fasanenstraße stauen sich die Menschen. Eine stumme Masse, die betreten in Richtung der Synagoge starrt, deren Kuppel von Rauchwolken verhüllt ist. »Verfluchte Schande!« flüstert neben mir ein Mann. Ich sehe ihn liebevoll an. Jetzt wäre es eigentlich Zeit, zu seinem Nächsten »Bruder« zu sagen, fällt mir ein. Aber ich tue es nicht. Man tut so etwas niemals. Man denkt es sich bloß. Und wenn man wirklich mal den Mut faßt und einen Anlauf nimmt, dann fragt man zu guter Letzt doch nur: »Ach, entschuldigen Sie, können Sie mir nicht sagen, wie spät es ist?« Und schämt sich grenzenlos, weil man so feige war. Dennoch fühlen wir uns alle als Brüder. Wir, die wir hier sitzen, im Omnibus fahren und vor Scham fast vergehen. Brüder der Scham. Genossen der gleichen Zerknirschtheit. Wenn sich aber alle schämen, wer hat denn dann die Scheiben eingeschlagen? Du warst es nicht, ich war es nicht. Wie heißt denn der X, der große Unbekannte?
Im Verlag wirbelt es durcheinander wie in einem Taubenschlag. Ich flüchte mich für einen Moment in Hollners Zim-

mer. »Also, was ist nun wirklich los?« Er sitzt wie ein Häufchen Unglück auf seinem Schreibtischstuhl, schiebt seine Pfeife von einem Mundwinkel in den anderen und stöhnt: »Mädchen, Mädchen, das überlebe ich nicht. Die Augen aus dem Kopf muß man sich schämen. Synagogen ... Gotteshäuser – Tempel des Herrn einfach mit Sprit übergossen. Tun noch so, als ob sie 'n Heldenstück vollbracht hätten. Brüsten sich. Geben wer weiß wie an. Spontane Volkswut und solchen Zimt. Ohne mich, kann ich nur sagen. Ohne mich!« – »Schön, schön«, dränge ich ungeduldig. »Aber die Tatsachen.« Hollner schiebt mir schweigend ein paar Schreibmaschinenblätter über den Tisch, deutet mit dem Finger auf die fettgedruckte Überschrift »Antijüdische Aktionen in Berlin und dem Reich«. – »Aha, DNB-Korrespondenz! Das heißt auf deutsch: sämtliche Abendausgaben haben den Abdruck zu übernehmen. Es bleibt der Freiheit des Schriftleiters überlassen, schmückende Beiworte gelegentlich durch entsprechende auszutauschen.« Hollner nickt melancholisch. »Und für so was muß man geradestehen. Für so was muß man seinen Kopf hinhalten. Verantwortlich zeichnen. Tun, als glaube man den jämmerlichen Quark.«

Rasch überfliege ich die engbeschriebenen Seiten: »... Nach Bekanntmachen des Ablebens des durch feige jüdische Mörderhand niedergestreckten deutschen Diplomaten Pg. vom Rath haben sich im ganzen Reich spontane judenfeindliche Kundgebungen entwickelt. Die tiefe Empörung des deutschen Volkes machte sich dabei auch vielfach in starken antijüdischen Aktionen Luft ... An vielen Stellen Berlins hat man die Schaufensterscheiben der jüdischen Geschäfte eingeschlagen und die Schaukästen der jüdischen Ladenbesitzer demoliert. Die jüdischen Geschäftsinhaber besaßen noch die Frechheit, durch ihre arischen Angestellten die Glasscherben mit den Fingern beseitigen zu lassen, was den leidenschaftlichen Protest der Passanten hervorrief ... In den Synagogen, den Stätten, an denen die staats- und volksfeindlichen Lehren des Talmud und des Schulchan-Aruch verbreitet werden, wurde Feuer angelegt, das die Inneneinrichtung zerstörte. Die Synagoge am Wilhelmsplatz wurde ebenfalls in Mitleidenschaft gezogen. Hier sollen Waffen gefunden worden sein. In Eberswalde ist die Synagoge in Flammen aufgegangen. Das gleiche Schicksal wurde den jüdischen Tempeln in Cottbus und Brandenburg zuteil.« Angeekelt wende ich die Blätter um. »Heute morgen zwischen sechs und sieben Uhr Brand in der Synagoge Wilmersdorf. Kuppel bereits eingestürzt ... Demonstrationszüge in Nürnberg ... Alle noch bestehenden jüdischen Geschäfte demoliert ... Zorn empörter Menschen gegen jüdische Ladengeschäfte in den Städten des Ruhrreviers und am Niederrhein. In Essen, Düsseldorf, Krefeld und anderen Orten brennen zur Stunde die Synagogen. Spontane Kundgebungen gegen das Judentum in Leipzig ... In der vergangenen Nacht ... Empörung, Feuer ... Scherben, Scheiben ... demolieren, in Brand setzen.« Immer die gleichen Vokabeln in endloser Reihenfolge.

Nun weiß ich es also. Der jüdische Krieg hat begonnen. Heute nacht um zwei Uhr. Mit einem Angriff auf der ganzen Linie. Und ausgerechnet an Schillers Geburtstag. Wenn man nur herausbekäme, wer dafür und wer dagegen ist! Ich mache mich auf, Volksstimmung zu erforschen. Wo ich hinkomme, finde ich im besten Fall Volks*ver*stimmung, im schlimmsten abgrundtiefe Verzweiflung. »Man wagt ja keinem Menschen mehr in die Augen zu sehen«, erklärt selbst unser Chef vom Dienst, von dem das Gerücht geht, er sei nazistisch angekränkelt. »Antisemitismus – gut! Aber doch nicht so.« Nur der lange Meyer, unser »Politischer«, reibt sich vergnügt die Hände. »Endlich zeigt man's ihnen mal, dem verfluchten Pack«, triumphiert er. »Merkwürdig, daß der spontanen Volkswut zur gleichen Zeit im ganzen Reich das gleiche eingefallen ist«, sage ich und tue so, als wäre mir dieser Gedanke ganz nebenbei gekommen. Doch der Haken hat gesessen. Meyer sieht mich verdutzt an. »Hm«, murmelt er und starrt gedankenvoll vor sich hin. Dann schüttelt er ärgerlich den Kopf. »Was Sie auch immer zu meckern haben! Der Führer

wird schon wissen ...« – »Natürlich, der Führer weiß! Das meine ich ja gerade«, schneide ich ihm trocken das Wort ab, schlage die Tür von außen zu und überlasse es seinem Untertanenhirn, den hingeworfenen Giftbrocken nach Belieben zu verdauen.
In Karlas Zimmer tagt ein Stehkonvent. Schon auf dem Flur höre ich erregtes Stimmengewirr. Als ich die Klinke herunterdrücke, schweigt alles wie auf Kommando. »Ach, du bist's bloß«, empfängt mich meine Freundin. »Hättest du doch gleich sagen können!« Sie wendet sich wieder den Umstehenden zu. »Um zwei Uhr nachts haben sie den Sohn unserer Wirtin aus dem Bett geholt. Befehl vom SA-Sturm. Sofort antreten. Natürlich war's die SA. Wer soll es sonst gewesen sein?« – »Und in voller Kriegsbemalung«, fällt unser »Lokaler« ein. »Ich hab's mit eigenen Augen gesehen, wie sie die Kleiststraße entlangmarschierten. Haufenweise. Das war organisiert, sage ich euch! Das war gesteuert! Da hat ein Rädchen ins andere gefaßt. Unterdessen lag das Volk in den Federn und schlief den Schlaf der Gerechten.« – »Zwischen zwei und fünf Uhr pflegen anständige Menschen gewöhnlich zu schlafen«, konstatiert unsere Sekretärin sachlich. »Vor dem Aufstehen kann man keine Kirchen anzünden.« – »Kann man auch nicht!« Klara nickt ihr gönnerhaft zu. »Trotzdem bin ich jetzt für Essengehen.« Sie sieht mich an. Zehn vor zwei. Wenn wir bei Reimann noch etwas kriegen wollen, ist es höchste Zeit, aufzubrechen.
Als wir den Hausvogteiplatz überqueren, tönt aus der Ferne ein sonderbares Geräusch. Als würfe jemand aus dem fünften Stock ein ganzes Eßservice auf das Pflaster. Wir bleiben stehen. Der Lärm kommt aus einer Seitenstraße. »Da müssen wir hin.« Karla setzt sich bereits in Trab. Knapp hundert Schritte entfernt, auf der linken Seite der Mohrenstraße, ballt sich vor den Fenstern eines Konfektionshauses eine dunkle Menschenmenge. Wird größer und größer, als söge sie jeden, der vorübergeht, fast wider seinen Willen in ihren Schlund. »Durchdrängeln, unbedingt durchdrängeln«, flüstere ich Karla zu.

Wir schlüpfen durch die Wand der Menschenleiber. Großer Gott und Vater! Ich sehe, wie Karla blaß wird. Ich sehe, wie neben mir eine dicke Frau sich den Schweiß von der Stirn wischt, wie ein weißbärtiger Herr bestürzt an seinem Kragen zerrt. Und dann sehe ich das andere – das da vorne. Das ganz und gar Unfaßbare. Krach-klirr – krach-klirr – krach-klirr! Drei schwere Eisenstangen sausen wie Schmiedehämmer in die riesigen Scheiben. Ein Dröhnen, ein Splittern, ein sekundenlanges Rauschen. Dann wird es still. Krach-klirr – krach-klirr! Das nächste Fenster sinkt in Trümmer. Vor ihm stehen fünf Burschen in verknautschtem Zivil, Schirmmützen auf dem Kopf, die Gesichter vom Krampf einer ungeheuren Anspannung verzogen. Krach-klirr ... Sie rammen, sie stoßen, sie arbeiten wie Präzisionsmaschinen. Keiner gönnt den Umstehenden einen Blick. Weder Haß ist in ihnen noch Empörung, weder Aufruhr noch Zorn. Sie führen nicht an, sie führen nur aus. Und ihre ganze Leidenschaft ist darauf gerichtet, untadelige Ausführer zu sein. Meister im Handwerk gläserner Zerstörung. Kein Fachmann könnte zersplitterte Fensterreste mit größerer Sorgfalt aus dem Rahmen schlagen. Krach-klirr! Hier eine Ecke, dort eine Scherbe. Einer der Burschen – der Anführer offenbar – blickt prüfend in die Runde. Zwei rasche Schritte ... ein Schlag: der Kronleuchter drinnen fällt zu Boden. Wie Kienäpfel vom Baum prasseln die Bilder von den Wänden. Dröhnend zerstampfen eiserne Absätze das wächserne Antlitz einer Schaufensterpuppe. Scherben, Scherben, Scherben ... Die Menge steht und schweigt. Hypnotisch angezogen, hypnotisch abgestoßen, rahmt sie in ängstlichem Abstand den Schauplatz der Handlung ein. »Fertig!« ruft der Anführer, winkt mit den Augen, schultert eine Stange, und geschlossenen Zuges setzt sich das Trüppchen in Marsch. Rechts – links, rechts – links, o tausendmal geübter Gleichschritt! – bis zum »Stillgestanden! – Halt!« vor den nächsten »Juden«-Fenstern.

Ist das ein Pogrom? Tobt sich hier spontane Volkswut aus? Springt der Funke über, fällt ins Pulverfaß und entlädt den verhaltenen Grimm einer ganzen Nation mit donnernder Explosion? Nein und abermals nein! Aber wenn morgen jenen Fünfen der Befehl erteilt würde, sämtliche Schornsteinfeger Deutschlands mit Dreschflegeln zu erschlagen, sie würden hingehen und nicht einen übriglassen. Leidenschaftslos und ohne Gnade. Nicht weil sie die Schornsteinfeger hassen, sondern weil sie ihren Gehorsam lieben. So über alle Maßen, daß selbst die Seele noch vor ihm strammsteht. Und wir anderen? Wir Hunderte gegen fünf, wir Millionen gegen ein paar Tausend? Wir wischen uns den Angstschweiß von der Stirn, wir zerren verstört am Kragen, wir ...

»Wir müßten uns eigentlich anspucken, daß wir so dastehen und den Mund nicht auftun!« Karla zittert vor Zorn. »Natürlich müßten wir uns anspucken. Aber wem nützt das Mundauftun, wenn man dich dafür im nächsten Augenblick am Kragen packt und in aller Stille um einen Kopf kürzer macht? Märtyrer brauchen Publikum. Anonymer Opfertod hat noch keinem geholfen.« So weise ich mir auch vorkomme, ich werde meiner Weisheit nicht recht froh. Irgend etwas stimmt nicht in dieser Rechnung. Für das Mittagessen ist uns der Appetit vergangen.

»Besser, man geht nach Hause«, meint Karla. »Wer weiß, was einen da noch erwartet.«

Tatsächlich. Es wartet Verschiedenes. Nicht nur Dr. Weißmann in Andriks Bett. Die ganze Wohnung steckt voller Einquartierung. Levy ist gekommen und Jochen Cohn. Sie hocken auf meiner Couch und spielen Ecarté. »Um die Gedanken abzulenken«, sagt Levy entschuldigend. Er sieht erschöpft aus und unrasiert ... Jochen Cohn reibt sich verlegen die Stirn: »Daß wir Sie hier so überfallen ...« – »Wo ist Andrik?« erkundige ich mich. – »Er schaut nach Doktor Hirschberg. Auf dessen Nummer meldet sich niemand. Wahrscheinlich haben sie ihn abgeholt.« – »Abgeholt?« – »Na ja, abgeholt. Ins Sträflingsparadies. In den Judenhimmel! Mit Extrapost auf preußischen Lastwagen. Wer nicht rechtzeitig verschwunden ist, kann sein Testament machen.«

In Andriks Zimmer haben sich zwei weitere Gäste eingerichtet.

»Nur für eine Nacht«, bitten sie schüchtern. »Nur bis das Ärgste vorüber ist.« Das Telephon schrillt. »Seid ihr zu Hause?« Ich erkenne Franz Wolfheims Stimme. Sie klingt heiser und aufgeregt. »Mach mir das Haustor auf. In fünf Minuten bin ich unten.« Also, der sechste Gast. Allmählich bekomme ich Beklemmungsgefühle.
Als Franz Wolfheim gekommen ist, halten wir Kriegsrat ab. Zwei auf meiner Couch. Zwei auf Andriks. Der Kleinste und Dünnste schläft auf dem Sessel. Wenn wir einen Stuhl heranschieben, kann er sich sogar ausstrecken. Doktor Levy wird auf dem Fußboden untergebracht. Mit zwei Persern und allen verfügbaren Kissen. Als Andrik kommt, ist alles geordnet. »Hast du ihn mitgebracht?« Er schüttelt den Kopf. »Zu spät! Sie waren schon vor mir da. Auch Sperling ist weg und Peter Tarnowsky, Ernst Angel und der kleine Schwarz. Ich sah, wie sie ihn aus der Wohnung holten, drei Männer der SS, und ihn in einen Lastwagen stießen. Siebzehn standen dort oben, wie Hammel eingepfercht. Er war der Achtzehnte. Gib mir einen Schnaps. Sonst ...«
Wir haben alle einen Schnaps nötig. Ich schenke aus, was der Haushalt hergeben will. Andrik zieht eine Abendzeitung hervor, faltet sie auseinander. »Zwanzig Jahre Schutzhaft für Juden, die eine Waffe besitzen«, liest er laut. »Der Reichsführer SS und Chef der deutschen Polizei hat folgende Anordnung erlassen: Personen, die nach den Nürnberger Gesetzen als Juden gelten, ist jeglicher Waffenbesitz verboten. Zuwiderhandelnde werden in Konzentrationslager überführt und auf die Dauer von zwanzig Jahren in Schutzhaft genommen.« Levy und Wolfheim tasten betreten nach ihren Rocktaschen. »Kommt doch gar nicht mehr drauf an«, beruhigt sie Weißmann. »Wenn man uns hier erwischt, ist es ohnehin vorbei.« Einen Augenblick schweigen wir beklommen. »Hast du die Tür abgeschlossen?« Ich kriege plötzlich Angst vor der eigenen Courage. Andrik klopft mir tröstend auf die Schulter. »Geh schlafen, Kleine! Schlaf kräftigt die Nerven.« Sein väterliches Wohlwollen wirkt geradezu aufreizend. »Mir ist überhaupt

nicht schläfrig«, verteidige ich mich empört. »Und außerdem, wo hattest du die Absicht, mich hinzubetten?« Andrik strahlt. »In meine Arme, wohin denn sonst? Wir gehen rüber zu Kornberg, der ist verreist. Sein Zimmer steht leer. Wenn wir Glück haben, hat er nicht einmal zugesperrt.« Kornberg ist unser Flurnachbar. Geschäftsreisender. Ein gutmütiger Junggeselle. Er wird uns das »Verwechsel-das-Bäumchen-Spiel« dieser Nacht nicht übelnehmen.

Um ein Uhr herrscht Ruhe im Hause. Jeder schläft, so gut er kann. Morgen werden wir weitersehen.

Berlin. Freitag, 11. November 1938

Sie haben sie alle weggeschleppt. Alle jüdischen Männer, deren sie habhaft wurden. Nicht nur in Berlin, sondern im ganzen Reich. Ohne Haftbefehl. Ohne irgendwelche Rechtsformalitäten. Wie sie gingen und standen, mußten sie mitgehen. Manche, sagt man, haben nicht einmal Schuhe angehabt. Nur wer rechtzeitig gewarnt wurde, ist der Razzia entgangen. Gottlob, es sind viele gewarnt worden! Hunderte konnten bei Freunden untertauchen. Hunderte haben bei Fremden Schutz gesucht – und Schutz gefunden. Eine kleine Näherin hat zwei jüdische Flüchtlinge bei sich aufgenommen. Sie wußte nicht einmal, woher sie kamen und wie sie hießen. In der Frankfurter Allee haben Arbeiter den jüdischen Geschäftsinhabern die über die Straße verstreuten Waren zurückgebracht. Sie sprachen kein Wort, sie rückten nur verlegen an ihren Mützen. Im Hinterzimmer eines Krankenhauses verbirgt der Chefarzt einen verwundeten Rabbiner vor den Spürnasen der Gestapo. Des Nachts war der Ortsleiter mit etlichen Kumpanen – den übelstbeleumundeten Burschen des Viertels – in dessen Wohnung gestürzt, hatte ihn, seine Frau und seine halbwüchsige Tochter aus den Betten gerissen und auf den Hof gezerrt. Dort heißt man den Alten sich an eine Wand stellen, während Frau und Tochter auf der anderen Hofseite abgesondert werden. Der Ortsleiter postiert sich einige Schritte vor sein Opfer, hebt den Revolver und brüllt: »Ich, der Hoheitsträger und Ortsgruppenleiter der

Partei, erschieße hiermit diesen Juden.« Der Schuß geht los, der Rabbiner bleibt bewegungslos stehen. Erst nach dem zweiten Schuß bricht er zusammen. Die braune Rotte entfernt sich mit Siegesgebrüll. Die Partei hat gesprochen. Aber der Himmel hat geantwortet. Der Rabbiner lebt. Die Kugel ging am Herzen vorbei. Mitleidige Seelen schaffen ihn ins Krankenhaus.

Während die SS wütete, vergingen unzählige Volksgenossen vor Erbarmen und Scham. Heute laufen Berliner Frauen durch die Stadt, geheimnisvolle Bündel unter dem Arm, treffen einander verstohlen an irgendwelchen Straßenecken: Rasierzeug für Doktor Weißmann. Ein frisches Oberhemd für Fritz Levy. Die Nachtsachen für Jochen Cohn. So gut es geht, sorgt man für die Untergetauchten. Noch ist es nicht ratsam, wieder in Erscheinung zu treten. Was gestern geschah, kann heute fortgesetzt werden.

Fast alle Freunde haben Einquartierung. Wenn man miteinander telephoniert, redet man in Chiffren und Andeutungen. Zerbricht sich dann stundenlang den Kopf, was wohl der Partner am anderen Ende der Leitung gemeint haben könnte. »Karl ist plötzlich krank geworden.« Wer um Himmels willen ist dieser Karl? »Thea hat gestern Besuch bekommen. Weißt du, die Verwandten vom Lande, du kennst sie doch, die mit den vielen Kindern. Gerhard arbeitet außerhalb. Wann er zurückkommt, ist unbestimmt.« Welcher Gerhard? Was für Kinder? Wieso Verwandte vom Lande? Keine Ahnung. Aber allmählich wächst das Katakombentraining, wird man von Stunde zu Stunde kombinationsbegabter.

Am Nachmittag besuche ich Lisel Hirschberg. Sie sitzt, vor Kummer versteint, auf einer umgestürzten Truhe, inmitten von Scherben und Trümmern. »Gestern nachmittag haben zwei Kriminalbeamte Kurt abgeholt«, sagt sie mit leeren Augen. »Er durfte nicht einmal mehr seinen Hut aufsetzen. Eine Stunde später klingelt es an der Tür. Als ich öffne, dringen zehn Rowdies herein, fragen: Wohnt hier der Jude Hirschberg? Ich bringe kein Wort heraus, nicke nur mit dem Kopf. Dann geht es los. Wie Vandalen haben sie gehaust. Mit einem Griff das ganze Silber vom Büfett gefegt, die Bücherregale umgeworfen, die Wäsche aus dem Schrank gezerrt. Unsere hölzerne Madonna haben sie mit der Axt zerhackt, auf dem Dürerschen Kupferstich sind sie herumgetrampelt, haben Kurts kostbare Holzschnittsammlung ins Küchenfeuer geworfen. Dreißig Minuten dauerte der Spuk. ›Dafür bedanke dich bei deinen Rassegenossen‹, sagten sie zum Schluß ... Und dabei wußten sie doch gar nicht, daß ich Arierin bin.« Die sanfte Frau lächelt melancholisch. Plötzlich ist es um ihre Fassung geschehen. »Kurt«, schluchzt sie. »Ich liebe ihn doch ... ich liebe ihn doch. Und er hat nichts getan.« – »Niemand hat irgend etwas getan. Das war ja gerade unser Fehler.« Mir dämmert auf einmal eine Erkenntnis. »Wir dachten immer, alles verstünde sich von selbst. Alle wären wie wir. Alle fühlten wie wir, alle glaubten wie wir. Daß wir nicht sahen, wie anders andere Menschen sind, das ist unsere Schuld. Daß wir immer von uns auf andere schlossen. Von uns auf die Nazis! So haben wir sie großgemacht. Du – und ich – und Andrik und alle übrigen. Die Juden sind nur die ersten. Doch warte mal ab, wir kommen auch noch dran. Nicht weil wir handelten, sondern weil wir es duldeten. Das große Aufkommen des Unrechts.« – »Aber, was konnten wir denn tun?« Lisel Hirschberg starrt mich ratlos an. – »Wir hätten lauter für das Gute werben müssen. Für die Menschenliebe, für den Frieden.« Ich greife zu Hut und Mantel. »Wollen wir wenigstens einmal aus unseren Fehlern die Nutzanwendung ziehen. Wenn man sie nicht befreien kann, muß man wenigstens herausfinden, wo sie sind. Komm, zieh dich an, wir gehen zu Lukascheck. Wenn einer etwas weiß, dann ist er es.«

Lukascheck ist Rechtsanwalt. Und leidenschaftlicher Katholik. Seit 1933 glaubt er an die große Wendung und arbeitet für sie. Ich habe mich nicht getäuscht. Lukascheck gehört nicht zu den Duldern. Lukascheck handelt. Sein Wartezimmer ist voll von Menschen. Überall sitzen und stehen sie. Frauen, denen der Schreck noch in den Augen liegt, Frauen, die blaß und übernächtig aussehen, Frauen, die lautlos in sich hineinweinen.

Alle haben sie den Weg hierher gefunden. Lukascheck handelt. Er sitzt hinter seinem Schreibtisch in gespannter Aufmerksamkeit. »Der erste Schub ging zum Güterbahnhof. Noch in derselben Nacht. Er soll nach Oranienburg abgegangen sein ... Die Schlesischen? Nein, die Schlesischen sind nicht dort. Man sagt, sie kämen nach Buchenwald. Nach Buchenwald bei Weimar. Zwei Stunden ließ man sie im Scheinwerferlicht auf dem Bahnhofsplatz stehen. Ob Ihr Mann dabei war? Ja, er ist gesehen worden. Es ging ihm gut. Er rechnet fest damit, daß er wiederkommt ... Vom dritten Transport wissen wir noch gar nichts. Aber Erkundigungen sind vorbereitet ... Nein, Doktor Oppenheim war nicht dabei. Von Rotholz fehlt jede Spur ... Warten Sie, ich gebe Ihnen eine Empfehlung mit. An die Gestapo ... vielleicht hilft es.« Nicht eine entläßt er ungetröstet. Alle steckt er an mit seiner Ruhe und Sicherheit. Was menschenmöglich war zu erfahren, hat er erfahren. Was zu wagen war, hat er gewagt. Was zu helfen geht, ist er bereit zu helfen. Als ich mit Lisel Hirschberg seine Kanzlei verlasse, hat sie ein Schreiben an Kriminalrat Müller in der Tasche, weiß ich, wohin ich mich wenden kann, um in Zukunft tatkräftiger mitzuarbeiten.

Auf den Straßen kehrt man immer noch Scherben. Die leeren Höhlen der Schaufenster glotzen wie ausgestochene Augen in einem geschundenen Gesicht. O Ernst Angel, o Peter Tarnowsky, o ihr Armen alle, ihr armen Verschleppten! Es weht ein eisiger Wind, und mich friert, wenn ich an euch denke.

Berlin. Sonntag, 13. November 1938

Die Gestapo hat ausgetobt. Die Verhaftungswelle scheint beendet zu sein. Dafür erläßt die Regierung eine Verordnung nach der anderen. Göring zeichnet verantwortlich. Frick, Goebbels, Gürtner, Schwerin-Krosigk und Funk haben an der Ministersitzung teilgenommen. Entfernung der Juden aus dem deutschen Wirtschaftsleben. Ab 1. Januar 1939 keine jüdischen Geschäfte, Handwerker und Betriebsführer mehr. Sühneleistung aller Juden deutscher Staatsangehörigkeit an das Deutsche Reich durch Zahlung von einer Milliarde Reichsmark. Alle Schäden, die durch die Empörung des Volkes über die Hetze des internationalen Judentums gegen das nationalsozialistische Deutschland am 8., 9. und 10. November 1938 an jüdischen Gewerbebetrieben und Wohnungen entstanden, sind von den jüdischen Inhabern oder jüdischen Gewerbetreibenden sofort zu beseitigen. Die Kosten der Wiederherstellung trägt der Inhaber der betreffenden jüdischen Gewerbebetriebe oder Wohnungen. Versicherungsansprüche von Juden deutscher Staatsangehörigkeit werden zugunsten des Reiches beschlagnahmt.

Am selben Tage wird Ernst vom Rath – seine Eltern schämen sich qualvoll des Schaustücks – zum Staatsbegräbnis nach Düsseldorf überführt, rollen Tausende schuldloser Juden einem unbekannten Martyrium entgegen. Von den meisten wissen wir immer noch nichts. Nur der kleine Schwarz, Bratschist im Xschen Kammerorchester, ist zurückgekommen. Schon am übernächsten Tage. »Vierzehn Stunden haben sie uns eingesperrt gehalten«, erzählt er. »Hundertfünfzig Mann in einem Raum. Schließlich wurden wir in den Hof geführt, mußten dort Aufstellung nehmen – immer fünfzig in einer Reihe. Keiner ahnte, ob sie uns erschießen oder freilassen wollten. Wir standen und warteten. Hacken zusammen, Hände an der Hosennaht. Endlich erschien irgendein Uniformierter, Scharführer, Gruppenführer oder so etwas. Klirrt die Reihen entlang, brüllt: ›Weltkriegsoffiziere raustreten!‹ Dreizehn von uns treten vor. Wieder Reih und Glied, wieder Hakken zusammen. Welches Regiment, Verwundungen, Auszeichnungen? Neun trugen das EK I. Der Mann in Uniform pflanzt sich musternd vor uns auf, verschränkt die Arme, schreit: ›Die ersten sieben abtreten, raus, aber schleunigst! Die letzten zurück ins Glied!‹ Ich war der Siebente. Wir wagten einander nicht anzusehen. Wir warfen keinen Blick zurück. Wir schlichen davon wie Verräter. Sieben von Hundertfünfzig.« Der kleine Schwarz sieht aus, als ob er weinen will. »Ich komm' darüber nicht weg«, klagt er. »Man hätte dableiben müssen.« – »Damit helfen Sie den anderen auch nicht«, trösten wir ihn.

Aber er schüttelt den Kopf. »Darauf kommt es nicht an. Es kommt nur darauf an, wie man vor sich selbst besteht.« – »Und vor seiner Frau und seinem Kind«, ergänzt Andrik. »Die haben schließlich auch ein Recht darauf, daß Sie leben.« Schwarz ist jung verheiratet. Vor neun Wochen wurde ihm eine Tochter geboren. »Sie soll Catherine heißen«, sagte er damals. »Catherine, das läßt sich in allen Weltsprachen aussprechen.« Seine Auswanderungspapiere sind fix und fertig. Nur der Mut zur Abreise hat ihm bisher gefehlt. Es gibt eben Menschen, die erst den Umweg über die Gestapo brauchen, um ihre unerwünschte Heimatliebe loszuwerden.

Berlin. Samstag, 19. November 1938

Eben ruft mich Lisel Hirschberg an. Noch immer keine Nachricht von ihrem Mann. Sie läuft von Pontius zu Pilatus, fragt an allen Gefängnistüren. In Moabit, am Alexanderplatz, in Tegel und in Plötzensee. Niemand weiß etwas Genaues. Die meisten zucken die Achseln, verweisen, wenn es hochkommt, an andere Instanzen. »Es kann doch ein Mensch nicht einfach vom Erdboden verschwinden«, jammert die Arme. »Irgend jemand muß ihn doch gesehen haben.« Es hat ihn keiner gesehen. Ihn nicht und die anderen nicht – die zahllosen Weggeschleppten. Wir können nur weiter warten, weiter fragen und weiter zittern.

Berlin. Donnerstag, 24. November 1938

Der kleine Schwarz ist entschlossen, abzureisen. Sofort – noch an diesem Abend. Es gehen Gerüchte von neuen Verhaftungen. Schon trägt man wieder Rasierzeuge durch die Stadt und jüdische Reisenecessaires. Er schafft es nicht mehr. »Noch einmal diese Nervenprobe, und ich kriege glatt einen Herzschlag«, erklärt er jedem, der es hören will.

Um acht Uhr früh brachte mir der Depeschenbote ein Stadttelegramm: Kommen Sie unverzüglich! – stand darin. Ich stürze in die Buggestraße. Frau Schwarz öffnet mir die Tür. Ungeschminkt, übernächtig und abgehetzt. »Gott sei Dank, daß Sie da sind!« sagt sie und rennt schon wieder davon. Im Flur riecht es nach Staub, Packpapieren und Kistenholz. Aus der Ferne höre ich das Baby brüllen. Catherine, deren Namen man in allen Weltsprachen aussprechen kann. Jetzt liegt die künftige Weltbürgerin in einem Waschkorb, und um sie herum tobt das Chaos. Es ist, als hätte man mit einem Ruck den ganzen Wohnungsbestand von innen nach außen gestülpt. Bücherhaufen, Wäschebündel, aufgerissene Schubladen, halbvolle Koffer, überquellende Papierkörbe, Nägel, Holzwolle, Stapel von Geschirr und Töpfen auf dem Fußboden, auf den Betten, auf dem Eßtisch und in der Badewanne. Knöcheltief wate ich durch Umzugsgut, stolpere über einen Berg von Kleiderbügeln und lande schließlich mit dem Fuß beinahe in einer Pfanne voll Bratkartoffeln. »Donnerwetter«, stammele ich überwältigt. »Donnerwetter!« Schwarz kommt aus dem Musikzimmer gelaufen. »Macht nichts, macht nichts«, tröstet er. Seine Westenschöße fliegen. Während er mir mit der Rechten die Hand schüttelt, bindet er mit der Linken die Krawatte fest. »Heute abend geht's los! Zehn Uhr fünfzig ab Zoo. Tickets, Visum, Ausreisegenehmigung, alles fertig. Ausschlafen können wir in London!« Er starrt mich an, als stünde der Henker hinter ihm. »Zehn Uhr fünfzig«, wiederholt er. Es klingt wie eine Beschwörungsformel. Doch dann wird er wieder sachlich. »Sie müssen mir einen Dienst erweisen. Wirklich, Sie täten mir einen Riesengefallen ... Meine Frau hat da irgendwo ein Grundstück, zweitausendeinhundert Quadratmeter. Ehrlich gesagt, nur lauter Bäume darauf. Nicht mal 'n Zaun drumrum. In Saarow am Scharmützelsee. Übernehmen Sie das Ding. Zu treuen Händen.« – »Aber mein Finanzamt?« wage ich schüchtern einzuwenden. Mir schwindelt bei der Vorstellung, mich dort plötzlich als Krösus entlarvt zu sehen. »Erfährt nichts davon. Bargeldloser Verkehr. Sie verstehen. Aufnordung von Grund und Boden. Eine staatsgefällige Angelegenheit.« Mir fällt ein, daß im letzten Vierteljahr zahlreiche meiner arischen Bekannten auf ähnliche Weise zu Scheinkapitalisten geworden sind. »Ehe es die Gestapo schluckt«, sagten ihre jüdischen

Freunde. Und so wechselten Mietshäuser und Firmen, Parzellen und Waldgrundstücke über Nacht den Besitzer. Im Grunde blieb alles, wie es war. Nur daß zu den Aufsichtsratssitzungen der Wirkwarenfabrik Müller & Co. nicht mehr der sachkundige Herr Abraham erschien, sondern statt seiner der Internist Franz von Hollberg, daß im Mietshaus Köpenicker Straße 12 jetzt Fräulein Schulze den Monatszins kassiert und nicht mehr Dr. Cohn. Es gilt nur, den Dreh zu finden, die Übertragung glaubhaft zu machen. Alles andere bleibt gentleman-agreement. Zu treuen Händen. Auf einfaches Ehrenwort. Für die Behörden der Eigentümer – für den bedrängten Freund der Verwalter. So hielten es die Erst-Emigrierenden, so erbitten es nun die nächsten, die zugunsten der Milliardenbuße um ein Viertel ihres Vermögens geschröpft werden sollen. »Also gut, überschreiben wir«, willige ich ein. Schwarz stürzt zum Telephon. »Autoruf! Bitte sofort ein Taxi zur Buggestraße 10.« Fünf Minuten später steht der Wagen vor der Tür. Ich springe hinein, jage durch die Stadt zur Köpenicker Straße. Dort liegen die notwendigen Papiere. Um elf Uhr zwanzig unterzeichnen wir beim Notar im Berliner Westen den Kaufvertrag. Ein livrierter Diener serviert auf silbernem Tablett zwei Whisky mit Soda. Kleine, viereckige Eiswürfel schwimmen vornehm in den hohen Kristallkelchen. Daß es so was noch gibt!
Um elf Uhr vierzig verlassen Schwarz und ich das Anwaltsbüro! »Herrin auf Saarow!« Was bloß Andrik dazu sagen wird! Mein Vertragspartner ist mit anderen Gedanken beschäftigt. Wir stehen auf dem Kurfürstendamm. An uns vorüber schlendern die üblichen Mittagsbummler. Filmjünglinge, schicke Frauen, Rassehunde und Snobs. Es riecht nach Benzin und Herbst. Um die Gedächtniskirche rollen die Autos – ein ewig rotierender Kreis. Das religiöse Karussell, wie einmal ein Witzbold bemerkte. Auf den Terrassen der Kaffeehäuser drängen sich die Menschen. Sie sitzen in Decken gehüllt, genießen die Sonne und schlürfen irgend etwas Buntes aus langen Strohhalmen. »Geliebte Stadt«, murmelt der kleine Schwarz. »Geliebte Stadt! Ob ich das jemals wiedersehe?« – »Natürlich sehen Sie es

wieder!« Ich werde grob vor Rührung. Zum Glück flitzt gerade ein leeres Taxi vorüber. Wir springen hinein.
Um zwölf Uhr siebzehn sind wir wieder in der Buggestraße. Dort hat sich das Chaos immer noch nicht gelichtet. Nur daß inzwischen noch ein Mann erschienen ist, der, auf schwanker Leiter balancierend, die Gardinen abnimmt. Und dabei jedem, der vorübergeht, fürchterlich im Wege steht. »Ich schaff' das schon allein«, erklärt Schwarz. »Wenn Sie sich nur um den Außendienst kümmern würden. Rechnungen, Schneiderin, Einkäufe. Meine Frau hat die Liste. Am besten, Sie fahren gleich los.«
Neues Taxi, neue Jagd durch die Stadt. Wir kaufen, kaufen, kaufen. Seidenstrümpfe, Lederkoffer, Hutschachteln, Handtaschen, Bettbezüge. Wir streuen das Geld wie Heu. Wir springen hinein und springen heraus. Wir laufen treppauf und treppab. Manchmal erscheint mir das Ganze wie ein albernes Lustspiel. Wozu der Quatsch? Wozu dieses sinnlose Haschen nach Besitz? Wahllos, planlos, nur um die Scheine loszuwerden. Im Taxi häufen sich die Pakete. Drohen uns fast zu ersticken. Unermüdlich rasen wir durch Berlin. Der Zeiger der Taxiuhr springt. Er rennt, als wolle er uns überrunden. Siebzehn Mark, neunzehn – fünfundzwanzig Mark. Als er vierunddreißig Mark fünfzehn anzeigt, ist es sieben Uhr abends. Wir halten in der Buggestraße. Ich glaube, wir haben Berlin ausgekauft. Schwarz ringt die Hände, stöhnt: »Das auch noch verstauen? In vier Stunden geht unser Zug.«
Aber am Nachmittag ist Karla erschienen. Auch Andrik hat sich eingefunden. Wir packen, als kriegten wir dafür bezahlt. Rein in die Koffer. Rein in die Koffer. Zu guter Letzt müssen sich alle draufsetzen. Die Fülle droht die Schlösser zu sprengen. »Alles andere besorgt der Spediteur.« Schwarz langt nach den Koffern, ist schon halb auf dem Wege nach England.
Kurz vor zehn hasten wir die Treppe hinunter. Jeder mit mehreren Gepäckstücken. Frau Schwarz trägt das Baby im Waschkorb. Es schläft, die Fäustchen vor dem Gesicht. Sein neues Mützchen – Einkauf Nummer einhundertsechzehn – ist ihm

tief auf die Nase gerutscht. Der Zug steht schon da. Über dem Drängeln und Platzsuchen vergißt man, was man noch hatte sagen wollen. Die Wagen rollen an. »Adieu Berlin!« schreit der kleine Schwarz und heult wie ein Schloßhund. »Adieu, adieu«, rufen wir Zurückbleibenden.

Man kann nicht mehr denken. Man ist nur noch müde. Andrik hakt mich ein. »Na, nun weine mal nicht«, sagt er brüderlich. Als wir das Haustor aufschließen, meint er sinnend: »Ob wir wohl auch mal so plötzlich ...?« Ich muß schon wieder lachen. »Dann aber nicht mit so viel Gepäck. Trotz ›Herrin auf Saarow‹.«

Berlin. Dienstag, 6. Dezember 1938

Es ist gut für jeden, der das Land verlassen hat. Die Staatsmaschine arbeitet mit Hochdruck, speit eine antisemitische Maßnahme nach der anderen aus. Gestern erließ der Berliner Polizeipräsident eine Verordnung über das »Auftreten der Juden in der Öffentlichkeit«. Über bestimmte Bezirke der Reichshauptstadt wird ab heute der sogenannte »Judenbann« verhängt. Alle in solchen Bezirken liegenden Straßen, Plätze, Anlagen und Gebäude dürfen von Juden deutscher Staatsangehörigkeit und von staatenlosen Juden fortan weder betreten noch befahren werden. Wer zufällig dort seinen Wohnsitz hat, muß sich zum Überschreiten der Banngrenze einen polizeilichen Erlaubnisschein besorgen. Diese Maßnahme drängt nach dem Getto. Wie lange noch, und man wird jeden Umgang mit Juden unter Zuchthausstrafe stellen.

Berlin. Montag, 19. Dezember 1938

Nachricht von Kurt Hirschberg. Er sitzt im Konzentrationslager Sachsenhausen bei Oranienburg. Nur dreißig Kilometer von Berlin. »Liebe Lisel«, schreibt er, »es geht mir gut. Ich bin gesund. Du darfst mir ein Paket schicken. Mit Eßwaren. Schreiben darfst du auch. Zwanzig Zeilen. Setz dich mit Rechtsanwalt Landmann in Verbindung.« Darunter: »Liebe, liebe Lisel! Dein Kurt.« Es ist traurig, diesen Brief zu lesen. Eine Welt von Kummer klingt hinter den Worten. Aber er lebt. Und man kann ihm ein Paket schicken. Lisel Hirschberg ist glücklich.

Berlin. Samstag, 24. Dezember 1938

Heute haben wir Heiligabend. Man nennt ihn das Fest der Liebe. Vor fast zweitausend Jahren wurde in dieser Nacht Jesus von Nazareth geboren. Ein Jude, den alle rassepolitischen Bemühungen gewisser völkischer Cliquen niemals zum Arier haben umschmelzen können. Die Juden müssen dafür büßen, daß sie Christus ans Kreuz geschlagen haben, hat man Jahrhunderte hindurch behauptet. Hätten sie es aber nicht getan, wie stünde es dann um den Opfertod? Um das Sterben für eine große Sache, durch die das Welt-Christentum erst ausgelöst wurde? Was bedeutet ein nichtgekreuzigter Christus für die erlösungshungrige Menschheit? Also waren die Juden Werkzeug einer höheren Vorsehung. Also darf man sie nicht schuldig sprechen. Wenn wir doch endlich aufhören würden, die Schuld für alles, was uns mißfällt, bei anderen zu suchen!

Berlin. Mittwoch, 4. Januar 1939

»... Er ist da ... er ist da ...! Er ist wiedergekommen«, stammelt, schluchzt, stottert und jubelt es durch die Leitung. – »Andrik!« schreie ich ins Nebenzimmer. »Kurt Hirschberg ist wieder da.« Wir lassen alles stehen und liegen und laufen in die Sächsische Straße. Lisel steht an der Tür. Ihre Augen sind rotverweint. »Ssst!« flüstert sie und legt den Finger an den Mund. »Ssst! Er schläft! Der Arzt ist eben weggegangen.« – »Der Arzt?« Sie nickt. – »Alles kaputt. Die Hände, die Füße, die Ohren. Erfroren! Man ließ sie bei achtzehn Grad in der Kälte stehen. Strafstufe Nummer eins, sagt er.« Sie weist mit dem Kopf nach der Schlafzimmertür und wischt schon wieder die Tränen vom Gesicht. »Er hat Schreckliches durchgemacht.« Wir nicken. Jedes Trostwort wäre uns albern erschienen.

Zwei Stunden später sitzen wir an Kurt Hirschbergs Bett. Der Arzt hat ihm Kopf und Arme verbunden. Zwischen den weißen

Binden sieht sein geschorener Schädel wie eine wächserne Maske aus. »Daß Sie wieder da sind!« sagen wir und versuchen angestrengt, ihn unser Erschrecken über sein verändertes Äußeres nicht merken zu lassen. »Ist es sehr schlimm gewesen?« – »Schlimm«, kommt es aus den Kissen. »Schlimm, wenn man fünfzehn Stunden in Reih und Glied stehen muß. In Kadern zu dreihundert. Aufgepflanzt wie preußische Rekruten. Hut in der Hand. Wertsachen im Hut. Fünfzehn Stunden, ohne zu essen, ohne zu trinken. Ohne ein einziges Mal aus der Reihe zu treten. Drei sind gestorben in dieser Nacht. An Herzkrämpfen. An Harnversetzung. Schlimm ... schlimm ... sehr, sehr schlimm. Schlimm, wenn man in übervollen Baracken liegt. Auf der Erde zusammengepackt, wie in einer Ölsardinenbüchse. Dreht sich einer um im Schlaf, müssen hundertfünfundsiebzig sich mit ihm drehen. Das Strohlager raschelt. Neben dir ächzt der Kamerad. Hundertfünfundsiebzig Menschen. Knie an Knie. Arm an Arm. Du schläfst nicht, du wachst nicht, du liegst wie benommen. Schlimm ... schlimm ... trostlos schlimm. Schlimm, wenn sie einen zwingen, froststarr die Glieder, Verzweiflung im Herzen, sentimentale Lieder zu singen: ›Schwarzbraun ist die Haselnuß, schwarzbraun bist auch du.‹ Man hat keinen Mantel. Man hat keine Handschuhe. Der Kopf ist geschoren. Man steht in der Kälte. Man friert, und man singt: ›Schwarzbraun ist die Haselnuß ...‹ Schlimm, wenn sie im Lustrausch ihrer Macht ihr Mütchen an dir kühlen. Faust in die Fresse. Gewehrlauf zwischen die Beine. Hoppla! Verfluchter Jude! Wer nicht pariert, wird an rückwärts gefesselten Armen aufgehängt. In den Stehkamin gesperrt. Geprügelt, geschunden, gerüttelt, bis ihm die Zähne aufeinanderschlagen. Wir haben gefroren, wir haben pariert, wir haben stramm gestanden, als man neben dem brennenden Christbaum zwei unserer Kameraden am Galgen aufknüpfte ... wir haben ›Schwarzbraun ist die Haselnuß‹ gesungen, ›O Tannenbaum‹ und ›Aber der Wagen rollt‹. Wir haben, weil wir uns Zeitungspapier unter das Hemd stopften, um nicht ganz zu erstarren, zur Strafe zwei Stunden vor dem Tor gestanden.

Hände an der Hosennaht. Nackte Hände in achtzehn Grad Frost. Wir haben ...«
Er bricht ab. »Schlimm, wenn man nicht weinen kann. Schlimm, schlimm, unausdenkbar schlimm, wenn ... wenn man ... kein Mensch mehr ist ...« Er sagt es ohne Pathos. Er sagt es ohne Zorn. Als ob er eine naturwissenschaftliche Entdeckung registrierte.
»Wann werden Sie das Land verlassen?« fragt Andrik tonlos. – »Sobald ich das Visum nach England habe. Ich hoffe, in den nächsten vier Wochen.«
Daß man so was aushalten kann! denke ich, als wir die Treppe hinuntergehen. Ein solches Übermaß an Grauen. »Schwarzbraun ist die Haselnuß«, summt Andrik. Das ist der Kontrapunkt zum Badenweiler Marsch.

Berlin. Montag, 16. Januar 1939

Allmählich kommen sie alle zurück. Die aus Buchenwald und die aus Sachsenhausen. Mit kahlem Schädel und leidsatten Augen. Peter Tarnowsky, Kurt Sperling, Ernst Angel, Heinz Rosenthal und Paul Weiß. Die einen wissen dies zu erzählen, die anderen jenes. In Sachsenhausen durfte man arbeiten. Aber man fror, und die Strafen waren hart. In Buchenwald bei Weimar war das Arbeiten verboten. Für Hunderte von Menschen ein einziger Abort. ›Mordwoche‹ überschrieb man dort die ersten sieben Tage. Schlechtes Essen, Darmkatarrhe, Durchfälle. In Krämpfen wanden sich die Menschen. Antreten zum Austreten. Schlange vor den Aborten. Abmarsch ins Jenseits. In Berlin beschwert sich das Volk, daß der Kaffee zu Ende geht. »Deutsche, trinkt Tee!« werben die Kaffeehändler. In Buchenwald gibt es keinen Tee. Keinen Kaffee und keine Aborte. In Buchenwald starben innerhalb von sieben Tagen mehrere hundert Menschen. Erschlagen, erschossen, zu Tode gehetzt. »Schwarzbraun ist die Haselnuß«, singe ich und bemühe mich, zu vergessen, daß man einen jungen Kommunisten bei den Grammophonklängen von »Am Brunnen vor dem Tore« zu Tode gepeitscht hat.

Berlin. Freitag, 24. Februar 1939

Der »Lift« ist Trumpf in Berlin. Nicht der Personenaufzug eleganter Hotels, sondern der Transportbehälter erlaubten Emigrantengepäcks. Seit sechs Wochen gibt es kaum ein anderes Gesprächsthema mehr. Der 10. November hat selbst den heimattreuesten Juden die Augen geöffnet. Wer es irgend ermöglichen kann, versucht, aus dem Lande zu gehen. Es ist nicht leicht, ein Einwanderungsvisum zu bekommen. Fast scheint es so, als hätten sich alle Staaten verschworen, den deutschen Juden das Auswandern zu erschweren. Hier limitiert man den Zuzug. Dort sperrt man ihn ganz. Dringende Anfragen verzögern sich, wichtige Briefe bleiben unbeantwortet. Affidavits werden verkramt, um Bürgschaften muß gebettelt werden. Jeder Besuch auf Konsulaten türmt neue Schwierigkeiten auf. Weiß die Welt noch immer nicht, wie groß hier die Not, wie unaufschiebbar die Hilfe ist? Zweihundertfünfzigtausend Juden leben noch in Deutschland. Was sind eine viertel Million, verteilt über die ganze Erde? Warum erbarmt man sich ihrer nicht? Warum zeigt sich nicht eine Großmacht bereit, um dieser viertel Million Menschenleben willen ein Opfer zu bringen? Es ist ein trauriges Erbarmen, das das Maß seiner Hilfeleistung von der Summe abhängig macht, die der Erbarmungswürdige im Geldbeutel trägt. Wer keine Verbindungen nach draußen hat, keine einflußreichen Bürgen auftreiben kann, muß sich damit abfinden, als lästiger Fremdling im Lande zu bleiben. Rette sich, wer kann!

Wir packen Lifte, wir lösen Haushalte auf, wir versteigern Geschirr und schachern mit Bibliotheken. Siebenmal Heines Werke. Neunmal den »Zauberberg« von Thomas Mann. Elfmal »Im Westen nichts Neues« und zwölfmal die Bibel. Wenn man nicht Möbel packt, sitzt man über den Atlas gebeugt. Wo liegt La Paz? Ach so, in Bolivien! Neuseeland soll vorübergehend aufgemacht haben. In Uruguay brauchen sie Ärzte. Landwirte können nach Palästina auswandern. Der Globus schrumpft zusammen. Brasilien scheint ein Katzensprung, London wie ein Nachmittagsausflug nach Wannsee. Wenn wir

später einmal unsere Freunde besuchen wollen, müssen wir ein Rundreisebillett um die Erde nehmen.
Geistige Berufe sind wenig gefragt. Wer Zeit und Mittel dafür aufbringt, versucht noch in letzter Stunde, sich auf irgendeine Handfertigkeit umzuschulen. Täglich hört man von neuen Schnellkursen. Anwaltsfrauen lernen Konfektbereitung, lernen beim Marinadenhändler das Einlegen von Rollmöpsen. Dieser spezialisiert sich auf Herstellung preiswerter Eierliköre, jener auf Anfertigung von Schnittmusterbogen. Schnellkurse in Gymnastik, Eilkurse in Heilmassage, in Säuglingspflege, Kochen, Backen, Bügeln, Stopfen, Handschuhnähen. Lehrgänge in allen lebenden Sprachen. Wichtigster Wortschatz für den spanischen Arzt, den englischen Juristen, den russischen Techniker, den französischen Schlosser. Rette sich, wer kann!
In der nächsten Woche reisen Hirschbergs nach England. In der übernächsten Weißmanns nach Amerika. Wolfheims und Levys sind schon weg. Bei Fischers, Rosenbergs und Angels rüstet man zum Aufbruch. Zum zweitenmal seit Hitlers Regierungsantritt stiebt der Freundeskreis nach allen Seiten auseinander. Wir werden ziemlich einsam sein, wenn wir den letzten Heine an den Mann gebracht haben.

Berlin. Montag, 6. März 1939

»Ist es Ihnen nicht auch schon aufgefallen«, fragt mein Freund Hinrichs, »daß man sich wieder mal beängstigend lebhaft für die tschechischen Volksdeutschen interessiert?« Hinrichs ist Professor an der hiesigen Universität. Und, seitdem ihm die Nazis in sein Fach hineinpfuschen, eifrig bestrebt, sich nicht so sehr im Dienst seiner Wissenschaft wie im Dienste der Menschlichkeit zu betätigen. Neben Erich Tuch ist er unsere zuverlässigste Nachrichtenquelle. Ich schüttle den Kopf. Die sieben Millionen Tschechen fallen mir ein, auf die Hitler vor der Besetzung des Sudetenlandes so großspurig verzichtete. »Was brauchen wir sieben Millionen Tschechen?« schrie er damals. Und ein nicht enden wollendes Spottgelächter des applausgehorsamen Abgeordnetenhauses lohnte ihm den gelungenen

Ausspruch. Sollte er sie jetzt etwa doch brauchen? Kein Zweifel, man spricht ziemlich viel von den Deutschen im »mitteleuropäischen Raum«. Und beginnt bereits, sich in Presse und Rundfunk darüber aufzuregen, daß unsere besten Absichten vom tschechischen Volk beharrlich mißverstanden würden.

Berlin. Donnerstag, 9. März 1939

Die Propagandawalze Tschechengreuel kontra Volksdeutsche läuft an. Hinrichs hat sich mit seiner Voraussage nicht getäuscht. Eine nach der anderen zieht man sie wieder aus der Reklameschublade: die geschändete Mutter mit dem Kind an der Brust, den Überfall auf harmlose Volksgenossen, Meuchelmord, Krawalle, Unruhen, Provokationen. Daß etwa die Deutschen selbst zu solcher Herausforderung Anlaß geben könnten, wird entrüstet abgestritten. Schnöde Verleumdung, wenn man behauptet, daß sie im fremden Lande Nazizellen bilden, Hitleranhänger werben und, wo immer sich eine Gelegenheit dazu findet, ihre Staatsführung aufs unfreundlichste beschimpfen. Die fünfte Kolonne marschiert im tschechoslowakischen Restgebiet. Heute noch getarnt. Morgen vielleicht schon ... Vysherad – Vysherad, denke ich kummervoll. Ob sich die Welt auch diesen Raubzug noch gefallen lassen wird?

Berlin. Samstag, 18. März 1939

Sie hat ihn sich gefallen lassen. Wir greifen uns an den Kopf und fassen es nicht, daß man Herrn Hitler wieder einmal das Spiel gewinnen ließ. Bis vor vier Tagen brandeten die Wogen tschechischer Volksdeutschengreuel wie stinkendes Spülicht über die Presse, durchseuchten den Rundfunk, fraßen sich vergiftend in die Gemüter der Leichtgläubigen. Dann platzte die Bombe. Am 16. März wurden die Sudetengebiete als Protektorat Böhmen und Mähren dem »Großdeutschen Reich« eingegliedert. Aus ist es mit den Volksdeutschengreueln. Heute hat man Herrn von Neurath zum Reichsprotektor in Böhmen und Mähren ernannt. Kein Schuß fällt. Nirgends erhebt sich ein Protest. Bist du gestorben, Vysherad? Ist dir der Mund mit einem Knebel verstopft? »Ich wette, sie kriegen auch Danzig und Polen noch ohne Krieg«, sagt Hollner. »Und, wenn sie Schwein haben, sogar die Ukraine.«

Berlin. Freitag, 14. April 1939

Fischers verlassen Deutschland. Der Lift ist gepackt, das Haus bis zum Dachboden ausgeleert. In der Wohnung eines Freundes feiern wir Abschied. Irgend jemand spielt Bach und Beethoven. Wir reden nicht von Trennung. Wir sprechen von Goethe und Hölderlin. Von gotischen Domen und von den Wundern der Romantik. Als wollten die Abreisenden noch einmal die Seele dieses geliebten Landes in sich aufsaugen, zum letztenmal spüren, wie sehr und ganz sie dazugehören. Als es zu dämmern beginnt, gehen wir auseinander.

»Lebt wohl!« sagen Fischers. – »Lebt wohl!« antworten wir. Nichts weiter. Wir reichen uns die Hände. Wir umarmen uns. Wir gehen nach Hause, als kämen wir von einem Gottesdienst.

Berlin. Montag, 17. April 1939

Heute fliegen Fischers nach London. Morgen verläßt uns Frau Rosenberg. Auf dem Flughafen in Tempelhof sind wir allmählich bekannte Gäste. Fast jeder der Abreisenden läßt uns ein Erbteil zurück. »Vergeßt meine Mutter nicht... kümmert euch um Tante Johanna... und, nicht wahr, von Zeit zu Zeit werdet ihr mal nach Onkel Heinrich schauen?« Darum nehmen die Emigrationen für uns seit 1933 kein Ende. Weil immer irgend jemand übrigbleibt. Eine Tochter, ein Onkel, ein Sohn. Irgendein näheres oder ferneres Familienmitglied, das nun, durch den Wegzug seiner Lieben und durch den wachsenden Judenterror, zweifach trostbedürftig geworden ist.

Wir schauen nach Onkel Heinrich, wir kümmern uns um Tante Johanna und vergessen auch Heinz Rosenthals zarte, kleine Mutter nicht. Es gibt noch viele Onkel Heinrichs in Deutschland. Und ungezählte Tante Johannas. Manchmal möchte man sich fast in Stücke reißen. »Nicht wahr, Sie kommen bald wieder?« bittet Tante Johanna mit den Augen eines verängstigten Kindes. – »Endlich sieht man Sie mal!« grollt Onkel Heinrich. »Ich dachte schon, Sie wären zu den Nazis übergegangen.« So tief hat uns alle – die Betroffenen und die Nichtbetroffenen – die große Seuche angesteckt, daß schon der einfachste Zeitmangel den Verdacht eines Gesinnungswechsels aufkommen läßt. Wir wechseln unsere Gesinnung nicht. Keiner wechselt sie in unserem Kreis. Aber wir fürchten uns vor dem Mißtrauen unserer jüdischen Freunde. Und die Furcht, sie könnten denken, daß wir dächten ..., macht uns befangen. Nötigt uns mehr als einmal eine Verabredung ab, die wir unter normaleren Umständen aus Zeitmangel niemals eingegangen wären, die wir zumindest mit gutem Gewissen auf einen späteren Termin verschoben hätten.

Berlin. Donnerstag, 20. April 1939

Hitler feiert seinen fünfzigsten Geburtstag. Mit Pauken und Trompeten. Mit Aufmärschen, Fahnengeflatter und bengalischer Beleuchtung. Gestern abend ist die sogenannte Ost-West-Achse eröffnet worden. Die Prachtstraße, die über das Brandenburger Tor zum Reichskanzlerplatz führt. Hunderte von eisernen Fahnenmasten flankieren sie auf beiden Seiten. »Bonzengalgen in spe«, nennt man sie heimlich. Die Fahnen flattern in malerischer Scheinwerferbeleuchtung. Unter ihnen drängen sich die Schaulustigen. Lachend, schwatzend, abenteuersuchend schieben sie sich, in schwarzverknäultem Haufen, der Siegessäule entgegen. An ein Durchkommen ist nicht zu denken. »Meinen die nun die Sensation, oder meinen sie Adolf Hitler?« fragt Andrik kopfschüttelnd, während wir versuchen, uns nach der Friedrichstraße durchzuboxen. »Heil!« rauscht es da von weitem auf. »Heil! ... Heil!! ... Heil!!!« pflanzt es sich, immer näher rückend, fort. – »Teufel, der Führer!« murmelt Andrik und drängt mich mit Aufbietung aller Kräfte in eine Seitenstraße. Hinter uns reckt sich die Menge zum »Deutschen Gruß«. »Sieg Heil! Sieg Heil!« hören wir sie rufen. Wer den Arm nicht hebt, wird festgenommen. Als wir uns umschauen, sehen wir etwa fünfzehn bis zwanzig Leute, die sich

gleichfalls aus der Masse herauswinden und hastig in der stillen Seitenstraße untertauchen. »Guten Abend«, begrüßen wir sie im Vorübergehen. – »Guten Abend«, antworten sie freundlich. Einer zieht sogar mit gerührtem Lächeln den Hut.
Am Mittag findet die Festparade statt. Vorschau auf die nationalsozialistische Kriegspotenz. Zweieinhalb Stunden rollen die Panzer, die Geschütze, die Munitionswagen. Wieder säumen Menschenmassen die Straßen. Vorweg eine Absperrkette der SA. Dahinter BDM und Hitlerjugend. Die SA-Männer machen sich einen Spaß daraus, den kleinen Mädchen mit ihren breiten Rücken die Aussicht zu verstellen. »Steckt euern Kopf zwischen unseren Beinen durch«, schlagen sie schmunzelnd vor. Es ist kein gutes Schmunzeln, das diesen Vorschlag begleitet. Kein angenehmes Lächeln, mit dem vierzig von hundert BDM-Mädchen ihn kichernd akzeptieren. »Sieg Heil!« jauchzt die Menge. Auf einer Küchenleiter, inmitten des Volksgedränges, sitzt ein Arbeiter. Mager, unrasiert, in blauem Monteurkittel. Sinnend blickt er auf die rollenden Panzer. »Und denn keen Droppen Benzin«, hört man ihn brummen, »denn is det alles Käse.« Die Umstehenden schauen erschrocken zu ihm empor. Als sie merken, daß niemand protestiert, riskieren sie ein beifälliges Lächeln. Und wieder fragt man sich ratlos: Was meinen sie nun eigentlich? Sind sie dagegen, oder sind sie dafür? – »Dafür! – Alle Berliner sind dafür!« behaupten die Nazifeinde in der Provinz. »Sonst würden sie im Sportpalast nicht immerfort ›Ja‹ schreien!«
Dieser unselige Sportpalast! In der ganzen Welt hat er unser Ansehen geschändet. Ein paar tausend Menschen faßt das Etablissement. Etwa vier Millionen Einwohner zählt die Stadt Berlin. Warum begreifen nur so wenige die wahren Zusammenhänge unserer ›Ja's‹ im Sportpalast? Den Jubel der Spaliermacher, die Ovationen bei allen Bonzenreden, das Siegheilrufen der Reichstagsabgeordneten, die lärmende Volkszustimmung bei jeder Naziveranstaltung? Es ist so einfach zu lösen, dieses mißverständliche Rätsel. »Alle Parteigenossen, alle politisch als zuverlässig Erprobten antreten zum Gemeinschafts-

empfang der Führerrede!« heißt seine Lösung. Die Kreisleiter, Blockwalter, Werksvertrauensleute, Betriebsobmänner, BDM-Führerinnen und HJ-Führer, sämtliche staatlich bestellten Gesinnungskontrolleure des deutschen Volkes sind dafür verantwortlich, daß bei offiziellen Anlässen nur Ja-Sager zum Jubeln antreten. Jeder politisch Unzuverlässige, jeder auch nur im geringsten der Möglichkeit des Nein-Sagens Verdächtige ist in solchen Fällen fernzuhalten. Kein Nein-Sager zu Hitlers Politik hat jemals bei Parteiveranstaltungen die Rundbänke des Sportpalastes gedrückt. Keiner hat Spalier gestanden, persönlich einer Bonzenrede beigewohnt oder sich im Reichstag versammelt. Nicht einmal die Tatsache, daß solche Veranstaltungen in Aussicht stehen, gibt man ihnen vorher bekannt. Streng geheim flüstert sie der jeweilige Gesinnungskontrolleur in die auserwählten Ohren. »Abmarsch zum Spalierbilden, heute mittag um zwölf ... Der Führer erscheint zu spontaner Ansprache im Stahlwerk Ypsilon!« Die Ja-Sager sind verständigt. Die Ja-Sager jubeln spontan. An der richtigen Stelle und im richtigen Augenblick. Ebenso spontan ist ihr Beifall wie das Erscheinen des Mannes, der ihn auslöst. Schon vierundzwanzig Stunden vorher hat die Gestapo das Haus vom Keller bis zum Boden nach Minen, Sprengbomben und Höllenmaschinen abgesucht.
Unrecht ist es, uns den Sportpalast vorzuwerfen! Wir haben nicht mehr und nicht weniger mit ihm zu tun als der Hörer am Radio, der Neger in Honolulu oder der Farmer am Michigansee.

Berlin. Freitag, 23. Juni 1939

Die Nazigegner bemühen sich, den jüdischen Freunden wenigstens einen Bruchteil ihres Vermögens ins Ausland zu retten. Mit zehn Mark Barwert in der Tasche hält es schwer, einen neuen Lebensaufbau zu starten. Was wertvoll ist an materiellem Besitz, fällt unter Ausfuhrverbot. Von Monat zu Monat wird das Emigrantengepäck leichter. Verstoß gegen Devisenvorschriften kostet hohe Freiheitsstrafen. Den Auswandernden trägt es Konzentrationslager oder noch Schlimmeres ein.

Also dürfen sich die Auswandernden mit solchen Geschäften keinesfalls befassen. Das deutsche Auslandsreisepublikum aber überschreitet während der letzten Monate in immer eleganterer Aufmachung die Grenzen. »Ein Persianermantel, drei Ringe, zwei Ketten, ein Armband! Wer reist in absehbarer Zeit nach Italien?« – »Zwei Uhren, ein Brillantkollier, eine Leica nach Finnland.« – »Fünf Goldstücke, zwei Silberfüchse nach Brasilien. Auf der ersten Station jenseits der Grenze als Wertpaket abzuschicken.« – »Eine Schreibmaschine und fünf Koffer in die Schweiz.«

Man behängt sich mit Schmuck, man wirft sich in Zobel und Chinchilla. Noch nie im Leben haben wir so »kapitalistisch« ausgesehen. Vier neue Anzüge im Schrankkoffer. Sechs Winterkleider, fünf Sommerkleider, acht seidene Nachthemden, zwölf Paar Strümpfe und drei Paar Schuhe. Auf dem Grunde der Puderdose schlummert eine 20-Dollar-Note. Zwischen jeder Scheibe Pumpernickel der »Sökeland-Packung« ruht, als Belag, ein Tausendmarkschein. Wir atmen auf, wenn die Grenzkontrolle hinter uns liegt.

Andrik hat durch seine Auslandsgastspiele am häufigsten Gelegenheit, die Grenzen zu überschreiten. In zwei Wochen fahren wir gemeinsam nach Frankreich und Schweden. Schon treffen aus beiden Ländern die Wunschbriefe ein: Rollmöpse, westfälischer Schinken, Frankfurter Würstchen, Bismarckheringe, Hamburger Schwarzbrot, Neißer Gebäck. Hinter jedem Wunsch steckt ein Stückchen Heimweh. Jeder Auftrag offenbart das unausgesprochene Geständnis: Wir kommen nicht los von dem Land, das wir verlassen haben. Wir sehnen uns zurück, zurück nach unserer Heimat. Täglich wird unser Reisegepäck umfangreicher, nimmt Andriks »Bestelliste« an Volumen zu. »Hast du für Doktor X die Glasaugen besorgt? Das Massageöl für Frau Z? Die Schlafmittel für Fräulein Ypsilon?« fragt er, kreuzt an, hakt ab, streicht durch, bis er sich selbst kaum noch in dem Zettelchaos zurechtfindet. Am 8. Juli reisen wir. Bis zum 8. Juli gibt es noch reichlich Gelegenheit, die Auftragslisten zu ergänzen.

Berlin. Samstag, 8. Juli 1939

Morgen abend werden wir in Paris sein. Endlich wieder mal reden, ohne zu flüstern. Ohne zu umschreiben oder uns ängstlich nach allen Seiten umzublicken. Eben bin ich noch mal bei Heinrich Mühsam gewesen. Man weiß nie, was in der Zwischenzeit passieren kann. Immer noch hat er den Absprung nicht gefunden, tippt seine Kinderbriefe und philosophiert – weise wie Buddha – über die Zeitläufte.

»Wollen Sie es tatsächlich wagen, hierzubleiben?« frage ich. Er sieht mich an. »Wohin soll ich denn sonst? Unglücklich sein in Kanada? Entwurzelt in den Vereinigten Staaten? Verzweifelt vor Sehnsucht auf den Philippinen? Ganz davon abgesehen, daß mich weder die Philippinen noch die Vereinigten Staaten, geschweige denn das Auswandererparadies Kanada in ihren Schoße aufnehmen wollen.« Er lächelt. »Es gibt einen Grad des Hierhergehörens, der jeden Fluchtgedanken ausschließt. Wenn man mich nicht zwangsweise ...« – »Gott behüte! Gott behüte!« sage ich erschrocken. »Spucken Sie aus! Das Tausendjährige Reich ist noch nicht zu Ende!«

»Menschen wie ihm soll man nicht zureden«, meint Andrik, als ich ihm von unserem Gespräch erzähle. »Er würde eingehen, wenn man ihn verpflanzte. Vielleicht kommt er durch. Gönnen wir ihm jeden Tag, den sie ihn noch ungeschoren lassen!«

Paris. Sonntag, 16. Juli 1939

Von morgens bis abends kommt es und geht es in unserem Hotelzimmer. Freunde, Bekannte, Freunde von Freunden, Bekannte von Bekannten. Jeder will hören, wie es in Deutschland aussieht, Eindrücke tauschen, Grüße empfangen, seine Seele erleichtern. Nicht alle sind die alten geblieben während der längeren oder kürzeren Trennungszeit. Mit manchen von ihnen fällt es ein wenig schwer, sich zu verständigen. Warum halten sie uns plötzlich für Nazianhänger? Nur weil wir nach Deutschland zurückkehren? Warum sagen sie »wir Juden«, statt wie früher »wir Freunde« zu sagen? Waren wir nicht ihre Freunde, als wir ihnen halfen, hinauszukommen? Hitler hat die

Rassentrennung erfunden. Sie selbst blasen in Hitlers Horn, wenn auch sie sich zu seinen Unterscheidungen bekennen. Hin und wieder wird mir bei unseren Gesprächen etwas trübselig zumute. Doch Andrik setzt mir den Kopf zurecht. »Verfall nicht auch du in den Irrtum, zu glauben, daß alle Juden Engel sein müßten. Nicht jeder, den die Nazis zur Gegnerschaft zwangen, ist tatsächlich unser Gesinnungsgenosse. Mancher Herr Abraham, Isaak oder Jakob wäre mit Freuden Nazi, wenn man ihm nur erlaubt hätte, Nazi zu sein.« – »Aber die Emigranten ...«, will ich einwenden. – »Es gibt nicht ›die‹ Emigranten. Es gibt nur einen emigrierten Freund A. oder eine emigrierte Freundin B. Das ganze Unglück kommt von den Verallgemeinerungen. Alle Polen sind so ..., alle Franzosen so ..., alle Juden müssen so und so sein. Charakterwertung nach Schema Eff, hunderttausend über einen Leisten. Wenn wir uns das nicht abgewöhnen, kommen wir nie auf einen grünen Zweig. Weder mit der Menschheitsverständigung noch mit der Toleranz.« Ich muß ihm recht geben. Und verlange nicht mehr, daß »alle« Emigrierten »alle« unsere Ansichten teilen.

Stockholm. Donnerstag, 17. August 1939

Unruhe in ganz Europa. Diesmal heißt das Stichwort Danzig. Von Tag zu Tag spitzt sich die Lage zu. Unsere Freunde raten uns, hierzubleiben. Auf keinen Fall in das kriegsbereite Deutschland zurückzukehren. Ob Hitler den Krieg tatsächlich will? Lieber wäre es ihm zweifellos, er bekäme Danzig ohne Krieg. Hollners Prophezeiung fällt mir ein: Danzig kriegt er noch gutwillig. Polen und, wenn er Schwein hat, sogar die Ukraine. Im Augenblick sieht es nicht so aus, als ob Hollner recht behalten würde. Die Welt rasselt hörbar mit dem Schwert. Hitler tut wie ein Lämmchen. Läßt die gequälten Volksdeutschen aus der Propagandakiste holen und im polnischen Gebiet ihr Martyrium beginnen. Geschändete Mütter mit dem Kind an der Brust... In- und auswendig kennen wir die Walze. Der Oberbefehlshaber des Heeres, Generaloberst von

Brauchitsch, hat am 10. August vor deutschen Rüstungsarbeitern die »heilige Versicherung« abgegeben, »daß der Führer niemals das Leben des deutschen Menschen leichtfertig aufs Spiel setzen« werde. Wir stürzen uns auf jede neue Zeitung.

Stockholm. Dienstag, 22. August 1939

Deutschland schließt mit der Sowjetunion einen Nichtangriffspakt ab. Wie eine Bombe hat diese Nachricht gestern abend in der Welt eingeschlagen. Andrik kommt mit einem Pack Zeitungen unter dem Arm aus der Stadt zurück. »Es ist wohl soweit«, sagt er ernst. »Ich fürchte, wir müssen abreisen.« Wir wissen beide nicht, ob wir erleichtert aufatmen oder entsetzt die Hände zusammenschlagen sollen. Seit 1933 steht es für die Hitlergegner fest, daß das Tausendjährige Reich über kurz oder lang in einen Krieg steuern wird. In einen Krieg, der für Deutschland verloren sein müßte. Sechs Jahre hatten wir Zeit, uns an diesen Gedanken zu gewöhnen. Nun dünkt uns das Ende mit Schrecken fast schon erträglicher als der Schrecken ohne Ende.

Berlin. Samstag, 26. August 1939

Die Heimfahrt nach Deutschland läßt über den Ernst der Lage kaum einen Zweifel übrig. Reservisten mit Rucksack und Pappkarton drängen sich in den Straßen, auf den Bahnsteigen, in den Wartesälen. »Wir wollen keinen Krieg!« sagen ihre erschrockenen Gesichter. Auf dem Stettiner Bahnhof herrscht unvorstellbares Durcheinander. »Erster Mobilmachungstag«, raunt uns der Gepäckträger ins Ohr. »Man hat die Kinder aus den Schulen geschickt und den Reichstag einberufen. Morgen soll der Wahnsinn losgehen.« Der Mann scheint uns für Ausländer zu halten, daß er so freimütig redet. Oder hat die drohende Kriegsgefahr selbst die Angst vor der Gestapo vorübergehend in den Schatten gestellt? Daheim liegt ein Zettel auf dem Tisch: »Sofort anrufen! Dringend!« Das ist Karlas Handschrift. Ich stürze zum Telephon. »Zu spät, meine Liebe!« begrüßt mich die Freundin. »Ich hoffe, du hast für die nächsten paar Jahre rechtzeitig dein Haus bestellt.« Mein der Chiffrengespräche entwöhntes Gehirn springt leider nicht an. Was mag sie meinen? grüble ich. Wozu ist es zu spät? Was soll ich »bestellt« haben?

Berlin. Sonntag, 27. August 1939

Jetzt begreife ich, was sie gemeint hat! Ab sofort werden im ganzen Reich Lebensmittelkarten eingeführt. Bis gestern abend hätte man noch kaufen können. Als ich mit Karla telephonierte, war es zu spät. Heute sind die Geschäfte geschlossen. Von morgen an lebt das deutsche Volk nach einem streng geregelten Kartensystem. Schöne Aussichten, wenn man soeben von einer sechswöchigen Reise zurückkehrt! Dicht unter dem Erlaß sind zwei gesperrt gedruckte Spalten der »unmenschlichen Mißhandlung Volksdeutscher in Polen« gewidmet.

Gestern soll der englische Botschafter Henderson mit deutschen Vorschlägen nach London geflogen sein.

Berlin. Montag, 28. August 1939

Die Truppen rollen gen Osten. Hinrichs ist einberufen. Kein Mensch in Berlin glaubt noch an die Erhaltung des Friedens.

Berlin. Dienstag, 29. August 1939

Ein neuer Lichtblick. Nach Hendersons Rückkehr scheint sich die Lage entspannt zu haben. Wir dürfen wieder mal Atem schöpfen. Wofür? Auf wie lange? Für einen Frieden mit Hitler? Mit Gestapo, Judenhetze, Selbstbespiegelung und unerträglichem Meinungszwang? Es ist entsetzlich, einen Krieg zu wünschen, den man unabwendbar für verloren hält. »Wir haben der Deutschen Botschaft in London den Star gestochen«, vertraut mir Karla an. »Sie mußten erfahren, wie grundverkehrt Herr von Ribbentrop die Lage beurteilt!« Am Abend ruft sie mich an. »Iacta alea est!« sagt sie trocken und hängt ein.

Berlin. Mittwoch, 30. August 1939

Ja, der Würfel ist gefallen! Jeder Schritt, den Hitler seit gestern unternimmt, offenbart seine Absicht, koste es, was es wolle, in Polen einzumarschieren. Stündlich souffliert uns Erich Tuch die neueste Szene des Weltgeschehens. Henderson bei Hitler. Der Führer verlangt nicht nur die Rückgabe Danzigs, sondern auch die Einverleibung des polnischen Korridors. »Polen braucht den Zugang zum Meer«, erklärte er unlängst. Heute scheint es ihn nicht mehr zu brauchen. Innerhalb von vierundzwanzig Stunden soll ein unterhandlungsberechtigter polnischer Bevollmächtigter in Berlin erscheinen. Das ist ein Ding der Unmöglichkeit. Hitler und Ribbentrop wissen es ebenso gut, wie Sir Henderson es weiß.

Berlin. Donnerstag, 31. August 1939

In der gestrigen Nacht hat sich zwischen Henderson und Ribbentrop eine Farce abgespielt, wie sie in der Weltgeschichte ihresgleichen suchen mag. Mit eisiger Kälte wird der britische Botschafter um zwölf Uhr nachts vom Reichsaußenminister empfangen. Ribbentrop öffnet seine Dokumentenmappe, zieht ein Aktenstück hervor und liest dessen Inhalt mit halber Stimme hastig herunter. Sir Neville Henderson ist noch kein perfekter Kenner der deutschen Sprache. Er versteht nur die Hälfte. Und auch die Hälfte nicht ganz genau. »Darf ich um eine Abschrift für meine Regierung bitten?« fragt er höflich nach Beendigung der Lesung. – »Zu spät«, sagt Ribbentrop gereizt und wirft das Schriftstück auf den Tisch. – Seit heute mittag um zwei sind die Verhandlungen mit England abgebrochen. Die deutsche Armee marschiert.

In der Redaktion herrscht Katastrophenstimmung. »Ab morgen sprechen die eisernen Rohre«, sagt Hollner düster. Die meisten wehrfähigen Männer sind schon einberufen. Der lange Meyer, unser »Politischer«, prangt zur Feier des Tages in SS-Uniform. Aber es scheint ihm nicht ganz wohl dabei zu sein. Und als Hollner eine Friedens-Abschieds-Kognakflasche kreisen läßt, nimmt auch er aus ihr einen kräftigen Schluck. So herzhaft, daß man ihn nachher in ein Taxi spedieren und dem Chauffeur seine Privatadresse aufgeben muß. Erich Tuch kommt aus der Reichskanzlei kaum mehr heraus. »Heute zwischen vier und fünf Uhr nachts«, informiert er uns nur hastig durchs Telephon.

Berlin. Freitag, 1. September 1939

Um 4 Uhr 45 haben deutsche Truppen in breiter Front die polnische Grenze überschritten. Die Regierung tritt mit einer Fülle neuer Verordnungen auf den Plan. Pflicht zur Verdunkelung von Straßen, Geschäften und Wohnungen. Luftschutzpflicht. Ab heute ist das Hören ausländischer Sender verboten und unter schwere Strafen gestellt. Dreimal haben wir bereits »gesündigt«. Mit einer Decke über dem Radio, hinter verschlossenen Türen. Frankreich und England machen mobil. Italien erklärt sich neutral. Iacta alea est. Wann wird dieser Würfel für Hitler gefallen sein?

Nachmittags sind wir bei Doktor Flamm zum Tee eingeladen. Seit ihn die Nazis wegen politischer Unzuverlässigkeit als Landgerichtsrat in Pension schickten, verdient er sich den Lebensunterhalt durch ein juristisches Repetitorium, mit Vorsicht und Klugheit darum bemüht, seine Schüler über die Irrlehren des Nazismus aufzuklären. Andrik schätzt ihn als seinen gescheitesten Freund. Jetzt finden wir ihn, auf einer Leiter balancierend, soeben damit beschäftigt, die Fenster mit dunkelbraunem Packpapier zu vernageln. »Deutscher, verdunkle!« begrüßt er uns und klopft den letzten Nagel in sein Machwerk.

Wir sitzen um den Tisch und rühren in unseren Tassen. »Das gibt einen langen Krieg«, sagt Flamm melancholisch. »Der Himmel weiß, wer zum Schluß noch am Leben sein mag.« – »Bestimmt nicht Herr Hitler!« – Flamm schneidet eine Grimasse. »Was nützt uns Hitlers Tod, wenn wir vorher ins Gras beißen müssen!«

Draußen ertönt ein merkwürdiges Geräusch. Hoch und tief, tief und hoch. Ein langgezogenes Auf und Ab. Andrik springt

empor. »Fliegeralarm!« ruft er erschrocken. Wir sehen uns an und wissen nicht recht, was wir tun sollen. »In den Keller gehen«, rät Flamm. Irgendwie genieren wir uns ein bißchen. Kommen uns vor wie Feiglinge. Als wir unten eintreffen, haben sich die übrigen Mieter bereits versammelt. Gasmaske vor dem Gesicht, Luftschutztasche vorschriftsmäßig über der Schulter. »Ekelhaft!« brummt Andrik. Über uns summt ein einsamer Flieger. Gespannt beobachten wir ihn durch das aufgesperrte Kellerfenster. Nach zwanzig Minuten ist der Spuk vorüber. Wieder ertönt ein ungewohntes Geräusch. Ein durchdringendes, langanhaltendes Summen. »Entwarnung« nennen es die Sachkundigen. Knöpfen ihre Gasmasken ab und treten befriedigt den Rückmarsch an. Wir äußern uns nicht über dieses Erlebnis. Es ist uns peinlich und erscheint uns beinahe als Blamage.
Auf dem Heimweg sehen wir zum erstenmal Sterne über Berlin. Nicht traurig verblassend hinter bunter Lichtreklame, sondern funkelnd in feierlicher Klarheit. Der Mond wirft einen milchigen Schein über die flachen und spitzen Dächer. Kein künstlicher Lichtstrahl dringt auf die Straßen. «Die Großstadt kehrt zur Natur zurück«, lächelt Andrik. »Fast könnte man zum Romantiker werden.« Er hakt mich ein und drückt meinen Arm. Wie lieb ich ihn habe! denke ich zärtlich.

Berlin. Montag, 4. September 1939

Kriegszustand zwischen England und Deutschland. Vor drei Tagen bekam Frau Rosenthal einen Brief, daß ihr englisches Visum unterwegs sei. Nun ist die Falle zugeklappt. Sie weint. Wie viele mögen heute weinen, weil es ihnen ähnlich ergeht! Doktor Mühsam lächelt philosophisch. »Mitgefangen – mitgehangen«, sagt er. Und scheint fast zufrieden, daß man ihm den Auswanderungsentschluß zumindest für den europäischen Kontinent endgültig abgenommen hat. Tschenstochau ist gefallen. Die Warthe überschritten. »In rollendem Einsatz« bombardieren deutsche Luftstreitkräfte seit gestern die polnischen Städte. Auch Frankreich befindet sich mit uns im Krieg.

Doch weder Franzosen noch Engländer marschieren über unsere Grenzen. Warum marschieren sie nicht? Warum überschreiten sie nicht auch irgendeinen Fluß und setzen dem Wahnsinn des Krieges ein Ende, ehe die Besten aller Länder verblutet sind? Von Stunde zu Stunde warten wir auf das Eingreifen der Großmächte.

Berlin. Donnerstag, 21. September 1939

Sie haben nicht eingegriffen. Heute spricht Adolf Hitler aus der deutschen Stadt Danzig. Der Krieg gegen Polen ist aus. Nach achtzehn Tagen. Mit dreihunderttausend Gefangenen. Weder der englische noch der französische Ministerpräsident scheinen zu wissen, daß Hitler nichts in der Welt so tief verabscheut wie einen Zweifrontenkrieg. Daß er lieber ein Bündnis mit den sechs Jahre hindurch beschimpften Bolschewisten riskiert als die Chance, sich von irgend jemandem in den Rücken fallen zu lassen. Die Westfront steht. Gewehr bei Fuß, und ohne sich zu rühren. Aber wartet nur, bis die Kobra ihre erste Mahlzeit verdaut haben wird! »Der Krieg zieht sich jahrelang hin«, prophezeit Erich Tuch. »Ein ›Blitzkrieg‹ wird den anderen ablösen. Und am Schluß? Am Schluß wird das Chaos stehen!«

Berlin. Samstag, 30. September 1939

Von morgen ab besteht auch in Lokalen der Zwang zur Fleischmarkenabgabe. Wer heute durch die Berliner Cafés und Gaststätten streift, bekommt den Eindruck, als hätte die gesamte Bevölkerung seit Monaten am Hungertuch genagt: Alle Restaurants sind überfüllt. Die Menschen fressen wie Hyänen. Ohne Hemmung und ohne Scham. Was hat man davon, wenn man sich für unbestimmte Zeit auf Vorrat den Magen mit Gänsebraten vollstopft? Sodbrennen? Eine unruhige Nacht? Verbindlichsten Dank! Diesen Gefallen wollen wir Herrn Hitler nicht erweisen.

Berlin. Dienstag, 10. Oktober 1939

Wie ein Lauffeuer verbreitet sich heute morgen ein Gerücht in der Stadt. Die englische Regierung sei abgesetzt. Ein zehntägiger Waffenstillstand angeboten. Unser Verlag will es zuverlässig direkt aus dem Luftfahrtministerium erfahren haben. Ganz Berlin telephoniert. »Haben Sie schon gehört? ... Ist es tatsächlich wahr?« Gegen Mittag kommt die Gegenparole. Persönlich von Goebbels ausgegeben. Die friedenssüchtigen Gerüchteverbreiter einschließlich des Reichsluftfahrtministeriums sind einem Fischweibertratsch aus der Markthalle zum Opfer gefallen. Niemand hat Frieden angeboten. Der Krieg geht weiter. Und er muß weitergehen. Schon jetzt nehmen die Zwangsmaßnahmen gegen Juden und Andersdenkende immer menschenunwürdigere Formen an. Im Luftschutzlehrgang wird der Hausgemeinschaft eingeschärft, daß sie keinen Rassefremden in ihrem Keller zu dulden brauche. Wir schämen uns vor unseren jüdischen Freunden. Und weil wir uns schämen, finden wir uns immer öfter bei ihnen ein. »Wißt ihr noch, als ...«, beginnen unsere Gespräche. »Erinnert ihr euch noch an ...«, pflegen sie zu enden.

Berlin. Montag, 30. Oktober 1939

Karla macht geheimnisvolle Andeutungen. Von einer »großen Sache«, die in Aussicht stehe. In der Stille ihrer Wohnung probiert sie mit Erich Tuch Revolver aus. »Für den Notfall!« orakelt sie. »Man kann doch nie wissen.« Wir hätten gern »gewußt«. Aber unsere Freundin hüllt sich in hartnäckiges Schweigen.

Berlin. Donnerstag, 9. November 1939

Gestern abend ist im Münchner Bürgerbräu eine Höllenmaschine losgegangen. Kurz nachdem Hitler seine Ansprache an die alten Mitkämpfer und Blutordensträger beendet und die Versammlung verlassen hatte. 500000 Mark sind zur Feststellung des Täters ausgesetzt. »Mensch, wenn die getroffen hätte, lägen wir alle betrunken unter dem Tisch!« empfängt mich Hollner in der Redaktion. Karla verhält sich merkwürdig still.

Ob sie mehr über die Zusammenhänge weiß, als sie sagen will? In den Abendblättern schäumt man vor Zorn. »Es besteht kein Zweifel, daß bei diesem Attentat der englische Secret Service die Hände im Spiel hat«, tobt man.

Flamm und Andrik sind der Meinung, man habe wieder mal einen »Reichstagsbrand« inszeniert. Das heißt, sein Bombenattentat selber veranstaltet. In vielen Kreisen geht das Gerücht, Himmler habe dadurch seine Macht beweisen, Hitler die »Gnade der Vorsehung« veranschaulichen wollen. Vom wahren Täter fehlt jede Spur. Sechs alte Kämpfer mußten daran glauben. Mehr als ein halbes Hundert wurden verletzt. Seltsamerweise befindet sich kein einziger Prominenter darunter. Karla lächelt wie eine Sphinx. Erich Tuch läßt sich nicht sprechen. Wir beraten uns mit Hinrichs, der gerade auf Urlaub kommt. Fremd und ein bißchen beängstigend in seiner Luftwaffenhauptmannsuniform. »Wäre das Ding bloß früher losgegangen!« schimpft er enttäuscht. »Was nützen uns Höllenmaschinen, wenn sie nicht rechtzeitig explodieren!« Über den vermeintlichen Täter weiß auch er nichts auszusagen. Eines nur steht ihm bombenfest: Der Secret Service steckt nicht dahinter.

Berlin. Montag, 4. Dezember 1939

Immer noch munkelt man um die rätselhafte Bürgerbräu-Affäre. Als das Gerücht über eine Inszenierung aus den eigenen Reihen im Volk beängstigenden Umfang annahm, entschloß sich die Regierung, koste es, was es wolle, einen Täter herbeizuschaffen. Elser heißt der Mann, der, reichlich verspätet, mit Bild und Steckbrief, in allen Zeitungen erscheint. Man griff ihn angeblich, als er, den Plan des Bürgerbräukellers in der Tasche, soeben die Schweizer Grenze passierte. Seltsame Duplizität der Verbrecherfehlhandlungen. Van der Lubbe steckt sich, als er den Reichstag anzündet und das Feuer ihm schon die Jacke versengt, sein kommunistisches Parteibuch in die Hosentasche. Vorsorglich, damit es im Falle seiner Ergreifung auch wirklich gefunden wird. Elser tut das gleiche mit dem Plan seines Attentats. Was nützt ihm dieser Plan in der Schweiz? Will er ihn, zum ewigen Andenken, eingerahmt über seinem Bett aufhängen? Kein versierter Verschwörer läßt sich mit kompromittierenden Dokumenten erwischen. Am wenigsten dann, wenn er stunden-, tage- oder gar wochenlang Zeit hat, sie zu vernichten, im Ofen zu verbrennen, einem Gully anzuvertrauen oder mit der Wasserspülung hinunterzuspülen. »Wenn es ihn wenigstens gäbe, diesen Elser!« sagt ein alter Reichsgerichtsrat verstimmt. »Aber ein Täter, der schon vor Jahren gestorben ist und nur noch als Photographie im Verbrecheralbum fungiert ...« Er schaut uns bekümmert an: »Für solches Theater setzt man die höchste deutsche Gerichtsbehörde in Bewegung.« Karla lächelt wie eine Sphinx. Doch das Volk beruhigt sich durch die Photographie. Und über der Nachricht, daß Finnland mit Rußland in den Krieg eingetreten ist, gerät Herr Elser samt Bürgerbräukellerplan, Höllenmaschine und Photographie aus dem Verbrecheralbum allmählich in Vergessenheit.

Berlin. Mittwoch, 24. Januar 1940

»Toll, bis zu welchen Höhen sich der nationalsozialistische Pegasus gelegentlich emporschwingt!« sagt Andrik und blättert kopfschüttelnd in einem schmalen Heftchen. Ich blicke ihm über die Schuler. »Weihnachten im Dritten Reich« von Fritz von Rabenau, lese ich. Darüber das Hakenkreuz. Darunter ein engelumschwebter Weihnachtsbaum. »Hör zu«, spricht Andrik und räuspert sich bedeutsam:

»Stille Nacht, heilige Nacht,
Alles schläft, einsam wacht
Nur der Kanzler zu treuer Hut,
Wacht zu Deutschlands Gedeihen gut,
Immer für uns bedacht.

Stille Nacht, heilige Nacht,
Alles schläft, einsam wacht
Adolf Hitler für Deutschlands Geschick,
Führt uns zu Größe, zu Ruhm und zum Glück,
Gibt uns Deutschen die Macht.«

Er wirft das Heft auf den Tisch. »Nun, was hältst du von dem Kunstwerk?« Mich schüttelt es. Und dafür mußten Stefan Zweig und Franz Werfel das Land verlassen, sind Heinrich Heines Gedichte seit sieben Jahren verboten. Schon weiß die heutige Jugend von Hermann Hesse kaum mehr den Namen. Ahnt nichts von der Lyrik eines Trakl, der Dramatik eines Barlach, der märchensüßen Poesie einer Else Lasker-Schüler. Die geistige Katastrophe ist viel schlimmer, als die materielle es jemals werden kann. Was man in vielen Jahren an Unfug, Geschichtsfälschung, Wahrheitsverdrehung und Kunstverleumdung in die Köpfe gehämmert hat, das wird sich aus diesen Köpfen so leicht nicht wieder herausmeißeln lassen. Jeder von uns trägt irgendwo den Stempel des Dritten Reichs. Und selbst der Untergang des Regimes wird aus Nazis keine Demokraten, aus Massenmenschen keine Persönlichkeiten zaubern. Hitler hat das Volk an Ekstasen gewöhnt. Immer muß es irgendwo »knallen«. Immer steigert man sich ins Übermaß. Bis in die Umgangssprache ist die Entfesselung aller Werte eingebrochen. Nichts heißt bei uns mehr einfach »schön«, weil es schön ist, einfach »groß«, weil es groß ist. Was sich nicht als »ungeheuer groß«, »überirdisch schön«, »einmalig wundervoll« präsentiert, schmeckt uns saft- und kraftlos wie ungewürzte Speise. Deutschland hat das Organ für die leisen Töne verloren. Zwar rühmt es sich noch dieser leisen Töne – der Töne der Dichter und Denker –, preist sich geradezu als deren Erfinder und Sachwalter in der Welt. Ja, merkt es denn nicht, wie der Eisenschritt der Paraden jenes Denken und Dichten seit Jahren bis auf den letzten Funken erstickt hat? Wer den Begriff des »Zackigen« zum Ideal erhebt, der ist von der Welt Mozarts, Kants, Eichendorffs und Rilkes tiefer geschieden als ein chinesischer Bauer, der Tag um Tag seine Reisfelder bestellt. Nietzsche hat es gewußt. Hat es schon damals vorausgeahnt. »Kam trotz schlumpichtem Gewande / einst der Deutsche zu Verstande, / weh, wie hat sich das gewandt! / Eingeknöpft in strenge Kleider, / überließ er seinem Schneider, / seinem – Bismarck« (sprich: Hitler) »den Verstand«, spottet er in einem Sechszeiler.

Und ausgerechnet diesen Nietzsche will Goebbels zum nationalsozialistischen Vorkämpfer proklamieren!

Berlin. Sonntag, 10. März 1940

Ums Radio geschart sitzen wir in unserem Zimmer, Flamm, Hinrichs, Doktor Mühsam, Karla, Andrik und ich, und lauschen der Rede, die Hitler zum Heldengedenktag hält. »Muß man sich diesen Unfug tatsächlich anhören?« mault Mühsam und saugt wie ein Blasebalg an seiner nicht ganz havannaechten Zigarre. – »Man muß«, erwidert Hinrichs strafend. »Vogel-Strauß-Politik ist unverantwortlich. Wenn wir uns nicht klar darüber werden, was bei ›denen‹ gespielt wird, verlieren wir jeden Überblick. Und ohne Überblick ...« Er bricht ab. Andrik steht vor dem Radio, den Kopf ein wenig gesenkt, nachdenklich den Blick nach innen gerichtet. Wie er fast jede Stunde dort steht, um die Wellen des Äthers mit seinen gelenkigen Händen einzufangen.

Heisere Männerstimmen dröhnen »Sieg Heil«. – »Gesteuert auf zehnfache Lautverstärkung«, sagt Andrik verächtlich und stellt das Gerät auf Pianissimo. »Deutsche Volksgenossen und -genossinnen«, hören wir die verhaßte Knödelstimme. »Als Führer der Nation, als Kanzler des Reiches und als Oberster Befehlshaber der deutschen Wehrmacht lebe ich heute nur einer einzigen Aufgabe: Tag und Nacht an den Sieg zu denken und für ihn zu ringen, zu arbeiten und zu kämpfen, wenn notwendig, auch mein eigenes Leben nicht zu schonen, in der Erkenntnis, daß dieses Mal die deutsche Zukunft für Jahrhunderte entschieden wird.« – »Dein Wort in Gottes Ohr!« ruft Mühsam bitter. »Für Jahrhunderte!« – Hinrichs grinst. »Gütig von ihm, daß er, wenn notwendig, sogar sein eigenes Leben nicht schonen will!« – »Sst!« macht Andrik und läßt die Stimme seines »Obersten Kriegsherrn« für einen Augenblick zu donnernder Stärke anschwellen: »Der von den kapitalistischen Machthabern Frankreichs und Englands dem Großdeutschen Reich aufgezwungene Krieg muß zum glorreichsten Sieg der deutschen Geschichte werden.«

»Da haben wir's«, erregt sich Flamm. »Größenwahn in jedem Satz. Und was das Schlimmste ist: Man glaubt ihm den Humbug. Neunzig Prozent des Volkes fallen auf diesen Schwindel herein.« – »Es sind die gleichen neunzig Prozent, die in allen Ländern zu allen Zeiten auf jeden Propagandaschwindel hereinfallen«, erwidert Andrik ruhig. »Warum erwarten Sie, daß ausgerechnet das deutsche Volk eine Ausnahme macht?« – »Weil ich es liebe«, sagt Flamm leise. »Weil es mir unerträglich ist, es in den Abgrund steuern zu sehen.« – »Wenn aber dieser Abgrund das einzige Mittel wäre, einen neuen Anfang zu finden? Ich meine – einen Anfang im Geiste?« fragt Mühsam ebenso leise zurück. »Dann wäre das Ganze kein Untergang, sondern eine Passion.« Sein unschönes Gesicht verklärt sich, als würde es von innen durchleuchtet. »Vielleicht geht es überhaupt nur um diese Passion. Das heißt – um unsere Bereitschaft zu ihr. Wenn wir wirklich bereit sind ...« Er verstummt. »Wir sind bereit«, fährt er dann, wie zu sich selber, fort. Ich schaue ihn an. Du bist bereit, denke ich gerührt. Du Guter! Du überaus Tapferer!

Berlin. Mittwoch, 19. Juni 1940

Dreieinhalb Monate sind vergangen. Vierzehn Wochen, während deren das deutsche Volk von einem Siegesrausch in den anderen taumelte. Fahnen heraus – Fahnen herein. Alle Fenster, alle Giebel, alle Türen ein hakenbekreuztes Fahnenmeer. Befehl zum Flaggen: »Von heute ab auf die Dauer von acht Tagen.« Läuten der Kirchenglocken: drei Tage. Wieder einmal müssen christliche Zungen den Blutsieg der Waffen lobpreisen helfen. Am selben Tage, an dem die deutsche Presse den Sieg über Norwegen bekanntgibt, erscheint auf der zweiten Seite der Zeitungen eine kurze Notiz: »Der Reichsführer SS und Chef der deutschen Polizei teilt mit: Am ... wurde der Ludwig Koch wegen Widerstandes erschossen.« »Widerstand« heißt seit einiger Zeit die Abkürzung für folgenden Tatbestand: »Wegen politischen Vergehens zu mehr als acht Jahren Zuchthaus verurteilt.« Zuchthaus kostet Verpflegung. Kostet Brot, Nährmittel, Kartoffeln für unnütze Esser. Wem über acht

Jahre Zuchthaus zudiktiert werden, der ist als asoziales Element aus der Volksgemeinschaft auszumerzen. »Wegen Widerstandes!« Wir wissen von Menschen, denen man solchen Widerstand andichtete, während sie im Krankenhaus auf dem Streckbett lagen.

Einen Monat nach der Besetzung Norwegens: Blitzfeldzug gegen Holland, Belgien und Luxemburg. Nach vier Tagen kapituliert Holland. Nach achtzehn Tagen streckt Belgien die Waffen. »Der heute beginnende Kampf entscheidet das Schicksal der deutschen Nation für die nächsten tausend Jahre«, ruft Hitler am 10. Mai den die Westgrenze überschreitenden deutschen Truppen zu. »Wenn Frankreich nur standhält!« flehen wir im stillen. Calais wird genommen, Ypern gestürmt. Am 4. Juni fällt Dünkirchen. Die Reste der fliehenden englischen Divisionen retten sich auf Kähnen und Flößen halb rudernd, halb schwimmend über den Kanal. Zum erstenmal im Verlauf dieses Krieges faßt uns ein plötzliches Erschrecken. »Wenn er jetzt nachstößt – seine gesamten Streitkräfte auf die englische Insel wirft – – –« – »Dann kämpfen sie in Kanada weiter«, beruhigt Andrik. Aber auch seiner Gelassenheit fehlt der Brustton der Überzeugung. Aus den Fenstern wehen Fahnen. Klafft zwischen dem roten Wimpelwald eine Lücke, erscheint der Blockwalter, um den Säumigen zur Rechenschaft zu ziehen. Zwei Stunden Frist zum Fahnenkauf. Wer dann nicht geflaggt hat, wird abgeholt. Wie viele Lügen muß man erfinden, um das Nichtflaggen staatspolitisch glaubwürdig zu machen!

Der Siegeszug geht weiter. So glorreich weiter, daß selbst Italien Mut faßt, noch in letzter Stunde einen Brocken aus der großen Beute zu fischen. Frankreich zerschmilzt wie eine Sandburg, die die Flut umspült. Am vergangenen Freitag fiel Paris. Als die Meldung durch den Rundfunk gegeben wird, sitzt die Belegschaft des Verlages gerade beim Mittagessen in der Kantine. »Paris genommen! Fahnen heraus!« Jeder starrt beklommen auf seinen Teller. Zwei dicke Tränen tropfen Karla in ihren Aal grün mit Petersiliensauce. »Hurra!« schreit es plötzlich aus einer Ecke. Alle fahren zusammen. »Hurra!« tönt es nochmals, schon merklich kleinlauter. Eine unserer Putzfrauen ist aufgesprungen, hat ihr Glas ergriffen und jubelt: »Es lebe der Führer!« Eisiges Schweigen an allen Tischen. Betreten setzt sie sich wieder auf ihren Platz. »Wenn das der lange Meyer erlebt hätte!« tuschelt Karla und lacht schon wieder, trotz ihrer Tränen. Der lange Meyer hat arbeitsfrei. Zur Teilnahme an der spontanen Siegeskundgebung seiner SS-Formation. Als wir uns später zum politischen Stehkonvent in Karlas Redaktionsstube zusammenfinden, meint Hollner: »Laßt gut sein, Kinder! Der Fall von Paris wiegt leichter als das Nichtnachrücken in Dünkirchen. Daß er dort den Anschluß verpaßt hat, wird ihm noch teuer zu stehen kommen.«

Vor zwei Tagen bat Frankreich um Waffenstillstand. Nach einem Kampf von wenigen Wochen. Wo blieb die Verantwortung der demokratischen Staatsführer, daß sie einer solchen Niederlage nicht rechtzeitig vorbeugten? »Die haben bestimmt keinen Grund, uns irgendwas nachzusagen«, schimpft Karla. »Mit Seelenruhe abwarten, bis der Gegner aufgerüstet hat, um sich dann ratenweise verfrühstücken zu lassen, beweist kein staatsmännisches Genie, sondern Schlafmützigkeit. Wer sein Volk liebt, darf nicht riskieren, es aufopfern zu müssen.« – »Unverbesserliche Idealistin!« lächelt Hollner trübe. »Glaubt immer noch, daß die Welt nach sittlichen Grundsätzen regiert wird.«

Schon in den nächsten Tagen soll der Waffenstillstand unterzeichnet werden. Wie Karla erfahren hat, mit echt wagnerianischem Gepräge.

Berlin. Samstag, 29. Juni 1940

Erich Tuch kommt aus Compiègne. »Zwar nicht von der Premiere, aber immerhin von der Generalprobe«, erklärt er spöttisch. Am 22. Juni um achtzehn Uhr fünfzig ist im Walde von Compiègne der Waffenstillstand zwischen Frankreich und Deutschland unterzeichnet worden. Im selben Salonwagen, in dem Marschall Foch den deutschen Unterhändlern die Waffenstillstandsbedingungen des ersten Weltkrieges diktierte. Wie du mir – so ich dir, denkt Adolf. Läßt das altmodische Vehikel aus dem Museum holen und mit minutiöser Genauigkeit am Standort von 1918 aufstellen. »Da steht es nun«, berichtet Erich Tuch. »Soldaten schrubben an ihm herum. Ein Ingenieuroffizier ölt seine verrosteten Angeln. Vierundzwanzig Stunden vor der historischen Szene promeniere ich durch den milden Sommerabend. Plötzlich ein Geräusch. Ich stutze. Vor mir, in kaum zwanzig Schritt Entfernung, taucht Hitler hinter einer Wegbiegung auf. Er bemerkt mich nicht. Den Kopf erhoben, die Augen starr geradeaus gerichtet, wandert er dahin. Jetzt hebt er die Hand zum Gruß. Bleibt stehen und lächelt huldvoll nach allen Seiten. Ist er verrückt geworden? denke ich. Wen grüßt er da? Wen meint er mit seinem Gnadenlächeln? Vorsichtig schleiche ich ihm nach. Wieder ein Nicken und Grüßen nach links und nach rechts. Durch die Bäume schimmert der Salonwagen von 1918. Kein Posten ist in der Nähe. Erhobenen Hauptes nähert sich Hitler dem Ungetüm, steigt würdevoll die Stufen empor und drückt auf die frischgeputzte Klinke. Der probt seinen Akt, kommt mir blitzartig die Erleuchtung. Der übt sich in aller Stille für morgen ein. Verstohlen luge ich hinter einem Baumstamm hervor. Verflucht, die Tür scheint zu klemmen. Wütend rüttelt er an ihr herum. Zurück, marsch, marsch! denke ich schadenfroh. Wahrhaftig. Er wendet sich um, klettert herunter und beginnt den Auftritt von neuem. Grüßen, Nicken, huldvolles Siegerlächeln. Dann verschwindet Deutschlands Diktator im Innern des Wagens. Ich mache, daß ich wegkomme. Wie sich am nächsten Tag die Premiere abgespielt hat, wißt ihr aus den Zeitungen. Einen Orden wird sie dem zuständigen Ingenieuroffizier kaum eintragen.«

Berlin. Mittwoch, 4. September 1940

»Weißt du, was freiwillige Spenden sind?« fragt mich Andrik heute morgen. Ich ahne, worauf er hinauswill. Gestern hat Hitler mit großem Aufwand das zweite Kriegswinterhilfswerk eröffnet: Eintopfsonntage, Straßensammlungen, Industriespenden, Abzeichenverkauf. – »Freiwillige Spende ist, wenn einem an jedem Ersten ein bestimmter Prozentsatz vom Gehalt abgezogen wird«, erwidere ich gehorsam. Andrik grinst. »Erraten!« – Und was ist Sabotage am Aufbauwerk des Führers?« – »Wenn man erklärt, daß man sich solche Zwangsabzüge aus wirtschaftlichen Gründen nicht leisten kann.« – »Ausgezeichnet!« lobt mein Freund. »Ist dir bekannt, daß am gestrigen Tage der achtundfünfzigjährige Setzer Emil Nitschke fristlos aus eurem Verlag entlassen worden ist, weil er sich außerstande erklärte, die freiwilligen Spenden des Winterhilfswerks in sein Monatsbudget einzubeziehen?« Es ist mir bekannt. Sechsundzwanzig Jahre stand der Mann im Dienste der Firma. »Danken Sie Gott, daß wir Sie nicht anzeigen«, äußerte der Personalchef bei seiner Entlassung. Wer nicht spendet, gilt als asoziales Element. Auch hier wieder steht der Mangel an Zivilcourage den meisten Volksgenossen hindernd im Wege. Weil es peinlich ist, nichts in die Büchse zu werfen, während zahlreiche Blicke prüfend auf einen gerichtet sind, zieht man auf der Straße den Zehner hervor, der eigentlich im Portemonnaie steckenbleiben sollte. Weil Herr Schulze von nebenan zwei Mark gezeichnet hat, fühlt man sich verpflichtet, ebenfalls zwei Mark zu zeichnen.

Jedermann weiß, daß die Millionen des WHW nicht den Arbeitslosen, sondern dem Rüstungsprogramm zugute kommen. Wie könnte sonst die Rechnung aufgehen zwischen der ständig sinkenden Ziffer der Arbeitslosen und der ständig wachsenden der Spendeneinkünfte? Längst müßten im Deutschen Reich alle Arbeitslosen zu Kapitalisten geworden sein. Und dennoch spendet man. Auf der Straße, in den Fabriken, in S-Bahn und Omnibus, am Fahrkartenschalter, an der Theaterkasse und an der Wohnungstür. Nicht, weil man will, sondern weil man sich dem Druck nicht entziehen kann. Nur die ganz Mutigen riskieren es, jedem auffordernden Büchsenrasseln ein liebenswürdiges Kopfschütteln entgegenzusetzen. »Ich lege mich an den Sammeltagen zu Bett und reagiere weder auf Klopfen noch auf Klingeln«, verkündet Doktor Flamm. Aber

wie viele können es sich leisten, solche chronischen Ruhetage durchzuführen!
Die Zeitungen und Zeitschriften werden angewiesen, einen umfangreichen Werbefeldzug zugunsten des Winterhilfswerks einzuleiten. Die mangelhaften Ergebnisse der letzten Sammelaktion dürfen sich keinesfalls wiederholen, teilt man den Vertretern der Presse in einer Geheimsitzung des Propagandaministeriums mit.
Ob der Setzer Emil Nitschke zu den Nutznießern unserer freiwilligen Zwangsspenden gehören wird? Ich glaube es kaum!

Berlin. Freitag, 25. Oktober 1940

Gestern nacht hatten wir den achtunddreißigsten Fliegeralarm seit Ende August. Das Unangenehmste an diesen abendlichen Ruhestörungen ist der vielstündige Zeitverlust, der mit jedem solcher Angriffe verbunden ist. Unter drei oder vier Stunden läßt man uns kaum aus dem Keller. Dabei schießt es gar nicht oft. Wenn der angerichtete Schaden auch in Zukunft nicht größer wird, brauchen wir uns um dieses Schreckgespenst des Krieges keine ernsthaften Sorgen zu machen. Nach jedem Angriff pilgert die Bevölkerung neugierig und sensationslüstern zu den sogenannten ›Schadenstellen‹. Bestaunt hier einen verbrannten Dachgiebel, da ein paar aufgerissene Steine im Straßenpflaster, dort ein halb eingestürztes Haus. Im allgemeinen nimmt man die Sache nicht tragisch. Setzt seinen Stolz darein, sich als Stoiker zu erweisen, und stellt sich allmählich auf Nachtschlaf im Keller um.

Berlin. Montag, 16. Dezember 1940

Der zweiundfünfzigste Alarm liegt hinter uns. Wir verbrachten ihn in angenehmer Gesellschaft. Frank Matthis ist wieder aufgetaucht, den wir seit Jahren aus den Augen verloren hatten. Frank Matthis ist Arzt, Felskletterer, Aktivist, Gelehrter, Lausbub und Träumer. Das amüsanteste Sammelsurium sich widersprechender Eigenschaften. Er selbst hält sich für einen krassen Rationalisten. Wenn er mit seinen wissenschaftlichen Versuchen beschäftigt ist oder weltabgekehrt am Schreibtisch sitzt, möchte man es ihm fast glauben. Sieht man ihn jedoch wie einen Pfadfinder durch die Wälder streifen, dann könnte kein Romantiker romantischer sein als er. Er hört es nicht gern, wenn man das behauptet. Er selbst sagt noch nicht ja zu dieser Seite seines Wesens – zu der intuitiven, spontanen, genialischen. Doch wenn er erst einmal ja zu ihr sagt, dann wird dieser Frank Matthis Erstaunliches erreichen. Als Arzt, als Forscher, als Wissenschaftler und Mensch.

Nun steigen wir nach dem zweiundfünfzigsten Alarm gemeinsam aus dem Keller. Es hat heftiger als sonst geschossen in dieser Nacht. »Die üben sich ein«, sagt Frank und deutet auf den roten Schein, der im Westen den Himmel färbt. Wir treten zu ihm ans Fenster. In der Ferne tutet die Signalhupe der Feuerwehr. »Ich werde ihre Städte ausradieren«, hat Hitler gedroht. Und vor einem Monat mit Coventry den Anfang gemacht. »Coventrisieren« nennt man seitdem die Totalvernichtung einer Stadt. Rühmt sich der Worterfindung und vergißt, wie grausam sie sich eines Tages gegen uns selber kehren kann. »Die üben sich ein«, sagt Frank noch einmal. Und wie ein Schauer fallen uns seine Worte ins Herz.

Berlin. Dienstag, 28. Januar 1941

Cocktail-Party bei Erich Tuch. Das halbe Auswärtige Amt ist erschienen. Das heißt – genauer gesagt – die »andere Hälfte« des Auswärtigen Amtes. Die Gegenhälfte. Denn unter den hundertundzwanzig Anwesenden dürfte sich kaum ein Nazi befinden. Man redet getarnt und geschickt. Wie es sich für Diplomaten geziemt. Doch hinter den umschreibenden Worten spürt jeder bei jedem den gleichen Sinn: Wir sind nicht der Meinung! Wir lehnen sie ab, die Politik dieser Gangster-Regierung.

»Und doch macht ihr sie mit«, sagt Andrik zu Tuch. – »Machen wir sie wirklich mit?« fragt dieser. »Ich bitte Sie, was sollen wir denn tun? Herausgehen? Eigentlich müßten wir alle herausgehen. Wir kommen nicht an gegen die Dynamik dieser

Lumpen. Wer es ehrlich meint, muß sich entscheiden, eingeschaltet bleiben, um zu behindern. Wenigstens zu bremsen, wo man nicht stürzen kann. Oder sich ausschalten und das verfluchte Regime sich selbst überlassen.« Er hebt den Kopf. »Ich für mein Teil habe mich zum ersteren entschlossen«, sagt er ernst. »Und wenn mein Minister mir keinen Strich durch die Rechnung macht ...«

Berlin. Freitag, 28. März 1941

Herr von Ribbentrop hat anders entschieden. Er liebt in seiner Umgebung keine Menschen mit eigener Meinung, mag diese Meinung auch noch so vorsichtig geäußert werden. Erich Tuch ist ihm schon lange verdächtig. Verdächtig, um etliches klüger zu sein als er. Es macht sich nicht gut, wenn der Chef im Kabinett immer unrecht, sein junger Mann im Vorzimmer immer recht behält. Also muß der junge Mann entfernt werden. Je schneller, desto besser. Je weiter, desto angenehmer. Erich Tuch wird nach dem Fernen Osten versetzt. Karla begleitet ihn. Schon in den nächsten Tagen reisen sie ab. »Damit wir noch durch Rußland kommen, ehe man dort einmarschiert«, erläutert Karla. – »In Rußland?« frage ich verdutzt. »Bei unseren Verbündeten?« – »Schäfchen! Glaubst du, er wird sich genieren? Wo er seit dem Sieg über Frankreich nichts anderes im Kopf hat als die ›Gefahr im Osten‹? Rußland ist dran, sage ich dir. In einem Monat – spätestens in zweien, schlagen wir los.« – »Weißt du das sicher?« – »So sicher, wie ich hier sitze. So sicher wie die Tatsache, daß die deutsche Heeresleitung schon mitten in den Vorbereitungen steckt.« Mir graut es. Also wieder mal ein Raubzug in diesem »uns aufgezwungenen« Krieg. Jetzt erst begreife ich den Sinn jenes allen Naziprinzipien hohnsprechenden Bündnisses: Ausschaltung des einen Gegners, solange man sich mit einem anderen beschäftigt. Ist dieser erledigt, kann man die Freundschaftsmaske getrost wieder fallen lassen.

Am liebsten möchte ich mich sofort mit Andrik bereden. Aber die Zeit ist zu knapp. In einer halben Stunde bin ich mit Ernst

Angels Schwiegermutter am Kurfürstendamm verabredet. Zum Einkauf von Strümpfen und Nähmaterial. In drei Tagen wird die erste Reichskleiderkarte ungültig. Juden besitzen keine Kleiderkarten. Wir müssen sehen, sie von unseren Punkten mitzuversorgen. Morgen ist der letzte Einkaufstag.

Seit Anfang der Woche haben Frank, Flamm, Andrik, Karla und ich sämtliche Restpunkte in der Bekanntschaft gesammelt. Für vierzehn Onkel Heinrichs. Und für zweiundzwanzig Tante Johannas. »Es wird einen Krieg gegen Rußland geben«, sage ich zu Mutti Lehmann, Ernst Angels reizender Schwiegermutter. – »Wenn es nur keinen gegen Amerika gibt!« seufzt sie. »Wenn Amerika in den Krieg geht, wird man uns alle umbringen.« Ich bin zu wenig vom Gegenteil überzeugt, um sie erfolgreich trösten zu können. Bedrückt verabschieden wir uns voneinander. Es sieht nicht gut aus in der Welt. Vor drei Tagen hat Hitler die jugoslawische Regierung genötigt, dem Dreierpakt Deutschland-Japan-Italien als Verbündeter beizutreten. Heute berichten die Zeitungen von einem Aufstand in Belgrad und Agram.

Nein, wirklich, es sieht nicht gut aus in der Welt. Neue Maßnahmen gegen Juden sollen in Vorbereitung sein. Beschränkung der Lebensmittelzuteilung. Strenge Begrenzung der Einkaufszeiten. Schon nimmt man ihnen die Wohnungen weg, pfercht sie auf immer engerem Raum zusammen. »Auf die Isolierung folgt die Vernichtung«, prophezeite vor zwei Jahren Heinrich Mühsam. 1934 gingen die ersten, 1939 die zweiten. Wann und wohin werden die dritten und Letzten gehen?

Berlin. Montag, 7. April 1941

Karla und Erich Tuch sind abgefahren. Seit gestern kämpfen deutsche Heeresverbände auf jugoslawischem Boden. Diesmal stand der Einmarsch wohl nicht in Hitlers Programm. Der Abfall Jugoslawiens kam selbst ihm überraschend. »Er tobt und beißt Teppiche«, flüstert mir Karla noch auf dem Bahnsteig ins Ohr. – »Und Rußland?« flüstere ich zurück. »Wird man Rußland nun aufgeben?« – »Aufgeschoben, aber nicht abgeblasen«, tuschelt sie. Man reißt uns auseinander. Viele sind zum Abschiednehmen erschienen. »Auf Wiedersehen!« sagt Erich Tuch und hebt vier Finger in die Luft. »Auf Wiedersehen im ...« Vierten Reich, ergänzen wir lautlos. Und nicken, zum Zeichen, daß wir ihn verstanden haben.

Berlin. Sonntag, 4. Mai 1941

Der fünfte »Blitzfeldzug« dieses Krieges ist zu Ende. Heute hat Hitler im Reichstag seinen großen Rechenschaftsbericht abgelegt. Vor sämtlichen Spitzen der Partei und der Wehrmacht. Nun steht dem Marsch nach Rußland nichts mehr im Wege. »Aufgeschoben, aber nicht abgeblasen«, meinte Karla. Wir tun, was wir können, die Nachricht ins Volk zu tragen.

Berlin. Montag, 12. Mai 1941

»Radio anstellen!« ruft Frank Matthis durchs Telephon. Wir schalten ein. »... zurückgelassener Brief zeigte in seiner Verworrenheit leider die Spuren einer geistigen Zerrüttung, die befürchten läßt, daß Parteigenosse Heß das Opfer von Wahnvorstellungen wurde. ... muß die nationalsozialistische Bewegung damit rechnen, daß Parteigenosse Heß auf seinem Flug irgendwo abgestürzt beziehungsweise verunglückt ist.« – »Alle Achtung!« sagt Andrik. »Auch du, mein Sohn Brutus!« – »Glaubst du, er ist ...?« – »Natürlich ist er getürmt. Getürmt wie Putzi Hanfstaengl.« Er klatscht vor Vergnügen in die Hände. »Kinder, Kinder, ist das ein Skandal? Fast zu schön, um wahr zu sein! Laß mal hören, was die anderen sagen.« Kissen über den Kasten, Umschaltung. »Hier ist London ... hier ist London: Rudolf Heß, der Stellvertreter Hitlers, ist in der Nacht vom 10. zum 11. Mai in der Nähe von Glasgow in Schottland gelandet.« – »Auch das noch! Direkt in der Höhle des Löwen«, schreit Andrik. Er jubelt es fast. »Unser Kronprinz! ... Noch am vergangenen Sonntag saß er, einträchtig neben seinem Führer, im Reichstag auf der Regierungsbank!« Was mag ihn zu diesem Schritt veranlaßt haben? überlegen wir.

Berlin. Freitag, 16. Mai 1941

Das ganze Volk redet und rätselt um die Heß-Affäre. Was die Regierung, mit jeder Stunde wechselnd, darüber zusammenstottert, ist so plump und offenkundig gelogen, daß niemand ihre Erklärungen ernst nimmt. Wenn, so sagt man sich, jemand Stellvertreter des Führers ist, dann kann er auch nicht verrückt sein. Ist er indessen verrückt – und das gar seit Jahren –, so wird man ihn nicht zum Stellvertreter des Führers machen. Wo ist die Wahrheit? Wo steckt die Lüge? Schon hat sich der Witz des Falles bemächtigt:

Es geht ein Lied im ganzen Land:
Wir fahren gegen Engelland.
Doch wenn dann wirklich einer fährt,
So wird er für verrückt erklärt.

Auch die Nazisten zeigen betretene Gesichter. Und wissen nicht, für welche Version sie sich entscheiden sollen. Hat Hitler selbst seinen Vertreter ausgeschickt, um mit England einen Sonderfrieden zu schließen? Oder flog Rudolf Heß auf eigene Faust? Weil es ihm zu ungemütlich wurde im Großdeutschen Reich?

Der englische Sender gibt keine Auskunft. Auch im Verlag sind die Meinungen geteilt. Hie verrückt – hie nicht verrückt. »Mich läßt die Frage kalt«, erklärt Frank Matthis. »Hauptsache, daß er weg ist!« – »Und daß die Bonzen sich ärgern«, ergänzt Andrik schadenfroh.

Berlin. Sonntag, 15. Juni 1941

»Haben Sie schon gehört«, sagt mein Milchmann vertraulich, »der Stalin kommt nach Berlin. Zweihundert Frauen sind zum Fahnennähen eingesetzt.« – »Ach!« staune ich. »Zweihundert Frauen? Und wirklich zum Fahnennähen?« – »Todsicher! Ich weiß es aus zuverlässigster Quelle.« Er füllt mir mein Viertelchen Magermilch in den Topf. Die »arische Magermilch«, denn seit auch entrahmte Frischmilch kartenpflichtig ist, sind Nichtarier von ihrem Bezug ausgeschlossen. »Magermilch?« schimpfte kürzlich eine Frau. »Den Dreck können Sie selber trinken.« Und muß nun drei Monate lang täglich auf der Polizei zur Strafe das Sprüchlein herbeten: »Es gibt keine Magermilch. Es gibt nur entrahmte Frischmilch.«

Als ich mit meinem Einkauf heimwärts wandere, kommt mir auf der Treppe ein Nachbar entgegen. »Heil Hitler!« grüßt er stramm. »Wissen Sie das Neueste? Stalin trifft dieser Tage hier ein. Im Panzer-Sonderzug.« Er mißt mich mit einem triumphierenden Blick. »Heil Hitler!« empfiehlt er sich stramm. Und klirrt eisenbeabsatzt die Treppe hinunter.

Stalin kommt... Stalin ist unterwegs, verbreitet es sich wie ein Lauffeuer durch die Stadt. Am Nachmittag sind Andrik und ich zu einem diplomatischen Tee gebeten. »Nächsten Samstag geht's los«, sagt ein Herr aus dem Ribbentrop-Büro. »Am 15. Oktober stehen unsere siegreichen Armeen auf der Linie Astrachan-Archangelsk.« – »Und wenn die Russen Widerstand leisten?« wage ich einzuwenden. – »Sie werden keine Zeit dazu haben.« – »Und wenn sie auf ihrem Rückzug alles zerstören und unseren Truppen den Nachschub unmöglich machen?« – »Auch dazu wird man ihnen keine Zeit lassen.« Der Herr aus dem Ribbentrop-Büro scheint den Sieg bereits in der Tasche zu tragen.

»Ist Ihnen bekannt, daß im Volk entgegengesetzte Gerüchte umgehen?« fragt Andrik höflich. Der Ribbentrop-Diplomat macht eine verächtliche Handbewegung. »Mit Absicht von uns ausgestreut. Vollkommen unerheblich. Das biegen wir schon wieder hin, wenn es soweit ist.« Er blickt sich herausfordernd im Kreise um. »Oder sind die Herren vielleicht anderer Meinung?«

Man ist nicht anderer Meinung, oder – zum mindesten – man sagt es ihm nicht. Nur der Botschafter Nadolny wiegt sorgenvoll den Kopf. »Täuschen Sie sich nicht, meine Herren«, warnt er. »Rußland hat sich noch niemals für Blitzkriege geeignet. Was nützt es, wenn wir am Ural stehen? Dann wird man hinter dem Ural weiterkämpfen. Nein, dieser Brocken ist zu groß für uns. Glauben Sie mir, an diesem Brocken ...« Er schweigt. Die Umsitzenden tun, als hätten sie seinen Einwand überhört. Niemand will es mit dem Ribbentrop-Herrn verderben.

Also Krieg gegen Rußland: knapp siebzehn Wochen. Vom 21. Juni bis zum 15. Oktober. In vier Monaten will man ein Gebiet von rund sechs Millionen Quadratkilometern durchlaufen. Arme deutsche Soldaten!

Berlin. Montag, 23. Juni 1941

Pünktlich auf die Minute hat er angefangen. Der »aufgezwungene« Blitzkrieg gegen Rußland. Fast am gleichen Tage wie Napoleon vor hundertneunundzwanzig Jahren haben unsere Soldaten den Njemen überschritten. Die Propaganda darf dort wieder anknüpfen, wo sie im September 1939 jäh abbrechen mußte: Kampf gegen den Bolschewismus! Sicherung Europas vor sowjetischer Bedrohung!

»Deutsches Volk! Nationalsozialisten!« spricht Hitler. »Von schweren Sorgen bedrückt, zu monatelangem Schweigen verurteilt, ist nun die Stunde gekommen, in der ich endlich offen reden kann.« Er redet viel und lange. Daß der deutsch-russische Pakt durch Moskau gebrochen worden sei. Daß er es so gut gemeint und daß man ihn so böse hinters Licht geführt habe.

Berlin. Donnerstag, 26. Juni 1941

In Eilmärschen dringen unsere Divisionen vorwärts. Gerüchte erzählen von riesigen Siegen. Der Wehrmachtsbericht beschränkt sich darauf, uns täglich wissen zu lassen, daß die »Kämpfe gegen die Rote Armee planmäßig und erfolgreich verliefen«.

Berlin. Sonntag, 29. Juni 1941

Goebbels hat sich eine großartige Überraschung ausgedacht: Siegesmeldungen als Jahrmarktsrummel. Nach dem Prinzip »Sieben Tage Sparsamkeit für einen Tag der Fülle« hat er eine Woche lang Siege gesammelt, um sie heute wie aus einer Gießkanne über das Volk auszuschütten. Alle fünfzehn Minuten Fanfarenstöße. Eine Handvoll Takte aus den Préludes von Liszt, Sondermeldung: Brest-Litowsk. Sondermeldung: Bialystock, Grodno, Minsk. Sondermeldung ... Sondermeldung ... Sondermeldung. Wir halten uns die Ohren zu. Wir wollen nichts mehr hören. Es ist geschmacklos, das Bluten und Sterben unzähliger Menschen zur Sonntagsbelustigung aufzuputzen. Historie zeitgerafft! Doch wo wir auch hinkommen, gellt es aus dem Radio: Sondermeldung ... Sondermeldung. »Am besten, man legt sich ins Bett«, faucht Andrik gereizt.

Berlin. Samstag, 23. August 1941

Wir siegen, siegen, siegen. Und jeder Sieg macht Hitlers Hochmut größer. Schon feiert ihn Goebbels als »genialsten Feldherrn aller Zeiten«. Schon nimmt die Vergottung seiner Person beängstigende Formen an. »Unsere Stunde hat geschlagen«, sagt Heinrich Mühsam. »Nach solchen Erfolgen kann er sich alles erlauben.«

Berlin. Freitag, 19. September 1941

Es ist soweit. Die Juden sind vogelfrei. Als Ausgestoßene gekennzeichnet durch einen gelben Davidstern, den jeder von ihnen auf der linken Brustseite tragen muß. Wir möchten laut um Hilfe schreien. Doch was fruchtet unser Geschrei? Die, die uns helfen könnten, hören uns nicht. Oder wollen uns vielleicht nicht hören. »Jude« steht in hebräischen Schriftzügen mitten auf dem gelben Davidstern, »Jude« höhnen die Kinder, wenn sie einen so Besternten durch die Straßen wandern sehen. »Schämt euch!« schnauzt Andrik zwei solcher Lümmel an und haut ihnen, ehe sie sich's versehen, ein paar rechts und links um die Ohren. Die Umstehenden lächeln zustimmend. Wie ertappte Sünder schleichen die Bengel beiseite. Gott Lob und Preis! Das Gros des Volkes freut sich nicht über die neue Verordnung. Fast alle, die uns begegnen, schämen sich wie wir. Und selbst der Spott der Kinder hat mit ernsthaftem Antisemitismus wenig zu tun. Sie spotten, weil sie sich einen Spaß davon versprechen. Einen Spaß, der nichts kostet, da er auf Kosten von Wehrlosen geht. Es liegt kein großer Unterschied darin, ob man Fliegen die Beine aus-

reißt, Schmetterlinge aufspießt oder Juden ein Schimpfwort nachruft.
Der gelbe Stern erleichtert die Aussonderung. Er leuchtet voran, auf dem Weg in die Finsternis. Getto nennt sich diese Finsternis. Seit etlichen Tagen hat der dritte und letzte jüdische Aufbruch begonnen. Abholung aus den Wohnungen. Zwangsevakuierung mit unbestimmtem Ziel. »In polnische Judenlager«, sagen die einen. – »In den sicheren Tod«, prophezeien die anderen. Jede Nacht fahren die Abholeautos durch die Stadt. Zwischen Sonnenuntergang und Sonnenaufgang. Jede Nacht kampieren andere Flüchtlinge auf den Sofas ihrer arischen Freunde. »Wenn man nicht zu Hause ist, gehen sie wieder weg. Alles ist gut, wenn man nicht zu Hause ist«, sagt Frau Rosenthal, und ihre Zähne klappern aufeinander vor Entsetzen.
Manchmal gelingt es mit dem »Nicht-zu-Hause-sein«. Noch öfter gelingt es nicht. Mehr als einer wird auf der Straße aufgegriffen oder von seiner Arbeitsstätte weggeholt. Niemand kennt die Regel, nach denen die Abholungen erfolgen. Diesen hascht es. Jener bleibt verschont. Weshalb? Auf Grund welcher Vorrechte? »Wir kommen alle dran«, seufzen die Zurückbleibenden. »Was macht es aus, ob es einen Monat früher oder später geschieht?«

Berlin. Freitag, 17. Oktober 1941

Die Deutschen stehen vor Moskau und Leningrad. »Der Sieg ist entschieden«, renommiert Herr Dietrich, unser Reichspressechef. »Die Heere Budjonnys vernichtet, die Heere Woroschilows eingekesselt. Die Heere Timoschenkos vor der Auflösung.« – »Von solchen Schlägen erholt sich keine Armee«, ergänzt Hitler stolz. – »Durchhalten – durchhalten!« knirscht Andrik verbissen. »Moskau ist noch nicht Astrachan. Leningrad noch nicht Archangelsk.« – Die Nazis verbreiten das Schlagwort, daß wir den »großdeutschen Lebensraum« am Ural verteidigen müßten. »Durchhalten – durchhalten!« stöhnt Frau Matthis, flehen Hinrichs, Flamm, Hollner und alle, die unseren Sinnes sind.

Berlin. Donnerstag, 30. Oktober 1941

Die Deutschen bleiben vor Moskau und Leningrad stehen. Hitler bagatellisiert die Verluste. Geht über sie hinweg, als gingen sie ihn nichts an. Nicht einmal sterben dürfen seine Soldaten offiziell für ihn.

Berlin. Mittwoch, 19. November 1941

Udet soll tot sein. Görings Freund und populärster Fliegergeneral. Frank bringt die Nachricht direkt aus dem Luftfahrtministerium. »Niemand weiß, woran er gestorben ist«, erzählt er aufgeregt. »Irgend etwas stimmt da nicht, sage ich euch. Verlaßt euch drauf, hinter dieser Sache steckt irgendein Haken.« – »Muß denn immer gleich ein Haken dahinterstecken, wenn einer von denen ins Gras beißt?« frage ich mißgelaunt, weil ich mich ärgere, daß es wieder mal den Falschen erwischt hat. – »Gewiß nicht«, erwidert Frank milde. »Nur pflegen normale Menschen zu sterben, ehe man ihnen den Sarg ins Haus trägt, und nicht erst einen Tag hinterher, wie beispielsweise – Herr Udet.« – »Teufel auch!« ruft Andrik verblüfft. »Das riecht allerdings stark nach ...« – »... seidener Schnur«, fällt ihm Frank ins Wort. »›Bring dich um!‹ soll man ihm befohlen haben. ›Du bist nicht mehr erwünscht, Generaloberst Udet!‹« – »Und warum wäre er nicht mehr erwünscht?« Frank hebt die Achseln. »Unbekannt. Die einen schwätzen dies, die anderen jenes. Fehldispositionen in der Flugzeugherstellung, Schulden, Unterschlagungen, Saufereien. Futterneid von Herrn Generalfeldmarschall Milch. Möglich, daß es die Nazis selbst nicht wissen. Auf jeden Fall ist Ernst Udet tot. Und übermorgen bereitet man ihm ein Staatsbegräbnis.« – »Man kann doch einem Mann kein Staatsbegräbnis bereiten, wenn man ihn selber umgebracht hat«, sage ich entsetzt. »Der muß ja ... dem wird ja ... der dreht sich ja im Sarge um.« – »Da müßten sich schon viele umgedreht haben. Nicht nur Herr Udet und der staatsbeerdigte Ernst vom Rath«, lacht Frank verächtlich. In Gedanken versunken, blickt Andrik ihn an. »Tritt der Mordbefleckte an des Erschlagenen Bahre, so bluten seine Wunden«, deklamiert er halblaut, wie zu sich selbst. Frank hält sich die Ohren zu. »Komm mir bloß nicht mit den Nibelungen! Die Reckentreue bis zum Meuchelmord liegt mir schon immer im Magen.«

Berlin. Samstag, 22. November 1941

Des Toten Wunden haben nicht geblutet. Auch dann nicht, als Führer und Reichsmarschall an seiner Bahre die Hand zum »Deutschen Gruß« erhoben. Und doch ist es wahr, daß man ihm die »seidene Schnur« geschickt, daß man ihm nahegelegt hat, die Waffe gegen sich selbst zu richten.

»Unfaßbar ist uns der Gedanke, daß du, mein lieber Udet, nicht mehr unter uns weilst«, klagt Göring in seiner Gedenkansprache und wischt sich eine mannhafte Träne aus dem Auge. Daß Menschen so lügen können! So unverfroren und so schamlos!

Berlin. Montag, 1. Dezember 1941

Noch immer stehen die Deutschen vor Moskau und Leningrad. Von den vernichteten Heeren Woroschilows und Timoschenkos ist keine Rede mehr. Statt dessen empört man sich darüber, daß Stalin den »verbrecherischen Befehl gegeben habe, auch Zivilisten zur Verteidigung der Städte auszubilden«. »Das letzte Aufgebot«, überschreibt man die Meldung. »Das letzte Aufgebot« scheint Hitler verdammt viel zu schaffen zu machen.

Berlin. Samstag, 6. Dezember 1941

»Wenn man nicht zu Hause ist, gehen sie wieder weg«, sagte Frau Rosenthal. »Alles ist gut, wenn man nicht zu Hause ist.« Irgendwann aber muß man mal zu Hause sein. Man kann nicht immer auf fremden Sofas schlafen, planlos durch die Straßen spazieren oder in muffigen Kinos sitzen. Man muß auch mal nach den Blumen sehen – zu Hause –, sich Wäsche holen, man muß ... Jeder braucht ab und zu das Gefühl, daß er nicht heimatlos ist. Margot Rosenthal trennt sich den Stern von der

Jacke, wenn sie am Abend ihre Wanderschaft antritt. Und ehe sie des Morgens in ihre Wohnung zurückkehrt, heftet sie ihn im letzten Haustor wieder an die Brust. Fast alle machen es so, seitdem ein ungeschriebenes Gesetz den Ariern jeglichen Umgang mit Sternträgern verbietet.
Gestern abend ist Margot Rosenthal nicht zu uns gekommen. Obgleich wir uns fest miteinander verabredet hatten. Es wird ihr doch kein Unglück zugestoßen sein?

Berlin. Sonntag, 7. Dezember 1941

Andrik hat sich zu ihrer Wohnung geschlichen. Hat geklingelt und geklopft: sechsmal, zehnmal, zwanzigmal. Alles totenstill. Nichts rührt sich drinnen. Kein Schritt, kein Laut. Das Telephon antwortet nicht. Morgen probieren wir es wieder.

Berlin. Montag, 8. Dezember 1941

»Die vom ersten Stock? Die Jüdin meinen Se«, sagt die Portiersfrau. »Die haben se abgeholt. Schon vorgestern. So um die sechste Stunde.« Also weg! Niedergeschmettert machen wir uns auf den Heimweg. »Japan im Kriegszustand mit USA und England«, rufen die Zeitungshändler aus. Wir hören kaum hin. Es interessiert uns nicht. Im Augenblick interessiert uns nur eines: Wohin haben sie Margot Rosenthal gebracht?

Berlin. Mittwoch, 24. Dezember 1941

Ins Getto bei Landshut haben sie sie geschafft. Zusammen mit neunhundert Leidensgefährten. Heute, am Weihnachtsabend, kam ihr erster Brief. »Schickt uns zu essen, wir verhungern«, steht in ihm. »Vergeßt mich nicht«, steht in ihm. »Ich weine den ganzen Tag.«
Es dürfte keine Weihnachtsbäume geben, solange Menschen auf der Welt sind, die den ganzen Tag weinen müssen. In acht Tagen beginnt das vierte Kriegsjahr. Das zehnte Jahr unseres staatlichen Antisemitismus.

Berlin. Montag, 23. Februar 1942

»O Jahrhundert, o Wissenschaften! Es ist eine Lust, zu leben«, stöhnt Andrik und greift sich an den Kopf. Vor uns sitzt Doktor Jakob. Unser Zahnarzt aus besseren Tagen. Jetzt ist er Sternträger und seit drei Monaten bemüht, seine »jüdischen Großeltern zu taufen«. »Arisierungsverfahren« nennt man den Vorgang, wenn ein Jude nachzuweisen versucht, daß seine Eltern eigentlich gar nicht seine Eltern sind. Daß zum mindesten sein Vater ...

Nie zuvor hat es so viele eheliche Fehltritte gegeben. Und so viele Töchter und Söhne, die bereit sind, einen Seitensprung ihrer Mutter eidesstattlich zu bezeugen. Hier handelt es sich nicht um einen Seitensprung, sondern um eine regelrechte Kindesunterschiebung. Drei aus unserer Clique haben sie vor dem Notar beschworen. Unter Eid versichert, daß der Zahnarzt Hugo Jakob weder seinen Eltern noch seinen Geschwistern im mindesten ähnlich sähe. Eltern und Geschwister sind vor Jahren nach Palästina ausgewandert. Wer fragt dort schon nach Ähnlichkeiten! Hier aber fragt man danach. Das Rassenforschungsamt interessiert sich brennend für Familienphotos. Für Photos der Familie Jakob. Je mehr, desto besser. Wir kramen in unseren Schüben. Fördern leidlich Brauchbares zutage. Geschwister Salomon. Der Bruder tot, die Schwester zu Beginn des Naziregimes nach Amerika emigriert. Sie werden uns die erfundene Verwandtschaft nicht übelnehmen. Das Rassenforschungsamt ist ein wissenschaftliches Institut. Es arbeitet exakt und gründlich. Dreiundzwanzig Ohrenmessungen. Verhältnis von Kiefer zu Nase. Von Nase zu Auge, von Haaransatz zu Stirn. Heute kam der Bescheid: »Das Verfahren wird abgelehnt, da eine gewisse Familienähnlichkeit zwischen Antragsteller und Geschwisterphotos unbedingt nachweisbar ist.«

O Jahrhundert! O Wissenschaften! O liebe Geschwister Salomon! »Das bedeutet meinen Ruin«, sagt Doktor Jakob gepreßt. »Und nicht nur meinen, sondern auch den meiner Frau und meiner Tochter, meines Schwiegervaters und meiner Schwiegermutter.« – »Sie müssen sich eben trennen«, rät

Andrik. »Zu fünft kommen Sie nicht durch. Zu fünft schafft es niemand.« Er überfliegt mit einem raschen Blick die Zimmereinrichtung. Eine Couch, zwei Sessel, die man zur Not zusammenrücken kann. »Nein«, wiederholt er. »Zu fünft läßt es sich nicht schaffen. Weder mit dem Essen noch mit dem Schlafen.«
Seit Margot Rosenthal im Grüßauer Getto sitzt, sammeln wir Lebensmittelmarken. In Klein- und Kleinstabschnitten. Aber es sind viele Tropfen, die den Stein höhlen müssen, denn von einer Einzelkarte kann ein zweiter unmöglich mit satt werden.
»Hier sind die Photos.« Doktor Jakob kramt in seiner Brieftasche. »Sie dürften für mich kaum noch Interesse haben.« Zögernd wendet er sich zum Gehen. »Wenn Sie uns trotzdem mal besuchen würden ...« – »Selbstverständlich ... selbstverständlich«, stottern wir. Und genieren uns unbeschreiblich, daß wir Arier sind.

Berlin. Sonntag, 15. März 1942

Ins Nebenzimmer ist eine kleine Schauspielschülerin eingezogen. Heike Burghoff. Siebzehn Jahre alt und zum erstenmal in der Fremde. »Es gefällt mir wahnsinnig in Berlin«, sagt sie und schüttelt ihre strohblonde Mähne. »Wenn Sie ahnten, wie viele Nazis es bei uns gibt. Und hier? Hier hört man ja kaum ›Heil Hitler‹ auf der Straße.« – »Immer noch viel zuviel«, brummt Andrik und mustert wohlgefällig das lustige Himmelfahrtsnäschen unseres Neulings. »Aber wenn auch Sie mal dahinterkommen sollten, Fräulein Burghoff, dann« – er dreht sich zur Tür – »können Sie sich gelegentlich bei uns Trost holen.« – »Das ist ein Orden!« sage ich zu Heike Burghoff. »So was bietet er nicht jedem an.« Später helfe ich ihr beim Auspacken. »Eigentlich könnten Sie du zu mir sagen«, schlägt die Kleine vor. – »Du auch«, antworte ich und gebe ihr einen Kuß.
»Nettes Mädchen«, stellt Andrik fest, als wir wieder allein sind. – »Nettes Mädchen«, sagen auch Frank, Hinrichs und

Flamm. – »Bezauberndes Mädchen«, schwärmen unsere Schützlinge, seitdem wir Heike als ordentliches Mitglied in unser Betreuungskomitee aufgenommen haben.

Berlin. Mittwoch, 8. April 1942

Wir sammeln Marken. Wir machen Visiten. Heute bei Onkel Heinrich. Morgen bei Tante Johanna. Es ist gut, daß Heike mit von der Partie ist. Jeden Tag ziehen sich die Wolken drohender über den hiergebliebenen Juden zusammen. Wer das Glück hat, bis heute noch in seiner Wohnung zu sitzen, der teilt sie bereits mit zahlreichen weniger Glücklichen. Drei Familien auf drei Zimmer. Gedränge vor der Badestube. Gewimmel in der Küche. Peter Tarnowsky hat den vierten Umzug hinter sich. Bei Frau Lehmann meldet sich täglich neue Einquartierung. In Doktor Mühsams Behausung kann man vor Koffern, Möbeln, Erwachsenen und Kindern kaum treten. Überall wirft der dritte Aufbruch seine schrecklichen Schatten voraus. Und seit auch Amerika mit uns im Krieg steht, gibt es für niemanden ein Entrinnen mehr.

Berlin. Donnerstag, 30. April 1942

»Lies das«, sagt Andrik, ins Zimmer tretend, und legt mir mit verzerrtem Gesicht ein zittrig beschriebenes Seidenpapierblatt auf den Tisch. »Geliebte Freunde«, entziffere ich mühsam. »Nun hat mich das Unglück in seiner ganzen Wucht gepackt. Heute bin ich von Grüßau abtransportiert worden. Wohin ...? Ich bin so krank und glaube nicht, daß ich das, was mir bevorsteht, überleben werde. Warum konnte dieser Kelch nicht an mir vorübergehen? Der Weggang innerhalb von achtundvierzig Stunden war herzzerreißend. Vierhundertundfünfzig Menschen. Rucksack, Rolle mit Schlafdecke und so viel Gepäck, wie man tragen kann. Ich kann nichts tragen und werde eben alles am Wege liegen lassen. Das ist der Abschied vom Leben. Ich weine und weine. Lebt wohl für immer und denkt an mich!« – »Margot Rosenthal«, stammle ich. Andrik nickt. »Wieder ein Schub ins Nirwana. Nicht der erste und nicht der letzte. Nur, daß es einen besonders trifft, wenn es einen persönlich angeht.«

Plötzlich springt er auf und beginnt durchs Zimmer zu rennen. »Alles sollte uns angehen«, brüllt er zornig. »Alles. Nicht nur das Los unserer Bekannten. Morgen werden Jakobs gehen. Übermorgen vielleicht Tarnowsky. Aber dazwischen gehen tausend andere. Die wir nicht kennen. Von denen wir nichts wissen.« Er bleibt vor mir stehen und packt mich an den Schultern. »Du«, schreit er und rüttelt mich. »Du, sollen die alle umsonst verrecken?« Aus dem Nebenzimmer kommt Heike gelaufen. »Was schreit ihr denn so?« verwundert sie sich. – »Grund genug zum Schreien«, knurrt Andrik, die Hände in die Taschen schiebend. Ich reiche ihr den Brief.

»... und denkt an mich«, liest sie halblaut. Langsam läßt Heike Burghoff das Blatt sinken. »Denkt an mich«, wiederholt sie und verstummt. Ihr rundes Kindergesichtchen sieht ergreifend feierlich aus. »Wenn wir aber an sie denken«, hebt sie plötzlich an, »ich meine richtig denken – so richtig, daß es ist, als lebten sie in uns ... würden wir dann nicht ... könnten wir ihnen dann nicht ...« – »– ein Denk-Mal setzen?« hilft ihr Andrik weiter. Er geht auf Heike zu und legt zärtlich den Arm um sie. »Ja, kleine Heike, das könnten wir vielleicht. Ihnen ein Denk-Mal setzen. Ihre ...«, er stockt, »ihre unvollendeten Menschheitsaufgaben fortführen.« Nachdenklich wandert er auf und ab. »Vielleicht ist es das einzige, was wir können sollten. Das einzige, was wir lernen sollten«, murmelt er vor sich hin. »Aus diesem letzten unwiderruflichen Aufbruch.«

Berlin. Freitag, 19. Juni 1942

Stein um Stein – Scholle um Scholle bröckeln sie ab. Werden weggetrieben vom festen Ufer, hinaus in den reißenden Strom. Von unseren vierzehn Onkel Heinrichs und zweiundzwanzig Tante Johannas sind nur noch wenige übriggeblieben. Jetzt hat man sämtliche Juden in der Lebensmittelzuteilung auf Sonderregelung gesetzt. Keine Fleischmarken mehr. Keine Eierkarte, keine Rauchwaren, keine Extra-Aufrufe. Gemüse und Obst sind in den Bezugsnummern so weit zurückdatiert, daß für die nächsten sechs Monate praktisch alles abgekauft ist. »Was tu' ich bloß mit meiner Evelyne?« jammert Doktor Jakob. »Ab Herbst pro Woche zwei Kohlrüben. Und bis dahin ...« – »Bis dahin muß man durchhalten«, sagt Andrik entschieden.

Durch die Straßen Berlins schleppen zahlreiche Menschen mit schuldbewußter Miene gefüllte Gemüsenetze. »Das sind die Richtigen«, stellt Frank befriedigt fest. »Der Ringverein der Gemüseschlepper!« Aus der Opposition gegen das Unrecht formt sich wie von selbst ein neuer Kreis von Bundesgenossen.

Berlin. Freitag, 3. Juli 1942

Heinrich Mühsam, Mutti Lehmann, Peter Tarnowsky, Doktor Jakob. Seine kleine Evelyne, seine Frau und Bernsteins, seine Schwiegereltern. Acht Menschen, die auf ihr Schicksal warten. Jetzt ist Heinrich Mühsam an der Reihe. Zwischen gepackten Koffern und verstörten Hausbewohnern sehen wir uns zum letztenmal. »Kommen Sie wieder«, würge ich hervor. Er lächelt, weise wie Buddha und sanft wie Lao-Tse. »Ich komme ... wieder. Wir alle kommen wieder. Vielleicht nicht so. Aber doch irgendwie.« Er beugt sich zu mir, und seine Augen stehen dicht vor den meinen. »Auf Wiedersehen«, sagt er langsam, jede Silbe betonend. Und plötzlich weiß ich, daß ich ihn küssen möchte. Heute! Morgen! Alle Tage! »Sie gehen gar nicht weg«, flüstere ich. »Sie ... Sie sind immer da!« – »Leb wohl«, sagt er und küßt mich auf den Mund.

Am Mittwoch, dem 1. Juli 1942, hat man Heinrich Mühsam nach Theresienstadt transportiert. Das Getto für bevorzugte Juden. Weil er evangelisch getauft ist und ein Holzbein trägt.

Berlin. Samstag, 1. August 1942

»Eines steht fest«, erklärt Frank nachdrücklich. »Die Zeit der Einzelgänger ist vorüber. Der Starke ist nicht mehr am mächtigsten allein. Wir müssen einen Stoßtrupp bilden. Über ganz

Berlin. In jedem Viertel müssen unsere Leute sitzen. Verschworene Bundesgenossen, auf die man sich bedingungslos verlassen kann. Der alte Kreis genügt nicht. Und auch nicht alle von ihnen sind geeignet. Neue Menschen müssen gefunden werden. Aus jedem Lager. Jeder muß seine Clique anhängen, seine Beziehungen, seine Möglichkeiten. Was der eine nicht hat, wird der andere besorgen. Es kommt nun darauf an, die Rollen richtig zu verteilen.« – »Und sich trotzdem nicht von der Gestapo kriegen zu lassen«, ergänzt Andrik zustimmend.
Wir sitzen um das Radio und betätigen uns wieder mal als »Rundfunkverbrecher«. Noch immer siegen die Deutschen in Rußland. Noch immer spricht man von einem letzten und allerletzten Aufgebot, das Stalin gegen uns ins Feld wirft. Aber Moskau liegt jetzt viele Kilometer hinter der russischen Front. Und wenn auch jede Woche im Verlag ein paar Dutzend Leserbriefe eintreffen, in denen begeisterte Endsiegapostel sich nach Siedlungsmöglichkeiten im Krimgebiet und Kaukasus erkundigen, so ist doch auch über den Kaukasus das letzte Wort noch nicht gesprochen. Selbst hinter dem Elbrus kann man den Krieg noch verlieren.
»Merkwürdige Patrioten sind wir«, sagt Hinrichs. »Wenn man uns so reden hört, könnte man uns fast für das Gegenteil halten.« – »Tun auch viele«, erwidert Flamm. »Nur daß sie von einem verkehrten Standpunkt ausgehen.« – »Und wenn vielleicht unser Standpunkt der verkehrte wäre ...?« Heftig schüttelt Flamm den Kopf. »Ist er nicht. Mag er auch tausendmal so erscheinen. Alle, die für Hitler kämpfen, arbeiten für Deutschlands Untergang.« – »Und die Verteidigung des Vaterlandes? Der sogenannte Patriotismus?« – »Hat diesmal aufs falsche Pferd gesetzt. Es geht gar nicht um das Vaterland. Es geht um Hitlers Ehrgeiz.« Seine Stirn rötet sich vor Erregung. »Daß die Deutschen das immer noch nicht begreifen! Daß sie die Knarre nicht wegwerfen und nach Hause gehen! ›Führ deinen Krieg alleine‹, sollten sie ihm sagen. Ihm, der sie für eine selbstsüchtige Sache in den Tod hetzt.«
Andrik dreht am Radio. »Wenn nur nicht so viele dabei drauf-

gehen würden!« Aus dem Kasten tönt eine martialische Männerstimme: »In stürmischem Vorgehen nahmen unsere Truppen ...« – »Stell schon ab«, drängt Frank verdrießlich. »Sprechen wir lieber von Nützlicherem.« Er zieht ein Notizbuch aus der Tasche. »Zwei Pfund Fleischmarken sind diese Woche eingegangen, anderthalb Pfund Nährmittel, eine weibliche Raucherkarte, sechs Pfund Brot und dreihundert Gramm Margarine. Wer braucht? Wer verteilt? Wer übernimmt die Auslieferung?« – »Man muß auch für Evelyne ein Kleid besorgen«, erinnert Heike. »Die Kleine wächst so schrecklich. Und wenn der Herbst kommt ...«

Berlin. Mittwoch, 2. September 1942

Unsere Keller sind bis zur Decke vollgestopft mit jüdischem Gepäck. Drei Parteien, vier Parteien, fünf Parteien. Wir kennen uns fast selber nicht mehr aus. Wer jetzt weg muß, darf nur noch das Notwendigste mitnehmen. Und selbst dieses Notwendigste gelangt selten an seinen Bestimmungsort.

»Kommen Sie, und helfen Sie mir packen«, schreibt Frau Lehmann. »Es ist soweit. Morgen holen sie mich ab.« Den ganzen Abend packen wir in ihrem Zimmer. Wirtschaften mit Schere, Nadel und Faden. Hundertmarkscheine ins Mantelfutter, Trauring in die Steppdecke, Füllfederhalter unter die Hutschleife, Dollarnote zwischen den Rocksaum. »Die stillen Reserven«, scherzt Mutti Lehmann. Im Nebenzimmer wohnt ein jüdischer Untermieter. Zwangseingewiesen seit wenigen Wochen. Gestern hat man ihm den Evakuierungsbrief zugestellt. Wir sitzen und sticheln. Im Nebenzimmer wandert es auf und ab. Sechs Schritte nach rechts, sechs Schritte nach links. Ruhelos, pausenlos, immer hin und her. »Was ist mit Herrn Erichsohn?« frage ich erstaunt. »Packt er nicht?« Die Umsitzenden senken verlegen die Augen. Hinter Frau Lehmann legt jemand beschwörend den Finger an die Lippen. »Er will nicht mehr mitmachen«, flüstert man mir zu. »Er hat sich anders entschieden.« Im Nebenzimmer wandert es auf und ab. Sechs Schritte nach rechts, sechs Schritte nach links. Im Nebenzimmer ... Barmherziger Gott! Im Nebenzimmer ... Jetzt wird es dort still. Beängstigend still. Da stirbt doch ein Mensch, denke ich voller Grauen. Wie dürfen wir ihn denn sterben lassen! Nur dort; die Schiebetür! Wenn man sie aufmacht ... Niemand öffnet die Schiebetür. Wir sitzen und sticheln. Im Nebenzimmer stirbt ein Mensch. »Sie soll es nicht wissen«, raunt man mir ins Ohr. »Sie hat schon genug auf der Seele.« – »Und er?« – »Er? Können Sie ihm Besseres bieten?« Hinter der Schiebetür kämpft irgendein Herr Erichsohn seinen Todeskampf. Einsam, rücksichtsvoll und diskret. Morgen, wenn der Abholwagen weggefahren ist, wird man seine Leiche finden. Jetzt lebt er noch. Lauscht vielleicht, mit verschwimmenden Sinnen, dem Lärm der Stimmen, die zu ihm herüberdringen. Wir reden laut und viel. Aber je lauter wir reden, desto deutlicher vernehmen wir die Totenstille nebenan. Wie ein Hammer dröhnt sie in unser Gehirn. Wie ein Glockenklöppel schlägt sie an unser Herz. Ruhe in Frieden, unbekannter Herr Erichsohn! Der du nicht mitmachen willst und dich anders entschieden hast.

Berlin. Sonntag, 11. Oktober 1942

Wir tagen bei Hinrichs. Viele sind dort. Leute der Kirche und Leute des öffentlichen Lebens. Zivilisten, Berufskollegen, Urlauber. Ein Kreis der verschiedensten Meinungen. Nur in einem Punkt sind sich alle einig. Daß erst ein verlorener Krieg das Ende der Nazis bedeutet. In einer Ecke sitzt, still in den Sessel zurückgelehnt, ein ernster Mann. Betrachtet aus großen Augen aufmerksam jeden Anwesenden. Er spricht wenig. Mischt sich kaum in die leidenschaftliche Unterhaltung. Nur manchmal nickt er zustimmend vor sich hin. »Ja, das ist so ... Gewiß, damit mögen Sie recht haben!« – »Wer war der Herr?« erkundige ich mich bei Hinrichs, als der schweigsame Unbekannte sich, früher als alle anderen, verabschiedet hat. »Moltke. Graf Helmuth von Moltke. Unser bester Kopf.« Er zieht mich vertraulich beiseite. »Man wird noch von ihm hören. Große Gruppen stehen hinter ihm. Von rechts bis links. Er arbeitet bei ...« Ein Major der Luftwaffe tritt an uns heran.

»Canaris«, setzt Hinrichs rasch und leise hinzu. – »Jetzt jagen sie die Mischlinge von den höheren Schulen«, sagt der Major erregt. »Wenn das so weitergeht, wird man die auch noch evakuieren.«

Ich hörte bereits von dieser Maßnahme. Seit Tagen verursacht sie uns ernsthaftes Kopfzerbrechen. Man muß die Kinder unterbringen. Frank hat vier Schützlinge, Heike zwei. Fünf haben sich bei Andrik gemeldet, und was bei Flamm in dieser Hinsicht gefällig ist, das kann von einem einzelnen Menschen schon kaum noch bewältigt werden. Zum Glück gibt es immer noch genügend Deutsche, die es sich zur Ehre anrechnen, den Judengesetzen ein Schnippchen zu schlagen. Mit der ersten Aktion gegen Mischlinge erhält auch der Kreis unserer »Ringvereinsmitglieder« erfreulichen Zuwachs.

Auf dem Heimweg denke ich an den stillen Mann mit den ernsthaften Augen. Und ich gelobe mir, daß sein Name nie über meine Lippen kommen soll. Niemals, solange es eine Gestapo gibt, solange es in Deutschland gefährlich ist, selbst nur mit Gedanken wider den Stachel des Dritten Reiches zu löcken.

Berlin. Samstag, 21. November 1942

»Was wissen Sie von ›ihm‹?« frage ich Hinrichs. »Was meint ... ›er‹ zu der Entwicklung der Lage?« Hinrichs dolmetscht. Vermittelt uns, ein gutfunktionierendes Sprachrohr, Arbeit, Hoffnung und Glauben jenes Menschen, der tief im Verborgenen seine Fäden für Deutschlands Zukunft spinnt. Durch hundert winzige Kanäle leiten wir die Botschaft weiter. Behutsam und unendlich vorsichtig. Hin und wieder begegnen wir dem schweigsamen Mann. Dann reden wir mit ihm wie mit jedem anderen. Du bist es, denken wir ehrfürchtig. Du kennst den Weg, der uns einmal – irgendwann einmal – aus der Finsternis herausführen wird.

Berlin. Sonntag, 22. November 1942

Die Russen haben die Front durchbrochen. In Afrika machen die Engländer gewaltige Fortschritte. Schon wetten viele, daß

der Krieg vor Ablauf der nächsten sechs Monate zu Ende sein wird. Jeder Tag früher spart Opfer an Menschen. Jede deutsche Niederlage bedeutet einen Schritt näher zum Frieden. Wie recht hat Flamm! Das Schlagwort von der Verteidigung des Vaterlandes ist unser gefährlichster Feind. Jeder, der sich einziehen läßt, verlängert den Krieg. Jeder, der von nationaler Verpflichtung spricht, verwechselt das Vaterland mit der Person des Herrn Hitler. Daß ihnen die Augen nicht aufgehen, wenn sie sich umblicken und feststellen, wie ihr oberster Kriegsherr in diesem Vaterlande wütet, die Menschlichkeit mit Füßen tritt und alle Tugenden zu Schandtaten verzerrt!
Verteidigen wir auf Rußlands Steppen die Judenevakuierung? Die Schmach der Konzentrationslager? Den Jammer verhungernder Kriegsgefangener? Verteidigen wir Hitlers Größenwahn? Oder Goebbels' Lüsternheit? Lassen sich unsere Männer millionenweise zu Krüppeln schießen, damit Herr Göring sich neue Paläste bauen kann? Man verbietet den Juden, öffentliche Verkehrsmittel zu benutzen. Man ächtet jeden Andersdenkenden. Wie eine Seuche schleicht die Denunziation durchs Land. Freiheit hat sich in Zwang verkehrt. Nein, wer sein Vaterland liebt, darf für Adolf Hitler nicht kämpfen. Er muß ihn hassen als seinen bösesten Feind.

Berlin. Mittwoch, 2. Dezember 1942

In Scharen tauchen die Juden unter. Furchtbare Gerüchte gehen um über das Schicksal der Evakuierten. Von Massenerschießungen und Hungertod, von Folterungen und Vergasung. Niemand kann sich freiwillig solchem Risiko aussetzen. Jeder Unterschlupf wird zum Himmelsgeschenk. Zur Rettung aus höchster Lebensgefahr. Der Ringverein schiebt sich die Einquartierungen gegenseitig zu. Ihr eine Nacht – wir eine Nacht! Dauergäste sind verdächtig. Ohnehin macht das ständige Kommen und Gehen die Nachbarn schon mißtrauisch.
Jakobs haben ihre Wohnung verlassen. Seit vierzehn Tagen hausen sie in einem verfallenen Werkzeugschuppen. Umschichtig kampieren ein oder zwei Mitglieder der Familie

auf unserem schmalen Gästesofa. Peter Tarnowsky steckt die Nase nicht mehr vor die Tür. Öffnet auf kein Klingelzeichen und entrückt sich in die Welt von Kant, Hegel und Schopenhauer. Er vermag sich immer noch nicht vorzustellen, daß man auch ihn damit meinen könnte. Mit dem Ausbürgern, Abtransportieren und Umbringen. Ihn, den Rechtsanwalt Doktor Tarnowsky, Weltkriegsoffizier, Ritter des Eisernen Kreuzes und Ehrenmann vom Scheitel bis zur Sohle.

»Marken sammeln, Marken sammeln!« drängt Frank. »Für morgen hab' ich zwei Schlafgelegenheiten. Für übermorgen drei. Ab 15. Dezember steht in Lankwitz eine sturmfreie Wohnung zur Verfügung. Kranke werden zu mir geschickt. Wer Atteste braucht, wendet sich an mich oder an meinen Kollegen Doktor Kühn. Doktor Kühn ist Kommunist. Er hat erst vor kurzem eine monatelange Leidenszeit in jugoslawischen Gefängnissen durchgemacht. Jetzt arbeitet er wieder, als wäre nichts geschehen. Illegal, konspirativ, ein fanatischer Kämpfer für seine Sache. Wir wissen nichts Näheres über diese seine Sache. Sein Kreis ist ein anderer als der unsrige. Doch wenn wir uns nötig haben, sind wir für einander da. Immer häufiger haben wir uns in diesen Wochen nötig.«

Berlin. Mittwoch, 30. Dezember 1942

»Kohlrüben allein tun es nicht«, sagt Heike. »Man muß auch mal an den inneren Menschen denken.« – »Und was willst du mit dieser Weisheit andeuten?« erkundige ich mich. – »Daß unser Weihnachtsbaum noch ziemlich gut aussieht und Evelyne an den halbausgebrannten Kerzen bestimmt keinen Anstoß nehmen wird.« – »Also du meinst ...?« – »Gewiß meine ich. Man kann doch nicht dauernd im Werkzeugschuppen sitzen.«

Wir werfen unsere Marken zusammen und arrangieren ein Festessen. Heike »überholt« den Weihnachtsbaum, Andrik kramt die Weihnachtsplatten heraus, und kurz nach Einbruch der Dunkelheit erscheinen Herr und Frau Jakob, Evelyne und die Großeltern Bernstein zum verspäteten Christfest. »Es ist ein' Ros' entsprungen«, singen wir. Die vierjährige Evelyne schaut mit großen Augen in die Kerzenpracht. »Ich hab' auch schon mal eine Birne gegessen«, sagt sie feierlich. »Eine richtige Birne!« Irgendwo klopft es in der Wand. Vielleicht schlägt ein Hausbewohner einen Nagel ein. »Sst!« flüstert die kleine Evelyne. »Jetzt müssen wir ganz leise sein.« Setzt sich mit gefalteten Händen in den Stuhl und blickt gespannt auf ihre Eltern. »Es ist nichts«, beruhigt die Mutter sie und streicht ihr über den Kopf. »Es ist nichts, Evelyne. Du darfst ruhig weitersprechen.« Andrik wendet das Gesicht beiseite. Heike macht sich am Christbaum zu schaffen. Ich schlage die Augen nieder und wage unsere Gäste nicht anzuschauen.

Berlin. Freitag, 29. Januar 1943

Meldepflicht aller Männer und Frauen für Aufgaben der Reichsverteidigung. Im Ostkaukasus setzt man sich »planmäßig vom Feinde ab«. Und was seit Wochen um die Stadt Stalingrad geschieht, das kann selbst die wohlwollendste Deutung nicht mehr als Vormarsch bezeichnen. Am 18. September vorigen Jahres wurde den Zeitungen vom Pressedienst der Partei ein Artikel zugeleitet, der mit den Worten endete: »Stalingrad ist gefallen. Stalins Befehl, die Stadt um jeden Preis zu halten, konnte das Schicksal nicht abwenden. Denn wo der Feldherr Adolf Hitler, wo deutsches Soldatentum sich ein Ziel gesetzt haben, da wird es erreicht. Auch wenn Tod und Teufel sich dagegen verbünden.« – »Gesperrt, bis die amtliche Sondermeldung vom Fall Stalingrads vorliegt«, stand als Fußnote darunter. Der Fall Stalingrads steht vor der Tür. Doch er sieht anders aus, als man es sich vor vier Monaten im deutschen Hauptquartier träumte.

Berlin. Samstag, 6. Februar 1943

Stalingrad ist gefallen. Dreihunderttausend deutsche Soldaten kehren nicht mehr zurück. Ihr Befehlshaber, General Paulus, lebt. Warum überleben immer die den Krieg, die ihn arrangieren? Und fast niemals die, die ihn ausführen müssen? Aus

Theresienstadt kommt die Nachricht, daß Frau Lehmann gestorben sei. Auch der Arrangeur dieses »Feldzuges« erfreut sich bester Gesundheit.

»Marken sammeln, Marken sammeln!« drängt Frank. Bis zu Hitlers Geburtstag soll Deutschland ›judenrein‹ sein. Jakobs Notquartier ist als Autoreparaturwerkstatt beschlagnahmt worden. Unsere verfügbaren Sofas sind alle belegt. Wir telephonieren in der Stadt herum. »Frühestens in einer Woche«, vertröstet man uns. »Ja, wenn es einer wäre. Aber fünf! Nein, fünf ist ausgeschlossen.« – »Trennen Sie sich doch!« fleht Andrik. »Es braucht ja nicht auf lange zu sein.« – »Wir bleiben zusammen«, beharrt Doktor Jakob. »Wir bleiben zusammen!« sagen Herr und Frau Bernstein. Wie Diebe schleichen sie sich Nacht für Nacht in die eigene Wohnung. Auf Socken, und wagen nicht mal ein Licht anzuzünden.

Berlin. Freitag, 12. Februar 1943

In der Nacht schrillt das Telephon. »Sie werden vom Münzfernsprecher verlangt«, sagt das verschlafene Fräulein vom Amt. – »Hallo?« frage ich. – »Mein Schwiegersohn ist verhaftet«, stammelt eine bebende Stimme. »Wir fürchten uns so. Wir wissen uns keinen Rat.« Das ist Frau Bernstein! Sie hat schon wieder aufgelegt. Ich wecke Andrik und Heike. »Was tun wir nur ... was tun wir nur?« Sie schauen mich hoffnungslos an. »Vor morgen früh wird kaum was zu machen sein.«

Flamm hat eine Beziehung zum Untersuchungsgefängnis. Kühn kennt dort den Oberaufseher. Wenn wir erst rausgekriegt haben, wo er sitzt, wird es leichter gehen.

Berlin. Samstag, 13. Februar 1943

In Jakobs Wohnung meldet sich niemand. Die Mieter des Hauses wagen wir nicht zu befragen. Wenn sie kann, wird Frau Bernstein bestimmt wieder anrufen. Kühn ist verständigt. Flamm ebenfalls. Beide versprachen, sofort alle Hebel in Bewegung zu setzen.

Berlin. Sonntag, 14. Februar 1943

Auch heute hat Frau Bernstein nicht angerufen. Unsere Unruhe wächst von Stunde zu Stunde. Dreimal sind wir schon vor der Wohnung gewesen. Die Klingel ist abgestellt. Nur mit knapper Mühe konnten wir uns ungesehen wieder davonschleichen.

Berlin. Montag, 15. Februar 1943

Es bleibt nichts übrig. Wir müssen es riskieren. Frau Bernstein meldet sich nicht. Am Nachmittag werde ich ihre Nachbarsleute aufsuchen. Es sollen vernünftige Menschen sein.

Berlin. Dienstag, 16. Februar 1943

Eine freundliche Dame öffnet mir. »Verzeihung, könnten Sie mir sagen, ob Frau Jakob zu Hause ist?« Sie schüttelt den Kopf und bricht in Tränen aus. – »Wird sie ... wird sie heute noch zurückkommen?« Wieder ein Kopfschütteln. Stumm zieht mich die Frau ins Zimmer. »Sie kommt nicht mehr. Sie kommt nie mehr«, sagt sie schluchzend. – »Und Bernsteins? Und die kleine Evelyne?« – »Alle fort. Alle am Samstag abgeholt.« Entsetzt sinke ich auf den nächsten Stuhl. – »Alle abgeholt«, wiederhole ich mechanisch. Die fremde Dame nimmt mir gegenüber Platz. »Sie sind eine Freundin von Frau Jakob?« erkundigt sie sich teilnahmsvoll. Ich nicke. – »Es ist qualvoll gewesen! So schrecklich, daß man weinen muß, wenn man daran denkt.« – »Erzählen Sie«, bitte ich. »Vielleicht können wir etwas tun. Irgendwie helfen.« – »Helfen? Wenn die Gestapo das Haus wie eine Festung stürmt? Türschlösser knackt und Stahlriegel durchsägt? Ich bitte Sie, wer soll – wer kann da noch helfen! Um neun Uhr morgens hält ein Lastwagen vor der Tür. Sechs Beamte springen heraus. Laufen hinauf und läuten Sturm. Man öffnet nicht. Sie läuten weiter. Zehn Minuten lang hämmern sie auf den Klingelknopf. Dann kommen sie zu mir. ›Sind die drüben zu Haus?‹ fragen sie scharf. ›Ich weiß nicht‹, stottere ich. Ich wußte. O Gott, ich wußte nur zu genau, daß sie zu Hause waren. Alle vier. Einer hängt sich an mein Telephon. Telephoniert nach nebenan. Ich höre durch die

Wand, wie das Läutewerk anschlägt. ›Haben Sie eine Leiter?‹ herrscht er mich an. Ich nicke. Man holt die Leiter, schiebt sie vorsichtig zum Küchenfenster hinaus. Ein Fenster der Nebenwohnung steht offen. Die Leiter reicht nicht hinüber. Zwei Sprossen fehlen. ›Verfluchte Bande!‹ knirscht das Braunhemd. Dann gehen sie zum Sturmangriff über. Vordertür, Hintertür. Fußtritt dagegen. Äxte und Stahlsäge. Gott schütze euch alle! flehe ich im stillen. Die Tür ist stabil. Endlich gibt sie nach. Klafft auseinander – stürzt und poltert in den Korridor. Drei Minuten später steigen die vier die Treppe hinunter. Einer nach dem anderen. Sie reden nicht, sie bewegen sich kaum. Sie gehen, als wären sie gestorben.«

»Gestorben«, weht es wie ein Echo durch den Raum. Die Frau mir gegenüber ringt die Hände. »Zwei Stunden haben sie dort gesessen! Wissen Sie, was das heißt? Zwei Stunden in seiner Wohnung belagert zu sein? Man wagt nicht zu flüstern, man wagt nicht zu atmen. Gleich werden sie kommen ... sie müssen ja kommen. Und das Kind! Das Kind immer dazwischen ...« – »Es hat auch schon mal eine Birne gegessen. Eine richtige Birne«, murmele ich mechanisch. – »Wie meinen Sie?« fragt die Dame erstaunt. »Oh, nichts«, antworte ich verwirrt. »Gar nichts ... Es fiel mir nur so ein ...« Ich erhebe mich. »Man muß versuchen, sie aufzuspüren. Wenn ich etwas höre, gebe ich Ihnen Nachricht.« Wir schütteln uns die Hände. »Ich heiße Frau Meyerowitz. Maria Meyerowitz!« sagt die Dame, »und ...«, sie zögert, »auch mein Mann ist Jude gewesen.«

Berlin. Freitag, 19. Februar 1943

Goebbels hält im Sportpalast eine »Kundgebung des fanatischen Willens« ab. »Für die Rettung Deutschlands und der Zivilisation!« »Nur der stärkste Einsatz, der totalste Krieg«, beschwört er seine Hörer, »kann und wird die Gefahr bannen.« Total – totaler – am totalsten. Ich wußte nicht, daß sich selbst Endgültigkeiten noch steigern lassen. Wer innerlich unsicher ist, muß wohl zu solchen Mitteln greifen. Muß sich aus einer Übersteigerung in die nächste quälen. Was zöge denn noch im »großdeutschen Reich«, wenn nicht der Superlativ aller Superlative? Das beste Volk der Welt ... das klügste Volk der Welt ... das ritterlichste Volk der Welt. Brekersche Plastiken, Speersche Bauwerke, Goebbelssche Propagandareden, Georgesches Donnerpathos. »Wer angibt, hat's nötig«, sagt das Sprichwort. Wenn es wahr spricht, dann müßten es die Nazis verdammt nötig haben. Nicht nur mit dem totalsten Krieg, sondern auch mit der »totalsten« Anstrengung, diesen Krieg zu gewinnen. Es sieht nicht gut aus an der russischen Front. Und was Herr Goebbels heute von sich gibt, läßt einen Unterton tiefer Sorge erkennen.

Berlin. Sonntag, 28. Februar 1943

Seit heute morgen um sechs Uhr fahren Lastautos durch Berlin. Eskortiert von bewaffneten SS-Männern. Halten vor Fabriktoren, halten vor Privathäusern. Laden Menschenfracht ein. Männer, Kinder, Frauen. Unter den grauen Planverdekken drängen sich verstörte Gesichter. Elendsgestalten, wie Schlachtvieh zusammengepfercht und durcheinandergewürfelt. Immer neue kommen hinzu, werden mit Kolbenhieben in die überfüllten Wagen gestoßen. In sechs Wochen soll Deutschland »judenrein« sein. Wir laufen herum. Wir telephonieren. Peter Tarnowsky – weg. Der Verleger Lichtenstein – weg. Unsere jüdische Schneiderin – weg. Unser nichtarischer Hausarzt – weg. Weg – weg – weg! Alle! Ohne Ausnahme. Gestern noch sprach ich mit Tarnowsky. »Ich halte mich an den kategorischen Imperativ«, sagte er. »Gegen Grundgesetze der Sittlichkeit wird man nicht vorgehen.« Man ist gegen sie vorgegangen. Man hat sie ganz einfach mit Füßen getreten. Wie es scheint, hat die SS kein Organ für Immanuel Kant. Und fragt nicht danach, ob Peter Tarnowsky ein Ehrenmann ist. Ein Ehrenmann vom Scheitel bis zur Sohle.

Sollen wir hingehen und die SS zur Rede stellen? Ihre Lastwagen stürmen und unsere Freunde herunterreißen? Die SS hat Waffen – wir haben keine. Es gibt uns auch niemand welche. Und wenn man sie uns gäbe, wir verständen nicht, mit ihnen umzugehen. Wir sind nun mal keine »Umbringer«. Wir haben Ehrfurcht vor dem Leben. Das ist unsere Stärke und – unsere Schwäche.

Berlin. Dienstag, 2. März 1943

Die Engländer haben die Untat gerächt. Mit einem Großangriff auf Berlin, wie er bisher nicht seinesgleichen sah. 160000 Menschen, sagt man, sind obdachlos geworden. Es brennt in der Stadt und in allen West- und Südvororten. Schwefelgelb raucht die Luft. Durch die Straßen stolpern gehetzte Menschen. Mit Bündeln, mit Koffern und Hausrat. Stolpern über Trümmer und Scherben. Fassen es nicht, daß man gerade ihnen – ausgerechnet ihnen – so übel mitgespielt hat. Von der Ursache zur Wirkung ist ein langer Weg. Die wenigsten wissen ihn zu gehen. Kaum einer versteht, daß die Folge von heute der Anlaß von gestern sein kann. Der Anlaß Coventry, der Anlaß Dünkirchen, der Anlaß Judengreuel, Städte ausradieren und Konzentrationslager. Der Besen, der Deutschland judenrein kehrt, will nicht mehr in die Ecke zurück. Und die Geister, die man rief, die wird man nun nicht los.

Berlin. Sonntag, 7. März 1943

Wenigstens einige sind wiedergekehrt. Die sogenannten »Privilegierten«. Die jüdischen Partner rassisch gemischter Ehen. Abgesondert von den übrigen, hat man sie vergangenen Sonntag in ein Sammellager geschafft. Zur Prüfung und endgültigen Beschließung. Noch am selben Tage machten sich die Frauen jener Männer auf, ihre verhafteten Ehegefährten zu suchen. Sechstausend nichtjüdische Frauen drängten sich in der Rosenstraße, vor den Pforten des Gebäudes, in dem man die »Arischversippten« gefangenhielt. Sechstausend Frauen riefen nach ihren Männern. Schrien nach ihren Männern. Heulten nach ihren Männern. Standen wie eine Mauer. Stunde um Stunde, Nacht und Tag.

In der Burgstraße liegt das Hauptquartier der SS. Nur wenige Minuten entfernt von der Rosenstraße. Man war in der Burgstraße sehr peinlich berührt über den Zwischenfall. Man hielt es nicht für opportun, mit Maschinengewehren zwischen sechstausend Frauen zu schießen. SS-Führerberatung. Debatte hin und her. In der Rosenstraße rebellieren die Frauen. Fordern drohend die Freilassung ihrer Männer. »Privilegierte sollen in die Volksgemeinschaft eingegliedert werden«, entscheidet am Montagmittag das Hauptquartier der SS. Wen das Zufallsglück traf, einen nichtjüdischen Partner geheiratet zu haben, der darf sein Bündel schnüren und nach Hause gehen. Die anderen werden in Güterzüge verladen und abtransportiert. In unbekannter Richtung – mit unbekanntem Ziel. Leb wohl, Peter Tarnowsky, Freund von Kant, Hegel und Schopenhauer! Leb wohl, du Deutscher! Du Ehrenmann vom Scheitel bis zur Sohle! Leb wohl! – – – Leb ewig wohl!

Berlin. Dienstag, 9. März 1943

Die Militärs sollen sich weigern, noch weiter mitzumachen. Hinrichs berichtet es uns. Ein Umsturz sei geplant. Ein regelrechter Regierungsputsch. »Stammt die Nachricht von – ›ihm‹?« erkundige ich mich vorsichtig. Er nickt. »Die Nachricht wohl, aber nicht die Absicht. Das Militär muß den Anstoß geben. Sie haben die Waffen. Sie sind die einzigen, denen ein solcher Versuch – vielleicht – gelingt. Wir anderen können nur nachfolgen. Daß wir dann bereit sind ... bereit, mit einer vernünftigen Regierung auf den Plan zu treten, daran arbeiten wir. Daran arbeitet ›er‹. Nun schon seit fünf Jahren.«

Berlin. Mittwoch, 10. März 1943

Was geht in München vor? In München soll irgend etwas geschehen sein. Etwas Illegales, Rebellisches. Die Studenten hätten sich erhoben, erzählt man. Viele tausend Flugblätter seien verteilt worden. Anschriften stünden an den Mauern: »Nieder mit Hitler! Es lebe die Freiheit!« Wir horchen herum. Wir brennen, Genaueres zu erfahren. Geht der Sturm weiter? Hat man ihn schon erstickt? Es wird davon gesprochen, daß

Freisler, der Präsident des Volksgerichtshofes, vor kurzem in »Sondermission« nach München gefahren sei. Die Wahrheit! Die Wahrheit wollen wir wissen!

Berlin. Dienstag, 23. März 1943

Nun wissen wir die Wahrheit. Aus München kam ein Geheimkurier. Verbindungsmann der Gruppe M. Er brachte einen Lagebericht und zwei Flugblätter. Das letzte, was von dem Münchener Studentenaufstand übriggeblieben ist. Jetzt liegt schon alles in der Vergangenheit: Aufstand, Empörung, Verhaftung und Urteil. Am 19. Februar aber hat sich dort folgendes abgespielt: Ein neuer Gauleiter ist ernannt. Ein scharfer Nazi, Paul Gießler mit Namen. In der Aula der Universität spricht er zu den versammelten Studenten. Wettert über die mangelnde Bereitschaft der akademischen Jugend, sich fürs Vaterland einzusetzen, diffamiert das Frauenstudium. Höhnt, es sei nur zum Männerfang geschaffen, krakeelt desto lauter, je mehr er die Opposition unter seinen Hörern wachsen fühlt. Die Studentinnen verlassen den Saal. Plötzlich ein Zwischenruf: »Wir lassen unsere Kommilitoninnen nicht beleidigen!« Füßescharren, Getrampel, Geschrei. Gießler muß weichen. Von der Empore fliegen Hunderte von Flugblättern. Draußen formiert sich ein Demonstrationszug. In diesem Augenblick erscheint die Polizei. Sperrt die Türen der Aula, treibt den Zug auseinander. »Es lebe die Freiheit!« steht wie von Geisterhand geschrieben an allen Mauern.

In der Münchener Universität gibt es einen Pedell. Hilfspedell Schmidt. Er hat gesehen, wie ein paar Studenten beim Anrücken der Polizei eine Aktentasche in den Lichtschacht warfen. So etwas muß gemeldet werden. Hilfspedell Schmidt meldet die Sache der Gestapo. Wenige Stunden später sind drei Studenten verhaftet. Hans Scholl, Sophie Scholl und Christoph Probst. Frontkämpfer die Männer, beurlaubt zum Studium der Medizin. Das Mädchen, Scholls Schwester, Studentin der Naturwissenschaften.

Freisler wird telephonisch aus Berlin beordert. Schon am nächsten Tag tritt unter seinem Vorsitz in München das Volksgericht zusammen. »Würden Sie Hitler töten, wenn Sie Gelegenheit dazu hätten?« fragt man die Angeklagten. – »Ja, sofort!« antworten sie wie aus einem Munde. Hans Scholl nimmt alle Schuld auf sich, stellt sich ritterlich vor seine Schwester. »Wir sind unfrei geworden und müssen die geistige Freiheit wiedergewinnen«, erklärt er in seiner Verteidigungsrede. Und als ihm Freisler das Urteil verkündet, entgegnet er stolz: »Sie werden in kurzer Zeit an meinem Platze stehen!« – Zwei Tage nach der Verhaftung, am 22. Februar um sechzehn Uhr dreißig, besteigen Hans Scholl, Sophie Scholl und Christoph Probst das Schafott. »Es lebe die Freiheit!« ist ihr letztes Wort. Sophie Scholl hat man beim Verhör das Bein gebrochen. Sie muß zur Hinrichtungsmaschine getragen werden. »Gott, du bist meine Zuflucht in Ewigkeit. Amen!« betet sie ...

So der Bericht. Wir lesen ihn hinter verriegelten Türen. Hinrichs, Frank, Andrik, Flamm, Heike, Wolfgang Kühn und ich. Dann faltet Hinrichs das Flugblatt auseinander. Eng um ihn geschart lauschen wir ehrfürchtig dem Aufruf unserer Münchener Gesinnungsfreunde:

Kommilitoninnen! Kommilitonen!

Erschüttert steht unser Volk vor dem Untergang der Männer von Stalingrad. 330 000 deutsche Männer hat die geniale Strategie des Weltkriegsgefreiten sinn- und verantwortungslos in Tod und Verderben gehetzt! Führer, wir danken dir! Es gärt im deutschen Volke. Wollen wir weiter einem Dilettanten das Schicksal unserer Armeen anvertrauen? Wollen wir den niedrigsten Machtinstinkten einer Parteiclique den Rest der deutschen Jugend opfern? Nimmermehr!

Der Tag der Abrechnung ist gekommen, der Abrechnung unserer deutschen Jugend mit der verabscheuungswürdigsten Tyrannei, die unser Volk je erduldet hat. Im Namen des ganzen deutschen Volkes fordern wir von dem Staat Adolf Hitlers die persönliche Freiheit, das kostbarste Gut der Deutschen, zurück, um das er uns in erbärmlichster Weise betrogen hat.

In einem Staate rücksichtsloser Knebelung jeder freien Meinungsäußerung sind wir aufgewachsen. HJ, SA und SS haben uns in den fruchtbarsten Bildungsjahren unseres Lebens zu uniformieren, zu revolutionieren, zu narkotisieren versucht. Weltanschauliche Schulung hieß die verächtliche Methode, das aufkeimende Selbstdenken und Selbstwerten in einem Nebel leerer Phrasen zu ersticken. Eine Führerauslese, wie sie teuflischer und zugleich bornierter nicht gedacht werden kann, zieht ihre künftigen Parteibonzen zu gottlosen, schamlosen und gewissenlosen Ausbeutern und Mordbuben heran, zur blinden, stupiden Führergefolgschaft. Wir Arbeiter des Geistes wären gerade recht, dieser neuen Herrenschicht den Knüppel zu machen. Frontkämpfer werden von Studentenführern und Gauleiteraspiranten wie Schulbuben gemaßregelt. Gauleiter greifen mit geilen Späßen den Studentinnen an ihre Ehre. Deutsche Studentinnen haben an der Münchener Hochschule auf die Besudelung ihrer Ehre eine würdige Antwort gegeben. Deutsche Studenten haben sich für die Kameradinnen eingesetzt und standgehalten. Das ist ein Anfang zur Erkämpfung unserer freien Selbstbestimmung, ohne die geistige Werte nicht geschaffen werden. Unser Dank gilt den tapferen Kameradinnen und Kameraden, die mit leuchtendem Beispiel vorangegangen sind.

Es gibt für uns nur eine Parole: Kampf gegen die Partei! Heraus aus den Parteigliederungen, in denen man uns politisch weiter mundtot machen will! Heraus aus den Hörsälen der SS-Unter- und Oberführer und Parteikriecher! Es geht um wahre Wissenschaft und Geistesfreiheit. Kein Drohmittel kann uns erschrecken, auch nicht die Schließung der Hochschulen. Es gilt den Kampf jedes einzelnen von uns um unsere Zukunft, unsere Freiheit und Ehre in einem seiner sittlichen Verantwortung bewußten Staatswesen.

Freiheit und Ehre! Zehn Jahre haben Hitler und seine Genossen die beiden herrlichen deutschen Worte bis zum Ekel ausgequetscht, abgedroschen, verdreht, wie es nur Dilettanten vermögen, die die höchsten Werte einer Nation vor die Säue werfen. Was ihnen Freiheit und Ehre gilt, das haben sie in zehn Jahren der Zerstörung aller materiellen und geistigen Freiheit, aller sittlichen Substanz im deutschen Volke genugsam gezeigt. Auch dem dümmsten Deutschen hat das furchtbare Blutbad die Augen geöffnet, das sie, im Namen der Freiheit und Ehre der deutschen Nation, in ganz Europa angerichtet haben und täglich neu anrichten. Der deutsche Name bleibt für immer geschändet, wenn nicht die deutsche Jugend endlich aufsteht, rächt und sühnt, zugleich ihre Peiniger zerschmettert und ein neues geistiges Europa aufrichtet.

Studentinnen und Studenten!
Auf uns sieht das deutsche Volk. Von uns erwartet es die Brechung des nationalsozialistischen Terrors aus der Macht des Geistes. Beresina und Stalingrad flammen im Osten auf. Die Toten von Stalingrad beschwören uns. Frisch auf, mein Volk, die Flammenzeichen rauchen!
Unser Volk steht im Aufbruch gegen die Verknechtung Europas durch den Nationalsozialismus, im neuen gläubigen Durchbruch von Freiheit und Ehre.

Behutsam legt Hinrichs das Blatt auf den Tisch. »Dem Hilfspedell Schmidt ist für seine staatspolitisch wertvolle Denunziationsarbeit eine Belohnung von tausend Mark und der Beamtentitel verliehen worden«, sagt er lakonisch. Frank springt auf. »Wo ist die Schreibmaschine? Wer tippt? Wer diktiert? Wenn wir dieses Flugblatt nicht weiterverbreiten, sind wir nicht wert, es gelesen zu haben.« Heike setzt sich an die Maschine. »Kommilitoninnen! Kommilitonen!« diktiert ihr Frank. Bis wir uns trennen, liegen fünfzig Exemplare fertig zur Verteilung vor. Morgen wird weitergeschrieben.

Berlin. Mittwoch, 24. März 1943

»Was riecht hier nur so komisch?« sage ich zu Andrik. Es ist zwölf Uhr nachts, und wir sind eben heimgekommen. – »So angebrannt«, bestätigt er, die Luft einziehend. In Heikes Zimmer ist es dunkel. »Schläfst du schon?« frage ich, die Tür öffnend. Eine Rauchwolke schlägt mir entgegen, scharf, aber nicht unangenehm. Heike liegt mit offenen Augen im Bett. »Hast du Feuer gemacht?« Ich schnuppere im Zimmer herum. »Das ist doch ... ist das nicht Weihrauch?« Sie räuspert sich verlegen. »Ich ... habe einen Schwur getan«, murmelt sie verschämt. – »Was für einen Schwur denn, Heikekind?« erkundige ich mich liebevoll und setze mich auf ihren Bettrand. – »Für die Freiheit«, flüstert sie. »Daß wir die Münchener nicht vergessen!« Andrik dreht am Lichtschalter. Die Deckenbeleuchtung flammt auf. Blaue Schwaden durchziehen das Zimmer. Jetzt sehe ich Heikes Gesicht. Ihre Augen sind gerötet. Die runden kleinen Nasenlöcher schwarz verrußt. »Das ist aber schön von dir«, sage ich und streichle ihre Wangen. Neben dem Bett steht ein weißlackierter Stuhl. Darüber, an der Wand, hängt der Gipsabdruck einer Schillermaske. Auch die Schillermaske hat eine schwarze Nase. Vier schmale Rußstreifen ziehen sich wie Bänder vom Stuhlsitz über die Lehne. Ich möchte lächeln, aber ich bringe es nicht fertig. »Wirklich, das ist sehr schön von dir!« sage ich nochmals. »Wunderschön! Wir sollten alle einen Schwur tun für die Freiheit. Alle! Nicht nur du allein.« Ich rücke ihr die Decke zurecht und küsse sie. »Gute Nacht, kleine Heike, und – bleib, wie du bist.« Andrik löscht das Licht. »Wenn viele so wären«, sagt er gerührt.

Berlin. Samstag, 27. März 1943

Wir haben einen Weg gefunden, Flugblatt und Lagebericht in die Schweiz zu schmuggeln. Und einen zweiten über Schweden nach England. Den Geschwistern Scholl und Christoph Probst kann es nicht mehr schaden, wenn man ihre illegalen Taten in der Welt verbreitet. Uns aber ist es ungeheuer wichtig, daß man draußen erfährt, daß auch in Deutschland Menschen leben. Nicht nur Judenfresser, Hitlerjünger und Gestaposchergen. Viel zu wenig weiß die Welt bisher davon. Redet man vorzeitig über die Dinge, hört es die Gestapo unweigerlich zehn Minuten früher als diejenigen, für die die Nachricht bestimmt ist. Und ehe der Bericht an sein Ziel gelangt, sind die, die ihn ausgeben, schon um einen Kopf kürzer. Wir haben seit Kriegsbeginn wenig Verbindung mit dem Ausland. Jeder Kontakt muß mühsam errungen werden. Wir haben keine Organisation hinter uns. Und keine mächtige Partei, die uns den Rücken stärkt. Was wir tun, ist Einzelarbeit. Nur daß diese Einzelarbeit Tausender und aber Tausender Deutscher im Dienste der Menschlichkeit getan wird, trotz Drangsal, Verfolgung und Tyrannei, das sollte, wenn der Tag der Abrechnung kommt, von denen nicht vergessen werden, die es leichter haben als wir, gute und hilfreiche Menschen zu sein.

Berlin. Montag, 26. Juli 1943

»Kinder, ist das 'ne Sache!« ruft Frank und stürzt, ein Zeitungsblatt schwingend, aufgeregt ins Zimmer. »Dreimal dürft ihr raten! Was ist passiert??« – »Frieden«, rät Heike. – »Ein Bonze getürmt«, schlägt Andrik vor. – »Was Neues gegen die Juden?« stammelt Flamm mit verlöschender Stimme. – »Falsch geraten«, triumphiert Frank. Er stellt sich in Positur: »Mussolini hat abgedankt«, sagt er feierlich. – »Nicht möglich!« Unsere Köpfe begegnen sich unsanft über dem Zeitungsblatt. Da steht es schwarz auf weiß: Regierungswechsel in Italien. Mussolini als Chef und Ministerpräsident zurückgetreten. Marschall Badoglio zum Nachfolger ernannt. »Und wo befindet sich unser Süßer?« erkundigt sich Heike strahlend. Andrik drückt auf den Radioknopf. »London.« Er kriecht mit dem Ohr fast in den Kasten: »Mißtrauensvotum für den Duce im Faschistischen Großrat«, souffliert er. »Sein Schwiegersohn Ciano stimmt gegen ihn ... Erregung, Gejohle, Krawall ... Durch einen Notausgang entweicht der Staatschef Italiens ... Er eilt zur Villa Savoja ... zu Viktor Emanuel ... Fordert Unterstützung, Maßnahmen, Vollmachten ... Der König zuckt die Achseln. ›Ihr Nachfolger ist schon ernannt!‹ ... Man verhaftet den Duce ... Er wehrt sich und strampelt. Auf eine Bahre gebunden wird er aus dem Königspalast getragen.« Aufatmend reckt Andrik den Rücken. »Der ist besorgt und aufge-

hoben«, lacht er schadenfroh. – »Aber wo?« möchte Heike wissen. »Wo! Irgendwo! Versteckt, verbuddelt, vergraben. Meinetwegen auf dem Mond. Wenn man nur nichts mehr von ihm hört! Totschweigen ist die klügste Form der Hinrichtung, sie schafft wenigstens keine Märtyrer.«
Vorläufig geht der Kampf weiter. Doch wenn uns nicht alles trügt, wird Badoglio auf schnellstem Wege mit den Alliierten in Fühlung treten. Zu unbeliebt ist der Krieg in Italien. Zu unverständlich dem Volke die Verteidigung seiner Lebensinteressen an der Brennergrenze.

Berlin. Sonntag, 8. August 1943

Trommelwirbel im Hof. Ich schrecke aus dem besten Morgenschlaf. Wo brennt's? Was ist los! »Berliner! Berlinerinnen!« leiert eine heisere Stimme. »Der Feind setzt den Luftterror gegen die deutsche Zivilbevölkerung rücksichtslos fort. Es ist dringend erwünscht und liegt im Interesse jedes einzelnen, der nicht aus beruflichen oder sonstigen Gründen zum Verbleiben in Berlin gezwungen ist – Frauen, Kinder, Pensionäre, Rentner und so weiter –, sich in weniger luftgefährdete Gebiete zu begeben.« Trommelwirbel! »Hast du gehört?« fragt Andrik verschlafen. – »Habt ihr gehört?« ruft Heike aus dem Nebenzimmer. »Herrn Goebbels wird es mulmig in Berlin.« – »Ich bleibe hier«, erkläre ich entschieden. – »Ich auch«, lallt Andrik und dreht sich auf die andere Seite.

Berlin. Dienstag, 10. August 1943

Völkerwanderung nach Osten und Westen, nach Norden und Süden. Herrn Goebbels' Nachtwächterparole hat die gesamte Stadt in Aufruhr gebracht. Die Bahnhöfe werden gestürmt. Zu Tausenden flüchtet man aufs Land. Rucksack auf dem Rükken, Pappköfferchen in der Hand. »Die Juden hatten auch nicht mehr«, sagt Andrik. – »Mit Ausnahme der Ermordung«, erinnere ich ihn. – »Wart's ab«, entgegnet er stirnrunzelnd, »noch ist nicht aller Tage Abend.«

Neudorf. Dienstag, 24. August 1943

»Jetzt sind wir wenigstens unter uns«, stellt Heike befriedigt fest, während wir mit Gasmaske und Luftschutzgepäck in den Keller stolpern. Vor kurzem hat es elf Uhr geschlagen. Die Sirene ist ein so vertrautes Geräusch, daß wir sie kaum noch ernst nehmen. Man streckt sich im Keller zur Ruhe. Man schläft seine Zeit ab, und wenn der Entwarnungswecker schrillt, taumelt man benommen nach oben, sorgfältig darauf bedacht, daß die unliebsame Unterbrechung Morpheus nicht allzu empfindlich beleidigt. Wir ziehen die Decke über den Kopf. Andrik atmet tief und gleichmäßig. Ich träume gemächlich vor mich hin. Nur Heike wälzt sich ruhelos auf ihrem Lager. »Ich weiß nicht, was mir heute ist«, schimpft sie. »Irgendwie schläft es sich nicht bei mir. Irgendwie ...« Andrik erwacht. »Ich geh' rauf«, erklärt er gähnend. »Wenn sie bis jetzt nicht geschossen haben ...« – »Wart noch ...« Fünf Minuten, will ich sagen. Ich sage es nicht. Hölle und Donner brechen los. Erst schießt die Flak. Grollend aus hundert Rohren. Dann schweigt sie still. Minutenlang hören wir vor angespanntem Lauschen nichts als das Keuchen unseres Atems. Dann heult es auf. Als pfiffe eine Sirene dicht hinter der Mauer. Huuuiiii! »Bomben!« stößt Andrik hervor. »Bomben über uns!« Wir sinken in die Knie. Wie reuige Sünder rutschen wir über den Fußboden. Dem Pfosten entgegen, der als einziger die Mauern des Hauses trägt. Huuuiiii! Fensterscheiben spritzen um uns herum. Schwarzgraue Staubmassen wirbeln durch die Luft. Rauch, Flammen, schwefelgelber Dunst. Andrik hält mich mit beiden Armen umklammert. Zwischen meinen Knien hockt Heike wie ein verängstigtes Vögelchen. »Heilige Maria, bitt für uns!« lallt es aus einer Ecke. Wir würgen, wir husten. Rechts brennt es, links brennt es. Von allen Seiten regnet es Feuer. Die Zeit steht still. Die Ewigkeit hat begonnen. Ein furchtbarer Knall. »Erbarm dich«, kreischt eine Frauenstimme. Steine kollern. Der Sturm drückt einen Wirbel von Funken durch die zersplitterten Fenster. Krampfhaft ringt Heike nach Luft. »Nimm ein Tuch vor den Mund!« rufe ich ihr zu. Wir liegen auf den Knien. Eine Stunde – zwei Stunden – drei Stunden.

Sechzehn Minuten nach drei ist der Spuk zu Ende. Die Wohnung mit Trümmern übersät. Wie brennende Segel bauschen sich die Gardinen im Feuersturm. Auf einer Matratze im Keller liegt Heike. Mit blauen Lippen und schlotternden Gliedern. »Mir ist so schlecht«, stöhnt sie. »So unbeschreiblich schlecht.« Ich fühle ihren Puls. Er jagt und zögert, hastet und stockt. »Rauchvergiftung«, sagt Andrik. Seine Stimme klingt barsch vor Sorge. »Hast du kein Herzmittel?« – »Nichts. Nur ein paar Stückchen Zucker.« – »Gib!« Hastig stopft er sie Heike in den Mund. – »Es wird mir schon besser«, lächelt sie dankbar. Bis zum Morgen stehen wir Brandwache. Funken löschen, Hausrat bergen. Treppauf, treppab. Treppab, treppauf.

Der Morgen kommt langsam. Läßt endlos auf sich warten. »Ob es in den anderen Stadtteilen ebenso aussieht?« Wir sehen nichts als Feuer. Sobald es hell wird, werden wir zusammenpacken, das Allernötigste – und uns auf den Weg machen. Heraus ... irgendwohin ... nur heraus aus dem Grauen! Aus diesem schwefelgelben Feuermeer. »In Hamburg sind sie nach vier Stunden wiedergekommen«, sagt jemand neben uns.

Der Morgen ist da. Das heißt, es ist kein richtiger Morgen. Nur die Uhr zeigt an, daß es Tag sein muß. Wir sehen den Himmel nicht. Wir sehen die Sonne nicht. Wir sehen nur Rauch, schwarzwirbelnde Dunstmassen und die Riesenfackeln der brennenden Häuser. Durch die Albrechtstraße wälzt sich ein Flüchtlingsstrom. Über tausend Menschen stehen wie eine Mauer vor dem verschlossenen Gitter des Bahnhofseingangs. Einzeln werden sie bei jeder neuen Zugankunft durchgeschleust. Die Stunden rinnen. Zentimeterweise schiebt sich die Menge vorwärts. Schrillt nicht schon wieder die Sirene? Kommt ein neuer Alarm? Endlich sind wir auf dem Bahnsteig. Der Zug fährt ein. Wie Trauben hängen die Menschen aus den Türen. Hinein, was noch irgend hineingeht. Man drückt, man quetscht, von hinten pressen sie nach. Gottlob, wir sind im

Wagen, wenn auch nur mit der Kante einer Fußsohle. Wer mit uns fährt, kommt aus der gleichen Hölle wie wir. Verrußt, verschmiert und tödlich erschrocken.
Sieben Stunden brauchen wir für eine Fahrt, die man sonst in vierzig Minuten zurücklegt. Um neun Uhr abends sinken wir, vor Erschöpfung fast weinend, in die klammen Federbetten eines abgelegenen Dorfgasthauses.

Neudorf. Montag, 30. August 1943

Täglich dreieinhalb Stunden Bahnfahrt nach Berlin. Täglich viereinhalb Stunden Rückreise aus Steglitz. Fahrrad durch den Wald, Fernbahn – umsteigen. Vorortbahn – umsteigen. Stadtbahn – umsteigen. Ein viertes Mal umsteigen und zwanzig Minuten Fußweg bis zur zertrümmerten Wohnung. Seit sieben Tagen halten wir es so. Verlassen das Dorf beim Morgengrauen, fahren in die Stadt, räumen ein paar Stunden und kehren am Nachmittag aus den Ruinen unseres Vorortes ins Dorf zurück. Der ganze Südteil Berlins ist betroffen. Lankwitz, Südende, Steglitz, Tempelhof. Bis tief nach Schöneberg hinein ziehen sich rauchende Trümmerhaufen. Am Abend sitzen wir auf dem grünen Umbausofa der geschmacklosen Gaststube und schütten literweise Malzkaffee in die verdorrten Kehlen. Die Wirtsleute stehen feindselig um uns herum. Man betrachtet uns als Eindringlinge. Städter interessieren hier nur, sofern sie Hamstergüter bringen. Verschonung von Bombennot gilt als persönliches Verdienst. Man ist sehr hochmütig auf dem Lande rings um Berlin. Hochmütig, parteiverrannt und egoistisch. Wenn nur wir nicht in Not sind, denken die Bauern. Tauschen Speck gegen Kleiderstoffe, Eier gegen Schmucksachen, Butter gegen Seidenstrümpfe. »Heil Hitler!« sagen sie. »Wie immer es auch kommen mag, wir bleiben wertbeständig!«

Berlin. Mittwoch, 1. September 1943

Wir haben es nicht mehr ausgehalten. So riesengroß wuchs unsere Sehnsucht nach den Berliner Trümmern, nach der heimischen Schicksalsgemeinschaft, daß wir gestern unsere Rucksäcke schnürten und nach Hause zurückgekehrt sind. Besser zu zwölf Personen aus einem Suppentopf löffeln, als unverstanden unter unverständlichen Menschen zu leben. Ihre Fülle paßt nicht zu unserer Not. Ihr satter Materialismus ist uns ebenso fremd wie ihnen unsere Brüderschaft mit dem Tod.

»Fein, daß Sie da sind!« sagt unsere Nachbarin, als wir mit Sack und Pack in die Siedlung am Wasserturm einbiegen. »Ich habe Kaffee gekocht. Echten Bohnenkaffee. Wenn Sie raufkommen, kriegen Sie eine Tasse.« Zwanzig Minuten später vernageln wir gemeinsam die Fenster im Treppenflur. Dem Himmel sei Dank! Wir sind wieder zu Hause!

Berlin. Dienstag, 7. September 1943

»Mir ist da ein junger Musiker empfohlen«, sagt Andrik. »Vom Komponisten Zweidorf. Es soll ein begabter Junge sein.« – »Was will er denn von dir?« – »Unterricht nehmen. Dirigiertechnik und Musikwissenschaft.« – »Dann laß ihn doch kommen«, schlage ich vor. Nachmittags um vier klingelt es. Ein schmächtiges Bürschchen, dürftig gekleidet, steht vor der Tür. Schwarzhaarig, mit klugen blauen Augen und langgeschweiften Kinderwimpern. »Sie sind Konrad Bauer?« frage ich. Er nickt. Zu dreien sitzen wir uns im ramponierten Wohnzimmer gegenüber. Ein Schicksal, wie es heute viele gibt. Die Eltern tot. Der Einundzwanzigjährige allein auf der Welt. Wegen Nierenkrankheit vom Wehrdienst zurückgestellt. »Ich bin sehr arm«, schließt er verschämt seinen Bericht und schlägt wie schuldbewußt die Augen nieder. Andrik blickt ihn scharf an. »Wenn Sie bei mir Unterricht nehmen wollen, dann müssen Sie vor allem Vertrauen zu mir haben«, sagt er langsam. »Ohne Vertrauen können wir nicht arbeiten.« – »Was hat er?« denke ich erstaunt. »Warum redet er so streng?« Konrad Bauer errötet. Er würgt an irgend etwas, das ihm nicht über die Lippen will. Plötzlich gibt er sich einen Ruck. »Ich habe Sie belogen«, sagt er. »Es ist alles nicht wahr, was ich Ihnen erzählte.« – Andrik lächelt. »Ich wußte es. Und nun packen Sie mal aus, junger Mann.« – »Ich war ... ich habe ... ich bin geflüchtet.« – »Dacht' ich's mir doch!« murmelt Andrik. – »Aus Breslau. Schon am 28. Februar. Als sie vorne reinkamen, liefen wir hinten raus. Meine Eltern und ich. Auf Umwegen fuhren wir nach Berlin. Jetzt sind wir hier. Ein Freund hat mir einen Job besorgt. Vertretungsweise – im Krematorium Gerichtstraße. Als Orgelspieler bei Beerdigungen. Täglich zweiundzwanzig Leichen. Für jede Leiche zahlt man mir eine Mark fünf. Aber ... ich kann so nicht leben. Ich möchte ... lernen«, schließt er leise. Andrik tritt vor sein Notenregal und kramt in den Partituren. »Hier ist die ›Oberon‹-Ouvertüre. Ich borge sie Ihnen, Herr Bauer. Bis« – er schaut ihm freundlich in die Augen – »morgen nachmittag um sechs zur ersten Stunde.«

Berlin. Freitag, 10. September 1943

Italien ist abgesprungen. Endlich hat sich der erste Achsenpartner entschlossen, Schluß mit dem Blutvergießen zu machen. »Badoglios Schurkenstreich« nennen sie des Marschalls Angebot an Eisenhower zu bedingungsloser Kapitulation der italienischen Streitkräfte. Gern würde man diesen Schritt zum »Verrat einer winzigen Clique« bagatellisieren. Da aber der Waffenstillstand bereits geschlossen ist, bleibt der deutschen Führung nichts anderes übrig, als böse Miene zum guten Spiel zu machen und aus der Rolle des Bundesgenossen schleunigst in die des Erbfeindes überzuwechseln. »Alle notwendigen Maßnahmen sind getroffen«, beruhigt unsere Heeresleitung. Seit gestern schießen Deutsche gegen Italiener, ist der Boden Italiens erneut zum Kriegsschauplatz geworden. Im Osten schreitet man zu immer radikaleren »Frontbegradigungen«. Schlägt man den Atlas auf, scheinen die so getarnten Rückzüge die Frontlinie eher zu verlängern. Ich glaube, wir begradigen noch die Front, wenn sie sich zehn Kilometer vor Berlin befindet. In erfolgreicher Absetzung und sieghafter Gegenwehr.

Berlin. Dienstag, 21. September 1943

Unser Graphiker Oscar Fischer ist gestern von der Gestapo abgeholt worden. Direkt aus der Redaktion. Zwei Herren in Zivil erschienen um elf Uhr vormittags. Fragten: »Können wir Herrn Fischer sprechen?« Man führte sie zu ihm. Zwei Minuten später verließen alle drei das Haus. »Ich komme bald wieder«, sagte Oscar Fischer. Nichts weiter. Erst durch die Portiersfrau erfuhren wir, unter welcher »Firma« sich die beiden Besucher kurz zuvor bei ihr eingeführt hatten.

Oscar Fischer ist ein schweigsamer Mensch. Wir wußten, daß er gegen die Nazis arbeitete. In einer Gruppe mit Doktor Großcurth und Doktor Havemann. »Sie drucken Flugblätter«, erzählte uns jemand. »Es sind außerordentlich mutige Leute.« Nun hat man den mutigen Leuten das Handwerk gelegt. Wenn nur die anderen sich noch retten können!

Berlin. Montag, 27. September 1943

Auch die anderen konnten sich nicht retten. Havemann ist verhaftet, Großcurth, Richter und Rentsch. Sämtlich in der gleichen Sache. Bei einem der Beteiligten sollen sie die Mitgliedslisten der Gruppe gefunden haben. Wie darf man Mitgliedslisten über illegale Organisationen führen! Wie darf man sie in seiner eigenen Wohnung deponieren! Aufspürbar bei jeder Haussuchung. Ein furchtbares »Alibi« für alle, die darin mit Namen genannt sind.

Berlin. Freitag, 1. Oktober 1943

»Sie kennen Doktor Tegel nicht?« staunt Konrad Bauer. »Den Wundertäter von Berlin? Dann wird es höchste Zeit, daß Sie ihn kennenlernen.« Der Weg führt weit hinaus bis in entlegenes Vorstadtgebiet. Doktor Tegel ist Gefängnispfarrer. Sein »Laden«, wie er sich auszudrücken pflegt, liegt hinter vergitterten Fenstern und verriegelten Türen. Er begrüßt uns, als wären wir alte Bekannte. »Drei Milchkarten können wir in diesem Monat abgeben, Marken für fünf Brote und – vielleicht etwas Fett. Wissen Sie eine Stellung für ein jüdisches Waisenmädchen? Sie hat Laborantin gelernt, versteht sich aber auf den Haushalt. Auch ein geflüchteter Schlosser ist unterzubringen.« Nach zehn Minuten des Zusammenseins sind wir mitten in der Arbeit. Marken austauschen, Ausweise entwerfen, Wohnmöglichkeiten prüfen, Stellen besetzen. Es bedarf keiner Umschweife. Wer spürt, daß er mit dem anderen am gleichen Strange zieht, versteht sich auch ohne Erläuterungen. Doktor Tegel gehört zu uns. Und es wird uns eine Ehre sein, wenn wir uns rühmen dürfen, zu ihm zu gehören.

Berlin. Donnerstag, 14. Oktober 1943

Konrad ist nicht zur Stunde erschienen. Auch Doktor Tegel hat seit Tagen keine Nachricht von ihm. Wenn man nur nicht immer solche Angst haben müßte ...

Berlin. Samstag, 16. Oktober 1943

Konrad ist weg. Es gibt keinen Zweifel mehr darüber. Die Pensionswirtin, bei der seine Eltern und er seit Monaten illegal lebten, hat den Mund nicht halten können. Anfang der Woche sind alle drei verhaftet worden. Kühn bemüht sich, ihren Aufenthaltsort herauszufinden. Flamm bemüht sich ebenfalls. Armer Konrad! Vor einer Woche hatten wir Brüderschaft getrunken.

Berlin. Montag, 8. November 1943

Seit Konrads Verschwinden ist Andrik wie ausgewechselt. Er läuft verstört umher, starrt vor sich hin, und wenn er sich unbeobachtet glaubt, redet er laut zu sich selbst. Die ganze Clique bemüht sich, ihn aufzuheitern. »Da, lies das mal«, sagt Frank heute und drückt ihm einen Feldpostbrief in die Hand. »Es gibt auch noch andere Schicksale.« – »Lieber Freund«, steht in kräftigen Bleistiftzügen auf dem verknautschten Bogen, »vorige Woche stieg die bereits angekündigte Kriegsgerichtsverhandlung. Um es gleich vorwegzunehmen, ich bin mit einem blauen Auge davongekommen. Vier Monate Gefängnis! Nach dem Antrag des Anklagevertreters, der sich wie wild gebärdete –, er faselte von jüdisch-kapitalistischen Kriegsverbrechern, Luftgangstern und Mordpiraten (womit er die R.A.F. meinte) – war mit einem wesentlich höheren Strafmaß zu rechnen. Glücklicherweise blieb, wie schon bei den Vorvernehmungen, das Wesentliche des Tatbestandes verborgen. So konnte die Anklage nur darauf fußen, daß ich in Gesellschaft von Kameraden mit einem gefangenen ›Terrorflieger‹ bei Wein und Kognak zusammen gesessen hätte. Was geschehen wäre, wenn der Sinn dieses ›Zusammensitzens‹ an den Tag gekommen wäre – unseren jungen Fliegern aus dem Munde eines ihrer Gegner ein Bild der wirklichen Lage zu geben und ihnen die Aussichtslosigkeit ihres Kampfes, frei von propagandistischen Tricks, zu zeigen –, weißt du so gut wie ich. Auch das übrige Drum und Dran kam nicht aufs Tapet: daß der englische Leutnant im Krankenrevier untergebracht war, daß ihn keiner bewachte, daß ähnliche Fälle schon mehrmals vorausgegangen waren, usw. usw. Das Kriegsgericht zeigte sich bemerkenswert unsicher. Der Chefrichter von Luftflotte 2, bis zu dem die Sache durchgegeben worden war, wollte einen Präzedenzfall schaffen und verlangte rücksichtslose Bestrafung. Wahrscheinlich aus Angst vor der Gestapo, von der die Meldung des Vorfalls stammt. Ausgerechnet ein Gefreiter meiner Heimatstadt hatte mich verpfiffen. Ob Leutnant J. D. Blad, der jetzt in Oberursel im Kriegsgefangenenlager sitzt, wohl ahnt, was er mir für Unannehmlichkeiten verursacht hat?«

»Und das schreibt der Mensch im offenen Feldpostbrief?« frage ich entsetzt, als Andrik das Blatt zusammenfaltet. – »Um Gottes willen!« wehrt Frank erschrocken ab. »Durch Boten überbracht. Sein Bursche hat ihn mir zugesteckt.« – »Welcher Bursche?« – »Na, die Ordonnanz! Die Ordonnanz von Jo Thäler!« – »Jo Thäler?« Ich reiße die Augen auf. »Es handelt sich um Jo Thäler?« Frank nickt. Wir kennen Jo Thäler seit langem. Kennen ihn und kennen ihn auch wieder nicht. Bis heute ist er uns nicht vorgestellt worden. Aber Frank hat uns von ihm erzählt. Uns vorgeschwärmt von dem Stabsarzt, der gemeinsam mit ihm den Nazismus in der Charité zersetzte und

sich beinahe das Leben nehmen wollte, als man ihn zur Wehrmacht einzog. Also dieser Jo Thäler ...
»Du hast recht«, sagt Andrik. »Es gibt noch andere Schicksale. Wenn Doktor Thäler nach Berlin kommt, wäre es schön, ihn kennenzulernen.«

Berlin. Mittwoch, 24. November 1943

Wieder ein Großangriff. Diesmal hat er die Innenstadt heimgesucht. Am Lützowufer machen wir Eimerkette. Vom Landwehrkanal bis hinauf in den fünften Stock. So steif sind die Hände vom Schleppen und Zureichen, daß uns die Erholungszigarette aus den Fingern fällt. Schade drum! Der Artikel ist rar geworden in Berlin. Bei Anbruch der Dämmerung hasten wir nach Hause. Zu Fuß, denn sämtliche Verkehrsmittel stehen still.
Als wir das Haustor aufsperren, löst sich neben uns eine Gestalt aus dem Dunkel. Klein, schmächtig, ein Schatten unter Schatten. »Mensch, wo kommst du denn her?« schreit Andrik entzückt. Zwei hohle Augen, ein unrasiertes Kinn. Unter dem abgeblendeten Notlicht der Laterne steht Konrad. Wir ziehen ihn ins Haus. Badewasser, Rasierzeug, ein frisches Hemd, ein richtiges Abendbrot. Allmählich kommt er zu sich. »Wo warst du bloß?« fragt Andrik. – »In der Hamburger Straße, der Kopfstation für den Jenseitstransport.« Heißhungrig schiebt er einen Löffel Suppe in den Mund. »Wenn mein Freund Ludwig nicht gewesen wäre ...«, sagt er zwischen zwei Bissen. Wir sehen ihn an. »Ludwig Wald. Unser Kalfaktor im Polizeibunker. Monatelang hat er es vorbereitet. Sich nützlich gemacht, wo immer er sich nützlich machen konnte. Hat die Keller aufgeräumt, Kohlen geschichtet, Kartoffeln sortiert. Bis man ihm die Verfügung über das Schlüsselbrett anvertraute. Dort hängt auch der Hausschlüssel. Vielmehr: er hing dort!« verbessert er sich schadenfroh. »Bis zum 23. November nachmittags halb sechs. Dann – es war schon Vorwarnung – hat Wald die Lichtleitung unterbrochen. Panik im Haus. Vom Schlüsselbrett stehlen wir die Torschlüssel. ›Komm, es ist Zeit‹, sagt Wald.

Nichts weiter. Zu zweien marschieren wir los. Kellertür auf, Haustür auf, Hoftor auf. Hinter uns schreit man nach Licht, kreischt und rennt durcheinander. Wald ist die Ruhe selbst. ›Ab heute in zwei Wochen um die gleiche Zeit vor der Staatsoper‹, verabredet er, als wir uns an der Siegessäule trennen. Um halb acht kommt Alarm. Ich krieche unter einen Baum im Tiergarten. Zu Fuß habe ich mich dann auf den Weg gemacht, und« – er zögert – »... so bin ich hier.« – »Wir müssen Doktor Tegel benachrichtigen«, sagt Andrik.

Berlin. Samstag, 27. November 1943

Dr. Tegel weiß Rat, wie immer. Konrad erhält einen Posten als Nachtwächter. In einer Großbank des Zentrums. Ab morgen wird er wieder Unterricht nehmen.

In vierzehn Tagen sollen wir Ludwig Wald kennenlernen. Den Freund aus der »Großen Hamburger«, ohne den wir Konrad Bauer nie wiedergesehen hätten.

Berlin. Freitag, 17. Dezember 1943

Schon wieder ein Unglück! Der Greifswalder Pfarrer Wachsmann, Kämpfer und mutiger Christ, ist von Freisler zum Tode verurteilt worden. Hinrichs kennt ihn seit Jahren. Schätzt ihn, wie kaum einen zweiten. »Ich geh' zu Freisler«, erklärt er entschlossen. »Wenn wir ihn schon nicht freikriegen, soll er doch wenigstens am Leben bleiben.«

Berlin. Sonntag, 19. Dezember 1943

»Dieser Hund! Dieser Elende!« tobt Hinrichs. »Abserviert hat er mich, wie einen unreifen Knaben. ›Ordentlicher Mensch, dieser Wachsmann‹, fängt er ganz vernünftig an. ›Kluger Mensch – ohne Zweifel. Aber‹ – plötzlich erstarrt sein Gesicht zur Maske – ›ein gebildeter Mensch, der defaitistische Äußerungen tut, ist, nach ständiger Rechtsprechung des Volksgerichts, der Hinrichtung würdig. Für Begnadigungssachen bin ich nicht zuständig‹, setzt er kalt hinzu. ›Darüber entscheidet das Justizministerium.‹ – ›Und was hat dieser Wachsmann verbrochen?‹ – ›Guardini nach Greifswald gerufen und dabei das Pech gehabt, daß man dessen Versammlung in stärkerer Zahl besuchte als die gleichzeitig angesetzte Versammlung der NSDAP. Mehr als hundert Zeugen sind in dem Prozeß vernommen worden. Mehr als hundert Zeugen konnten nichts Ärgeres über ihn aussagen, als daß er vermutlich den englischen Sender gehört und beim Vorgehen der Deutschen in Afrika zu irgend jemand geäußert hätte: Auch im Jahre 1914 sind wir erst vorgegangen.‹ – ›Ich frage Sie, schlägt man deswegen einem Menschen den Kopf ab? Darf man für solche Verbrechen einen unbescholtenen Mann monatelang in Eisen legen? Gefesselt an Händen und Füßen?‹ Jeder Versuch, ihn aus den Ketten zu befreien, ist erfolglos geblieben. Großmut genug, wenn man sie ihm zur Hinrichtung abnimmt.«

Berlin. Dienstag, 21. Dezember 1943

Sterben, Sterben, Sterben – wohin man auch blickt. Heute steht in der Zeitung eine Anzeige, daß bei einem »Terrorangriff« zehn Mitglieder der Familie X ums Leben gekommen seien. Zehnfacher Tod in einer einzigen Familie. Wahrhaftig, wir haben mit dem Sensenmann Brüderschaft geschlossen.

Berlin. Montag, 3. Januar 1944

In Schrecken endete das alte Jahr. In Schrecken beginnt das neue. Schwerer Nachtangriff am 29. Dezember. Schwerer Nachtangriff am 1. Januar. Der schwerste Nachtangriff dieses Krieges am 2. Januar. Wir kehren Schutt. Wir nageln Pappen. Wir sitzen ohne Wasser, ohne Verkehrsmittel, ohne Strom. Auch das Telephon ist tot, und nur auf Umwegen erfährt man, ob die fernerwohnenden Freunde am Leben sind. Ein verheißungsvoller Jahresbeginn. Bis man das Notwendigste repariert hat, vergehen mindestens zehn Tage. Und warum repariert man? Weshalb machen sich Millionen Menschen immer von neuem daran, aufzubauen, was in der nächsten Stunde schon wieder in Scherben liegen kann?

Ich betrachte die Gesichter im Spiegel. Schmutzverkrustet, das

Kopftuch schief in die Stirn gerutscht. Und ich glaube, die Antwort gefunden zu haben. Wir reparieren, weil wir reparieren müssen. Weil wir nicht einen Tag länger leben könnten, wenn man uns das Reparieren verböte. Zerstört man uns den Wohnraum, so ziehen wir in die Küche. Schlägt man uns die Küche entzwei, siedeln wir auf den Korridor über. Sinkt der Korridor in Trümmer, richten wir uns im Keller ein. Wenn wir nur zu Hause bleiben dürfen. Das dürftigste Eckchen Zuhause ist besser als jeder Palast in der Fremde. Darum kehren sie alle, die von den Bomben aus der Stadt vertrieben worden sind, eines Tages zurück. Sie wühlen zwischen den Steinbrocken ihrer zerstörten Häuser. Sie wirtschaften mit Schippe und Besen, mit Hammer, Zange und Spitzhacke. Bis eines Tages über den ausgebrannten Grundmauern ein neues Zuhause entstanden ist. Ein Robinson-Crusoe-Logis vielleicht. Aber immerhin ein Zuhause. Man kann nicht leben, wenn man nirgendwo hingehört. Deswegen retten die meisten Menschen aus ihren brennenden Häusern als erstes ihr Kopfkissen. Weil es ein letztes Stückchen »Zuhause« ist.
Im englischen Sender wundern sie sich darüber, daß wir uns so aufbauwillig zeigen. Deuten die fieberhafte Geschäftigkeit nach jedem Bombenangriff als Ausdruck nationalsozialistischer Gesinnung. Weder Schuttkehren noch Kopfkissenretten haben mit Nazigesinnung und Willen zum Durchhalten etwas zu tun. Keiner denkt an Hitler, wenn er sein Küchenfenster vernagelt. Wohl aber denkt jeder daran, daß man im Kalten nicht leben kann. Daß man, noch ehe der Abend sinkt und die Fliegersirenen heulen, einen Schlupfwinkel haben muß, in dem man sein Haupt hinlegen und seine Glieder ausstrecken kann. So, wie man es selber mag und will, und nicht so, wie andere möchten, daß man es wollen sollte.

Berlin. Mittwoch, 26. Januar 1944

Göring hat sich ein Meisterstück geleistet. Wäre sein Ausgang nicht so tragisch, könnte man es als Witz belachen. Am Montagmittag dröhnt die Vollalarmsirene. Erschreckt marschieren dreieinhalb Millionen Berliner in die Keller. Stille. Kein Schuß, keine Bombe, kein Fliegersurren. Um ein Uhr: Entwarnung. Dreieinhalb Millionen wandern zurück in ihre Wohnungen und Arbeitsstätten.

Wo blieb der Angriff? Was war geschehen? »Der Angriff war eine Privaterfindung unseres Obersten Luftwaffenchefs«, klärt uns Hinrichs auf. »Der Herr Reichsmarschall mischte sich wieder mal in Dinge, die ihn nichts angehen.« Entrüstet erzählt er uns die Einzelheiten dieses blutigen Schildbürgerstreichs: »Einflug feindlicher Maschinen im holländischen Raum.« Ein diensteifriger Adjutant stürzt zu Göring, der sich eben in Karinhall einen Sonderurlaub genehmigt. Göring liebt keine Fliegerangriffe. Vor allem nicht dann, wenn sie die Neigung zeigen, sich in seiner unmittelbaren Nähe abzuspielen. So eilt er zum Telephon, läßt sich mit einem Jagdfliegerhorst verbinden und brüllt in die Leitung: »Was, ihr seid noch nicht hoch? Feindflieger im Anflug, und ihr hockt noch herum? 'rauf, sage ich euch! 'rauf! Aber schleunigst!« Hängt an und alarmiert den nächsten Fliegerhorst. Wie aufgescheuchte Tauben schwirren die Jäger empor. Es ist ein diesiger Tag. Schlechte Sicht, undeutlicher Abhörempfang. Die Luftwaffenleitung lauscht in den Äther. Motorengeräusch? Ein Aufstiegsbefehl ist nicht durchgesagt. Also handelt es sich um Feindmaschinen. Also muß man Alarm geben. Alarm über ganz West-, Süd- und Mitteldeutschland. Aber schleunigst!

Mehr als achthundert Jäger brausen in die Luft. Die höchste Jagdfliegerzahl, die bisher für Feindflug eingesetzt wurde. Flak schießt in Stuttgart. Flak schießt in Frankfurt. Flak schießt in Pilsen, in Köln, Hannover und Braunschweig. Vom Rhein bis zur Elbe donnern die Abwehrgeschütze. Feuern tausend und aber tausend Schuß zwischen die Wolken. Motorengeräusch! Zehn Maschinen stürzen. Zerschmettert liegt die Besatzungsmannschaft. Galland muß notlanden. Der Aufwand an Benzin und Munition ist ungeheuerlich. Und als man den Schaden besieht, da sind die heruntergeholten Maschinen deutsche Maschinen, die toten Piloten deutsche Piloten. Kein

englisches Flugzeug hat an diesem Morgen den Rhein überflogen.
Gratuliere, Herr Reichsmarschall! Der Führungsstab zerbricht sich den Kopf, wie er dem hohen Herrn die peinliche Wahrheit beibringen soll.

Berlin. Freitag, 4. Februar 1944

Alarm, Alarm und nochmals Alarm. Man hört nichts anderes, sieht nichts anderes, denkt nichts anderes. In der S-Bahn, auf den Straßen, in Geschäften und Autobussen – überall schwirren die gleichen Gesprächsfetzen: Total ausgebombt ... Dach abgedeckt, Wand eingestürzt ... Fenster raus ... Türen raus ... Fliegerschadenschein ... alles verloren. Es ist, als ob für die übrigen Nöte kein Raum mehr sei. Am letzten Sonntag ist Frau Meyerowitz ausgebombt worden. Gestern verließ sie Berlin. Ihre Tochter Dagmar haben wir in der Mädchenkammer unseres Junggesellenhaushalts einquartiert. Schwer genug hielt es, sie unterzubringen. Nach jedem Angriff wird die Wohnungsnot größer. Wer darf es wagen, bei solcher Beschränkung des Wohnraumes ausgerechnet einen Mischling bei sich aufzunehmen? Unser Hauswirt ahnt nichts von seinem Glück. Auf der Anmeldung haben wir die Frage nach der rassischen Abstammung der Untermieterin Dagmar Meyerowitz taktvoll umgangen. Warum ohne Not die Pferde scheu machen? Schon munkelt man von neuen Judentransporten. Im überfüllten Auschwitz und in Theresienstadt sollen sie gründlich ausgeräumt haben. »Zweitausend Abgänge die Woche«, brüstete sich unlängst ein Mann vom Sicherheitsdienst, der mit uns im Vorortzug fuhr.
Zweitausend Abgänge die Woche. Das sind über hunderttausend Menschen, die jährlich in einem einzigen Lager von Staats wegen ermordet werden. In der ersten Zeit der Abholungen nahm man sich noch die Mühe, dem Massenmord ein humanes Mäntelchen umzuhängen. Vor allem dann, wenn der Ermordete arische oder ausländische Angehörige hinterließ. »Ihr Vater, Herr Paul Israel Braun, ist am 23. Oktober an einer

Lungenentzündung verschieden«, hieß es lakonisch auf einem halben Briefbogen oder einer offenen Postkarte. Wer die Nachricht erhielt, ahnte, wie es um diese »Lungenentzündung« bestellt war, die nicht im Krankenbett, sondern in den Giftkammern der Gettos, in gasdurchströmten Eisenbahnzügen, unter den Kugeln der Exekutivkommandos oder den Todeswalzen der Panzer ausgelitten wurde. »Man läßt sie ihre eigenen Gräber schaufeln«, raunen die Leute. »Man nimmt ihnen die Kleider weg, die Schuhe, das Hemd. Nackt schickt man sie in den Tod. Nackt jagt man sie in die Ewigkeit.« So unvorstellbar ist das Grauen, daß die Phantasie sich sträubt, es als Wirklichkeit zu begreifen. Irgendein Kontakt setzt hier aus. Irgendeine Folgerung wird einfach nicht gezogen. Zwischen dem theoretischen Wissen und der Anwendung auf den Einzelfall – gerade jenen Einzelfall, um den wir sorgen, bangen, uns vor Angst verzehren –, klafft eine unüberbrückbare Kluft. Es ist nicht Heinrich Mühsam, den sie in die Gaskammern schikken. Es kann nicht Anna Lehmann sein, nicht Margot Rosenthal oder Peter Tarnowsky, die irgendwo in weltferner Einöde unter den Peitschenhieben der SS ihr Grab schaufeln müssen. Und ganz gewiß ist es nicht die kleine Evelyne, die so stolz war, in ihrem vierjährigen Leben schon einmal eine Birne gegessen zu haben. Auf sie lassen sich die entsetzlichen Gerüchte bestimmt nicht anwenden. Sie dürfen sich auf diese Menschen nicht anwenden lassen. Wir erlauben unserer Einbildungskraft nicht, sie auch nur im geringsten damit in Zusammenhang zu bringen. Könnten wir denn weiterleben, wenn wir wirklich begriffen, daß unsere Mutter, unser Bruder, unsere Freundin, unser Geliebter – fern von uns unter unfaßbaren Leiden zu Tode gefoltert wurden? Sie, deren Augen wir mit unseren Lippen geküßt, deren Hände wir mit unseren Händen gestreichelt haben? Noch klingt uns der Ton ihrer Stimme im Ohr. Noch wissen wir um jede Nuance ihrer Gebärden, ihres Lächelns, ihrer Gewohnheiten. Nein, Evelyne Jakob starb anders als jene Gepeinigten. Starb menschlicher, verständlicher, vorstellbarer.

Ist es Feigheit, die uns so denken läßt? Vogel-Strauß-Politik, ein Sichdrücken vor der Verantwortung? Vielleicht! Dann aber gehört solche Feigheit und solche Vogel-Strauß-Politik zu den Urinstinkten der Menschheit. Zu dem unausrottbaren Grundbestand kreatürlichen Selbsterhaltungstriebs. »Die Unfähigkeit der Menschen, selbst der phantasievollsten, sich etwas ›vorzustellen‹«, schreibt Arthur Schnitzler, »ihre Phantasielosigkeit, ist eine außerordentliche, immer wieder von neuem überraschende. Zu erklären ist sie nur als eine im Laufe der Zeiten allmählich entstandene innerliche Abwehr gegenüber der von menschlichen Sinnen nicht zu ertragenden Grauenhaftigkeit der Welt. Könnte man sich den Tod vorstellen, so wäre das Leben gewissermaßen unmöglich. Und ebensowenig wie den Tod stellt sich jemals der Mensch Ende, Trennung, Leid wirklich vor ... Nur durch solche Gleichgültigkeit ist das Weiterleben überhaupt möglich.«

Bitter sind Erkenntnisse dieser Art. Bitter und beschämend. Sie räumen ein, daß auch wir nicht zu den Stolzen und Starken gehören, zu den Rittern des Geistes, die aufstehen, Haus, Hof, Beruf und Alltag verlassen, um auszuziehen zum großen Kreuzzug gegen die Ungerechtigkeit der Welt. Nein, auch wir sind nur Menschen, unfähig, den eigenen Schatten zu überspringen. Wer in der Welt hat sich erhoben, um die Qual von Hunderttausenden ermordeter Armenier zu rächen? Wer hat sich gegen die Foltern der Inquisition empört? Wer gegen die Leiden der Inkas, die Martyrien der Neger? Die Kunde von der Massakrierung der Juden ging über die ganze Erde. Ist einem einzigen deswegen sein Frühstück schlechter bekommen? Hat ein einziger nicht mehr weiterleben können, weil ihm die Not der Gemarterten den Atem abschnürte und das Gewissen zerriß?

Als wir Margot Rosenthals schwedischem Neffen, der fernab von Kriegsgraus und Nazijammer in Stockholm ein behagliches Leben lebt, die Not seiner Tante in brennenden Farben malten, ihn anflehten, alle Hebel in Bewegung zu setzen, sie hinüberzuholen, da antwortete er: »Die Verpflichtung, die ihr von mir verlangt, würde bedeuten, meine Tante bis zum Ende des Krieges zu ernähren. In Zahlen eine Summe von etwa dreihundert Kronen monatlich. Die Steuern sind hier um hundertfünfzig Prozent gestiegen, die Lebenskosten um hundert Prozent. Nach Abzug aller festen Ausgaben verbleibt mir von meinen 1200 Kronen Monatsgehalt ein verschwindender Bruchteil. Ich stehe vor der Aufgabe, mit etwa hundertfünfzig Kronen monatlich unser Leben (fünf Menschen) zu bestreiten. Also wäre es eine Verantwortungslosigkeit, eine Verpflichtung auf mich zu nehmen, die ich einfach nicht einhalten könnte. Denn wenn das Garantiegeld von 2500 Kronen, das mir Heinz für seine Mutter zur Verfügung stellte, aufgebraucht wäre, müßte ich Margot einfach auf die Straße setzen.«

Er mußte sie nicht auf die Straße setzen. Die SS hat ihm diese Arbeit abgenommen. Er darf sein Gewissen weiter mit dem Rechenexempel beruhigen, daß dreihundert zu eins gegen hundertfünfzig zu fünf nie und nimmer aufgehen können. Ist er ein Bösewicht? Hat er ein Herz aus Stein? Im Gegenteil. Er ist der zärtlichste Ehemann, der liebevollste Vater. Und vielleicht empört er sich jeden Abend am Radio darüber, daß die Deutschen es nicht fertigbringen, Adolf Hitler abzusetzen. Daß sie die Greuel immer länger dulden, den Wahnsinn immer weiter mitmachen.

Sei versichert, lieber Freund, auch du hättest ihn mitgemacht, wenn du an unserer Stelle gewesen wärst. Alle hätten ihn mitgemacht, die es zuließen, daß man mit dem Nazideutschland Verträge schloß. Die tatenlos beiseitestanden, während Hitler ein Judengesetz nach dem anderen erließ. Die nicht dafür sorgten, daß auch unbemittelte Juden in großer Zahl emigrieren durften, daß die Einwanderungsquoten erhöht wurden, daß man den Gehetzten und Verfolgten Gastrecht gewährte, ehe es zu spät war und der Henker sie geholt hatte. Wir, die wir im elften Jahr unter Adolf Hitlers Herrschaft stehen, haben wenig Grund, uns zu rühmen. Aber wenn Menschen ihr Leben eingesetzt haben für ihre jüdischen Brüder, dann sind es deutsche Nichtjuden gewesen. Hunderte, Tausende, Zehntausende, die täglich und stündlich ihren Kopf riskierten für ein paar armselige Brotmarken, ein vorübergehendes Notquartier. Ein bißchen, wieder ein bißchen und nochmals ein bißchen. Abgerungen der eigenen Notdurft, erkämpft zwischen Bomben, Zwangsarbeit, Verkehrsbehinderung und persönlicher Einschränkung. Ertrotzt gegen alle Verbote, Gesetze und Propagandabefehle.

Niemand, der es nicht selbst erlebte, vermag sich vorzustellen, wie schwierig unter solchen Umständen auch die einfachste Hilfeleistung werden kann. Was tut man, wenn ein Mensch, den man in seiner Wohnung verbirgt, eines Tages unvermutet am Herzschlag stirbt? Soll man ihn im Ofen verbrennen? In Rauch auflösen? Durch den Schornstein hinausblasen? Was macht man mit einer Leiche, die nicht gemeldet ist? »Wir haben sie in unseren Waschkorb gelegt, mit Leintüchern bedeckt und nachts aus dem Hause getragen«, vertrauen uns Bekannte an, die in solche Verlegenheit gerieten. »Im Tiergarten haben wir sie rausgeholt und auf eine Bank gesetzt.« Sie lächeln verstört. Sie sind nicht froh über diese Lösung. Sie haben keine Übung darin, zwischen drei und vier Uhr morgens Leichen aus dem Hause zu schmuggeln und Tote auf einsame Parkbänke zu setzen. Vierzig Jahre lang sind sie solide Bürger gewesen.

Vor vierzehn Tagen kommt Flamm zu uns gelaufen. »Schöne Bescherung das!« klagt er und fingert sich nervös übers Gesicht. »Da hat man mir einen Flüchtling zugeschickt. Jüdisches Mädchen aus Breslau. Für ein Nachtquartier auf dem Wege von Schlesien nach Frankfurt. Ich bin an der Bahn. Die Kleine kommt an. Halsschmerzen, Fieber, Schüttelfrost. Am nächsten Morgen liegt sie mit Scharlach. Mit Scharlach in meinem Ehebett!« – »Scharlach dauert sechs Wochen«, sagt Andrik. – »Und dann muß man desinfizieren«, ergänzt Heike sachkundig. – »Schöne Bescherung – schöne Bescherung«, seufzen wir alle. Jetzt geht die Patientin in die dritte Woche. Und Flamm, der Landgerichtsrat außer Dienst, spielt schlecht und recht die Rolle der Krankenschwester. Für ein untergetauchtes Mädchen, das er einmal im Leben gesehen hat. Wenn man nur einen Kammerjäger findet, der vertrauenswürdig ist!

Berlin. Dienstag, 7. März 1944

Der schlesische Flüchtling ist gesund! Und glücklich nach Frankfurt abgereist! Ein Kammerjäger, ehemals Angehöriger der KPD, hat Flamms Wohnung unter Gas gesetzt und von den letzten Bakterien befreit. Aber Konrads Bankhaus, in dem er als Nachtwächter tätig war, hat beim letzten Großangriff auf Stadtmitte einen Volltreffer erhalten. Konrad ist wieder mal arbeits- und obdachlos. Er »schläft sich herum« in der Bekanntschaft, speist mal hier und mal dort; doch für die Dauer ist das ein unhaltbarer Zustand. Andrik bespricht sich mit seinem Kollegen Wilfried von Zweidorf. Der hat Beziehungen zur Musikkammer. Auch die Musikkammer ist ausgebombt. Beitragskonten, Mitgliedslisten, alles liegt in unentwirrbarem Haufen durcheinander. Zweidorf tritt auf, als wäre ihm das Befehlen in der Wiege gesungen worden. Fordernd, bestimmt und verblüffend selbstverständlich. Er und sein Freund Bauer seien ausgebombt. Jawohl, ausgebombt! Totalgeschädigt gewissermaßen. Alles verloren. Sogar die Kammerausweise. Der Ordnung halber ... Wilfried von Zweidorf lächelt gewinnend. »Unsere Daten dürften bekannt sein. Wilfried von Zweidorf, Mitgliedsnummer 2045. Konrad Bauer – Sie wissen, der Korrepetitor« – wieder lächelt er betörend –, »Mitgliedsnummer 3627. Unsere Bilder habe ich gleich mitgebracht. Wenn Sie so freundlich sein würden?«

Die ausstellende Dame ist so freundlich. Welches weibliche Wesen kann dem Lächeln eines prominenten Komponisten widerstehen! Insbesondere, wenn dieser Komponist jung, hübsch und bezaubernd ist. Beflissen malt sie auf ein sauberes Mitgliedsformular: Konrad Bauer, Pianist und Kapellmeister, Mitgliedsnummer 3627. Locht ein verschwommenes Profilbild hinein, unterzeichnet, stempelt und reicht es über den Tisch. »Wir werden später mit den Listen vergleichen«, murmelt sie. Wilfried von Zweidorf nickt und schiebt die kostbaren Karten in seine Brusttasche. »Später! Gewiß!« Fordernd, bestimmt und verblüffend selbstverständlich verläßt er das Lokal. Später ... im Vierten Reich, denkt er vergnügt, schwenkt den weichkrempigen Künstlerhut und verschwindet. Konrad hat wieder Boden unter den Füßen. Und grübelt nicht mehr immerzu darüber nach, daß seine Eltern in Theresienstadt sind und daß es eigentlich Unrecht sei, von ihnen getrennt zu leben.

Berlin. Mittwoch, 22. März 1944

Von Tag zu Tag wird Konrad waghalsiger. Mit der Mitgliedskarte der Musikkammer ist er bis in die Staatsoper vorgedrungen. Rührende Geschichten erzählt er: ausgebombte Wohnung, verlorene Habe, verstorbene Eltern, zerrüttete Gesundheit. Alles stimmt irgendwie. Aber es stimmt auf andere Weise. Nur symbolisch sozusagen. Doch allmählich hat er sich auf das Märchen seines ausweislosen Nichteingezogenseins so eingefuchst, daß er es beinah glaubt. Zweidorf deckt ihn in der Öffentlichkeit. Fordernd, bestimmt und verblüffend selbstverständlich. Niemand im Hause kommt auf den abwegigen Gedanken, daß mit dem Korrepetitor Bauer, der hinter den Kulissen der Staatsoper die Bühnenmusik leitet, etwas nicht ganz in Ordnung sein könnte. Etwas sehr Grundsätzliches sogar. »Es ist ein eigentümlicher Reiz, den Nazis gerade dort ein Schnippchen zu schlagen, wo sie sich am sichersten fühlen«, schmunzelt Konrad. »Görings Tempel der Kunst, sein privilegiertes Geburtstagsfesthaus, durch meine Gegenwart entweiht! Wenn das der Dicke wüßte!« – »Gottlob weiß er es nicht!« erwidert Andrik warnend. »Mach keinen Quatsch, Konrad, der Krieg ist noch lange nicht zu Ende.«
Nein! Dem Himmel sei's geklagt! Sein Ausgang läßt wieder mal erheblich auf sich warten. Schon seit Tagen ging ein Geraune im Volk, daß die Ungarn Abfallneigungen zeigten. Daß dort eine Gruppe ans Ruder dränge, die sich das Zwangsbündnis mit Deutschland nicht länger gefallen lassen wolle.

Tausende von Ungarn verbluten auf den Schlachtfeldern des Ostens. Für was? Für wen? Warum? Es gibt keinen Nationalhaß zwischen Ungarn und Russen. Und allmählich hat es selbst der letzte ungarische Soldat begriffen, daß er hier die Kastanien für fremde Rechnung aus dem Feuer holt. Schon atmeten wir auf. Schon schöpften wir Hoffnung. Wenn erst eine Nation beginnt, das verhaßte Joch abzuschütteln, wird die Lawine – muß die Lawine ins Rollen kommen. Doch Hitler hat den Braten wieder mal rechtzeitig gerochen. Ein Wink! Ein Befehl! Truppenverschiebung, Truppenverstärkung. Horthy wird nach Berchtesgaden zitiert. Als Staatsmann trifft er ein. Als Häftling bleibt er dort. Was kümmert sich ein Diktator um internationale Rechtsgrundsätze. Horthy kehrt nicht zurück. Die Presse schweigt über seinen Verbleib. Ganz Ungarn wird von deutschen Truppen besetzt. »Schlagartig«, wie es die Nazis nennen. Und »jubelnd begrüßt von der dankbaren Bevölkerung«, die es den deutschen Waffenbrüdern nicht hoch genug anrechnen kann, daß sie sie vor den katastrophalen Folgen eines antinazistischen Staatsstreichs bewahrt haben. Ungarische Soldaten dürfen sich weiter auf den Schlachtfeldern Rußlands verbluten. Welcher Gewinn für die nationale Ehre! Man möchte weinen, vor Zorn!
Im deutschen Volk ist der Applaus mager. Die Wut gegen die angeblichen Verräter hält sich in bescheidenen Grenzen. Zu oft schon wurde die Walze von der unverbrüchlichen Waffenbrüderschaft der Verbündeten aufgelegt, zu oft schon ihr Gegenbeweis mit den gleichen, unglaubwürdigen Ausreden getarnt. Noch hat man den Abfall Italiens nicht vergessen. Und die Hampelmannrolle, die Herr Hitler seit jenen Tagen seinen Freund, den Duce, spielen läßt. Wer selbst den Krieg satt hat, läßt sich schwer davon überzeugen, daß andere nach ihm hungrig sein könnten. Der Propagandaschlag ging ins Leere. Ins Leere, wie unsere Hoffnungen, die wir auf die Karte des ungarischen Abfalls gesetzt hatten!

Berlin. Donnerstag, 30. März 1944

»Ich muß Sie dringend sprechen«, sagt Hinrichs am Telephon. »Es handelt sich um unseren Freund M.« Sollte das Moltke sein? Wenn man heute dringend über jemanden sprechen muß, handelt es sich meist um nichts Gutes. Wir verabreden uns auf den Nachmittag.

Es ist Moltke. Ende Januar hat man ihn verhaftet. Angeblich des Versuches wegen, den Generalkonsul Kiep über eine ihm drohende Gefahr vorzeitig zu verständigen. »Ich kenne die Sache nur vom Hörensagen«, berichtet Hinrichs. »Denunziationen pflegt man nicht amtlich bekanntzugeben.« Also wieder mal eine Denunziation! Daß doch die Petzer und Anschwärzer in Deutschland nicht alle werden! »Welcher Schuft hat sich denn an diesem Heldenstück einen Orden verdienen wollen?« – »Wenn man die Kausalreihe zurückverfolgt, der Assistenzarzt in der Psychiatrischen Klinik der Charité, Doktor Reckzeh.« – »Reckzeh? Ist mir völlig unbekannt.« – »War er mir auch. Bis gestern. Ich wünschte, er wäre mir unbekannt geblieben.« Hinrichs seufzt. »Die Sache liegt ziemlich weit zurück. Sie hatten da einen Tee irgendwo«, beginnt er stockend. »Einen jener Zirkel, wie sie sich heute in kleinem und kleinstem Kreis zu Dutzenden zusammenfinden. Keimzellen des Widerstands. Nur schade, daß kaum eine von der anderen etwas weiß! Hier handelte es sich um den Kreis um Fräulein von Thadden, ehemals Internatsleiterin bei München. Eine Anzahl bewährter Gesinnungsgenossen hatte sich bei ihr versammelt. Staatssekretär Zarden unter anderen. Generalkonsul Kiep, Frau Solf, Legationsrat van Scherpenberg, der Schwiegersohn von Hjalmar Schacht. Reckzeh befand sich zum erstenmal in diesem Kreis. Vor kurzem erst aus der Schweiz zurückgekehrt, brachte er Grüße von einer dortigen Freundin der Thadden. Die Freundin war einwandfrei. Also zog man den Fehlschluß, daß auch er ... Er sollte Botschaft zurückbringen nach der Schweiz. Man sprach sich wohl ziemlich offen aus – die üblichen Gesprächsthemen, wenn ein halb Dutzend Nazigegner in den eigenen vier Wänden zusammensitzen. Am nächsten Tag geht Reckzeh hin und meldet die Sache der Geheimen Staatspolizei. Man beobachtet, kombiniert, verhaftet. Erst den einen, dann den nächsten, dann den dritten. Moltke erfährt von der beabsichtigten Festnehmung Kieps und versucht, ihn zu warnen. Die Warnung ist umsonst. Kiep hat sein Leben verwirkt. Zarden stürzt sich – wie man erzählt – auf dem Wege zur Verhandlung aus dem Fenster. Tot! Auf Fräulein von Thadden wartet das Schafott. Scherpenberg, dem Tode ebenso nahe, kommt mit einem blauen Auge davon. Nur zwei Jahre Gefängnis. Reckzeh ist so gütig, ihm vor Gericht zu attestieren, daß er bei dem staatsfeindlichen Teegespräch auch den Nazis eine winzige Chance offenließ. Frau van Scherpenberg weint vor Freude.« Hinrichs verstummt. »Und Moltke?« wage ich kaum zu fragen. – »Er ist seitdem nicht mehr zurückgekehrt. Was man ihm tatsächlich vorwirft, läßt sich im einzelnen nicht feststellen.« Er sieht mich bekümmert an. »Das ist ja das Schreckliche: Menschen verschwinden, und man weiß nicht, warum. Ein Freund sitzt im Gefängnis. Doch ehe man es erfährt, liegt er vielleicht schon, den Kopf zwischen den Füßen, drei Meter unter der Erde. Man ist auf Gerüchte angewiesen. Aber Gerüchte können lügen. Sie lügen meist! Seit elf Jahren leben wir zwischen den Wahrheiten. Und erst dann lüften die Herren den Schleier über ihren blutigen Geheimnissen, wenn sie« – er stockt – »uns für ihre Schandtat die Rechnung präsentieren.« – »Die Rechnung?« – »Ja, die Rechnung! Den Kontoauszug über die Staatsausgaben. Aufgestellt mit aller Sorgfalt buchhalterischer Pedanterie. Oder meinen Sie etwa, das Hinrichten geschähe umsonst? Die Zuchthaussuppe würde uns gratis verabfolgt? Stirb, aber zahle! heißt die Parole. Am 21. Februar ist Pfarrer Wachsmann im Zuchthaus Brandenburg guillotiniert worden. ›Sind Sie die Erbin des verstorbenen Wachsmann?‹ erkundigt sich kurz darauf ein Beamter bei seiner Schwester. Zögernd bejaht sie. ›Sind Sie bereit, die Kosten des Verfahrens zu tragen?‹ – ›Was würde geschehen, wenn ich nicht dazu bereit wäre?‹ – ›Wir müßten die Erbschaft pfänden.‹ Die Schwester erschrickt. Pfändung der Erbschaft bedeutet Abschied von tausend geliebten Andenken. ›Ich zahle‹, sagt sie rasch. ›Darf ich fragen, wie hoch …?‹ – ›Ein paar hundert Mark. Die Rechnung wird Ihnen zugestellt.‹ Nach wenigen Tagen trägt ihr der Postbote einen Einschreibebrief ins Haus. Rechnung für das Strafverfahren Alfons Maria Wachsmann. Spezifizierung:

Verpflegungskosten täglich	RM	1,50
Überführung ins Zuchthaus Brandenburg	RM	12,90
Vollstreckung des Urteils	RM	158,18
Gebühr für Todesstrafe	RM	300,00
Postgebühren	RM	1,84
Porto für Übersendung der Kostenrechnung	RM	0,42

158,18 Reichsmark kostet eine deutsche Hinrichtung. Reell bleibt reell. Nicht um den Bruchteil eines Pfennigs wird der Verstorbene betrogen. Berechnet man bei der Urteilsvollstrekkung den Stromverbrauch? Die Kilowattstunden für die Arbeit der Hinrichtungsmaschine? Sind die achtzehn Pfennig der Minutenlohn des Scharfrichters?
Schicksal steht hinter den Zahlen. Blut, Grauen und Todesangst. 158,18 Reichsmark. Was soll man darauf antworten? Die Rechnung stimmt. Unsere Gegenforderung verbuchen wir über das Konto des Vierten Reiches.«

Berlin. Montag, 24. April 1944

An den Fronten gibt es wenig Sensationen. Die ganze Welt wartet auf die Invasion. Wird man sie starten? Wird sie erfolgreich sein? Überzeugte Nationalsozialisten sprechen mit tiefer Verachtung von ihr. Als handle es sich dabei bestenfalls um einen Karnevalsscherz. Wenn sie nur erst anfinge! Der eine tippt auf Mai, der zweite auf Juni, der dritte auf Juli. Pessimisten meinen, sie werde überhaupt nicht stattfinden. Das Risiko sei zu groß, die Abwehr zu sorgfältig vorbereitet. Im ausländischen Sender beschwört man die französischen, holländischen und belgischen Patrioten, keinesfalls loszuschlagen, ehe nicht von England der Befehl dazu komme. Und wundert sich im selben Atemzug, warum die Deutschen noch immer keine Revolution machen. Wüßten doch alle, die im Brustton moralischer Überlegenheit solche Forderung an uns stellen, wie falsch sie uns und unsere Möglichkeiten beurteilen. Wer nicht selbst im Lande lebt und unter dem Regime leidet, hat keine Ahnung, was es heißt, in den Ketten einer Diktatur zu liegen. Die, die erst nach 1933 von hier emigrierten, wissen es am wenigsten, vergaßen es am schnellsten. Darum sind wir den meisten unserer Emigranten so gram, weil sie das von uns fordern, was sie selbst nicht fertigbrachten.

Berlin. Mittwoch, 17. Mai 1944

Heute morgen begegnet mir im Treppenhaus des Verlages unser Graphiker Oscar Fischer. »Mann Gottes!« rufe ich. »Sie leben!« Er lächelt melancholisch. »Nicht mehr so ganz, aber ein bißchen. Was so nach etlichen Zuchthausmonaten übrigbleibt, wenn man sein Logis vis-à-vis dem Hinrichtungsschuppen aufschlägt.« Er beugt sich vertraulich zu mir herüber. »Glauben Sie mir, es geht an die Nerven«, flüstert er grämlich. »Nicht das Kopfabschlagen. Daran gewöhnt man sich. Aber das ganze Drum und Dran. Die scheußliche Zeremonie.« Ich ziehe ihn in eine Ecke. »Erzählen Sie, erzählen Sie«, dränge ich. »Wieso hat man Sie herausgelassen? Wo sind die anderen? Großcurth, Havemann? Richter? Rentsch?« Er sieht mir ins Gesicht und verzieht keine Miene. »Verurteilt. Zum Tode verurteilt – alle vier. Vor neun Tagen sind Großcurth, Richter und Rentsch hingerichtet worden. Havemanns Tod ist auf unbestimmte Zeit verschoben. Der Führer hatte eine Großmutsanwandlung. Begnadigte den für die chemische Kriegswirtschaft unersetzbaren Physiker und Pharmakologen Havemann zum Sterben erst nach dem Endsieg. Bewundernswürdige Gnade, die gerade so weit reicht, wie der Staatsnutzen geht.« Noch immer verzieht er keine Miene. In seinem zerfurchten Gesicht, das gelb ist wie Pergament, bewegen sich nur die Augen. »Und Sie?« – »Ich habe geleugnet. Tag und Nacht und Nacht und Tag. Nein, ich kenne keinen mehr. Nein, ich

weiß nichts weiter ... nein ... nein und wieder nein. Bis sie es aufgaben. Mich entließen, aus der Zuschauerloge ihres Exekutionstheaters.«
Teilnahmsvoll streichle ich seine Hand. »Mein Gott, was müssen Sie durchgemacht haben!« Er nickt. Sein Blick wendet sich nach innen. Seine Stimme klingt eintönig, abgehackt, als läse er einen hundertmal wiederholten, längst auswendig gekannten Orientierungsbericht. »Quer über den Hof – die Autogarage. In der Autogarage die Todesmaschine. Links eine Toreinfahrt. Wenn man genug Material für den Henker hat, verhängt man ihr vorderes Gitter mit einem schwarzen Tuch. Heute wird hier gestorben, heißt das. Wartezimmer zum Jenseits, heißt das. Sie kommen aus den Todeszellen. Durch einen verborgenen Gang. Einer nach dem anderen. Mit abgelegten Kleidern. Nackt, bis auf ein kurzes Unterhöschen. Wenn es kalt ist, zittern sie. Nicht, weil sie Angst haben – fast keiner hat Angst –, sondern weil sie frieren. Wenn es kalt ist ...« Er verstummt und schüttelt den Kopf. »Man wartet immer, bis es mehrere sind«, fährt er dann einförmig fort. »Für einen allein ist es wohl zu teuer. Sie stehen herum und werden aufgerufen. Während der erste den Todesschuppen betritt, muß der zweite sein Höschen ablegen. Zusammengefaltet auf einen Stapel. Wegen der Spinnstoffe. Und weil man es dann später nicht zu waschen braucht. So geht es immer umschichtig. Aufruf – Höschen ablegen. Aufruf – Höschen ablegen. Bis der letzte in der Garage verschwunden ist. Zwei Minuten dauert jeder Fall. Das einzig Menschliche: Sie fangen nie vor zwölf Uhr mittags an. Und geben den Delinquenten die Tatsache der bevorstehenden Exekution erst eine Stunde vorher bekannt. So erspart man ihnen wenigstens die Schrecken der letzten Nacht. Ob man es aber aus diesem Grunde tut ...«
Bis auf ein kurzes Unterhöschen, denke ich, und vor Grauen erstarrt mir das Blut in den Adern. Warum empfindet man gerade diesen Umstand als so unerträglich scheußlich? Als so über alle Maßen menschenunwürdig? Selbst das rohe Mittelalter ließ dem Verbrecher sein Armsünderhemd. Auch die Schä-

cher am Kreuz trugen ein Lendentuch. Dem, der im nächsten Augenblick vor der Ewigkeit steht, mag es gleichgültig sein, in welchem Kostüm er die Erde verläßt. Den Überlebenden jedoch dünkt die Spinnstoffsammlung in diesem Zusammenhang schrecklicher als das Sterben. Die Diskrepanz zwischen bekleideten Häschern und unbekleideten Delinquenten peinvoller noch als die Hinrichtung.

»Man sagt, die Leichen werden freigegeben«, unterbricht Oscar Fischer meine trübseligen Meditationen. »Ein Grab für alle. Ich meine, für Großcurth, Richter und Rentsch. Die Frauen hätten das durchgesetzt. Es ist eine unerhörte Bevorzugung!« Arme Frauen! Mit wieviel Tränen mögt ihr diesen Vorzug erkauft haben!

Irgend jemand poltert geräuschvoll die Treppe herunter. »Also, Herr Fischer, was die Zeichnungen angeht«, sage ich laut ... Er begreift. »Ich weiß, ich weiß«, nickt er. – »Also dann bis bald.« Ich steige die Treppe hinauf. Er steigt die Treppe hinunter. Als ich mich umblicke, verschwindet sein zerfurchtes Holzschnittgesicht hinter der Drehtür.

Berlin. Freitag, 26. Mai 1944

Andrik erzählt, daß sich Konrad in eine Wehrmachtstournee hineinschwindeln will. Mit seiner kümmerlichen Musikkammerkarte. Wenn das nur gutgeht!

Berlin. Samstag, 3. Juni 1944

Die ganze Presse ist heute im Luftfahrtministerium versammelt, um einen »wichtigen Entschluß der Obersten Heeresleitung« entgegenzunehmen. Ein General der Luftwaffe, goldbestickt und ordenbesternt, hält eine kurze Ansprache. »Mit Genehmigung des Führers hat der Herr Reichsmarschall ab sofort die Formierung weiblicher Flakhelferinnenkorps befohlen.« Er räuspert sich. Ein unterdrücktes Raunen. Sollte man es wagen ...? Der General wird unsicher. Vielleicht fallen ihm die vielgeschmähten »Flintenweiber« ein. »Ich meine«, sagt er nervös ... »Ich möchte ausdrücklich betonen, hier soll nicht

geschossen werden. Der Führer wünscht keine Frau an der Kanone. Es entspricht ...«, wieder räuspert er sich, »nicht seiner Vorstellung von der Würde der deutschen Frau, wenn ... wenn ... na ja, wenn es so knallt«, vollendet er gereizt. Also knallen soll es nicht um die deutsche Frau. Sie darf nur dabei sein, wenn andere knallen. Mit Mühe verbeißen die meisten von uns ein Lächeln. »Darf ich mir die Frage erlauben, Herr General«, sagt einer der Teilnehmer respektvoll, »wie sich die Flakhelferinnen bei Feindangriff zu verhalten haben, wenn keine mit einer Waffe umzugehen versteht?« – Der General flüstert mit seinem Adjutanten. »Die Frage wird geprüft werden«, erklärt er dann hastig. »Ich bitte die Presse, bis zur Vorlage dieses Entscheids den Werbefeldzug für das Flakhelferinnenkorps zurückzustellen.« Wir sind entlassen. Flintenweiber gibt es in Zukunft nicht mehr. Weder in Rußland noch sonstwo. Auf keinen Fall aber bei uns.
Sie scheinen reichlich knapp zu werden mit ihrem Soldatenmaterial, die Herren von der Obersten Heeresleitung. »Vorläufig noch freiwillig«, hat der General betont. Verbindlichsten Dank, wenn dieses »vorläufig« nicht die gewünschten Ergebnisse zeitigen sollte!

Mittwoch, 7. Juni 1944

»Hallo! Hallo! Ist dort 727035! Einen Moment, ich verbinde mit Major Hinrichs«, meldet sich eine aufgeregte Stimme am Telephon. Ich reibe mir den Schlaf aus den Augen. Halb sieben Uhr früh. Ein ungewöhnlicher Zeitpunkt für Gespräche mit dem Luftwaffenführungsstab. Es surrt in der Leitung: Umschalten – Querverbindung – Anschluß unterbrochen – Anschluß wieder hergestellt. Die üblichen Begleiterscheinungen jedes Verständigungsversuchs mit dem Schlüsselwort »Kurfürst«. Dann ist Hinrichs am Apparat. »Sind Sie schon auf?« fragt er fröhlich. »Haben Sie gut geschlafen? Übrigens, was ich noch sagen wollte: die Sendung ist eingetroffen! Jawohl! Mit dem ersten Morgenzug. Ziemlich gute Sache, wie mir scheint.« Mein Gehirn dechiffriert im Zeitraffertempo.

Stichwort Sendung bedeutet Invasion. Das ist der Sprung auf den Kontinent. Die langersehnte Landung alliierter Truppen. »Freut mich, freut mich«, rufe ich zurück. Drüben schaltet man ab. Andrik ist in Holland. Ich bin allein mit meiner Weisheit und mit meiner Ungeduld. Heute früh in den ersten Morgenstunden! Jetzt ist es halb sieben. »Mögen sie nur kommen«, hat Hitler gesagt. »Innerhalb von neun Stunden werden wir sie ins Meer zurückgeworfen haben.«
Nun sind sie gekommen. Die Hälfte der ihnen zugebilligten Galgenfrist dürfte in dieser Minute abgelaufen sein. Ob sie es schaffen? Ich stürze zum nächsten Kiosk nach der Morgenzeitung. Der Verkäufer schüttelt den Kopf. »Noch keine Zeitung eingetroffen.« Auch der Rundfunk schweigt. Es wird acht, es wird neun, es wird zehn. Wir sitzen wie auf glühenden Kohlen. Versteckt wagt man die ersten Andeutungen. »Um zwei Uhr früh ... erbitterte Kämpfe ... die Küstenverteidigung allmählich durchbrochen.« Von Stunde zu Stunde mehren sich die Gerüchte, nehmen aberwitzige Formen an. Noch immer schweigen Presse und Funk. In der Wilhelmstraße ist man sich offenbar nicht einig darüber, in welcher Ausschmückung man dem deutschen Volk die peinliche Nachricht servieren soll. Steht etwa Dr. Goebbels mit der Stoppuhr in der Hand und wartet auf den Rückwurf ins Meer? Um elf Uhr hält ein Lieferwagen an der Ecke. Ballen gebündelter Zeitungen werden ausgeladen. Zwei Minuten später erscheinen drei Polizisten. Flüstern mit den Zeitungshändlern, gestikulieren hin und her, gebärden sich entsetzlich geschäftig. Die Zeitungen sind beschlagnahmt, noch ehe sie ihrer Verschnürung entnommen wurden. Ballen um Ballen, Bündel um Bündel verschwinden sie wieder im Dunkel des Lieferwagens. Invasionsmakulatur! Endlich, um zwölf Uhr mittags, hat die deutsche Regierung ihre Fassung zurückgewonnen. »Invasion auf Befehl Moskaus! Kampfberichte über die Schlagkraft der deutschen Abwehr«, posaunen die Blätter und markieren Jubel wie Kinder am Christtag. »Der lang erwartete Tag der Invasion ist da. Das Schwert hat das Wort. Mit größtem Vertrauen sieht das deut-

sche Volk auf seine Truppen und ihre Führung, die nun im Entscheidungskampf dieses Krieges stehen«, heißt es in den Leitartikeln. Wir haben wieder mal alles im voraus gewußt. Und wenn man die Rundfunkkommentare hört, scheint es fast so, als könnten uns Amerikaner und Engländer keinen größeren Gefallen erweisen, als daß sie im Küstenabschnitt zwischen Cherbourg und Le Havre ihre Landungsboote ans Ufer setzen.
Den ganzen Nachmittag streife ich durch die Stadt. Lausche hier, beobachte dort, kombiniere und versuche, meine Schlüsse zu ziehen. Nein, dieses Volk wartet nicht mehr auf den Sieg. Die Nazigegner verbergen nur mühsam ihre Freude am Geschehen. Die Leute mit dem Hakenkreuz im Knopfloch blicken beklommen drein trotz ständig wiederholter Jubelpropaganda. Das Maß der neun Stunden ist längst überschritten. Und noch immer gibt es keine Anzeichen dafür, daß der »Erzfeind« im Ärmelkanal ertrinkt, daß die Festung Europa ihm ihre Tore hermetisch verschlossen hat.

Berlin. Donnerstag, 8. Juni 1944

Siebzig Stunden sind seit Beginn der Invasion vergangen. Und nach wie vor kämpfen englische und amerikanische Truppen auf dem nordfranzösischen Festland. Gehen vorwärts, gehen zurück, bahnen sich Millimeter um Millimeter den Weg zum Herzen Europas. Kein Zweifel, die Invasion ist gelungen. Alle kleben am Radio. Jeder ein bewußter »Rundfunkverbrecher«. Denn niemandem kann es zugemutet werden, sich in diesen Stunden der Entscheidung nicht am ausländischen Sender zu informieren. Man frevelt und flüstert. Und wer seiner Mitteilungssucht allzu unvorsichtig Vorschub leistet, landet, ehe er sich's versieht, im Konzentrationslager Dachau. Oder in Oranienburg. Oder in Buchenwald.
Aber die Invasion ist gelungen. Und mit jedem Erfolg werden die Gesichter der Parteigenossen länger, verschwindet ein Hakenkreuz nach dem anderen aus den Knopflöchern der Führergefolgschaft. Merkwürdig, dieses rhythmische Auf und

Ab im Gewoge der Knopflochverzierungen. Mit mathematischer Sicherheit kann man an diesem Symptom den Gradmesser der Parteizuversicht ablesen. Seit den Nazibonzen die ersten Zweifel über den Fortbestand des Tausendjährigen Reiches aufstiegen, machten sie durch Parteibefehl jedem Parteigenossen das Tragen des Abzeichens zur Ehrenpflicht. Von dieser Zeit an flaggen alle Nationalsozialisten im Knopfloch. Sieg und Zuversicht mit Ja, Furcht und Niederlage mit Nein. Nie sah man so wenig Parteiabzeichen wie zwischen dem 6. und 7. Juni dieses Jahres.

Berlin. Freitag, 9. Juni 1944

Die Invasion schreitet fort. Die Parteiabzeichen in den Knopflöchern sind zu zählen. Wer jetzt noch eine »Wollhandkrabbe« auf seinem Rockaufschlag trägt, kann immerhin den Ruhm für sich in Anspruch nehmen, eine unabhängige Persönlichkeit zu sein. In den Schriftleitungen wird man nervös. Das Triumphgeschrei des »Wir haben es längst gewußt« beginnt an Zugkraft einzubüßen. Höchste Zeit, daß ein neues Schlagwort in Tätigkeit tritt!

Berlin. Samstag, 10. Juni 1944

Es ist in Tätigkeit getreten. Und es heißt: »Hereinlocken«. Als nach neun Stunden Adolf Hitlers Prophezeiung des Rückwurfs ins Meer sich nicht erfüllte, sprang Sepp Dietrich, Chef der Leibstandarte, in die Propagandabresche. »Ja, wußtet ihr denn nicht«, trompetet er, »daß es von Anfang an unsere Absicht war, sie hereinzulocken? Je mehr, desto besser. Ganze Divisionen. Ganze Armeen. Anzusaugen den Hauptbestand der amerikanischen und englischen Streitkräfte auf den Vernichtungsboden des kontinentalen Widerstands? Erst wenn wir sie haben, können wir sie kleinkriegen. Das ist das Geheimnis unserer genialen Kriegsführung.«

Seit dieser Stunde »saugen wir an«, »locken herein«, und das strategische Renommee unserer Schlachtenlenker ist wieder mal gerettet. Über Nacht kehren die »Wollhandkrabben« in die Knopflöcher zurück. Die Andersdenkenden schweigen, warten ab, hoffen auf den schnellen Vormarsch der Alliierten, lauschen dem englischen Sender und wissen immer fünf Minuten vor Herausgabe der deutschen Meldungen, was auf dem Erdball passiert …

Berlin. Sonntag, 18. Juni 1944

… auch den Einsatz der viel verheißenen ersten deutschen Geheimwaffe. Daß sie kommen würde, unterlag nach der vorausgegangenen monatelangen Flüsterpropaganda kaum einem Zweifel. Nur wie sie kommen würde, blieb selbst den Klügsten ein Rätsel. Jeder wußte, aus sicherer Quelle, eine andere Version über ihre Wirkung. »Ein Druck auf den Knopf. Das Ding braust los. Die obere Hälfte der englischen Insel fliegt in die Luft, die untere versinkt im Meer, und das Geschoß kehrt mit fünfzigtausend Gefangenen zurück«, spotteten die Ungläubigen. – »Unsere Geheimwaffe ist fürchterlich«, geheimnißten die Gläubigen. »Vierundzwanzig Stunden Beschuß, und England winselt um Gnade. Um Waffenstillstand und Frieden. Sie wissen … Atomzertrümmerung. Umgruppierung von Elektronen … Eine deutsche Erfindung. Weltumwälzend in ihren Weiterungen …«
Nun, die Geheimwaffe hat nichts umgewälzt. Sie hat noch nicht einmal den Tanzprogrammablauf des Londoner Savoy-Hotels ins Wanken gebracht. Zehn Tage nach Beginn der Invasion ist Hitler zum Gegenstoß angetreten. »Auf London und Südengland neuartige Sprengkörper schwersten Kalibers«, berichten die gestrigen Tageszeitungen. »V 1« hat man die fernlenkbare Wunderwaffe getauft. Vergeltungswaffe Numero eins. Also Auge um Auge, Zahn um Zahn. Daß man sich nicht schämt, als patentierter Judenhasser mit alttestamentarischen Sittenbegriffen aufzutrumpfen! Vergeltung gegen Vergeltung. Dieses Fortsetzungsspiel läßt sich bis ins Unendliche weiterführen. Bis im großen Machtstreit der Staatenlenker sämtliche Bewohner von der Erdoberfläche verschwunden sein werden.

Es geht gewaltig vorwärts mit dem »Hereinlocken«. Sepp Dietrich darf einen Propagandaorden erster Klasse für sich in Anspruch nehmen. Und die Wollhandkrabbenträger sind wieder mal ganz auf Draht. V 1 regiert die Stunde. Zwar nicht in London, wo sie alle fünfzehn Minuten einschlagen soll, wohl aber in Berlin, wo Dr. Goebbels sie in propagandageübten Händen schwingt. Vielleicht hat man sie überhaupt nur erfunden, um das deutsche Volk bei Kriegslaune zu halten. Denn wie es im Augenblick aussieht, übertrifft ihre Propagandawirkung in Deutschland die Sprengwirkung in England um ein beträchtliches.

Berlin. Dienstag, 20. Juni 1944

Die Leitartikler der gesamten bürgerlichen Presse winden sich wie gefangene Fische im Netz. Zu handgreiflich schlägt die befohlene Siegpropaganda der Wahrheit ins Gesicht. Sie möchten zwischen den Zeilen reden, aber sie können es nicht mehr. Elf Jahre Parteidiktatur, elf Jahre täglicher Befehlsempfang über Artikelausrichtung, »Sprachregelung« und Themenverbote machen den Menschen mürbe. Selbst wenn er im Grunde noch so guten Willens ist. Wer dem Teufel den kleinen Finger reicht, wird vom Teufel aufgefressen. Und warum haben sie ihm den kleinen Finger gereicht? Damals im Jahre 1933? Weil sie Angst hatten um ihre Existenz. Um Leben und Wohlergehen ihrer Frauen und Kinder. Weil sie sich fürchteten vor Hunger und Stellungsverlust, vor Denunziation, Gestapo und Schafott. Wir haben einen Herrn Hitler, weil wir einen vierjährigen Weltkrieg verloren, Jahre der Inflation, Jahre der Wirtschaftskrise, der Arbeitslosigkeit, Erschöpfung und Unsicherheit durchwanderten. Weil wir noch nie in der Geschichte eine geeinte Nation waren und darum der immerwährenden Bestätigung bedürfen, auch wirklich eine Nation zu sein. Nur so erklärt sich der große Unsinn des »deutschen Grußes«. Kaum fünfundzwanzig Jahre währte unsere Chance, Demokratie zu lernen, den schweren Schritt vom Untertanen zum Weltbürger zu üben. Was bedeutet ein Vierteljahrhundert für die Erziehung eines Volkes? Fast weniger als nichts. Es ist billig, Steine zu werfen, wenn man als Erbe einer vielhundertjährigen Völkererziehung geboren wurde. Es ist leicht, zu verurteilen, wenn man in der Fülle sitzt.

Es gibt weder schlechte Völker noch gute Völker, weder minderwertige Rassen noch auserwählte. Über alle Länder der Erde hat das Schicksal die Laster und Tugenden gleichmäßig verteilt. Es gibt nur besser erzogene Nationen und schlechter erzogene. Solche, die von der Geschichte früher, und solche, die erst sehr verspätet zu Einheit und volklicher Entwicklung berufen wurden. Nicht in Böse und Gute scheiden sich die Geister, sondern in Geführte und Führende. In Schwache und Starke. Immer und überall wird die Masse an Zahl die gleiche bleiben. Neunzig Prozent gegen zehn. Herde gegen Persönlichkeit. Wer ist integer genug, auf unmündige Kinder den ersten Stein zu werfen? Unsere Leitartikler zappeln im Netz. Sie haben den Aufstieg von der Masse zur Persönlichkeit nicht geschafft. Muß man sie deshalb kreuzigen? Dann könnte man mit gleichem Recht neunzig Prozent der Menschheit an den Galgen hängen. »Es wär' viel schöner, wenn es schöner wäre«, sagt Erich Kästner. Wenn die Starken die Schwachen besser verstünden und die Schwachen die Starken. Wenn die Erzogenen wie große Geschwister die Unerzogenen bei der Hand nähmen und zu ihnen sprächen: Kommt her, wir helfen euch, zu lernen, was ihr heute noch nicht wißt. Wir gehen euch mit gutem Beispiel voran! In die Verantwortung, in die Selbstbestimmung ..., in die Freiheit!!! – Aber ich fürchte, das sind Träume, auf deren Verwirklichung wir noch lange verzichten müssen.

In den Abendstunden kommt ein junges Mädchen zu mir. Dunkeläugig, mit klarem, aufmerksamem Kindergesicht. Konrad Bauer hat sie geschickt. Mit seinen Abschiedsgrüßen, ehe er morgen zur ersten Wehrmachtstournee abreist. Wenn Konrad uns ein Mädchen zuschickt, so muß etwas Besonderes an ihr sein. Man braucht nicht lange Zeit, um festzustellen, daß Ursula Reuber etwas Besonderes ist. Sechs Monate saß sie im

Polizeibunker der Großen Hamburger Straße. Von der Gestapo festgehalten, weil sie das Verbrechen beging, ihren Freund Konrad und dessen Eltern mit Lebensmitteln zu versorgen. »Wer ist denn die? Die kann gleich hierbleiben«, schnauzte der Oberaufseher, als sie ihr Töpfchen mit Essen an der Pforte des »Judenlagers« absetzte. Und sie blieb dort. Wie sie ging und stand, ohne zu Hause Bescheid sagen zu können, verschwand sie für ein halbes Jahr im Kellergeschoß der »Großen Hamburger«. Der Zufall, der sie hineinschwemmte, schwemmte sie auch wieder heraus. Eines Tages entließ man sie. Weil niemand mehr wußte, warum sie dort drinnen saß. Man verhörte sie nicht, man verhandelte nicht. Für größere Rechtsumstände erschien der Fall zu unwichtig. Es genügte die Amtsnotiz auf dem Entlassungsschein, daß der »Mischling ersten Grades Ursula Reuber, wohnhaft in Berlin-Dahlem, Ihnestraße 40, sich 6 (in Buchstaben: sechs) Monate in Polizeihaft befunden« habe. Ein ehrenvolles Dokument. Ursel Reuber zeigt es mit gerührtem Lächeln. »Aufrichtig gesagt, sie sind mir gut bekommen, diese sechsundzwanzig Wochen. Ich hatte ein Bändchen Rilke bei mir. Und unglaublich viel Zeit, über mich nachzudenken.« Sie schaut mir mit ihrem ernsten Kinderblick unverwandt in die Augen. »Man sollte dankbar sein, über sich nachdenken zu dürfen. Meinen Sie nicht auch? Wenn mir Doktor Tegel behilflich ist, möchte ich jetzt versuchen, Orgel spielen zu lernen. Bach und Händel. Am liebsten Bach. Alle Menschen sollten Bach kennenlernen. Man kann nichts Schlechtes tun, wenn man Bach hört.« – »Kommen Sie sehr bald wieder«, bitte ich. »Kommen Sie, sooft Sie können. Auch Andrik wird sich freuen. Und Heike und Frank. Nette Leute müssen zusammenhalten.«

Berlin. Mittwoch, 21. Juni 1944

Es hat wieder mal mächtig bei uns eingeschlagen. Mir zittern noch jetzt die Knie, wenn ich daran denke. Um acht Uhr sitze ich mit Heike beim Morgenkaffee. Es ist ein wolkenloser Sommertag. »Schlechtes Fliegerwetter«, sagt Heike und blinzelt sachkundig in den lichtblauen Himmel. »Ich denke, man wird uns heute in Ruhe lassen.« Sie hat kaum ausgesprochen, da klingelt neben mir das Telephon. Eine Männerstimme meldet sich: »Schwere Kampfverbände im Anflug. Alarmstufe dreißig. Stellen Sie den Drahtfunk ein!« Großer Gott! Unser Vertrauensmann von der Luftwaffe. Also doch Alarm! »Du, sie kommen! In dreißig Minuten sind sie hier!« Wie immer, wenn ich die Vornachricht erhalte, ist es mir etwas flau um den Magen. Der Polizeifunk hat noch nicht umgeschaltet. »Erika ... Erika«, singt er in Flötentönen. Nun bricht die Musik ab. »Tick-tack, tick-tack«, setzt das Pausenzeichen des Drahtfunks ein. Die erste Nachricht wird durchgegeben. Anflüge aus dem Westen. Werden sie nach Berlin kommen? Werden sie vorher abdrehen? »Faß mal unseren ›Segen‹ an«, sagt Heike. »Vielleicht nützt es etwas.« Ich taste nach dem altrussischen Christusbildchen, das seit Beginn der Bombenangriffe als guter Schutzgeist auf Andriks Schreibtisch liegt. Tick-tack, tick-tack ... Nun spricht wieder der Ansager. »Stark aufgelockert ... Westkurs genommen ... Nur noch einzelne Jagdmaschinen«, höre ich undeutlich. Dem Himmel sei Dank! Sie drehen ab. Aufatmend zünden wir uns eine Zigarette an.

Da heult die Sirene in langgezogenem Auf und Ab. Das ist keine Vorwarnung. Das ist Vollalarm. Vor Schreck fällt uns das Feuerzeug aus den Händen. Draußen rennen die Leute. Mit Koffern und Kinderwagen. Rennen Hals über Kopf dem nächsten Bunker zu. Quietschend bremsen die Straßenbahnen. Die Autos stocken. In weniger als drei Minuten steht jedes Fahrzeug verlassen. »Leg die Fußmatte zwischen die Tür, daß sie nicht zuschlägt, wenn ...« Wir sind schon auf dem Weg nach unten. Von fern ertönt dumpfgrollendes Brummen. Beängstigend fremd, unheilverkündend und geheimnisvoll. Eilig werfen wir Taschen und Koffer in einen Winkel. Gasmasken, Stahlhelme, nasse Tücher. Es ist keine Zeit zu verlieren.

Da, jetzt kommt's. Sie sind über uns. Wir sagen nichts. Wir schreien nicht. Krampfhaft pressen wir die nassen Tücher gegen die Lippen. Während draußen die Bomben pfeifen, ist es drinnen still wie in einer Kirche. Es kollert und kracht, es wankt, birst und zittert. Meterhoch – für unser Gefühl – bäumt sich der Fußboden. Jetzt hat es eingeschlagen. Jetzt wieder. Jetzt abermals. Am liebsten würden wir in die Erde hineinkriechen. Beißender Rauch frißt sich in unsere Augen. Traf es die Nachbarn? Traf es uns selbst? Wir ahnen es nicht. Wir wissen nur, daß wir arm sind, nackt und entsetzlich hilfsbedürftig.

»Feuer im dritten Stock!« brüllt die Stimme des Luftschutzwarts. »Alle antreten zum Löschen!« Benommen springen wir in die Höhe. Draußen krachen die Bomben, fahren mit heulendem Getöse durch die rauchverhängte Luft. Keiner spricht ein Wort. Mechanisch greifen wir zu Sandeimer und Spitzhacke. Hinauf in den dritten Stock. Wie schwarze Vögel flattern die Verdunkelungspapiere im Feuersturm. Aber das Wasser! Barmherziger Himmel, sie haben das Wasser abgestellt! Immer versagt die Wasserzufuhr, wenn ein Großangriff kommt. Ein Segen, daß wenigstens unsere Badewannen ...

Während draußen die Flak bellt und ein Bombergeschwader nach dem anderen über uns seine tödlichen Lasten abwirft, löscht unser Löschtrupp, was sich löschen läßt. Eimerkette von Hand zu Hand. Aus Spülbecken, Krügen und Badewannen. Die Behälter sind leergeschöpft. Jetzt müssen die Sandtüten herhalten. Das Wohnzimmer brennt. Grünlich fließt der Phosphor unter Schränken und Polsterstühlen. Sand darüber! Die Bomben pfeifen. Nun ferner, nun näher, nun ganz nahe. »Aufpassen!« schreit der Luftschutzwart. Wieder stürzen wir in den Keller. Doch der Brand ist gelöscht. Und über uns fliegt das letzte Geschwader stadteinwärts. Wir hocken nebeneinander und pressen die nassen Tücher gegen die Lippen. Wenn wir sie nicht hätten, würde der Rauch uns ersticken. Von weitem gellt eine Sirene. Vorentwarnung. Noch summt es über uns. Noch knattert, in kurzen Abständen, der Trommelton der leichten Flak. Lärmt, schweigt, lärmt von neuem und verstummt dann endlich. Vollentwarnung!

Wo das Nachbarhaus stand, wölbt sich ein Trümmerhaufen. Schreiend läuft eine Frau an uns vorüber. Sie ist in eine Pferdedecke gewickelt. Entsetzen hat ihr Gesicht verzerrt. Drei leere Kleiderbügel preßt sie gegen die Brust. Wohin sie läuft? Sie weiß es selbst kaum. Der Schrecken läßt sie laufen. Der Schrekken treibt sie vorwärts.

Allmählich wird es auf der Straße lebendig. Immer neue Gestalten tauchen auf. Aus dem Qualm, aus den Trümmern, aus der fürchterlichen Zerstörung. Achtundvierzig Bomben, sagt man, trafen unser Häuserviertel. Noch lassen sich die Toten nicht zählen. Sie liegen unter Schutt und Steinen, zerquetscht, vernichtet, unerreichbar für unsere Hilfe. Nach zwei Stunden erscheint ein Räumtrupp der SS. Sie sollen graben helfen, Fenster vernageln und Trümmer wegschaffen. Man empfängt sie mit betonter Kühle. Wäret ihr nicht da, so gäbe es keine Trümmer, sagen die Gesichter der Umstehenden. Die SS-Männer greifen zu Spaten und Spitzhacke. Aber ihre Mienen sind finster. Sie fühlen, daß sie nicht willkommen sind.

Berlin. Montag, 26. Juni 1944

Hinrichs orakelt, daß es mit den Nazis ein schnelles und plötzliches Ende nehmen könne. Irgend etwas liegt wieder mal in der Luft. Doch man wagt es nicht auszusprechen. Daß es zahlreiche Gruppen und Grüppchen gibt, die sich zu aktivem Handeln gegen das Regime zusammengetan haben, ist uns kein Geheimnis. Wir wissen, daß die Kommunisten arbeiten, daß die Sozialdemokraten eine Kampfgruppe bildeten, daß auch die Katholiken nicht untätig sind und daß man sich in Abwehr und Heeresleitung seit langem mit Umsturzgedanken trägt. Schon vor Monaten flüsterten die Eingeweihten: »Goerdeler und Popitz reisen im Lande umher und verteilen Posten fürs Vierte Reich.«

Bedenklich genug, wenn solche Gerüchte den Weg in die Öffentlichkeit finden! Haben die Herren aus elfjähriger Gestapo-Erfahrung nicht gelernt, wie man schweigen muß? Gewiß, durch Schweigen entsteht kein Umsturz. Das ist ja die Tragik unserer Situation. Wenn wir reden, planen, Bundesgenossen werben, werden wir gehängt. Denn unter zehn findet sich mindestens einer, der verräterisch oder schwatzhaft ist. Schweigen wir jedoch und empören uns nur in der Stille unserer vier Wände, so behalten wir die Nazis. Die Zwickmühle bleibt die gleiche. Kann denn ein Grüppchen von zehn oder zwanzig Entschlossenen das Dritte Reich ins Wanken bringen? Und wir sind nur Grüppchen. Grüppchen in Berlin, Grüppchen in München, in Breslau, in Dresden oder Hamburg. Eine Handvoll hier, eine Handvoll dort, die, wie die Königskinder im Märchen, niemals zusammenfinden. Vielleicht, daß die Generäle größere Einflußmöglichkeiten besitzen! Rundstedt soll dagegen sein, auch Kluge und Halder. Manche sprechen von Brauchitsch, andere von Guderian und Beck. Mit ehrfurchtsvollem Flüstern wird der Name Canaris genannt. »Wenn die Militärs den Umsturz machen, kann innerhalb einer Stunde eine vernünftige Regierung auf die Beine gebracht werden, die sich aktionsfähig an die Spitze des Volkes stellt«, heißt es im Lager der Gemäßigten. – »Unser Programm steht fest«, erklärt ein Mitglied aus den Reihen der Linken. »Erster Schritt: Befreiung von Sachsenhausen. Der Marsch zur Bastille gewissermaßen. Zweiter Schritt: Ausmerzung sämtlicher Nazibonzen.« So weiß die rechte Hand mal wieder nicht, was die linke tut.

»Halten Sie es nicht für ratsam«, erkundigt sich Andrik bei Hinrichs, »wenigstens einen Versuch zu machen, die Pläne von rechts und links aufeinander abzustimmen?« Hinrichs bejaht. Heute ist der Versuch gemacht worden. In Andriks Zimmer treffen sich als Exponenten und Unterhändler zweier Widerstandsgruppen Doktor Hans Hinrichs und Doktor Wolfgang Kühn. Man verfährt nach altbewährter Verschwörermethode: Möglichst wenig Namensnennung. Keine überflüssige Belastung des anderen mit Daten, Adressen, Tatsachen, die bei hochnotpeinlichem Verhör gegebenenfalls an den Tag kommen könnten. Man spricht von »meiner Gruppe« und »Ihrer Gruppe«, bereit, die empfangenen Auskünfte nur dem Gewährsmann mitzuteilen, der als Mittler zur nächsten Vertrauensstelle die Stafette weiterträgt. Die Unterredung dauert lange. Man tastet sich ab, entschließt sich nur vorsichtig zu ersten Bekenntnissen. Das Telephon haben wir aus dem Zimmer getragen, falls doch etwas Wahres an dem Gerücht sein sollte, daß die Gestapo bestimmte Leitungen überwacht. Im Hausflur steht Heike auf Posten. Sie komplimentiert jeden unerwünschten Besucher mit liebenswürdiger Ausrede zur Tür hinaus.

»Was halten Sie von Goerdeler?« fragt Doktor Kühn. – »Nicht viel. Auch meine Leute halten nicht viel von ihm. Er ist zu unvorsichtig. Ohnehin kommt er höchstens als ›Weichensteller‹ in Betracht.« – Doktor Kühn nickt. »Weichensteller Nummer zwei. Die erste Weiche bedient die Wehrmacht. Ohne Wehrmacht kommen wir nicht aus. Wir brauchen ihren Apparat, ihre Waffen, ihre Schlagkraft. Ich sage Ihnen, wir müssen die Wehrmacht zersetzen. Erst aus dem Chaos eines Militärputsches entwickelt sich alles Weitere!« – »Und wie sieht dieses ›Weitere‹ für Sie aus?« – »Besetzung sämtlicher hoher Regierungsstellen durch politisch Geschulte. Vorwiegend aus den KZ-Lagern. Wer durch das politische Training der Lager gegangen ist, hat den ersten Anspruch auf verantwortlichen Einsatz.« Zweifelnd wiegt Hinrichs den Kopf. »Wir denken etwas anders darüber. Uns geht es in erster Linie um den Frieden. Den Frieden um jeden Preis. Nur wenn dem großen Sterben Einhalt getan ist, kann man mit politischer Aufbauarbeit beginnen. Mit einer Aufbauarbeit im Geiste der Demokratie, unter vollem und gleichberechtigtem Mitwirken aller Stände.« Nachdenklich spielt er mit seinem Bleistift. »Übrigens, was halten Sie von der Kirche?« fährt er dann unvermittelt fort. – »Wir sind bereit, sie gelten zu lassen, uns gegebenenfalls sogar mit ihr zu verständigen, wenn ... nun ... wenn ihr an solcher Verständigung gelegen sein sollte.« – »Darf ich das meiner Gruppe weitergeben?« – Wieder nickt Kühn. »Jedoch ohne Obligo. Was wir heute besprechen, bleibt allgemeine Fühlungnahme.« – »Aber immerhin eine Fühlungnahme«, lächelt Hinrichs. Und sie verabreden, im nächsten Monat erneut zusammenzutreffen.

»Glaubst du, daß diese Aussprache einen Sinn gehabt hat?« frage ich Andrik, als die beiden gegangen sind. – »Ob Sinn oder nicht, auf alle Fälle ist die Bekanntschaft vermittelt. Und vielleicht um ein winziges die Chance verringert, daß sich im entscheidenden Augenblick die Kräfte verzetteln. Was weiter daraus wird, müssen wir der Zukunft überlassen.«

Berlin. Montag, 3. Juli 1944

Konrad ist wieder da. Zurück von der ersten Wehrmachtstournee. »Kinder, war das ein Eiertanz!« sagt er, während er mit uns bei den mittäglichen Bratkartoffeln sitzt. »Bei jeder Veranstaltung ich mit ›Heil Hitler‹ vor den Vorhang. Begrüßungsansprache im Namen des Propagandaministeriums. Ausgerechnet ich! Wo ist Herr Bauer? heißt es den ganzen Tag. Herr Bauer muß reden ... Herr Bauer muß verhandeln, Herr Bauer spielt Klavier, Herr Bauer dirigiert. Herr Bauer ist Hansdampf in allen Gassen. Stütze des Unternehmens! Mit gefälschtem Musikkammerausweis, gefälschtem Namen und einem Steckbrief der Gestapo im Hintergrund. Blut und Wasser hab' ich manchmal geschwitzt.« Er stochert aufgeregt in seinem Kartoffelberg. »Abend für Abend zu Gast bei irgendeinem Regimentsstab. Kunstgespräche, Saufgelage, Krieg und Kriegsgetön. Einmal hat einer einen Witz machen wollen. ›Herr Bauer‹, schrie er, und schlug sich mit schallendem Gelächter auf die Knie, ›Herr Bauer, es ist zu komisch! Sie sehen aus wie ein Jude!‹ Ich grinste zurück – urkomisch in der Tat –, und der Angstschweiß stand mir in den Schuhen. Schließlich hat mich eine Kollegin in der Direktion verdächtigt. Jetzt, Konrad, stirb oder sei ein Mann! dachte ich bei mir. Markierte den beleidigten Germanen, brüllte nach Ehrengericht, Untersuchung, Rechtfertigung und donnerte vor versammeltem Ensemble: ›Mein Fräulein, nehmen Sie die Beleidigung zurück, oder ich übergebe die Sache der Gestapo! Als deutscher Volksgenosse und Nationalsozialist kann ich es ihr überlassen, über den Nachweis meiner arischen Abstammung zu befinden.‹ Mensch, das saß! Demütig kroch die Schlange zu Kreuze. Und

ich zog ab: jeder Zoll ein Held. Jeder Zoll ein Espenlaub, im Innersten meines Busens. Noch zwei solcher Tourneen, und ich bin reif für die Klapskiste.«
Andrik wiegt bedenklich den Kopf. »Daß du dich auch so weit hast vorwagen müssen! Geht es in Zukunft nicht etwas anonymer?« – »Mitgefangen, mitgehangen!« seufzt Konrad. »Anfang September spielen wir im Führerhauptquartier.« – »Das ist ausgeschlossen«, fahre ich auf ihn los. »Bist du irrsinnig geworden? Konrad Bauer im Führerhauptquartier! Wenn das rauskommt, bleibt kein Jude in Deutschland am Leben!« – Konrad sitzt da wie ein begossener Pudel. »Ja, aber was soll ich denn machen?« – »Verduften, untertauchen, dich vorher verkrümeln. Es sei denn, du hättest die Absicht, Herrn Hitler mit einer Höllenmaschine in die Luft zu sprengen! Hast du nicht? Dann bleibe weg und gefährde auch nicht die anderen!« Zerknirscht verspricht er, sich bis Ende August nach einem harmloseren Betätigungsfeld umzusehen. Dann arbeitet er mit Andrik vier Stunden lang das Dritte Brandenburgische Konzert von Bach durch. Und keiner der beiden merkt in seiner Entrücktheit, daß die Sirene tutet und wir wieder mal in den Keller müssen.

Berlin. Dienstag, 11. Juli 1944

Heute nachmittag ist Konrad abgefahren. Diesmal nach Helgoland, wohin man Zivilpersonen nur unter schärfster Kontrolle einreisen läßt. Immer noch besitzt er kein anderes Ausweispapier als die erschlichene Musikkammerkarte. Und eine Bescheinigung vom Bezirksamt Schöneberg, daß der technische Angestellte Konrad Bauer nach eigener Aussage am xten in der Ypsilon-Straße Nummer 19, Gartenhaus links, eine Treppe, ausgebombt sei und dabei sämtliche Personalpapiere eingebüßt habe. »Gilt als vorläufiger Ausweis«, steht auf dem Wisch.
Viele machen es jetzt so, daß sie der mangelnden Legalität ihrer Existenz durch fingierte Ausbombung nachhelfen. Wenn man Glück hat, fällt ein einmonatiger Lebensmittelkartensatz dabei

ab. Und wenn man sehr viel Glück hat, gelingt es sogar, sich wieder in den amtlichen Kreislauf der An- und Abmeldungen einzuschmuggeln und damit zu vollgültiger Bürgerschaft zurückzukehren. So viel Glück war Konrad nicht beschieden. Also muß man schauen, ihn auf andere Weise zu legalisieren. Flamm kennt einen erstklassigen Stempelfälscher. Doch er ist launenhaft und arbeitet entsetzlich langsam. Doktor Tegel hat von seinen Schützlingen Firmenbriefbogen herstellen lassen. Mit Briefköpfen von Rüstungsbetrieben, die es gar nicht gibt. Hat UK-Stellungen darauf getippt und sie mit unleserlicher Direktorenhandschrift unterzeichnet. Immerhin etwas! Doch nicht genug für ernsthafte Kontrollen. So reist das ausgebombte Mitglied der Musikkammer, Konrad Bauer, vorübergehend beurlaubt aus unabkömmlichem Kriegseinsatz, als technischer Angestellter im teilausgebombten Rüstungsbetrieb Xy & Co., mit Wehrmachtstournee nach Helgoland. Wahrhaftig, die Nazis machen einem das Schwindeln kompliziert! Es ist schon fast zuviel, was man heute bei der Ausweisfürsorge bedenken muß. Nur gut, daß es nicht mehr lange dauert!

Gestern besuchte Andrik seinen Freund Adam von Trott, Legationsrat im Auswärtigen Amt. Ein guter Kopf, ein kühnes Herz und unter den Nazigegnern einer der aktivsten. Als er zurückkommt, wandert er lange im Zimmer auf und ab, räuspert sich, setzt zum Sprechen an, schweigt und räuspert sich von neuem. »Kannst du den Mund halten?« fragt er endlich. – Ich schaue ihn überrascht an. »Kennen wir uns deshalb dreizehn Jahre, daß du mich das heute fragen mußt?« – »Es ist nicht deswegen ... ich weiß ja ... aber um was es sich eben handelt ...« – »Schieß schon los«, dränge ich ungeduldig. – »Ja, siehst du, sie haben tatsächlich etwas vor. Putsch, Umsturz oder so was. Wer alles mitmacht, ahne ich nicht. Geht uns auch schließlich nichts an. Wichtig ist nur: sie wollen mich einschalten.« – »Dich? Wo denn? Für was denn?« – »Als Verbindungsmann sozusagen. Ich soll nach Schweden reisen. Verstehst du? Dort mit bestimmten Kreisen Fühlung nehmen. Man schiebt ein Gastspiel vor, arrangiert das Ganze über die zuständigen Dienststellen.«

– »Und wenn sie dahinterkommen?« – »Sie werden nicht dahinterkommen. Alles geschieht legal. Und über die Illegalität meiner Mission gedenke ich Herrn Hitler nicht aufzuklären.« Andriks schöner Kopf sieht aus, als hätte ihn der Bildhauer Rodin soeben aus Stein geschlagen. – »Wann glaubst du denn?« erkundige ich mich atemlos. – »Ziemlich bald. Vielleicht noch diesen Monat. Man wird mir Nachricht geben. Im Notfall telegraphieren. Ich habe mit Trott ein Kennwort ausgemacht.« Herrgott, ist das aufregend! Endlich geht es los! Ernsthaft los! »Was planen sie denn? Ein Attentat? Eine Militärrevolte? Will man Hitler umbringen? Will man ihn bloß kaltstellen? ...« Wie ein Sturzbach schießen meine Fragen. Aber Andrik hüllt sich in Schweigen. »Keinen Schimmer«, sagt er einsilbig. »Im übrigen – ich will auch gar nichts wissen. Und dir möchte ich empfehlen, gleichfalls nichts zu wissen, bis ... Nun, bis es eben soweit ist ...«

Berlin. Freitag, 21. Juli 1944

Es ist soweit! Und kam viel schneller, als wir alle dachten. Noch weiß kein Mensch Genaueres. Hitler verletzt ... Hitler tot! Ein Mordanschlag auf den Führer ... Umsturz, Gewalt ... Revolution ... Revolution! Wir stehen mitten darin. Trunken von Jubel die einen, fahl vor Entsetzen die anderen. Schon gestern zitterte eine sonderbare Unruhe durch die Stadt. Als ich mit Andrik spätabends von einer Fahrt nach außerhalb zurückkehre, stürzt Heike ins Zimmer, schwenkt irgendeinen Zettel und gebärdet sich wie irrsinnig. »Hitler ist tot! Hitler ist tot!« schreit sie, fällt uns in die Arme und heult wie ein Schloßhund. – »Mensch! Nicht möglich!« Wir reißen ihr den Zettel aus der Hand. »Mordanschlag gegen den Führer ... DNB ... 20. Juli. Erste amtliche Meldung.« Das ist ein Fahnenabzug aus der Redaktion. »Wie kommt denn der? ...« – »Hollner war hier«, sprudelt Heike hervor. »Mittags um eins ist es passiert. Eine Höllenmaschine. Sie sagen, er lebt. Ich wette, daß sie lügen.« Wieder sinkt sie uns in die Arme. Lacht, weint, stammelt und stottert, daß man sein eigenes Wort nicht versteht. Endlich kommen wir dazu, den Zettel zu lesen. »Auf den Führer wurde heute ein Sprengstoffanschlag verübt«, steht es da schwarz auf weiß. »Außer leichten Verbrennungen und Prellungen hat er keine Verletzungen erlitten.«

Entgeistert starrt Andrik auf den Zettel. »Kinder, wenn das wahr ist... Ich meine, daß er lebt!« – »Er lebt nicht! Alle sagen, daß er tot sein soll!« Wie auf Verabredung tasten wir zum Radioschalter. Musik. Der Badenweilermarsch. Hitlers Lieblingsstück. Das klingt nicht nach Tod. Das klingt verflucht nach Lebendigsein. »Hör schon auf, verdammtes Getute!« tobt Andrik. Der Marsch verklingt. »Es sprach der Führer«, sagt der Ansager. Verdattert schauen wir uns an. »Sein Double«, tröstet Heike. Doch Andrik schüttelt den Kopf. »Ich fürchte ...« Er verstummt. Wir wissen, was er fürchtet. Wir warten, wir bangen, wir hoffen.

Extrablätter in der ganzen Stadt! »Der mißlungene Mordanschlag. Kleine Verräterclique sollte den Führer im Auftrage des Weltjudentums beseitigen.« Natürlich die Juden! Wieder mal der übliche Sündenbock! »Komplott völlig zusammengebrochen. Ansprache des Führers. Glückwunsch von Gauleiter Murr. Glückwunsch von Dönitz. Glückwunsch von Göring.« Vor lauter Glückwünschen kann es einem übel werden. Tatsächlich hat Hitler um ein Uhr nachts über den Rundfunk gesprochen. Dolchstoß im Rücken ... Usurpatoren, Bestätigung des Auftrags der Vorsehung. Die Presse jubelt auf Kommando, überbietet sich in kriecherischen Ovationen. Schon beginnt man, da der Jude nicht wirkt, dem Secret Service die Schuld in die Schuhe zu schieben. Im Eifer, die Größe der Vorsehung zu der Unbedeutendheit des Anschlags ins Verhältnis zu setzen, schlagen die Leitartikler wahre Salto mortales akrobatischer Wortverdrehung. Himmler ist zum Befehlshaber des Heimatheeres ernannt und feiert seinen Amtsantritt durch eine großangelegte Verhaftungsaktion. Wenn man nur wüßte, wen sie verhaftet haben! Moltke – gottlob – sitzt sicher im Konzentrationslager. Zum erstenmal darf man sich dieser Tatsache freuen. Aber Hinrichs und sein ganzer Kreis ... Adam von Trott, Canaris, Goerdeler, Popitz, Doktor Kühn und alle, von denen wir wissen, daß sie dagegen sind. Hunderte von Namen schwirren durch die Luft. Werden als zugehörig genannt, abgestritten, wieder genannt. Moltke ist nicht darunter. Nein, Moltke ist nirgends darunter. Wir werden uns hüten, seinen Namen auch nur zu denken.

Berlin. Samstag, 22. Juli 1944

In der Stadt bleibt es unruhig. Panzer lärmen durch die Straßen. Die Gesichter der Daraufsitzenden sind kalt wie Eis. Am Abend können wir uns der Tatsache nicht länger verschließen: Der Anschlag ist mißlungen! Langsam beginnen sich aus dem Wust der Gerüchte die Einzelheiten des Geschehens herauszuschälen. Wenn wir nur erst Nachricht von Hinrichs hätten! Seit Tagen befindet er sich auf einer Dienstreise. Unerreichbar für unsere Angst. Unerreichbar, so Gott will, auch für die Schergen Heinrich Himmlers.

Berlin. Dienstag, 25. Juli 1944

Göring hat die Gelegenheit benutzt, als »rangältester Offizier der Wehrmacht« sämtlichen Verbänden des Heeres den Hitlergruß aufzunötigen. Das ist der Schlußstrich unter die Selbständigkeit des deutschen Heeres. Die NSDAP regiert. Der jahrelange Kampf zwischen Staatssoldaten und Parteisoldaten ist ausgekämpft. Röhm begann ihn und verlor. Himmler setzte ihn fort. Erst gegen Blomberg, dann gegen Fritsch. Zuletzt gegen Canaris und Witzleben. Himmler hat gesiegt. »Heil Hitler« sagt seit gestern der deutsche Soldat. Schwenkt den Arm und greift nicht mehr mit der Hand an die Mütze. An die Mütze zu fassen ist Landesverrat. Wer Jahrzehnte hindurch daran gewöhnt war, hat sich die unliebsame Gewohnheit vor dem Spiegel abzutrainieren. »Heil Hitler!« – Symbol und Ausdruck einer bestimmten Gesinnung, kommentiert die Presse. Gewiß! Nur daß die Gesinnung nicht denen eigen ist, denen man sie »zwangsfreiwillig« aufnötigt. Dennoch schweigt das Militär. Der »Deutsche Gruß« lockt keine Revolten hervor. Im

Höchstfall ein geheimes Murren. Zu schrecklich arbeitet Himmlers Verhaftungsmaschinerie. Lohnt es, dafür den Kopf aufs Spiel zu setzen? Anonym und für keinen nutzbringend von der Schaubühne des Daseins abzutreten?
Und immer noch werden keine Namen laut. Nur was der englische Sender berichtet, gibt spärlichen Aufschluß. Dabei haben die Russen Lublin genommen, stehen im Anmarsch auf Ostpreußen. Die sechs zur Konsolidierung der Landung in Frankreich von Hinrichs prophezeiten Wochen sind abgelaufen, und es sieht aus, als werde der Durchbruch nicht mehr lange auf sich warten lassen. In der Stadt ist man ruhiger geworden. Selbst an mißglückte Revolutionen scheint sich das Volk rasch zu gewöhnen.

Berlin. Donnerstag, 27. Juli 1944

Endlich hat Goebbels den Mund aufgetan. Zu einem »umfassenden Rechenschaftsbericht an das deutsche Volk«. Nur seltsam, daß auch sein »nüchterner und ungeschminkter Tatsachenbericht« die Namen der Täter schamhaft verschweigt. Im übrigen ergeht sich der Reichspropagandaminister in fleißiger Kleinmalerei aller Einzelheiten des geplanten Handstreichs.
Warum hören wir nichts von Trott? Nichts von Doktor Kühn, von Canaris, Popitz und manchen anderen? Andrik redet kein Wort mehr. Frank geht umher, als brenne ihn ein glühender Pfahl im Fleische. Heike weint. Verstört meldet sich Ursel Reuber. Wir lassen den ganzen Tag das Radio laufen. Keine Namen! Die Engländer informieren sich über Schweden, über die Schweiz oder ein anderes neutrales Ausland. Haben die Schweden recht? Sind die Schweizer zutreffend informiert? Hitler proklamiert den totalen Krieg. Ernennt Goebbels zum Reichsbevollmächtigten für totalen Kriegseinsatz. Man verwendet das Attentat, um unpopuläre Staatsmaßnahmen geeignet zu servieren. Weiß Gott, diese Herren schlagen viele Fliegen mit einer Klappe! Sogar die neuen V-Waffen kommen wieder aufs Tapet. Wir kümmern uns nicht darum. Wir warten auf die Namen. Auf die Namen der Beteiligten. Und von Stunde zu

Stunde wird es uns klarer: Hitler benutzt auch diesmal wieder den gleichen Trick wie in den Tagen der Röhm-Affäre. Unliebsame Zwischenfälle, die man vor der Öffentlichkeit nicht verbergen kann, werden zum Anlaß genommen, sich sämtlicher Gegenströmungen zu versichern, die irgendwann, irgendwo vielleicht einmal gefährlich werden könnten. Darum starb Schleicher, darum starb Klausner im Jahre 1934. Darum zittern wir heute um Hunderte, die vielleicht den eigentlichen Tätern nicht einmal dem Namen nach bekannt sind. Der Terror geht um. Duckt die Köpfe und schweigt! Wenn Mäher mähen, kann sich das Gras nicht empören. Wir wagen kein Telephongespräch. Wir wagen keine Nachfrage. Wir zittern und sorgen um die Leben der Besten unseres Volkes.

Berlin. Montag, 31. Juli 1944

Man hat mich bei der Gestapo angezeigt. Weil ich im Kaffeehaus, während des Radioberichtes über den totalen Kriegseinsatz, eine den »Führer herabsetzende« Bemerkung gemacht haben soll. Ein Parteigenosse, der mit dem Rücken zu mir fünf Meter entfernt von meinem Tisch saß, will mein zersetzendes Verhalten beobachtet haben. Einen Tag später hat er der Gestapo davon Mitteilung gemacht. Heute bin ich zum Verhör nach der Prinz-Albrecht-Straße bestellt. Eine peinliche Angelegenheit, denn seit dem 20. Juli sind alle Organe der Nazis geneigt, in jedem deutschen Bürger einen Putschisten zu wittern. Nur mit Mühe ziehe ich mich aus der Affäre. Nach dem Grundsatz: »Angriff ist die beste Verteidigung« entlarve ich den beflissenen Parteigenossen als jämmerlichen Denunzianten, flechte Namen hoher und höchster Dienststellen in meine Rede, jongliere mit Promi, Schrifttumskammer, Beschwerde bei der Pressestelle der Reichsregierung, wie Rastelli mit seinen Kugeln, und gebe so fürchterlich an, daß der verhörende Beamte immer kleinlauter wird. Zu guter Letzt entschuldigt er sich beinahe. O klägliche Subalternität, die sich vom Bluthund sofort in einen Hasen verwandelt, wenn am Horizont der Name eines Vorgesetzten auftaucht! Dennoch atme ich erleichtert auf, als die Tür von diesem Palast des Jammers hinter mir ins Schloß fällt. An der nächsten Straßenecke wartet Andrik. »In Frankreich sind sie durchgebrochen«, empfängt er mich. »Paß auf, jetzt geht es rasch! In weniger als drei Wochen stehen sie vor Paris.« – »Gott geb's«, seufze ich. »Hätten sie nur am 20. Juli schon dort gestanden!«

Berlin. Dienstag, 1. August 1944

Nachricht von Hinrichs! Es ist ihm nichts passiert! In einem Feldpostbrief schreibt er: »Nachdem ich etliche Tage an starker Hals- und Mageninfektion gelitten hatte, befinde ich mich jetzt auf dem Wege der Besserung.« – »Hals« – das bedeutet Lebensgefahr. »Magen« heißt: Angst, Sorge, Unruhe. Also hat auch er mit seiner Verhaftung gerechnet. Doch die Gefahr ist vorüber. Gottlob, daß sie vorüber ist!
Während ich noch um die »Übersetzung« des Briefes bemüht bin, tritt Andrik ins Zimmer. »Kühn ist verhaftet«, sagt er tonlos. »Schon am 19. Juli.« – »Woher weißt du?« Ich starre ihm bestürzt ins Gesicht, und meine eben erst geborene Freude erlischt wie ein Flämmchen, das der Wind ausblies. – »Seine Freundin hat mich verständigt. Kassiber aus dem Untersuchungsgefängnis. Es geht ihm schlecht, dem armen Teufel. Man beschuldigt ihn der Vorbereitung zum Hochverrat.« Also wieder ein Todeskandidat. Immer rascher geht in Deutschland das Sterben. Immer tiefer dringt der Tod auch in unsere Reihen ein. Mir ist bange ums Herz. Armer Wolfgang Kühn! Jetzt brauchst du dir nicht mehr den Kopf über das Vierte Reich zu zerbrechen. Jetzt steht nur noch dein eigener Kopf zur Debatte. Und ich fürchte, er wackelt bedenklich auf deinem Hals! Aber Hinrichs ist frei. Und man muß für jeden dankbar sein, der heute ungestraft unter Palmen wandelt.
Immer noch arbeiten die Beauftragten Heinrich Himmlers wie unterirdische Wühlmäuse, todbringend und beängstigend geheim. Kein Name wird laut. Doch von Stunde zu Stunde – wir spüren es – weitet sich der Kreis der Verhafteten. Katholiken und Sozialdemokraten, Gewerkschaftler, Wehrmachtsan-

gehörige, Kommunisten und ehemalige Deutschnationale. Hitler tut, als wäre nichts geschehen. Verhandelt mit Mussolini, verleiht Ritterkreuze und Eichenlaub, reist hierhin, reist dorthin und unterstreicht durch tägliche Bildberichte die Tatsache seiner strotzenden Gesundheit. Das »Wunder der Vorsehung« wird als Paradepferd geritten. Und der Himmel zum Zeugen mißbraucht, um Herrn Adolf Hitler – alias Schicklgruber – seine Mission in der Weltgeschichte zu bestätigen.

Berlin. Samstag, 5. August 1944

»36000 Bruttoregistertonnen versenkt und weitere 56000 BRT torpediert. Bisher schwerste Schläge gegen die Invasionsflotte«, triumphiert der Wehrmachtsbericht. Wenn sie uns nur mit ihren Bruttoregistertonnen verschonen würden! Kein Mensch in Deutschland glaubt mehr daran. Schon lange behaupten Skeptiker, es seien im Laufe des Krieges von uns bereits mehr Bruttoregistertonnen versenkt worden, als der gesamten alliierten Marine zur Verfügung stünden. Die Bruttoregistertonnen sind das Siegesfüllsel für flaue Kampftage. Wie die Juden in der Politik, so spielen sie im Wehrmachtsbericht die Rolle des Zwischenaktträgers. Zehntausend pro Tag. Hunderttausend pro Tag. Was gilt eine Null mehr oder minder, wenn es darum geht, sechzig Millionen Deutsche von der Entdeckung abzulenken, daß in Warschau bereits gekämpft wird, daß die Russen westlich Reichshof und westlich Baranow stehen und daß der Durchbruch in Frankreich bestürzende Fortschritte macht! Lohnt es überhaupt, die Zeitung zu kaufen, nur wegen der langweiligen Registertonnen? Wir kaufen sie dennoch. Und als wir sie auseinanderfalten, finden wir, was uns seit siebzehn Tagen brennend am Herzen liegt: zum erstenmal die Namen der Kämpfer vom 20. Juli. Aus der »winzigen Clique« dreier Offiziere sind dreiundzwanzig Haupträdelsführer geworden. Dreiundzwanzig Köpfe der deutschen Heeresleitung. Was mit ihnen fiel, fällt oder noch fallen wird, muß man zwischen den Zeilen erraten. Vorerst scheint sich die Anklage auf Wehrmachtsangehörige zu beschränken. Die zivile Ergänzung wird offenbar für spätere Zwecke aufgespart. Wohl denen, die bereits gestorben sind! Alle Anzeichen sprechen dafür, daß Hitler diesmal ein Exempel statuieren will. Ein Exempel der Abschreckung. Durch Geheimanweisung ist der Presse mitgeteilt worden, daß sie dem »Film über die Prozeßverhandlung, der in der kommenden Wochenschau breitesten Raum einnehmen wird«, nachdrückliche Beachtung zu schenken habe. Also filmen will man ihn sogar, diesen entsetzlichen Schauprozeß! Ich glaube, es gibt wenig Berufsgenossen, die in diesen Tagen nicht verzweifelt darüber nachgrübeln, wie sie den giftigen Propagandabrocken ihren Mitmenschen servieren sollen.

Berlin. Mittwoch, 9. August 1944

Die Filmoperateure sind eifrig am Werk. Schon ist der Vorhang hinter dem blutigen Schauspiel gefallen. Verhandlungen, Urteile, Vollstreckung. In achtundvierzig Stunden war alles erledigt. Was heute in den Zeitungen steht, ist nur noch Rückschau. Geistertanz des Grauens, der bereits der Vergangenheit angehört. Und während die Volksgenossen beim Frühstück sitzen, Margarinesemmeln kauen und Malzkaffee trinken, lesen sie, was sich am 20. Juli ereignet hat. Die einen mit Tränen, die anderen mit Entrüstung. Die meisten mit jenem lüsternen Behagen, wie ihn die Lektüre eines aufregenden Kriminalromans hervorruft, dessen Sensationen eben dazu ausreichen, die Frühstücksviertelstunde auch für Gehirn und Nerven angenehm zu überwürzen. Pfui Teufel!

Zur gleichen Stunde, in der die Welt die Nachricht liest, der Rundfunk sie bis in die fernsten Winkel der Erde verbreitet, hängen acht Männer am Galgen. Witzleben, Hoeppner, Stieff, Hagen, Hase, Bernardis, Klausing und Yorck. Freisler leistet in der Verhandlung ein Meisterstück an Gemeinheit. Die Filmoperateure kurbeln. Jupiterlampe auf den Hauptangeklagten: Erwin von Witzleben. Man hat ihm die Generalsuniform ausgezogen, ihm aus den Spinnstoffüberbleibseln vergaster Juden einen Zivilanzug zur Verfügung gestellt. Der Zivilanzug paßt

nicht. Er schlottert ihm um die Schultern. Er schlottert ihm um die Hüften; denn der, der ihn trug, wog wesentlich mehr als er. Hosenträger und Gürtel sind für Hochverräter verboten. Es ist peinlich, wenn einem ehemaligen Generalfeldmarschall die Hosen auf die Schuhe fallen. So bleibt dem General Witzleben nichts anderes übrig, als seine Hosen mit der Hand festzuhalten. »Zerren Sie doch nicht dauernd an Ihren Hosen, Witzleben«, unterbricht Freisler verärgert die Verhandlung. »Das ist ja widerlich. Können Sie sie nicht festmachen?«
Er weiß, daß Witzleben sie nicht festmachen kann. »Nein«, sagt der Angeklagte, und das Publikum bricht in schallendes Gelächter aus. Jupiterlampe auf Generalmajor Hellmuth Stieff. Er trägt eine wollene Unterziehjacke und sieht aus, als ob er sich kaum auf den Beinen halten könne. »Sein Rücken ist eine einzige Wunde«, tuschelt man im Publikum. »So haben sie ihn zerschlagen.« – »Ja«, sagt Stieff. »Jawohl.« Und nochmals: »Jawohl.« Er habe von dem Anschlag gewußt. Und sich erdreistet, ihn nicht dem Führer zu melden. Aufblenden ... abblenden. Blitzlicht und Kurbel. Die Kamera wandert. Leuchtet noch einmal über Generalfeldmarschall von Witzleben. Freisler hält ihn in der Zange. Jede Frage ein Fallstrick. Jede Frage ein Publikumserfolg. »Angeklagter, wie hatten Sie sich nun eigentlich die Verwirklichung Ihrer Pläne gedacht, den Führer dahin zu bringen, zurückzutreten und sich selbst und Beck Oberbefehlshaber und Reichskanzler spielen zu lassen?«
»Von der ganzen Politik und von den innerpolitischen Dingen verstehe ich nichts«, antwortet Witzleben schlicht. »In erster Linie wollten wir uns natürlich des Führers bemächtigen, aber nicht in der Form des Attentats ... Wir waren der Meinung, daß uns ein überlebender Führer nützlicher sein würde als ein nichtlebender.« Bohrend blickt Freisler ihm ins Gesicht. »Mir scheint, Sie haben schon bei der Vorbereitung Ihres Attentats reichlich viel Benzin verfahren, Angeklagter«, sagt er tadelnd. – »Das spielt bei einer solchen Sache keine Rolle«, murmelt Witzleben. Das Publikum lacht. Und den verbotenen Mehrverbrauch an Benzin kann sich der Herr Präsident als Sonderap-

plaus ins Notizbuch schreiben. Die Kamera wandert. Steht still und verweilt auf Generaloberst Erich Hoeppner. »Als Stauffenberg mit der Nachricht von Hitlers Tod auf dem Flugplatz in Rangsdorf eintraf, kam Beck zu Olbricht und machte sich zum Regierungschef«, berichtet Hoeppner. »Ich verlangte meine schriftliche Bestätigung als Oberbefehlshaber des Heimatheeres. Ich erhielt sie, versammelte die Gruppenleiter des OKH und bat sie, ebenso treu wie bisher weiterzuarbeiten.« Schweigen am Richtertisch. Diese Eröffnung klingt peinlich und könnte zu verkehrter Beurteilung Anlaß bieten. Das beste, man schenkt ihr keine Beachtung. So faßt der amtliche Bericht die Situation mit folgenden Worten zusammen: »Diese Bemerkung des Angeklagten erregte die Zuhörer so, daß sich der Präsident jede weitere Bemerkung zu diesen schamlosen Worten ersparen konnte.«

Abblenden, aufblenden. Erich Hoeppner tritt in den Hintergrund. Aus dem Schattenreich des Todes erscheint Generaloberst Beck. Seine ehemalige Wirtschafterin beschwört ihn herauf. Gedungen zur Zeugenschaft. Aber gewiß nicht zur Entlastung. Triumphierend registriert der Ankläger Freisler in seinem Belastungsmaterial, daß der »Kraftmensch Beck schon vierzehn Tage vor dem Attentat jede Nacht in Angstschweiß ausbrach, so daß sein klatschnasses Bett jeden Morgen neu überzogen werden mußte«. Fürwahr, eine zugkräftige Nuance in diesem zugkräftigen Prozeß. Ein General mit Angstschweiß. Ein General, der mit seinem Gewissen ringt! Dem sie Nacht für Nacht schwer auf der Seele lastet, die gewaltige Verantwortung, die er auf sich laden will. Mit seinen Plänen, mit seinem Wagnis, mit der ganzen Liebe für sein betrogenes, in die Irre geleitetes Volk. Doch diese Seite der Dinge kommt nicht zur Sprache. Für das militärische Ehrgefühl der Anwesenden genügt es, daß ein preußischer Generaloberst vierzehn Tage lang in Nachtschweiß geraten ist. Genügt, um ihn zu verdammen. Reicht aus, um ihn verächtlich zu machen. Befriedigt kehrt die soldatisch empfindende Wirtschafterin auf ihren Platz zurück.

Hoeppner hat wieder das Wort. »Ich ließ mich verhaften«, erklärt er, »weil ich mich nicht als Schweinehund fühlte.« – »Welches zoologische Charakteristikum halten Sie denn dann für Ihre Person für angebracht«, erkundigt sich Freisler grinsend. – »Den Esel«, erwidert Hoeppner. »Den Esel«, denkt er, »der annehmen konnte, daß mehr als zehn Prozent des Volkes sich über die Katastrophe, die ihnen durch Hitler drohte, im klaren sein würden. Der Esel, der die Menschen nach den Wissenden beurteilte, und nicht nach den Unwissenden. Der vergessen konnte, daß man sie führen muß, wie man unmündige Kinder führt.«

Das alles und noch tausendmal mehr denkt Erich Hoeppner und sagt: »Ich bin ein Esel gewesen.« Freisler versteht es anders. »Nein, mein Herr«, protestiert er, »Sie sind und bleiben ein Schweinehund.« Räuspert sich bedeutsam und wendet sich dann dem Rest der Angeklagten zu. Die Bildberichter kurbeln. Leutnant Graf Yorck von Wartenburg. Als »überheblicher Reaktionär« wird er in wenigen Worten abgetan. Zu peinlich wäre es, wollte man seine kühnen Antworten während der Voruntersuchung, seine unbeirrbare Hitlerfeindschaft ausführlich kommentieren. Graf Yorck ist der Freund von Moltke. Selbst dem Volksgerichtspräsidenten Freisler fällt es nicht leicht, diesem aufrechten Mann die Ehre abzuschneiden. Hauptmann Klausing, »willenloses Werkzeug des Hauptverbrechers«, Oberstleutnant Bernardis, Generalleutnant und Wehrmachtskommandant von Berlin Paul von Hase. – Damit ist die »moralische Hinrichtung« beendet. Noch einmal wird »Gottes Segen« zitiert, der den geplanten Anschlag auf »unseren geliebten Führer« gnädig mißlingen ließ. Ein kurzes Schlußwort der Pflichtverteidiger. Sie wagen nur zu stammeln. Sie wissen, was ihnen blüht, wenn sie allzu nachdrücklich für ihre Mandanten eintreten. »Durch den Spruch des Schicksals und die Stimme des deutschen Volkes ist das Urteil über den 20. Juli bereits gesprochen«, erklären sie.

Zwei Stunden nach seiner Verkündung wird es im Hof von Plötzensee an sämtlichen acht Angeklagten durch Erhängen vollstreckt. Der Militärputsch ist abgetan. Jetzt kommt der Zivilputsch an die Reihe. Am 8. August 1944 geht durch alle Zeitungen ein Steckbrief gegen »den flüchtigen Oberbürgermeister a.D. Dr. Karl Goerdeler, verdächtigt der Teilhaberschaft am Attentat vom 20. Juli«. Eine Million Reichsmark sind auf seine Ergreifung ausgesetzt. Wie viele unter sechzig Millionen sind charakterfest genug, einer so hohen Summe zu widerstehen?

Berlin. Samstag, 12. August 1944

Die Kameraleute haben umsonst gekurbelt. Der Kulturschande-Film vom 20. Juli ist aus der Wochenschau gestrichen. Goebbels fand ihn nicht überzeugend genug. Zu objektiv registrierte das Objektiv Herrn Freislers boshaftes Lächeln, Erwin von Witzlebens gequältes Leidensgesicht. Solche Propagandamißgriffe vermag selbst die Schere des Cutters nicht aus der Welt zu schaffen. Und also verschwindet die Geheimanweisung auf »nachdrücklichste Beachtung in der Presse« undementiert in der Versenkung. Wir atmen auf. Wenigstens dieser Giftkelch ist an uns vorübergegangen.

Berlin. Montag, 14. August 1944

Die Gefängnisse füllen sich. Mit Männern, mit Frauen, mit Kindern. Ganze Familien wandern hinter Schloß und Riegel. Für die Tat des einzelnen muß die Sippe büßen. Adam von Trott ist festgenommen. Botschafter von Hassell, Rechtsanwalt Lukaschek und der ehemalige hessische Innenminister Leuschner. Vor zwei Tagen haben sie auch Goerdeler gefunden. Mehr als ein Dutzend Goerdeler waren bis zum 11. August der Kriminalpolizei gemeldet. Mehr als ein Dutzend Anwärter spitzten sich auf Auszahlung des Millionenschecks. Sie spitzten sich vergebens. Sie hatten den Falschen denunziert.

Am 12. August, frühmorgens um sieben, wird der richtige Goerdeler gestellt und verhaftet. Eine Stabshelferin aus Leipzig hat ihn erkannt, hat ihre Kollegen verständigt und – wie die

Presse anerkennend betont – »durch ihre Aufmerksamkeit die Verhaftung ermöglicht«. Zu Nutz und Frommen des ganzen Volkes wird die dramatische Szene rekonstruiert. Der SS-Berichter Adendorf hält sie im Bilde fest. Unter dem Titel »Eine Million für Aufmerksamkeit« erscheint sie in der neuesten Ausgabe der Illustrierten. Goerdeler verschwindet in den Folterkammern der Gestapo. Armer Oberbürgermeister von Leipzig! Wirst du ihren Schrecknissen standhalten, bis die Alliierten heranrücken, dich zu befreien? Wie eine Sturmflut branden die Wellen der Invasion über Frankreich. Nur noch elf Kilometer trennen die amerikanischen Truppen von Paris.

Berlin. Dienstag, 29. August 1944

Jetzt hat auch für Frank Matthis das letzte Stündlein legaler Existenz geschlagen. Kochend vor Wut läuft er im Zimmer auf und ab. »Das kann ich euch sagen: Einsperren lasse ich mich nicht! Ich nicht! Da müssen sie früher aufstehen, diese Herren, diese ... diese ...« Der Zorn verschlägt ihm die Stimme. Drohend schüttelt er die Fäuste in der Luft. »Ostwalleinsatz. Leute gesundschreiben, die an Stöcken humpeln. Sterbende auf die Schanzen jagen. Kanonenfutter präparieren. Ja, bin ich denn ein Menschenschinder? Dienstverpflichtet zum K.-v.-Stempeln? Kann man mich zwingen, gegen mein Gewissen zu handeln?« Wieder jagt er wie ein gefangener Tiger im engen Raum zwischen Couch, Tisch und Sesseln hin und her. Vorsichtig räumt Andrik beiseite, was zerbrechlich ist. »Wer zwingt dich denn?« erkundigt er sich sanft. – »Wer mich zwingt? Der Chef der Gesundheitsbehörde zwingt mich. Einberufungsorder, mein Lieber. Zum 1. September 1944. Frank Matthis als Handlanger für totalen Kriegseinsatz. Und dafür hab' ich mein Staatsexamen gemacht!« Minutenlang brütet er trübselig vor sich hin. Dann hebt er entschlossen den Kopf. »Nein, dafür nicht! Und wenn sie hundert Steckbriefe gegen mich loslassen. Ich mach' das nicht mit. Ich ziehe meine Konsequenzen.«
Er zieht sie noch am selben Abend. Nach einer geräuschvollen Auseinandersetzung mit seiner höchsten Dienststelle ver-

schwindet er auf Nimmerwiedersehen aus dem bisherigen Wirkungskreis. Die Einberufungsorder zum militärischen Gesundschreiben hat ihren Zweck verfehlt. Frank Matthis wird weder kranke Ostarbeiter gesund, noch Invalide kriegsdienstverwendungsfähig schreiben. Ab heute nacht ist er für die Behörden verschollen.

Berlin. Mittwoch, 6. September 1944

Fahndungsbefehl gegen Frank. Schon dreimal hat die Kriminalpolizei bei uns nachgefragt. Wir wissen von nichts. Seit Wochen sei er uns ganz aus dem Gesichtskreis entschwunden. Andrik behauptet es mit der Miene eines Unschuldsengels. Ob man ihm Glauben schenkt? Inzwischen haust der »Entschwundene« mehr oder minder vergnügt als scheingemeldeter Untermieter in der Wohnung einer evakuierten Standartenführerwitwe. Schöneberg, Kufsteiner Straße. Schlägt sich mit den Anfangsdepressionen des Flüchtlingsdaseins herum, frohlockt zwischendurch, daß er nicht beim Osteinsatz ist, und schleicht jeden Abend, wenn es dunkel wird, zur Wasserturmsiedlung, um von uns das »Neueste aus aller Welt« zu erfahren.

»Der ist besorgt und aufgehoben«, seufzt Andrik erleichtert und ein bißchen neiderfüllt. Trotts Schicksal lastet ihm auf der Seele. Wir wissen nur, daß er verhaftet ist. Was weiter mit ihm geschah, läßt sich trotz aller Nachfragen nicht einwandfrei feststellen. Von neuen Schauprozessen scheint man in Zukunft absehen zu wollen. Und was sich hinter den Kulissen vollzieht, dringt nicht in die Öffentlichkeit. Nur hin und wieder erfahren wir durch verstohlene Flüsterpost, daß der Terror weitergeht. Immer neue Opfer fordert. Immer größere Kreise zieht. Hinrichs hat man der Ehre, dem Luftwaffenführungsstab anzugehören, für unwürdig erklärt. Er sei untragbar in einer zentralen Behörde, gibt der SD vertraulich seiner Dienststelle bekannt. Dankbar läßt er sich nach Hamburg versetzen. Versetzung ist besser als Verhaftung. Daß er mit einem blauen Auge davongekommen ist, grenzt beinahe an Wunder.

Berlin. Montag, 11. September 1944

Tot! Sie alle sind tot! Hassell und Leuschner, Wirmer, Lejeune-Jung, Dr. Goerdeler und Adam Trott. »Ausgelöscht aus der Volksgemeinschaft!« Wie gemeine Verbrecher am Galgen aufgeknüpft. Nur von der vollzogenen Tatsache setzt man das Volk in Kenntnis. Wo das Gericht tagte, wer es zusammenrief, wann und an welchem Schandort die Märtyrer ihr Leben aushauchten, das alles und noch viel Wichtigeres verschweigt der amtliche Bericht. Er beschränkt sich darauf, die »an den Ereignissen des 20. Juli beteiligten Politiker« als »politische Ignoranten, skrupellose Ehrgeizlinge, abgewirtschaftete Parteipolitiker und ehrvergessene Reaktionäre« verächtlich zu machen. Wer von ihnen der einen, wer der anderen Kategorie zugerechnet wird, bleibt unbekannt. Die Beschimpfung erfolgt pauschal in achtzehn Zeitungszeilen. Dann folgen, auf knappstem Raum zusammengedrängt: Anklage, Verhandlung, Geständnis und Urteil. Zehn Zeitungszeilen für jede Menschentragödie.

Andrik hat sich in sein Zimmer eingeschlossen und ist für niemanden zu sprechen. Wenn ich an seiner Tür lausche, höre ich, wie er drinnen auf und nieder wandert. Ruhelos ... stundenlang.

Wird es nicht bald genug sein des Grauens? Ist das Maß nicht schon übervoll, unfähig, auch nur einen Tropfen noch aufzunehmen?

Berlin. Mittwoch, 13. September 1944

Es ist nicht genug. Wenn wir bis heute nicht wußten, was Grauen, Gemeinheit und teuflische Verderbnis heißt, so haben wir es in dieser Stunde erfahren. Erfahren, bis uns die Haare zu Berge stehen und die Kehlen uns trocken werden vor grenzenlosem Ekel. Doch ich will versuchen, ruhig zu bleiben und der Reihe nach zu berichten.

Als Andrik, Frank, Heike, Dagmar, Ursel und ich wie fast jeden Abend beisammensitzen, öffnet sich die Tür, und Konrad Bauer schwankt herein. Er sieht aus, als hätte er eine schwere

Krankheit durchgemacht oder soeben eine entsetzliche Nachricht erfahren. »Konrad!« rufen wir wie aus einem Munde. Er starrt vor sich hin, als sähe er uns nicht. »Mensch, Konrad!« Mit zwei Sätzen springt Frank auf ihn zu und rüttelt ihn an der Schulter. »Was hast du! Sprich! Wer hat dir was getan?« Ursel zieht ihn auf einen Stuhl, schiebt ihm ein Glas Tee zwischen die Lippen und streicht ihm sanft die Haare aus der Stirn. »Laßt ihn. Er wird schon reden. Erst muß er mal zu sich kommen.« Wir warten, bis er zu sich kommt. Wir warten lange. Im Zimmer ist es still wie in einer Grabkammer.

Dann öffnet Konrad den Mund. Erzählt uns, was grauenvoll ist, zu denken, und noch grauenvoller, niederzuschreiben. »Hitler befahl, die Hinrichtung der acht Männer vom 20. Juli zu verfilmen. Der Film vom Tod Witzlebens, Hoeppners, Stieffs und der übrigen fünf wird den Spitzen der Partei und Wehrmacht in geschlossener Vorstellung vorgeführt. Ein Offizier aus Karlsbad hat es mir erzählt«, sagt Konrad. »Er hat ihn gesehen. Hat miterlebt, wie den Zuschauern der Atem stockte. Vor Entsetzen, vor Scham und vor heimlicher Lüsternheit. Hat mit eigenen Ohren vernommen, wie sich goldbetreßte Braunhemden auf die Schenkel klatschten und beifällig murmelten: ›Recht so. Mag es dem Goerdeler ebenso ergehen!‹«

Verstört wischt sich Konrad den Schweiß vom Gesicht. Wir sitzen geduckt, wie unter einer drückenden Bleilast.

»Am Morgen vorher«, fährt er leise fort, »erschienen in Plötzensee die Beleuchter und Monteure. Sie legten die Kabel für die Jupiterlampen, verwandelten den Todesschuppen in ein brauchbares Filmatelier. Sechs Operateure waren zur Aufnahme befohlen. Zwei unter ihnen sollen sich freiwillig gemeldet haben. In Holzpantoffeln und Zuchthauskitteln läßt man die acht Angeklagten aufmarschieren. Dann rollt der Film, rollt bis zum fürchterlichen Finale. Ein Gerüst steht im Glanze der Jupiterlampen. Langgestreckt und gespenstisch. Mit schwarzwallendem Tuch verdeckt bis etwa zur Höhe der Knie. Vor ihm heißt man die Verurteilten Aufstellung nehmen. Der erste tritt hinter das Tuch. Die anderen warten. Hinter dem

Tuch lauert der Tod. Hinter dem Tuch« – Konrad bricht ab – »gar–rot–tiert ... man lebendige Menschen. Wißt ihr, was das heißt: gar–rot–tieren?« schreit er laut. »Würgen heißt es! Zappeln lassen, daß immer noch ein bißchen Luft in die Kehlen dringt. Daß sie um Gottes willen nicht zu hurtig sterben, die unglückseligen Opfer. So schaukelt man sie in der Schlinge. Sieben Minuten – acht Minuten – zwölf Minuten.« Die Stimme versagt ihm. Er ringt nach Luft, und seine Hände zittern. »Darum haben sie das Tuch nicht bis zur Erde herabfallen lassen. Darum haben sich Himmler oder Goebbels oder Hitler diese Extragemeinheit ausgeklügelt. Damit die anderen sehen und doch nicht sehen, was hinter dem Vorhang geschieht. Damit das Zappeln der Beine ihnen Angst macht und den Todesschweiß auf die Stirnen treibt. Großaufnahme! Todesqualen als Sexualreiz. Sechzig Kilometer Filmband sollen sie auf das Machwerk verschwendet haben. Sechzig Kilometer. Das ist eine Strecke wie von Berlin bis Brandenburg. Wenn man die Rollen abwickelt und aneinanderlegt, kann man auf ihnen bis nach Löwenberg laufen. Zwölf Stunden Fußmarsch auf Freislers Schandurteil. Auf Erwin von Witzlebens Todesnot. Schon dreimal ist Hitler der Film vorgeführt worden. Und ich schwöre euch: wenn man ihn zehntausend Nazimännern und Nazifrauen im Kino zeigte – neuntausend von ihnen würden nach Hause gehen und nicht Scham, sondern Wollust empfinden. Wollust, wie die Zirkusbesucher bei den Christenmartyrien, wie die strickenden Weiber um die Guillotinen der Revolution, die gaffende Menge vor den Scheiterhaufen des Inquisitionsgerichts.«

Sieben Minuten, acht Minuten, zwölf Minuten! »Garrottieren nennt man das Vollstrecken der Todesstrafe durch Erdrosselung«, murmelt Frank mechanisch. Es klingt, als lese er es aus einem Konversationslexikon vor.

Schweigen! Unsere Gedanken rennen im Kreis. »Nein!« brüllt Andrik plötzlich. »Nein!« Er schreit es so laut, daß wir zusammenfahren. »Nein, nein, nein! Man kann das nicht mehr. Und man darf es nicht mehr. Wenn wir da noch mitmachen, werden

wir alle schuldig. Schuldig vor der Welt. Schuldig vor unserem Gewissen. Ich höre auf, ein Deutscher zu sein. In dieser Stunde, in diesem Augenblick löse ich mich feierlich aus der Gemeinschaft meines Volkes und emigriere ins Überall-Land des Weltbürgertums.« Er ist aufgesprungen und steht vor uns, zornglühend wie Moses, als er die Tafeln des Gesetzes zerbrach. Wir alle haben uns erhoben. Man kann nicht sitzen, wenn man mit seinem Gewissen Abrechnung hält. Man kann nur stehen oder knien. So stehen wir im Kreis, und wie von selbst finden sich unsere Hände. Rütlischwur, denke ich flüchtig. »Wir wollen frei sein, wie die Väter waren, und uns nicht fürchten vor der Macht der Menschen.« Erstaunlich, wie sehr das Wahre zu allen Zeiten in gleicher Weise paßt.
Jetzt begreife ich, warum Hitler den »Wilhelm Tell« seit Jahren verboten hat. Das gilt nicht nur dem Geßler-Hut. Das gilt der ganzen Richtung. Dem Aufstand für Freiheit und Menschenwürde. »Lieber den Tod, als in der Knechtschaft leben«, sagt Andrik leise. Und wieder mal freue ich mich, wie sehr wir im gleichen Augenblick das gleiche fühlen.

Berlin. Dienstag, 3. Oktober 1944

Konrad verschwindet aus Berlin. Hier beginnt ihm der Boden zu heiß zu werden. Vor drei Tagen blickt er, als er lesend in der U-Bahn sitzt, aufschauend in die Augen seines Aufsehers aus der Hamburger Straße. »Kommen Sie mit!« winkt der an der nächsten Haltestelle. Beide steigen aus. Adieu, geliebte Freiheit! denkt Konrad. Und vor seiner verdüsterten Seele steigen Visionen von Kerkergittern, elektrisch geladenen Stacheldrähten, Hundepeitschen und Gaskammern auf. Aber es kommt anders. Der Mann zieht ihn in eine Ecke, packt ihn am Mantelknopf und droht ihm mit dem Finger. »Mensch«, flüstert er, »verduften Sie! Was für ein Teufel reitet Sie, sich ausgerechnet in der Stadt zu tummeln, in der man Sie wie eine Stecknadel sucht! Danken Sie Gott, daß nur ich Sie erwischt habe! Und nun trollen Sie sich! Am besten auf Nimmerwiedersehen!« Spricht's, dreht sich um und verschwindet in der Menge. Wie ein begossener Pudel schleicht Konrad nach Hause. Also auch unter jüdischen Gestapo-Angestellten gibt es hin und wieder eine fühlende Brust. Wir merken uns den Mann vor. Ursel unternimmt es, mit ihm in Verbindung zu treten. »Ich kenn' ihn«, erklärt sie. »Er war der einzige Anständige unter den jüdischen Ordnern in der Hamburger Straße. Die anderen ...« Sie blickt uns kummervoll an. »Was kann man von Menschen erwarten, für die Spitzeldienst der einzige Ausweg aus Getto und Gastod ist!«

Am nächsten Tag prallt Konrad vor dem Brandenburger Tor um ein Haar mit seinem Untersuchungsrichter zusammen! Eine Triplizität der Ereignisse wollen wir nicht abwarten. In Homburg sitzt ein Mädchen, das ihn liebt. Kollegin von der Wehrmachtstournee. Sie ist bereit, ihn aufzunehmen. Nun brauchen wir nur noch die Reisepapiere. Dafür sorgt Doktor Tegel. Zweidorf schickt einen Boten zur Musikkammer, einen zweiten ins Büro der Staatsoper. Fahrkarte zweiter Klasse, Schlafwagen. Ein prominenter Name – prominente Forderungen, und die Verdachtsmomente verringern sich beträchtlich. Wieder mal siegt die Frechheit. Und als wir die mit Reisemarken und gestempelten Bescheinigungen wohlausgerüstete Konzertprominenz in den Schlafwagen nach Frankfurt entlassen, vermutet keiner der Mitreisenden, daß sich hinter ihr unser Freund Konrad verbirgt. Gemessen winkt er zum Zugfenster heraus. »Laß dich bald erobern«, flüstere ich ihm ins Ohr, als ich ihn zum Abschied umarme. Er lacht. »Ich tue mein möglichstes. Aber vergeßt auch ihr nicht, euch anzustrengen.«

Berlin. Freitag, 20. Oktober 1944

Wir strengen uns an. Mit Gedanken und Wünschen. Mit Hoffnungen, Sehnsüchten und Erwartungen. Kaum ein Tag vergeht, an dem wir nicht über den Endsieg sprechen. Den »Endsieg« mit umgekehrten Vorzeichen. Kommt er noch in diesem Jahr? Kommt er erst im nächsten? Hinrichs tippt auf November. Aber Churchill hat verkündet, daß sich die drei Staatsoberhäupter in Kürze treffen werden, um gemeinsam über den letzten Schlag gegen Deutschland zu beraten. Also rechnet er vor diesem letzten Schlag mit keinem Zusammenbruch. An der Westfront scheint man eine Atempause zu machen. Dafür benutzt Himmler die Atempause, um sich, so gut es geht, auf den nächsten Coup vorzubereiten. Vor zwei Tagen sprach er über die deutschen Sender und rief alle waffenfähigen Männer von sechzehn bis sechzig Jahren im Namen des Führers zum Volkssturm auf. Wieder einmal fand eine »geschichtlichste« Szene statt. Befehl an die Presse: »Es ist mit sofortiger Wirkung jede Mißkreditierung von Zivilkämpfern im feindlichen Ausland verboten. Ausdrücke wie ›Heckenschützen‹, ›Partisanen‹, ›Banditen‹ u.s.f. haben aus den Darstellungen zu verschwinden!« Nun wissen wir Bescheid. Und können uns ausrechnen, wann wir selbst an die Reihe kommen.

Noch ein weiteres Unheil geht um. Nachdem, bis auf einen geringen Rest, sämtliche Sternträger in Gettos, Konzentrationslagern oder in den Auschwitzer Gasöfen verschwunden sind, beginnt man, daran zu denken, auch die Privilegierten abzutransportieren. Das heißt Zwangstrennung der Mischehen, heißt eine Sturzflut neuen Jammers über Tausende von Menschen. Lange beraten wir mit Ursel Reuber. Man muß einen Warndienst organisieren, ehe es zu spät ist. Wer rechtzeitig von der Abholung erfuhr, hat sich bisher fast immer retten können. Ursel bespricht sich mit ihrem Gestapobekannten. Und verabredet mit ihm, daß wir Nachricht erhalten, sobald die Frage entschieden ist. Noch mehr verspricht ihr der Wakkere. Er wird sie in Zukunft telephonisch verständigen, wenn er Befehl erhält, einen Juden abzuholen. Er wird sich viel Zeit lassen mit der Abholung. Wird auf dem Wege trödeln, Schaufenster betrachten und in die Wolken gucken. Ursel besitzt ein Fahrrad. Fahrräder sind heute die schnellsten Verkehrsmittel. Wenn der Gestapobeauftragte Lewisohn bei Cohns, bei Arons oder Abrahams zur Abholung erscheint – wie wird er fluchen, brüllen, toben, wenn dort der Vogel ausgeflogen ist! Der Himmel lohne dir diese Wutanfälle, Gestapobeauftragter Lewisohn. Wir wissen, es geht dabei auch um deinen Kopf!

»Man muß sofort Doktor Tegel ins Bild setzen«, sagt Frank. Bei seiner umfangreichen »Kundschaft« bedarf er des Warndienstes am dringendsten. Am Nachmittag fahren wir zu ihm. Er hat Nachricht von Moltke. Daß es ihm gut geht, daß man ihn verhältnismäßig schonend behandelt. Ein Kassiber kam aus dem Konzentrationslager. Viele Seiten lang. Ein ganzes Buch. Mit Planck sitzt er zusammen, mit Schacht und Popitz. »Die einzigen neben mir, die hier nicht geschlagen werden«, berichtet er. Und die Ausnahme macht die Regel um so schrecklicher.

Doktor Tegel sieht ernst und angegriffen aus. Fast jeden Tag einen Menschen, den man schätzt oder liebt, zum Schafott begleiten zu müssen, ist mehr, als ein einzelner ertragen kann. Daß er es trägt, daß er darüber nicht den Verstand verliert, sondern jede freie Minute benutzt, um die Frauen der Verurteilten zu betreuen, den Verbindungsdienst zwischen ihnen und ihren gefangenen Männern herzustellen, Untergetauchten zu helfen, Verfolgte unter seinen Schutz zu nehmen, das ist das, was uns zu diesem Mann fast wie zu einem Heiligen aufblicken läßt. Und wir schämen uns beinahe, ihm noch einen weiteren Fall aufzubürden. Aber die Sache ist wichtig. Und für wichtige Dinge sind Doktor Tegels Ohren niemals verschlossen. Wolfgang Kühn sitzt im Untersuchungsgefängnis Moabit ... Er hungert, es geht ihm schlecht. Vor etlichen Wochen hat man ihm den Prozeß beim Volksgericht gemacht. Ihm und etlichen seiner Freunde. Einem geschickten Anwalt gelang es, die beantragten sechs Zuchthausjahre in vier Jahre Gefängnis umzuwandeln. Aber auch die wollen abgesessen sein, ohne daß der Delinquent vor der Zeit verhungert. Hin und wieder ein Päckchen, ab und zu ein paar Zigaretten bedeuten in solcher Situation mehr Trost, als der Außenstehende es sich vorstellen kann. Wie oft haben wir das aus den Gettos gehört. Doktor Tegel verspricht, sein möglichstes zu tun. Und was er verspricht, pflegt er zu halten. Wolfgang Kühn wird ab heute in seine wöchentlichen Moabiter Betreuungsbesuche einbezogen. Ein schwerer Sorgenstein fällt uns vom Herzen.

Berlin. Donnerstag, 9. November 1944

Endlich regt es sich wieder im Westen. An der lothringischen Front scheint der Krieg in Bewegung zu kommen. Deutschland antwortet durch Einsatz der viel ummunkelten Vergeltungswaffe Nummer zwei. Aber die englische Insel fliegt noch immer nicht in die Luft. Auch diesmal werden die Alliierten kaum um Gnade winseln, wie es die Propaganda seit Monaten verheißen hat.

»Es dürfte Zeit sein, dich langsam auf den Volkssturm vorzubereiten«, sagt Frank zu Andrik. »Besser, man hat die Sachen rechtzeitig bei der Hand, als daß sie im nötigen Augenblick ›frischgebacken‹ aussehen.« Andrik wandert zum Arzt und läßt sich mit rückläufigem Datum ein schwaches Herz und einen beachtlich hohen Blutdruck attestieren. »So«, meint Frank befriedigt. »Das leg dir auf Eis. Es kommt der Tag, an dem du es bitter brauchen wirst.«

Berlin. Sonntag, 12. November 1944

Aus Theresienstadt kommt geheime Nachricht. Heinrich Mühsam ist nicht mehr. Als ihn nach monatelangem tapferem Durchhalten eine seltsame Krankheit ergriff – spinale Kinderlähmung diagnostizierten die Ärzte –, packte man ihn auf und schaffte ihn nach Auschwitz. Theresienstadt ist ein Musterlager. Körperbehinderte, unnütze Esser kann man dort nicht gebrauchen. In Auschwitz schob man ihn in den Gasofen. Heinrich Mühsam. Treuester der Freunde. Warum habe ich dich nicht öfter geküßt? Er starb! Als Gelähmter in einer Gaskammer. Starb »als Soldat und brav«.

Berlin. Freitag, 17. November 1944

Die Offensive rollt. Seit heute hat sie sich über die ganze Westfront ausgebreitet. Vielleicht wird Hinrichs mit dem November doch recht behalten.

Berlin. Freitag, 24. November 1944

Etwas Furchtbares ist geschehen. Sie haben Graf Moltke in die Goerdeler-Affäre hineingezogen. Gestern erfuhren wir es durch einen Zufall. Bekannte von Andrik suchten uns auf und fragten, ob wir etwas für ihren verhafteten Freund Haubach tun könnten. Haubach war Pressereferent in der Preußischen Landesregierung unter Severing. Ein kluger, anständiger Mensch. Und ein Feind der Nazisten. Wir wußten, daß man ihn verhaftet hatte. Wer ist schließlich nicht verhaftet unter der kleinen Auslese unserer Besten! »Wir haben einen Mann vom Volksgerichtshof bestochen«, vertrauen uns seine Freunde an. »Er wand sich vor Angst. Aber schließlich hat er uns doch einen Blick in die Akten werfen lassen. In die Anklageschrift gegen Moltke, Haubach und Genossen.« – »Gegen Moltke?« stottere ich entsetzt. »Gegen welchen Moltke?« – »Nun, gegen den Grafen. Den Mann aus der Kiep-Affäre.« Mir wird es kalt vor Schrecken. Ein Irrtum kann hier kaum möglich sein. – »Wir wollen tun, was wir können«, verspricht Andrik. »Wir sind selbst daran interessiert.«

In der Nacht rufen wir Hinrichs an. Er bestätigt die Nachricht. Graf Moltke kommt vor das Volksgericht. Und wer vor das Volksgericht kommt ... Vorbereitung zum Hochverrat, zum Regierungsumsturz und zur Abschaffung des Naziregimes. Konspiration mit Goerdeler. Schlimmer kann es gar nicht aussehen. Müßig, sich vorzustellen, was darauf für Strafen stehen. Wenn sie ihn aufhängen ... Wenn sie ihn garrott... Der Film fällt mir ein. Das »Kinostück« von der Witzleben-Hinrichtung. Großer Gott! Es darf nicht sein. Was auch geschehen mag, das müssen wir verhindern. »Am besten, wir fahren zu Doktor Tegel«, rät Andrik.

Eine halbe Stunde später sitzen wir in der Untergrundbahn. Doktor Tegel ist zu Hause. »Im Augenblick läßt sich wenig tun«, sagt er bekümmert. »Man muß Leute interessieren. Versuchen, an Freisler heranzukommen. Je höher die Dienststelle, desto aussichtsreicher der Erfolg. Aber vergessen Sie nicht: Es ist eine 20.-Juli-Affäre. Niemand verbrennt sich gern die Finger an ihr. Und Hitler? Hitler sieht rot, wenn er daran erinnert wird.«

Moltke und Genossen. Haubach und Genossen. Der tödliche Rhythmus will mir nicht aus dem Kopf. Freisler ist kalt wie Eis. Ihn menschlich zu rühren, erscheint fast ausgeschlossen. »Ich bin der Mann, der alle zum Tode verurteilt«, stellte er sich kürzlich einer Dame der Gesellschaft vor. Und grinste dabei, als hätte er einen kapitalen Scherz gemacht. Dennoch muß man versuchen, an Freisler heranzukommen. Oder an Himmler. Oder an irgendeinen anderen Bonzen. Dumm, daß wir gerade dorthin so wenig Beziehungen haben. Die Clique wird verständigt. Die Clique ist bereit. Also vorwärts – versuchen wir es!

Berlin. Donnerstag, 30. November 1944

Heike hat es auf sich genommen, einer Volksgerichtssitzung beizuwohnen. »Wir müssen klar sehen, was dort gespielt wird«, meint sie. »Wenn es auch noch so scheußlich ist.« Am Nachmittag kehrt sie zurück. Fahl im Gesicht, mit verstörten Augen. »Erzähle!« Wir hängen an ihren Lippen. Sie schüttelt den Kopf. Tränen rinnen ihr über die Wangen. »Man kann das nicht erzählen. Eine Farce ist das. Eine abgekartete Angelegenheit. Sieben Angeklagte. Sieben Todesurteile. Das Publikum sitzt dabei, als handle es sich um eine Zirkusvorstellung. Lacht, grault sich, verspürt im Magen ein wollüstiges Kitzeln. Und während der Pause kauen sie Äpfel und Butterbrote. Pfui!« Heike schnaubt sich geräuschvoll die Nase.

»Niemand war schuldig«, fährt sie erregt fort. »Kein einziger unter den sieben. Weder der alte Grünkramhändler, der gar nicht verstand, um was es hier ging, und der nur stammelte: ›Ich bitte um Gnade!‹, noch die junge Musikstudentin, der man vorwarf, Kommunisten beherbergt zu haben. ›Na, Fräulein, Sie werden ja nicht bloß mit einem geschlafen haben‹, witzelte der Präsident. Und die Zuschauer kicherten belustigt. Fünf Minuten später war sie verurteilt. Zum Tode verurteilt. Sie weinte. Auch der alte Grünkramhändler hat geweint.«

Heike verstummt, Andrik sitzt mit gerunzelter Stirn. Frank

und Ursel stützen das Gesicht in die Hände. »Weiter«, sagt Andrik, und seine Stimme klingt fremd.
»Spricht einer die Wahrheit, überhört man ihn. Will einer sich verteidigen, fährt man ihm über den Mund. Ich schwöre euch, jedes Urteil liegt fertig vor, ehe die Sitzung beginnt. Was dort geschieht, ist nur noch Klamauk für die Masse.« Sie schüttelt sich. »Panem et circenses. Doch man darf da nicht zuschauen. Es ist peinlich, als freier Mensch vor einem Löwenkäfig zu stehen. Aber tausendmal peinlicher ist es, nein – unanständig, unsagbar unanständig, tatenlos dabeizusitzen, wenn mit Menschenschicksal und Menschensterben vor aller Öffentlichkeit Schindluder getrieben wird. Ich schäme mich, dabeigewesen zu sein. Ich schäme mich ... Ach, Kinder, ihr ahnt ja gar nicht, wie sehr ich mich schäme ...«
»Du hast es doch nicht zum Vergnügen getan«, beschwichtigt Andrik. Aber Heike läßt sich nicht beruhigen. »Wenn man bedenkt, daß es Leute gibt, die zu jeder Sitzung gehen. Wie ins Theater oder in einen Kriminalfilm. Und daß sie es freiwillig tun. Freiwillig, aus purem Spaß an der Sache ...«
Haubach und Genossen ... Moltke und Genossen, denke ich. Und kann nicht einschlafen an diesem Abend.

Berlin. Samstag, 9. Dezember 1944

Fast jede Nacht zwischen zwei und drei ruft Hinrichs aus Hamburg an. Ob es etwas Neues gäbe, ob wir Fortschritte gemacht, Verbindungen angeknüpft hätten. Wir verständigen uns durch tausend Umschreibungen. Durch Andeutungen und selbsterfundene Chiffrierungen. Wenn einer die Gespräche abhört und ihren Sinn versteht, sind wir morgen verhaftet. Die Presse schweigt über den Moltke-Fall. Zu schlecht war der Eindruck des Witzleben-Prozesses. Jetzt hängt man die Dinge nicht mehr an die große Glocke. Wer sterben muß, stirbt anonym. Und nur von Zeit zu Zeit, wenn es pädagogisch angebracht erscheint, erfährt die breite Masse etwas über Urteil und Hinrichtung. Selbst Zuchthaus und Galgen sind Propagandamittel geworden. »Fünf Rundfunkverbrecher

wegen Abhörens ausländischer Sender zum Tode verurteilt. Das Urteil wurde bereits vollstreckt!« – das bedeutet: die B.B.C. hat wieder mal gefährliche Wahrheiten ausgekramt, und es empfiehlt sich, in den Zeitungen schleunigst einen Schreckschuß abzugeben. Was gelten dagegen fünf Menschenleben? Noch weniger als nichts!
Die Zeit rückt voran. Immer schlechter stehen die Chancen. Wir rennen von einem zum anderen. Werden abgewiesen, in Vorzimmern herumgestoßen, bestenfalls mit lauen Redensarten abgespeist. Doktor Tegel hat recht. Niemand will sich die Finger verbrennen. Was mit dem 20. Juli zusammenhängt, ist glühendes Eisen. Pest, Aussatz und höchste Lebensgefahr. Dabei geht die Arbeit weiter. Häuft sich von Woche zu Woche und duldet keinen Aufschub. In der Redaktion bereiten wir insgeheim die erste Friedenszeitschrift vor. Täglich mehren sich die Einberufungen zum Volkssturm. Täglich warten neue Männer darauf, durch Atteste, Medikamente und kurpfuscherische Manipulationen aus Wehrdiensttauglichen zu Invaliden gemacht zu werden. Frank schreibt sich die Finger wund. »Es besteht bei Herrn X eine deutliche Kreislaufinsuffizienz (Arbeitsdyspnoe, langdauernde Frequenzsteigerung bei Kniebeugenversuch). Dementsprechend sind im EKG eindeutige Zeichen von Herzmuskelschaden festzustellen.« Ein befreundeter Oberarzt fälscht die Elektrokardiogramme, deutet sie um, biegt sie zurecht. Alles sieht ungeheuer fachmännisch aus. Wir klappern die Apotheken nach entsprechenden Medikamenten ab. Ausverkauft in der ganzen Stadt. Bis zur neuen Lieferung müssen sich die Männer mit Grippe ins Bett legen. Frank, der Untergetauchte, und unsere fünf ärztlichen Bundesgenossen haben eine Praxis wie in besten Friedenszeiten.
Auch die sogenannten »Privilegierten« machen Sorge. Schon wieder gehen Gerüchte über Trennung der Mischehen. Man sagt, man wolle die jüdischen Eheteile nach Theresienstadt transportieren. Flamm ist heute bei uns gewesen. In nagender Sorge um seine zahlreichen Schützlinge. Sollen sie jetzt schon untertauchen? Der Markt der »U-Boote« ist bereits überzogen.

Niemand darf »tauchen«, der nicht in akuter Lebensgefahr schwebt, heißt das drakonische Gebot der Stunde. Wir haben alle Hände voll zu tun. Beratungen, Dispositionen, Rezepte, Lebensmittelbeschaffungen. Und Zuspruch! Immer wieder tröstenden Zuspruch. Denn der Krieg zieht sich in die Länge. Die Fronten sind stehengeblieben. Gar keine Aussicht, daß es in diesem Jahr noch zu Ende geht.

Berlin. Dienstag, 19. Dezember 1944

Heute abend um elf Uhr wird die Gräfin Moltke uns aufsuchen. Es ist armselig genug, was wir ihr als Resultat unserer dreiwöchigen Bemühungen zu bieten haben.
Der Tag vergeht mit Arbeit und Plage. Zwei Leute brauchen Rezepte. Konrad ruft aus Homburg an und fleht verzweifelt um Beschaffung weiterer Personalpapiere. Flamm soll eingezogen werden. In die neugegründeten Mischlingsbataillone – sprich Strafbataillone – der Organisation Todt. Greuliche Gerüchte gehen über sie. Von Stacheldraht, Hungerrationen und schlechter Behandlung. Ob sie auf Wahrheit beruhen?
Es wird Abend und Nacht. Um elf Uhr klingelt das Telephon. »Hier ist Freya. Ich stehe am Bahnhof Südende. Ich bin in zehn Minuten bei Ihnen.« Die Gräfin Moltke. Andrik läuft hinunter, ihr die Tür zu öffnen. Wir begrüßen uns, als kennten wir uns seit Jahren. Wo das Leben auf dem Spiel steht, versinken gesellschaftliche Zeremonien. Ich blicke in das Gesicht dieser Frau. Selten sah ich in menschlichen Zügen eine Seele sich reiner spiegeln. Wir reden nicht viel über Gefühle. Wir reden nicht von unserer Angst und nicht von unserer Sorge. Wir sprechen darüber, was getan worden ist, was getan werden kann und getan werden muß. In den ersten Januartagen soll Verhandlung sein. Wenn man bis dahin nicht Freisler erreicht hat ... Hinrichs kennt ihn ja von früher. Aber er ist schon Wachsmanns wegen bei ihm gewesen. Geht er jetzt wieder zu ihm, könnte der Schaden größer sein als der Nutzen. Nein, bis wir nicht jede andere Möglichkeit erschöpften, darf Hinrichs nicht in Betracht gezogen werden. Es muß noch andere Mög-

lichkeiten geben. Wir beraten hin und her. Und als wir uns nachts um zwei Uhr trennen, wissen wir, daß wir weiterarbeiten können.

Berlin. Sonntag, 24. Dezember 1944

Immer noch kein Weg zu Freisler. Immer noch kein Erbarmen an den Stellen, bei denen wir appellierten. Ein sorgenvoller Heiligabend. Heute predigte Doktor Tegel in der Dahlemer Annenkirche. Heike nahm das Abendmahl. »Für die Märtyrer des Zwanzigsten«, sagte sie, als sie nach Hause kam. Ob Doktor Tegel es verstanden hat?

Berlin. Sonntag, 31. Dezember 1944

Auf den 8. und 9. Januar ist der Prozeß gegen »Moltke und Genossen« vor dem Volksgericht festgesetzt. Freisler muß erst seine Weihnachtsferien absolvieren. Und mit Genuß seinen Neujahrsrausch ausschlafen. Wenn doch ein Wunder geschähe! Aber es geschehen keine Wunder in unserer wundergläubigen Zeit. Wir müssen hoffen, arbeiten und beten. Vielleicht beten wir zu wenig. Vielleicht hoffen wir zu wenig. Irgendeine Glaubensgemeinschaft behauptet, daß alle Dinge gelängen, wenn man sie nur mit der rechten Zuversicht anpackte. Fehlt es uns an Zuversicht? Wahrscheinlich ist die Angst zu groß. Die brennende Sorge um dieses kostbare Leben. Heute haben sie um Mitternacht zum erstenmal nicht das Lied an die Freude im Radio gespielt. Als das neue Jahr beginnt, treten Andrik und ich auf den Balkon und schauen hinaus in die Nacht. Es sind viele Sterne über uns. Die Stadt liegt dunkel mit tausend verhängten Fenstern. »Daß er leben darf – daß wir leben dürfen«, sagt Andrik leise. Und küßt mich und sieht unendlich traurig aus.

Berlin. Dienstag, 2. Januar 1945

Wir sind tief ins Nazilager vorgedrungen. Andrik hat einem prominenten SS-Spion den Moltkefall erzählt. »Verstehen Sie«, sagt er, »es muß sich hier um einen Irrtum handeln.

Moltke ist kein Politiker. Er ist ein Träumer. Ein echter Deutscher. Goerdeler war sein Gegner und niemals sein Freund. Nur unselige Mißverständnisse können ihn in die Sache verwickelt haben.« Der »Prominente« erweist sich als wohlwollend. Und Andrik muß viel Whisky mit ihm trinken. Eigentlich wäre es schöner, wenn man in solchen Augenblicken keinen Whisky trinken müßte.

Berlin. Donnerstag, 4. Januar 1945

Den ganzen Tag bin ich unterwegs gewesen. Es gäbe da einen Doktor Lenz, hat Hinrichs behauptet, der einmal Assistent von Freisler und dessen persönlicher Vertrauter gewesen sei. Der Mann sei kein Nazi. Ich solle versuchen, ihn aufzuspüren. Schwer ist das Aufspüren, wenn die Häuser zerbombt, die Dienststellen verlegt und die Telephonanschlüsse unterbrochen sind. Von Zehlendorf schickt man mich nach Stadtmitte. Von Stadtmitte zum Fehrbelliner Platz. Am Fehrbelliner Platz zuckt man die Achseln und nennt mir eine Adresse in Babelsberg. Die Babelsberger senden mich nach Potsdam. Die Potsdamer zurück ins Zentrum. »Doktor Lenz?« empfängt man mich dort. »Doktor Lenz arbeitet schon lange nicht mehr bei uns.« – »Ja, aber wo arbeitet er denn?« Der Dienststellenleiter schlägt die Augen nieder. »Er ist verreist«, murmelt er. »Auf unbestimmte Zeit.« Nun weiß ich Bescheid. Also auch verhaftet. Unbestimmte Reisen haben im Naziregime fast immer das Untersuchungsgefängnis zum Ziel. Jetzt bleibt uns nur noch Hans Hinrichs. Wohl oder übel. Er muß das Risiko auf sich nehmen.

Geknickt kehre ich nach Hause zurück. Dort erwartet mich Ursel Reuber. Sie bringt Nachricht von ihrem Gestapoverbindungsmann. Daß die Mischehenaktion vorläufig zurückgestellt sei und man von dieser Seite im Augenblick nichts Böses zu erwarten habe. Wenigstens ein Trost!

»Nur mit mir sieht es trübe aus«, seufzt Ursel und legt ihr gutes Gesicht in kummervolle Falten. »Sie haben mich gehascht. Ab Montag muß ich Straßen kehren.« – »Wie?« – »Ja, oder Steine klopfen. Oder Autobusse scheuern. Ich glaube, man darf auch Soldatenhosen flicken.« – »Aber du hast doch eine Stellung.« – »Gehabt. Bis vorgestern. Da hat man mich rausgeschmissen. Weil Mischlinge für die gehobenen Leistungen eines Tippmädchens nicht mehr tragbar sind. Man ließ mir die Wahl. Da entschied ich mich für den Besen.« – »Und was meint Doktor Tegel?« – »Er kann auch nicht helfen. Die Verordnung geht übers ganze Reich. Außerdem ...« Sie blickt nachdenklich vor sich hin. »Vielleicht ist es nicht das Schlimmste, Straßen zu kehren. Sein Schicksal nicht zu erfüllen, ist schlimm. Nicht hinter sich selbst zu stehen, ist schlimm. Siehst du, ich möchte mein Schicksal erfüllen. Auch wenn es Besen und Straßenstaub heißt.« Gerührt schließe ich sie in die Arme. »Du bist doch unsere Beste. Und wenn du trotzdem ein Attest brauchst ... nur mal so zwischendurch ... für ein paar Tage Ferien ...« Ursel lächelt. »Ferien sind gut. Aber man darf nicht gleich mit Ferien beginnen.«

Berlin. Freitag, 5. Januar 1945

Dreimal haben wir heute mit Hinrichs telephoniert. Haben ihn angefleht, zu kommen und Freisler zu bearbeiten. Ausgerechnet gestern wurde für eine Woche Dienstreisesperre verhängt. Es ist, als hätte sich alles gegen uns verschworen. Hinrichs wird tun, was möglich ist. Doch vor dem Achten kann er kaum hier sein. Und am Achten, morgens um acht ...

Berlin. Samstag, 6. Januar 1945

Am Neunten, morgens um acht! Der Prozeß ist um einen Tag verschoben. Vierundzwanzig Stunden Frist. Wenn nicht Alarme dazwischenkommen und die Züge sich endlos verspäten, müßte Hinrichs es schaffen.

Noch in der Nacht kommt Freya Moltke. Lange sitzen wir beieinander. Sprechen über Fernes und Nahes. Über Vergängliches und Unvergängliches. Die Sirene heult. Gemeinsam ziehen wir in den Keller. Gemeinsam steigen wir wieder empor. Unsere Gedanken sind weit entfernt von Krieg und Alarm.

»Man muß den Funken über die Zeit tragen«, sagt Freya Moltke. »Wenn man den Funken trägt, bekommt alles einen Sinn. Das Leben und das Sterben. Ja, auch das Sterben. Ich habe oft darüber nachgedacht. Vielleicht liegt darin das Wunder der Sintfluterzählung und das Geheimnis der Weisen aus dem Morgenland.« – Andrik nickt. »Daß sie die Arche über die Flut retten und das Gold durch die Wüste tragen. Die Weisen der Alten Kultur zu dem Kinde Neue Kultur. Gold, Weihrauch und Myrrhen. Die köstlichsten Schätze Ihres Volkes.« – Ernst blickt Freya ihm ins Gesicht. »Ja, die köstlichsten. Den Zauber der Gotik und den Reichtum Hölderlins. Bach und Mozart, Dürer und Goethe. Es ist eine Gnade, den Funken tragen zu dürfen. Es ist eine heilige Pflicht. Wir wollen uns verpflichtet fühlen. Einmal – am Ende der Wüste – wartet auch auf uns – – das Kind!« Sie schweigt. Ihre klaren Augen stehen wie Sterne in ihrem Gesicht.

Berlin. Dienstag, 9. Januar 1945

Heike und ich sind zeitig aufgestanden. Um acht Uhr beginnt die Verhandlung im Volksgericht. Um sieben Uhr hält man die letzte Frühmesse ab. »Wir sollten morgen zur Kirche gehen«, meinte Heike gestern. »Sie sind fast alle gläubige Christen, die vom Zwanzigsten. Auch Moltke ist ein gläubiger Christ.« So haben wir die Messe gehört. Und auf den Zehnten, morgens um sieben, eine Seelenmesse bestellt. »Für fünfzehn Seelen, die in dieser Zeit ohne Tröstung des Sakramentes von der Erde hinwegmußten.« Der Kaplan sieht uns an. »Fünfzehn Seelen«, murmelt er. Wir fühlen, daß er die Richtigen meint. Mittags kommt Hinrichs. Verhetzt, erschöpft und niedergeschlagen. Freisler hat ihn nicht empfangen. Hat sich verleugnen lassen und Arbeitsüberhäufung vorgeschützt. Nun können wir nur noch auf den »Segen« vertrauen.

Am frühen Abend wird Graf Helmuth von Moltke mit dem Polizeiauto in die Strafanstalt Tegel zurückgebracht. Es steht schlecht um seine Sache. Der Herr Volksgerichtspräsident haben einen ungnädigen Tag. Schon die am Rande liegenden

Fälle werden als todeswürdig betrachtet. Den wichtigsten hat er sich für morgen aufgespart. »Versuchen Sie, bei der Verhandlung zugegen zu sein«, bittet Freya von Moltke. Ich versuche es. Ich setze alle Hebel dafür in Bewegung. Presseausweis, Pressekarte. Die höchsten Instanzen in der Pressestelle der Reichsregierung. Ich biedere mich an, werde beschämend vertraulich. »Geheime Reichssache«, entgegnet man mir. Nur fünfzehn bis zwanzig zuverlässige Parteigenossen. »Im übrigen« – man erstarrt zu Eis –, »was führt ausgerechnet Sie dazu ...?« Da kann ich nur noch schweigen. Und irgendeinen Unsinn stottern.

Es steht schlecht um den Grafen Moltke. Aber als er vom Volksgerichtshof zurückkehrt in seine Zelle, setzt er sich hin und schreibt. Sechs Seiten, sieben Seiten, acht Seiten. Wort für Wort den Verlauf der Verhandlung. Doktor Tegel schmuggelt den Brief heraus. Freya Moltke tippt ihn ab. Mit vielen Durchschlägen. Und in der gleichen Nacht bäckt jede Frau oder Braut der auf den Tod Verklagten einen kleinen Kuchen. Der Brief steckt in den Kuchen. Der Brief und alles, was darinsteht. Am Zehnten früh trägt Doktor Tegel die Kuchen in die Gefängniszellen. Zu acht Männern, die an diesem Tag ihr Urteil erwarten. Nun wissen sie, was sie sagen dürfen. Nun wissen sie, was die anderen gesagt haben.

Berlin. Mittwoch, 10. Januar 1945

Der Morgen ist fahl und feucht. Auf den Straßen zeigt sich kein Mensch. Stumm legen Heike und ich den Weg zur Kirche zurück. Nur einmal bricht sie das Schweigen. »Glaubst du, daß es Frevel ist, eine Seelenmesse zu bestellen, wenn man nicht dem gleichen Bekenntnis angehört?« Ich schüttle den Kopf. »Nicht in diesem Fall. Und ganz gewiß nicht, wenn man voll Ehrfurcht und guten Willens ist.« Die Kapelle verschwimmt im Dämmerlicht weniger Kerzen. Nur vom Hochaltar leuchtet die Ewige Lampe wie ein tröstendes Auge. Es gibt nicht viele Beter in dieser Stunde. Moltke und Genossen – Haubach und Genossen. Nebelnd schwelt der Weihrauch. In den Händen des Priesters glänzt die Monstranz. »Daß er leben darf – daß wir leben dürfen«, flüstere ich leise. Und fühle mich eingespannt in den weltweiten Kreis aller Leidenden. Derer, die dahingingen, und derer, die noch dahingehen werden. Witzleben und Schulenburg, Reichwein und Yorck. Die den Funken durch die Wüste trugen und das Gold übers Meer.

»In Ewigkeit. Amen«, betet der Priester. Die Kirche leert sich. Ein alter Mann löscht behutsam die Kerzen aus. Nur vom Hochaltar leuchtet die Ewige Lampe wie ein tröstendes Auge.

»Wir müssen gehen«, flüstert Heike und zupft mich am Mantel. Die Uhr zeigt acht. In dieser Minute beginnt im Volksgericht die Verhandlung gegen Graf Helmuth von Moltke.

Sie beginnt in Ungnade und schließt in Ungnade. Noch ehe es Abend wird, ist gegen drei von den Angeklagten das Todesurteil beantragt. Sie heißen Moltke, Delp und Sperr. Sie trugen den Funken und – glaubten an den Funken. Sie gehören zu den Besten, die Deutschland der Welt zu schenken hatte. Drei ihrer Schicksalsgenossen werden zu hohen Zuchthausstrafen verurteilt. Reisert zu fünf Jahren, Gerstenmayer zu sieben Jahren, Fugger zu drei Jahren. Haubach, Stelzer und Groß hat man, als »nicht dazugehörig«, vom »Fall Moltke« abgetrennt. Freya teilt es uns mit. Ihre Stimme klingt klar und fest. »Jetzt müssen wir alles tun, das Gnadengesuch durchzubringen.«

Zwei Stunden später erfahre ich die Einzelheiten. Ein Pressekollege von der SS hat der Verhandlung beigewohnt. »Seltsamer Mensch, dieser Moltke«, sagt er und fährt sich verwirrt über die Stirn. »Redet kein Wort und sieht ihn nur an. Sieht ihn an, den Freisler, mit seinen riesigen dunklen Augen. Wissen Sie, wie mir das vorkam? Wie Christus vor Pilatus kam mir das vor. Nur als man die anderen beschuldigte, den Gerstenmayer und den Reisert, da hat er sich ins Zeug gelegt. Hat sie tatsächlich rausgepaukt aus der Bredouille. Sonderbarer Kauz!« Er runzelt die Stirn. Sogar dem Freisler ist es an die Nieren gegangen. »Herr Graf«, hat er gesagt, als alles zu Ende war, »Herr Graf, es gibt nur ein Gemeinsames zwischen Christentum und Nationalsozialismus. Sie fordern beide den ganzen Menschen.«

Den ganzen Menschen. Den Menschen Moltke, den Menschen Delp und den Menschen Sperr. Vielleicht ist es doch nicht das Wichtigste, leben zu dürfen. Vielleicht ist es tausendmal wichtiger, sterben zu dürfen. Sterben zu dürfen für einen ehrlichen Glauben. Und nur, weil wir kurzsichtig sind, geschieht es, daß wir manchmal um etwas sehr Falsches bitten.
Als Andrik und ich am Abend allein sind, wird uns todestraurig zumute. Die große Spannung ist vorbei. Moltke und Genossen. Haubach und Genossen. Morgen nachmittag um vier soll das Urteil verkündet werden.

Berlin. Donnerstag, 11. Januar 1945

Der Alltag fordert sein Recht. Wenn man auch noch so sehr wünscht, auf das eine gesammelt zu bleiben. In unserer Wohnung schwirrt es wieder mal wie in einem Bienenhaus. Ein Freund von Andrik erscheint. Bestürzt, verängstigt und ratlos. »Ich brauche einen Vater für mein Kind«, sagt er. »Einen arischen Vater. Meine Freundin ... seit zehn Jahren leben wir zusammen ... nie ist etwas passiert ... und ausgerechnet jetzt! Begreift doch, das Mädel ist Arierin. Wenn ich als Jude, und sei es auch als privilegierter ...« Wir begreifen! Es ist kaum möglich, hier etwas mißzuverstehen! Arierparagraph! Gesetz zum Schutze des deutschen Blutes und der deutschen Ehre. – »Außerehelicher Verkehr zwischen Juden und Staatsangehörigen deutschen oder artverwandten Blutes ist verboten«, heißt es in Paragraph zwei. »Rassenschande« wird mit Zuchthaus bestraft. Oder mit Schlimmerem noch. Wenn Andrik nicht zum Standesamt geht ... »Ich mach' die Sache«, seufzt der ergeben. Und übt sich gefaßt in der überraschenden Rolle seiner Vaterschaft. Kurz darauf ruft Ursel Reuber an. »SOS für Schokoladenkeks«, orakelt sie. »Schnellstens, allerschnellstens Bescheid sagen.« Das bedeutet, ins Allgemeinverständliche übersetzt: Die Mischehen sind in Gefahr. Schleunige Benachrichtigung aller Beteiligten. Heike begibt sich auf Botengang. Kaum ist sie gegangen, kommt die Nachricht, daß Frank von einem Kollegen verpfiffen worden ist. Für einen schlichten

Wochentag reicht es wieder mal. Wenn er sich jetzt nicht dreifach vorsieht! Die Katastrophe wäre nicht auszudenken.

Abends um 9 Uhr

Für Moltke gibt es keine Hoffnung mehr. Sie haben das Urteil verkündet. Tod durch den Strang. In zwei – höchstens drei Wochen ist die Gnadenfrist abgelaufen.

Berlin. Montag, 15. Januar 1945

Jetzt kann nur noch Himmler uns retten. Von morgens bis abends stellen wir jedem die gleiche Frage: »Kennen Sie Himmler? Wissen Sie einen Weg zum Reichsführer SS?« Man schüttelt den Kopf. Man zuckt die Achseln. Ja, wenn es um den eigenen Vorteil ginge! Aber um eines fremden Lebens willen! Erbarmen als Selbstzweck steht niedrig im Kurs. Freya Moltke schreibt einen Brief. An den Minister des Innern und Reichsführer SS Heinrich Himmler. Ein Stein würde sich rühren lassen durch diesen Brief. Er bettelt nicht, er jammert nicht. Er leuchtet von Adel und Würde. Wenn Himmler ihn zu Gesicht bekäme ...

»Kennen Sie Himmler? Wissen Sie einen Weg zum Reichsführer SS?« Wir fragen und suchen. Wir suchen und fragen. Jede Stunde ist kostbar. Zwei Wochen – höchstens drei. Schon fehlen vier Tage an der spärlichen Frist. »Kennen Sie Himmler? Wissen Sie einen Weg zum Reichsführer SS?« Ich stehe vor meinem Verleger. Forschend schaut er mir ins Gesicht. »Ich weiß einen Weg«, sagt er langsam. Mir ist, als ginge die Sonne auf. – »Wirklich ... Sie wissen?« Dieser Mann ist wunderbar. Wie ein König spannt er seine Fäden. Wie ein Mensch nutzt er sie aus. Die Fäden nach oben zur Hilfe nach unten. Auch Bonzen sind ihm nur Mittel zum Zweck. »Es ist nicht meine Beziehung. Immerhin. Der Mann hat etwas zu sagen. Adjutant vom Reichsführer. Besser der Kammerdiener als der Bonze persönlich. Nur Kammerdiener wissen, wann die Majestäten in Laune sind.« – »Und Sie wollen wirklich?« Dankbar sehe ich ihn an. Er lächelt. »Wozu bin ich sonst in die Partei eingetreten? Geben Sie mir den Brief. Solange ich genügend Kognak habe, sind Himmlers Adjutanten mit Vergnügen meine Gäste.«

Berlin. Freitag, 19. Januar 1945

Hat sich denn alles gegen uns verschworen? Himmlers rechte Hand ist zur Zeit nicht salonfähig. Ein Unfall fesselt ihn ans Bett. Seit mehr als vierzehn Tagen schon. Im Trubel der Silvesterfeier sei er mit dem Fuß auf einen Heizofen getreten. Versengte Sohle. Brandblasen. Eine Wunde, die eitert und nicht mehr heilen will. Soll Freya Moltkes Gnadengesuch tatsächlich von einer im Rausch verbrannten Fußsohle abhängen? Inzwischen ist auch Haubach zum Tode verurteilt. Manchmal möchte man verzweifeln über den Unsinn der Welt.

In einer Atempause zwischen zwei Besenstrichen kommt Ursel Reuber. Am 15. Januar hat man sie abholen wollen, die jüdischen Partner aus privilegierten Ehen. Ins Judenlager von Theresienstadt. Lastwagen standen bereit. Benzin war zur Verfügung. Immer steht Benzin zur Verfügung, wenn es um jüdische Belange geht. Dann hätte das Auswärtige Amt sich eingemischt. Auf Druck der Alliierten, wie man munkelt. Für jedes Judenleben zehn Leben deutscher Kriegsgefangener. So wurde wieder mal »abgeblasen«. Und Heike begibt sich auf »Botengang«.

Berlin. Sonntag, 21. Januar 1945

Wir beten um die Gesundung des Himmler-Adjutanten. Fragen uns hundertmal dasselbe. Ob es ihm besser gehe. Ob seine Wunde geheilt sei. Ob er schon humpeln könne. Und ob Kognak nicht das wirksamste Heilmittel sei. Täglich telephoniere ich mit meinem Verleger. Keine Fieberkurve ist jemals mit größerer Leidenschaft verfolgt worden.

Vor zwei Tagen hat man den Volkssturm antreten lassen. Die ersten Bataillone sollen bereits ausgerückt sein. In Ziviljacken und Wickelgamaschen. Manche von ihnen hätten noch nie ein Gewehr in der Hand gehabt. Schon spricht man im Volk von achtzig Prozent Verlusten, von neunzig Prozent Verlusten. Man setze sie bloß ein, um Lücken zu stopfen. Leichenwälle gegen alliierte Panzer. Wenn sie nur hielten, bis der Nachschub käme. Einen Tag, eine Stunde. Gleichgültig, wie lange. Man füllt die Breschen mit zerfetztem Fleisch. Und wieder fragen wir uns: was wiegt dagegen ein Einzelleben? Viel – zentnerviel, wenn es so kostbar ist.

Berlin. Montag, 22. Januar 1945

Im Osten rollt die russische Offensive. Ab sofort sind alle Lebensmitteltransporte nach Berlin gesperrt. Die Gaszufuhr wird eingestellt. Der D-Zug-Verkehr hört auf. Wir rennen mit der Geschichte um die Wette. Zeit, Zeit, Zeit! Nur vier Wochen müßte man gewinnen. Schon rasen die Ereignisse mit Riesenschritten der Katastrophe entgegen. Zeit, Zeit, Zeit! Und ein heiler Fuß für den Himmler-Adjutanten. Aus Schlesien kommen die ersten Flüchtlingszüge. Auf dem Schlesischen Bahnhof ist eine offene Lore mit erfrorenen Kindern eingetroffen. Sechsundneunzig Stunden standen sie in der Kälte. Eingepfercht wie Heringe in einer Tonne. Wind blies sie an. Schnee deckte sie zu. Sie froren und weinten. Sie standen und starben. Eingepfercht in eine hölzerne Güterlore.

Moltke und Genossen. Haubach und Genossen. Wer weiß überhaupt noch, was Sinn oder Unsinn ist?

Berlin. Dienstag, 23. Januar 1945

Unablässig fahren die Flüchtlingszüge. Schwer, langsam und übervoll. »Angesichts der Frontlage haben einige Kreise rechts der Oder den Auflockerungsbefehl erhalten, demzufolge Frauen, Mädchen und Kinder aus diesem Gebiet zurückgeführt werden. Die Auflockerung ist nunmehr auch auf die gesamte Gauhauptstadt ausgedehnt worden. Es wird jedoch jungen Mädchen und Frauen mit größeren Kindern nahegelegt, nunmehr zu Fuß die Stadt in südlicher und westlicher Richtung zu verlassen, um stundenlanges nutzloses Warten auf den Bahnhöfen zu vermeiden«, heißt es in den schlesischen

Zeitungen. Zu Fuß in südlicher und westlicher Richtung. Das Barometer zeigt acht Grad Kälte. It's a long way to Tipperary! It's a long way to go.
Aber der Himmler-Adjutant ist gesund geworden. Übermorgen mittag um zwei wird er bei meinem Verleger frühstücken. Und bei Kognak und Bohnenkaffee Freya Moltkes Brief lesen. Damit er ihn an Himmler weitergibt.

Berlin. Donnerstag, 25. Januar 1945

Andrik ist zum Volkssturm einberufen. Noch in derselben Stunde packt er Zahnbürste und Rasierzeug zusammen. Vorläufig soll er aus der Wohnung verschwinden. Ich schreibe der zuständigen Dienststelle einen höflichen Brief, daß Andrik Krassnow zur Zeit verreist und postalisch nicht erreichbar sei. Aufschub ist alles!
Um zwei Uhr mittags frühstücken sie in Dahlem. Mit Kognak und Bohnenkaffee.
Und morgen sollen sämtliche hier lebenden Russen mit Sowjetpaß verhaftet werden. Wieder eine Tauchwelle. Uns stehen die Haare zu Berge. Wie soll man es noch schaffen?
Die letzten Omnibusse sind eingezogen. Straßenbahnen verkehren in Zukunft nur noch bis zehn Uhr abends in endlosen Abständen. Das Fahrrad wird Trumpf. In der Stadt spricht man von Stromsperrzeiten und totaler Einstellung des Verkehrs.
Aber der Himmler-Adjutant hat den Brief gelesen und versprochen, ihn weiterzuleiten. Noch spätabends telephoniere ich mit Doktor Tegel. »Wir haben es geschafft. Morgen wird Freyas Brief bei Himmler sein. Das Gnadengesuch – und die Gnade.«
Warum ist Doktor Tegel so merkwürdig? Warum freut er sich nicht? Warum antwortet er kaum?

Berlin. Freitag, 26. Januar 1945

Gestern mittag haben sie den Grafen Moltke zur Hinrichtung geholt. Zur selben Stunde, in der Himmlers Adjutant das Gnadengesuch las. Um vier Uhr war er tot. Alles geschah überra-

schend und plötzlich. Am Vormittag verließ Doktor Tegel seine Zelle. »Also dann, bis morgen!« sagte er. Kurz darauf führte man sie weg: Helmuth von Moltke und etliche andere. »Zur Verhandlung in Plötzensee«, hieß es lakonisch. Im Schuppen von Plötzensee stehen die Galgen Adolf Hitlers.
Weil Himmlers Adjutant in einen Heizofen getreten ist. Weil der Justizminister Thierack gestern vom Urlaub zurückkam und den Befehl gab, alle »unerledigten Angelegenheiten« sofort aufzuarbeiten. Weil die Russen noch nicht in Berlin und die Engländer noch nicht in Potsdam sind. Weil ... weil ... Warum zerbrechen wir uns den Kopf? Die Welt stürzt ein, und wir vermögen ihren Zusammenbruch nicht aufzuhalten.

Berlin. Mittwoch, 31. Januar 1945

Ganz Berlin ist aus den Fugen geraten. Die Russen sollen Strausberg erreicht haben. Höchste Alarmstufe für den Volkssturm. In Scharen verschwinden die Männer von der Bildfläche. Ich treffe mich mit Andrik an einer abgelegenen Straßenecke. Er sieht nervös und niedergeschlagen aus. »Man sucht dich«, sage ich beklommen. »Ein Mann war bei uns. Ein Bote vom Volkssturm. In einer Stunde abmarschbereit, steht auf der Order.« – Andrik kneift die Lippen zusammen. »Und was hast du geantwortet?« – »Daß du auf Reisen seiest. Daß ich deine Anschrift nicht wisse. Daß du ein Nierenleiden hast und ohnehin nicht in Frage kommst.« Bedrückt mustern wir die Trupps vorüberhastender Soldaten. »Lange kann das nicht so weitergehen«, seufzt Andrik.
Am Abend kehrt er nach Hause zurück. Ein nierenkranker Mann, der dringend das Bett hüten muß, bis er am Freitag, dem 9. Februar, vor dem diensthabenden Arzt vom »Schanzeinsatz Spitzhacke« seine Volkssturmuntauglichkeit beweisen wird.
In allen Stadtteilen wimmelt es von Flüchtlingen. Sie schimpfen laut oder leise auf die verfluchten Zeiten. Keiner nimmt ein Blatt vor den Mund. Wer alles verloren hat, verliert auch die Angst. Und findet es gleichgültig, ob er hier oder dort zugrunde geht. Die Polizei stellt sich taub. Vierundzwanzig Stunden lang

darf jeder Volksgenosse seine Not, seine Verzweiflung und Todesangst ungehindert austoben. Dann ist Goebbels wieder Herr der Lage.

Berlin. Freitag, 2. Februar 1945

Die Panik war verfrüht. Über Nacht hat sich alles beruhigt. Noch sammelt sich die Front an der Oder. Und statt ein Auge zuzudrücken, nimmt die Polizei neue Verhaftungen vor. Wenn nicht bald etwas geschieht, werden sie auch Hinrichs noch fassen. Heute ist er gekommen, um Abschied zu nehmen. Die Nachrichten, die er bringt, klingen wenig erfreulich. Roesch, der Jesuitenprovinzial aus München, verhaftet. Die Hinrichtung von Delp zurückgestellt. Jedermann weiß, was solche Zurückstellung bedeutet. Folter bedeutet sie und Martyrium. Prügelstrafe tagaus, tagein, bis das befohlene Geständnis aus dem gepeinigten Leib herausgepreßt ist. Roesch gehört zum Moltkekreis. Gemeinsam mit Hinrichs hat er den Kreisauer Sitzungen beigewohnt. Und wer an den Kreisauer Sitzungen teilnahm! ...

Hinrichs packt seine Koffer. »Wenn ich Glück habe, komme ich noch nach Hamburg durch«, meint er und lächelt ein bißchen hoffnungslos. Hamburg liegt weit vom Schuß. Ehe sie ihn von dort zurückholen, dürfte die Schlinge um Berlin schon zugezogen sein. Wieder mal rennt ein Menschenleben mit der Zeit um die Wette. Zwanzig Kilometer vor Stettin, zwanzig Kilometer vor Frankfurt (Oder), lauten die letzten amtlichen Meldungen. »Kommt schneller, kommt schneller!« flehen wir im geheimen.

Bis zur nächsten S-Bahn geben wir unserem Freund aus zwölf Kampfjahren das Geleit. Er steigt in den überfüllten Zug. Noch zweimal winkt er zurück. Dann stehen wir allein auf dem Perron. »Wieder einer weniger«, sagt Andrik und schaut melancholisch auf die in der Ferne verschwimmenden Schlußlichter. Trübselig machen wir uns auf den Heimweg. Am Lauenburger Platz kommt uns Fabian entgegen. Fabian Trooth, Freund und Studienkamerad von Heike. Schauspieler, Dichter,

Dressurreiter, passionierter Raucher, passionierter Lebenskünstler, und alles in allem fünfundzwanzig Jahre alt. Er strahlt uns an, als hätte er soeben das große Los gezogen. »Wissen Sie das Neueste?« fragt er lachend. »Man hat mich rausgeschmissen. Knall und Fall aus meiner Bude gesetzt. Von Staats wegen, sozusagen. Weil ich einen ehemaligen KZ-Mann auf meinem Sofa hab' übernachten lassen. Das passe sich nicht für einen anständigen Deutschen, hat man mir erklärt. Gut, bin ich eben keiner, dachte ich und schnürte mein Bündel.« – »Ja, und was nun?« erkundige ich mich sorgenvoll. Er macht eine großartige Handbewegung. »Den Rest hat Heike übernommen. Untermieter Nr. elf im Junggesellenparadies. Zweite Tür rechts vom Eingang. Falls Sie mich gelegentlich besuchen wollen!« Ein Handkuß, ein Kratzfuß, und Fabian Trooth verschwindet um die Ecke. Trotz aller Kümmernis muß ich lachen. »Wenn der nicht zur Clique paßt!«
Spät am Abend trinken wir den ersten Schnaps miteinander. Auf Hitlers Untergang und auf eine gute Nachbarschaft. Es ist also doch keiner »weniger« geworden.

Berlin. Samstag, 3. Februar 1945

Schwerer Tagesangriff auf Berlin. Die Stadt ist fürchterlich zugerichtet. Durch Rauch, Ruß und Schmodder kämpfe ich mich zum Verlagshause durch. Es regnet in Strömen. Die Nässe schlägt den Qualm zu Boden, der als zäher Brei an den Fußsohlen festklebt. Mühselig ist das Wandern. Mühselig und trostlos. »Du«, ruft ein Vorübergehender seinem Nachbar zu, »das Volksgericht brennt. Der Freisler soll drunterliegen!« Einen Augenblick schwanke ich zwischen Schrecken und Freude. Freisler? Der Mann, der alle zum Tode verurteilt? Einen Monat starb er zu spät. Und um wie viele Wochen zu früh, für Rechenschaft und Vergeltung! Wahrhaftig! Dieses Henkers Tod kam uns nicht gelegen. In der Redaktion liegen die Wände auf den Schreibtischen, die Fenster auf dem Fußboden. Und mit der Morgenpost ist die Nachricht eingetroffen, daß wir am 15. März endgültig zumachen müssen. Was danach kommt, heißt nur noch Abwicklung. Abwicklung, die man nach Gummibandmanier so lange wie möglich ausdehnen muß. Wegen UK-Stellung der Männer. Wegen Einziehung der Frauen vom Zwangseinsatz zu Schanzarbeit, Rüstungsfabrik oder Wehrmachtshilfe. »Es lohnt kaum mehr das Aufräumen«, schilt Hollner. Aber er hält schon den Hammer in der Hand. Und zwei Minuten später klopft es im ganzen Haus, als säße man in einer Schmiedewerkstatt.

Ich mache, daß ich wegkomme. Frank bereitet mir Sorge. Im Bayrischen Viertel soll es mächtig eingeschlagen haben. Auch der U-Bahnhof Bayrischer Platz ist getroffen. Mehr als hundert Tote liegen unter den Trümmern. Als ich an der Schadensstelle vorübergehe, halte ich befremdet inne. Was für ein sonderbarer Volksauflauf? Männer, Frauen, Kinder, dicht aneinandergedrängt. Sie senken die Köpfe und schweigen. Sie schweigen lange. Sie rühren sich nicht vom Fleck. Ernst, stumm und feierlich warten sie darauf, daß man ihre Toten ausgräbt. Ihre Schwestern, ihre Brüder oder Mütter. Aus dem zehn Meter tiefen Krater, den heute morgen um elf eine Luftmine in den U-Bahn-Schacht gerissen hat. Mir stockt der Atem. Ob etwa auch Frank? ... Ich eile weiter. Dem Himmel sei Dank! Seine Wohnung steht. Aber er selbst ist nicht zu Hause. Wo mag er stecken? Fünfmal laufe ich bis zum Abend zur nächsten Fernsprechzelle. Gas, Wasser, Licht und Telephon sind in unserem Viertel wieder mal für Tage zum Teufel. Nur die Postanschlüsse funktionieren. Vor jedem roten Fernsprechhäuschen steht eine Menschenmauer. Noch immer rinnt der Regen. Ich warte, bis an mich die Reihe kommt, den Groschen in den Schlitz zu werfen. »Frank! Hallo, Frank! Bist du es wirklich? ... Ja, aber wo warst du denn? ...« – »Im Luftschutzkeller. Mit drei Stockwerken Trümmern über dem Kopf. Erst vor einer Stunde haben sie uns ausgegraben.« – »Und ... und du ... lebst ... noch?« stammle ich. – »Wie du hörst!« Frank lacht. Daß er überhaupt noch lachen kann! – »Lieber, Guter!« Mehr will mir nicht einfallen. Alle Teilnahme möchte ich in die zwei Worte legen, alle Freundschaft und alle Fürsorge. Aber Frank ist nicht für Sentimentalitäten. Und noch weniger für ausführliche Telephongespräche. So muß ich mein Mitgefühl, meine Neugier und meine Freude bis morgen auf Eis legen.

Berlin. Sonntag, 4. Februar 1945

Neun Stunden hat Frank im Keller gehockt. Zusammen mit sechsundzwanzig Frauen, die vor Angst schrien, die haltlos in sich hineinweinten, die vor Schreck erstarrt waren oder verzweifelt Gebete lallten. Zehn Sekunden, eh die Bomben auf das Bayrische Viertel niederstürzten, sprang er in ein fremdes Haus. Der Luftdruck des ersten Einschlags stieß ihn die Kellertreppe hinunter. Der nächste Einschlag traf. Bis zum Erdgeschoß riß er das Haus auseinander. Aber die Kellerdecke hielt. Neun Stunden trug sie die Last der drei Stockwerk hohen Trümmer, bis aus dem Brandmauerdurchbruch die Rettung kam.

Frank ist am Leben geblieben! Grund genug, dieses Wunder gebührend zu feiern. In Heikes Zimmer versammeln sich Andrik, Dagmar, Ursel, Wald, Fabian, Flamm, Frank, Heike und ich. Irgend jemand hat eine Flasche Rotwein »organisiert«. Mit dem Meßbecher wird ihr kostbarer Inhalt in neun mathematisch gleiche Teile geteilt. Es reicht für jeden gerade zum Anstoßen. Als wir eben dabei sind, unser bescheidenes Trinkopfer zu zelebrieren, klopft es an die Tür. Fabian wird verlangt. Von einem Mann namens Eckardt. »Jesses, der Eckardt!« schreit er begeistert und zieht den Fremden auch schon ins Zimmer. Es ist ein blonder Mensch von etwa vierzig Jahren, mit scharfen blauen Augen und einem Gesicht, wie man es bei Boxern zu sehen gewohnt ist. Treuherzig blickt er uns alle der Reihe nach an und nickt dann zufrieden mit dem Kopf. »Na, hier bin ich richtig. Ich glaube, mit euch kann man deutsch reden.« Er rückt sich einen Sessel zurecht und läßt sich behaglich darin nieder. Nach wenigen Minuten sind wir mitten im Erzählen. Daß er Sozialdemokrat sei und schon als Kind jedes Jahr am Grabe der Achtundvierziger Kämpfer eine Jungenkundgebung veranstaltet habe, daß er allen Nazis persönlich die Zähne einschlagen möchte und keinen Tag vorübergehen lasse, ohne ihnen gründlich eins auszuwischen – das alles und noch mehr erzählt uns Kurt Eckardt. Den wir vor einer halben Stunde kennengelernt haben und von dem wir nach fünf Minuten wissen, daß er ein Mann der Tat und ein Revolutionär aus Veranlagung ist. Erst spät in der Nacht gehen wir auseinander. Auch dieser Mensch gehört zu uns.

Berlin. Donnerstag, 8. Februar 1945

»Was machen wir bloß mit dir?« sagt Frank und blickt sorgenvoll auf Andrik, der nun schon seit acht Tagen zu Hause herumliegt. Halb im Bett – halb nicht im Bett, einer der tausend »Volkssturmkranken«, die zur Zeit Berlin bevölkern. »Gut, Wald kann in seiner Nachtdruckerei einen Volkssturmschein drucken. Flamm liefert den Stempel dazu. Doch was nützt dir das? Schließlich bist du nicht untergetaucht. Sie suchen dich nicht – sie haben dich nur. Nämlich in ihren verfluchten Registrierungslisten.« Andrik antwortet nicht. Er starrt deprimiert zur Decke. »Krank werden«, setzt Frank sein Selbstgespräch fort. »Schön und recht. Aber es muß was Ausgefallenes sein. Etwas, womit du uns erhalten bleibst. Und nicht bloß nutzlos in irgendeinem Lazarett verschimmelst.« Angestrengt brütet er vor sich hin. Wir schweigen fünf Minuten. Wir schweigen zehn Minuten. Dann hebt Frank den Kopf. »Hast du's?« – »Ich hab's! Wartet ein Weilchen, ich komme gleich wieder.« Er macht sein Fahrrad flott und verschwindet in Richtung Kufsteiner Straße. Nach einer Stunde kehrt er zurück, bepackt mit Fläschchen, Nickelbüchsen, Instrumenten und Reagenzgläsern. Im Handumdrehen ist Andriks Schreibtisch in ein chemisches Laboratorium verwandelt. »Also du bist nierenkrank«, doziert Frank im Professorenton. »Daß dein Herz nicht gut und dein Blutdruck zu hoch ist, hat man dir schon vor Wochen attestiert. Herz – Blutdruck – Niere. Die Kombination ist bedenklich. Höchst bedenklich für jeden Fachmann. Nierenschrumpfung. Verstehst du! Todeskandidat, gewissermaßen. Wo so was in Aussicht steht, schickt man den Mann nach

Hause. Zur Kur ins Diätsanatorium. Auf keinen Fall aber in den Schanzeinsatz Spitzhacke.« Von Andriks Bett tönt ein erleichtertes Seufzen. Emsig hantiert Frank mit Gläsern und Fläschchen. Wie ein Magier wirtschaftet er zwischen seinen Mixturen. »So, hier hast du die Mischung.« Er reicht ihm ein Fläschchen. »Und wenn sie etwa von dir verlangen sollten, daß du an Ort und Stelle – ich meine, ohne den Umweg über das Fläschchen ... Dann sage, daß es dir leider im Augenblick physisch unmöglich sei. Dann trocknen wir das Präparat und führen es dir ... Na ja! Das weitere wird sich finden. Ich glaube, es dürfte kaum notwendig sein ...«

Berlin. Freitag, 9. Februar 1945

Es ist nicht notwendig gewesen. Das EKG, von Franks Kollegen wohlwollend ausgedeutet, der ominöse Flascheninhalt, drei Pillen zur Erhöhung des Blutdrucks, – und der Volkssturmarzt hat Andrik Krassnow auf sechs Wochen krank geschrieben. Sechs Wochen ab Aufnahmetag in einem Diätsanatorium. Bis er dort Platz findet, kann er ungestört mit uns weiterarbeiten. Zeit, Zeit, Zeit! Vielleicht glückt es, daß sie noch vorher hier sind – die Russen, die Engländer oder die Amerikaner. Gestern begann im Westen die kanadische und englische Offensive. Fieberhaft rüsten an der Oder die Russen zum letzten Schlag. Roosevelt, Churchill und Stalin haben sich auf der Krim getroffen, um über Deutschlands Kapitulation zu beraten. Über Hitlers Untergang und über alles, was nachher kommen soll.

Es gibt nicht mehr viel Auswahl für einen Kuraufenthalt in Diätsanatorien. Wir lassen uns Zeit mit den Anfragen. Vielleicht? – – – vielleicht!

Berlin. Montag, 19. Februar 1945

Täglich wandern wir in den Keller. Morgens nach dem Aufstehen und abends vor dem Schlafengehen. Die Amerikaner machen Mitteldeutschland sturmreif. Die Engländer sorgen dafür, daß wir auch nachts nicht zur Ruhe kommen. Am

vergangenen Dienstag haben sie Dresden schrecklich heimgesucht. Dreimal in vierundzwanzig Stunden luden sie Zentner um Zentner ihrer Bomben dort ab. Bis von der ganzen Stadt kaum ein Haus übrigblieb. Bis aller Glanz einer jahrhundertalten Kultur in Rauch und Flammen erloschen war. Tausende von Menschen fanden den Tod, liefen wie brennende Fackeln durch die Straßen, klebten fest im glühenden Asphalt, stürzten sich in die Fluten der Elbe. Schrien nach Kühlung. Schrien nach Gnade. – Sterben ist Gnade. Sterben ist gut, wenn man wie eine Fackel brennt. Dresden war eine herrliche Stadt. Und es fällt ein bißchen schwer, sich daran zu gewöhnen, daß auch Dresden nicht mehr besteht.
Fast ist es mir, als möchte ich weinen. Aber Andrik umarmt mich, lächelt und spricht: »Laß gut sein, Kleine. Abbilder sind vergänglich, heißt es bei Platon. Nur die Urbilder bleiben. Die ›Idee der Kultur‹. Die ›Idee‹ ist das Gold. Gold, Weihrauch und Myrrhen, von drei Alten durch die Wüste getragen. Was macht es da aus, wenn die ›Erscheinung‹ vergeht!« Lange überlege ich. Hat er recht? Hat er unrecht? Und ich denke an Helmuth von Moltke, an Reichwein, Delp und Roesch, an Dresden, Weimar und an den Scheiterhaufen, den sie 1933 vor der Berliner Universität entzündeten, auf dem sie Deutschlands Geistesgut in weniger als neunzig Minuten verbrannten. Und ich begreife, daß er recht hat. Daß es nur Eines gilt in dieser Endphase gotischer Kultur: den Funken zu tragen durch Sintflut und Wüste, Gold, Weihrauch und Myrrhen. Die »Idee« unserer Schöpferkraft.
Und doch ist es nicht leicht, an die »Idee« zu denken, wenn man erfährt, daß Hitler beschlossen hat, selbst Berlin noch »mit Krallen und Zähnen« zu verteidigen. Sind Wehrmacht und Volkssturm nicht zuverlässig genug, muß die SS dafür mobilisiert werden. Vier Divisionen rücken heran. Hastig von allen Fronten zusammengezogen. Darunter die Gruppe Frundsberg, berüchtigt durch ihre Schlagkraft, ihre Grausamkeit und unbeirrbare Führertreue.

Berlin. Samstag, 3. März 1945

Andrik hat ein Sanatorium gefunden. In Braunsdorf, achtzig Kilometer von Berlin. Morgen wird er abreisen. Der Himmel weiß, wann er heimkehren darf!

Berlin. Donnerstag, 8. März 1945

Was nützt es, wenn sie Köln erobern, vor Bonn stehen und durch einen Husarenstreich den Rhein überschreiten! Irgendwie kommt alles zu spät. Die Rheinüberquerung, das Rüsten an der Oder, die täglichen Bombenangriffe und die steigende Unruhe der Nazibonzen. Wenn wir es wirklich geschafft haben, werden wir alle zu müde sein. Zu müde für die Tat, zu müde für den Aufbau, zu müde für das einzige, das wahr ist: die Darbringung von Gold, Weihrauch und Myrrhen.

Heute war Karli Gennert bei mir. Der Sohn meiner Schulfreundin Freda. Das Menschenwürfelspiel Adolf Hitlers hat ihn nach Pommern verschlagen. Von dort kam er zu uns. Auf einen kurzfristigen Hitler-Jungen-Urlaub. »Mein Vater sitzt«, sagt er. »Seit Weihnachten schon. Unschuldig im Gestapogefängnis in der Lehrter Straße. Nur weil er Goerdeler kennt und mein kleiner Bruder Goerdelers Patenkind ist. Sie heizen nicht in der Lehrter Straße. Er erfriert ganz einfach, mein Vater.« Wie ein gramvoller Greis sieht uns der Junge an. »Das darf doch nicht sein. Wo er doch völlig unschuldig ist!«

Viele sind unschuldig. Viele erfrieren, verbrennen, werden gefoltert und sterben. O Gold! O Weihrauch! O Myrrhen!

Berlin. Freitag, 9. März 1945

Heike reist durch Berlin. Mit einer Decke über dem Arm, einem Lebensmittelpaket in der Hand. Weit ist der Weg bis zur Lehrter Straße. Die Sirene dröhnt. Der Zugverkehr wird eingestellt. Deckung suchen. Umsteigen, über Schienen stolpern, Vorentwarnung. Am Schalterfenster der Lehrter Straße drängen sich viele Menschen. »Graf Bergstein«, sagt eine Dame und schiebt errötend den Korb mit dem Litersuppenkännchen aus Aluminium durch das halb aufgezogene Schiebefenster. »Baron Drewitz«, flüstert die zweite. Sie weint, während sie ihr Paket dem Gestapobeamten hinaufreicht. Seit sechs Monaten, sagt sie, sitzt hier ihr Bruder. Vergessen von Adolf Hitler und vom Anklagerat des Volksgerichts. Sitzt hier und stirbt.

Die Elite der Gesellschaft gibt sich tagaus, tagein in der Lehrter Straße ein Rendezvous. Heike reicht ihr Töpfchen hinauf. Ihre Decke und ihr Paket mit Zwiebäcken. »Für Herrn Doktor Gennert«, stottert sie verlegen. Herr Dr. Gennert sitzt hinter Gittern und friert. Weil er ein Freund von Goerdeler ist und sein Kind in der Taufe Goerdelers Namen erhielt.

Berlin. Samstag, 10. März 1945

In Zehlendorf kehren die »Besenmädchen«. Mischlinge von Geburt. Geprüfte durch Schicksal. Sie kehren die Straßen. Zehn Stunden am Tage. Manchmal auch elf. »Es ist nicht ganz einfach«, sagt Ursel Reuber. »Weil die Besen so schwer sind. Und auch sonst ... Man ist es doch nicht gewohnt.« Ein bißchen müde, ein bißchen niedergeschlagen sitzt sie in unserer Mitte. »Übrigens – was ich noch sagen wollte«, ihre Stimme hebt sich ein wenig, »ich habe Einquartierung bekommen. Eva Gerichter. Mischling – wie ich. Sie sollte nach Theresienstadt, weil sie ihres jüdischen Glaubens wegen zu den Geltungsjuden zählt. Da hab' ich sie aufgenommen. Als U-Boot in der Ihnestraße. Unangemeldet. Ihr versteht!« – Wir verstehen alles. Also Eva Gerichter heißt das neue Mitglied unserer Clique!

Berlin. Freitag, 16. März 1945

Wieder Großangriff auf Berlin. »Der schwerste des Krieges«, sagen die englischen Sendungen.

Ich schleppe ein Paket nach der Lehrter Straße. Umsteigen ... über Schienen stolpern. Vorentwarnung. Am Schalterfenster stehen viele Damen. Vor Jahren hat man ihnen die Hände geküßt. Heute weiß keiner mehr etwas von ihnen. Sie stehen und warten. Bis der Beamte der Gestapo geruht, ihr Töpfchen mit Essen in Empfang zu nehmen. Zelle Nr. 95. Einmal reine

Wäsche; sechs Semmeln, ein Brief, ein Topf mit Gemüse. Möge die Zelle 95 Freude daran haben!

Berlin. Sonntag, 18. März 1945

Frank Matthis wohnt für ein paar Tage bei uns. Es ist besser, wenn er sich nicht allzuoft in seinem Luftschutzkeller blicken läßt. Seit dreieinhalb Wochen kommen die Moskitos jede Nacht. Gelegentlich sogar zweimal. Das ist die Revanche für unseren albernen V1-Beschuß. Für die prahlerische Behauptung in jedem Wehrmachtsbericht: Das Vergeltungsfeuer auf London wird fortgesetzt.

Wieder mal sitzen wir beim Frühstück, als die Sirene losheult. Vollalarm! Schon nach den ersten Anflügen merken wir, daß unsere Viertel nicht gemeint sind. Sie überfliegen uns zwar, aber ihre Last ist für andere Bezirke bestimmt. Wir stellen uns vor die Haustür und starren zum Himmel empor. Im wolkenlosen Blau hängen, wie helle Wollknäuelchen, die feindlichen Markierungszeichen. Jetzt wickeln sie sich ab. Weiße Wolkenfäden, die länger, immer länger werden, bis sie fast auf die Erde herunterhängen. Der Wind fährt hinein, bauscht sie zu Bogen, verschlingt sie zu anmutigen Ornamenten. Dann dröhnen die Bomber heran. Große silberne Vögel. Gefährliche Vögel! Wir ziehen die Köpfe ein. Dort, wo die weißen Zeichen stehen, kracht ein Einschlag nach dem anderen. Rauchwolken steigen empor, ziehen sich wie eine schwarze Decke vor die Stadt, hängen wie Sargtücher über Tod, Grauen und Zerstörung. Immer neue Geschwader folgen. Endlich, nach zwei Stunden, kommt Vorentwarnung. Wir stürzen hinauf, so rasch unsere Beine uns tragen. Wenn wir Glück haben, kriegen wir das Mittagessen fertig, ehe sie uns den Strom absperren. Bis zur Vollentwarnung bleiben zehn Minuten. Bratkartoffeln, Kaffeewasser, für jeden ein Spiegelei aus der letzten Zuteilung. Es brodelt in allen Töpfen. Es ist ein Wettrennen mit der Zeit – mit dem Strom – mit der Berliner Elektrizitätsgesellschaft. Man kocht nicht mehr, wenn man Hunger hat, sondern wenn es die Sperrzeit erlaubt. Man riskiert lieber eine Bombe auf den Kopf als die Aussicht, vier Stunden mit knurrendem Magen herumzusitzen. Man wird abgebrüht selbst gegen das Sterben. Eine Minute, nachdem der Drahtfunk seine Tätigkeit eingestellt hat, schweigt auch das Radio. Aus ist es mit dem Strom. Vollentwarnung. Doch wir haben es geschafft. Unser Mittagessen ist gerettet.

Um drei Uhr kommt Ursel Reuber. Sie hat sich, allen Verkehrsstörungen zum Trotz, durch Trümmer und Brände zu uns durchgeschlagen. Ihre Kleider riechen, als hätte man sie acht Tage im Rauchfang aufgehängt. Unter dem Arm schleppt sie ein großes Paket: Gemüse für unsere »U-Boote«, sprich: Untergetauchte. Drei Kohlrüben, einen Krautkopf, fünf dicke Kohlrabiknollen. »Ich hab' noch was viel Schöneres«, rühmt sie sich und nestelt aus ihrer Jacke die Brieftasche hervor. »Acht Kilo Brotmarken, frisch geklaut aus dem Markenkästchen in einem Bäckerladen.« – »Aber wie denn?« – »Es war ganz einfach. Kein Mensch im Geschäft. Ich rief ein paarmal. Niemand erschien. Da fiel mein Blick zufällig auf das Kästchen auf dem Tisch. Der Deckel stand halb offen. Zu langem Überlegen blieb keine Zeit. Heiliger Krispin, Freund aller Diebe, steh mir bei! – dachte ich und – langte hinein. Wenn man für andere stiehlt, ist das Klauen ein Genuß. Und die Bäckerfrau wird es den Kopf nicht gleich kosten. Vier Kilo für Frank, vier Kilo für Wald. Eine glatte Monatszuteilung.« Frank strahlt. Wir alle strahlen, als hätte man hier nicht einen Diebstahl begangen, sondern ein Heldenstück menschlicher Anständigkeit. Vier Wochen Versorgung für zwei U-Boote. Das große Los ist nichts dagegen. »Das ist alles Überschuß«, lacht Ursel. »Eva hat jetzt ihren eigenen Markensatz.« Stolz faltet sie eine polizeiliche Anmeldung auseinander. »Helga Seidler, Flüchtling aus Guben, angemeldet bei Frau Gerichter, Bleibtreustraße 46«, lesen wir. »Diese Helga existiert natürlich gar nicht. Ich hab' mich bei Evas Mutter unter falschem Namen als Flüchtling angemeldet und dann von der Kartenstelle den ganzen Monatssatz abgeholt. Es ging vollkommen glatt. Überhaupt keine Schwierigkeiten. Zehnmal – hundertmal könnte man das wiederholen.«

Mir dämmert eine Idee. »Mach' ich auch, im nächsten Monat! Wenn du mir bloß die Anmeldung verschaffst. Polizei und Kartenstelle nehme ich auf mich. Dann haben wir auf alle Fälle zwei Kartensätze komplett.« Ursel nickt erfreut. »Ich ruf' an, wenn ich die Flüchtlingssache gesettled habe.«

Fabian streicht ihr über den Kopf. »Bist doch ein tolles Mädchen!« sagt er anerkennend. Dann beraten wir den Feldzugsplan für die kommenden Wochen. Frank verteilt die Rollen. »Ich liefere Atteste, Rezepte, übernehme die Krankenbehandlung sämtlicher U-Boote.« »Du, Ursel, sorgst für Lebensmittelbeschaffung, stellst durch deinen jüdischen Ordnerfreund den Mittelsmann zur Gestapo. Fabian organisiert die Mangelwaren. Eckardt ist unser Sabotagefachmann. Wald druckt, was an Ausweisbedarf anfällt. Eva und Heike machen mit ihren Rädern die Botenjungen, Flamm gibt die Rechtsauskünfte, Hinrichs die Informationen vom Kriegsschauplatz. Doktor Tegel bleibt Zentrum der Stellenvermittlung für alle Getauchten.« – »Und welchen Posten hattest du mir zugedacht?« wage ich bescheiden einzuwerfen. – »Den Ehrenposten des ›Hansdampf in allen Gassen‹«, lacht Frank vergnügt. Er ist, wie immer, wenn es um Politik und Zukunftspläne geht, in strahlender Laune. – »Daß sie dich nur nicht schnappen!« mahne ich besorgt. »Himmler macht verdammt kurzen Prozeß, und was sich bei den Standgerichten tut, ist durchaus nicht erfreulich.«

Tatsächlich gehen im Augenblick die Hinrichtungen wieder mal am laufenden Band. Und täglich liefern neue Razzien einen neuen Strom von Opfern ein. Erst gestern wieder hat man ganz Berlin »durchgekämmt«, hat allein in einem Häuserblock fünfzehn Deserteure verhaftet. Fünfzehn arme Teufel, die keine Lust mehr verspürten, den Krieg für Hitler fortzusetzen. Gottlob bekamen wir rechtzeitig Kenntnis von der Aktion. Ursels Gestapomann funktionierte. Zwei Stunden, ehe die Sache losging, waren alle Befreundeten verständigt und in sicheren Schlupfwinkeln untergebracht. Ursel blickt auf die Uhr. »Kinder, ich muß nach Hause. Unser Untermieter hat Gäste. Da darf sich Eva in der Wohnung nicht blicken lassen. Sie hockt in der Besenkammer. Wenn ich noch lange ausbleibe, verhungert mir das arme Mädchen.« Gegen ein solches Argument gibt es keinen Einwand. Ich begleite sie zur Tür. »Bleib behütet«, sage ich. »Und vergiß nicht, mir die Anmeldung zu bringen.«

Berlin. Mittwoch, 21. März 1945

Frank hat mich zu einer Freundin seiner Schwester mitgenommen. Sie heißt Ulrike Weitzen und ist Schriftleiterin. Genauso wie ich. Seit letztem Herbst versteckt sie in ihrer Wohnung im Gartenhaus einer Mietskaserne einen Flüchtling vom 20. Juli. Niemand weiß davon, außer den beiden Mädchen, mit denen sie zusammenlebt. Zu dreien haben sich diese Frauen vor einen Mann gestellt, der ihnen bis zu dem Augenblick seiner Flucht kaum bekannt war. Nur weil sie ihn in Not wußten. Nur weil er ihnen von zuverlässiger Seite dringend ans Herz gelegt worden ist. Jetzt sitzt dieser Mensch schon über fünfundzwanzig Wochen zwischen den vier Wänden eines schmalen Hinterzimmers, das er nur verläßt, um im Dunkeln zum nächsten Bunker zu schleichen. Ein bedrückendes Dasein. Wir steigen die finstere Hintertreppe hinauf – es gibt natürlich mal wieder keinen Strom –, machen das verabredete Klopfzeichen und stehen eine Minute später vor dem Mann, der seit 1938 dafür arbeitete, das Hitlerregime zu vernichten. Er hat ein edles, scharfgeschnittenes Gesicht, graumeliertes Haar und um die Augen einen Zug schmerzlicher Vergrämtheit, der, selbst wenn er lächelt, nicht aus dem Antlitz verschwindet. »Oberst Hartmann«, stellt er sich vor. Wir wissen, das ist nicht sein richtiger Name. Aber es ist gut so. Denn was man nicht weiß, das kann auch kein Mensch aus einem herausfragen.
Während wir Tee trinken, erzählt er uns seine Geschichte. Berufsoffizier, Regimentskommandeur, wegen Ablehnung von Erschießungen kroatischer Zivilisten strafversetzt, wieder in Gnaden aufgenommen, von Admiral Canaris zur Abwehr angefordert. »... und was in der Abwehrabteilung der deutschen Wehrmacht vor sich ging, das wissen Sie ja selbst«,

ergänzt er seinen Bericht mit einem Lächeln. »Sechs Jahre haben wir uns dafür eingesetzt, den Führer zu beseitigen. Sechs Jahre lang haben wir einen Plan nach dem anderen entworfen. Schon 38, in München, sollte es geschehen. Aber die Generale waren dagegen. Die Generale waren eigentlich immer dagegen, mochten sie sich auch noch so sehr den Anschein geben, als wären sie dafür. Halder hat gebremst, und Kluge hat gebremst. Sechs Jahre haben sie geredet und nichts getan. ›Ich werde den Zeitpunkt bestimmen‹, sagte Halder. Und wartete so lange, bis man ihn hinauswarf. – ›Ich befehle, Sie haben zu gehorchen‹, sagte Kluge. Die Generale sind schuld. Die Generale waren ganz einfach zu dumm! Na, und schließlich ist es auch mir zu dumm geworden, meine Zunge noch weiter an diesem Thema abzuwetzen. Ich meldete mich fort, wurde Kommandeur vom Berliner Streifendienst.« Er blickt uns an. »Ein peinlicher Posten übrigens für meine jetzige Lage, denn jede Streife kennt mich als Vorgesetzten. Als sie Canaris holten, hat man auch mich verhaftet. Nach zwei Tagen mußte man mich mangels Beweisen wieder laufen lassen. Dann fand man im Oktober den Panzerschrank des Admirals. Er wurde erbrochen. Das ganze Material unserer Aktionen kam zutage. Ehe durch Funkspruch meine erneute Verhaftung befohlen wurde, warnte mich ein Regimentskamerad. Damals sagte ich zu meiner Frau: ›Jetzt gibt es nur noch drei Möglichkeiten: mich zu stellen und aufhängen zu lassen, mir das Leben zu nehmen oder unterzutauchen.‹ – ›Natürlich untertauchen‹, entschied sie. Ich verschwand noch in derselben Stunde. Zwei Tage später wurde sie verhaftet. Und sehen Sie, das ist es, was ich einfach nicht ertragen kann. Daß sie um meinetwillen im Gefängnis sitzt. Seit sechs Monaten. Ohne daß ich weiß, wie es ihr geht, ohne daß sich ein einziger Mensch um sie kümmert. Ich habe mir Gift besorgt. Ich zergrübele mir den Kopf. War es richtig, was ich tat? Würde es nicht anständiger sein, mich noch heute den Behörden zu stellen?« – »Wahnsinn wäre es, heller Wahnsinn«, fällt Frank ihm leidenschaftlich ins Wort. »Glauben Sie, daß es Ihrer Frau wohler zumute wird, wenn Sie am Galgen hängen? Meinen Sie, daß man sie herausläßt, nur weil man Ihrer habhaft wurde? Mann Gottes, verlieren Sie doch nicht fünf Minuten vor zwölf noch die Nerven!« – »Aber die Bomben«, stöhnt der Oberst. »Man läßt sie ja nicht in den Keller. Und weiß ich, ob sie nicht verhungert ist, an Erschöpfung gestorben, an Mißhandlungen eingegangen, ehe wir sie herausholen können?« – »Wo sitzt sie denn?« erkundige ich mich. Mir scheint, jetzt kommt alles darauf an, das Thema vom Gefühlsmäßigen zum Praktischen hinzuwenden. – »Auf der Dirksenstraße. Im Frauengefängnis.« – »Dort wird man nicht mißhandelt, soviel ich weiß. Und außerdem soll es Sprecherlaubnis geben und die Chance, Lebensmittel hineinzubringen. Das läßt sich ohne Zweifel organisieren.«

Langsam gewinnt der Oberst seine Fassung zurück. Als wir ihn verlassen, haben wir alle vorläufigen Hilfsmaßnahmen genau miteinander abgesprochen. Frank soll sich darum kümmern, daß ein roter Volkssturmschein besorgt wird. Wald muß ihn drucken, Flamm hat die Verbindung zum Stempelfälscher. Das ist als Ausweis für Streifen immerhin etwas. Vielleicht glückt es uns auch, einen Vordruck anzufertigen, wie ihn die Wehrbezirkskommandos versenden: »Sie werden hiermit aufgefordert, Ihren Wehrpaß unverzüglich an uns einzuschicken.« Dann braucht man nur noch einen postalisch abgestempelten Einschreibebrief-Einlieferschein, den man an den Vordruck heftet, und die Sache ist gemacht. Auf solchen Vordruck haben schon zahlreiche Getauchte ihre Existenz gegründet.

Meine Aufgabe ist es, mich bei Hartmanns Frau als Freundin einzuführen. Doktor Tegel soll sie besuchen. Er als Geistlicher hat Zutritt zu den meisten Gefängnissen und außerdem die Chance, die Häftlinge unter vier Augen zu sprechen. Er muß Frau Hartmann verständigen, daß sie fortan eine Freundin meines Namens hat, die zu ihr kommt, ihr Lebensmittel bringt und für sie mit dem Anwalt verhandelt. Informieren wir sie nicht vorher, wird sie vielleicht glauben, ich sei ein Spitzel. Also, ich übernehme den Gang zu Doktor Tegel, den Anwalt und die wöchentlichen Besuche in der Dirksenstraße.

»Das hätten wir eingefädelt«, sagt Frank befriedigt, während wir im Hof unsere Räder losketten. Seit man in den öffentlichen Verkehrsmitteln vor Razzien nicht mehr sicher ist, vermeidet er es nach Möglichkeit, U-Bahn, S-Bahn oder Straßenbahn zu benutzen. Und es ist kein Opfer. Wenn wir mit eigenen PS an den Menschenmauern der Straßenbahnhaltestellen vorüberfahren, fühlen wir uns souverän wie Könige.
Auf der Fahrt nach Hause begegnen wir bereits den Leuten mit Klappstühlchen, die zu den öffentlichen Luftschutzkellern pilgern. »Dicke Luft«, sage ich zu Frank. »Die Bunkerkrähen sind im Anflug.« Die ganze Stadt bekommt allmählich einen Haß auf diese Sorte von Angsthasen, die bei jedem Einflug in Nordwestdeutschland nach ihrem Köfferchen greifen und dem nächsten Bunker zueilen. Stunden und Stunden verbringen sie dort. Am Morgen, am Mittag, am Abend. Für viele Frauen ist das wie ein Kaffeekränzchen-Ersatz. Man sitzt gemütlich, klatscht, tratscht und bespricht die letzten Zuteilungen. Ob es was gibt, und wo es was gibt. Und wenn man wieder mal seine Zeit abgesessen hat – in fünfzig von hundert Fällen ohne daß ein einziges feindliches Flugzeug die Stadtgrenze überflog –, dann geht man hin und stellt sich vor den Läden an. Schlange vor dem Butterladen, Schlange vor der Metzgerei, Schlange vor dem Bunker. Schlange, Schlange, Schlange, vom Aufstehen bis zum Schlafengehen. Man faßt es gar nicht, daß Menschen so viel Zeit haben können. Und man gönnte es ihnen allen, daß eine Streife sie auf Lastwagen lüde und zum Schippen oder Kartoffelschälen ins nächste Arbeitslager transportierte.
Am Abend gibt es wieder viel Geschieße. Es ist der dreißigste Moskitoangriff auf Berlin in den letzten dreißig Nächten. Um halb vier Uhr werden wir noch einmal aus den Betten geholt. Wie eine Säge reißt die Sirene den Schlaf entzwei. Aber dann bleibt alles ruhig. Offenbar hat man die Bomben in einem weit entfernten Stadtviertel abgeladen.

Berlin. Donnerstag, 22. März 1945

Ja, man hat sie abgeladen. Aber sie haben die Falschen getroffen. Um neun Uhr ruft man mich ans Telephon. Eine Dame wolle mich sprechen. Es meldet sich eine stockende Mädchenstimme. »Sind Sie die Freundin von Ursel Reuber?« – »Ja, was gibt's?« – »Ursel Reuber ... Ursel Reuber ...« Die Stimme bricht ab. – »Ich höre nichts. Können Sie nicht lauter sprechen?« Stille. Dann ein Schluchzen am anderen Ende der Leitung. »Ihr Haus hat einen Volltreffer. Sie liegt ... ich glaube, sie liegt unter den Trümmern.« – »Das ist nicht wahr! Das ist ausgeschlossen.« Der Schreck schlägt mir fast den Hörer aus der Hand. »Ich komme sofort«, kann ich nur noch zurückrufen. »Wir kommen alle. Mit den Rädern. In einer halben Stunde sind wir dort.« Ausgraben helfen ... ausgraben helfen. Jede Minute ist kostbar. Vielleicht war sie gar nicht zu Hause ... Aber Eva? Um Gottes willen ... Eva! Die ist ja auch noch ... Und die Anmeldung ... Und Evas Mutter ... Es kann nicht sein ... nein ... nein ... es darf nicht sein! Wie aufgescheuchte Vögel schwirren die Gedanken durch meinen Kopf. Heike Bescheid sagen ... Frank alarmieren ...

Fünf Minuten später jagen wir auf unseren Rädern die Schloßstraße entlang. Ihnestraße 40 in Dahlem. Vielleicht ist es doch ein Irrtum. Die Zunge hängt uns aus dem Halse. Herrgott, auch noch Gegenwind! »Frank soll erst mal zurückbleiben«, rufe ich den anderen zu. »Falls Polizei da ist. Besser, er wartet an der nächsten Ecke.« Frank nickt, Heike nickt ebenfalls. »Ob sie Spaten dort haben«, ruft sie zurück und tritt noch heftiger in die Pedale. Wir biegen in die Ihnestraße ein. Nr. 20 ... 22 ... 24. Keine Fensterscheibe entzwei. Kein Schutt, keine Rauchwolken. Die Straße liegt friedlich, wie ausgestorben. Noch eine Ecke ... Absperrung. Menschen. Ein paar Polizeibeamte und die grauen Wagen des Bergungskommandos. Also doch. Wir springen von den Rädern. Verstörte Gesichter richten sich auf uns. Man macht uns Platz, als spüre man, daß wir dazugehören. Ihnestraße 40. Wir starren auf einen Berg von Trümmern. Zerborstene Balken. Fensterrahmen, Geröll und Mörtel. Ein

grauenhaftes Durcheinander. In den Ästen der alten Ulme, die ehemals das Haustor flankierte, bläht sich im Winde der Fetzen einer bunten Gardine. Acht Soldaten sind schweigend damit beschäftigt, Stück für Stück von dem Schuttberg abzutragen. Ich wende mich an den nächsten Polizisten. »Liegen noch Menschen da drunter?« – »Zwei Fräuleins sollen im Haus gewesen sein. Aber es ist nur eine auf der Polizei gemeldet.« Er zuckt die Achseln. »Wir kommen nicht ran. Seit vier Uhr nachts graben wir schon. Es rutscht immer wieder nach. Auch die Durchbrüche sind verschüttet.« – »Glauben Sie, daß sie noch am Leben sind?« – »Möglich, aber nicht wahrscheinlich. Wir haben es mit Klopfzeichen versucht. Keine Antwort. Der Volltreffer muß direkt in den Luftschutzkeller gegangen sein.« – »Dürfen wir ausgraben helfen? Wir sind Freunde von Fräulein Reuber.« Der Polizeibeamte sieht uns einen Augenblick halb prüfend, halb mitleidig an. Dann schüttelt er den Kopf. »Streng verboten für Zivilisten. So was muß gelernt sein. Sonst wird das Unheil nur größer.« – »Aber wir können sie doch nicht einfach da liegen lassen!« Heike weint fast vor Ungeduld und Aufregung. »Wann glauben Sie denn ...?« – »Frühestens morgen«, sagt der Mann. »Vielleicht erst übermorgen. Geben Sie mir Ihre Telephonnummer. Wir werden Sie verständigen.« Ich laufe zu Frank, der mit seinem Rad hinter der nächsten Straßenecke wartet. »Komm«, sage ich, »sie tun dir nichts. Aber man läßt uns nicht graben. Sie liegen drunter. Beide. Wir dürfen nur danebenstehen und zuschauen.«
So stehen wir und schauen – wir und die Fremden –, wie sie Balken für Balken, Stein für Stein von der drückenden Last abtragen, die Ursel Reuber und Eva Gerichter auf den Schultern liegt. Stein für Stein. Balken für Balken. Vorsichtig und entsetzlich langsam. Jetzt greift der eine Soldat tief in den Schutt hinein. Zieht irgend etwas hervor und wirft es beiseite. Ein Buch, halb zerrissen. Gedichte von Rilke. Ursels Lieblingsdichter. Heike schluchzt auf. »Ich kann das nicht«, jammert sie. Frank geht hinüber zu dem Haufen von Hausrat, schmutzigen Stoffresten und Gerümpel, den sie in einer Gartenecke

zusammengetragen haben. »Sieh mal«, ruft er. Er hält in der Hand eine runde Weckeruhr. Aus violettem Blech, wie man sie für vier Mark fünfzig hundertweise im Kaufhaus des Westens erwerben konnte. Der Zeiger ist auf drei Uhr vierzig stehengeblieben. Auf drei Uhr vierzig und siebzehn Sekunden. Der Augenblick, in dem Ursel und Eva der Atem stillstand. Der Wecker zeigt ein Viertel nach fünf. Aufstehzeit für Ursel, um rechtzeitig in ihren Dienst zu kommen. »Steck ihn ein«, bitte ich Frank. Dann wenden wir uns zum Gehen.

Als wir die Ihnestraße hinunterfahren, kommt uns ein Trupp junger Mädchen entgegen. Armselig gekleidet, die Schuhe verstaubt. Jedes von ihnen trägt einen riesigen Reisigbesen über der Schulter. Ursels Arbeitskolleginnen vom Straßenkehrkommando in Zehlendorf. Wir sprechen sie an. »Ihr wollt zu Ursel Reuber?« Sie nicken. Tränen rinnen über ihre Gesichter. »Wir kommen gerade von der Arbeit. Wir möchten graben helfen. Irgendwas muß man doch tun können.« – »Man kann nichts tun, und man darf nicht. Es wäre wohl sinnlos. Ihr könnt nur hingehen und ihr zeigen, daß ihr zu ihr haltet.« Wir schütteln uns die Hände. Sechs kleine Halbjüdinnen. Von Staats wegen unwürdig, etwas anderes zu tun, als Straßen zu kehren oder Omnibusse zu reinigen. Sie sind gekommen, um zu helfen. Nach zehn Stunden mühseliger Arbeit. Sie sind gekommen, um zu weinen. Weil sie ein Herz haben, das noch weinen kann.

Auf dem Heimweg spricht keiner von uns ein Wort. Jeder ist mit seinen eigenen Gedanken beschäftigt. Nur einmal meint Frank: »Wir müssen Doktor Tegel Bescheid sagen. Wegen der Beerdigung. Ich glaube, es würde ihr viel daran liegen.«

Berlin. Freitag, 23. März 1945

Wir sind wieder in der Ihnestraße gewesen. Man hat die Mädchen noch immer nicht gefunden. Eigentlich war es sinnlos, dorthin zu fahren. Aber solange die beiden über der Erde sind, sollen sie wissen, daß wir sie nicht allein lassen. Liebe Ursel! denken wir, als wir vor den Trümmern stehen. Liebe Eva!

Berlin. Samstag, 24. März 1945

Die Kriminalpolizei hat angerufen. Ich möge sofort zur Schadensstelle kommen. Die eine der »Gefallenen« sei geborgen worden. Heute nachmittag um halb fünf. Ich radele los. »Bleib tapfer«, ruft Frank mir nach.

Es gibt viel Grund, um tapfer zu bleiben. Unter der alten Ulme liegt ein armseliges Häuflein. Mit Wellpappe zugedeckt. Ich schlage das Papier zurück. Ich sehe ein Gewirr dunkler Haare, zwei Hände wie im Schreck vor das Gesicht geschlagen. Das Gesicht selber – eine unkenntliche Masse von Blut, Staub, Dreck und Matsch. »Man hat eine Tasche bei der Toten gefunden«, sagt ein Mann neben mir. »Eine lederne Handtasche. Die Kriminalpolizei hat sie beschlagnahmt. Es war eine Anmeldung darin. Helga Seidler, Flüchtling aus Guben. Angemeldet bei Frau Gerichter, Bleibtreustraße 46.« Da haben wir die Bescherung! »Kennen Sie diese Helga Seidler?« erkundigt sich der Mann. »Es sind Bilder vorhanden. Fünfundzwanzig Photos. Vielleicht läßt sich nachweisen ...« Mir wird übel, wenn ich an diesen Nachweis denke. – »Ich habe keine Ahnung«, sage ich. »Ich kenne Fräulein Reubers Freundin nicht. Und ich weiß weder wie sie heißt, noch wo sie gemeldet war.« Aber der Mann läßt nicht locker. »Die Menschen sagen, sie heiße Fräulein Dohm. Und auf der Anmeldung steht Helga Seidler. Da stimmt doch was nicht. Da ist doch was nicht sauber. Na, wir werden schon dahinterkommen.« Im Vollgefühl seiner Wichtigkeit schreitet er von dannen. Gestapospitzel, denke ich. Gottlob, daß er so dämlich ist!

Ein Krankenauto fährt vor. Zwei Männer steigen aus. Sie laden das, was von Ursel Reuber übrig blieb, auf eine Bahre. »Wohin?« frage ich. – »Nach Friedhof Onkel Tom.« Der Wagen rollt davon. Also auf nach Onkel Tom.

In der Friedhofsverwaltung begegne ich einem zweiten Leidtragenden. Dem Vater von Ursel. Man rief ihn von außerhalb. Jetzt steht er neben mir. »Wir müssen sie schön beerdigen!« sage ich. »Sie soll sich freuen. Wir lassen sie nicht im Stich. Wenn man bloß erst die andere gefunden hätte!« – »Ja, die andere«, seufzt er. »Ich wußte bis heute nichts von ihrer Existenz. Ich weiß überhaupt nichts. Und ich will auch nichts wissen.« – »Aber Sie werden sie doch … zusammen begraben lassen?« erkundige ich mich zögernd. – »Gewiß werde ich das! Und vielleicht auch noch« – er stockt – »meinen Sohn?« Ich blicke ihn sprachlos an. »Ihren Sohn? Ihr Sohn war doch gar nicht …« Der weißhaarige Mann sieht plötzlich wie ein ertappter Schuljunge aus. – »Ich bin im Bilde«, versuche ich ihm über seine Verlegenheit hinwegzuhelfen. »Er ist untergetaucht. Seit drei Wochen. Verbirgt sich irgendwo. Hier in Berlin. Weil man ihn als Mischling zur Organisation Todt einziehen wollte. Ursel hat es mir gebeichtet.« Er wendet unruhig den Kopf und neigt sich zu mir herüber. »Ich dachte… es kommt vielleicht auf einen mehr oder weniger nicht an, dachte ich. Und wenn die Polizei glaubt, er läge unter den Trümmern? …« – Mir geht ein Licht auf. »Also haben Sie der Polizei gesagt, daß Sie wüßten …?« – »Vermuteten, vermuteten«, wehrt er ängstlich ab. »Ich glaubte ihm einen Gefallen zu tun.« Es fällt mir schwer, ein Lächeln zu verbeißen. Groteske Zeiten, in denen ein Vater den eigenen Sohn unter die Trümmer seines Hauses mogelt, damit der Tote dem Lebenden ein Alibi schafft!

Auf der Friedhofsverwaltung kann man uns nicht viel Neues sagen. Nein, die zweite Leiche sei noch nicht gefunden. Die erste »Gefallene« werde am Montagvormittag eingesargt. »Wie steht es mit der Sargbeschaffung?« fragte Ursels Vater. Wir wissen beide, daß es schwer ist, einen Sarg zu bekommen. Daß man nach Bombenangriffen oft wochenlang warten muß, ehe er geliefert werden kann. Der Friedhofsbeamte sieht verlegen zur Seite. »Das wird von uns aus erledigt«, murmelt er eilig. »Sie erhalten einen Sargschein.« Mir fällt ein, daß unter der Bevölkerung Gerüchte gehen, es würden wegen Holzknappheit Särge nur noch leihweise abgegeben. Man trage die Toten bis zur Grube, senke sie ordnungsgemäß hinab, um sie dann, sobald die Trauergemeinde sich entfernt habe, wieder auszupacken und ohne hölzerne Umhüllung einzuscharren. Nur Parteigenossen, behauptet man, seien der Ehre teilhaftig, im eige-

nen Sarg in die Grube zu fahren. »Ich würde gern ein Nachthemd von mir stiften«, sage ich schüchtern. »Für die Einsargung. Ein schönes Nachthemd!« Der Beamte wehrt ab. »Ist nicht erlaubt! Spinnstoffverordnung! Wir decken die Tote mit den Kleidungsstücken zu, in denen sie gefunden wurde.« Also doch Leihsarg, fährt es mir durch den Kopf. Aber ich halte es für richtiger, solche Gedanken nicht laut werden zu lassen.
Wie ich nach Hause komme, sitzt eine fremde Dame in meinem Zimmer. Sitzt und schluchzt. »Ich bin Evas Mutter«, stellt sie sich vor. »Frau Gerichter – vom Modesalon am Kurfürstendamm. Ich war bei Doktor Tegel. Er hat mich zu Ihnen geschickt. Ach, es ist alles so furchtbar!« – »Ich weiß, ich weiß«, sage ich leise. Frau Gerichter trocknet sich die Augen. »Man hat mich zur Kriminalpolizei bestellt. Wegen der Helga Seidler. Sie wollen mir Bilder vorlegen. Wollen wissen, ob die beiden identisch sind. Was sag' ich nur? Es ist doch mein Kind.« – »Man müßte es einfach ableugnen«, schlage ich vor. »Bilder kann man viele haben, es braucht ja nicht gerade Helga Seidler darauf zu sein.« Evas Mutter schüttelt den Kopf. »Wenn es nur das wäre!« seufzt sie. »Aber in Evas Luftschutztasche steckt ihr echter Paß mit Bild und Unterschrift, ein Tagebuch mit tausend feindseligen Äußerungen gegen die Nazis, ein Spottgedicht gegen Hitler, stecken zwei Judensterne, die sich die Mädchen vorsorglich fürs Vierte Reich besorgt haben. Wenn man die Tasche findet! Wenn man sie schon gefunden hat! Sie trug sie immer bei sich.«
Das war allerdings fatal! Eine neue Komplikation in dieser verzwickten Geschichte. »Sie dürfen keinesfalls bei der Kriminalpolizei auftauchen, ehe die Leiche ausgegraben worden ist«, erkläre ich bestimmt. »Werden Sie krank, verreisen Sie, denken Sie sich aus, was Sie wollen. Am Montag gehen wir gemeinsam zum Friedhof. Da wird sich das Weitere finden.« Frau Gerichter sieht mich zaghaft an. »Meinen Sie wirklich?« – »Ja, ich meine! Natürlich dürfen Sie dort nicht als Mutter auftreten. Begünstigung einer Geltungsjüdin. Sie wissen, wie das bewertet wird.« In dem Augenblick heult die Sirene. Wir verabschie-

den uns hastig. »Meinen Keller kann ich Ihnen leider nicht empfehlen«, entschuldige ich mich. »Man hört in ihm die Fliegen husten. Aber fünf Minuten entfernt ist ein Bunker. Zwei Meter Betondecke. Wenn Sie laufen, schaffen Sie es bestimmt.« Evas Mutter läuft. Und sie schafft es auch.

Berlin. Montag, 26. März 1945

Gott sei Dank! Die zweite Leiche ist gefunden. Als ich mich um zehn Uhr morgens mit Evas Mutter vor dem Onkel-Tom-Friedhof treffe, hat man sie eben eingeliefert. »Besichtigung streng untersagt«, erklärt der Friedhofsbeamte. – »Aber zu Fräulein Reuber dürfen wir doch?« Er nickt. Ich fasse Evas Mutter unter den Arm. Sie trägt ein paar Blumen in der Hand. Märzbecher, gelb und leuchtend. Wir steigen die Treppe zum Leichenkeller hinunter. Die Tür ist verschlossen. Auf unser Klopfen öffnet eine alte Frau. Schlurft vor uns her in die Finsternis hinein. »Stromsperre«, sagt sie. »Momentchen mal, ich hole eine Kerze.« Sie verschwindet, um nach wenigen Augenblicken mit einem brennenden Lichtstummel zurückzukehren. Offenbar der Rest einer ehemaligen Altarkerze. Die Flamme wirft hüpfende Schatten über die Wände des Gewölbes. Beklommen blicken wir uns um. Fünfzehn Särge stehen dort nebeneinander. »Sie müssen nach dem Namen schauen«, erklärt die Alte. Richtig, an jeder der schwarzgeteerten Holzkisten hängt ein länglicher Zettel. Wie eine Gepäckadresse für Expreßgut. Beim Schein der Kerze bücken wir uns über die Särge, entziffern mühsam: Friedrich von Schrick ... Anna Geber ... und endlich als letztes: Ursula Reuber.

Lange stehen wir vor dem armseligen Kasten. Und selbst dieser Dreck ist nur geliehen, denke ich bitter. Die Märzbecher leuchten wie gelbe Sterne aus der Finsternis. Neben dem Sarg, ganz in die Ecke gedrückt, steht eine hölzerne Pritsche. Mit schwarzem Kreppapier bedeckt, wie man es für Verdunkelungen benutzt. »Die zweite Leiche von der Ihnestraße«, sagt die Alte und hebt ihre Kerze ein wenig in die Höhe. Ich werfe einen Blick hinüber. Merkwürdig wenig Konturen zeichnen sich

unter der schwarzen Decke ab. Evas Mutter preßt meinen Arm. »Ich muß sie sehen!« – »Bitte, lassen Sie es doch ...« Sie reißt sich los, ist mit einem Schritt an der Kopfseite des Schragens. Langsam schlägt sie das Papier zurück, schreit auf und taumelt in meine Arme. Fünf Klumpen verkohltes Fleisch, fünf Klumpen von irgend etwas. Sonst nichts. Im ganzen Raum verbreitet sich ein unerträglicher Geruch.
Ich führe Evas Mutter hinaus. »Sie hätten es nicht tun sollen!« Aber sie antwortet nicht. Sie ist kalkweiß und weint. »Mein einziges Kind«, sagt sie. »Mein einziges Kind.« Ich verstehe ihren Kummer. Aber ich denke auch noch daran, daß sie ihn nicht zeigen darf. Nicht hier und nicht vor diesen Leuten. Und ich denke noch mehr daran, daß, wo ein Mensch verkohlte, seine Handtasche nicht übrigbleiben kann. Und ein Stein fällt mir vom Herzen.

Berlin. Dienstag, 27. März 1945

Morgen werden die beiden begraben. Morgen um zwei Uhr mittags. Doktor Tegel soll die Trauerfeier halten. Und wir wollen alles aufbieten, den würdigen Rahmen dazu zu liefern. »Ehrensache«, erklärt Heike, »daß wir eine riesige Trauergemeinde auf die Beine bringen. Und Blumen, um die ganze Kapelle zuzudecken.« Die anderen sind der gleichen Meinung. Hier muß etwas dokumentiert werden. Der Ringverein tritt an. Der Ringverein läßt sich nicht lumpen. Heike ist in aller Frühe nach Wannsee gezogen, um Buchsbaum und Grünes zu holen. Wenn wir den Gärtner mit ein paar Zigaretten bestechen, wird er uns Kränze daraus binden und vielleicht sogar ein paar Blumen hineinstecken. Für Zigaretten kann man heute alles tauschen – sogar Grabkränze.
Den halben Tag sitzt Frank am Telephon. Trommelt die Clique zusammen. Es ist nicht leicht, zu telephonieren. Glückssache, wenn der Anschluß einmal klappt. Nur wehrwirtschaftlich wichtige Betriebe mit eingetragener Kennummer genießen den Vorzug, von früh bis spät an der Strippe hängen zu dürfen. Gewöhnliche Sterbliche haben Sperrstunden. Wenn man nur

wüßte, wann? Im Verlag behaupten sie, das richte sich nach der Endziffer der Teilnehmernummer. Nummern, die mit geraden Zahlen aufhören, seien in den Stunden gesperrt, die für Anschlüsse mit einer ungeraden Endzahl frei sind, und umgekehrt. Es muß jedoch noch ein anderes Geheimnis dahinterstecken. Ein Geheimnis, das mit jedem Tage wechselt. Denn täglich spielt uns der Telephonstrom einen neuen Überraschungsstreich. Aber Frank läßt nicht locker. Er dreht an der Scheibe, bis ihm die Finger lahm werden. »Hört ihr«, mahnt er eindringlich, »keiner darf fehlen! Die Zehlendorfer ›Besenmädchen‹ kommen geschlossen. Nur unsere ›Marinisten‹ müssen fernbleiben. Warum? Na, ist doch klar. Weil da einer mit dem Opernglas stehen wird! Also dann: pünktlich! Mehr als fünfzehn Minuten bewilligt die Friedhofsverwaltung nicht. Wegen Andrang. Und Blumen mitbringen! Unbedingt Blumen mitbringen!« Er reibt sich die Hände. »Ich glaube, das wird klappen. Und der Kripospitzel, den sie uns für morgen zugedacht haben, kann sich den Mund wischen.«
Heike bringt Berge von Tannen und Grünzeug. »In den Läden war alles leer«, berichtet sie. »Draußen gab es auch noch nicht viel. Da habe ich eine Anleihe auf dem Wannsee-Friedhof gemacht. Ich denke, die Toten werden es mir nicht übelnehmen.« Nein, das tun sie gewiß nicht. Und sie verlangen auch weder Schmiergeld noch Tauschwaren. Am Abend muß einer mit dem Rad nach Tegel fahren. Sämtliche Tegeler Telephonleitungen sind gestört. Keine Möglichkeit, unseren Pfarrer zu verständigen. Der Weg nach der Afrikanischen Straße ist weit. Doch es hilft nichts. Daß auf der Rückfahrt Alarm kommt, versteht sich fast von selbst. Und es ist häßlich, zwischen fremden Trümmern nach einem Unterschlupf suchen zu müssen.

Berlin. Mittwoch, 28. März 1945

Der Himmel strahlt vor Bläue. Ursel würde froh sein über diesen Tag. Auch ich bin froh, trotz allem. Aber um elf Uhr geht die Sirene. Wenn wir Glück haben, zieht das Unheil vorüber.

Es zieht nicht vorüber. Während wir im Keller hocken, brausen Ströme schwerer Bomberverbände über uns hinweg. In Richtung Tegel, Charlottenburg und Stadtmitte färbt sich der Himmel schwarz. Die Mauern zittern. Bei jedem Teppichabwurf kracht das eigene Haustor scheppernd auf und zu. Ich schaue auf die Uhr. Großer Gott! Die Beerdigung! Ausgeschlossen, daß nach einem solchen Angriff die Stadtbahn verkehrt. Und Doktor Tegel? Von der Afrikanischen Straße bis Onkel Tom ist es ein Fußweg von vielen Stunden.
Um ein Uhr kommt Entwarnung. Frank treibt bereits zum Aufbruch. Weil er nicht mitfahren kann, wird er mit Wald und anderen Getauchten zu Hause an uns denken. Wir schwingen uns in die Sättel. Da kein Verkehrsmittel fährt, bleibt uns nichts anderes übrig, als die Räder zu benutzen. Eine halbe Stunde bis Onkel Tom. Das heißt: Pedale treten mit letzter Muskelkraft. »Vergeßt die Blumen nicht!« erinnert Frank. Richtig, die Kränze. Sie eignen sich schlecht für einen Radtransport. Das beste, man hängt sie um den Hals. So brausen wir los, wie Sechstagerenner vor dem Endspurt. Dekoriert, als hätten wir den Endspurt schon hinter uns.
Kurz vor drei Viertel zwei springen wir am Friedhofstor von den Rädern. Aus einem Seitengang taucht Frau Gerichter auf. Sie kommt aus Charlottenburg, von wohlwollenden Lastwagenfahrern in Teilstrecken mitgenommen. Allmählich finden sich auch die anderen ein. Sogar der Kripospitzel. Mit Brille und in läppischer Maskierung. Nur unser Pfarrer fehlt. Gerade Tegel hat es heute besonders abbekommen. Ausgeschlossen, er kann es nicht schaffen. Er schafft es doch! Mit Augen, die der Qualm rot umrändert hat, im Rucksack Beffchen und Talar, schiebt er fünf Minuten vor zwei sein Rad durch die Tür.
Vor der Kapelle haben sich inzwischen mehr als fünfzig Menschen versammelt. Viele kenne ich nicht. Viele kennen Ursel nicht. Und auch nicht Eva Gerichter. Sie sind nur gekommen, weil der »Ringverein« rief. Die beiden geteerten Kästen, die schwesterlich nebeneinander vor dem Altar stehen, sind mit Kränzen ganz zugedeckt. Die Orgel spielt das Largo von Hän-

del. Kerzen flackern sanft zwischen grünen Buchsbäumen. »Ihr, die ihr auf dem halben Wege wart«, sagt Doktor Tegel. »Ihr, die ihr gerungen habt und ein schweres Schicksal trugt ...« Wer Ohren hat, zu hören, der hört. Neben mir weint Frau Gerichter. Es ist schwer, Mutter zu sein und doch nicht Mutter sein zu dürfen. Es ist eigentlich kaum zu ertragen.

Als der Pfarrer die Hände zum Segen hebt, geht in der Nähe ein Zeitzünder in die Luft. »Kein Hälmlein wächst auf Erden«, singen Geige und Cello. Das ist Ursels Lied. Acht Träger kommen und heben die Särge auf. Gelb leuchten die Märzbecher über den schwarzen Kästen. Wie wir am Grabe stehen, donnert ein zweiter Zeitzünder. Dann gleiten die Toten in die Tiefe. »Im Namen Gottes«, leiern die Träger. Ein dritter Zeitzünder. Adieu, Ursel! Adieu, Eva! Die Totengräber drängeln. »Schneller, schneller!« Auch das Erdewerfen ist zeitlich befristet. Schon stehen die nächsten Leidtragenden vor der Grabkapelle. Warten, daß für sie die Orgel spielt, die Leichenträger sich in Gang setzen. Ob man wohl auch im Himmel noch anstehen muß?

»Kommen Sie, wir gehen«, flüstert mir Doktor Tegel zu. Gemeinsam schieben wir unsere Räder durch das Friedhofstor. »Laufen wir noch ein Stückchen«, schlägt er vor. »Ich muß zur Prinzessin Schönburg, Brotmarken schnorren. Gestern nacht sind mir zwei neue U-Boote ins Haus geschneit. Getürmt aus dem jüdischen Abhollager. An einer Wäscheleine haben sich die Kinder aus dem zweiten Stock heruntergelassen. Während ringsum die Bomben fielen. An einer Wäscheleine! An der man sich die Hände zerreißt.«

Wieder zwei Menschen, die versorgt werden müssen. Allmählich wächst es einem ein bißchen über den Kopf. »Können Sie es überhaupt noch bewältigen?« frage ich. – »Schwer, aber es geht«, lächelt Doktor Tegel. »Wenn wir nur erst Papiere für die beiden hätten! Das Mädchen bring' ich schon unter. Aber der Junge! Sie haben ihn schon mal geschnappt, fast zu Brei geschlagen auf der Oranienburger Straße. Und nun der Volkssturm! Man kann ja kaum noch so viel fälschen, wie man vorzeigen muß!« – »Wald wird drucken! Wenn nur die Prinzessin die Verpflegung übernimmt.« Wir starren in den blauen Himmel. Jeder überschlägt angestrengt seine Möglichkeiten. »Es muß gehen!« sagen wir beide im selben Augenblick.

Berlin. Samstag, 31. März 1945

Ich habe einen Coup gelandet. Und großartige Beute heimgebracht. Als ich gestern abend einen Kollegen besuche, der zur Untermiete bei einem höheren SS-Bonzen wohnt, finde ich das Haus vom letzten Bombenangriff in allen Fugen »durchgepustet«. Das übliche Bild: zerbrochene Türen, herausgerissene Fensterrahmen, schiefbaumelnde Rolläden und Berge von Glasscherben, Stuck, Mörtel und zerfetztem Verdunkelungspapier. Auf der gegenüberliegenden Straßenseite brennt es vom Keller bis zum Dachboden. Der Kollege ist ausgegangen. »Funktioniert Ihr Telephon?« erkundige ich mich bei der Naziköchin. »Dann darf ich vielleicht kurz telephonieren.« Sie führt mich ins Arbeitskabinett ihres Herrn. Ich stolpere über den Schutt zum Schreibtisch. Durch die offenen Fensterhöhlen glüht das düstere Rot der Feuersbrunst. In seinem auf- und abflackernden Schein erkenne ich den Apparat, erkenne dicht neben ihm eine Schale mit Schreibutensilien aller Art und mit zahlreichen Gummistempeln. Ein Einfall blitzt mir durch den Kopf. Sollte unter diesen Stempeln vielleicht ... Rasch ziehe ich meine Taschenlampe hervor. Die Köchin ist weit. Irgendwo höre ich sie in der Ferne hämmern und klopfen. Sie verpappt die Fenster. Das ewig wiederkehrende Geschäft nach jedem Bombenabwurf. Ich schirme die Lampe mit der Hand ab und unterziehe den Inhalt der Schale einer eingehenden Musterung. Eckige Stempel – ovale Stempel. Nein, das ist alles nichts. Eilige Drucksache. Erledigt – Muster ohne Wert. Da endlich! Also doch! Ein runder roter Knauf. Kreisrund die graue Stempelscheibe. Ein »Vögelchen«! Wahrhaftig, ein »Vögelchen«! Der Hoheitsadler der Partei. Unschätzbares Wertobjekt für jeden, der einen Ausweis braucht. Papier aus der Tasche. Ein altes Kuvert. Ich haue auf das Stempelkissen, als schlüge ich die

Kesselpauke. »Auslandsorganisation der NSDAP, Reichsleitung«, steht es im Kreise um den Adler herum. Besser hätte es gar nicht treffen können. Mit einem Griff habe ich die Kostbarkeit im breiten Saum meines Strumpfes verstaut. Ein zweiter Griff. Drei – vier Stempel fliegen aus dem Fenster. Etliche Bleistifte folgen. Der restliche Inhalt der Schale wird über den Fußboden verstreut, zwischen Glasscherben und Stuckbrokken. Ausgebombt! Vom Luftdruck weggepustet der gesamte Schreibtischbestand. Da soll noch einer nach Spuren suchen!
Zu Hause wartet Frank auf mich. »Mensch«, ruft er, »Küstrin von den Russen genommen! Danzig genommen! Im Westen haben sie Paderborn erreicht, Duisburg erobert und Tausende von Gefangenen gemacht. Paß auf, in drei Wochen ist es geschafft.« – »Und wer wird zuerst hier sein?« – »Noch gar nicht raus. Aber wer auch kommen mag ...« Er umarmt mich begeistert.
Immer mehr Menschen denken jetzt so. Immer seltener sieht man Parteiabzeichen in den Knopflöchern, hört man fanatische Volksgenossen vom Endsieg faseln. Der Endsieg, das ist: wenn die Alliierten durchs Brandenburger Tor einziehen. Und wieder denke ich, wie schon so oft: Was für ein Widersinn, daß man als Deutscher für den Sieg der Feinde betet! Seltsame Heimatliebe, die nichts Besseres wünschen kann als die Eroberung des eigenen Landes!
Dann besprechen wir die Sache mit dem »Vögelchen«. »Ohnehin hätten wir jetzt Ernst machen müssen«, sagt Fabian. Mit der üblichen Methode des Markenschnorrens ist es vorbei. Von Karten losgetrennte Lebensmittelabschnitte werden nicht mehr angenommen. Ab nächsten Monat sitzen unsere U-Boote auf dem trockenen, wenn wir uns nicht ... ja ... wenn wir uns nicht ...« Er blickt zögernd auf Frank, unseren Draufgänger und Abenteurer. – »... dazu entschließen, einen kleinen Einbruch in die Kartenstelle zu inszenieren«, fährt dieser trocken fort. »Das meinst du doch, nicht wahr?« Einen Augenblick sehen wir betreten vor uns hin. Und um den Hals wird es uns enge. Einbruch! Daß es auch gleich ein Einbruch sein muß.

Schließlich ist uns allen dieser Beruf nicht an der Wiege gesungen. Und irgendwo klopft das Gewissen sehr bürgerlich. Aber wer A gesagt hat, muß auch B sagen. Täglich tauchen neue Leute unter. Fast ist es, als bestünde Berlin nur noch aus U-Booten oder Verhafteten oder Verurteilten oder in anderer Form aus der bürgerlichen Existenz Ausgeschiedenen. Ihre Betreuung wächst uns über den Kopf. Ihre Versorgung ist einfach nicht mehr durchführbar. Frank entwickelt seinen Plan: »Ich gehe morgen auf die Kartenstelle neun. Draußen in Tempelhof. Sie ist in einer ausgebombten Schule untergebracht. Sehr provisorisch. Nur Pappen an den Fenstern und Holztüren. Im Keller sitzt die Polizei und eine Meldestelle vom Volkssturm. Klingt etwas bedenklich, ist aber bei Licht betrachtet eher günstig. So viel Frechheit vermuten die nämlich nicht. Ich rekognosziere die Lage. Für den Rest genügen zwei Leute. Du, Fabian, und ich. Ihr andern dürft inzwischen den Daumen halten. Wenn die Sache klappt, wird das Vögelchen in Tätigkeit gesetzt.« Er macht die Bewegung des Stempelns. »Was die Nazis können, können wir schon lange.«

Berlin. Sonntag, 1. April 1945

Nachts träumt mir, ich hinge an einem dünnen Seil über schwindelndem Abgrund. Und neben mir hinge Frank und sagte: »Laß dich ruhig fallen! Unten ist es auch ganz schön!« Schweißgebadet wache ich auf. Da zeigt die Uhr schon zehn, und Frank ist längst über alle Berge. Draußen läuten die Glokken, läuten lange und dröhnend. Hat etwa der Umsturz begonnen? Ich springe aus dem Bett. Laufe zum Fenster. Himmel, wenn wir den verpaßt hätten! Auf der Bismarckstraße gehen die Leute wie gewöhnlich.

Nein, es ist ganz einfach Ostern, fällt mir plötzlich ein. Man vergißt selbst die Feiertage. So sehr hat die bürgerliche Zeitrechnung für uns aufgehört, daß wir nur noch im Augenblick leben. Dankbar und glücklich, jedem Augenblick das Seine zu geben. Wenn nur erst Frank zurück wäre. Immer sitzt man irgendwie auf Nadeln. Zwar, der Feiertag begünstigt die Sache.

Aber trotzdem. Da hämmert es donnernd gegen die Haustür. Dreimal. Das verabredete Klopfzeichen für »Gut Freund«, wenn wieder mal der Strom ausbleibt und die Klingeln versagen. Ich stürze. »Gottlob, daß du da bist!« Er lacht übers ganze Gesicht. »Nicht nur ich bin da, sondern auch der Schlüssel von der Kartenstelle. Hier in meiner Tasche. Heute nachmittag wird das Ding gedreht!« – »Aber wie denn, am Ostersonntag?« Etwas töricht starre ich ihn an. – »Gerade am Ostersonntag. Und nun stehe nicht und staune, mein Liebling, sondern tummle dich! Hol Heike und Fabian herüber. Wir halten einen Kronrat ab.« Der »Kronrat« tagt. Wie ein Feldherr spricht Frank zur Lage. »Du gehst zuerst, Fabian! Ich stehe Schmiere und decke dir den Weg, bis ich dich drinnen weiß. Das Außentor hat nur einen Holzriegel. Kinderspiel, ihn mit dem Taschenmesser hochzuklappen. Drin eine Treppe, sechs Stufen. Dann rechts durch den Gang bis zur dritten Tür. Hier ist der Schlüssel. Sobald die Luft rein ist, komme ich nach. Wenn wir erwischt werden, springen wir aus dem Fenster.« – »Wie hast du das bloß mit dem Schlüssel gezaubert?« fragt Heike bewundernd. – »Gar nicht gezaubert! Er steckte. Steckte ganz einfach im Schloß. Zwei Fräuleins saßen im Zimmer, arbeiteten irgendwelche Überstunden ab. Ich erkundigte mich höflich, ob hier die Volkssturmmeldestelle sei. »Nein, die ist auf der andern Seite«, sagten sie. Während ich mich geräuschvoll bedankte und die Klinke mit dem Rücken deckte, verschwand der Schlüssel in meiner Tasche.«

Um vier Uhr verlassen die beiden das Haus. Heike hat ihre Käsezuteilung geopfert und ein großartiges Einbrecherfrühstück gemacht. »Man kann sie doch nicht mit leerem Magen ziehen lassen«, meint sie. Und unsere Amateurganoven hauen ein, als wenn sie vier Wochen lang gehungert hätten. »Ob Einbrechen immer solchen Appetit macht?« Drei Stunden sitzen Heike und ich zusammengekauert auf unseren Stühlen. Wagen uns nicht zu rühren, drücken die Daumen und kommen uns vor wie Ganovenbräute. »Wenn jetzt einer klingelt, machen wir nicht auf«, flüstert Heike. – »Am besten, wir

ziehen Hausschuhe an«, schlage ich vor. »Während du durchs Guckloch schaust, kann ich die Mappe mit den falschen Papieren über die Balkonbrüstung auf den Nachbarbalkon werfen.« Zum Glück klingelt niemand. Es dämmert bereits. Dann wird es ganz dunkel. Lang-kurz-kurz. Es klopft! »Da sind sie! Endlich!« Ein Blick auf ihre Gesichter. Geklappt! Stumm gehen wir ins Zimmer. Stumm räumen sie ihre Taschen aus. Fliegerschadenscheine. Noch mehr Fliegerschadenscheine. Immer mehr Fliegerschadenscheine. Ganze Bündel gelber Amtsformulare häufen sich auf dem Tisch. »Ist das alles?« frage ich enttäuscht. Frank nickt. »Der Einbruch ist gelungen. Die Beute läßt zu wünschen übrig. Das Beste hatten sie offenbar in den Keller geschafft.« – »Und wie war's?« – »Genau wie geplant. Zwanzig Minuten abwarten, bis die Luft rein war. Das hat die meisten Nerven gekostet. Dann ging Fabian los. Holzriegel kein Problem. Unten bei der Polizei rührte sich nichts. Vor die Tür hatten sie zwei Schulbänke gerückt. Offenbar des fehlenden Schlüssels wegen. Fabian nahm den Rollschrank vor, ich die Schreibtische. Lebensmittelkarten fanden wir nirgends. Da stopften wir in die Taschen, was herumlag. Jetzt muß das ›Vögelchen‹ herhalten!«
»Und es hat euch bestimmt niemand gesehen?« Mir steckt immer noch ein Rest von Angst in den Gliedern. »Keine Menschenseele.« Fabian häuft die letzten Fliegerscheine auf den Tisch. »Also ran an den Speck!« ermuntert er uns. »Schmieden wir das Eisen, solange es warm ist. Leere Formulare schaffen kein Brot. Geschweige denn eine ganze Monatszuteilung. Her mit dem Stempel!« Er reibt sich die Hände. »Stellst du dir zum Stempeln an, wird das Elend nicht behoben«, pfeift er vor sich hin. Ich rücke ihm die Petroleumlampe zurecht. Strom kommt erst in drei Stunden. »Also, was braucht ihr?« – »Pappe, Lineal, Blaupapier, Kopierstifte und polizeiliche Anmeldeformulare.« Die habe ich in Vorrat. Heike rennt nach den Schreibutensilien. »Drei Familien machen wir fertig. Drei Familien zu je drei Köpfen. Das sind neun Sätze. Neunmal Versorgung für Unversorgte.« Die beiden Männer

hantieren mit Stempel und Lineal, als wären sie gelernte Konstrukteure.

»Hat einer Markenpapier oder Klebestreifen? Wir müssen den unteren Stempelrand unleserlich machen. Das Wort ›Auslandsorganisation‹ stört. Die Auslandsorganisation muß verwischt werden.« Sie wird verwischt. Jetzt steht es jedem frei, aus den verschwommenen Buchstaben der unteren Stempelhälfte das herauszulesen, was amtlich und passend ist. Das Vögelchen überstrahlt alles. Ausgebombt Ihnestraße 40 in Dahlem. Als Untermieter bei Reuber. – Erstaunlich, wie viele Untermieter Herr Reuber plötzlich beherbergt. – Zuzug in Potsdam. Totalschaden. Evakuierung. Wir streichen, wir unterstreichen, wir füllen aus. Unsere Gehirne arbeiten wie Präzisionsmaschinen »Kinder, daß ihr mir nur die Namen auswendig lernt. Und die Geburtsdaten«, warnt Frank. »Für neun Personen, das verlangt Konzentration.« Die Lineale klappern. Die Petroleumlampe haucht einen greulichen Dunst in das Zimmer. Endlich ist alles fertig. Drei Fliegerschadenscheine. Sorgfältig präpariert. Mit sämtlichen Amtseintragungen, die notwendig sind. Frau Berg nebst Kindern. Frau Kühn nebst Kindern. Frau Helfer nebst Kindern. »Dienstag fahren die Mädchen nach Potsdam«, bestimmt Frank.

Berlin. Dienstag, 3. April 1945

Schon lange vor acht stehen Heike und ich auf dem Bahnhof Steglitz. In Trainingsanzug und Baskenmütze, wie es sich für Ausgebombte geziemt. »Lore Berg, geboren 17. Mai 1921«, murmelt Heike vor sich hin. – »Else Kühn, geboren 13. September 1912«, respondiere ich. Mechanisch lernen wir unsere Personalien auswendig. In Potsdam verkehrt keine Straßenbahn. »Erst ab vier, wenn der Berufsverkehr einsetzt«, erklärt man uns. Vier Uhr nützt uns nichts. Also tippeln wir. Durch die ganze Stadt. »Es wäre vielleicht nützlich, vorher auch das Zuzugshaus in Augenschein zu nehmen«, rät Heike. »Man kann schließlich nicht zu ahnungslos dastehen. Zuzugshaus Mirbachstraße 12. Wir tippeln und tippeln! Daß Leute so weit draußen wohnen können! Auf der Polizei sitzt ein schläfriges Mädchen. Dienstverpflichtet und offenbar ungern bei der neuen Tätigkeit. Sie schaut unsere Formulare kaum an, stempelt träge, was zu stempeln ihr aufgetragen ist. Unsere Stimmung steigt. Jetzt bleibt nur noch die Kartenstelle. Tausende von Flüchtlingen sind in Potsdam zugezogen. Wir reihen uns in die Schlange ein. »Wenn sie mißtrauisch werden, tue, als ob du mal auf die Toilette müßtest, und hau ab«, raune ich Heike ins Ohr. Sie nickt. »Und Frau Helfer nebst Kindern sollen wir mitanmelden. Weil sie im Bett liegt und nicht kommen kann«, flüstert sie zurück.

Wir bedürfen der Toilette nicht. Ohne mit der Wimper zu zucken, legt man uns alles auf den Tisch. Neun Monatssätze Lebensmittelkarten, Haushaltsausweis, Gemüsekarten, Potsdamer Bezugsausweis für Sonderzuteilungen, Raucherkarte und Milchkarte. Die Handtasche ist zu klein, den Segen zu bergen. »Danke schön«, sage ich aus Versehen. »Oh, danke schön!« Im Sturmschritt der Freude rennen wir durch Potsdam zurück. Können es kaum abwarten, bis die Stadtbahn losfährt. »Wir haben sie, wir haben sie«, jubelt Heike und fällt Fabian in die Arme. Zehn Minuten später radeln die Männer los, um »auszutragen«. Hartmann kriegt einen Satz, Wald den zweiten, Flamm wird versorgt und das Flüchtlingspaar aus dem jüdischen Abhollager. Man kommt sich vor wie der Weihnachtsmann. Als wir nach vollbrachtem Werk atemschöpfend in unserem Zimmer sitzen, sagt Fabian: »Komisch, daß man Verbrecher sein kann, ohne sich als Verbrecher zu fühlen. Mein Gewissen ist rein wie frischgefallener Schnee.« – »Meins auch«, erwidert Frank. »Die Nazis zu betrügen ist kein Betrug. Nur müssen wir schauen, die Linie zu halten.« – »Die Linie?« – »Ja, die Linie! Den schmalen Grat zwischen sittlich und unsittlich. Wenn wir von ihm herunterrutschen ...« – »Aber wir rutschen doch gar nicht!« entrüstet sich Heike. – »Noch nicht. Noch rechtfertigt uns die Idee. Führt uns zwangsweise aus dem Gesetz heraus. Doch wehe, wenn wir eines Tages nicht mehr in das Gesetz zurückfinden!« – »Immerhin sind wir ja keine

Gewohnheitsdiebe! Und schließlich muß man uns zugute halten ...« – »Was heißt zugute halten? ›Ganoventraining‹ bleibt gefährlich. Nicht umsonst nennt man verbotene Früchte die süßesten. Aber ein einziger egoistischer Gedanke – der kleinste Vorteil für die eigene Person –, und wir sind nicht mehr Antinazipioniere, sondern Schieber. Ganz gewöhnliche Schieber.« – »Na, hör mal«, fährt Fabian empört dazwischen. »Das geht wohl ein bißchen weit.« Frank schüttelt den Kopf. »Nur das lautere Ziel adelt den unlauteren Weg. Und wenn« – er stockt – »wenn ich da an die Tabakkarten denke ...« Drei Augenpaare senken sich schuldbewußt. Frank ist der einzige Nichtraucher unter uns. Und der Mangel an Rauchwaren wird täglich empfindlicher. Auch unsere Schützlinge sind Nichtraucher. So hatten wir geglaubt ... »Hier sind die Tabakkarten!« Fabian wühlt zerknirscht in seiner Brieftasche. »Drei weibliche, zwei männliche. Die aus Potsdam. Ehrenwort, es war nicht unanständig gemeint.« – »Natürlich nicht.« Jetzt blickt auch Frank geniert zur Seite. »Es kommt eben nur auf das Grundsätzliche an. Wer die Mittel durch den Zweck heiligen will, braucht ein doppelt empfindsames Gewissen. Sonst läuft ihm der Zweck mit den Mitteln davon. Wenn wir uns aber erst zu Schiebern herabwürdigen ...« – »haben wir unseren Kopf mit Recht verwirkt«, ergänzt Fabian leise. »Ich hoffe, er soll uns noch lange auf den Schultern sitzen.« – »Unberufen, unberufen«, murmele ich. – »Unberufen«, sagt auch Heike, und spuckt zur Vorsicht dreimal über die linke Achsel.
Um elf Uhr kreischt die Sirene. »Meine Hörerinnen und Hörer: der übliche Abendalarm«, flötet die Stimme des Drahtfunkansagers aus dem Lautsprecher. »Alberne Scherze!« knurrt Frank. »Soll bloß nicht noch neckisch tun.« Auch mir ist nicht heiter zumute. »Kann man eigentlich an Schlafunterernährung sterben?« erkundige ich mich, während wir ächzend unser täglich anschwellendes Luftschutzgepäck die Treppe herunterzerren. Frank antwortet nicht. Wahrscheinlich findet er mich ebenso albern wie den Drahtfunkansager.
Endlos hocken wir im Keller. Dösen verschlafen vor uns hin.

Einmal brummt Fabian: »Wenn die mit der Taktik so weitermachen, daß sie ihre Angriffe in Einzelflugraten abstottern, sitzen wir noch in vier Wochen hier. Außerdem ist mir das Bein abgestorben.« Alle schweigen. Nur Heike gönnt dem verstorbenen Bein einen mitfühlenden Blick. Irgendwo heult ein Bombeneinschlag. Wir ziehen die Köpfe ein. Gottlob, es ging vorüber. Das bißchen Schuttstaub schluckt man herunter. Lange nach Mitternacht schleichen wir im Gänsemarsch die Treppen herauf. In Richtung Schöneberg brennt es. Wir kümmern uns nicht darum. »Jetzt nichts wie ins Bett«, seufzt Heike. Sie seufzt vergebens. Wir liegen noch keine zehn Minuten, da gellt die Sirene von neuem. »So was sollte verboten werden, glattweg verboten«, schimpfen wir. Es ist nicht verboten. Es ist sogar erlaubt und befohlen.

Berlin. Mittwoch, 4. April 1945

Früh schrecke ich aus dem Bett. Schon wieder Alarm. Seitdem die Reichsgrenze in Thüringen liegt, hat jede Einflugberechnung aufgehört. Noch vor der Vollentwarnung wird der Strom abgeschaltet. Also wieder mal kein Frühstück und voraussichtlich auch kein Mittagessen. Manchmal möchte man verzweifeln. Und bei so was soll der Mensch arbeiten können!

Um Trost zu holen, gehe ich zu Heike hinüber. Ihr Zimmer ist schwarz von Qualm. Vom Balkon tönt ein emsiges Rumoren und Töpfeklappern. »Hast du eine Rußfabrik eröffnet?« erkundige ich mich interessiert. Sie steckt ihr kohlenverschmiertes Gesicht zur Tür herein. »Nein«, lacht sie strahlend, »nur eine Kaffeeküche für Mißgelaunte. Selfmade! Wenn du es wissen willst. Aus den Trümmern des Nebenhauses.« Ich betrachte bewundernd ihre Handarbeit. Fünfunddreißig Ziegelsteine, geschickt zu einer offenen Feuerstelle geschichtet. Zwei Eisenstangen als Rost, darauf unser Wasserkessel. »Vorläufig verfeuere ich meine Liebesbriefe«, erläutert Heike. »Qualmen zwar ein bißchen, heizen aber großartig.« Dann schenkt sie mir die erste Tasse Kaffee ein. Er ist heiß und schmeckt nach Räucherwaren.

Noch haben wir unsere kombinierte Morgen- und Mittagsmahlzeit nicht beendet, da erscheint Wald. Schwenkt ein Zeitungsblatt und tobt. »Das gibt uns den Rest! Das dreht uns allen den Kragen um!« Wir springen auf. – »Wer hat uns verpfiffen?« fragt Heike mit blassen Lippen. – »Verpfiffen?« Wald stutzt. »Bis jetzt noch keiner. Aber wartet mal ab. Das ist ein Verpfeifen auf lange Sicht. Das ist ... das ist ... die größte Schweinerei dieses Jahrhunderts ist das!« Er tippt ergrimmt auf die fettgedruckte Überschrift: »Deutsche Freiheitsbewegung Werwolf. – Offen proklamierter Franktireurkrieg. Fememord von Staats wegen. Das hat uns gerade noch gefehlt. In der Stadt erzählen sie, die ersten Freiwilligen seien bereits ausgebildet. Fertig geschult für diesen lieblichen Verein. Im Nahkampf ohne Waffen. Lassowerfen mit Klaviersaiten, Genickumdrehen durch Jiu-Jitsu-Griff. Killen auf Zehenspitzen sozusagen. Wenn die Alliierten sich das gefallen lassen ...«
Auch uns dämmert allmählich die ganze Tragweite dieser neuen Nazi-Erfindung. Die militärische Niederringung genügt nicht mehr. Bis in die letzte Dachkammer soll der Widerstand fortgesetzt werden. Wofür? Damit Herr Hitler sich noch eine Woche länger am Leben hält. Damit Herr Göring seinen Fettbauch weiterhin mit Gänselebern vollstopft. »Glaubst du, es melden sich tatsächlich Freiwillige?« – »Was nicht von selbst kommt, wird zwangsweise geholt. Ich denke, die Taktik kennen wir. Vierzig zuverlässige Parteigenossen aus jeder Ortsgruppe. So erfuhr ich vertraulich durch einen Mittelsmann. Die Zahl allein spricht für sich. Vierzig Fanatiker in jedem Stadtbezirk. Vierzig Spitzel aus Passion. Wenn da unser Kopf noch oben bleibt!« Heike und mir wird es kühl ums Genick. »Verflucht nochmal!« stammeln wir verstört. – »Fluchen ist zwecklos«, knurrt Wald. »Denkt lieber darüber nach, wie wir aus dieser Sache herauskommen.« Zehn Minuten grübeln wir angestrengt. Aber es fällt uns nichts ein. Wenn sich das Volk auch zu solcher Selbstaufopferung noch vergewaltigen läßt ...
Eine Hiobsbotschaft kommt selten allein. Am Abend bringt

Frank die Nachricht, daß ab Montag sämtliche Verkehrsmittel stillgelegt werden. Nur noch Berufstätigen mit amtlichem Ausweis sollen Hin- und Rückfahrt zum Betrieb gestattet werden. Berlin ohne S-Bahn! Berlin ohne U-Bahn. Und unsere Untergetauchten? So viele Schuhsohlen gibt es ja gar nicht, um diese Entfernungen zu bewältigen. Also wieder mal falschdrucken. Und zwar schnellstens. Mir fällt ein, daß schon im Februar irgendwelche Listen durch die Betriebe gingen, in denen nach Benutzung von S-Bahn, U-Bahn oder Straßenbahn gefragt wurde. Vielleicht, daß man durch seine Arbeitsstätte ... Doch als ich mich im Verlag erkundige, weiß man mir nichts Genaues zu sagen. Anträge seien gestellt. Endgültige Entscheidungen müßten abgewartet werden. Keinesfalls dürfe man irgend etwas überstürzen. Die übliche pflaumenweiche Ängstlichkeitspolitik.

Berlin. Samstag, 7. April 1945

Der Verlag hat keine Verkehrsausweise bekommen. Weder die blaue Stufe III noch die gelbe II noch die rote I. Wir seien nicht kriegswichtig genug, teilt man uns mit. Nicht kriegswichtig genug für den kläglichen Kohlenrestbestand, um dessen Aufteilung sich Goebbels und Speer seit Wochen in den Haaren liegen. Kochstrom fürs Volk – oder Industriestrom für den Kriegsnachschub. Beides zusammen geht nicht mehr. Nun streiten sich die Kompetenzen, wer als letzter auf dem letzten Loche pfeifen darf. Uns jedenfalls hat man abgehängt. Noch ehe die Verkehrsausweise in Kraft treten, wird die dritte Stufe bereits außer Kurs gesetzt sein, die zweite dicht vor der Ungültigkeit stehen. Bleibt nur die erste Verkehrsmittelbenutzung für kriegsentscheidende Aufgaben. Also rot muß man fälschen. Nur rot kommt in Frage.

Die Clique tritt zur Beratung zusammen. Wald übernimmt die Arbeitsverteilung. »Kinder, diesmal geht es aufs Ganze«, sagt er. »Wenn wir Speer tatsächlich ein Bein stellen wollen, müssen wir Falschdruck in Großproduktion treiben. Mindestens tausend Ausweise. Vorbildlich gedruckt und an den richtigen

Stellen abgesetzt.« – »Machen wir! Machen wir!« Frank zappelt wie ein Rennpferd vor dem Start. »Also dann sattelt mal eure Räder! Punkt eins: Beschaffung der Ausweisvorlage. Kann Heike übernehmen. Wo sie sie hertauscht oder herorganisiert, ist ihre Sorge. Punkt zwei: Jede Sondertype muß extra geschnitzt werden. Mein Schnitzer ist vorgestern ausgebombt. Soll irgendwohin nach Britz verzogen sein. Gärtnerweg oder so was.« Fabian notiert bereits. »Punkt drei: Zum Schnitzen braucht man Buchsbaumholz. Da liegt noch ein Posten für mich in Friedrichshagen. Eckhardt wird Friedrichshagen erledigen. Frank radelt inzwischen nach Neukölln und sieht zu, daß er bei Leitmann & Krause die passenden Papierfarben erwischt. Auf die Nuance kommt es an. Falsche Nuancen können wir uns nicht leisten. Am besten, er setzt sich vorher mit Heike in Verbindung. Ich besorge den Druck. Wenn alles klappt und man im Betrieb nicht wieder wegen Stromsperre Nachtschicht macht, kann ich in fünf Tagen fertig sein.«

Eine Viertelstunde später schwärmen wir wie Depeschenboten nach allen Seiten aus. Britz, Friedrichshagen, Neukölln, Grunewald, Schöneberg, Adlershorst. Ein Netzwerk heimlicher Konspiration über ganz Berlin. Sirene. Voralarm – Vollalarm. Vorentwarnung – Vollentwarnung. Wahrhaftig, es wird einem nicht leicht gemacht. Ich koche auf Heikes Ziegelherd für die erschöpften Heimkehrer. Es rußt, es qualmt und dauert entsetzlich lange. Aber wir haben alles geschafft. Die echte Vorlage und das Buchsbaumholz. Den Schnitzer und die Papiernuance. »Wißt ihr, wie ich die ›rote‹ erwischt habe?« fragt Heike und schwenkt triumphierend ihre Trophäe. »Getauscht gegen drei Liter Reisemilchmarken. Bei einem SS-Mann. Die tauschen wie die Verrückten. Jede Dienststelle macht ihr Sondergeschäft. Sogar Blumen haben sie schon als Gegenwert verlangt.« – »Aha, Verkehr durch die Blume!« spottet Fabian. »Die Reichsheinis werden lyrisch. Pfui Teufel! Ich bedanke mich!« Zur Aufbesserung seiner Stimmung dreht er am Radio. »Hier ist England ... hier ist England«, schallt es aus dem

Lautsprecher. »Mensch, stopf bloß ein Kissen hinter den Kasten!« flüstert Frank entsetzt. »Die hören dich ja bis zur Reichskanzlei.« – »Aber daß die Russen in Wien sind, die Engländer auf Hannover, Braunschweig, Leipzig und Bremen marschieren, willst du trotzdem wissen«, brummt Fabian, nachdem er fünf Minuten stumme Zwiesprache mit dem kissenverstopften »Kasten« gehalten hat. Unsere Müdigkeit ist wie weggeblasen. Noch vier Wochen höchstens! Wir werden uns mit den Verkehrskarten beeilen müssen.

Spät am Abend setze ich mich hin und schreibe Postkarten in alle Himmelsrichtungen. Gehamsterte Karten, denn auch darin geht der Staatsvorrat zur Neige, und man erhält an jedem Schalter nur noch wenige Exemplare. Mit dem Postverkehr wird es im ganzen Deutschen Reich voraussichtlich binnen kurzem ein Ende haben. So schreibe ich, während neben mir die Petroleumlampe blakt, Karten nach Stuttgart und nach Hamburg, nach München und nach Sigmaringen! »Liebe Freunde! Wir werden voraussichtlich lange nichts voneinander hören. Wenn Euch diese Karte noch erreicht, dann sollt Ihr wissen, daß wir leben, daß wir gesund sind und daß wir zuversichtlich hoffen, über alle Schwierigkeiten hinwegzukommen. Wir wollen versuchen, sobald es geht, wieder miteinander in Verbindung zu kommen. Bleibt behütet. Denkt an uns! Und vergeßt uns nicht.« – Die Augen fallen mir zu, als ich die letzte Karte auf den Berg der bereits geschriebenen lege. Gottlob, das wäre auch erledigt! Die Lampe schwelt. Es ist fast dunkel im Zimmer. Ob unsere Lieben im Ausland wohl wissen, wie schwer es uns fällt, diesen Kampf bis zum Ende durchzustehen?

Berlin. Montag, 9. April 1945

»Wir müssen uns um Hartmann kümmern«, sagt Frank. »Seit drei Wochen wartet er auf den roten Volkssturmschein. Bedenke, der Mann hat keinerlei Ausweise. Unverantwortlich, ihn eine Stunde länger als notwendig in solcher Gefahr sitzen zu lassen!« – »Aber Flamm hat ja erst gestern geliefert!« –

»Eben weil er gestern geliefert hat, müssen wir heute zu Hartmann. – Also wann kommst du aus der Redaktion?« – »Um fünf Uhr.« – »Gut, treffen wir uns um halb sechs Uhr auf der Eisenacher Straße.«
Im Verlag wird wieder mal Sturm geläutet. »Wir können zumachen, wenn wir keine Ausweise kriegen«, jammert unser Personalchef. – »Wieviele brauchen Sie denn?« – »Mindestens einhundertzwanzig. Rote natürlich. Die gelben wackeln ja bereits.« – »Können Sie haben«, sage ich gelassen. Unser »Personaler« sperrt Mund und Nase auf. »Wann ... Wie ... Wieso?« stottert er. – »Das ist meine Sache. Aber Sie kriegen sie. Spätestens in vier Tagen. Und wenn Sie ein übriges tun wollen, so lassen Sie einen Tausender dafür springen. Auch Illegale wollen leben.« Stumm nickt er mit dem Kopf. »Also in vier Tagen. Und – Diskretion Ehrensache!« – Hoffentlich! denke ich, sonst bin nicht nur ich die Hereingefallene.
Fünf Minuten nach halb sechs klopfe ich bei Ulrike Weitzen. Lang-kurz-kurz. Das verabredete Zeichen. Frank sitzt bereits auf dem Sofaplatz. Hartmann hockt, wie immer, neben dem Radio. »Man meint, es gehe schneller, wenn man öfter hört«, lächelt er entschuldigend. »Ich fürchte doch, ich schaffe es nicht mehr.« – »Sie werden es schaffen. Die paar Wochen noch! Das wäre ja gelacht.« – »Aber diese ›paar Wochen‹ entscheiden über Leben und Tod von Hunderttausenden. Und nach dem letzten Schurkenstück ...« – »Sie meinen den Werwolf?« – »Gewiß – auch den Werwolf. Doch nicht ihn allein. Weit größere Sorge macht mir die Sache mit den Kriegsgefangenen.« Wir blicken ihn fragend an. »Sie wissen noch nichts davon? Nun, Hitler plant einen Mord ganz großen Stils. Erschießung sämtlicher englischen und amerikanischen Kriegsgefangenen.« Uns stockt der Atem. – »Und das Kriegsrecht? Die Haager Konvention?« – »Hat für ihn aufgehört, zu existieren. Jetzt geht es ums Letzte. Nicht um die Ermordung der Gefangenen, sondern um die Gegenmaßnahmen der Alliierten. Mord wider Mord. Er will, daß sie drüben die Deutschen abschlachten. Daß kein deutscher Soldat mehr auf den

Einfall kommt, freiwillig zum Gegner überzulaufen. Scharenweise haben sie sich ergeben während der letzten Wochen. Dem soll ein Riegel vorgeschoben werden. Abschreckungspolitik zugunsten des Führerlebens.« – »Aber das ist doch der Plan eines Geisteskranken!« – »Er ist ja auch geisteskrank. Oder glauben Sie, daß normale Menschen Gardinen anknabbern und Teppiche frühstücken? Nur hat die Mehrzahl der Volksgenossen diesen bedauerlichen Umstand leider noch nicht entdeckt. Bis der Letzte es merkt, kann noch viel Wasser den Berg herunterlaufen.« – »Und die Generale? Die Spitzen der Wehrmacht?« stottert Frank. – »Noch sträuben sie sich, den Befehl auszuführen. Doch für wie lange werden sie sich sträuben wollen ... sich sträuben können? Wer nicht mitmacht, wird abgesägt. Ob Kesselring oder Kluge, ob Brauchitsch oder Dönitz, was spielt das für eine Rolle? Solange es noch Marschälle gibt, die gehorchen, läuft der Karren weiter. Und er wird laufen, durch Blut, Schweiß und Tränen, bis er in den letzten Tiefen des Abgrunds zerschellt ist.«

Keiner wagt eine Antwort. Stumm starren wir vor uns hin. »Übrigens, wir haben Ihnen den roten Volkssturmschein mitgebracht«, wage ich nach einer langen Pause das Schweigen zu brechen. »Erstklassig gestempelt, sogar mit der Ortsgruppe von Ihrem Bezirk.« Hartmanns Augen hellen sich auf. »Geben Sie her! Rasch. Oh ... Gott sei Dank ... Nun kann ich doch ... nun werde ich ...« Es ist, als stünde plötzlich ein neuer Mensch vor uns. Ein selbstbewußter, befreiter. »Von der Wiege bis zur Bahre – Formulare, Formulare!« zitiert Frank spöttisch. Und die Gefühlslage ist wieder mal gerettet.

In der Dämmerung fahren wir durch das zertrümmerte Schöneberg nach Hause. Der Kalkstaub schnürt uns die Kehle zusammen. Hinter den Ruinen des Schöneberger Rathauses leuchtet das Abendrot. »Sieh dir bloß mal die Wolken an«, sagt Frank. »Prachtvoll! Wenn sie uns alles nehmen, die Wolken bleiben. Daß wir uns an den Wolken freuen können, ist auch ein Trost.« Krachend saust er mit seinem Rad tief in ein Bombenloch. »Und es ist doch ein Trost«, wiederholt er trotzig. Aber der Vorderreifen ist hin, und bis zum Wasserturm müssen wir beide schieben.

Berlin. Mittwoch, 11. April 1945

»Wenn ich nicht mal rauskomme, halte ich den ganzen Quatsch nicht mehr aus!« Es ist ein strahlender Frühlingstag, und Frank und ich haben den Vormittag damit zugebracht, Schutt zu kehren, Räder zu flicken und Ziegelherde in Brand zu setzen. »Also gut«, erkläre ich mich bereit, »schalten wir meinetwegen eine Stunde schöpferischer Pause ein.«

Zehn Minuten später traben wir los. In der Stadt hastet man durch die Straßen wie gewöhnlich. Aber draußen am Kanal wird es still. Zwischen dunklen Kiefern steht eine einsame Bank. Eingerahmt von einer Hecke blühender Forsythien. »Setzen wir uns ein bißchen«, schlägt Frank vor. Durch die hellen Zweige schauen wir in den Himmel. Daß es so viel Frühling gibt! denke ich und blinzele in den gelbblauen Raum. So viel Frühling ...

»Du, da links haben sie ein Geschütz aufgefahren. Sieh mal genau hin. Direkt neben der großen Kiefer.« Aus ist es mit der Frühlingsträumerei. Aus mit der Friedensstimmung. Ich wende meinen Kopf nach links, sehe ein feldgraues Kanonenrohr, Erdlöcher, Kisten und Munition. Wie eine Nadel sticht es mir durchs Gehirn: Da hockt er ja, der Krieg. Da – unmittelbar neben uns. Gleich wird er uns packen! Wird uns würgen und schütteln. Mich, Frank, uns alle. Heute noch sind wir Etappe. Aber morgen schon sind wir Front. Front von Berlin! Mit Tanks, Granaten und Feldgeschrei. Wer mag wissen, was danach übrigbleibt! Seufzend nehme ich Abschied von den Kiefern, von der Parkbank und den blühenden Forsythien. »Glaubst du, daß wir durchkommen werden?« frage ich, während wir langsam stadteinwärts wandern. Frank wiegt den Kopf. »Glückssache! Es sind schon Bessere als wir an diesem Wahnsinn kaputtgegangen. Wen es hascht, den hascht es. Man muß Fatalist sein.« – »Und wenn wir es wirklich überdauern? Ich meine den Hitler und die Bomben und die Straßenkämpfe.

Was dann?« – »Dann wird man uns besetzen. Auch das ist Glückssache!« – »Wieso Glückssache?« – »Weil keiner weiß, wer dann kommt und was dann kommt. Die Russen von Küstrin oder die Engländer von Magdeburg.« – »Und wenn sie alle auf einmal kämen?« – »Dann sind wir, so Gott will, im Wettstreit der Vier die erbenden Fünften. Oder was glaubst du? Kann das russische Neukölln zurückstehen, wenn das amerikanische Lankwitz schon wieder Straßenbahn fährt? Wird es die Ehre Frankreichs zulassen, daß man in seinem Gebiet nur ein Viertelpfund Butter verteilt, während im englischen Westen bereits ein ganzes zur Austeilung kommt? Warten wir es ab! Ich denke, wir haben keinen Grund, Pessimisten zu sein.« – »Oder keine Anlage«, wage ich dämpfend einzuwenden. – Frank lacht. »Den Optimisten gehört die Welt. Und den Tatkräftigen. Mir scheint, wir haben schon lange nichts Richtiges ausgefressen!«

Am Abend rüstet die Clique zu neuen Taten. Projekt und Angriffsziel: unser alter Wasserturm. Ehemals diente er dem Bezirk als Wasserreservoir. Später machten ihn die Nazis zum Ehrenmal. Mit Hakenkreuz, Adler und Fahnen, mit rotbeschleiften Kränzen und hochtrabenden Inschriften. Für die Gefallenen der Bewegung. Die Nazikämpfer den Nazikämpfern! Englische Bomben sind auf den Turm gefallen. Haben Menschen erschlagen und Zerstörungen angerichtet. Aber die Fahnen blieben. Schon lange stachen uns diese Fahnen ins Auge. Todesstrafe steht auf Frevel gegen nazistische Hoheitssymbole. Grund genug, mit äußerster Vorsicht zu Werke zu gehen. »Am besten, wir warten auf den Alarm«, schlägt Fabian vor. »Wenn die Flieger brummen, sitzt alles im Keller.«

Der Alarm kommt pünktlich wie jede Nacht. Draußen ist es finster. So finster, daß man die Hand nicht vor Augen sieht. Unsere Schritte hallen über den Asphalt. Tatsächlich, nirgends ein Mensch auf der Straße. Nur hin und wieder hört man verstohlenes Husten hinter einer Kellertür, blitzt für Sekunden das Glutpünktchen einer Zigarette auf. Wie Katzen überklettern wir den hohen Drahtzaun, der in breitem Abstand den

Wasserturm umgibt. Auf Zehenspitzen pirschen wir uns heran. Über uns summen die Flieger. »Du, da hinten singt ein Nachtvogel«, flüstert mir Frank ins Ohr. Ich bleibe stehen und lausche. »Ki-ri-witt, ki-ri-witt«, klingt es ganz deutlich von irgendwoher. Ein kühler Wind bewegt die Bäume. Sie stehen im schwarzen Raum wie noch schwärzere Schatten. Krachend knackt ein Ast unter meinen Füßen. »Mach bloß nicht solchen Krach«, faucht Heike mich an. »Willst du die Gestapo herbeitrillern?« Nein, ich will es nicht. Ganz gewiß will ich es nicht. Aber kein Mensch ist verantwortlich für Äste, die im Finstern auf nachtschwarzen Wegen liegen.

Jetzt stehen wir unter der hohen Kuppel des Wasserturms. »Scheren raus!« kommandiert Frank. »In fünf Minuten müssen wir fertig sein.« – »Ich komme nicht ran«, tuschelt Heike verzagt. – »Ich auch nicht.« Wie Federbälle hüpfen wir auf der Stelle. – »Hat dich der Veitstanz gepackt?« Neben mir steht Wald. »Komm auf meine Schultern, rasch.« Er faltet die Hände zum Steigbügel. Die Schere quietscht. Draußen summen die Flieger. Jetzt fällt die erste Fahne. Jetzt die zweite. Am anderen Ende der Halle arbeitet Heike, die Beine wie eine Reiterin um Fabians Hals geschlungen. Dritte Fahne – vierte Fahne – fünfte Fahne. Noch zwei bleiben übrig.

Da gellt die Sirene Vorentwarnung. »Beeilt euch, beeilt euch!« Wir schnipseln und schneiden, daß uns die Arme schmerzen. »Wo ist Frank?« – »Hier«, haucht seine Stimme geheimnisvoll über uns. Langsam senkt sich aus der Mitte des Gewölbes ein wehendes Etwas. Baumelt wie ein schwarzer Hampelmann über dem Kopf des Naziadlers. Eine Minute später steht Frank neben uns. »Fort!« drängt er. »Es ist höchste Zeit.« In fliegender Hast stopfen wir die Fahnen unter unsere Mäntel. Sie riechen nach Staub und irgendeiner Säure. »Wo hast du bloß gesteckt?« – »Oben im ersten Stock. Ich hab' den Hitler aufgehängt.« – »Wen?« frage ich erstaunt und stolpere schon wieder über trockene Zweige. – »Leider nur sein papiernes Abbild. Mit einer Bindstrippe um den Hals. Aber immerhin ...«

Das Dauergetöse der Vollentwarnung verschluckt seine letzten

Worte. Im Weitergehen kommen uns die ersten Bunkerbesucher entgegen. Plappern wie Elstern und füllen die Nacht mit lärmenden Geräuschen. Kinderwagen quietschen über das Pflaster. »Zeit, nach Hause zu kommen«, sagt Heike verächtlich.

Daheim erwartet uns Dagmar Meyerowitz: »Alles geglückt?« Stolz ziehen wir die hakenbekreuzten Trophäen aus des Busens Tiefen. »Wenn das nicht einen Kognak wert ist!« – »Kognak nennst du das Fuselzeug unserer letzten Zuteilung?« fragt Frank ironisch. Aber er hält schon den Korkenzieher in der Hand. Und es ist wieder mal Morgen, ehe wir ins Bett finden.

Berlin. Samstag, 14. April 1945

Um sechs Uhr nachmittags kommt Eckhardt. Verschwitzt, die Mütze im Nacken, Jacke und Stiefel mit Staub bedeckt. »Denen hab' ich die Suppe versalzen«, sagt er befriedigt und wirft sich auf die Couch. »Es geht doch nichts über eine Drahtschere!« Acht Kabel hat er durchschnitten. Auf dem Wege von Nauen nach Berlin. Acht wichtige Kabel, bestimmt, Befehle zur Verteidigung der Reichshauptstadt weiterzuleiten. »Und nicht nur die einfachen Drähte«, erklärt er triumphierend. »So töricht arbeitet Kurt Eckhardt nicht. Auf die Kabelschuhe kommt es an. Die Kabelschuhe muß man entfernen. Wenn sie sich auch noch so sehr umsehen, da können sie lange suchen, bis sie die wieder zusammenklauben.« Vor Begeisterung vergißt er seine Müdigkeit. »Ich sag's ja immer: Reden ist Quatsch, handeln muß man. Oder ist es vielleicht nichts, wenn man fünfhundert Liter Benzin in den Gully laufen läßt? Fünfhundert Liter. Zum Türmen bestimmt für vier Nazibonzen.« – »Wie hast du das denn fertiggebracht?« – Stolz strahlt er uns an. »Einschließen hab' ich mich lassen. In der Werkhalle. Als sie vorgestern Feierabend machten. Da hab' ich's ausspioniert. Das Versteck und den Sprit. Der Rest war eine Kleinigkeit. Fässer vorrollen bis zum Gully, Stopfen los und rin mit der Ladung in den Abguß. Gestunken hat es, sag' ich euch! Gestunken ...« – »Faule Geschäfte stinken immer«, lacht Frank.

Dann kommt Heike mit der Abendsuppe. »Draußen erzählt man, daß die Bonzen heute türmen«, berichtet sie. »Man sagt, sie rücken in Autos ab. Richtung Mecklenburg.« – »Wenn sie nur erst weg wären!« seufzt Wald. »Freu dich nicht zu früh. Goebbels bleibt uns erhalten. Der reißt seine Klappe noch auf, wenn die Alliierten vor der Reichskanzlei stehen.« – »Jawohl«, lacht Heike, »und sagt: Ätsch, wir haben doch gesiegt, denn jetzt findet ihr keine Quartiere!«

Die Sirene unterbricht unser Gespräch. Diesmal sind es nicht die üblichen Nachtmoskitos, sondern regelrechte Kampfverbände, die aus dem Westen einfliegen. Ungemütlich! Äußerst ungemütlich. Um unseren gesunkenen Lebensmut aufzurichten, singt Heike im Rhythmus des Kellerabstiegs:

»An der Laterne, vor der Reichskanzlei,
hängen unsere Bonzen,
der Führer ist dabei.
Da woll'n wir beieinander stehn,
wir wollen unsern Führer sehn,
wie einst am ersten Mai.«

»Dir sitzt wohl der Kopf zu fest auf dem Halse!« schilt Frank. »Ausgerechnet im Treppenhaus, wo es so schallt und die Fenster kaputt sind, legst du los. Wie die Posaunen von Jericho. Wenn jetzt unser Luftschutzwart ...«

Aber der Luftschutzwart ist weit. Er hat mit Kind und Kegel Berlin verlassen. Richtung Westen. Raus aus der Gefahr. Saubere Leute, diese Nazis! Wenn es brenzlig wird, sind sie alle verduftet. Sang- und klanglos. Ohne Lichtreklame. Wir haben viel Zeit, über diese Tatsache nachzudenken. Einförmig tickt der Drahtfunk. Zwischen Herzklopfen und Aufatmen schleichen die Stunden. Kommen sie nach Berlin? Kommen sie nicht? Zehnmal scheint es so, zehnmal scheint es anders. In der Ferne hört man Detonationen.

»Und wenn ihr erst wüßtet, was ich letzte Woche für ein Ding gedreht habe«, knüpft Eckhardt, unbekümmert um Bomben und Anflüge, das oben unterbrochene Gespräch wieder an. »Wißt ihr, was Schmirgel ist? Was man ausrichten kann, wenn man ihn heimlich in hochwertiges Schmieröl schüttet? Unseren ganzen Bestand habe ich damit versaut. Unbrauchbar gemacht. Der Kriegswirtschaft entzogen.« Er grinst, daß man sein langes Pferdegebiß bis hinauf zum Zahnfleisch sieht. »Diese Teufel ... diese Teufel!« murmelt er. Dann hockt sich unser Saboteur in die Ecke und schläft eine Stunde den Schlaf des Gerechten. »Nerven hat der Junge!« staunt Fabian.

Berlin. Sonntag, 15. April 1945

Also auf Potsdam ist es gegangen. Auf jene wunderbare, hochmütige Stadt, die sich bis gestern rühmte, als einzige in Deutschland unzerstört zu bleiben. Hochmut kommt vor dem Fall. Uns hat es schon lange geärgert, daß man dort so demonstrativ »in Frieden machte«, daß der Gegensatz zwischen Berlin und Potsdam schwerer überbrückbar war als der zwischen Heimat und Front. Wer ständig in Todesgefahr schwebt, der versteht den anderen auch ohne Worte, ganz gleich, ob er vor Warschau kämpft oder bei Berlin im Keller sitzt. Nur die Verschonten stehen abseits. Nur die, die ohne Leiden bleiben, sind gefährlich. Und wehe, wenn es einst geschehen sollte, daß gerade sie, die Satten und Ahnungslosen, über uns Leidende zu Gericht sitzen! Jetzt liegt Potsdam und der ganze Glanz seiner Schönheit in Trümmern. Unwiederbringlicher Verlust für die Kulturwelt, aber – vielleicht – ein Gewinn für die Menschlichkeit. Denn seit gestern nacht sind auch die Potsdamer in die Gemeinschaft der Leidenden eingerückt.
Am späten Vormittag kommt ein Bote von Hollner, den man vor vier Wochen zum Volkssturm einberufen hat. Er bringt einen Brief und verlangt dringend, auf Antwort zu warten. »Bin zwei Tage auf Urlaub hier«, ist flüchtig mit Bleistift aufs Papier geworfen. »Schicken Sie mir den Doktor. Ich kann nicht mehr.« – »Na, denn man los«, brummt Frank und zieht sich den Mantel über. – »Ich fahre mit! Vergiß nur den Rezeptblock nicht.«
Der dicke Hollner sieht blaß und verängstigt aus. »Morgen früh um sechs muß ich zurück sein bei der Kompanie. Ich will

nicht mehr. Ich mag nicht mehr. Ich schaffe es ganz einfach nicht länger.« Er starrt uns mit seinen blauen Kinderaugen hilflos an. »Wenn nicht irgend etwas passiert, dreh' ich den Gashahn auf.«

Wieder einer, dem es endgültig Ernst wird. Franks Züge straffen sich. Sein Blick sammelt sich nach innen. Er ist auf einmal nicht mehr der untergetauchte Herr Unbekannt, sondern Arzt, Fachmann und Universitätsmitglied. Über den Tisch gebückt, schreibt er. Stumm, eilig. Schnörkelt eine unlesbare Unterschrift. »Sie legen sich sofort ins Bett. Schwere Gallenkolik. Feuchten Wickel auf die Leber. Wenn Sie fünf Schlaftabletten schlucken, glaubt Ihnen selbst der Vertrauensarzt den benommenen Zustand. Mimen Sie ein bißchen. Das werden Sie doch können. Brüllen Sie auf, wenn man Ihnen rechts unter die Rippen greift. Hier sind vier Rezepte. Das bedeutet: für mindestens sechs Wochen Wehrdienstuntauglichkeit. Bis dahin sind die Nazis weg. Das garantiere ich Ihnen.« – »Und sterben wird man nicht daran?« fragt Hollner zögernd. – »Es ist eine Pferdekur. Aber immer noch besser, als Volkssturmmann sein im Endkampf um Berlin.«

»Was meinst du«, sagt Frank auf dem Heimweg, »wie viele deutsche Männer in dieser Stunde das Bett hüten! Nur um nicht dabeisein zu müssen. Das geht in die Tausende, in die Zehntausende. Jeder tut, was er kann. ›Sei krank und gebrechlich‹, heißt heute der Wunschtraum aller wehrpflichtigen Deutschen.«

Zu Hause finden wir Andrik vor. Er hat es nicht mehr ausgehalten in Braunsdorf. Als Nierenkranker auf der Diätweide. »Wenn alles platzt – ich riskier's!« erklärt er verbissen. »Die paar Tage noch. Da werden sie mich schon nicht schnappen.« – »Daß du wieder da bist!« Mir ist ganz schwach vor Freude. Eine Stunde später haben wir die Clique zur Begrüßung zusammengetrommelt. »Wichtige Nachrichten, Kinder«, berichtet Andrik. »Man munkelt, daß bei Küstrin die russische Endoffensive beginnt. Die Vereinten Nationen stehen in Halle und Tangermünde. Auf dem Wege hierher bin ich mit einem neuen

Mann zusammengetroffen. Ich glaube, die beste Verbindung, die wir bisher gehabt haben. Gregor Schulz heißt er. Ob das sein richtiger Name ist, ahne ich nicht. Ist aber auch gleichgültig. Dieser neue Mann also ...« Er stockt und sieht uns prüfend an. »Man bereitet eine Aktion vor. Zusammenfassung aller gegnerischen Kampfgruppen. Wollen wir mitmachen?« – »Und ob wir wollen! Um was dreht es sich denn?« – »Um das große ›Nein‹ zu Hitlers Politik. Zu Krieg, Widerstand, Werwolf und dem ganzen Wahnsinn. Morgen soll ich Genaueres hören.«

Gegen Abend kommen Rita und Ralph, Doktor Tegels Schützlinge aus dem jüdischen Abhollager. »Wir können nicht immer beim Doktor schlafen. Die Nachbarn haben Lunte gerochen.« Zu Fuß sind die beiden von Tegel nach Steglitz marschiert. Gott sei Dank hat Wald inzwischen die ersten Verkehrsausweise geliefert. Das »Vögelchen« der Auslandsorganisation tritt wieder mal in Tätigkeit. Kreisrund füllt es die Rubrik für »Dienstsiegel oder Firmenstempel der Ausgabestelle«. »Nun könnt ihr wenigstens fahren«, sagt Fabian befriedigt und wischt sich die stempelfarbenverschmierten Hände. Heike sorgt inzwischen für Nachtquartiere. Etwas provisorisch, mit Kissen und Matratzen auf dem Fußboden. Aber immerhin: es geht! Ohnedies kommen wir nicht viel zum Schlafen. Drei Moskitoangriffe! So sorgfältig auskalkuliert, daß Anflug und Abflug sich niemals überschneiden. »Es ist schon ein Kreuz«, ächzt Frank, »wenn man Schlafmördern in die Hände fällt!« – »Führer, befiehl! Wir tragen die Folgen!« spottet Andrik. Doch auch seine Stimme klingt nicht sehr heiter.

Berlin. Montag, 16. April 1945

»Die Zeit der Einzelgänger ist vorüber«, hat Frank gesagt. Individualismus kann man sich nur leisten, solange der Staat im Gleichgewicht ruht. In Zeiten der Not, des Terrors und Zusammenbruchs wächst der einzelne zwangsläufig in die Gemeinschaft hinein. Jeder bedarf der Stützung durch Gleichgesinnte. Jeder muß für den anderen einspringen. Wir leben und atmen für ein gemeinsames Ziel. Da geht es nicht an, daß man an verschiedenen Strängen zieht. Keinem stand ehedem die Politik im Zentrum seiner Interessen. Niemand von uns hat je einer politischen Partei angehört. Wir wollten immer nur Menschen sein. Aber weil wir das wollten, mußten wir das Erbe derer antreten, die im Kampf um ihr Menschentum untergingen. Sie haben uns ihren Auftrag weitergegeben. Nun sind wir ihm verpflichtet, ob wir wollen oder nicht. Moltke und Scholls, Witzleben und Trott, Ursel Reuber, Eva Gerichter, Doktor Mühsam und Bernsteins, Anna Lehmann und Margot Rosenthal – sie machten uns zu Sachwaltern ihrer unvollendeten Lebensaufgaben.

»Man könnte glauben, du denkst über etwas Ernsthaftes nach.« Während ich meine Gedanken spazierenführe, ist Andrik ins Zimmer getreten und klopft mir auf die Schulter. »Verkneif dir den Luxus, geliebtes Mädchen. Wir leben nicht in Indien, sondern in Berlin. Im Kampfraum Berlin, wo jede Minute kostbar ist. Philosophieren dürfen wir später. Jetzt stehen andere Dinge zur Debatte.« Ich fahre empor wie ein ertapptes Schulmädchen. »Ein neues U-Boot ist aufgetaucht. Wie wär's, wenn du rausgingst und dich seiner annähmst?«

Draußen, das heißt in Andriks Zimmer, sitzt ein junger Mann. Etwa dreißigjährig. Mit schwarzen Indianerhaaren und ernsthaften braunen Augen. In Stabsarztuniform. »Ich bin Johannes Thäler«, stellt er sich vor. »Der Freund von Frank Matthis.« – »Willkommen, Herr Thäler!« sage ich. »Wir warten schon seit Wochen auf Sie.« – Der junge Mann zögert. »Ich komme von Schwerin, mit gefälschten Marschpapieren.« – »Haben Sie Unterkunft? Ausweise? Lebensmittelkarten?« – Er nickt. »Alles von langer Hand vorbereitet. Der Entschluß stammt nicht von gestern, müssen Sie wissen. Frank meinte, man würde mich hier brauchen ...« – »Jeder wird gebraucht. Es ist schön, daß Sie da sind, Herr Thäler.« Für Sekunden huscht es wie der Anflug eines Lächelns um seine Lippen. »Ich heiße Jo, wenn Sie ... wenn Sie mich so nennen wollen.« – »Also Jo!« Wir schütteln uns herzlich die Hände. »Heute abend trifft die

Clique zusammen. Um neun Uhr. Hier in der Siedlung. Die Haustür wird offen sein.« Im Weggehen wendet er sich nochmals zurück. »Ich wohne bei Frank. In seinem Geheimquartier. Falls irgend etwas ...« Den Rest seiner Worte verschlingt der Lärm eines vorüberknatternden Lastwagens.

»Reizender Mensch«, sage ich zu Andrik. »Auf den wird man sich verlassen können.« – Andrik nickt. »Wer so systematisch vorbereitet, kommt nie unter den Schlitten. Und selten ins KZ.« – »Und doch meinen viele, daß nur Gefängnis oder ›Konzertlager‹ zu künftigen Führerposten berechtigt.« – »Das ist ja der Unsinn! Weil ich vergessen habe, den englischen Sender abzustellen, bin ich noch lange kein Minister für das Vierte Reich. Wenn ich illegal arbeite und mich dabei ertappen lasse, prädestiniert mich solche Unvorsichtigkeit weder zum demokratischen Bürgermeister noch zum Stadtpräsidenten. Man darf Martyrium nicht zum Leistungsmaßstab machen.« – »Aber sie haben doch für die Idee gelitten.« – »Gewiß, und keiner soll ihre Leiden unterschätzen. Nur wird man sich davor hüten müssen, alles in einen Topf zu werfen. Die Mutigen mit den Leichtfertigen, die wahrhaft Befähigten mit den unüberlegten Hitzköpfen. Nicht KZ oder Gefängnis entscheidet über Führungsansprüche, sondern Befähigung und innere Haltung. Und wer die Kunst verstand, ›dagegen‹ zu sein, ›dagegen‹ zu handeln und sich dennoch nicht erwischen zu lassen, der – glaube mir – wird auch die Kunst verstehen, uns aus dem Chaos wieder herauszusteuern. Im übrigen«, er blickt auf die Uhr, »ist es höchste Zeit, uns zur Uhlandstraße aufzumachen.« – »Was sollen wir denn in der Uhlandstraße?« – »Nein sagen! Also komm! Wir müssen noch Frank abholen.«

Fünf Minuten nach sieben biegen wir vom Kurfürstendamm in die Uhlandstraße ein. »Wenn nun das Ganze eine Falle ist«, gebe ich zu bedenken. – »Sieht nicht so aus. Immerhin, man muß damit rechnen. Daß wir alle drei hereinfallen, hat keinen Zweck. Einer bleibt draußen und erkundet die Lage.« Ich werde hinter einen Mauervorsprung postiert, darf auf die angeschlossenen Räder achtgeben und »Schmiere« stehen. Es ist ein windiger Regentag. Kaum ein Mensch auf der Straße. Nur hin und wieder saust ein Radfahrer vorüber. Den Kopf tief in die Schultern gezogen, mit nasser Mütze und nassen Kleidern. Mich fröstelt. Ich schlage den Mantelkragen herauf, vergrabe die Hände in den Taschen und trete von einem Fuß auf den anderen. Sieht irgend etwas verdächtig aus? Lehnt irgendwo ein Mann an der Ecke und beobachtet unmerklich den Hauseingang? Bewegt sich dort nicht eine Gardine? Einförmig tropft der Regen. Ich blicke die Straße hinauf und hinunter. Nein, von dieser Seite droht uns kein Unheil. Wenn sie nicht bereits oben ...

Im selben Augenblick steht Frank hinter mir. »Alles in Ordnung. Du kannst heraufkommen.« Ein enger Hinterhof. Im rechten Winkel eine eiserne Tür. »Zum Luftschutzraum« steht in Leuchtbuchstaben auf einem gelbroten Schild. Die Wendeltreppe ist schmal und finster. »Hast du keine Taschenlampe? Hier bricht man sich ja das Genick«, tuschle ich Frank zu. Ich höre Streichhölzer klappern und unterdrücktes Fluchen. »Die Biester zünden wieder mal nicht.« Endlich glimmt ein schwaches Lichtpünktchen auf. Wir halten im zweiten Stock, tasten nach dem Klingelknopf. Einmal – zweimal – dreimal – viermal. Jeder hat ein anderes Signal. Aber ein Zeichen haben sie alle. Kurz darauf öffnet man von innen. Im Finstern erkenne ich kaum die Umrisse einer schmalen männlichen Gestalt. »Treten Sie näher«, sagt eine liebenswürdige Stimme. »Es wird gleich heller werden.« Ein langer Gang. Am Ende eine weiße Tür.

Dann stehen wir in einem bürgerlichen Wohnzimmer. Der Mann, der uns hereingeführt hat, dreht sich nach mir um. »Also nochmals: Guten Tag!« Er streckt mir seine Hand entgegen. »Ich bin Gregor Schulz. Und diese dort« – er umfaßt mit einer raschen Gebärde alle im Zimmer Anwesenden – »heißen Berthold, Reinhard und Emil.« Drei Männer erheben sich. Machen eine stumme, kurze Verbeugung. Etwas abseits von ihnen steht Andrik. »Nehmen Sie Platz«, sagt Gregor Schulz. Wir setzen uns schweigend. Einer der Männer zieht ein Zigarettenetui heraus. – »Darf man wirklich?« – »Ich bitte darum!« Das Etui wandert im Kreise. Wenn man raucht, wird alles viel vertrauter. Zwei bis drei Minuten lang saugen wir nachdenklich an unseren Zigaretten. Auf dem Fußboden ausgebreitet liegt eine riesige Karte von Berlin, bedeckt mit zahlreichen quadratisch zugeschnittenen Papptäfelchen. »Sie wissen, worum es sich handelt?« Gregor Schulz wirft seine Zigarette in die Aschenschale und sieht uns fragend an. »In drei Worten zusammengefaßt: um das ›Nein‹ zu Hitlers Politik. Um die wahre Antwort auf seine letzte Wahlfrage! Auf den Wahlzettel mit dem großen Ja-Kreis und dem winzigen Nein-Kreis! Billigst du, deutscher Mann, und du, deutsche Frau, die Politik Adolf Hitlers? – Nein, wir billigen sie nicht, diese Politik. Und daß wir sie nicht billigen, wollen wir eindeutig dokumentieren.« Der schmächtige junge Mann mit den leichtgeschlitzten Mongolenaugen springt auf und bückt sich über die Landkarte. »Wir planen eine Aktion über ganz Berlin. Für Mittwoch nacht. Die erste dieses Umfanges seit 1933. ›Nein‹ heißt das Losungswort. ›Nein‹ soll es von allen Mauern den Nazis entgegenrufen. Mit Kreide oder mit Farbe. Mit Kohle oder mit Tünche. Jeder übernimmt einen bestimmten Stadtbezirk.« Er tippt auf die viereckigen Papptäfelchen. »Jeder ist verpflichtet, in seinem Revier das Bestmögliche zu leisten.«

»Welches Gebiet haben Sie uns zugedacht?« Andriks Stimme klingt knapp und sachlich. – »Den Südwesten. Steglitz und Schöneberg sind noch unbesetzt. Auch in Friedenau fehlen Leute. Norden und Osten sind bereits aufgeteilt. Ebenso Spandau und das umliegende Gelände.« Gregor Schulz schiebt die Papptäfelchen wie Schachfiguren hin und her. »Da wäre auch noch Wilmersdorf ... Ein bißchen viel ... Es kommt darauf an, was Ihre Gruppe zur Verfügung hat.« Wir drei tauschen einen raschen Blick. Überschlagen im Geist die Zahl unserer Hilfskräfte. Doktor Tegels Kreis stellt mindestens vier Leute. Dazu Ralph und Rita, Heike und Fabian, Dagmar, Jo Thäler und wir drei. Macht zusammen dreizehn. Eckhardt arbeitet außerhalb. Wald ist beim Falschdruck unabkömmlich. »Wir übernehmen Wilmersdorf. Zum mindesten den südlichen Teil. Unsere

Gruppe stellt zwölf bis vierzehn Personen.« Also auch Andrik ist zu dem gleichen Rechenergebnis gekommen. – »Gut. Dann gebe ich Ihnen die Aufteilung.« Über die Karte gebeugt, grenzen wir die Bezirke ab. Albrechtstraße, Mariendorfer Straße, Bismarckstraße. Rhein- und Hauptstraße bis zum Bülowbogen. Südwestkorso und Kaiserallee, Bayrisches Viertel und Steglitzer Rathausgebiet. »Es kommt vor allem auf die Hauptstraßen an. Seitenstraßen sind nebensächlich. Gehen Sie am Tage die Strecke ab. Prägen Sie sich die wichtigsten Punkte ein. Der Mond wird spät aufgehen. Am besten, Sie fangen erst nach der Alarmzeit an.«

Gregor Schulz richtet sich empor. Auf der Landkarte liegen acht neue Papptäfelchen. »Alles klar?« Wir nicken. Nach überflüssigen Worten steht keinem der Sinn. »Hier sind drei Schachteln Kreide. Für den Rest müssen Sie selber sorgen.« Wieder nicken wir. Blicken ihm schweigend ins Gesicht. Frank verstaut die Schachteln in seinen umfangreichen Manteltaschen. »Donnerstag treffen wir uns hier um die gleiche Zeit. Auf die Malaktion folgt eine Flugblattaktion. In der Nacht zu Hitlers Geburtstag.« – »Ich denke, es wird sein letzter sein«, murmelt Andrik. Alle lächeln. – »Leben Sie wohl«, sagt Gregor Schulz. »Und guten Erfolg.«

Wieder durchqueren wir den langen Korridor, tappen die finstere Wendeltreppe hinunter. Das eiserne Tor dreht sich quietschend in den Angeln. Draußen regnet es immer noch. Seltsam, man meint, es seien inzwischen Jahre vergangen! Langsam radeln wir nach Hause. »Wir müssen uns morgen um Malutensilien kümmern«, unterbricht Frank das Schweigen. – »Und um genaue Streckenaufteilung«, fügt Andrik hinzu. »Am besten, man geht paarweise.«

Über unseren Köpfen beginnt es zu brummen. »Ich glaube, wir kriegen Alarm!« Kaum habe ich die Worte ausgesprochen, da heult auch schon die Sirene. Wie Rennfahrer treten wir in die Pedale. Bis zum Wasserturm ist es nicht mehr weit. Vielleicht kann man die Drahtfunkstromzeit zum Kochen ausnutzen.

»Anflüge aus dem Osten«, verkündet der Ansager, nachdem

wir fünf Minuten den falschen Dreiklangtönen des Pausentikkers gelauscht haben. Erstmalig russische Schlachtflieger über Berlin. Zur Feier dieses Ereignisses sparen wir uns den Kellergang. In der Nacht gibt es hinreichend Gelegenheit, ihn nachzuholen. Mit englischen Zweitausend-Kilo-Bomben ist nicht zu spaßen.

Berlin. Dienstag, 17. April 1945

Es ist nicht einfach, im ausgebombten Berlin bestimmte Kaufwünsche zu äußern. Vor allem nicht dann, wenn man auf sofortige Erfüllung angewiesen ist. Das stereotype »Fragen Sie in vierzehn Tagen wieder nach« macht uns auf unserer Jagd nach Malutensilien schon ganz nervös. Endlich, in einer abgelegenen Seitenstraße, findet sich das Ersehnte. Ein melancholisches Fräulein reicht mir drei Pakete bester Zeichenkreide über den Ladentisch. »Komisch«, sagt sie nachdenklich, »seit fünf Jahren bin ich im Geschäft. Und habe während der ganzen Zeit nicht so viel Kreide verkauft wie ausgerechnet heute. Sie sind die Siebente, die danach fragt.« – »Sonderbar ... tatsächlich ...«, erwidere ich und mache schleunigst, daß ich davonkomme. Was für unbedeutende Zufälle doch große Dinge gelegentlich gefährden können!

Daheim werfen wir den Raub zusammen. Frank hat den Vogel abgeschossen. Vier Konservendosen, gefüllt mit grellroter Ölfarbe. »Geklaut aus den Beständen einer Propagandakompanie«, erklärt er großartig. »Ich denke, sie soll ihrem Zweck ordnungsgemäß zugeführt werden.« Der Rest des Tages vergeht mit Pinselbasteln.

Kurz vor Einbruch der Dämmerung läuft jeder seine Strecke ab. Frank und ich haben das Gebiet der Albrechtstraße übernommen. Andrik schließt sich nach Südende zu an. Diese Ecke ist gut ... Jene Wand eignet sich großartig ... dort den Mauervorsprung müssen wir uns merken ... die Anschlagsäulen der NSDAP. Unsere Gehirne arbeiten wie photographische Platten, saugen die Bilder ein, um sie morgen – und wäre es noch so dunkel – unfehlbar zu reprojizieren. Während der endlosen

Abendalarme tauschen wir im Keller flüsternd unsere Eindrücke. »Sind Ralph und Rita verständigt? Werden Doktor Tegels Leute zuverlässig funktionieren?« – »Jo will in Uniform losgehen. Als Stabsarzt schnappt ihn bestimmt keiner.« – »Auf alle Fälle warten wir ab, bis der Mond unten ist.«
Die Uhr zeigt drei, als wir aus dem Keller emporsteigen.

Berlin. Mittwoch, 18. April 1945

Wieder sitzen wir einen Meter tief unter der Erde, brüten vor uns hin und durchdenken zum hundertsten Male das heimliche Nachtprogramm. Um zwei Uhr ist der letzte englische Flieger abgeflogen. Die Hausbewohner schleppen ihre Koffer nach oben. Hier fällt eine Tür ins Schloß, dort eine. Wenn nur unsere Unterwohner erst im Bett wären! Sie haben eine fatale Neigung, Geräusche über ihrem Kopf zu registrieren. Endlich hört man auch bei ihnen nichts mehr. Schweigend machen wir uns fertig. Brotbeutel, Windjacke, Schuhe mit Gummisohlen. »Die Mädchen sollen Kopftücher umbinden. Damit man ihre Silhouette nicht wiedererkennt«, rät Frank. Er selbst stülpt sich eine Schirmmütze über die Haare. »Seid ihr bereit?« – »Ja!« Im Dunkeln tappen wir die Treppe hinunter. »Macht's gut!« – »Macht's gut!« Dann trennen sich unsere Wege.
Der Mond ist untergegangen. Wie schwarze Schläuche dehnen sich vor uns die Straßen. Der letzte Bunkergast hat heimgefunden. Es ist so still, daß man das Gleiten der Fahrradreifen auf dem Asphalt als ungeheuerlichen Lärm empfindet. Fünfzig Meter vor dem ersten Haus unserer »Strecke« springen wir von den Rädern und ketten sie hinter einem Trümmerhaufen an. »Wenn sie auf uns aufmerksam werden, bleiben wir stehen und küssen uns«, raunt mir Frank ins Ohr. »Liebespaare wirken immer harmlos.« Es ist zu finster, um ihm zuzunicken. So drücke ich nur verständnisvoll seinen Arm. Langsam tasten wir uns in die Dunkelheit hinein. »Hast du die Kreide? Die Tasche mit den Farbtöpfen?« – »Alles in Ordnung«, flüstere ich zurück. »Aber wo fangen wir an? Ich sehe kaum die Hand vor den Augen.« Für Sekunden scheint es uns, als hätten wir eine

Aufgabe übernommen, die unmöglich zu lösen sei. Irgendwo in der Ferne bellt ein Hund. Meine Hände beginnen zu zittern. Neben mir höre ich Frank rasch und unruhig atmen. Nur jetzt nicht weich werden, denke ich. Zögernd mache ich ein paar Schritte nach rechts. Spüre zwischen meinen Fingern die kalte Ecke eines Briefkastens. N-E-I-N male ich mit zusammengebissenen Zähnen hastig auf den breiten Einwurfschlitz. Die Kreide quietscht. So muß es Blinden beim Schreiben zumute sein. Ich drehe mich um. »Du, es geht!« will ich flüstern. Aber Frank ist von meiner Seite verschwunden. Wenige Sekunden später taucht er wie ein Schatten wieder vor mir auf, hängt sich in meinen Arm und zieht mich vorwärts. »Rasch, komm weiter!« Plötzlich ist alle Unruhe von uns abgefallen. »Hast du's geschafft?« frage ich. Es bedarf keiner Antwort. Von der Tür des benachbarten Bäckerladens schlägt mir der Geruch frischer Ölfarbe entgegen. Unsere Augen beginnen sich an die Finsternis zu gewöhnen. Immer deutlicher heben sich aus der Schwärze die breiten Flächen der Mauern und Schaufenster ab. Nein – Nein – Nein. Entweder ganze Arbeit oder keine. Wir malen und schreiben mit gesammelter Inbrunst. Auf Bordschwellen und Telegraphenmaste, auf Gartentore und Litfaßsäulen. Wo immer sich ein Blickfang findet, wird ihm das Nein als farbiges Siegel aufgedrückt.

Geräuschlos huschen wir von Haus zu Haus. »Pst – still! Polizei!« Wir stehen wie Säulen. In gemächlichem Gleichschritt schlendert die Nachtpatrouille vom Streifendienst an uns vorüber. »Gegen die Mauer drücken«, haucht Frank. Ich dränge mich an die Steine, als wollte ich in sie hineinkriechen. Es riecht nach Staub und verbranntem Holz. Wenn sie uns nur nicht entdecken! Schwerfällig stampfen die eisernen Soldatenabsätze das Pflaster. Der Zipfel eines Mantels streift mein Knie. Ich halte den Atem an. Dem Himmel sei Dank, sie haben uns nicht entdeckt! Ihre Augen sind blicklos geradeaus gerichtet, als schliefen sie im Gehen. Frank zupft mich am Ärmel. »Ich glaube, die Luft ist rein!« Er hält schon wieder den Pinsel in der Hand. Feucht glänzt es von den breiten Brettern eines Lattenzaunes: N–E–I–N! Je weiter wir vordringen, desto unbekümmerter wächst unser Mut. Im Osten beginnt sich der Himmel zu färben. Wir müssen uns beeilen, wenn wir vor Tagesanbruch fertig sein wollen. Am Rathausplatz steht auf hohem Podest die große Anschlagtafel der Partei. Schreit mit Riesenlettern in die Welt, daß die »Juden unser Unglück« seien. Vier Stufen führen zu ihr empor. Vorsichtig blicken wir uns um. Ob es nicht schon zu hell ist? »Ganz egal, ich wag's!« sagt Frank. Er springt die Stufen hinauf. Wie ein Schießhund liege ich auf der Lauer. Fünf Straßen münden auf den Platz. Fünf Quellen der Gefahr. Aus der Ferne rollt der erste Stadtbahnzug heran. Wenn nur keiner kommt, wenn nur keiner kommt! Vor übermäßiger Anspannung steht mir der Schweiß auf der Stirn. Inzwischen hantiert Frank auf seinem luftigen Posten wie ein gelernter Malermeister. Viel zu langsam für meine Ungeduld taucht er den Pinsel in den Farbtopf. Ich starre auf das scheußliche Plakat. »Die Juden sind unser Unglück!« Jetzt setzt er den Pinsel an. Dunkelrot tropft die Farbe auf das Pflaster. Als ob es Blut wäre, kommt es mir in den Sinn. »Die Juden sind unser Unglück!« N-E-I-N! Im handbreiten Balken leuchtet Franks Protest von der hölzernen Anschlagtafel. Wie ein Künstler betrachtet er sein Werk. »Komm!«, dränge ich. »Komm!«

Im Morgengrauen machen wir uns auf den Heimweg. Franks Mantel sieht aus, als hätte er soeben ein Schwein abgestochen. Unsere Farbtöpfe sind leer. Das letzte Kreidestückchen reicht kaum noch aus, die Barrikade der Albrechtstraße mit ein paar dünnen Neins zu bemalen. Als wir in die Mariendorfer Straße einbiegen, bleiben wir wie auf Kommando stehen. Nein – Nein – Nein! leuchtet es uns mit grellweißen Buchstaben von einem Sandkasten entgegen. »Teamwork«, sagt Frank befriedigt. »Hier war Andrik am Werk.« Er war am Werk! Rechts und links und oben und unten – von allen Seiten glänzen die Neins. Andrik, denke ich und fahre mit den Fingern sanft über einen weißbekritzelten Laternenpfahl.

Unsere Räder sind naß von Tau. Als wir sie aus den Trümmern ziehen, springen zwei Ratten pfeifend über den Weg. Zu Hunderten hausen sie zwischen den Ruinen im großen Abfallhaufen Berlin. »Ekelhaft!« Ich schüttele mich vor Widerwillen. Frank lacht: »So sind die Frauen. Riskierst dein Leben gegen die Nazis. Doch wenn du ein Mäuschen siehst, kletterst du auf den Tisch.« Stumm stecke ich den Vorwurf ein.

Allmählich beginnen wir müde zu werden. Ob wohl die anderen schon zu Hause sind? Auf der Bismarckstraße kommen uns die ersten Frühaufsteher entgegen. Dienstverpflichtete, die blaß und verdrossen ihren Zwangsarbeitsstätten zustreben. Möge uns der Himmel vor solchem Los bewahren! Lange genug haben wir uns erfolgreich um Arbeitsamt und Zwangseinsatz gedrückt. Nicht mitzumachen ist auch Sabotage. Wenn keiner mitmachen würde, wäre der Krieg seit Jahren zu Ende. Aber die wenigsten sehen ein, daß es hier nicht um Faulheit und Drückebergertum geht, sondern um Protest gegen ein Schandsystem. Um jenes Nein zu Hitlers Politik, das wir soeben an alle Mauern geschrieben haben. »Ist dir auch so kalt wie mir?« unterbricht Frank meine Meditationen. »Jetzt einen heißen Tee ...« – »Kriegst du! Und wenn ich dafür den Ziegelherd in Brand setzen müßte.« Ich brauche ihn nicht in Brand zu setzen. Vor sechs Uhr morgens pflegen die Berliner Elektrizitätswerke großzügig zu sein.

Daheim finden wir Andrik vor. »Alles ging glänzend«, berichtet er vergnügt. »Noch fünfzig Straßen hätte ich bemalen können.« – »Und du bist nirgends gesehen worden?« – »Gesehen wohl, doch nicht in meiner Eigenschaft als Anstreicher. Im übrigen, wer hätte mir nachweisen können, daß ich nicht im Auftrage von Herrn Goebbels tätig sei?« Er schmunzelt. »Was haltet ihr von diesem Zettel?« Staunend betrachten wir den verknitterten Wisch: »Auslandsorganisation der NSDAP, Reichsleitung. Es wird hiermit bestätigt, daß Pg. Andrik K. in der Nacht vom 18. zum 19. April in unserem Auftrage eine Propagandaarbeit durchzuführen hat. Wir bitten, ihn bei seiner Tätigkeit zu unterstützen. Gezeichnet: Unleserlich.« Darunter das bekannte »Vögelchen«. »Donnerwetter«, sagen wir achtungsvoll. – »Fiel mir in letzter Minute ein«, lacht Andrik.

»Da bin ich rasch noch mal umgekehrt.« – »Tolles Stück! Malt seine Neins mit Nazi-Ausweis!« Frank ist immer noch ganz überwältigt. Gemeinsam setzen wir uns zum Tee. Jeder ist müde und unruhig zugleich. Von dieser brennenden Übernächtigkeit, die einem das Gefühl gibt, unter der Haut wie ausgetrocknet zu sein. Jetzt erst, wo sie hinter uns liegt, werden wir uns der überstandenen Gefahr voll bewußt. Daß alles geglückt ist, daß wir heil zurückgekehrt sind, macht uns ausgelassen, als hätten wir viel Wein getrunken. Wenn nur auch die anderen erst da wären! denke ich inmitten der unruhigen Fröhlichkeit. Plötzlich läutet das Telephon. Wie ertappte Sünder schrecken wir zusammen. »Seid ihr zu Hause? Hier Jo. Ich gehe jetzt schlafen!« Gottlob! Wenigstens einer befindet sich in Sicherheit.

Eine halbe Stunde später kommen Heike und Fabian. Verschmiert, verstaubt und grenzenlos befriedigt. »Wir gehen gar nicht erst zu Bett. Wir nehmen zwei Pervitin und räumen den Keller auf. Über kurz oder lang wird man doch hinunterziehen müssen.« – »Und wie war's auf der Fahrt?« – »Blendend! Ehrensache, daß ihr morgen unsere Arbeit bewundert!« Sie verschwinden im Keller. Um drei Viertel sieben trifft Dagmar ein. Jetzt können wir mit gutem Gewissen schlafen gehen. Draußen singen die Vögel. Und durch das Fenster scheint die Sonne direkt auf mein Bett.

Berlin. Donnerstag, 19. April 1945

Wunder über Wunder. Wir dürfen richtig ausschlafen. Es gibt keinen Alarm. Weder am Morgen noch am Mittag noch am Nachmittag. Heute nacht startet die Flugblattaktion. Ehe wir zu Gregor Schulz fahren, müssen wir unbedingt feststellen, wie sich unsere Neins im Tageslicht ausnehmen.

Auf der Albrechtstraße herrscht großes Scheuerfest. Mit wütendem Eifer schrubben die Ladenbesitzer an ihren Fenstern herum. Doch Ölfarbe widersteht selbst den besten Kriegsreinigungsmitteln. Und dort, wo hinter verstaubten Scheiben die üblichen Schilder mit dem »Wegen Einberufung zur Wehrmacht vorübergehend geschlossen« baumeln, prangen die Neins in unverminderter Leuchtkraft. »Nun sieh dir bloß das an!« staunt Frank und zeigt auf einen jungen Burschen, der sich emsig pinselnd vor einer rotbemalten Hauswand betätigt. »Ka-pi-tu-lie-ren ...«, buchstabiere ich unter seinem arbeitenden Pinsel hervor. Wahrhaftig, er setzt ein Fragezeichen dahinter! Ich schaue mich um. »Kapitulieren? Nein. Ergeben? Nein.« So steht es rechts und links. »Unverschämtheit! Die schlachten unsere Neins zu ihren Gunsten aus.« – »Reichlich spät ist ihnen das eingefallen. Und außerdem ... Die wissen genau, daß nicht sie, sondern wir die Neins geschrieben haben«, tröstet mich Frank. »Ohnedies merkt ein jeder, der Augen hat, die Abweichung in Schrift und Farbe!« Wie dem auch sei, die Sache bleibt ärgerlich. Und unser Verdruß mindert sich erst, als wir merken, daß die Umfälschung Ausnahme ist.

Wir radeln die Kaiserallee entlang. Hier haben Heike und Fabian gearbeitet. Alle Achtung! Sie sind nicht müßig gewesen. Vor dem Hindenburgpark prangt ihr Meisterstück. Wie ein Mahnmal hebt sich aus breiter Rasenfläche der Sockel irgendeines Denkmals. Das Denkmal selbst ist abgetragen. Aus dem ehernen Diskuswerfer, der Nymphe oder Najade, die hier den Platz schmückte, haben die Nazis längst Kanonenkugeln gegossen. Nur der granitene Sockel blieb als »vorläufig unverwendbar« zurück. N-E-I-N schreit es jetzt in halbmeterhohen schwarzen Buchstaben von seiner breiten Vorderfront. Unausmerzbar. »Schön!« sagen wir begeistert. »Schöööön!« Je weiter wir fahren, desto glücklicher klopft unser Herz. Der Kurfürstendamm ist die Glanzleistung. Hier müssen Künstler am Werk gewesen sein. Nicht eine Schaufensterscheibe hat man ausgelassen. Wohin wir blicken, leuchten weißfarbene Proteste.

Bei Gregor Schulz herrscht Hochbetrieb. Menschen kommen und gehen. Sie alle sind von der gleichen fröhlichen Geschäftigkeit wie wir. Keiner kennt den anderen. Doch man grüßt sich und schüttelt sich die Hände, als wäre man seit Jahren befreundet. Es ist geglückt! sagt jeder Händedruck. Wie herrlich, daß es geglückt ist! Gregor Schulz winkt uns in eine Ecke. »Hier sind die Flugblätter. Verteilen Sie sie nach Ihrem Gutdünken. Sie könnten besser sein. Aber ohne Druckmaschine ... Wir haben drei Nächte daran gearbeitet.« Er schiebt uns ein Paket handgroßer Zettel unter den Arm. Im Dämmerlicht des Abends lesen wir:

Berliner! Soldaten, Männer und Frauen! Ihr kennt den Befehl des Wahnsinnigen Hitler und seines Bluthunds Himmler, jede Stadt bis zum äußersten zu verteidigen. Wer heute noch die Befehle der Nazis ausführt, ist ein Idiot oder ein Lump. Berliner! Folgt dem Beispiel der Wiener! Durch versteckten und offenen Widerstand haben die Wiener Arbeiter und Soldaten ein Blutbad in ihrer Stadt verhütet. Soll Berlin das Schicksal von Aachen, Köln und Königsberg erleiden?

NEIN!

Schreibt überall euer Nein an! Bildet Widerstandszellen in Kasernen, Betrieben, Schutzräumen! Werft alle Bilder von Hitler und seinen Komplicen auf die Straße! Organisiert den bewaffneten Widerstand!

Widerstandsgruppen Berlin
Ernst

»Wieviel Stück glauben Sie unterbringen zu können?« fragt Gregor Schulz. Frank überlegt. »Ich denke tausend.« – »Gut! Und, nicht wahr, Sie sagen Ihren Leuten, daß man heute doppelt vorsichtig sein muß. Gestern wußte Goebbels noch nichts von uns. Heute weiß er es. Die Arbeit wird nicht leicht sein in dieser Nacht!« Wir nicken. »Aber sie läßt sich schaffen.« – »Also Hals- und Beinbruch!« Er schaut uns ernst in die Augen. Zwei Minuten später stehen wir draußen. »Du, jetzt wird es eilig«, sage ich. »Ehe der Alarm kommt, müssen wir alles verteilt haben.« Frank klemmt seine Aktenmappe mit dem hochverräterischen Material unter die Feder des Gepäckträgers. »Wohin zuerst?« – »Zur Kufsteiner Straße.« Wir sausen los. In Franks Geheimquartier erwartet uns Jo Thäler. Er sitzt

im Dunkeln, denn es gibt wieder mal keinen Strom. Beim Schein meines Feuerzeuges zählen wir ihm die Flugblätter in die Hand. Fünfzig – hundert – hundertfünfzig. »Und wie ist es dir ergangen?« fragt Frank. Jo Thäler lächelt. »Die Stabsarztuniform hat Wunder gewirkt. Ein sabotierender Stabsarzt ist in der deutschen Heeresordnung nicht vorgesehen.« – »Hast du Leim?« Er nickt. Der Mehlkleister steht in der Küche, schon angerührt! »Also dann: good luck! Wir müssen weiter.«
Ralph und Rita haben ihren Mittelsmann zu vorbestimmter Stunde auf den Innsbrucker Platz geschickt. Ein stiller, bebrillter Junge, dem man es nicht ansieht, daß er zweimal unter schwierigen Umständen aus dem Gefängnis ausgebrochen ist. »Schicksale gibt es heute bei uns! Schicksale!« sagt Frank kopfschüttelnd, als wir uns von ihm verabschiedet haben. »Der Junge verdient, daß etwas Großes aus ihm wird.«
Der Rest der Verteilung erledigt sich zu Hause. Eins schlägt die Uhr. Halb zwei schlägt sie und zwei.
Endlich ist es soweit. Wir können aufbrechen. Vor dem Haustor reichen wir uns die Hände. Gefahr liegt in der Luft. Wir wissen es. »Also Vorsicht, Kinder!« warnt Andrik. »Kneift aus, wenn es brenzlig wird. Es lohnt nicht, fünf Minuten vor zwölf an den Galgen zu kommen.« Er wendet sich zum Gehen. Ich sehe, wie seine Gestalt im Dunkeln verschwindet. »Andrik«, rufe ich leise. – »Ja, was ist?« – »Es ist ... es ist ... ach, eigentlich nichts. Ich wollte dir nur noch mal auf Wiedersehen sagen.« – »Dummes Mädchen!« Zärtlich legt er den Arm um mich. »Also, kommt heil zurück! In drei Stunden sehen wir uns wieder.« – »In drei Stunden!« Ich reiße mich los. – »Wo bleibst du nur?« ruft Frank. Eilig renne ich ihm nach. Wieder gähnen uns die Straßen nachtschwarz entgegen. In meinem Brotbeutel knistern die Flugblätter. Sorgsam geschichtet, daß ein Griff genügt, sie künstgerecht aufzukleben. Sind wir immer noch nicht da? Gestern kam mir doch der Weg viel kürzer vor. Meine Gedanken schweifen ins Weite. »Wenn ich einst sterben muß, sterb' ich bei dir«, höre ich mich summen. Gott, wie lange habe ich an dieses Lied nicht gedacht! »Du,

wenn die Sache schiefgehen sollte, leugne alles ab.« – Franks Stimme klingt, als dränge sie durch Watte. »Sie wird nicht schiefgehen!«
Da ist das Rathaus. Wir sind angelangt. Mir fällt ein Stein vom Herzen. Die Unruhe vor der Tat ist schlimmer als die Tat selbst. Vorsichtig taste ich nach dem Brotbeutel. Hebe die Leimflasche heraus und löse den Pfropfen. Mit der linken Hand das Flugblatt herausnehmen, mit der rechten den Leim auftupfen, wiederhole ich im Geiste die daheim erprobte Bewegung. Frank bleibt stehen. »Komm, gib mir einen Kuß. Und dann – ran an die Arbeit.« Ich muß lachen. Und der Kuß trifft, statt auf den Mund, auf die Nase. Flugblatt herausnehmen – Leim auftupfen. Der erste Zettel sitzt. Der zweite, der dritte. Wie weiße Karos stehen sie auf der schwarzen Holzverschalung einer langen Schaufensterreihe. Flugblatt herausnehmen – Leim auftupfen. Jetzt nähern wir uns einer Querstraße. »Achtung!« Mit einem Sprung ist Frank an meiner Seite, stopft hastig Flugblatt und Leimkanne in die Tasche. Um die Ecke biegen zwei Soldaten. Mit Stahlhelm und Karabiner, das Sturmband ums Kinn geknüpft. Frank hat mich eingehakt. Zieht mich im Schlenderschritt vorwärts. Scharf blicken die Soldaten zu uns herüber. Werden sie stehenbleiben? Werden sie weitergehen? Und wenn sie weitergehen! Was wird aus den Zetteln, die wie weiße Karos auf der langen Schaufensterreihe kleben? Wenn sie die Zettel finden? Wenn sie entdecken, daß der Leim darauf noch nicht trocken ist! Kein Mensch auf der Straße, außer uns. Langsam schlendern wir weiter. Arm in Arm, wie ein Liebespaar. Zwischen unseren Hüften pendelt der Brotbeutel. Krampfhaft umklammere ich mit der Rechten die Flasche. Zehn Schritte, fünfzehn Schritte, zwanzig Schritte. Dann hat uns die Dunkelheit aufgesogen. Flugblatt herausnehmen – Leim auftupfen. Wir arbeiten eilig, als wären wir auf der Flucht. »Horch, schon wieder!« flüstere ich erschreckt. Stahlhelm, Karabiner, Sturmband. Die nächste Streife. In kaum zweihundert Meter Abstand folgt sie der ersten. Wenn das nicht Absicht ist! Wieder mustern uns zwei argwöhnische

Augenpaare. Nur jetzt nicht laufen. Nur jetzt nicht tun, als ob man sich getroffen fühlt. Wir gehen, als wandelten wir über eine Frühlingswiese. Und der Schweiß rinnt uns über den Rükken. Zehn Meter, fünfzehn Meter. Auch diese Gefahr zog vorüber. Flugblatt herausnehmen – Leim auftupfen ... »Um Gottes willen, Mensch! Die dritte!« Wie Spukbilder tauchen hinter den abgeblendeten Lichtern einer Verkehrsampel die Silhouetten zweier Helmkuppen auf. Langsam gehen ... langsam gehen. Das ist ja das reinste Spießrutenlaufen. Leise klirren die Karabiner gegen den Rand der Stahlhelme. »Man konnte, wenn man keinen Helm aufhatte, die Sterne der Heimat sehn«, schießen mir Bert Brechts Verse durch den Kopf.

Frank zieht mich in eine Seitenstraße. »Das hat ja gar keinen Zweck. Das ist ja völlig aussichtslos. Die meinen uns. Darauf kannst du Gift nehmen.« Er hebt den Kopf, lauscht in die Nacht hinein. »Da hast du's! Die vierte Streife. Nummer fünf und sechs werden auch nicht weit sein. Höchste Alarmstufe. Ich muß schon sagen, Goebbels strengt sich an.« Wie Mäuse schlüpfen wir in das schwarze Loch einer Toreinfahrt. Stahlhelm, Karabiner, Sturmband. Diesmal haben sie uns nicht bemerkt. Wir entschließen uns zu stilleren Nebenstraßen. Die nächsten Flugblätter werfe ich einem Postbriefkasten in den Bauch. Mögen sie erstaunte Postbeamte belehren. Aus der Ferne hören wir den Takt schwerer Soldatenstiefel. Immer unheimlicher wird die Situation. Nun fängt es auch noch sachte an zu regnen. Links von uns dehnt sich ein weites Gelände friedlicher Schrebergärten. »Laubenkolonie Eintracht«, lese ich über dem hölzernen Eingangstor. Flugblatt herausnehmen – Leim auftupfen ...

Gerade machen wir uns daran, das Holzgeländer mit unseren Aufrufen zu schmücken, da fahre ich entsetzt zusammen. Hinter uns tönt leises Knirschen auf dem Asphalt, so leise, daß es fast vom Geräusch des Regens verschlungen wird. Als schliche jemand auf Socken über einen Kiesweg. Wenn ich mich jetzt umdrehe ... ich weiß es genau ... wenn ich mich jetzt umdrehe, werde ich mich zu Tode erschrecken. Meine Hände sind eiskalt. »Frank!« stammle ich. »Frank!« Als zöge mir jemand den Kopf herum, wende ich das Gesicht zurück. Herr Gott des Himmels! In atembeklemmender Langsamkeit, mit abgedunkelten Laternen, radelt hinter uns eine Patrouille über den Damm. Direkt auf uns zu. Stahlhelm, Karabiner, Sturmband. Wegrennen – wegrennen! So schnell uns die Beine tragen! Aber sie haben Waffen. Wenn sie auf uns schießen ... Immer näher schleicht das leise, knirschende Geräusch. Mir ist, als wären meine Füße am Erdboden festgewachsen. So muß es Lots Frau zumute gewesen sein, als sie zur Salzsäule erstarrte. Mit übermenschlicher Anstrengung ziehe ich den linken Arm in die Höhe. Zwänge ihn in die Tasche und umklammere das Päckchen mit den Flugblättern. Leibesvisitation, Verhaftung, Standgericht, Galgen ... wirbelt es mir durchs Gehirn. Wie mit Nadeln piekt es unter der Haut. Leise knirschen die Räder. Nähern sich mit atembeklemmender Langsamkeit. Meine Finger umkrampfen das Päckchen. Und wenn ich sofort tot umfallen sollte, ich muß die Blätter fallen lassen. Hier – auf der Stelle. Raschelnd gleiten sie zwischen Frank und mir zu Boden. Jetzt blitzen zwei Blendlaternen auf. Fangen uns in ihrem Lichtkegel ein. Mechanisch setzen wir einen Fuß vor den anderen. Gleich werden sie ... Verhaftung – Standgericht – Galgen. Großer Gott! Sie haben uns eingeholt. Schon sind sie neben uns – vor uns – engen uns ein, als bannten sie uns in einen Zauberkreis. Frank hat meinen Arm gefaßt. Auch seine Hände sind kalt. Wenn uns nur etwas Harmloses einfallen würde. Irgendein dummer Satz, wie ihn einfache Bürger sagen. Ich zermartere mir den Kopf. Ich möchte mich prügeln, weil ich so ratlos bin. Die Räder knirschen. Als schliche jemand auf Socken über einen Kiesweg. Immer noch sind die Blendlaternen auf uns gerichtet. Tasten uns ab, vom Kopf bis zu den Zehen. Nirgends sonst ein Laut. »Mensch, hab' ich einen Schnupfen! Kannst du mir nicht dein Taschentuch pumpen?« höre ich plötzlich Franks Stimme neben mir. Sie klingt ein bißchen heiser. Aber unendlich beruhigend. Wie ein Alpdruck fällt es von meiner Seele. »Natürlich, Liebling! Warte, ich hol's.« Auch aus meiner

Kehle tönt es stark erkältet. Wir bleiben stehen. Mit betonter Umständlichkeit wühle ich in meinen Taschen. Ein ausgiebiges Schnaufen – ein grenzenloses Aufatmen. Der Lichtkegel erlischt. Leise, als schliche jemand auf Socken über einen Kiesweg, knirschen die Räder davon.

Mir sind die Knie schwach geworden. »Du, komm nach Hause. Ich kann nicht mehr.« – Frank schüttelt sich. »Das war nicht schön! Wahrhaftig, das war scheußlich! Aber kleben tun wir trotzdem!« Eine halbe Stunde später hat er auch die letzten Zettel untergebracht. Zwar nicht ganz so weithin sichtbar, aber immerhin. Mir ist, als hätte ich eine Bergtour hinter mir. Leibesvisitation – Verhaftung – Standgericht – Galgen. Daß man so hart an der Grenze des Lebens steht! Daß es so leicht ist, mit dem Kopf in die Schlinge zu geraten. Sie alle fallen mir ein, die für uns gestorben sind. Ob man dem Grafen Moltke später ein Denkmal setzen wird?

Um fünf Uhr morgens sind wir daheim. Kein Mensch in der Wohnung. Stumm starren uns die leeren Zimmer entgegen. Ich hocke mich neben das Telephon. Wenn es den anderen ähnlich ergangen ist! ... Wenn einer von ihnen ... Durch die Ritzen der Fensterverdunkelung quillt Morgenlicht. Um fünf Uhr früh pflegt man die Menschen zur Hinrichtung zu holen. Man sagt, auch heute noch bimmelt für sie das Armesünderglöckchen. Es bimmelt und bimmelt ...

»Tatsächlich! Sie ist eingeschlafen!« Vor mir stehen Heike, Andrik und Fabian. Verwirrt starre ich sie an. »Muß ich denn nicht ... bin ich nicht ...?« – »Du mußt nur eins, nämlich Tee kochen.« Andrik wirft sich erschöpft in den Sessel. »Kinder, war das eine Angstpartie! Eine halbe Stunde zwischen Büschen kauern! Die Polizei auf den Fersen! Immer zwei Mann. In kaum zweihundert Meter Abstand. Auf allen vieren bin ich schließlich durch die Trümmer gekrochen. Links rein in die Siedlung vom Munsterdamm. Da kleben nun meine Zettel. An sämtlichen Haustüren. Und an den Fenstern eines bombensicher geparkten Autobusses.« – »Gott sei Dank, daß ihr da seid!« Ich kann mich noch immer nicht ganz zurechtfinden.

Auch Heike und Fabian sehen nicht sonderlich frisch aus. »Uns haben sie mit Motorrädern gejagt. Die halbe Kaiserallee entlang. Man kann nicht behaupten, daß es sehr spaßig war. Und wo steckt Dagmar?« – »Schläft bereits! Bei der hat sich der Schreck in Schläfrigkeit umgesetzt.« – »Gesegnete Jugend! Also lassen wir sie schlafen!«

Ich gehe in die Küche, um Wasser aufzusetzen. Der Tee ist heiß und stark. Karla schickte ihn vor zwei Monaten als Liebesgabenpaket aus Nanking. Wenn sie wüßte, wozu er uns dient, würde sie sicher begeistert sein. Uns fehlt zur Begeisterung im Augenblick die nötige Munterkeit. Während wir schweigend um den Tisch sitzen, sagt Frank: »Verdammt ernst hat uns der Goebbels doch genommen! Daß er so viel gegen uns auf die Beine brachte! Ein stolzer Triumph!«

Sanft fallen dem erschöpften Triumphator die Augen zu.

Berlin. Samstag, 21. April 1945

Um vier Uhr morgens steigen wir aus dem Keller nach oben. Mit steifen Gliedern, verknautscht, verquollen und mißlaunig. Reden kein Wort, sondern werfen uns stumm auf die Betten. Schlafen. Nur schlafen! Alles andere wird sich später finden.

Es findet sich! Und wie es sich findet! Als ich um neun Uhr Teewasser aufsetzen will, fließt kein Tropfen Wasser mehr aus der Leitung. Ich knipse am Schalter. Kein Strom! Ich greife zum Hörer: Die Leitung ist tot! Über Nacht hat man Berlin den Lebensfaden abgeschnitten. Von Osten her grollt es wie ferner Donner. Aber es ist ein Donner, der nicht aufhört. Der anschwillt von Stunde zu Stunde. Unerbittlich mit tödlicher Eindringlichkeit. Aus dem Badezimmer kommt Fabian. In Hemd und Hose, das Gesicht weißüberschäumt von Rasiercreme. Er schwenkt in der Hand den trockenen Pinsel. »O holder Tag, o holde Stunde!« singt er melancholisch. »Schön wär's, wenn ich mich heute noch fertig rasieren könnte.« Ich muß lachen, obgleich es mir wenig nach Lachen zumute ist. »Den Luxus wirst du dir abgewöhnen müssen. Wasser fällt unter Mangelware.«

Bis zum Mittag ist die erste Pumpenexpedition organisiert. Drei Mann mit je zwei Eimern. Die nächste Pumpe steht drei Straßenzüge entfernt, neben einem Volkssturmlokal. Über hundert Menschen drängen sich hinter dem Pumpenschwengel. Auf der Dienststelle des Volkssturms herrscht unruhige Geschäftigkeit. Motorräder knattern vor der Tür. Männer mit der schwarz-weiß-roten Binde am Arm, in selbst zusammengestoppelter Kriegsausrüstung, armselig wie Lumpenmätze, strömen hinein und heraus. Sie sehen aus, als hätten sie zehn Nächte nicht geschlafen. Und fünfzehn Tage nichts zu essen bekommen. Mit so was will man Berlin verteidigen! Ergeben scharren wir den Sandboden vor der Pumpe, bis die Reihe an uns ist, den eisernen Schwengel in Bewegung zu setzen. Sechs Eimer! Das reicht kaum zum Kochen, Abwaschen und Zähneputzen. Doch wenn es Alarm gibt? Wenn man löschen muß? Man sagt, sie haben in Berlin schon mit Magermilch und Dünnbier gelöscht. Wo aber ist die Magermilch? Von dem $\frac{1}{32}$ Liter, der einem am Tage zusteht, wird sich ein handfester Hausbrand kaum löschen lassen. Also Eimer schleppen. Also die Badewanne füllen. Und sämtliche Behälter, die in Wohnung und Keller vorrätig sind. »Es dürfte auch Zeit sein, die Marken abzukaufen«, empfiehlt Heike und schaut besorgt auf eine zweihundert Meter lange Menschenschlange, die sich vor einem Bäckerladen staut.
Nach dem nächsten Wassergang rücken wir diesem Problem ernsthaft näher. Jeder schüttet seinen Restbestand an Monatszuteilung und Reisemarken auf den Tisch. Vier Pfund Fleisch, zwei Pfund Butter, sechs Pfund Nährmittel, zehneinhalb Pfund Brot, dreißig Semmeln. Ein ansehnliches Quantum. »Die Mädchen sollen kaufen. Wenn sie zu lange stehen müssen, lösen wir sie ab.« Heike und Dagmar ziehen los. Mit Netzen und Einkaufstaschen. Ich setze mich aufs Rad und fahre zur Kufsteiner Straße. Man muß sich um Frank und Jo Thäler kümmern. Muß hören, wie sie über die nächsten Tage entschieden haben. Jetzt nicht zusammenzuhalten, wäre Irrsinn. Ich radele durch ein Gewühl von Menschen und Fahrzeugen. Alles, was Beine hat,

scheint heute nach Westen zu ziehen. Zwischen den Lastautos und Wehrmachtwagen schieben sich die Trecks der Flüchtenden. Leiterwagen, Schubkarren, Kinderwagen, Puppenwagen. Bepackt mit Rucksäcken, Bündeln und Koffern. Als Vorspann müde Frauen. Als Nachhut erschöpfte Kinder. Blaß, hohlwangig, barfuß. Ein trostloser Anblick. Vor den Wasserpumpen Menschenschlangen, vor den Bäckerläden Menschenschlangen, vor den Metzgerläden Menschenschlangen. »Wissen Sie nicht, wo man Brot zu kaufen bekommt?« fragt mich eine verhetzt aussehende Frau mit Kopftuch und Marktbeutel. »Hier in Schöneberg ist alles ausverkauft.« Ich weiß es nicht. Niemand weiß es. Man kauft, wo man etwas findet. Man rafft zusammen, was man kriegen kann. Wie ferner Donner grollt die feindliche Artillerie. Flieger schwirren über unseren Köpfen. Aber es kümmert sich keiner um sie. Jetzt hat man wichtigere Existenzfragen zu lösen.
In der Kufsteiner Straße sieht es nach Aufbruch aus. Alle Schubladen sind herausgerissen. Halboffene Koffer stehen auf dem Fußboden. »Zeit zu packen!« empfängt mich Frank. Die große Fluchtstimmung der Stadt hat auch ihn angesteckt. Stolz weist er auf einen Haufen gefüllter Tüten, Päckchen und Schachteln. Fett, Fleisch, Brot, Nährmittel! »Wir haben alles abgekauft. Morgen wird man doch nichts mehr kriegen.« – »Schon heute nicht«, antworte ich trübselig. »Die sind ja wie Heuschrecken über alle Vorräte hergefallen.« – »Wer zuletzt kaut, kaut am besten«, brummt Jo aus dem Hintergrund. »Ich habe nicht die Absicht, für die Nazis zu verhungern.« – »Und was gedenkt ihr weiter zu tun?« – Frank zuckt die Achseln. »Abzuwarten! Was bleibt uns anderes übrig? Und zu verhüten, daß es mich nochmals vom Rade fegt, wie heute vormittag.« Jetzt erst sehe ich, daß über seine Stirn eine blutige Schramme läuft, mit Leukoplast nur ungenügend verklebt. »Was ist dir zugestoßen?« Alle karitativen Instinkte sind plötzlich bei mir wach geworden. – »Nichts weiter, als daß die Russen in den Tiergarten hineinschießen. Über das Brandenburger Tor und ins Regierungsviertel. Ich fuhr mit dem Rad durch die Linden.

Da flog mir ein Ding um die Ohren. Sauste direkt in den Bürgersteig und riß mich über die Lenkstange, ehe ich bis drei zählen konnte. Platt wie eine Wanze lag ich vor dem Adlon-Hotel.« Ich streichle ihm behutsam über den rotverfärbten Leukoplast-Streifen. »U-Boote sollten jetzt zu Hause bleiben. Und wenn es brenzlig wird, dann kommt zu uns!«
Es dämmert schon, als ich aufbreche. In der Siedlung am Wasserturm hat Wald inzwischen vorgesprochen. Seine Frau ist angekommen. Von irgendwoher aus dem Westen, wo sie dienstverpflichtet war. Er muß sie unterbringen für die Nacht. Lange beraten wir hin und her. Soll er es wagen, in seine alte Wohnung zurückzukehren? In seine alte Wohnung, die vor Jahren die Gestapo beschlagnahmte? Und bis zum heutigen Tage trotz aller Wohnungsnot leerstehen ließ? Ein gefährliches Unterfangen! Aber was ist in diesen Tagen nicht gefährlich?! Und ehe man auf der Straße kampiert! Andere Unterbringungsmöglichkeiten sind im Augenblick beim besten Willen nicht aufzutreiben.
Artilleriebeschuß – russische Schlachtflieger – englische Moskitos. Sobald die Nacht sinkt, beginnt der Tanz von neuem. Heike, Dagmar und Fabian ziehen es vor, sich grundsätzlich auf Kellerübernachtung einzurichten. Ich sitze mit Andrik oben neben der Stallaterne, trinke kalten Tee, esse Wurstsemmeln und Käsebrote, jede Sekunde bereit, nach Aktentasche und »Sturmgepäck« zu greifen, um ebenfalls in den Keller zu stürzen. Die Fensterriegel haben wir aufgestellt, daß wenigstens die letzten Glasscheiben dem Luftdruck standhalten. Draußen knallt die Flak. Und in der Ferne grollt der Donner der russischen Artillerie. »Achtung!« schreie ich. Die Teetasse fällt auf den Tisch. Flach liegen wir beide auf dem Fußboden. Huui-i-i-i! tönt in der Nähe der Einschlag einer Moskitobombe. Huui-i-i-i! heult noch näher die zweite. »Runter!« ruft Andrik. Wie gejagte Hasen flitzen wir die Treppe hinab. Der Luftdruck hat die Pappen aus den Flurfenstern gerissen. Feuerschein beleuchtet die Stufen. »Herrgott, meine Handtasche!« Jetzt nochmals raufzulaufen, wäre Wahnsinn. Aber so ist es

immer. Wenn wirklich Gefahr droht, vergißt man das Wichtigste.
Gottlob, das Haus bleibt stehen! Nur grauer Kalkstaub liegt, als wir in die Wohnung zurückkehren, in dicker Schicht über Möbeln und Fußboden. Es ist eiskalt in den Zimmern. Aber die aufgesperrten Fensterflügel haben dem Luftdruck standgehalten. Wenigstens ein Gewinn! Seufzend greift Heike zu Besen und Müllschaufel. Man kann sich doch nicht nur auf Mörtel schlafen legen. Aus den Nachbarwohnungen tönt das bekannte Spechthämmern. Dort nageln sie die Pappen wieder vor die Fenster. Es ist schon wegen der Verdunkelung wichtig. Denn wenn wir zwar gelernt haben, uns selbst im Finstern noch zurechtzufinden, so erschwert es doch das Aufräumen, wie ein Blinder zwischen den Möbeln herumzutappen. Und dabei gibt es gerade wieder mal für ein paar Stunden Strom!

Berlin. Sonntag, 22. April 1945

»Der harte Geist der Front beherrscht Berlin«, verkünden die Schlagzeilen der Sonntagsblätter. »Es geht darum, die Wende dieses Krieges ertrotzen zu helfen. Jetzt kämpft Berlin. Es kämpft mit allen Konsequenzen, die diese Schlacht um Sein oder Nichtsein uns abverlangt. Es kämpft und schlägt zu, wo immer sich ein Feind des Volkes zeigt. Nun regiert der Befehl! Nun werfen wir auch das Letzte hinter uns, was uns noch an der Front hindern könnte. Das Gebot für heute, morgen und alle kommenden Tage heißt: Ohne Ausflüchte und mit verbissenster Leidenschaft: Kampf.« Da haben wir's! Kampf bis zum letzten Berliner! Schon jagt eine Notmaßnahme die andere! Ab heute Todesstrafe auf Kochstromverbrauch. Goebbels stopft der Bevölkerung mit Sonderzuteilungen das Maul. Ein Pfund Fleisch, ein halbes Pfund Reis, ein halbes Pfund Hülsenfrüchte, ein Pfund Zucker, hundert Gramm Malzkaffee, eine Konservendose und dreißig Gramm Bohnenkaffee. Was nützt das alles, wenn man keine Möglichkeit hat, die Sachen zuzubereiten? Für die Stadt tritt ein Notprogramm in Kraft. Die Standgerichte arbeiten in Permanenz. Überall schwirren widerspruchsvolle Gerüchte. Die Russen seien in Pankow und Weißensee durchgebrochen. Potsdam habe sich kampflos den Engländern ergeben. In Luckenwalde hätten sich die Alliierten vereinigt, Dahlewitz wäre genommen. Die letzten Bonzen verließen in Fieseler-Störchen Berlin. Niemand weiß, was wahr ist. Keiner ahnt, wie die Dinge in Wirklichkeit stehen. Und dabei tun die Nazis, als lebten sie noch tausend Jahre. Erst vorgestern wurde der Jahrgang der Zehnjährigen geschlossen in die Hitler-Jugend aufgenommen und auf »bedingungslose Treue zum Führer« vereidigt. Aus Lämmern werden Werwölfe! Was für eine blutige Fabel!

Auf den Straßen hat das ruhelose Getriebe nicht nachgelassen. Sie ziehen nach Westen, sie ziehen nach Osten. Und es sieht aus, als wisse eigentlich keiner, wohin und warum er zieht. Vor den Läden stauen sich auch heute die Schlangen anstehender Frauen. Vier Stunden stehen sie, fünf, sechs und sieben. Nur für die lächerliche Handvoll Kaffeebohnen, mit denen Goebbels sie zum Endspurt antreiben will. Man weiß kaum mehr: Wo sind die Verführten und wo die Verführer? »Nein!« schreit es immer noch grellrot oder schwarz von den Wänden und Mauerecken. »Nein!« Wir wollen nicht! Aber wir müssen. Müssen, bis uns der Atem ausgeht, bis das letzte Haus über uns in Trümmern zusammenbricht. Mitmachen oder erschossen werden. Jeder zweite Mensch ist heute ein Spitzel. Nicht, weil er ein Spitzel sein möchte, sondern weil ihm das Standgericht droht, wenn er keiner ist. Weil der nächste Laternenpfahl so nah und das Leben des einzelnen so billig ist.

Am Spätvormittag reißt es draußen an der Klingel. Vor der Tür stehen Frank und Jo. Rucksäcke auf den Rücken, ein paar verschrammte Koffer in der Hand. Sie sehen verhetzt und mitgenommen aus. »Was gibt's?« – Frank lächelt etwas angestrengt. »Nichts Besonderes! Nur daß uns die Gestapo auf den Fersen sitzt.« – »Um Gottes willen!« Ich ziehe sie hastig ins Zimmer. »Wie ist denn das passiert?« – »Heute nacht beim Alarm. Sie haben eine Razzia gemacht. Jeden, der sich nicht ausweisen konnte, auf der Stelle verhaftet. Jo kam von außerhalb. Als er ins Haus hinein wollte, hat man ihn gestellt.« Jo Thäler nickt. »Nicht nur gestellt, sondern auch gleich umstellt. Sämtliche Luftschutzwarte der Straße fühlten sich verpflichtet, der Gestapo Hilfe zu leisten. Wie eine Mauer haben sie mich umzingelt. ›Papiere?‹ Ich hatte keine. Mein Griff in die Brusttasche war nur symbolisch. Dennoch, ich tat ihn. Bloß um ein paar Sekunden Zeit zu gewinnen. ›Ich will zu Doktor Matthis‹, sage ich. – ›Matthis? Matthis wohnt hier nicht.‹ Drohend rückt die Mauer näher. Ich wühle in der Brieftasche. Ich weiß genau, noch zwei Minuten ... noch eine ... Da heult es neben mir; heult, als käme die Hölle herabgefahren. Ich höre schreien, ächzen, krachen. Sehe nichts mehr vor Staub, Rauch und Dunst. Einen Augenblick stehe ich wie betäubt. Dann renne ich, renne, so schnell die Beine mich tragen, ins Dunkel hinein. Eine Bombe ist in unmittelbarer Nähe eingeschlagen. Unter meinen Füßen klirren die Scherben zertrümmerter Fensterscheiben. Auf Umwegen bin ich in die Kufsteiner Straße zurückgekehrt, über die Hofmauer geklettert und zum Küchenfenster hineingestiegen.« Liebevoll sieht er zu Frank hinüber. »Er hat sich schön erschrocken, der arme Junge!« – »War auch aller Grund dazu«, knurrt der. »Noch in der Nacht packten wir zusammen. Die Revolver neben uns. Jeden Moment bereit, das Leben so teuer wie möglich zu verkaufen. Verdammte Situation! Wo ich da gar nicht gemeldet bin.« – »Und wie seid ihr rausgekommen?« – »Kurz vor Morgengrauen. Wieder durch das Küchenfenster. Dann in Socken über den Hof. Als wir über die Brandmauer stiegen, hörten wir am Haustor einen Wagen vorfahren. Hörten Kommandostimmen und Soldatenschritte. Irgend jemand hämmerte gegen die Tür, brüllte: ›Aufmachen!‹ Jo war schon drüben. Das Gepäck auch. Ich hing wie ein Affe zwischen Himmel und Erde. Jetzt geht's um die Wurst, dachte ich und schwang mich mit einem gewaltigen Satz über den Mauerrand. Metertief sind wir drüben hinuntergesprungen. In die Trümmer des Nachbarhauses. Haben zwischen Ruinen gesessen, bis es Tag wurde. Ja, und dann ...« – »Dann seid ihr hergekommen«, ergänze ich. »Und wollt vermutlich hierbleiben.« Frank lacht: »Wie du einem immer das Wort aus dem Munde nimmst ...« – »Platz ist Platz, und eng ist eng«, sage ich nüchtern. »Willkommen in der Ölsardinenbüchse!«

Montag, 23. April 1945

»Ich glaube, wir sollten uns von unseren Freunden verabschieden«, sagt Andrik beim Frühstück. »Morgen dürfte es für solche Visiten zu spät sein.« Die Tassen klirren auf dem Tisch. Draußen kracht Einschlag auf Einschlag. Eine behagliche Morgenmahlzeit! Frank zieht sein Notizbuch aus der Tasche. »Gregor Schulz ist schon vornotiert. Dann fahren wir bei Flamm vorbei, machen einen Sprung zu Ralph und Rita, schauen nach Hartmann und kümmern uns um Wald. Auch Hollner wird man wohl noch trösten müssen.« Er runzelt die Stirn. »Ziemlich umfangreich, das Programm. Vor Abend dürften wir kaum zurück sein.«
Während der nächsten Alarmpause startet die Clique nach den verschiedenen Richtungen. Zuerst die Uhlandstraße. Eine fremde Frau öffnet. Sieht uns mißtrauisch an. »Ich kenne keinen Gregor Schulz. Sie müssen sich geirrt haben.« Brüsk schlägt sie uns die Tür vor der Nase zu. Ratlos blicke ich auf Frank. »Hectorstraße«, sagt der lakonisch. »Die Ausweichwohnung!« Also auch hier scheint die Luft dick geworden zu sein. Wir machen, daß wir wegkommen. Die Hectorstraße ist nicht weit. Dort finden wir Gregor Schulz in einem leeren Hinterzimmer. Auf dem Fußboden stehen zwei Koffer, ein Telephonapparat und etliche zusammengeschnürte Aktenbündel. Gregor Schulz lächelt sein verbindliches Mongolenlächeln. »Jetzt muß jeder sein eigener Diktator sein«, sagt er. »Auch mir sind die Hände gebunden.« Er weist mit entschuldigender Gebärde auf Koffer, Aktenbündel und Telephonapparat. – »Und die Einzelaktionen?« – »Werden zu Einzel-Aktionen. Versuchen Sie, was Sie können. Jeder Werwolf weniger ist ein Gewinn. Jeder verhinderte Volkssturmmann macht den Krieg um Sekunden kürzer. Und selbst Sekunden sind heute kostbar

geworden.« – »Das heißt, Sie raten uns ...« – »Feldzug gegen die Nazis im eigenen Viertel. Alles andere ist ein Ding der Unmöglichkeit.« – Frank nickt. »Ich verstehe. Also dann – bis nach dem Krieg! Sie wissen, daß Sie auf uns zählen können.« Gregor Schulz begleitet uns zur Tür. »Ich weiß es!« Er zögert einen Augenblick, sieht uns an und lächelt. »Ja, ich weiß es wirklich! Leben Sie wohl ... liebe Freunde!«

Vom Kurfürstendamm biegen wir in die Schlüterstraße ein. »Ob Flamm zu Hause sein wird?« Zu Hause? Was einst sein Zuhause war, ist nur noch ein Trümmerhaufen. Volltreffer. An der verkohlten Mauer steht mit Kreide geschrieben: Alle lebend herausgekommen. Gott sei Lob und Preis! Wenigstens das. Aber wo findet man ihn? Ich frage eine Frau, die suchend zwischen den Trümmern umherirrt. »Doktor Flamm? So ein Blasser mit Brille? Der soll nach der Brückenallee gezogen sein. Mit seiner ganzen Familie.« – »Familie ist gut«, tuschelt Frank. »Die meint wohl die fünf Getauchten, mit denen er seine Junggesellenbude teilt. Also los zur Brückenallee!« Das Haus ist einfach zu finden. Seit dem schweren Novemberangriff von 43 gibt es in der Brückenallee fast nur Ruinen. Auch Flamms neues Domizil sieht ziemlich baufällig aus. Keine Fenster, kein Haustor, kein Dach. Wenn es regnet, muß man im Schlafzimmer den Schirm aufspannen.

Wir setzen uns für ein paar Minuten zu ihm in die Küche. »Wie geht es?« – »Danke, man lebt. Nur um meine Bücher tut es mir leid. Fünftausend Bände. Mit so viel Liebe gesammelt.« Er starrt vor sich hin. »Man sollte keine Bücher vernichten. Schiller und Goethe und Heine und Schopenhauer. Was können die denn dafür? Und wenn man nicht mal mehr lesen darf ...« – »Sie werden wieder lesen. Man sagt, in der Schweiz und in Schweden drucken sie zu Millionen deutsche Klassikerausgaben.« – »Aber wir werden kein Geld haben, sie zu kaufen.« Ich weiß, daß er seit Jahren die Reste seines Vermögens für den Unterhalt der fünf jüdischen Schützlinge aufbraucht. »Sie sind ein fabelhafter Mensch«, sage ich. – Er lächelt matt. »Man tut nur, was man muß. Und wenn ich alle fünf über den April gebracht habe, will ich zufrieden sein.« – »Sie tippen auf Mai?« – »Auf Anfang Mai. Bis dahin müssen wir durchhalten.« Schweres Durchhalten, denke ich, wenn man eine Freundin, ein Kind, eine Großmutter, die Schwester der Freundin und die Frau eines Freundes durch solche Notzeiten steuern muß. Und dabei selbst ein Mischling ist, der in der Rangordnung nationalsozialistischer Menschenbewertung auf vorletzter Stufe figuriert. »Bleiben Sie behütet.« Ich lege die Arme um seinen Hals und küsse ihn auf beide Wangen. »Leute wie Sie müssen behütet bleiben.« – Frank kramt in seiner Brieftasche. »Ich glaube, wichtiger als deine Küsse sind ihm unsere restlichen Brotmarken.« Er legt drei Tausender-Marken auf den Tisch. »Zu wenig zum Leben, zu viel zum Sterben. Aber vielleicht hilft es bis Anfang Mai.« Dann verabschieden wir uns.

Bei Ralph und Rita ist alles in Ordnung. Vor vierzehn Tagen haben wir einen holländischen Paß aufgetrieben. Kostenpunkt viertausend Mark. Die Clique hat zusammengelegt, Fabian hat ein bißchen daran herumgefälscht. Nun ist er für Ralph wie nach Maß gearbeitet. Und Herr Willem Jansen, alias Ralph Neumann, spaziert seit einer Woche unbehelligt als holländischer Staatsbürger durch die Straßen von Berlin. »Macht's gut, ihr Kinder! Und haltet die Ohren steif!« – Die beiden strahlen. »Tun wir schon! Wer aus Gefängnissen ausbricht und den Knuten der SS entläuft, dem erscheint die Eroberung von Berlin wie ein Freudenfest.«

Wir fahren zu Hartmann. Als wir in die Reppichstraße einbiegen, kommen uns vier Frauen entgegen. Schluchzend, als hätten sie soeben furchtbares Leid erfahren. Erschrocken blicken sie auf uns und wischen hastig die Tränen vom Gesicht. Ohne Zweifel, sie fürchten sich, mit ihrem Kummer entdeckt zu werden. Gerechter Himmel! Jetzt sehen wir, was geschehen ist. Lang und hager, die Arme auf dem Rücken zusammengebunden, baumelt es vor uns am Pfahl. Baumelt hin ... baumelt her. Zwei schlotternde Soldatenstiefel schlagen mit gespenstischem Klappern gegen den Laternenmast. Aus bläulichem Totenantlitz glotzen blutunterlaufene Augen blicklos auf das Straßenpflaster. Ein erhängter Mann! Mitten im Getümmel des Frontverkehrs. Wir steigen von den Rädern. Frank zieht die Mütze vom Kopf. Wir sehen nicht mehr die Menschen um uns. Nicht mehr die Autos, die Trecks und die Lastwagen. Wir sehen nur noch den Toten. Die ihn aufknüpften, haben ihm ein Schild um den Hals gehängt. Aus grauer Pappe, mit Bindfaden verknotet. Darauf steht in windschiefen Druckbuchstaben: »Ich, Unteroffizier Heinrich Lehmann, war zu feige, Frauen und Kinder zu verteidigen. Darum hänge ich hier.« – Du Märtyrer! denke ich. Du unglückliches Opfer einer verbrecherischen Katastrophenpolitik! Ich wage es nicht, Frank in die Augen zu blicken. Ist er nicht auch für ihn gestorben, dieser Heinrich Lehmann? Für ihn und für Jo, für Wald und für Fabian? Für alle, die »Nein« sagten zu Hitlers Krieg? »Und ihre Zunge wuchs wie eine schreckliche fremde Blume aus ihren Lippen«, schreibt Leonid Andrejew. Stumm steht Frank neben mir. Die Mütze in der Hand, als wäre er in der Kirche. Wir wenden uns ab. Die Menschen, die uns entgegenkommen, sehen bestürzt und schuldbewußt aus. Doch niemand riskiert einen Blick. Es gibt ja so viele Laternenpfähle in Berlin, so ungezählte Tausende.

Vor Hartmanns Haus steht ein Wehrmachtsauto. Uns schießt der Schreck durch die Glieder. Sie haben ihn! Zögernd schleichen wir die Treppen hinauf. Schlagen behutsam das verabredete Klopfzeichen. Ulrike Weitzen öffnet. »Gut, daß sie kommen! Er ist gerade im Aufbruch.« – »Wohin?« – »Nach Potsdam. Hier geht es nicht mehr.« – »Nein, es geht nicht mehr«, erklärt uns auch Hartmann, »nur mit dem falschen Volkssturmschein. Noch zwei, drei Tage, dann haben wir hier Straßenkämpfe. Sie werden die Häuser auskämmen. Werden jeden herausholen, der kriechen kann. Zum Kämpfen oder zum An-die-Wand-Stellen. Da ich weder das eine noch das andere will, muß ich verschwinden.« Er holt ein Papier aus der Tasche. »Personalausweis«, lesen wir, »Sicherheitsdienst« und »Reichssicherheitshauptamt«. Verständnislos starren wir ihn an. »Wer heute seinen Kopf retten will, muß ihn in den Rachen des Löwen stecken. Auch im Sicherheitsdienst gibt es korrupte Elemente. Leute, die noch in letzter Sekunde aufs andere Pferd setzen wollen. Ich hatte Gelegenheit, einen solchen Mann kennenzulernen. Unten steht sein Wagen. Die Dienststelle liegt in der Nähe von Potsdam.«

Oberst Hartmann als SD-Mann! Daß die Welt nicht stillsteht über so viel Irrsinn! »Und Ihre Frau?« frage ich. – »Keine Nachricht. Ich weiß noch immer nichts.« Wochenlang hatten wir uns bemüht, einen Weg in die Dirksenstraße zu finden. »Gesperrt für Besucher«, hatte uns der Pförtner unfreundlich erklärt. Wir steckten uns hinter den Arzt, der die Gefangenen betreut; hinter den Zahnarzt und hinter die Gefängnisaufseherin. Erfolglos. Bis wir schließlich erfuhren, daß die Gesuchte sich gar nicht in der Dirksenstraße befand. Was nützt ein Anwalt, wenn die Gestapo beharrlich schweigt? Wenn selbst der kleinste Hinweis fehlt, wo man einen Menschen zu suchen hat? Und was nützt die beste Anwaltsadresse, wenn die Anwaltskanzlei in Trümmern liegt und niemand verraten kann, wohin ihr Besitzer verzogen ist? Fehlschlag über Fehlschlag! Wir schämen uns und können doch nichts ändern.

Während Frank dem Oberst beim Packen hilft, winke ich Ulrike Weitzen für einen Augenblick heraus. »Schlechte Nachrichten von seinen Kindern. Sie haben seinen Jüngsten in einer Irrenanstalt umgebracht. Soll man es ihm mitteilen?« – Ulrike Weitzen ist blaß geworden. »Auf keinen Fall. Es würde ihn töten. Doch woher wissen Sie ...?« – »Ein Freund kam von dort. Es geschah schon im Februar. Eine NS-Schwester lieferte ihn ein. Mit Krämpfen. ›Angina‹, steht auf dem Totenschein. Man kennt diese Angina. ›Stirb schneller, Genosse!‹ nennt sie der Volksmund.« Ulrike schüttelt sich. »Grauenvoll! Aber jetzt muß man ihn schonen. Er wird es früh genug erfahren.«

Gemeinsam treten wir wieder ins Zimmer, als hätten wir nur ein neues Kochrezept erörtert und nicht über den Mord eines Kindes gesprochen. Wenn man kein Elefantenfell besäße, müßte man täglich zehnmal sterben. Vor Schreck, vor Gram, vor unauslöschlichem Entsetzen.

Hartmann drängt zum Aufbruch. »Seien Sie nicht böse, aber das Auto wartet.« Rasch, als säßen zehn Teufel hinter ihm, rennt er die Treppe hinunter. »Danke für alles! Und dann: bis zum Frieden!« Er springt in den Wagen. Der Fahrer gibt Gas. Bis zum Frieden, armer Oberst Hartmann!

Wald ist nicht zu Hause. Und bei den Mitbewohnern wollen wir keine Auskunft über seinen Verbleib einholen. Wer weiß, unter welchem Namen er hier aus- und eingeht! So bleibt uns vor Anbruch der Dunkelheit noch Zeit, bei Hollner vorbeizufahren. Wir finden ihn im Bett. Gelb wie eine Quitte. Mit schwarzumrandeten Augen und eingefallenen Wangen. Ein Häuflein Unglück. »Und alles wegen Adolf Hitler«, ächzt er. »Ich ahnte ja nicht, daß Gelbsucht eine so schwere Krankheit ist!« – »Aber eine lebensrettende«, tröstet Frank. »Wo wären Sie jetzt ohne Gelbsucht?« – »Wahrscheinlich im Massengrab. Ich weiß. Trotzdem ...« Er wirft sich stöhnend auf die andere Seite. Seine Frau streicht ihm über den Kopf. »Er hat noch zehn Phanodorm genommen. Um die Wirkung zu verstärken. Nun weiß er kaum mehr, was er redet.« Behutsam zupft sie ihm die Decken zurecht. »Ob er durchkommen wird?« – »Natürlich kommt er durch. Lassen Sie ihn ruhig schlafen. So viel und so lange er will. Wenn er endgültig aufwacht, sind die Russen da.« Sie lächelt ein reizend mütterliches Lächeln. »Mein Kindchen«, sagt sie, »mein guter, guter Alter!« – »Den haschen sie nicht mehr«, stellt Frank befriedigt fest.

Wir machen uns auf den Heimweg. Doch an der nächsten Ecke ist die Welt mit Brettern vernagelt. Richtiger gesagt: mit Balken. Mit ausrangierten Möbelwagen und undefinierbarem eisernem Gerümpel. Berlin hat die Barrikaden geschlossen. Erster Verteidigungsgürtel – zweiter Verteidigungsgürtel – dritter Verteidigungsgürtel. Jede Brücke, jeder Bahnübergang wird zum Widerstandsnest vorbereitet. Gesegnete Aussichten! Eilig läuft eine Frau an uns vorüber. »Die Russen haben Lichtenberg genommen«, ruft sie uns zu. Keiner denkt mehr an die Westmächte. Jetzt ist es selbst den Dümmsten klar, daß uns die Russen allein erobern. Wir radeln los. Sperren, wohin wir uns wenden. Auf tausend Umwegen kommen wir endlich nach Hause. Verschwitzt, verschmutzt, Knie und Hände aufgeschlagen vom heimlichen Klettern über einen nachlässig bewachten Bahndamm.

Andrik empfängt uns. »Russische Panzer in Mariendorf, in Köpenick und im Friedrichshain.« – »Und in Lichtenberg«, ergänzen wir. »Man muß sich wohl endgültig auf Nahkampf einrichten.« – »Und die geplanten Einzelaktionen als Heimarbeit aufziehen«, spottet Andrik. – »Ein imponierender Revolutionsradius!« – »Hauptsache, wir tun, was uns möglich ist.« Ich bin zu müde, um mehr zu sagen. So fallen wir ins Bett, und die russische Artillerie orgelt uns das Schlummerlied.

Berlin. Dienstag, 24. April 1945

»Aufstehen! Fertigmachen! Höchste Zeit zum Runterziehen!« schreit Jo um acht Uhr morgens. Ich fahre aus dem Bett. Krach! Die Wände wanken. Scherben klirren. Lehmklumpen spritzen mir ins Gesicht. »Andrik!« brülle ich. »Frank!« Ein Sausen, ein Heulen, ein zweiter Knall. Das ist das Ende! Der Lärm hat mir die Ohren verstopft. Der Dreck hat mir die Augen verklebt. Wie ein Blinder taste ich um mich herum. Lebe ich überhaupt noch? Ist das Haus eingestürzt? »Schnell, schnell!« ruft Andriks Stimme neben mir. »Auf welche Einladung wartest du noch? Stehst hier ohne Hemd im dicksten Artilleriebeschuß.« – »Einladung? ... Artilleriebeschuß?« Langsam komme ich zu mir. Das Zimmer sieht aus, als hätte man einen Zentner Mörtel darüber ausgeschüttet. »Jetzt hat's uns also doch erwischt.« – »Unsinn!« schimpft Andrik. »Ein Granattreffer im Nachbarhaus. Wenn du dich bloß entschließen würdest, dein Hemd anzuziehen!« Kleid, Schuhe, Strümpfe. Ich nestle an Knöpfen und Haken. »Mach schon!« drängt Andrik. »Die anderen sind längst unten!« – »So ein Wahnsinn ... so ein Wahnsinn ...!« jammere ich. »Hol wenigstens den Waschkorb aus dem Badezimmer, daß man das Nötigste ...« Wie ein Pfeil schieße ich durch die Wohnung. Raffe, was sich raffen läßt. Kissen, Decken, Messer,

Tassen. Meine Weckeruhr, das Netz mit Kartoffeln, die Zukkerdose, die Kaffeemühle. Bloß nichts Wichtiges vergessen. Ein Stück nach dem andern fliegt in den Korb. »Fertig? Los!« Wir laufen die Treppe hinunter.

Unten wimmelt es wie in einem Ameisenhaufen. Der enge Mittelgang ist verstellt von Schachteln, Netzen, Bündeln und undefinierbaren Gegenständen. Mühsam arbeiten wir uns zu unserem eigenen Schlupfwinkel durch. Auch dort sieht es nicht sehr geräumig aus. An den Wänden bis zur Decke Koffer, Koffer über Koffer. In allen Größen und Ausführungen. Hier lagern, bis zur Auferstehung, die Restbesitztümer jüdischer Freunde. »Na, hoffentlich dauert's nicht lange!« seufzt Andrik. – »Hoffentlich!« kommt es dumpf aus unsichtbarem Dunkel. Zwischen Kisten und Regalen baut Jo im hintersten Kellerwinkel ein razziasicheres Tauchversteck. Frank assistiert ihm. »Klein, aber mein«, sagt er befriedigt und klopft mit Baumeisterstolz auf das teppichgetarnte Mauseloch.

Das Leben im Keller beginnt. Eingezwängt zwischen Klamotten und Gerümpel, sitzen wir wortkarg nebeneinander. Über unseren Köpfen poltert der Krieg. Lärmt gewaltig, mit tödlichen Kanonaden. Um elf Uhr erlischt der Strom. Es ist kalt und finster. Die Diskrepanz zwischen der Hölle draußen und unserer erzwungenen Untätigkeit drinnen wird immer unerträglicher. Fabian dreht am Grammophon, legt die »Dreigroschenoper« auf. »Ihr Herrn, die ihr uns lehrt, wie man brav leben und Sünd' und Missetat vermeiden kann«, klingt es blechern durch den Raum. Tack–tack–tack–tack–tack. Das sind die ersten Maschinengewehre. Wir hören ihre Einschläge gegen die Wände klatschen.

Das Haustor fliegt auf. Herrgott, eine fremde Männerstimme! Wie Aale rutschen Frank und Jo in ihr Teppichverlies. Andrik springt zur Tür. Durch den Kellergang rennt ein Soldat. Ohne Mütze, mit offenem Uniformrock. Die Haare kleben ihm an der Stirn. Sein Gesicht ist grau, wie ausgebrannte Asche. Andrik verstellt ihm den Weg. »Halt! Wohin wollen Sie?« – »Überallhin – nur nicht ...« Der Fremde schüttelt sich vor

Grauen. »Da draußen ... Sie ahnen ja nicht, was da draußen geschieht.« Wir klopfen ihm auf die Schulter. »Beruhigen Sie sich erst mal. Wollen Sie Wasser?« Der Soldat verneint. »Kein Wasser. Sachen! Zivilsachen! Wenn sie mich so finden ...« Fragend schaut Andrik mich an. »Schließlich können wir den Mann ja nicht ans Messer liefern«, flüstere ich ihm zu. »Gib ihm schon. Er wird uns nicht verpfeifen.« – »Wie heißen Sie?« – »Stolzberg, Panzergrenadier Fritz Stolzberg.« – Der Mensch sieht uns an, als hinge sein Seelenheil an unseren Lippen. »Also, Herr Stolzberg, dann kommen Sie mal mit. Ich denke, wir haben die gleiche Größe.« Fünf Minuten später ist die Verwandlung vollzogen. Wir zählen einen Zivilisten mehr im Keller. Und verstohlen schiebt Andrik das Bündel mit dem, was vor anderthalb Jahren den Tischler Fritz Stolzberg zum Panzergrenadier machte, unter eine umgestülpte Kiste.

Es ist merkwürdig still geworden während der letzten halben Stunde. Als hätte sich die Front von uns entfernt. »Bloß jetzt keinen Aufschub«, fleht Jo. Am Nachmittag ebbt die Kampftätigkeit weiter ab. Nur feindliche Jagdflieger ziehen in pausenloser Folge ihre Schleifen um den Wasserturm. »Was hältst du von einem Spaziergang?« fragt Frank. Andrik und Dagmar haben sich schlafen gelegt. Jo hockt, in François Villons Gedichte vertieft, neben der schwelenden Stallaterne. Auch Fabian schläft. Hinter einem Mauerpfosten im ersten Stock steht Heike, unser Heldenmädchen, und schiebt Wache. Ich nicke. »Los, gehen wir. Aber möglichst ohne Aufsehen.« Es erscheint mir etwas unverantwortlich, ausgerechnet am heutigen Tag eine Vergnügungspromenade zu unternehmen. Doch der Keller ist muffig, und draußen lockt ein leuchtender Frühling.

Wir biegen in den Bergfriedhof ein. »Begreifst du, daß man seinem Volk den Zusammenbruch wünscht, nur weil man seine Seele retten will?« sagt Frank nachdenklich. »Wir sind unadelig geworden. Das ist das Schlimmste. Not und Leiden müssen uns wieder adelig machen.« – »Sie können es. Aber ob sie es tun werden? Hitlers Untergang macht die Menschen noch lange nicht zu Engeln. Und ehe sie nicht gelernt haben, daß Leiden keine Strafe ist, sondern eine Entwicklungschance ...« Wir wandern einen blühenden Heckenweg entlang. »Sieh nur, wie schön!«

Grell pfeift es über uns. Ich spüre einen Stoß im Rücken, taumle nach vorn und stürze tief in die Hecke hinein. Wieder ein heulendes Pfeifen. Kaum zwanzig Meter vor uns birst die Erde auseinander. Brocken von Grabsteinen fliegen durch die Luft. Zerfetzte Kränze, vermoderte Holzbretter. Die Toten! Barmherziger Himmel! Die Toten! Vor mir, in den Ästen einer Trauerweide, baumelt es gespenstisch. Der Krieg hat die Toten aus ihren Gräbern gerissen. Das ist ... nein ... das kann kein Mensch ertragen. Gepeinigt wühle ich das Gesicht tief in die Erde. Neben mir zieht mich Frank am Rock. »Ist dir was passiert? Bist du verletzt?« – »Ich weiß nicht ... Ich glaube nicht ... aber das, das ist doch zu scheußlich.« – »Bleib liegen. Und wenn die dritte vorbei ist, laufen wir los.« Noch einmal heult es dicht über unseren Köpfen. Frank legt den Arm um mich. »Jetzt rasch. Bis die neu eingestellt haben, sind wir aus der Schußlinie.« Im Laufschritt rennen wir dem Ausgang zu. Über dem Wasserturm kreisen feindliche Jagdflieger. Und der Bergfriedhof liegt im Feuer russischer Artillerie.

Im Keller rüstet man zum Abendbrot. »Wo steckt ihr denn so lange?« empfängt mich Andrik. Ich murmele Unverständliches. Und schwöre im stillen, daß dies bis zum Frieden mein letzter Spaziergang gewesen ist. Früh legen wir uns schlafen. Wer weiß, was einem in den nächsten Tagen noch bevorsteht!

Berlin. Donnerstag, 26. April 1945

Heike gesellt sich zu uns. Stahlhelmbeschirmt, zu irgendeinem Abmarsch gerüstet. »Ob man es wagen kann?« Sie zeigt auf Markttasche und Einkaufsnetz. »Drüben sollen sie Fleisch verkaufen. Wenn wir Glück haben, sogar ohne Marken.« – »Du hast wohl eiserne Nerven«, sage ich kopfschüttelnd. »Aber tu, was du nicht lassen kannst.« Die Kleine hüpft davon. Frank

lacht. »Kinder und Gerechte haben ihre besonderen Schutzengel. Der passiert nichts.« Während der nächsten zwei Stunden schrecke ich doch bei jedem Einschlag zusammen. Und bis Heike zurückkommt, sind mir die Finger vom Daumendrükken steif geworden. Sie bringt zwei Kilo Schinken mit und eine Wut im Leibe, daß es ihr fast den Atem verschlägt. »Diese Biester ... diese Megären!« tobt sie. »Zwanzig Weiber vor dem Laden. Schimpfen wie die Rohrspatzen. Und auf wen schimpfen sie? Etwa auf Hitler? Mitnichten. Auf die Deserteure schimpfen sie. Drohen mit Aufhängen und prügeln sich fünf Minuten später um jeden Schinkenknochen.« Empört blickt sie auf Frank und Jo. »Wenn sie euch zwischen die Finger kriegten, sie würden euch kaltblütig mit eigenen Händen erwürgen.«
»Und für so was hat man zwölf Jahre lang durchgehalten«, sagt Andrik bitter. »Lohnt sich das überhaupt? Dieses Volk ... diese Weiber ...« Jo hebt den Kopf. »Auf uns kommt es an, es lohnend zu machen. Weil sie in sich keinen Grund finden, werfen sie ihren Anker auf andere. Wir müssen die anderen sein. Wir, die wir es gut mit ihnen meinen.« – »Ein saures Stück Arbeit!« – »Lohnende Arbeit ist immer sauer. Doch wenn erst die Goebbelssche Propagandafanfare verstummt, wird das Seelenretten leichter sein.« –

Berlin. Freitag, 27. April 1945

»Sie kommen!« Ein Mann läuft auf uns zu. Wir hören seine Stiefel über das Pflaster klappern. »Russen im Haus!« gellt eine Stimme. Andrik und ich stehen auf. Endlich! Wir stürzen durch den langen Kellergang. Am vordersten Treppenflur stocken wir geblendet. Der Strahl einer Taschenlampe richtet sich auf uns. Dahinter versinkt die Welt im Dunkel. »Drusja!« sage ich in die Finsternis hinein. »Freunde!« Langsam senkt sich der Lichtkegel. Ich sehe ein bärtiges Gesicht, zwei wachsame Augen – schräggestellt wie Kalmückenaugen – und den hochgeschlagenen Kragen eines Ledermantels. Fahl schimmert der Lauf einer Maschinenpistole. »Drusja!« Der Soldat lächelt.

Andrik übernimmt die Verhandlung. »Wir erwarten euch!« sagt er auf russisch. »Wir freuen uns, daß ihr da seid!« Forschend schaut uns der Rotarmist in die Augen. »Wirklich?« – »Wirklich!« Er leuchtet in die offenen Kellertüren hinein, zuckt die Achseln und entfernt sich wieder. Zwei andere kommen. Jung und hochgewachsen. Sie haben Sterne auf den Schulterstücken und blanke Säbel in den Fäusten. »Nun?« fragt der eine. »Tragen wir Hörner? Sind wir Teufel?« Heftig schütteln wir den Kopf. »Aber ihr sagt, daß wir Teufel sind.« Er tippt mit der Degenspitze auf Andriks Brust. »Warum sagt ihr so etwas Dummes? Warum habt ihr nichts gegen Hitler getan? Warum fürchtet ihr euch vor uns?« Sein Gesicht verändert sich. Wird plötzlich wachsam und angespannt. Schöpft er Verdacht? Wittert er eine Gefahr? Von fern dringt verworrenes Geräusch. »Deutsche Soldaten!« ruft jemand. – »Nemzy!« warnt Andrik. In drei Sätzen sind die beiden verschwunden. Schüsse fallen. Wie Erbsen prasseln sie gegen unsere Hauswand. Wieder wird es still. Wieder sind wir allein. War das das Ende? War das der Anfang? Benommen kehren wir in unseren Keller zurück. Dort herrscht strahlende Siegesstimmung. Jo hat die letzte Rotweinflasche entkorkt. Mit Tassen und Blechdosen stoßen wir auf die Befreiung an.

Der Nachmittag vergeht. Der Abend kommt. Weder Russen noch Deutsche zeigen sich. Sollte man uns vergessen haben? Wir sitzen herum und warten. Fabian legt aus Langeweile die »Dreigroschenoper« auf. Jo schält Kartoffeln. Die übrigen hocken auf ihren Plätzen und brüten stumm vor sich hin. Von fern tönt das Rattern vorüberrollender Panzer, nähert sich und entfernt sich wieder. Irgend jemand ruft in fremder Sprache ein paar unverständliche Worte. Gehen sie zurück? Gehen sie vor? Schanzen sie sich ein? Frank schleicht nach oben und kehrt zwei Minuten später zurück. »Alles ruhig. Sie biwakieren an der Ecke. Mit Feldküche und Eßnäpfen. Einer spielt sogar auf der Ziehharmonika. Ich glaube, wir haben es hinter uns.« – »Ich nicht«, unkt Fabian. »Zuviel Ruhe ist auch verdächtig.«

Zögernd verrinnen die Stunden. Die Uhr zeigt neun, zeigt halb zehn. »Achtung!« flüstert Heike plötzlich. »Achtung! Hört ihr nichts? Da – jetzt wieder!« Hinter der Mauer knackt es verdächtig. Ein kurzer Knall. Scharf, rasch und pfeifend. Nun pfeift es wieder. Von allen Seiten beginnt es zu knattern. Entgeistert starren wir uns an. Hölle und Teufel! Das sind Werwölfe! Sie schießen aus den Häusern. »Revolver heraus!« kommandiert Andrik. »Ausgänge besetzen! Rasch!« Alles rennt durcheinander. Noch im Laufen stülpen die Männer die Helme über den Kopf.
Ich luge durch eine Fensterspalte. Schleicht dort nicht ein Mann über den Hof? Barhäuptig. In dunkler Joppe. Er kauert sich hinter die Büsche. Ohne Zweifel, er will nicht gesehen werden. Jetzt zielt er. Ein Schuß fällt. Ich höre Stöhnen und unterdrücktes Fluchen. Frank stürzt die Treppe herauf. »Sie haben sich im Seitenblock verschanzt. Es müssen viele sein. Paß auf, daß keiner zu uns rüberläuft!« Er rennt schon wieder nach unten. Der Mann in dunkler Joppe ist verschwunden, als hätte ihn der Erdboden verschluckt. Im Seitenblock öffnet sich eine Tür. Knarrt in den Angeln und schließt sich wieder. Unheil liegt in der Luft. »Heike!« rufe ich leise. Sie kommt und kauert sich neben mir hinter die Fensterspalte. Ihre Nähe beruhigt mich ein wenig. »Hast du den Mann über den Hof laufen sehen?« – »Nein, aber Andrik meint...« Wieder schießt es irgendwo. Ich starre durch den Spalt, bis mir die Augen brennen. Wo stecken sie bloß, die Teufel? »Dort«, flüstert Heike und reißt das Fernglas in die Höhe. »Dort, hinter der Tür.« Aufmerksam sucht sie die Fensterreihen ab. »Nein, es ist nichts. Ich muß mich getäuscht haben.« Wir blicken uns ratlos an. Wenn das so weitergeht ... Sie schießen uns die ganze Siedlung zu Brei ... Andriks Kopf erscheint hinter der Treppenbrüstung. »Kommt runter. Gleich. Es ist dringend!« Auf allen vieren kriechen wir in die Tiefe. Draußen knallt ein Schuß. Holzsplitter fliegen uns um die Ohren. Verdammte Schweinerei! Jetzt haben sie das letzte Flurfenster zerschossen. Fünf Minuten hocken wir regungslos am Treppenabsatz, wagen kaum zu atmen und

warten auf die nächste Kugel. Sie kommt nicht. Es ist kirchenstill auf der Straße. »Los jetzt!« befiehlt Andrik. Ein Ruck, ein Sprung, sechs Stufen abwärts, – wir stehen auf den Beinen und – im Keller.

Unten wird Kriegsrat abgehalten. »Türen verrammeln und Wachen ausstellen«, rät Jo. »Beim geringsten Geräusch – Alarm schlagen! Niemand zieht sich aus. Alle gehen in Kleidern zu Bett.« – »Gemütliche Nacht«, murrt Fabian und lädt mit umständlicher Sorgfalt seinen Revolver. »Also, schlafen wird wieder mal klein geschrieben. Und ich dachte, wenn erst die Russen ...« – »Du sollst eben nicht denken. Du sollst Wache stehen.« Väterlich schiebt ihn Andrik zur Tür hinaus. »Who is afraid of the big bad woolf«, hören wir ihn draußen pfeifen.

Werwölfe beherrschen die Nacht. Wer bloß diese Satanseinrichtung erfunden hat! Um zwei Uhr weckt mich Fabian. »Steh auf, du bist dran. Bis jetzt ist alles ruhig geblieben.« Ich springe von meinem Prokrustesbett, taumle schlaftrunken zur Treppe. Auf der Fensterbrüstung im ersten Stock liegt Fabians Revolver. Vorsorglich in Reserve gelegt. Nur, daß ich leider nicht schießen kann. Ein kalter Wind streicht durch das Haus. Ich schaue nach der Stadt hinüber. Es brennt im Norden, und es brennt im Westen. Wann wird es auch bei uns zu brennen anfangen? Aus dem Wasserturm schimmert mattes Licht, leuchtet auf und erlischt. Mich schaudert. Am liebsten würde ich laut um Hilfe rufen.

Heiliger Vater! Knarrte nicht eben die Kellertür? Mir zittern die Knie wie Espenlaub. Jemand hüstelt im Treppenhaus. »Ich bin's. Erschrick nicht!« höre ich Franks Stimme. »Du solltest ... ich dachte ...« Verschämt zieht er eine Flasche aus dem Rock. »Armagnac! Ich dachte ... wir trinken mal einen.« – »Guter – Lieber!« Mein Herz schlägt auf einmal still und getröstet. Gemeinsam spähen wir in die Finsternis. Die Bäume rauschen. Der Himmel ist sternenklar. Zwischen uns wandert die Kognakflasche. »Daß man das alles erlebt ... daß man es erleben darf«, flüstert Frank. »Ich möchte heute mit niemandem tauschen.« – »Ich auch nicht. Man sagt, Gott liebe die am meisten, denen er am meisten zutraut. Uns traut er viel zu. Er muß es wohl gut mit uns meinen.« – »Mit uns und – mit den Juden. Wer träge beiseite steht, ist niemals auserwählt!« – »Nur daß die Auserwähltheit keinen Anspruch bedeutet, sondern eine Pflicht.« Frank nickt. »Die Pflicht zum Bessermachen. Auch wenn es mal schiefging. Schließlich sind wir alle Menschen. Nicht daß wir in einen Abgrund hineinfallen, entscheidet über unseren Wert, sondern wie wir aus ihm wieder herausfinden. Wir wollen aus ihm herausfinden. Selbst wenn uns tausend Werwölfe ...« Er bricht ab, tastet hastig nach dem Revolver. Ein Schuß kracht durch das Dunkel. »Den haben wir abgeschreckt«, sagt er befriedigt. »Wen?« – »Den Heckenschützen. Dort drüben, hinter den Büschen.« – Ich wage nicht hinzuschauen. »Hast du ihn umgebracht?« Frank sieht mich entrüstet an. »Umgebracht? Ich wünschte, ich hätte es getan. Oder wolltest du, daß er uns umbrächte? Geh schlafen, Pazifistin. Die Uhr zeigt drei. Wir dürfen uns für diesmal unterbrechen.« Etwas beschämt schleiche ich in den Keller. Wickle mich in meine Decke und denke, daß ich wohl doch keine Heldin bin.

Berlin. Samstag, 28. April 1945

Die Werwölfe schießen. Lange werden sich das die Russen nicht gefallen lassen. In jedem Stockwerk steht eine Wache von uns. Wir möchten helfen und wissen nicht wie. Unruhig pendeln wir zwischen Keller und Boden. Niemand hat Lust, etwas anzufangen. Die Haustüren sind zugesperrt. Andrik bastelt am Radio, doch es gibt keinen Strom. »Daß wir uns keinen Detektor besorgt haben!« flucht er. »Wir hören nichts. Wir erfahren nichts. Wie Einsiedler auf dem Berge Athos sitzen wir in unserem Käfig. Im Nachbarkeller flüstern sie sich Greuelmärchen zu. Die Russen hätten ein Geschütz verloren und über hundert Mann. Fünfzig Werwölfe steckten in der Siedlung. Fünfzig Werwölfe und ein deutscher Stab. Als ich sie frage, woher ihre Weisheit käme, schweigen sie verlegen.« Man wird nervös, wenn man gegen unsichtbare Feinde kämpft. Es ist, als stünde jemand hinter einem. Dreht man sich aber um, ist er verschwunden.

Gegen Abend rollen neue Panzer heran. Halten an der Straßenecke und richten ihre Rohre auf uns. Verödet, mit aufgerissenen Fensterhöhlen, steht der Seitenblock. Stumm, wie ein verwunschenes Haus. Tack–tack – – – tack–tack–tack. Die Werwölfe! Wagen sie es wirklich? Man hört es pfeifen, aber man sieht keinen Schützen. Langsam senken sich die Panzerrohre. Tack ... Ja, sind sie denn wahnsinnig? ... Ausgerechnet in diesem Augenblick! Andrik reißt meinen Kopf in seinen Arm. »Denk an was anderes«, flüstert er. – »Laterne, Laterne, Sonne, Mond und Sterne«, lalle ich albern vor mich hin.

Ein Dröhnen erschüttert die Luft. Der Fußboden hebt sich. Wir fliegen in eine Ecke. Granatbeschuß. Es donnert, als wäre die Hölle los. Gegen das Haustor hauen Gewehrkolben. »Jetzt kommt es richtig«, stammelt Heike. Andrik erhebt sich. Stumm sieht er uns an. Stumm geht er zur Tür. Frank wirft die Revolver hinter den Kleiderschrank. »Laterne, Laterne, Sonne, Mond und Sterne!« Daß mir der verdammte Quatsch nicht aus dem Kopf geht! Männer schreien durcheinander. Zornig, erregt, in fremdartigen Lauten. Andrik spricht dazwischen. »Padashditje«, verstehe ich. »Warten Sie.« Seine Stimme klingt sanft und freundlich. Er redet viel. Die anderen sind still geworden. Jetzt scheinen sie ihn etwas zu fragen. Er antwortet auf russisch. Schwere Stiefel poltern über den Flur. »Andrik!« Ich halte es nicht länger aus. Und wenn sie mich auf der Stelle totschießen! Er darf dort nicht allein bleiben. Neben der Haustür leuchtet sein heller Mantel. Leuchtet aus einem Gewirr dunkler Uniformen. Russen drängen sich um ihn, hinter ihm, vor ihm, neben ihm. Sie richten ihre Pistolen auf ihn. Er schaut sie an und lächelt. Dann redet er wieder. Lange, freundlich, ohne Pause. Sein Gesicht ist blaß. Seine Haare wehen im Winde. Er hält die Hände in den Manteltaschen. Der einzige, der keine Waffe trägt.

Jetzt sieht er mich, winkt mir mit den Augen. »Drusja«, stottere ich und zwänge mich durch die Soldaten. Mißtrauisch schauen sie mich an, weichen zurück und lassen mich passieren. »Sie halten uns für Werwölfe«, raunt mir Andrik ins Ohr. »Ich muß sie überzeugen ...« Jemand stößt ihn in die Seite. »Du Soldatt!« Man zerrt ihn ins Freie. »Andrik!« jammere ich und laufe ihm nach. Ein Wirbel von Funken schlägt mir entgegen. Die Nachbarhäuser brennen. Wie rauchende Fackeln stehen sie in der Nacht. Ihr Schein färbt den Himmel mit dunkelroter Glut. Über den Zaun der Gärtnerei klettern Soldaten. Von allen Seiten rennen sie herbei. Immer mehr werden es. Sie laufen durcheinander. Schreien, gestikulieren, sind wie tanzende Schatten zwischen den großen Feuern. Nun stürmen sie die Hauseingänge. Zehn, zwanzig, fünfzig. Andere drängen nach. Gebrüll und Gepolter. Doch man hört keinen Schuß. Ich stehe neben Andrik und blicke entsetzt auf das tosende Gewimmel. Führen sie dort nicht Stolzberg heraus? Er ist leichenfahl und schwankt wie ein Betrunkener. Zwei Offiziere treten an ihn heran. »Du daitscher Soldatt«, sagen sie böse. »Du mitkommen.« Stolzberg knickt in den Knien zusammen. »Nein, nein«, stottert er und sieht sich hilfesuchend nach Andrik um. Der lächelt ihm zu. »Sie tun uns nichts. Wir dürfen nur keine Angst haben.« Jo und Frank tauchen auf, eskortiert von sechs Rotarmisten. Ruhig, mit erhobenen Händen. Man heißt sie auf den Rasen treten, tastet sie ab und entläßt sie wieder. Von unten dringt verworrener Lärm. Doch es klingt friedlich und jagt uns keinen Schrecken ein. Wie rauchende Fackeln brennen rechts und links die Häuser. Und aus den Nachbarkellern knattern die Schüsse der Werwölfe.
Ich greife nach Andriks Hand. Beruhigend drückt er meine Finger. Dicht nebeneinander stehen wir inmitten der heranstürmenden Soldaten. Immer noch knallt es heimtückisch aus dem Seitenblock. Da! Kopfüber stürzen zwei Rotarmisten in den Sand. Wie blecherne Töpfe rollen ihre Stahlhelme auf das Pflaster. »Wir sind verloren«, stammle ich. Auch Andrik ist blaß geworden. Auf seiner Stirn stehen große Schweißtropfen.

»Diese Verbrecher!« knirscht er. »Diese unverantwortlichen Idioten!« Irgend jemand schreit laut auf. Es klingt, als heule ein Raubtier im Sterben. »Sie kommen ... sie holen uns!«
Wie ein Kind klammere ich mich an Andriks Arm. Vor uns aus Qualm und Glut taucht das wutverzerrte Gesicht eines baumlangen Mongolen auf. »Du schießen!« brüllt er und fuchtelt mit der Maschinenpistole. Im nächsten Augenblick sind wir umstellt. Ich fühle einen Stoß im Rücken. Ich torkle nach vorn. Etwas Kaltes berührt meinen Hals. »Ihr schießen!« schreit es von allen Seiten. Ich laufe. Andrik läuft neben mir. Plötzlich ist auch Stolzberg dabei. Vor uns drei Russen, hinter uns drei Russen. Wie tote Augen starren die Mündungslöcher ihrer Maschinenpistolen. Im Galopp werden wir weggeschleppt. Unsere Füße rennen von selbst. Rennen ... stolpern ... rennen weiter. Ein Zaun steigt vor uns auf. Mit einem Satz sind wir hinüber. Ich sehe Sträucher, Hecken, Holzkreuze. Der Friedhof. Quer über dem Weg liegt ein Toter. Ist es ein Deutscher? Ist es ein Russe? Was kümmert es uns! Man muß nur einen Sprung tun, um ihn nicht zu treten. Gleich wird man uns umbringen. Hier hinter den Büschen. Tote kommen zu Toten. Schon halten wir ... Schon sind wir da! Es ist soweit ... Ich blicke zu Andrik hinüber. Er hat die Lippen zusammengepreßt. Seine Augen sind starr geradeaus gerichtet. Stolzberg schlottert, als läge er im Fieber. Wieder ein Stoß in den Nacken. Mechanisch setzen wir uns in Bewegung. Ist dort nicht der Wasserturm? Steil und zerbrochen ragt seine Kuppel aus der Finsternis. An der eisernen Pforte machen wir halt. Tappen ein paar Stufen hinunter. Also im Keller will man uns ... Ohne Himmel und ohne Sterne. Großer Gott! Ob wir nicht fliehen sollten? Aber wohin? Wie tote Augen starren auf uns die Mündungslöcher der Maschinenpistolen.
Plötzlich vernehmen wir Stimmen. Eine Tür wird aufgerissen. Ich sehe ein niedriges Gewölbe. In hohen Flaschenhälsen flakkern Kerzen. Ich sehe Schemel, Hocker, einen rohgezimmerten Tisch. Zwei dunkelgrüne Plüschsessel. Wahllos zusammengetragen zu improvisiertem Feldquartier. Der russische Befehls-

stab. Die Luft ist schwer von Zigarettendunst. Acht Augenpaare blicken uns entgegen. Streng, kalt und feindselig.
»Ihr habt geschossen?« fragt der Kommandant. – »Nein«, antwortet Andrik auf russisch. »Wir haben nicht geschossen. Andere haben es getan. Wir sind unschuldig.« Die fremden Offiziere verziehen keine Miene. Wie eiserne Masken sind ihre Gesichter. »Ihr seid Partisanen«, beharrt der Kommandant. »Wir werden euch erschießen.« Andrik senkt den Kopf. »Wir sind keine Partisanen«, sagt er tonlos. Mißtrauisch mustert ihn der Oberst. »Warum sprichst du Russisch?« – »Ich bin in Moskau geboren.« – »Warum lebst du hier?« – »Meine Eltern sind Deutsche.« – »Hörtest du unseren Sender?« – »Jeden Morgen um elf.« – »Wann hast du ihn das letzte Mal gehört?« – »Vergangenen Dienstag, als man die deutschen Nachrichten brachte. Dann hat man uns den Strom abgeschnitten.« – »Was sagten wir am Dienstag?« – »Daß man in Lankwitz kämpft und im Friedrichshain, daß man vom Süden und vom Osten her in die Stadt einbricht.« Der Oberst runzelt die Stirn. Wie eiserne Masken starren die Gesichter seiner Offiziere.
Andrik richtet sich auf. Alle Schrecken des Todes sind von ihm abgefallen. Kühnheit leuchtet aus seinen Zügen. Kühnheit und eine unbeirrbare Zuversicht. »Wir hassen die Nazis«, sagt er laut. »Zwölf Jahre haben wir auf euch gewartet. Wir waren immer auf eurer Seite.« Der andere scheint ihn nicht zu hören. Gedankenvoll bückt er sich über die vor ihm ausgebreitete Landkarte. »Zeig mir, wo wir sind. Zeig mir die Wilhelmstraße und den Alexanderplatz.« Rasch und bestimmt fährt Andriks Finger auf der Karte hin und her. »Dort ... hier ... und dort! Das ist die Hauptstraße, die stadteinwärts führt.« Er zögert. »Wir sind keine Partisanen«, wiederholt er leise. »Wir wollen euch helfen!« Die Offiziere schweigen. Vorsichtig schaue ich mich um. Stolzberg ist weiß wie ein Leinentuch. Merkt er denn nicht, daß er aussieht wie das leibhaftige schlechte Gewissen? »Du sagst, du hättest unseren Sender gehört«, fährt der Oberst fort. »Weißt du auch, was wir tun, wenn wir einen Sieg über euch bekanntgeben?« Andrik lächelt. »Ihr schießt Salut.« –

»Kennst du die russische Nationalhymne?« – »Ich kenne sie.« Die Offiziere sehen ihn an. Wie eiserne Masken sind ihre Gesichter. »Sing sie uns vor. Wenn du sie kennst, wirst du sie auch singen können.« Andrik singt. Klar und ruhig tönt seine Stimme durch den Raum:

»Sojus nerushimyj respublik swobodnych
Splotila na weki welikaja Rusj ...«

Er singt um unser Leben. Wir wissen es. Die Kerzen knistern. Sonst hört man keinen Laut.

»Skwos grosy sijalo nam solnze swobody ...«

Langsam verändern sich die Mienen der vor uns Sitzenden. Aus Masken werden Menschen.

»My w bitwach reschajem sudjbu pokolenij ...«

Ein kleiner Leutnant mit blondem Bärtchen stützt seinen Kopf in die Hände. Vielleicht denkt er, daß er nach Hause möchte. Vielleicht denkt er, daß es dort schön ist.

»Pustj ot pobedy k pobede wedet.«

Es ist still im Keller. Die Kerzen schwelen, und wie dichter Nebel hängt der Rauch unzähliger Zigaretten in der Luft. Der Oberst schiebt ein halbgefülltes Teeglas über den Tisch. »Trinken Sie, Towarisch!« In einem Zug stürzt Andrik den Tee hinunter.

Als hätte man ihnen ein Zeichen gegeben, springen die Offiziere auf. Sie umringen uns, klopfen uns auf die Schultern. Sie lachen, schütteln uns die Hände und reden auf uns ein in ihrer fremden, unverständlichen Sprache. Kaum weiß Andrik, wem er zuerst antworten soll. »Haben Sie Hunger?« ... »Setzen Sie sich« ... »Wann waren Sie zuletzt in Moskau?« ... »Sie sind Musiker. Kennen Sie Schostakowitsch? Kennen Sie Stanislawskij?« Man bietet uns zu essen an. Speck, Wurst, Grütze. »Kushaitje, pashaluista.« Ordonnanzen laufen. Bringen frischen Tee, Zucker und Eingemachtes. Jeder möchte uns etwas schenken. »Ihr habt kein Fleisch? Hier gibt es. Bitte, nehmt. Es fehlt euch an Brot? Da ist es. Steckt es ein. Wie ihr es wegtragen sollt? Ganz einfach, nehmt unsere Schüssel.«

Beladen wie Kinder am Weihnachtsabend, kehren wir über den

Friedhof zurück. Dort liegt der tote Soldat. Ich beuge mich zu ihm hinab. Es ist ein Russe. Kaum zwanzig Jahre alt. Armer Freund! Du mußtest sterben, und wir – dürfen leben. »Wir sollten ihm ein Grab richten«, sagt Andrik. Dann sind wir an der Siedlung. Ein Posten steht vor unserer Tür. Soldaten mit Eimern, mit Näpfen und Schüsseln laufen hinein und heraus. Irgend etwas dampft in ihren Töpfen. »Moshno?« frage ich. »Darf man?« Sie lassen uns eintreten. Ich höre Heike aufschreien: »Ihr seid da!« Lachend und weinend stürzt sie an meinen Hals. Lange können wir gar nichts sagen. Und als wir etwas sagen, ist es auch nur dummes Gestammel. Sie kommen alle. Frank, Dagmar, Jo, Heike und Fabian. Sie strahlen und gebärden sich, als wären sie betrunken. »Daß ihr es geschafft habt! Daß ihr am Leben seid!« Ja, wir haben es geschafft. Mit dem Leben und mit der Freiheit.
Jetzt erst sehen wir uns um. Wir sind nicht allein im Keller. Wohin wir blicken, sitzen russische Soldaten. Auf den Gängen und in den Türen, auf Luftschutzbetten, auf Kisten und Bündeln. Sie lehnen an den Wänden. Sie hocken auf dem Fußboden. Aus deutschen Schüsseln löffeln sie russische Grütze. Einen Löffel du – einen Löffel ich. »Schmeckt großartig«, schwärmt Dagmar. Die ganze Nachbarschaft hat sich eingefunden. Du einen Löffel – ich einen Löffel. Es ist ein Gedränge, als ginge man über einen Jahrmarkt. Petroleumlampen brennen in allen Kellern. Kerzenstümpfe, hastig irgendwo aufgeklebt. Der Krieg ist aus, sagen die Kerzenstümpfchen. Nun brauchen wir nicht mehr gehütet zu werden.
Der Krieg ist aus. In dieser Stunde beginnt für uns der Friede. Du bist frei, Frank Matthis. Du bist frei, Jo Thäler. Frei seid ihr alle, die ihr jahrelang im Verborgenen lebtet. Wald und Hartmann, Ralph, Rita, Konrad und ihr unzähligen Tausende, die ihr Nein sagtet zu Adolf Hitlers Elendspolitik. Das große Unrecht hat aufgehört. Wir grüßen dich, Helmuth von Moltke! Wir grüßen euch, ihr Geschwister Scholl, dich, Ursula Reuber, dich, Heinrich Mühsam, dich, Peter Tarnowsky und Wolfgang Kühn! Wir fangen an. In eurem Namen fangen wir an!

Nachtrag

Berlin. Freitag, 24. August 1945

Gestern abend um elf Uhr starb Andrik. Die verirrte Kugel einer amerikanischen Streife traf ihn tödlich. Kurz nachdem er vor alliierten Truppen sein letztes Konzert gegeben hatte. »Das nächste Mal werde ich Ihnen Bach vorspielen«, sagte er zu seinem englischen Freund. Dann schoß es. Und dann sagte er nichts mehr.

Andrik Krassnow ist tot. Er war sechsundvierzig Jahre alt, als er das Leben verlassen mußte. Und er lebte gern.

Schauplatz Berlin

Tagebuchaufzeichnungen
1945-1948

Heike und Frank
gewidmet

Berlin. Sonntag, 29. April 1945

»Sie schießen immer noch«, sagt Frank in die Dunkelheit hinein. Ich höre, wie er nach den Streichhölzern tastet. Ein Flämmchen glimmt auf, zuckt und erlischt wieder. Durch den Keller zieht der Dunst von Petroleum. »Ist irgendwas los?« »Sie schießen«, wiederholt Frank. »Wer?« Ich versuche, mich zurechtzufinden. Krieg? – Nein. Als wir uns schlafen legten, war der Krieg vorbei. Gestern war Endkampf um Berlin. Front vor der Haustür. – Wir hockten im Keller. Jo Thäler, Frank, Andrik und Fabian. Heike Burghoff, Dagmar und ich. Zwei Illegale, zwei Halblegale, drei Fastlegale. Die ganze »Clique«. Tiefflieger, Flammenwerfer, Granatbeschuß. Dazwischen die Werwölfe. Wie Hundegebell kläfften ihre Gewehrschüsse gegen die anstürmenden Russen. Dann dröhnt es. Dann brüllt es. »Sie kommen«, schreit jemand. Fremde Gestalten drängen sich durch den Gang. Andrik läuft ihnen entgegen. »Drusja«, hören wir ihn rufen. »Drusja, Towarisch! ... Freunde!« Dann sind wir erobert. Essen russische Kascha mit russischen Soldaten. Und oben im Haus quartiert sich der russische Befehlsstab ein ...

»Frank«, flüstere ich. »Wer schießt denn?« – »Weck die andern«, sagt er statt einer Antwort. Ich rutsche von meiner Luftschutzmatratze. Neben mir liegt Jo Thäler, die Decke über den Kopf gezogen. Zwei Schritte vor ihm Dagmar. Sie atmet wie ein Kind im Schlaf. »Aufstehen!« Ich stolpere auf den Gang. »Heike! Fabian!« Vor meinen Füßen rollen zwei Schatten vom Ziehharmonikabett. »Wo steckt denn Andrik?« Sein Platz quer vor der Kellertür ist leer. Die Kissen sind kalt. »Andrik!« rufe ich. Keine Antwort.

Inzwischen hat Frank die Luftschutzlampe entzündet. Notlicht im Marmeladenglas. Der Docht aus Stopfwolle schnuppt rötliche Rußegel gegen die Decke. Zu sechst stehen wir um den weißen Kindertisch, der drei Jahre lang unsere Luftschutzutensilien hütete, starren – schlaftrunken – auf Gasmasken, Brandbinden, Knäckebrot, Wasserflasche und ein verstaubtes Gewirr von Schutzbrillen. »Also, was ist los?« – »Na, hört ihr nichts?« fragt Frank. »Werwölfe!« Heikes Kindergesicht ist starr vor Schrecken. Frank nickt. »Ich glaube, wir müssen das Kriegsbeil wieder ausgraben. Was sagen denn die da oben?« Über unseren Köpfen stampft der Gleichschritt eines Postens. Jetzt hören wir irgend jemand schreien. »Rassypatoja« oder so. Es klingt wie ein Kommando. Wieder kracht ein Schuß. »Verdammte Scheiße!« flucht Frank. Plötzlich ist Andrik da. »Man hat mich zum Dolmetschen geholt«, berichtet er. »Man war recht nett zu mir, aber ...« Tack, tack ... tack, tack, tack, pfeift es gegen die Mauer. »Und das nennt sich Frieden«, stöhnt Fabian und dreht ein paar Kippen in Seidenpapier. »Wie spät ist es eigentlich?« »Sechs«, sagt Jo Thäler. Dagmar stöbert in den Vorräten. »Ich bin trotzdem für Frühstück!« Sie schiebt Brandbinden und Schutzbrillen beiseite und legt einen angeschnittenen Brotlaib auf den Tisch. Aus Flaschen, Tassen und Töpfen gießen wir die letzten Wasserreste zusammen. Heike schmiert Marmeladenbrote. »Pro Brot ein Schluck Wasser«, ordnet sie an. Wir kauen schweigend. Der Wasserbecher wandert im Kreise.

Es wird sieben. Es wird acht. Über uns poltern Soldatenstiefel. Dann fliegt die Kellertür auf. »He!« brüllt eine Stimme. Andrik springt vor. »Was gibt's?« fragt er auf russisch. »Befehl zum Räumen.« Der mongolische Posten, der gestern noch so freundlich schien, fuchtelt mit seiner Maschinenpistole. »Zwanzig Minuten ... dwatzet minutij«, drängt er. »Warum denn, großer Gott?« Der Soldat deutet hinaus. Wieder bellt draußen eine Maschinenpistole. »Skoro ... skoro ...«, treibt er zur Eile. Wir stehen wie gelähmt. »Ich geh mal fragen«, sagt Andrik und läuft schon nach oben. Niedergeschlagen kehrt er zurück. »Es ist wegen der Werwölfe. Sie wollen die Siedlung auskämmen. Zehn Mann Verlust in einer Nacht. Man kann es ihnen nicht übelnehmen.« »Skoro ...

skoro«, mahnt der Posten. Im Keller hebt ein Chaos an. Packen ... Räumen ... Koffer auf ... Koffer zu. Jeder steht jedem im Wege. »Meine Manuskripte ... Himmel«, jammert Fabian. »Eben lagen sie noch hier.« Kopflos wirft er durcheinander, was ihm in die Hände fällt. In einer Ecke schmiert Heike Marmeladenbrote, stopft Päckchen um Päckchen in ihr gehäkeltes Einkaufsnetz. Noch vier Minuten, zwei Minuten. Noch eines Atemzugs Länge, um den Sprung aus gewohntem Leben zu tun. »Die Schreibmaschine! Vergiß die Schreibmaschine nicht«, ruft Frank. Ich lasse den Koffer mit Sommerkleidern fahren und angle zwischen Kisten, Kasten und herausgezerrten Schrankinhalten die Schreibmaschine hervor. Bombenverluste enthoben einen wenigstens der Verpflichtung, selbst darüber zu entscheiden, auf was man in Zukunft verzichten zu können glaubt. – »Seid ihr fertig?« Schwankend unter unseren Lasten steigen wir einer nach dem anderen die Kellertreppe hinauf. »Eij Uchnjem« ... ziehet fest an ..., pfeift Fabian. Wir schauen nicht zurück. Im Gänsemarsch trotten wir durch die Gärtnerei, die die Siedlung am Wasserturm vom Bergfriedhof trennt. Neben mir geht Andrik. In der Rechten zwei Koffer, in der Linken zwei Koffer; der Schweiß rinnt ihm von der Stirn. »Wohin?« frage ich. »Irgendwohin, wir werden schon sehen.« Er lächelt ermutigend. »Hand in Hand«, zitiert er halblaut das Motto unserer Liebe.

Der Morgen ist schön und klar. Wenigstens diesen Frühling kann uns keiner nehmen. »Über den Friedhof«, ruft Frank, unser Pfadfinder aus Naturbegabung. »Die Bismarckstraße ist abgeriegelt.« Wir schwenken in den Friedhof ein. Auf dem Weg liegt ein toter Soldat. Die Arme weit ausgebreitet, das Antlitz dem Himmel zugekehrt. Er ist nicht der einzige. Rechts liegen sie und links. Zwischen die Gräber gedrängt wie Garben nach dem Schnitt. Über ihnen leuchtet der Frühling. »Sei getreu bis in den Tod ...«, lese ich auf einem umgestürzten Sockel. Wem eigentlich getreu? Den Nazis? Dem Vaterland? Dem Fahneneid? Die stummen Toten geben stumme

Antwort. »Dir selber ... nur dir selber ...« »Hör mal die Amsel!« Heike stößt mich an. Für einen Augenblick lasse ich die Koffer fahren. »Wahrhaftig ... Daß es noch Amseln gibt!« Ein Schatten huscht über die Sonne. »Achtung, Tiefflieger«, schreit Jo. Blitzschnell liegen wir alle auf dem Bauch. Das Gesicht gegen die Hügel gedrückt, nachbarlich zwischen Gestorbenen und Gefallenen. Zwei Maschinengewehrsalven pfeifen über uns, so niedrig, daß sie uns fast berühren. Wir kriechen in die Erde hinein – wir werden so flach wie Briefmarken. – Still! – Vorsichtig hebt Frank den Kopf. »Wir können weiter.« Er richtet sich auf und klopft den Sand von den Knien. »Eij Uchnjem«, pfeift Fabian.

Hinter der Bergstraße hält uns eine Postensperre an. Andrik verhandelt; versucht beharrlich, ihnen etwas klarzumachen. Unsere Augen hängen an seinem Gesicht. Jetzt ist er fertig. »Stadteinwärts.« Er greift ergeben wieder nach seinen Koffern. Immer langsamer schleppen wir uns durch die Straßen. Nirgends ein Mensch. Nur ab und zu geht ein fremder Soldat an uns vorüber, mustert uns mißtrauisch und tastet nach seiner Maschinenpistole. Aus der Ferne tönen Schüsse. »Halt«, sagt Frank plötzlich. Wir stehen vor einem zerborstenen Haus. Bomben haben sein Dach abgedeckt und die obersten Stockwerke zusammengedrückt. Neben der ausgerissenen Tür liegt ein Berg von Trümmern. Motorengesurr ... »Rein«, schreit Frank. Mit Koffern und Bündeln hasten wir über den Schutthaufen, eine Treppe hinunter, eine Treppe hinauf, finden uns wieder in einem ausgeräumten Kohlenkeller. Über uns krachen Einschläge. »Gemütlich, unsere neue Heimstätte.« Heike wirft ihren Rucksack auf den Boden und blickt prüfend in die Runde. »Hm ...«

Nach fünfzehn Minuten ist der Angriff vorüber. »Was nun?« Ich grüble im stillen, wie wir es fertigbringen, aus neunundzwanzig Gepäckstücken sieben einigermaßen brauchbare Nachtlager herzustellen. »Man muß sich eben umsehen«, sagt Frank. »Kein Haus besteht nur aus Kohlenkellern.« Nach einer Stunde brechen wir zum zweitenmal zur Portierwohnung im Souterrain auf. Ein Zimmer mit Küche. Sogar möbliert, soweit die Bomben es übrigließen. »Wenn es so weitergeht, sind wir am Abend in der Beletage.« Wir ziehen unsere Gepäckstücke die Kellertreppe herauf. Vor der Tür gibt es eine Verzögerung. Fünf Russen flankieren den Eingang. »Uhri ... Uhri?« fragen sie. Frank schiebt hurtig den Rockärmel zurück. »Acht Minuten nach elf.« – Es war nicht so gemeint. Im Handumdrehen verschwindet seine Armbanduhr in der Tasche des Fragers. »Uhri? Uhri?« Der Ton ist freundlich, beinahe herzlich. Fünf Uhren wechseln ihre Besitzer. Uhrlos und zeitlos beziehen wir die teilzerbombte Souterrainwohnung des geflüchteten Hauswarts Erwin Machulke.

Vier Männer, drei Mädchen. Die Reste der Widerstandsgruppe »Onkel Emil«. »Wir sollten ein bißchen saubermachen«, sagt Heike und schaut auf die Mörtelbrocken auf Möbeln und Fußboden. »Wenn wir hier länger bleiben ...« Staub wirbelt uns in die Nase. Wie aufgescheuchte Hühner flüchten die Männer in die hinterste Ecke. Nach anderthalb Stunden sieht Herrn Machulkes teilzerbombte Souterrainwohnung beinahe behaglich aus. Dagmar inspiziert den Küchenschrank. »Ratzekahl«, stellt sie fest. »Wie ausgefegt. Und das bei meinem Hunger!« – Hunger? Auch wir spüren plötzlich, daß wir seit morgens nichts gegessen haben. Von Luft kann man nicht leben. Auch nicht von Manuskripten im Evakuierungskoffer. »Man muß sich eben umsehen«, wiederholt Frank seine Devise vom Morgen. Er wendet sich an Jo. »Hältst du mit?« Jo Thäler nickt. Gemeinsam machen sie einen Vorstoß in die oberen Etagen. »Fallt bloß nicht runter«, ruft Heike ihnen nach. Halsbrecherisch genug sehen ihre Klimmzüge über die zerbrochene Treppe aus. »Auffangen«, tönt es kurz darauf von oben. Zwei Matratzen fliegen herab. Kopfkissen, drei Pferdedecken, eine Bratpfanne, ein Morgenrock. Mit gefüllten Taschen kehren die beiden zurück. »Es lohnt kaum die Mühe«, sagt Frank und wirft ein paar Grütze- und Nudelsäckchen, zwei Bund Zwiebeln und ein Päckchen Mischkaffee

auf den Tisch. »Im Höchstfall ein Abendbrot. Wir müssen weitersuchen.«
Der Anblick der unscheinbaren Tütchen beunruhigt uns. Wenn nun die Eigentümer ... Unser Gewissen zwickt unangenehm. Jeder hat mal das siebente Gebot gelernt: Du sollst nicht ... du sollst nicht ... Stumm stehen wir um den Tisch. Huuiiii! macht es draußen. Der Fußboden zittert. Krrrach! explodiert eine Bombe in der Nähe. Die Tütchen rutschen durcheinander. Ein Hagel von Stuckkrümeln prasselt von der Decke, und wie durch Zauberschlag verschwindet das siebente Gebot aus unserem Gedächtnis. Wo werden wir sein, wenn die nächste Bombe fällt? Wo jene Tütchen? Wo deren Eigentümer? Weit fort von hier steht die Siedlung am Wasserturm. Mit allem, was wir besaßen, mit allem, was uns lieb war. Die Ordnung der Dinge hat aufgehört. Plötzlich überkommt es uns wie ein Rausch. Wir reden laut und durcheinander. »Los, Kinder!« ruft Fabian. Wir stürmen hinaus. Nur Andrik bleibt zurück und blickt uns grübelnd nach.
Die Straßen liegen ausgestorben. Es sind keine Straßen. Nur aufgerissene, schuttüberschüttete Furchen zwischen zwei Reihen von Häuserruinen. Was für Menschen lebten in ihnen? Der Krieg hat sie fortgeweht. Uns verschlug er in die Souterrainwohnung des Portiers Erwin Machulke. Die Ordnung der Dinge hat aufgehört. Wer leben will, muß essen. Wir leben! Fühlen, daß wir leben, wie niemals zuvor. – »Das ist der Sprung in den Abgrund«, denke ich noch, dann stürzen wir uns wie Habichte rechts und links in die Ruinen. Wir klettern über Trümmerberge, wühlen zwischen Schutt und Scherben, kriechen durch fremde Keller, zerren an fremden Kisten und Koffern. Granaten sausen über uns. Wir achten nicht darauf, nehmen uns kaum die Mühe, in Deckung zu gehen. Ein Fieber hat uns gepackt. »Mensch, Suppenwürfel! Ganze Kisten voll Suppenwürfel!« ruft Fabian aus einem Kellerloch. »Und Gummibonbons! Und Brausepulver! Einen Laden können wir mit Brausepulver aufmachen!« Erregt steigt sein staubverschmiertes Gesicht hinter einem Mörtel-

berg hervor. Brausepulver! Warum eigentlich Brausepulver? Keiner von uns hat sich je für Brausepulver interessiert. Jetzt schleppen wir im Schweiße unseres Angesichts fünf Schachteln voll Himbeerbrause durch das zertrümmerte Berlin. Jubeln, als hätten wir einen Schatz gefunden. Frank weist triumphierend drei Barchenthemden vor. Eine Schlossermontur, ein Paar Wasserstiefel und zwei verblichene Strickwesten. »Willst du das anziehen?« fragt Andrik. Betroffen fahren wir zusammen – wie Nachtwandler, die man geweckt hat. Dann schiebt Jo Thäler wortlos sein Bündel mit Frauenunterzeug hinter den Schrank.

Montag, 30. April 1945

Zu vieren liegen wir im Machulkeschen Ehebett. Auf den Matratzen vom Oberstock. Zugedeckt mit Pferdedecken unbekannter Provenienz. »Eigner Herd ist Goldes wert« steht in bunter Seidenstickerei über dem Bett. Der Tag scheint ins Zimmer. Niemand ahnt, wieviel Uhr es ist. In der Küche kocht Heike Würfelsuppe. Frühstück? Mittagessen? Abendbrot? »Is' doch wurscht. Man ißt eben, wenn man was hat und wenn man hungrig ist.« Wir sind hungrig. Wir haben etwas. Also essen wir. »Ein Happen Brot wär' auch nicht übel«, murmelt Fabian in die Mahlzeit hinein. Dagmar schimpft: »Gourmand. Sei froh, daß du ...« Sie stockt. Im Hausflur tönen Schritte. Ein Gesicht schiebt sich durch die Tür. Unser mongolischer Posten von der Siedlung am Wasserturm. »Strastje«, grüßt er und grinst. Wir springen in die Höhe. Andrik dolmetscht. »Er will uns nur besuchen«, erklärt er. »Ist stolz, daß er uns gefunden hat.« »Besuchen?« Die Clique atmet auf. Heike läuft nach einem Stuhl und füllt für den Gast einen Teller mit Würfelsuppe. Der schnuppert mißtrauisch und rümpft die Nase. »Nix gut«, meint er kopfschüttelnd. »Auf Schweine gut.« Beleidigt trägt Heike das Produkt ihrer Kochkunst beiseite. Man fühlt sich nicht gern als Mensch zweiter Ordnung. Zum ersten Mal spüren wir, daß wir besiegt worden sind.

Unser Gast hat es sich inzwischen bequem gemacht. Mit breitem Lächeln greift er in die Tasche und wirft eine Handvoll Bonbons auf den Tisch. »Für die Mädchen«, übersetzt Andrik. Drei Stunden sitzt der Mongole und plaudert. Die Maschinenpistole über den Knien, zwei Handgranaten am Gürtel, gräbt er aus den Tiefen seines Rockes erstaunliche Gegenstände: Armbanduhren, Feuerzeuge, goldene Ringe, silberne Halsketten. Wie ein Kind klimpert er mit seinen Preziosen, dreht sie um die Finger, hält sie verspielt gegen das Licht. »Woher hast du das alles?« erkundigt sich Andrik. »Trophäen«, antwortet er schlicht. – Also Trophäen nennt man so etwas. Die Brausepulver und die Suppenwürfel. Die Barchenthemden und die Strickwesten. Nicht Diebstahl – Trophäen! Über Trophäen findet sich nichts im siebenten Gebot.

Zu guter Letzt wird der Mongole vertraulich. »Frau komm«, sagt er zu Dagmar und versucht, sie auf den Schoß zu ziehen. Dagmar will nicht. Sie wehrt und windet sich. Wütend springt der Mongole auf. »Tschort!« flucht er, greift nach seiner Maschinenpistole und sieht aus wie ein gereiztes Raubtier. Mit Mühe beschwichtigt ihn Andrik. »Maja dotschka ... meine Tochter.« – »Aha, Dotschka! Familje!« nickt der Soldat und beruhigt sich allmählich. Aber die Freundschaft hat einen Riß, und als er sich kurz danach verabschiedet, sind wir alle erleichtert.

»Gehen wir trophäieren«, schlägt Frank am Abend vor. Es ist kurz nach Sonnenuntergang. Wieder liegen die Straßen verlassen. »Wo stecken bloß die Berliner«, wundert sich Heike. »Im Bunker, wo denn sonst. Nicht jeder hat Lust, sich als ...«, huiitt fegt eine Tieffliegersalve gegen die nächste Wand ..., »wandelnder Kugelfang zu betätigen«, beendet Jo Thäler seinen Satz, als wir uns aus dem Straßenstaub erheben. Aufstehen, hinwerfen, hinwerfen, aufstehen. Vorsichtig pirschen wir uns weiter. Plötzlich schreit Heike auf. Vor uns um die Ecke trottet ein weißer Ochse. Sanftäugig, mit schweren Hörnern. Wer weiß, woher er kommt. Das Pflaster Berlins hat ihn nicht geboren. Frank und Jo sehen sich an. Trophäe? ... Du sollst nicht stehlen ... Tiefflieger, Granaten, Ruinen ... Darf man denn ... Kann man denn? Behutsam stolpert der Ochse um ein aufgerissenes Trichterloch. Jawohl, Trophäe! entscheidet der Trichter. Im nächsten Augenblick haben wir das Tier umstellt. Jo packt es bei den Hörnern. Vereint ziehen wir es in den Hof unserer Fluchtwohnung. Andrik wiegt den Kopf. »Man muß die Russen fragen.« Wir fragen die Russen. »Nehmt, ehe ihn andere nehmen«, antworten sie und geben uns einen Schützen mit, um dem Ochsen den Gnadenschuß zu verabfolgen. Fünf Minuten später ist das Geschäft erledigt. Fünf Minuten später gebärden sich alle wie Besessene. Küchenmesser schwingend, mit aufgekrempelten Ärmeln kauern Frank und Jo über dem toten Tier. Blut tropft von ihren Händen, Blut rinnt über ihre Arme, sickert in dünnen Bächen über den zertretenen Rasen. Und plötzlich, als hätte die Unterwelt sie ausgespien, sammelt sich um den toten Ochsen eine lärmende Menge. Aus hundert Kellerlöchern kriechen sie hervor. Weiber, Männer, Kinder. Hat sie der Blutgeruch hergelockt? Mit Eimern kommen sie gelaufen. Mit Bütten und Wannen. Sie schreien und gestikulieren, reißen sich die Fleischfetzen aus der Hand. »Mir die Leber!« keift einer. – »Mir die Zunge! ... die Zunge ... die Zunge!« Fünf blutbeschmierte Fäuste zerren wütend die Ochsenzunge aus dem Schlund. Heike beginnt zu weinen. »Wie scheußlich!« »Ah«, kreischt eine Frau, fliegt wie ein Ball aus der Menge, dreht sich zweimal um sich selbst und rennt von dannen. Über ihrem Kopf schwenkt sie den Ochsenschweif. Ich schleiche mich beiseite. Noch nie ist mir so elend gewesen. So also sieht die Stunde der Befreiung aus. Der Augenblick, auf den wir zwölf Jahre gewartet haben? Daß wir uns um eine Ochsenleber balgen. Raffen, was wir nicht brauchen, einheimsen, was wir nie besitzen wollten? Nein, das ist ... ich weiß nicht, was es ist. Auf jeden Fall etwas Grauenvolles. So ausweglos, daß ich ins Machulkesche Ehebett krieche, die trophäierte Pferdedecke

über den Kopf ziehe und mich vor allen nagenden Problemen in einen bleiernen Schlaf flüchte.
In der Nacht wache ich auf. Der Strahl einer Taschenlampe gleitet über mein Gesicht! »Frau komm!« höre ich eine Stimme. Fuseldunst schlägt mir entgegen. »Andrik!« rufe ich. »Frank!« Eine Hand legt sich auf meinen Mund. »Gute Frau ... komm«, wiederholt die Stimme. Ein schwerer Körper sinkt drückend auf mich nieder. »Nein, nein«, gurgle ich halberstickt und rutsche tiefer in die Kissen. Fuseldunst. Dicht über meinem Ohr keucht heißer Atem. O Gott! ... großer Gott! ... Da wird die Tür aufgerissen. Andrik stürzt herein, eine Kerze in der Hand, fahl mit verzerrten Lippen. Hinter ihm tönt Lärm. Der fremde Soldat läßt von mir ab und richtet sich auf. Verlegen antwortet er auf Andriks herrische Fragen. »Was treibst du nur?« fährt er mich an. »Was ich treibe?« Erst jetzt komme ich richtig zu mir. »Ich glaube ... nichts!« »Na also«, murmelt Andrik. Seine Stimme klingt zersprungen. Er blickt auf den Russen, macht eine Gebärde zur Tür und wendet sich zum Gehen. Der Spuk verschwindet. Wieder liege ich allein und im Dunkeln.
Erst gegen Morgen kommen die anderen. Verstört, erschöpft. Russische Gäste die ganze Nacht. Ungute Gäste. Maifeiertrunkene, die nach Liebe jagten. »Wie gestochene Ferkel quiekten ihre Opfer in den Kellern«, sagt Fabian schaudernd. Andrik sinkt ins Bett. Fuseldunst schlägt mir entgegen. »Hast du getrunken?« »Gett-t-runken«, lallt er. »Imm-m-mmer gett-t-trunken. Damm-m-mit sie die Mädch ...«, den Rest erstickt der Schlaf. O Andrik, lieber Wächter!

Dienstag, 1. Mai 1945

Wortkarg versammeln wir uns um das Suppenwürfelfrühstück. Alle hängen ihren Gedanken nach. Die Gedanken sind nicht fröhlich. Schließlich bricht Jo das Schweigen. »Es hat eben jeder mal seinen Zusammenbruch.« Frank nickt. Die Schlossermontur liegt ihm im Magen. »Auch die anderen sind keine Engel«, versucht sich Heike zu rechtfertigen. »Nur daß uns das nichts angeht«, sagt Andrik trocken. Dann verstummen wir wieder. Über den Rausch von gestern hat sich ein bleischwerer Kater gelegt. Er weicht auch nicht, als gegen Mittag der Mongole erscheint und uns verkündet, daß wir in die Siedlung zurückkehren dürften. »Partisankij kaputt«, lacht er und klopft auf seine Maschinenpistole. Träge, fast gleichgültig rüsten wir zum Aufbruch. Packen, Räumen, Kramen. Adieu, Herr Machulke. Adieu, Heimstätte von drei Tagen. Mit neunundzwanzig Gepäckstücken, mit Suppenwürfeln und Brausepulver, mit Gummibonbons und drei Eimern voll frischgeschlachtetem Ochsenfleisch machen wir uns auf den Heimweg.

Der Granatbeschuß hat aufgehört. Auch die Flieger sind stiller geworden. Nur ab und zu zieht ein Jäger über uns seine zierlichen Schleifen. Zum zweitenmal scheint der Krieg vorbei. Aus Bunkern und Kellern wagt es sich zögernd ans Licht. Menschen kommen uns entgegen. Zu zweien oder in Grüppchen. Sie tragen weiße Binden um den Arm, die Frauen rote Kopftücher. Fabian tippt mich auf den Rücken. »Apartes Mimikry, Naziflaggen als Sowjetsymbol.« Ich blicke nach dem Objekt seines Spottes. Tatsächlich. Kreisrund leuchtet aus jedem Kopftuch das unverblichene Mittelteil, verräterischer Untergrund für ein gewesenes Hakenkreuz. Was mag in den Gehirnen vorgehen, die unter diesen Tüchern stecken? Gestern braun. Heute rot. Morgen vielleicht das Sternenbanner und übermorgen der Union Jack. Kann man seine Weltanschauung durch ein paar Trennfäden ändern? Wer Tücher und Armbinden, Knopflochverzierungen und Abzeichen braucht, braucht sie für sich selber. Weil er sich selber nicht traut. – Konnten *wir uns* denn trauen? Die Gummibonbons fallen mir ein. Die Strickwesten und der geschlachtete Ochse. Vielleicht ist alles nur ein Gradunterschied. Und niemand hat Grund, sich über den Nächsten zu entrüsten.

Je weiter wir nach Süden vordringen, desto schrecklicher starrt der Krieg uns an. Wir klettern über Bombentrichter. Zwängen uns durch Stacheldrahtgewirr und kopflos zusammengehäufte Möbelbarrikaden. Durch Sofas glaubte unsere Heeresleitung den russischen Vormarsch aufzuhalten! Durch Wachstuchsofas, Ohrensessel und zerbrochene Kleiderschränke. Man möchte lachen, wenn es nicht zum Weinen wäre. Zerlöcherte Panzer sperren den Weg. Kläglich recken sie ihre Rohre hinauf in den Himmel. Ein fataler Geruch steigt aus ihnen. Süß, schwer und beklemmend. »Es riecht, wie wenn man stirbt«, geht es mir durch den Sinn. Ich mache, daß ich weiterkomme. Die Postensperre ist verschwunden. Nur ein paar verstreute Patronenhülsen kennzeichnen die verlassene Stelle. Ausgebrannte Häuser rechts und links. Gott sei uns gnädig, wenn das so weitergeht! Stumm wandern wir unseres Weges. Die Last der Gepäckstücke drückt uns zu Boden. »Eij Uchnjem«, pfeift Fabian. Hinter einem Mauervorsprung sitzt ein alter Mann. Die Pfeife in der Rechten, in der Linken sein Feuerzeug. Er sitzt in der Sonne und rührt sich nicht. Warum sitzt er so still? Warum rührt er sich nicht? Eine Fliege krabbelt ihm übers Gesicht. Grün, fett und schillernd. Nun kriecht sie ihm in die Augen. Die Augen ... Barmherziger Himmel! Trübschleimig tropft es auf seine Wangen. Ein Toter sitzt dort, und er starb nicht erst gestern ...

Endlich taucht in der Ferne der Wasserturm auf. Wir sind am Friedhof. Das Tor zur Leichenhalle steht breit geöffnet. Wieder riecht es süß und beklemmend. »O sieh nur«, stammelt Fabian. Scheu streife ich den dämmerigen Raum. Tote, lauter Tote. Man hat sie auf den Fußboden gelegt. Reihe um Reihe, Leiche an Leiche. Kinder sind darunter, Erwachsene und Greise. Von irgendwoher zusammengetragen. Das ist der Schlußstrich unter fünf Jahre Krieg. Daß Kinder die Leichenhallen füllen und Greise hinter Mauern verwesen ...

»Hat man hier Himbeergelee gesät?« fragt Dagmar in meine Gedanken hinein. Ich blicke empor. Vor mir im Gras stehen zwei Töpfe mit Eingemachtem. Daneben noch mehr. Als hätte man über die grünen Rabatten den Inhalt einer Speisekammer gestreut. Angestochene Konservendosen, halbgeleerte Mar-

meladengläser, Flaschen, Krüge, Tüten und Büchsen. Dazwischen ein rotgestreiftes Federbett. Verdreckt, halb ausgequollen. »Feldlager!« Frank läßt seine Koffer fahren und fischt einen Gegenstand aus dem Gras. »Erbsen mittelfein«, buchstabiert er vom aufgeweichten Etikett. Bis wir den Friedhof verlassen, haben wir ein vollzähliges Abendbrot eingesammelt. Etwas sandig im Geschmack, mit einem leisen Geruch von Mülleimer, aber immerhin ein Abendbrot. Nachlese aus den Überbleibseln einer russischen Siegesfeier.
Dann stehen wir vor der Siedlung. Dann steht die Siedlung vor uns. Man hat sie nicht in Brand gesteckt. Man war humaner als die Rächer von Lidice. »Braves Häuschen«, sagt Heike und klopft anerkennend auf das verrußte Gemäuer. »Ist übriggeblieben! Hat allen Stürmen standgehalten!« Wir eilen nach oben. Ein unerträglicher Gestank schlägt uns entgegen. Aufgerissene Schubladen, umgestoßene Schränke, zerbrochene Stühle, besudelte Tische. Wir waten durch Kleider und Küchengerät. Grammophonplatten knacken unter unseren Füßen, Pillenröhrchen und zerbrochene Flaschen. Ich rutsche auf etwas Glitschigem aus. »Ganz nüchtern sind die auch nicht gewesen.« Angewidert halte ich mir die Nase zu. Vor der Badezimmertür steht Andrik. Fassungslos starrt er auf den Ausgangspunkt des Gestanks. »Hier müssen Büffel am Werk gewesen sein«, stammelt er überwältigt und bemüht sich, die Wasserspülung in Gang zu setzen. Es gibt kein Wasser. Es gibt auch kein Gas, kein Licht und kein Telefon. Nur Chaos gibt es. Unübersehbares, undurchdringliches Chaos. Aus dem Keller kommt Dagmar. »Dort ist es noch schlimmer«, berichtet sie und fährt sich verstört durch die Haare. »Die Sintflut, sage ich euch, die reine Sintflut!«

Mittwoch, 2. Mai 1945

Fabian hat einen Herd gebaut. Aus Ziegelsteinen auf dem Küchenfußboden. Er qualmt fürchterlich. Aber er brennt. Es gibt genug zerbrochene Gegenstände, um das Feuer nicht ausgehen zu lassen. Ich hocke vor dem niedrigen Rost. Alles rußt, alles schmiert. Jeder Wassertropfen ist kostbar. Nach zwanzig Minuten sehe ich aus, als hätte ich in einem Kohlenhaufen gelegen. Um mich herum wird geräumt und sortiert, werden Türen gerichtet und Fenster vernagelt. Jetzt erst entdeckt man, was alles fehlt, bejubelt jedes Stück, das sich wiederfindet.

Am Nachmittag organisiert Frank eine Wasserexpedition. Die nächste Pumpe ist drei Straßen weit entfernt. Menschenschlangen stehen davor. Einer reicht dem anderen den Schwengel. Wir reihen uns hinten an. Es dauert gute zwei Stunden, bis wir uns zum Brunnen vorgeschoben haben. »Wir holen sonst aus dem Löschteich«, sagt vor mir eine Frau. »Aber seit da 'ne Leiche drin schwimmt.« »Gewiß«, nicke ich, »Wasser mit Leichen kann man nicht trinken.« »Es ist allerdings ein Zivilist«, wendet sie zögernd ein. Ich verstumme. Von dieser Seite hatte ich das Problem der Wasserhygiene noch nie betrachtet. Frank ist mit dem Besitzer eines Akkumulatorapparats ins Gespräch gekommen. Er quetscht ihn aus, wie eine lebende Zeitung. »Nachrichten gibt es!« strahlt er, als wir unsere acht Wassereimer im »Pendelverkehr« nach Hause bugsieren. »Ich sage euch, zum Umfallen!« Daheim packt er aus mit seinen Sensationen: Hitler liegt tot in der Reichskanzlei. Goebbels hat sich mit Frau und Kindern vergiftet. Himmler kämpft noch in Breslau und Epp soll in München einen Staatsstreich gemacht haben. »Woher stammt deine Weisheit?« fragt Jo. Frank antwortet nicht. Erwartungsvoll blickt er von einem zum anderen. »Na und ...?« – »Hm ...«, brummt Andrik. Die übrigen schweigen. »Ich wußte gar nicht, daß Hitler in Berlin ist«, sagt Dagmar. Plötzlich wird uns das Groteske dieses Augenblicks bewußt. Hitler ist tot! Und wir tun, als ginge uns das nichts an. Die Ereignisse sind über ihn weggestürmt. Wie ein Spuk ist das Dritte Reich zerstoben. Mit den Hakenkreuzen seiner Nazifahnen ist auch Herr Hitler auf den Abfallhaufen geflogen. Fahr zur Hölle, Führer und Reichskanzler! Tempi passati! Du interessierst uns nicht mehr.

Freitag, 4. Mai 1945

Immer noch kein Wasser, kein Licht und kein Gas. Keine Verkehrsmittel und kein Telefon. Die Schlepperei vom Brunnen nimmt täglich Stunden in Anspruch. Wir arbeiten wie Kulis. Feuer machen, Holz sammeln, Holz hacken, Schutt fegen. Und aufräumen, unentwegt aufräumen. Ab und zu erscheint Russenbesuch. Sie gehen von Zimmer zu Zimmer, schauen sich um und stecken ein, was ihnen gefällt. Sie sind nicht unfreundlich, aber sie sind auch nicht freundlich. Sie sehen durch uns hindurch, als wären wir nicht vorhanden. »Uhri, Uhri«, sagen sie manchmal. »Schnaps« und »Veloziped«. Unsere Räder verschwinden. Hinter dem Friedhof ist eine Asphaltstraße. Dort lernen die Sieger radfahren. Wie Kinder lernen sie es. Mit Ausdauer und Beflissenheit, unbekümmert darum, was dabei zu Bruch geht. Nach drei Tagen ist die Straße übersät mit Radtrümmern. »Strandgut«, entscheidet Frank. »Ich bin für Einholen. Ohne Verkehrsmittel können wir nicht auskommen.« In der Dämmerung ziehen wir los, holen uns stückweise zurück, was wir als Ganzes besaßen. Sättel und Lenkstangen, verbogene Rahmen und zerschlissene Schläuche. »Nette Bastlerarbeit.« Fabian blickt resigniert auf den Berg von Klamotten.

Sonntag, 6. Mai 1945

Frank und ich wagen den ersten Vorstoß in die umliegenden Vororte. Immer noch beherrschen rote Kopftücher und weiße Armbinden die Straße. Doch die sie tragen, schleppen heute keine Koffer. Rastlos, mit verbissenem Eifer schippen sie die Fahrwege frei. »Warum eilen Sie so?« fragt Frank eine Frau, die gehetzt ihre Schaufel schwingt. »Weil sie ...«, sie schluckt, »die Häuser anzünden, wenn wir bis abends nicht fertig sind.« Ihre Augen haben den Ausdruck eines geprügelten Hundes. »Es wird so gefährlich nicht sein«, trösten wir. Aber die Frau hat sich schon abgewandt und ihr hastiges Geschäft wieder aufgenommen. »Arme Sklaven«, sagt Frank. »Wenn es aber wahr wäre«, frage ich beunruhigt, »ich meine das mit dem Häuseranzünden?« Franz zuckt die Achseln. »Vielleicht ist es wahr. Doch ihre Angst macht es schlimmer. Die Russen lieben keine Angsthasen.«

Nein, sie lieben keine Angsthasen. Wie Kinder und freie Tiere lieben sie den ruhigen Blick, die freundliche Sicherheit. Wer sie anschaut, als wären sie gefährlich, dem werden sie gefährlich. Sie sind vielen gefährlich geworden in diesen Tagen. Panik herrscht in der Stadt. Bestürzung und Entsetzen. Wohin wir kommen, Raub, Plünderung, Gewalt. In hemmungsloser Liebesgier hat sich das Heer unserer Sieger auf die Berliner Frauen gestürzt. Wir besuchen Hannelore Thiele, Heikes Freundin und Klassengefährtin. Zusammengekauert hockt sie auf ihrer Couch. Kaum daß sie aufschaut, als wir das Zimmer betreten. »Man sollte sich umbringen«, jammert sie vor sich hin. »Man kann doch so nicht leben.« Sie schlägt die Hände vors Gesicht und beginnt zu weinen. Furchtbar ist es, in ihre gedunsenen Augen zu sehen, furchtbar, ihre entstellten Züge zu betrachten. »War es wirklich so arg«, frage ich. Kläglich blickt sie mich an. »Sieben«, sagt sie und schüttelt sich. »Sieben hintereinander. Wie Tiere.«

In Klein-Machnow wohnt Inge Zaun. Sie ist achtzehn Jahre alt und wußte nichts von Liebe. Jetzt weiß sie alles. In sechzigfacher Wiederholung. »Wie soll man sich denn wehren?« meint sie gleichgültig, fast stumpf, »wenn sie an die Türe donnern und sinnlos um sich rumschießen. Jede Nacht neue, jede Nacht andre. Als sie mich das erstemal vornahmen und Vater zwangen, ihnen zuzuschauen, dachte ich, daß ich stürbe. Später ...«, sie macht eine matte Handbewegung. »Seit ihr Kapitän ein Verhältnis mit mir hat, ist es zum Glück nur noch einer. Er hört auch auf mich und hilft, daß sie die Mädchen in Ruhe lassen.« Mich schaudert. Vier Jahre lang hat uns Goebbels erzählt, daß uns die Russen vergewaltigen würden. Daß sie schänden und plündern, morden und brandschatzen. Greuelpropaganda! empörten wir uns und hofften auf die alliierten Befreier. Wir wollen jetzt nicht enttäuscht sein. Wir könnten es nicht ertragen, wenn Goeb-

bels recht behielte. Zwölf Jahre waren wir dagegen. Einmal muß man auch »dafür« sein dürfen. Wenn uns das jetzt nicht gelingt ...
»Sie schänden unsere Töchter, sie vergewaltigen unsere Frauen«, klagen die Männer. »Nicht einmal, nein sechsmal, nein zehnmal und zwanzigmal.« Es gibt kein anderes Gespräch in der Stadt. Und es gibt keinen anderen Gedanken. Selbstmordstimmung liegt in der Luft. Man versteckt die Mädchen hinter Dachbalken, gräbt sie in Kohlenhaufen ein und vermummt sie wie alte Weiber. Fast keine schläft dort, wo sie hingehört. »Ehre verloren, alles verloren«, sagt ein verstörter Vater und drückt seiner zwölfmal geschändeten Tochter einen Strick in die Hand. Gehorsam geht sie und erhängt sich am nächsten Fensterkreuz. »Wenn man euch schändet, bleibt euch nichts als der Tod«, erklärt zwei Tage vor dem Zusammenbruch die Lehrerin einer Mädchenklasse. Mehr als die Hälfte der Schülerinnen zieht die geforderte Konsequenz und ertränkt ihre Schande im nächstliegenden Wasser. Ehre verloren, alles verloren. Gift oder Kugel, Strang oder Messer. Zu Hunderten bringen sie sich um. – »Frank«, frage ich, »verstehst du das alles?« Er schüttelt den Kopf. »Wir müssen es aber verstehen. Wenn wir es nicht verstehen, hört die Zukunft für uns auf, noch ehe sie angefangen hat.« Ich nicke. »Ziemlich traurig dieses Fazit, für zwölf Jahre Wartezeit.« Wortkarg wandern wir durch die Straßen. Je weiter die Stunden vorrücken, desto hastiger rühren sich überall die Schaufeln. Wie abwesend gleitet Franks Blick über die roten Kopftücher und weißen Armbinden. »Vielleicht gibt es doch einen Weg«, beginnt er grübelnd, »... ich meine einen Weg, es zu verstehen.« Ich sehe ihn an. »Siehst du«, fährt er fort, »als wir sie drüben mit Krieg überfielen, ihre Männer erschlugen, ihre Habe davonschleppten, da dachte der Muschik: Sie werden ärmer sein als wir. Sie werden Hunger leiden und Mangel haben. Das hätte er verstanden, weil es einfach ist und natürlich. Es war aber nicht einfach. Und es war nicht natürlich. Denn als sie nach Deutschland

kamen, da sahen sie, daß wir Wohnungen hatten und sogar eine Badewanne, einen Spiegel und ein Vertiko. Begreifst du jetzt, warum sie böse wurden? Plündern und fortschleppen, kaputtschlagen und in Brand stecken? Der Spiegel hat sie böse gemacht, die Badewanne und das Vertiko. Man führt keinen Angriffskrieg, wenn man viel reicher ist als sein Opfer. »Tut man auch nicht«, bestätige ich und bin Frank dankbar, daß er mir den Rückweg zum Glauben erleichtert. »Aber die Vergewaltigungen«, fällt mir plötzlich ein. »Schließlich notzüchtigt man ja nicht, nur weil man kein Vertiko hat. Und tut man es schon, dann doch nicht regimentweise.« »Gerade regimentweise«, unterbricht mich Frank. »Das ist es ja eben. Von der Gattung her mußt du es verstehen. Der Gattung des Naturmenschen.« – »Um ein Naturmensch zu sein, braucht man nicht gleich zu vergewaltigen«, wende ich ein. »Törichte Logik! Natürlich nicht. Aber wer triebhaft ist, will auch triebhaft besitzen. Fleisch oder Erde – Erde oder Fleisch. Dem Primitiven gilt es dasselbe. Sieg ist ein physischer Vorgang. Physisch wird er empfunden, physisch auch abreagiert. Es ist nicht schön, aber es ist verständlich.« – »Nicht schön, aber ... verständlich«, gebe ich widerstrebend zu. »Mit anderen Worten: Der russische Siegesrausch manifestiert sich im Fleische.« Frank nickt. »Im Fleisch unserer Frauen. Leibhaftig nehmen sie Stück für Stück der deutschen Erde in Besitz; leibhaftig zeugen sie Nacht für Nacht in sie hinein.«

Es wird Abend. Wie besessen regen sich die Schaufeln. Man fällt fast auf, wenn man nicht zu den Schippern gehört. Ein Mann blickt uns giftig nach. »Kommissare«, hören wir ihn zischen. »Verdammte Spitzel!« Der Schimpf trifft uns nicht.

Daheim haben sich inzwischen Gäste eingefunden. Jeden drängt es, den anderen zu erreichen, festzustellen, wer noch am Leben ist. Stichworthaft tauscht man die letzten Nachrichten: Seit gestern Waffenruhe, Kämpfe nur noch in Prag. Hitler einer Gehirnblutung erlegen. Immer noch leben wir vom Gerücht. Beziehen unsere Weisheiten auf Umwegen aus irgendeinem Akkumulatorapparat.

»Und wie war es bei euch mit den Vergewaltigungen?« fragt man uns. »Sie haben nicht stattgefunden«, erwidert Andrik. »Das heißt, du hast sie verhindert«, verbessere ich ihn. »Wohl euch, daß er die Sprache kann«, seufzen die Gäste. »Wenn man die Sprache versteht, geht es alles viel leichter.« Es ist wahr. Die Unfähigkeit, sich miteinander zu verständigen, raubt jeder Begegnung zwischen Siegern und Besiegten den Grundton des Menschlichen. Jetzt rächt es sich bitter, daß uns der Schulunterricht unsere östlichen Nachbarn geflissentlich vorenthalten hat. Andrik bemüht sich, die Scharte auszuwetzen. Zehn-Minuten-Kurs in russischer Geschichte. Zehn-Minuten-Kurs in russischer Sprache. Als unsere Gäste uns verlassen, trägt jeder von ihnen einen Zettel mit nach Hause, auf dem in deutlichen Buchstaben aufgezeichnet steht, daß »Ja ljublju Rossju« ich liebe Rußland heißt. »Ja twoj drug« ich bin dein Freund und »Ja otschen bolen« ich bin sehr krank – mögliche Rettung und Ausrede bei unerwünschtem Liebeswerben.

Kaum haben wir uns schlafen gelegt, schreckt uns ein Lärm aus dem Bett. »Russen im Haus«, schreit es im Treppenflur. Wir springen in die Kleider. Andrik läuft hinaus. Nach fünf Minuten ist er wieder da. »Sie wollten plündern«, lächelt er vergnügt. »Ich habe sie angepfiffen. Geht lieber los und holt uns Räder, habe ich ihnen gesagt. Wie sollen wir zur Arbeit fahren, wenn eure Kameraden uns die Räder wegnahmen. ›Pashalstje‹, sagten sie. ›Bitte schön.‹ Machten kehrt und zogen ab.« Wer sie anschaut, als wären sie gefährlich, dem werden sie gefährlich, denke ich. Andrik schaut sie richtig an. Andrik macht es immer richtig.

Dienstag, 8. Mai 1945

Von Tag zu Tag wird unsere Stimmung umwölkter. Wir gehen umher, als hätten wir etwas verloren. Andrik hat sich ins Bett verkrochen. Frank packt den ganzen Tag seine Koffer um. Heike und Fabian haben ihren ersten Liebesstreit, und Dagmar ist überhaupt nicht zu sehen. Was geht nur mit uns vor? Der Start ist frei. Warum starten wir nicht? »Ich glaube, uns fehlt das Ziel«, sagt Jo. »Aufräumen allein ist noch keine Mission.« Er trifft den Nagel auf den Kopf. Wir wissen alle nicht, wie es weitergehen soll. Der Kampf gegen die Nazis ist aus. Niemand bedarf mehr unserer Betreuung. Die Aufgabe haben wir verloren und eine neue noch nicht gefunden. Es fällt auch schwer, an neue Aufgaben zu denken, wenn Strom und Wasser mangeln und jede Verbindung mit der Außenwelt durch mühsame Fußmärsche erkauft werden muß.

Jo und Frank haben aus trophäierten Radteilen zwei Fahrräder gebaut. »Radeln wir zur Kommandantur«, schlägt Andrik vor. »Mal sehen, was dort los ist.« Wir radeln nicht lange. An der nächsten Ecke winken drei russische Soldaten. Springen uns quer über den Weg, als wir Miene machen, vorüberzufahren. »Maschina ... Maschina«, sagen sie und lockern ihre Pistolen. Andrik versucht es mit Güte. Unmöglich. Die drei sind nicht umzustimmen. »Maschina ... Maschina!« Ein kurzes Hin und Her, dann wandern wir zu Fuß weiter. »Die sind wir los«, sagt Andrik. »Wen? Die Russen oder die Räder?« »Beide«, erwidert er trübe. Auf der Kommandantur herrscht Ferienstimmung. Nur ein schläfriger Posten räkelt sich vor der Tür. »Kommandante?« Er schüttelt den Kopf. Heute sei Feiertag, bedeutet er uns. Seit zwölf Uhr mittags. Wegen Waffenstillstand. – Waffenstillstand! Die Nachricht ist uns den Radverlust wert. Plötzlich überkommt uns der ganze Jubel des Befreitseins. Frei von Bomben! Frei von Verdunklung! Frei von Gestapo und frei von den Nazis! Wie auf Flügeln eilen wir nach Hause. Am Abend feiern wir. Feiern mit allem, was wir besitzen. Pax nobiscum!

Mittwoch, 9. Mai 1945

Die Welt tobt im Siegestaumel. Die Berliner grübeln, wo sie etwas zu essen finden. Geschäfte gibt es noch nicht. Sie sind entweder geschlossen oder ausgeplündert. Nicht wir allein haben während der Kampftage das siebente Gebot vergessen. Was in den Läden fehlt, geht zumeist auf Konto der Deut-

schen. Nur die Bäcker arbeiten schon. Vor ihren Türen drängen sich die Menschen. Das Brot ist schwarz und naß. Wie Blei liegt es im Magen. Immerhin, es ist Brot. Heike beschließt, sich für Anstehen zu opfern.
Am Nachmittag wird Andrik herausgerufen. Zwei Russen seien da und wollten ihn sprechen. Es sind unsere »Plünderer« vom Sonntag. »Pashaluista«, sagen sie. Bitte schön! – und schieben zwei Fahrräder durch die Tür. Beinahe neu, mit blitzenden Nickelteilen. Sie lachen übers ganze Gesicht. »Pashaluista«, sagen sie und verschwinden wieder. »Sonderbares Volk«, meint Frank kopfschüttelnd. »Liebenswertes Volk«, lächelt Andrik gerührt. – So sind sie nun! Was sie mit der einen Hand nehmen, geben sie mit der anderen zurück. Von wo sie es holen? Von wem? Wir wollen uns nicht den Kopf darüber zerbrechen, wer jetzt, statt unserer, zu Fuß durch die Straßen geht. Verwechsel, verwechsel das Bäumchen! Für diesmal sind wir die Gewinner.
Heike hat das Abendbrot aufgetragen. Würfelsuppe und nasses Schwarzbrot. Es füllt zwar den Magen, doch es spricht ihn nicht an. Ebenso könnten wir einen Schlammhaufen verspeisen. – »Und sie erhoben die Hände zum lecker bereiteten Mahle«, deklamiert Fabian, während er seine Brotration zu kunstvoller Plastik verknetet. Plötzlich hebt Jo den Kopf. »Seid mal still, hört ihr nichts?« »Es schießt«, antwortet Andrik. Im gleichen Moment beginnt ein Geknatter, daß man sein eigenes Wort nicht versteht. Frank läuft zum Fenster. Leuchtspuren überziehen den Himmel. Feuerbälle zerplatzen in der Luft. – »Sie schießen Salut«, sagt er feierlich. »Salut für den Frieden!« Andächtig schauen wir hinaus. Auf der Straße rennen Menschen. Flüchten erschreckt in die nächsten Ruinen. »Die denken, der Krieg geht wieder los«, brummt Fabian. »Schießen aus Freude sind sie nicht gewohnt.« – Auch wir sind es nicht gewohnt. Überwältigt stehen wir vor dem unerhörten Schauspiel. Großkaliber, Kleinkaliber. Panzer, Flak, Maschinengewehr und Pistole. Aus allen Rohren dröhnt es in der Luft. Jeder tut mit.

Soldaten und Offiziere. Die letzte Kugel – Achtung, gebt Feuer! – die letzte Kugel beendet den Krieg.
»Verstehst du es nun?« flüstert mir Frank ins Ohr. »Auch hier wurde ihnen das Symbol zum Fleische.«

Donnerstag, 10. Mai 1945

Radioapparate beschlagnahmt – Telefone beschlagnahmt – Schreibmaschinen beschlagnahmt. An allen öffentlichen Gebäuden kleben Zettel, die zur Abgabe bestimmter Wertgegenstände auffordern. »Wer nicht abgibt, wird erschossen«, zittern die Ängstlichen, schneiden ihre Telefone von der Leitung, packen ihre Radios auf und schleppen sie eigenhändig zur nächsten Sammelstelle. Die Sammelstelle ist ein ehemaliger Schulhof. Regen tropft auf die Mahagonifurnierung der Blaupunkt und Telefunken, der Philips und der Siemens Super. Man packt sie übereinander, man stapelt sie in den Ecken. Man zeigt sich nicht sonderlich achtsam im Umgang mit den kostbaren Toninstrumenten. Kaum ein Viertel von ihnen wird nach dieser Abgabe noch gebrauchsfähig sein. »Was soll wohl das Ganze?« erkundige ich mich bei einem Mann, der schwitzend ein riesiges Fünfröhrengerät buckelt. Er blickt auf seinen Kasten. »Geht nach Rußland, sagt man.« – Die werden nicht viel Freude daran haben, denke ich und mustere den Berg von ineinanderverschachtelten Radioinvaliden. »Uns war das Ding zu schwer«, sagt ein Dahlemer Villenbesitzer. »Wir haben es auf die Straße gestellt. Soll es dort abholen, wer Lust hat.« – Zehn Minuten später ist die ›Abholung‹ vollzogen. Der glückliche Finder lacht sich ins Fäustchen. Einen großen Philips findet man nicht jeden Tag auf der Straße.
Telefone beschlagnahmt – Radioapparate beschlagnahmt – Schreibmaschinen beschlagnahmt. Die Zettel, die zur Abgabe auffordern, sind nicht größer als ein halbes Schreibmaschinenblatt. Wie weiße Punkte kleben sie neben den Eingängen der Dienstgebäude. »Und wie gedenkst du dich zu verhalten?« frage ich Andrik. »Ich habe nichts gelesen. Es ist auch

nicht meine Absicht, mir die Augen zu verderben. Im übrigen ... wenn du es unternehmen willst, im Chaos des Kellergerümpels nach unserem Blaupunkt zu suchen ...« Ich verstehe. Eine Viertelstunde später sind auch unsere beiden Schreibmaschinen und der Telefonapparat im »Chaos des Kellergerümpels« verschwunden. Wer zu Hause bleibt, kann keine Verordnungen lesen. Warten wir's erst mal ab ...

Freitag, 11. Mai 1945

Das Abwarten hat sich gelohnt. »Die Verordnung ist dementiert worden«, geht es heute von Mund zu Mund. Man kann seine abgelieferten Maschinen und Apparate von den Sammelstellen zurückholen. In Scharen stürzen die Menschen. Sie kommen enttäuscht nach Hause. Das meiste wurde über Nacht gestohlen. Es gibt eine Menge Liebhaber für Schreibmaschinen, Radios und Telefonapparate. Wenn man sie sich auch nur auf Vorrat legt, bis Fernsprechamt und Stromversorgung wieder in Tätigkeit sind. Verwechsel, verwechsel das Bäumchen! In diesem Fall haben sich die Spielteilnehmer wohl vorwiegend aus Deutschen zusammengesetzt.

Samstag, 12. Mai 1945

»Ich meine, wir sollten mit der Arbeit beginnen«, sagt Andrik beim Frühstück. »Es wird Zeit, daß wir uns nützlicheren Dingen zuwenden als Fenstervernageln und Toilettensäubern. Ich jedenfalls gebe in Kürze mein erstes Konzert.« Wir reißen Mund und Nase auf. »Konzert? Wo denn? Mit wem denn?« – »Das wird sich finden.« – Die Nachricht entzündet uns, als hätten wir Pervitin geschluckt. Plötzlich erinnern sich alle, daß es für jeden von uns ein bürgerliches Leben gibt, zurückgelassen hinter Bomben und Krieg, an das man jetzt irgendwie wieder Anschluß finden muß. Der Ausnahmezustand hat aufgehört. Wir sind nicht mehr im Hauptberuf Schicksalsgenossen der »Clique«, Mitglieder der Widerstandsgruppe »Onkel Emil«, sondern Dirigent und Schriftsteller, Arzt und Schauspielerin, Privatsekretärin und Redakteur. Zur Zeit Stellungslose und Stellungsuchende auf ganz unterschiedlichen Fachgebieten. Zum erstenmal seit vielen Wochen tauschen die Mädchen Kopftuch und Trainingshose gegen ein bürgerliches Gewand, binden sich Frank, Andrik und Jo für ihren Ausgang eine Krawatte um. »Also dann bis zum Abend«, verabschieden wir uns, ehe wir in die verschiedenen Richtungen auseinanderstreben. Frank faßt mich am Arm. »Ich glaube, wir haben denselben Weg.« Sein altes Krankenhaus und mein ehemaliger Verlag liegen im gleichen Stadtviertel. Gemeinsam wandern wir stadteinwärts. Es ist ein heißer Tag. Ruinen und Staub. Staub und Ruinen. Die letzten sechs Kampftage haben Berlin schlimmer zugerichtet als zehn schwere Bombenangriffe. Nur vereinzelt trifft man auf ein heiles Haus. Hauptstraße, Koesterufer, Hafenplatz. Mit müden Gesichtern stochern die Menschen zwischen den Trümmern, zerren hier eine zerbeulte »Trophäe« ans Licht, dort einen verkohlten Balken. Berlin holzt die Ruinen ab, um seine spärlichen Mittagessen zu kochen. Zwischen Linkstraße und Margaretenstraße dehnt sich ein riesiges Wasserbecken. Bomben haben die unterirdischen Rohre zerrissen und das Häuserviertel in einen Weiher verwandelt. Benzinkanister schwimmen in ihm herum. Kriegsdreck und schmutzige Papiere. Dazwischen zwei Mädchen. In grasgrünen Badeanzügen. Ausgelassen plätschern sie durch das schmutzige Wasser. Lachen und planschen, als wären sie im Freibad Wannsee. Die Ruinen der Linkstraße blicken auf den fragwürdigen Teich, spiegeln sich schwankend in seiner schillernden Fläche. Die Mädchen lachen. Wie Vogelzwitschern klingt ihr Lachen durch die staubige Luft. Frank mißt sie mit liebevollem Blick. »Wer so sein kann«, sagt er andächtig.

Dort ist die Philharmonie. Oh, vielmehr nein! Da war sie. Wo ehedem Bruno Walter musizierte, liegt zwischen Schutt und Gemäuer ein toter Schimmel. Aufgedunsen der Leib, mit schwarzen, versteinerten Augen. Als grausiges Stilleben breitet er sich unter den zerbrochenen Arkaden, und seine steifen Beine starren anklagend in die Luft. Die Bernburgerstraße ist ein einziger Steinhaufen. »Nicht dort herum«, warnen uns zwei Männer. »Dort holt man euch zum Trümmerschippen.« – »Verbindlichsten Dank!« Im Handumdrehen machen wir kehrt. Sollen die den Dreck wegräumen, die ihn verursacht haben. – Es gibt noch mehr solcher »Arbeitsfallen« in der Stadt. Wo man im Trümmergewirr der Geschäftsviertel nicht auf Hausbewohner zurückgreifen kann, zwingt man Passanten zur verkehrsnotwendigen Entrümpelung. Drei Stunden, fünf Stunden, zehn Stunden. Daheim sitzen die Angehörigen und ängstigen sich, daß ihre Lieben nicht wiederkehren. Aber die Methode ist erfolgreich. Keine freiwillige Werbung würde die Straßen in so kurzer Frist bahnfrei machen.

Auf Umwegen kommen wir zum Tiergarten. Oder zu dem, was von ihm übrigblieb. Bestürzt blicke ich auf die zerfetzten Bäume. Geknickt, zerborsten, bis zur Unkenntlichkeit verstümmelt. Arme Bäume! Was konntet ihr denn dafür? Mir würgt es in der Kehle. »Du«, sage ich zu Frank. »Das ist noch schlimmer als Ruinen. Das ist ... Autsch!« Ich stolpere über einen harten Gegenstand. Aus dem Gewirr der Äste, die kreuz und quer den Boden bedecken, bohrt sich etwas Schwärzliches. Ich bücke mich, die Zweige beiseite zu schieben. Vor mir liegt der Kopf eines erzenen Reiters. Halb in die Erde gewühlt, mit Dreispitz und Fridericus-Zopf. Eine Granate riß ihn vom Rumpf, hat ihn aus luftiger Denkmalhöhe hierher geschleudert. Zehn Meter weiter finden wir seinen zerlöcherten Rest. Ein schweifloses Pferd, einen kopflosen Mann. Gespenstisch reckt seine Rechte ein erzenes Jagdhorn. »Hali-Halo«, scheint es durch die Bäume zu wehen. – Dicht neben dem Denkmal liegt ein kleiner Hügel. Hastig aufgeworfen, noch hastiger vollendet. Zwei Latten auf ihm. Mit Bindfaden zum Kreuz verschnürt.

Hier ruhen
ein Hauptmann
ein Leutnant
zwei Unteroffiziere und
sechs Grenadiere

steht mit Blaustift auf dem Querbalken. Regen hat die Schrift verwischt. Wie blaue Tränen rinnt es von den Buchstaben. Da ein Grab, dort wieder eines. Wo sie starben, scharrte man sie ein. Möge die Erde euch leicht sein, namenlose Tote! –

Auf der Charlottenburger Chaussee stinkt es nach Kadavern. Doch als wir näher hinschauen, sind es nur Pferdegerippe. Fleischfetzen um Fleischfetzen schnitten die Umwohner den toten Tieren von den Knochen, steckten sie in die Kochtöpfe und verschlangen sie gierig. Nur die Gedärme hängen noch faulend zwischen nackten Rippen.

Immer heißer glüht die Sonne. Immer mühsamer setzen wir einen Fuß vor den andern. Jetzt passieren wir das Brandenburger Tor. Auf dem Pariser Platz wimmelt es von Leuten. Sie tragen aus dem Hotel Adlon die Möbel heraus. Vergoldete Spiegel, Plüschsessel und Matratzen. »Trophäisten«, lacht Frank verständnisvoll. »Die nehmen, was sie kriegen können.« Kein Zweifel, sie nehmen es. Auf Karren und Leiterwagen, in Bündeln und Säcken schleppen sie davon, was die Bomben übrigließen. Wir biegen in die Wilhelmstraße ein. Ruinen und Staub. Staub und Ruinen. Wo irgendwo ein Keller stehenblieb, tummeln sich die Trophäisten, zappeln treppauf und treppab, gleich Maden auf einem Käse. Vor dem Auswärtigen Amt liegt im Schmutz ein Pastellbild. »Starnberger See« steht in Handschrift links unter dem Rand. Wo mag es gehangen haben? Wer warf es hierher? Ich hebe es auf. »Zur freundlichen Erinnerung an unsere nationalsozialistische Außenpolitik«, sage ich zu Frank und stopfe es in meine Aktentasche.

Da steht die Reichskanzlei. Ein zerschundener Steinkoloß. Öde starren seine Fensterhöhlen auf den trümmerübersäten Wilhelmsplatz. Nichts regt sich hinter den Mauern, die die Überreste Adolf Hitlers bergen. Vor der Auffahrt wacht ein russischer Soldat. Sein Gewehr über den Knien, sitzt er, behaglich zurückgelehnt, in einem grünseidenen Polstersessel. Mitten im sogenannten Ehrenhof, ein Urbild des Friedens. Der Anblick macht uns lächeln. So hatten sich die Nazis den

Wachtposten ihres Führers und Reichskanzlers gewiß nicht vorgestellt. – Wenn es nur nicht so drückend wäre. Seit mehr als sechs Stunden pilgern wir durch die sengende Sonne. Das verbrannte Gemäuer spendet keinen Schatten. Fast glühender noch wirft es die Hitze zurück. Gottlob, eine Pumpe! Erleichtert greife ich nach dem eisernen Schwengel. »Nicht trinken«, ruft ein Vorübergehender. Ich blicke ihn an. »Verseucht«, sagt er. »Von den Leichen im S-Bahn-Schacht.« »Im S-Bahn-Schacht?« Er nickt. »Die Nazis haben den Nord-Süd-Tunnel gesprengt. Er ist versoffen, mit allen, die drin waren.« – Es ist nicht nur der S-Bahn-Schacht. Fast jede Berliner Brücke liegt zertrümmert im Wasser. Fast jeder Bahnübergang, jede halbwegs wichtige Unterführung wurde von den Sprengkommandos in letzter Minute in die Luft gejagt. Posthume Propaganda für nazistisches Organisationstalent. Wie soll, kalkulierte man listig, dem Sieger die Berliner Versorgung gelingen, wenn sämtliche Brücken im Wasser liegen. Den Vergleich wollte man heraufbeschwören. Den Versorgungsvergleich zu seinen Gunsten. Ja, was die Nazis doch konnten! – Man möchte ausspucken über soviel Nichtachtung von Menschenleben.
Am Spätnachmittag erreichen wir unsere ehemaligen Arbeitsstätten. Franks Krankenhaus steht noch. Mein Verlag ist »stark durchgepustet«. Während draußen der eine dem anderen die Daumen drückt, knüpft drinnen jeder von uns seine ersten bürgerlichen Fäden. Als wir die Hauptstraße zurückwandern, sprechen wir nicht mehr von Trümmern und Nazis, sondern von ärztlichen Aufgaben und der Möglichkeit einer neuen Jugendzeitschrift.
Um zehn Uhr abends landen wir zu Hause. Ein Fußmarsch von dreißig Kilometern liegt hinter uns. Andrik und die übrigen sind bereits heimgekehrt. Die winzige Küche, in deren Mitte der Ziegelherd brennt, hallt wider von leidenschaftlichen Berichten. Organisation des Musiklebens. Ärztemangel und Ärzteeinsatz. Presse, Theater und neuer Kulturbeginn. Wir löffeln unsere Würfelsuppe und kauen nasses Schwarz-

brot. Im Herd verglüht das letzte Holzscheit. »Gehen wir schlafen«, schlägt Heike vor und blickt besorgt auf die leere Petroleumlampe. »Bis wir zu Bett sind, wird uns die Glut wohl noch leuchten.« Ein jeder tastet nach seiner Lagerstatt. »Und was ich noch sagen wollte«, tönt es aus Heikes Schlummerwinkel, »ab heute ist die Verdunklung aufgehoben.« »Auch die Verdunklung der Geister?« fragt eine Stimme zurück. Aber niemand antwortet. Vielleicht weiß auch niemand eine Antwort.

Dienstag, 15. Mai 1945

Kommen die Amerikaner oder kommen sie nicht? Teilt man Berlin oder überläßt man es den Russen? So viele Fragen, so viele Meinungen. Immer leidenschaftlicher drängt es uns nach Klärung im Sumpf der Gerüchte. Überall herrscht politischer Hochbetrieb. Als müsse man im Eiltempo nachholen, was man zwölf Jahre lang versäumt hat. Wie Pilze schießen die »antifaschistischen« Gruppen aus der Erde. Spruchbänder und Plakate. Anschriften und Aufschriften. An jeder zweiten Straßenecke hat sich ein politisches Unternehmen aufgetan. »Kampfverband freies Deutschland« ... »Seydlitzgruppe« ... »Antifa« ... »Bund der Hitlergegner«. Nicht alle Kampfgruppen gegen Herrn Hitler blicken auf eine lange Lebenszeit zurück. Bei manchen hob der Widerstand erst an, als Adolf Hitlers Widerstand aufhörte. Es stinkt ein bißchen um diese rückdatierten Märtyrer. Vor den fahnengeschmückten Eingängen halten Autos. Türhüter springen, Ordonnanzen flitzen heraus und herein. Staunend betrachten wir den geschäftigen Aufwand. »Als müßten sie noch heute die Demokratie aus der Taufe heben«, sagt Frank mißbilligend. Fabian lacht. »Die Antifa – die Antina. An ihren Namen sollt ihr sie erkennen. Es gab keine Antifaschisten während des Naziregimes. Es gab nur Nazigegner oder Antinazis.« Er hat recht, erst die Besatzungsmacht führte den neuen Ausdruck bei uns ein. Nun tummeln sich die Faschistenbekämpfer in Dutzenden von Verbänden. »Wenn bloß nicht die Falschen ans

Ruder kommen. Wer jetzt zu sehr ›anti‹ tut, ist bestimmt nicht der Beste.« – Falsch oder richtig? Im Chaos des Augenblicks läßt sich das kaum unterscheiden. Aber es geht ein Gerücht, daß alle politischen Organisationen von den Siegern verboten würden.

»Wer regiert uns eigentlich?« frage ich Andrik. Der hebt die Achseln. »Wer gerade dran ist. Im übrigen – die Russen.« Vorläufig sieht es so aus, als ob in jeder Woche ein anderer »dran« wäre. In den Bürgermeistereien wird abgesetzt und berufen, berufen und abgesetzt. Jeder regiert nach seiner Fasson. Doch nicht jede Fasson ist ein Glück für die Regierten. Auf den Straßen sieht man zahlreiche Jünglinge. Langhaarig, mit offenen Kragen. Jene saloppen Typen, denen man einst im Romanischen Café begegnete. Niemand kennt sie. Keiner hat sie gerufen. Wie aus der Versenkung sind sie plötzlich aufgestiegen. Wer glaubt, etwas zu sagen zu haben, trägt eine schwarze Baskenmütze. Noch nie gab es so viele »Bérets« in der Stadt. Sie sind die phrygischen Mützen der ersten Berliner Nachkriegswochen. Ab und zu taucht ein Judenstern unter ihnen auf. Gleich einem Orden schmückt er die Brust seines Besitzers. »Mein Alibi«, sagt dessen stolzer Blick. »Mein redlich erworbener Anspruch auf Mitleid und Entschädigung.« – Wird man den Anspruch anerkennen, die wahren Gläubiger ausfindig machen? Man erzählt, daß Judensterne mit fünfhundert Mark gehandelt würden. »Ja jawrej!« – Ich bin Jude – lernten unsere jüdischen Freunde kurz vor der Eroberung. »Na und?« quittierte der Sieger die wohlpräparierte Schutzformel. Auch jüdische Frauen sind vergewaltigt worden. Auch vor jüdischen Wohnungen hat das Plündern nicht ausgesetzt. Noch strudelt alles durcheinander. Lebensangst und Lebenswille. Profitgier, Postenjagd und ehrliches Streben nach neuer Ordnung. Berlin liegt in Geburtswehen. Wir sorgen uns um Berlin.

Donnerstag, 17. Mai 1945

Die ersten Lebensmittelkarten sind ausgegeben. Richtige Karten mit richtigen Abschnitten. Brot steht auf ihnen, Fleisch, Fett und Tee. Salz, Nährmittel, Kartoffeln und Bohnenkaffee. Wir kommen uns vor wie Beschenkte. »Ob man darauf auch was kaufen kann?« fragt Heike ungläubig. »Probier's«, empfiehlt Frank. Die Kleine greift nach ihrem Einkaufsnetz.

Kaum ist sie verschwunden, so klopft es an die Tür. Unser ehemaliger Luftschutzwart. »Ich wollte ...«, er stottert, »... ich dachte, ob Sie mir vielleicht ...«, wieder stottert er und sieht mich flehend an, »... bescheinigen, daß Sie kein Nazi waren«, helfe ich ihm ein. Er nickt verlegen. »Ich habe Unterlagen ... es läßt sich beweisen ...« Beflissen kramt er in seinen Taschen. Mir liegt nicht viel an diesen Beweisen. Tagtäglich erleben wir das gleiche. Zu Dutzenden kommen sie, um sich ihr Nazitum fortattestieren zu lassen. Jeder benutzt einen anderen Vorwand. Jeder hat plötzlich einen Juden, dem er irgendwann einmal, irgendwo einmal mindestens zwei Kilo Brot oder zehn Pfund Kartoffeln gegeben haben will. Jeder hat den ausländischen Sender gehört. Jeder hat Verfolgten geholfen. »Unter Lebensgefahr«, pflegt die Mehrzahl dieser posthumen Wohltäter stolz-bescheiden hinzuzufügen. Die ganze NSDAP scheint aus Frondeuren zu bestehen. Erstaunliche Heldentaten kommen ans Licht ... Daß jemand auf offener Straße mit einem Mischling gesprochen hätte, obgleich der Blockwalter daneben stand ... Herrn Y nicht denunziert habe, wenngleich er von ihm wußte ... immer dagegengewesen sei und schon längst nicht mehr glaubte ... je größer die Angst, desto dümmer die Ausrede. Aber auch die Harmlosen verlangen nach einem Schein, der ihre Harmlosigkeit legitimiert: »Herr X ist mir seit Jahren persönlich bekannt ...« und so weiter, und so weiter. Das Leumundszeugnis regiert die Stunde. Wer als Parteigenosse kein Leumundszeugnis vorweisen kann, wird zur Zwangsarbeit geholt. Schippkommando der Kulis von Berlin. In

Scharen treten sie jeden Morgen an. Punkt sieben Uhr früh. Sie sitzen vor den ehemaligen Arbeitsämtern und warten auf Abruf: Fünfzehn Pg.s zum Schuttwegräumen. Acht Pg.s zum Leichenausgraben. Dreißig Pg.s zum Straßenkehren, zum Kloakensäubern, zum Steineklopfen. Sie klopfen Steine. Sie graben Leichen. Sie säubern Kloaken. Es ist kein leichtes Brot, das man sie essen läßt.

Wir schreiben Bescheinigungen und fertigen Leumundszeugnisse aus. Wo man es verantworten kann, soll man nicht rachsüchtig sein. Zwölf Jahre hatten wir Zeit zu wägen und zu werten. Nur zu genau wissen wir nun, wen wir zu leicht befanden.

Um acht Uhr kehrt Heike zurück. Sie weist triumphierend drei Pfund Grütze und ein halbes Kilo Steinsalz vor. »Der Rest kommt später«, berichtet sie und streicht die zerdrückten Kleider glatt. »Transportschwierigkeiten! Es ist wegen der Brücken.« – Frank sieht mich an. »Da hast du's! Wegen der Brücken! Es wird nicht mehr lange dauern bis zum Versorgungsausgleich zu Nazis Gunsten.« Wütend zerknüllt er das Leumundszeugnis, das er soeben ausgeschrieben hat, und wirft es in den Papierkorb. »Verfluchte Schurken!« höre ich ihn brummen.

Freitag, 18. Mai 1945

In Friedenau gibt es Licht. Wir radeln hin, um das Wunder zu bestaunen. Zum erstenmal seit dem 24. April hören wir wieder den englischen Sender. Er spricht eine scharfe Sprache gegen uns. So scharf, wie wir sie niemals erwartet hatten. Will man uns wirklich in Bausch und Bogen verantwortlich machen für das, was unsere Regierung sich zuschulden kommen ließ. Warum bestraft man nicht Streicher und Ley? Herrn Ribbentrop und Herrn Himmler? Hitler ist tot. Herr Goebbels hat sich umgebracht. Wie Aale schlüpfen sie den Rächern aus dem Netz. Sollen zu guter Letzt nur die kleinen Fische darin zappeln, um vor dem Welttribunal seziert zu werden?

Montag, 21. Mai 1945

Der Reinhardt-Direktor Herzberg hat die Kammer der Kunstschaffenden gegründet. In Hinkels, des Kulturkammerchefs ehemaligen Diensträumen. Ein »zwölfjähriges Jahrtausend« blickt auf die Künstler herab, die sich hier registrieren lassen. Für »geistig verantwortliche Arbeiter« bewilligen die Kommandanturen die höchste Ernährungsstufe. In Scharen strömen Dichter und Musiker, Sänger und Schauspieler zur Eintragung, präsentieren Leumundszeugnisse, füllen Formulare aus und versichern das Blaue vom Himmel an Eides Statt. Weh dem, der diese Schwüre einmal nachprüfen muß! – Und doch, wer schwört sie nicht, im verzweifelten Kampf um Arbeitszulassung oder Arbeitsverbot, um Durchkommen oder Verrecken. Pg.s dürfen sich künstlerisch nicht betätigen. Sie dürfen nur Leichen ausgraben und Kloaken säubern. Dem »unbescholtenen Kulturschaffenden« winkt Lebensmittelkarte I. Das bedeutet bei den fünf geltenden Ernährungsstufen eine Brotration von sechshundert Gramm täglich, von dreißig Gramm Fett und hundert Gramm Fleisch – sofern die Transportschwierigkeiten es zulassen. Parteigenossen, Berufslose und Hausfrauen erhalten Karte V. Das heißt: dreihundert Gramm Brot täglich, sieben Gramm Fett und zwanzig Gramm Fleisch. »Hungerkarte« hat sie das Volk getauft.

Dienstag, 22. Mai 1945

Immer mehr feste Punkte zeichnen sich aus dem Chaos ab. Vom Kleinsten weitet es sich langsam zum Größeren. Zwar wurden die politischen Organisationen verboten, doch auf den Bezirksbürgermeistereien zeigt man sich allmählich beständig. Schon haben wir es bis zum Stadtmagistrat gebracht. Die Regierung steht. Und sehnsüchtig warten die Berliner darauf, regiert zu werden.

Donnerstag, 24. Mai 1945

»Morgen um zehn Uhr ist meine erste Probe«, verkündet Andrik uns gestern beim Abendbrot. Wir blickten ihn an wie ein Wunder. Vor kaum drei Wochen fiel in Berlin der letzte Schuß. Vor kaum vier Wochen schlachteten wir im Hof der Machulkeschen Wohnung den weißen Ochsen. In jener warmen Mainacht, die seither vergangen ist, schrien Hunderte von Frauen unter der Umarmung ihrer Vergewaltiger, wechselten Tausende von deutschen Sachgütern ihre recht- oder unrechtmäßigen Besitzer. Die ›Manifestierung im Fleische‹ geht weiter. Andrik aber probt. Nachdem er zwölf Tage lang mit seinem klapperigen Fahrrad kreuz und quer durch Berlin gefahren ist, Genehmigungen erhandelt, Instrumente beschafft, Musiker zusammengetrommelt und einen Saal aus den Trümmern gestöbert hat, steht er jetzt, als wäre nichts geschehen, vor dem Philharmonischen Orchester und probiert in seliger Entrücktheit die Vierte Tschaikowsky. Sein Gesicht ist mager von Strapazen und Schlafmangel. Um ihn herum klopfen Handwerker. Flicken notdürftig die ärgsten Trümmerschäden. Es gibt keine Säle in Berlin. Es gibt auch keine Verkehrsmittel, keine Plakate und Annoncen. Man sagt, daß am Montag die erste Zeitung erschienen sei. Vielleicht wird man auch bis übermorgen das Dach repariert haben. Vielleicht!

Andrik stört das alles nicht. Seine Augen sind nach innen gerichtet. Sie blicken in eine andere Welt. Eine sanfte Welt. – Als die Probe vorüber ist, setzt er sich auf sein Verkehrsmittel und fährt zur Kommandantur. »Man muß den Musikern Zusatzernährung beschaffen«, sagt er. »Mit knurrendem Magen kann keiner Trompete blasen.« Der Kommandant zeigt Verständnis. Wenn es um Künstlerbelange geht, findet man bei Russen stets ein offenes Ohr. Sie lieben die Kunst. Und lieben sie ehrlich.

»Wir werden uns anstrengen müssen, mit dir Schritt zu halten«, meint Frank, während wir am Abend um den Ziegelherd sitzen. Heike kocht Würfelsuppe und versucht sich in russischer Grütze. Andrik lächelt ein bißchen erschöpft. »Man muß nur einfach anfangen.« – »Ich habe schon angefangen«, bemerkt Jo Thäler still. »Im Krankenhaus

Schöneberg. Ab heute.« »Na so was!« staunt Heike. »Sagt nichts, zeigt nichts und legt plötzlich los.« Sie umarmt unseren ›Stillen‹, bis Fabian dazwischentritt. – Er sieht es nicht gern, wenn man seine ›Grundrechte‹ schmälert.

Freitag, 25. Mai 1945

Auch Frank ist der Absprung ins Bürgerliche gelungen. Halb stolz, halb verlegen zeigt er uns seine Ernennung zum Amtsarzt. Nicht ganz einfach die Umstellung, nach zehn Monaten Tauchzeit. Wieder gibt es um den Ziegelherd eine Fülle von Fachgesprächen. Daß Heike und Fabian ein Kabarett gründen wollen, morgen das erste Konzert der Philharmoniker stattfindet, man im Schöneberger Krankenhaus eine Seuchenstation eröffnet und daß mein Verlag sich um Zulassung bemüht. Nur Dagmar ist noch nicht eingeordnet. Mischlingen ersten Grades hat der nationalsozialistische Staat keine höhere Ausbildung zugebilligt. Sie durften nur Straßen kehren und Omnibusse säubern. Schulen und Studienanstalten sind geschlossen. Nun grübeln wir angestrengt, wo wir sie unterbringen könnten. Zum erstenmal in ihrem zweiundzwanzigjährigen Dasein steht die Berufswahl ihr offen. »Großartige Zeit«, schwärmt sie. »Ich begreife nicht, daß alle so enttäuscht von ihr sind.« »Alle?« Frank blickt verwundert. »Nur die, die nicht nachgedacht haben.« »Die glaubten, daß es Kuchen und Schlagsahne regnen würde, sobald Herr Hitler zur Hölle gefahren sei. Wo soll es denn herkommen, ich bitte dich! Aus den niedergebrannten Silos, den ausgeräumten Schlachthäusern, den bis zum letzten Krümel aufgezehrten Nazireserven? Da habt ihr ihn schon, den verfluchten ›Versorgungsausgleich‹. Ätsch! grinst Herr Goebbels noch im Grabe. Merkt ihr es nun, wieviel besser es bei uns war?« Zornig stochert er in der verglimmenden Herdglut. »Laß sie klönen«, besänftigt Andrik. »Wer es nicht der Mühe wert findet, bessere Zeiten herbeiführen zu helfen, der ist auch nicht gut genug für bessere Zeiten.« Er sieht in die sinkende Dämmerung hinaus und wirft einen Blick auf die fast leeren Wassereimer. »Wir sollten noch mal zum Brunnen gehn.« Zu sieben machen wir uns an die tägliche Abendschlepperei. Am Brunnen erzählen sie, daß sich Himmler vergiftet hätte. Also wieder einer weniger! Stück für Stück schleichen sich die hohen Herren des Dritten Reiches aus der Welt. Après vous le déluge! Mögen die Alliierten aufpassen, daß wenigstens der schäbige Rest für das Weltgericht übrigbleibt.

Samstag, 26. Mai 1945

Heike und Fabian haben ein Volkssturmlokal entdeckt. Ein wahrer Misthaufen. Es starrt vor Dreck und Gerümpel. Aber es besitzt ein Dach, vier Wände und einen Fußboden. »Nach einer Woche werdet ihr es nicht wiedererkennen«, versichert Fabian.

Um sechs Uhr abends beginnt Andriks Konzert. Punkt fünf Uhr zwanzig satteln wir unsere Transportmittel. Andrik eröffnet den Zug. Um ihn zu feiern, lassen wir ihn sein Fahrrad allein benutzen. Ihm folgen Fabian mit Heike auf der Querstange, dann Frank mit mir, zuletzt Jo mit Dagmar. Ob sich Furtwängler wohl auch mal auf solche Weise zur Philharmonie begibt? Vorerst sitzt er irgendwo in der Schweiz und wartet auf bessere Zeiten. Und Andrik holt inzwischen seine Kastanien aus dem Feuer. Das Eingangsportal des Titania-Palasts ist schwarz von Menschen. »Leb wohl«, sage ich zu Andrik, »und toi, toi, toi!« Er nickt mir zu, streift seine Radklammern von den Hosen und verschwindet im Künstlerzimmer. Ich blicke ihm nach. »Dein Werk!« denke ich gerührt. »Deine tapfere Leistung.«

Im Saal wird es dunkel. Fast tausend Menschen sitzen in stummer Erwartung. Sie kamen zu Fuß und zu Rad. Aus ihren Trümmerwohnungen, aus den Sorgen ihrer Tage, der Angst ihrer Nächte. Wie schön das eigentlich ist. Wie schön und wie tröstend. Beglückt presse ich Franks Arm. »Sie sind doch nicht so schlimm«, flüstere ich ihm zu. Dann ist Andrik da. Er hebt den Taktstock. Die Geigen beginnen zu singen. Sie singen süß und zärtlich. Das Spiel vom Sommernachtstraum. Der

Reichspropagandaminister hat dieser Musik die Existenzberechtigung abgesprochen, sie als »Jüdisches Machwerk« auf die Verbotsliste gesetzt. Sei gesegnet, »Jüdisches Machwerk«! Hunderten von Betrübten bist du heute Erquickung. Die Geigen singen. Sie singen in federndem Pizzicati: die Vierte Symphonie von Tschaikowsky. »Daß so was noch möglich ist«, stammelt neben mir ein Mann. Wir sehen keinen Kinosaal. Wir sehen keine Ruinen. Wir haben vergessen, daß es Nazis gibt, einen verlorenen Krieg und Besatzungstruppen. Plötzlich ist alles unwichtig geworden. Wichtig ist nur, was die Geigen singen: Tschaikowsky, Mozart und Mendelssohn.

Spät abends stehe ich mit Andrik auf dem Balkon. Gedankenvoll blickt er hinauf in die Sterne. »... daß wir leben dürfen«, sagt er leise, »... daß wir übrigblie ...« Ein Windzug fährt über uns hin. Er schauert zusammen und vergißt, den Satz zu beenden.

Dienstag, 29. Mai 1945

»Schöner Morgen, heute abend«, lacht Heike und blinzelt vergnügt in die hochstehende Sonne. Ich weiß, worauf sie anspielt. Seit gestern rechnen wir nach Moskauer Zeit. Jeder, der noch eine Uhr besitzt, stellt sie um zwei Stunden vor. Es gibt nicht mehr viele Uhren in Berlin. Zum mindesten nicht bei den Deutschen. Die Normaluhren sind stehengeblieben. In Schreck erstarrt, als die Bomben das Stromnetz zerrissen. Seitdem kann man überall von ihrem Zifferblatt ablesen, wann es bei uns »eingeschlagen« hat. Und die Taschenuhren? – »Uhri ... Uhri!« sagen unsere Befreier. – Nun ja ...! Schließlich gewöhnt man sich an die Zeitlosigkeit. Ohnehin schreibt die immer noch fehlende Abendbeleuchtung uns den Rhythmus unseres Tagesablaufs vor.

Moskauer Stundenrechnung! Nicht nur die Uhr, sondern auch der Geist beginnt sich allmählich zu veröstlichen. »Das Licht kommt vom Osten«, hat Spengler behauptet. »Der Untergang des Abendlandes ist die Geburtsstunde einer neuen Kultur.« Jenseits der Weichsel wohnen die jungen Völker. Mit ihren ungeheuren Produktivkräften, ihrer unverbrauchten Begabungsfülle. Löcken wir nicht wider den Stachel, wenn wir uns dieser Wahrheit verschließen? Osten oder Westen – vielleicht heißt das Entscheidung zwischen Zukunft oder Vergangenheit. Eines Tages *müssen* wir uns entscheiden. Wie immer sich die Dinge entwickeln, nie läßt sich Deutschland nach Afrika verpflanzen. Oder nach Bolivien. Oder nach Mexiko. Stets bleiben unsere Grenzen mit den russischen verschwistert. Darf man sich hassen, wenn man vom Schicksal aufeinander angewiesen ist? – Wir wollen auch gar nicht hassen. Gleich Tobias mit dem Engel ringen wir darum, jetzt endlich ja sagen zu dürfen. »Wenn nur nicht soviel Nötigung dabei wäre«, sage ich zu Andrik. »Soviel Gewissenszwang und ausgerichtete Weltanschauung.« »Vielleicht gibt sich das mal. Auch ihnen muß man eine Anlauf- und Atempause zubilligen.« – »Ich mag aber nicht jubeln, wenn es mir befohlen wird«, bockt Heike. »Ich mag nur jubeln, wenn ich jubeln will. Ich hasse das alles.« – Auch ich hasse es. Die Aufmärsche und die Fahnenumzüge, die Sprechchöre und die Parteidisziplin. Das Solidarische in der Meinung, die bestraft wird, wenn sie anders meint als befohlen. Rußland ist groß. Rußland ist jung, kraftvoll und schöpferisch. Fast alle von uns waren für Rußland, während der letzten Nazimonate. Wir warteten auf das Licht vom Osten. Aber es hat zu viele verbrannt. Zu viel ist geschehen, was man nicht begreifen kann. Immer noch schrillen aus dem Dunkel der Straßen Nacht für Nacht die Schreie bedrängter Frauen. Immer noch haben Plündern und Schießen, Unsicherheit und Gewalttat nicht aufgehört. Heute unterstützt man großzügig jede Bemühung um Ankurbelung der Wirtschaft, morgen montiert man in Dutzenden von Fabriken die Maschinen ab, räumt Bibliotheken aus, reißt die Gleise von den Schwellen, beschlagnahmt die S-Bahn-Züge. Und hinter allen Maßnahmen steht drohend der Schatten der GPU. Daß man sie NKWD getauft hat, macht die Furcht nicht geringer. »Freiheit ist Leben ohne Angst«, behauptet irgend jemand. Wir haben aber Angst.

Erst kürzlich ist ein Mann aus der Nachbarschaft abgeholt worden. Um fünf Uhr morgens. Er war ein harmloser Zeitgenosse. Warum verhaftet man ihn? Warum verhaftet man überhaupt? Ich grüble und grüble. Ich liebe die Russen, doch ihr Regime ist mir unheimlich.
Die anderen ringen mit dem gleichen Problem. Sie möchten lieben und können es nicht. Der Durchschnittsmensch macht seine Einzelerfahrung zur Regel. Ein Großteil der Berliner Frauen erlebte unsere Eroberer als Vergewaltiger. Sie haben kein Vertrauen mehr. Sie hassen und sie fürchten sich. Darf man sie deshalb verurteilen? Darf man die Russen verurteilen, weil die Natur sie schuf, wie sie sind? – Wir müssen uns verstehen lernen. Ehe wir nicht einander verstehen, werden wir auch nicht anfangen, einander zu lieben.

Donnerstag, 31. Mai 1945

»O Himmel, strahlender Azur«, tönt es mit Ziehharmonikauntermalung aus den glaslosen Fenstern des Volkssturmlokals Ahornstraße 35. Seit vier Tagen macht Heike das Rathaus rebellisch. Jeder Nagel kostet eine Genehmigung. Jeder Pinselstrich einen Antrag. Maler und Maurer, Tischler und Installateure – unerreichbare Wunschträume im zertrümmerten Berlin –, Heike schafft sie herbei. Heike stampft sie aus dem Nichts. »Hast du an die Biergläser gedacht? An die Kassenzettel für die Bar? Sind die Reklameschilder bestellt? Der Saxophonist und die Tänzerin?«
Täglich um sieben Uhr früh erscheinen zwanzig Pg.s. Schrubben und fegen, tragen Müll heraus, schleppen Bretter hinein. Zwischen Farbtöpfen und Gerüsten steht Fabian. Die Ärmel aufgekrempelt, in verschmierten Tennishosen. Eine dicke Haarsträhne fällt ihm ins Gesicht. »Achtung, Probe!« schreit er und klatscht in die Hände. Zwischen Farbtöpfen und Gerüsten deklamiert man und steppt, geigt, klimpert und singt Bert Brechtsche Balladen. »O Himmel, strahlender Azur, enormer Wind, die Segel bläh!« – »Wir schaffen es schon«, strahlt Fabian und schüttelt die Haarsträhne aus der Stirn.

Freitag, 1. Juni 1945

Befehl zum Fahnennähen. Jedes Haus muß in den Farben der vier Siegerstaaten flaggen. Wir blättern im Lexikon. Wie viele Sterne hat doch gleich das amerikanische Banner? Sitzen Hammer und Sichel mehr in der Mitte oder am Rand? Wir waren niemals große Fahnenhisser. Wir sind es auch heute nicht. »Für was flaggen wir überhaupt?« fragt Dagmar und betrachtet teilnahmslos die zahlreichen Stoffetzen, die Heike für das internationale Nähgeschäft zusammengeschnorrt hat. »Keine Ahnung, es heißt, sie erwarteten Eisenhower. Und Schukow und Montgomery. Vielleicht ist es auch wegen der Siegesparade.« »Was es auch sein mag«, lacht Frank, »uns laden sie gewiß nicht ein.« Dagmar kraust die Stirn. »Ich fürchte, es ist schöner, zu den Unbesiegten zu gehören.« – »Aber nicht interessanter«, tröstet Frank.

Samstag, 2. Juni 1945

Achtung! Achtung!
KUTTEL DADDELDU
Die satirische Groschenbühne

lädt Sie ergebenst zu der am Samstag, den 2. Juni, abends acht Uhr im Steglitzer Ahornschlößchen stattfindenden Premiere ein.

Wieder mal geht es um das Problem, sieben Menschen auf vier Fahrrädern zu befördern. Diesmal wird Fabian durch Alleinbenutzung geehrt. Zuschauer, Plakate. Geruch von Holz und Schminke, von Kleister und frischer Farbe. Das Volkssturmlokal hat seine Metamorphose vollzogen. Hinter der winzigen Bretterbühne quirlt es durcheinander. Fabian zappelt wie ein Rennpferd vor dem Start. Heike ist überall und nirgends. »O Himmel, strahlender Azur, enormer Wind, die Segel bläh ...«, klingt es mit Ziehharmonikauntermalung von der Bühne. Bert Brecht erfüllt den Raum, Ringelnatz, Werfel und Mehring. Man klatscht und lacht, man jubelt und freut sich. In der Pause schlürft man aus Bierseideln irgend etwas Rotes. »Himbeerbrause«, informiert mich Heike. »Unsere Trophäe aus den Ochsentagen.« Mit dem Stolz einer Schankwirtin mustert sie die bonbonrote Delikatesse. »O Himmel, strahlender Azur ...« Wir summen ihn mit, den geliebten Refrain. Doch wir sind nicht ganz froh dabei. Etwas ist nicht richtig. Etwas Grundsätzliches. – Als hätte man beim Umsteigen den falschen Zug bestiegen. Man fährt. Gewiß. Jedoch in verkehrter Richtung. Zwölf Jahre lang haben wir die Sänger des Zwischenreichs wie Propheten verehrt. Haben sie geliebt und gehütet, verteidigt und verborgen. Jetzt liegen die zwölf Jahre hinter uns. Etwas Neues beginnt. Man kann nicht bei 1932 anknüpfen, wenn man 1945 meint. »Ihr hättet selbst etwas dichten sollen«, sagt Andrik, während wir heimfahren. Fabian verzieht das Gesicht. »Bin ich ein Werfel? Bin ich ein Ringelnatz? Auch Songs lassen sich nicht aus der Erde stampfen.« Er trifft den Kern des Problems. Noch haben wir keinen Werfel. Noch ringen wir unschlüssig um den Ausdruck des »Heute«. – Und mancher ist versucht, das Vorgestern mit morgen zu verwechseln.

Mittwoch, 6. Juni 1945

Seit einer Stunde brennt auch bei uns das Licht. Keiner, der nie von ihm abgeschnitten war, vermag zu ermessen, was das bedeutet. Erleuchtete Abende. Abkehr vom Ziegelherd. Und Anschluß – Wiederanschluß an die Welt. Beendet ist die Zeit der Gerüchte. Zum erstenmal seit sechs Jahren sitzen wir um unser Radio, ohne Rundfunkverbrecher zu sein. Hier ist England ... hier ist England ... »Schön«, lacht Andrik und fingert selig durch alle Stationen. Bis in den späten Abend steht der Lautsprecher nicht still.

Freitag, 8. Juni 1945

Es ist heiß in Berlin. Mit jedem Tag wird es heißer. Junihitze glüht über der Stadt, brütet auf ihren zahlreichen, frisch aufgeworfenen Gräbern. Unter der dünnen Staubdecke regen sich die Toten. Wie eine Giftwolke hängt der Geruch ihres

Sterbens in der Luft. Vom Landwehrkanal steigt ein so unerträglicher Dunst, daß jeder, der vorübergeht, sein Taschentuch gegen die Nase drückt. »Wenn es nur keine Seuchen gibt«, sorgt sich Frank. Schon faselt man von Leichenpest. Schon sind die wenigen noch verbliebenen Spitäler mit Ruhr- und Typhuskranken überfüllt. Jo Thäler kommt Tag und Nacht nicht aus den Kleidern. Er arbeitet auf der Infektionsstation. Wer ihn besuchen will, muß sich in drei Metern Abstand von ihm halten. Scheu mustern wir das rote Seuchenkreuz auf seinem Arztkittel. »Wie aus dem Totentanz«, flüstert Fabian und macht verängstigte Augen. Von den zuständigen Stellen ist der Befehl ergangen, alle provisorisch beerdigten Leichen auszugraben und ordnungsgemäß auf Friedhöfen zu bestatten. Tausende von Leichen sind provisorisch beerdigt worden. Am Straßenrand oder in Vorgärten, auf Plätzen und Wegen, zwischen Ruinen und Torbogen. »Memento mori«, rufen die namenlosen Hügel den Vorübergehenden zu. Wir brauchen an den Tod nicht erinnert zu werden. In jeder Minute drängt er sich uns auf, verpestet unsere Lungen mit dem süßlichen Hauch der Verwesung. Die »Kulis von Berlin« arbeiten mit Überstunden. Wenn sie ihre traurige Fracht durch die Straßen fahren, blickt man beklommen beiseite. Der Mensch mag nicht zuschauen, wenn sein Mitmensch verfault. Auf Handkarren und Leiterwagen ziehen sie die Toten zu Grabe. Nur spärlich verhüllt, so wie sie sie ausgeschaufelt haben. Es gibt keine Särge in Berlin. Es gibt keine Tragbahren, keine Leichenwagen, kein Beerdigungspersonal. Und vor allem keinen Platz auf dem Friedhof. Wer heute bestattet wird, dem stiftet man als letzte Ruhestätte im Höchstfall einen Pappkasten. Mit schwarzem Verdunklungspapier beklebt und einem Kreuz aus Stanniolstreifen.

Ich gehe über den Bergfriedhof. Dort hat man, quer über ein ganzes Feld, zwei Meter breite Schächte ausgehoben. Anderthalb Meter tief – wie Schützengräben. Ein unsichtbarer Frauenchor singt in schleppendem Sopran: »Jesus lebt, mit ihm auch ich ...« Respektvoll bleibe ich stehen. Neben mir hält ein Mann. Er knüllt seine Mütze in den Händen und lächelt vergrämt. »Ich habe meinen Kleiderschrank geopfert«, sagt er. »Geflammte Birke.« Als ich ihn verständnislos anblicke, fügt er hinzu: »Ich meine für den Sarg ... den Sarg meiner Frau.« »Natürlich«, würge ich hervor, »ganz richtig!« ... Wie dumm, was ich da sage, denke ich im selben Augenblick. Man muß es erst lernen, sich vor Massengräbern und Kleiderschranksärgen auf passende Kondolenzworte zu besinnen. Der Choral hinter den Büschen verstummt. An der linken Ecke des Schützengrabens taucht der Trauerzug auf. »Nicht mal 'ne Kiste haben sie ihm spendiert«, grollt der Witwer ohne Kleiderschrank. Betreten blicken wir auf den trostlosen Katafalk. Zwei Träger, zwei Stangen, eine feldgraue Zeltbahn. Auf der Zeltbahn der Tote. In eine Pferdedecke gewickelt. Ein Strick umschnürt seinen Hals. Ein zweiter seine Knöchel. Nackt, gelb und hölzern ragen die Füße aus dem verschnürten Paket. So trug man im Mittelalter die Pestleichen aus den Häusern. »Nicht mal 'ne Kiste!« entrüstet sich der ohne Kleiderschrank. Fünf Leidtragende folgen der Bahre. Einer hält einen Blumenstrauß in der Hand. Stumm klettern sie den Hügel aus Erdschollen hinauf, der wie ein Wall den Schützengraben begrenzt. Ihre Gesichter sind ohne Trauer und ohne Trost. Wie Fensterhöhlen in einem verbrannten Haus. Jetzt bleiben sie stehen. »Jesus, er mein Heiland lebt ...«, singen die Sopranstimmen. Ein Ruck ... ein Griff ... Als stülpe man einen Sandkarren um, kippen sie die Zeltbahn zur Seite. Das Bündel rollt in die Tiefe. Steif wie ein Holzstamm. » ... sein, wo mein Erlöser schwebt, warum sollte mir denn grauen?« tönt es wie zum Hohn hinter den Büschen. – Mir graut trotzdem. Mir graut entsetzlich. Kleiderschrank oder Pferdedecke. Zeltbahn und Massengrab. Der Mann neben mir dreht sich ab. »Ich jedenfalls hätte ...«, höre ich ihn murmeln. Dann stapft er davon. Vier Kulis schippen die Grube zu. Um fünfzig Zentimeter wird der Schützengraben kürzer. Drei Hände voll Erde. Mit leeren Gesichtern, ohne Trauer, ohne Trost steigen die Angehörigen von dem Hügel und wenden sich zum Gehen. Fast hätte der eine seinen Blumenstrauß wieder mitgenommen. Auch die sopransingenden Damen zerstreuen sich. Es ist kein schlechtes Geschäft, dem sie sich verschrieben haben. – Wer auf Begräbnissen singt, wird als Sänger registriert. Sänger sind Kulturschaffende. Also Lebensmittelkarte Eins. Noch nie gab es soviel Anwärter für Beerdigungschöre in Berlin. Ich warte, bis sich die letzten entfernt haben. Der Schützengraben beunruhigt mich. Die handtuchschmale Breite dieser kärglichen Ruhestätte. Zögernd nähere ich mich den schaufelnden Kulis. »Wir haben ihn gleich an die Ecke gelegt«, höre ich den einen. »Dann stützt es besser ab und rutscht wenigstens nicht nach.« Auch das noch. Armer Gestorbener, der du bis zum Jüngsten Gericht als Abstützung dienst. Was läßt sich von Menschen erhoffen, die selbst dem Tod noch den Nutzen abhandeln. Vielleicht alles? – Vielleicht nichts?

Montag, 11. Juni 1945

Den ganzen Vormittag habe ich angestanden, um Fleisch auf unsere Marken zu kaufen. Fast einen Monat mußten wir auf die Zuteilung warten. »Es ist wegen der Transportschwierigkeiten«, entschuldigt sich der Metzger, während er mir mit hölzernem Schöpflöffel fünf Kilo von irgend etwas Nassem in die Schüssel wiegt. Mißtrauisch betrachte ich den schmutziggrauen Brei. »Wurst«, informiert mich der Verkäufer. »Leberwurst! Ich rate dringend, sie schnell zu verbrauchen.« »Ja«, antworte ich und zerbreche mir den Kopf, wie wir fünf Kilo fadschmeckende Leberwurstmasse kurzfristig bewältigen. Bedrückt schleppe ich den Segen nach Hause.

Daheim sitzt Frank, der Nichtraucher, und qualmt an einer Zigarette. Um seine Augen liegen tiefe Schatten. »Ist dir nicht wohl?« erkundige ich mich. »So wohl, wie es einem sein kann, wenn man sechs Stunden lang verweste Naziopfer ausgegraben hat. Und das bei dreißig Grad im Schatten.« »Aber du bist doch kein Pg.?« »Nein, nur Amtsarzt.« Mit wütendem Schwung fliegt die Zigarette in den Aschenbecher. »Also

Schweine sind das«, schimpft er los. »Ich sage dir, Schweine!« »Wer?« – »Na, die Nazis. Der Herr Kreisleiter, Blockwalter oder wer sich sonst bemüßigt fühlte, fünf Stunden vor Torschluß dreizehn Unschuldige ins Jenseits zu befördern. Per Genickschuß. Auf dem Hofe der Markusschule.« »Woher weißt du?« »Umwohner haben es gesehen, schauten zu, wie sie eingescharrt wurden. Dreizehn Unschuldige!« Er schüttelt sich. »Im Bretterverschlag des Schüleraborts wurden sie ›fertiggemacht‹. Weil sie zwei Tage vor dem Zusammenbruch am Endsieg zweifelten. Sechsundneunzig Stunden ehe sich ihr Führer und Oberster Kriegsherr die Pistole an die Gurgel setzte.« Wieder schüttelt er sich. »Pfui Teufel.« – »Heute haben wir sie ausgegraben«, fährt er fort. »Absperrung, gerichtsärztliche Kommission, Protokolle und so weiter. Die Pg.s, die sie rausholen sollten, standen beiseite und erbrachen sich.« – »›Reinschaffen ist wohl leichter‹, hat die ›rote Benjamin‹ sie angeschnauzt. Da sackten sie zusammen, wie Gummischweinchen.« Auch mich würgt der Ekel: Pfui Teufel!

Spät abends kommt Andrik. Aus dem russischen Hauptquartier. Drei Stunden fährt man bis Lichtenberg. Drei Stunden hin, drei Stunden zurück. Als er sein Fahrrad die Treppe hinaufschleppt, keucht er wie ein Asthmatiker. – »Schließ es doch unten an«, rät Heike. Andrik mißt sie mit nachsichtigem Blick. Ebensogut könnte ich fünf Pfund Butter auf die Straße legen. Du glaubst doch nicht etwa ...« Er hat recht. Immer noch sind Fahrräder die begehrtesten Requirierungsartikel. Wenn die Russen sie nicht nehmen, klauen sie die Deutschen. Seitdem man das Tätigkeitswort stehlen mit ›trophäieren‹ übersetzte oder mit ›Zapp-zarapp‹, hat es nicht nur bei uns von seiner Ehrenrührigkeit eingebüßt. ›Zapp-zarapp-Machen‹, das heißt: sich nehmen, was man braucht, ganz gleich, woher es kommt. Es gibt noch viel ›Zapp-zarapp‹ im Nachkriegsberlin. Nur wenige haben bisher ins bürgerliche Recht zurückgefunden. Kein Zweifel, der Sprung aus dem Gesetz ist leichter als der Rückweg zu ihm. Auch wir ertappen uns, trotz

aller Bemühungen, immer wieder auf recht sorglosen Auslegungen der Frage von Mein oder Dein. Solange es nichts zu kaufen gibt, solange rings um Berlin Millionenwerte auf den Straßen verkommen, ist das Ringen um staatsbürgerliche Ehrlichkeit ein undankbares Geschäft. Gar zu verlockend bietet sich auf Schritt und Tritt die Versuchung an. Wem gehören die Reste des deutschen Heeresgutes? Die Hunderte von Soldatenstiefeln, von feldgrauen Socken, Mänteln und Jacken, die zerstreut im Gelände liegen. Zwischen Wannsee und Grunewald warf sich ein Teil der Berliner Verteidigungstruppen in das schon lange vorbereitete Zivil. Sie trugen seit Wochen das Bürgerjackett unter dem Waffenrock. Wie Friedensphönixe stiegen sie hier aus der militärischen Asche, mischten sich unter das Volk und entschlüpften der russischen Gefangenschaft. Wer sind die Erben ihrer achtlos fortgeworfenen Gasmaskenbüchsen, Feldflaschen, Motorradhandschuhe, Pelzwesten und Kochgeschirre. Der Autoreifen und Benzinkanister, der Telefonkabel und Fallschirmbehälter. Leer stehen die Baracken des Arbeitsdienstes, die Lager der Organisation Todt. Verlassen die Flakstände, die Fliegerhorste und Schlupfwinkel der SS. Wir zahlten das Inventar. Erzwungen und ratenweise, mit Tausenden von KdF-Groschen. Mit Steuern, Arbeitsfrontbeiträgen und Winterhilfsspenden. »Kanonen statt Butter« nannte Göring die Transaktion. »Butter statt Kanonen« heißt das rückläufige Geschäft.
Unsere Befreier tauften es Zapp-zarapp. Sie meinten nicht das Heeresgut, sondern den Inhalt unserer Luftschutzkoffer. Zu Hunderten liegen sie aufgeschlitzt neben Soldatenstiefeln und Waffenröcken. Wer waren die Besitzer ihres wahllos über den Grunewaldboden ausgestreuten Inhalts? Der modernden Küchenhandtücher, der seidenen Damenschlüpfer, der Heizkissen, Nagelnecessaires und Kochplatten? Zapp-zarapp machten die Eroberer und hatten selbstredend die Vorhand bei dem Inkasso. Zapp-zarapp betet Berlin die Vokabel nach, packt ein, tauscht aus, montiert ab, was nicht niet- und nagelfest ist. Je mehr die Russen liegenlassen, desto mehr

stecken die Deutschen ein. Baracken oder Autos. Luftschutzkoffer, Packwagen und Lagerschuppen. Es wird abgewrackt, es wird ausgeschlachtet. Wo hört das Notrecht auf? Wo fängt die Unehre an? Bei der Gasmaskenbüchse? Beim Brausepulver? Beim Fahrradklauen? Wer sich nicht selbst am Schopf aus dem Sumpf zieht, gerät in Gefahr, für immer zu versinken. Wir machen alle Anstrengungen, den Aufschwung in die Redlichkeit zu schaffen. Wir haben nicht im Sinn, Trophäisten zu bleiben. Und doch, es fällt uns schwer. Viel schwerer, als wir es jemals gedacht hätten.

Dienstag, 12. Juni 1945

Auf den Straßen werden Flugblätter verteilt. »Der Weg in die Demokratie ist frei. Seit heute hat Marschall Schukow auf dem Territorium der sowjetischen Besatzungszone die Bildung aller antifaschistischen Parteien zugelassen«, hieß es gestern in der Zeitung. Noch in der gleichen Nacht klapperten die Druckmaschinen. Aufruf der ersten deutschen Partei. »Schaffendes Volk in Stadt und Land!« lesen wir. »Männer und Frauen! Deutsche Jugend.« Gespannt überfliegen wir den enggedruckten Inhalt. »Klingt ausgezeichnet«, lobt Frank. »Keine Wiederholung der Fehler von 18 ... Schluß mit der Spaltung des schaffenden Volkes ... Keinerlei Nachsicht gegenüber Nazismus und Reaktion ... Nie wieder Hetze und Feindschaft gegenüber der Sowjetunion ... Vier Punkte, vier Bejahungsmöglichkeiten.« »Lies mal den Schluß vor«, wendet er sich an Heike. »Das Zentralkomitee der Kommunistischen Partei Deutschlands ist der Auffassung, daß das vorstehende Aktionsprogramm als Grundlage zur Schaffung eines Blocks der antifaschistischen demokratischen Parteien (der Kommunistischen Partei, der Sozialdemokratischen Partei, der Zentrumspartei und anderer) dienen kann ... Wir erklären:
Feste Einheit, entschlossener Kampf und beharrliche Arbeit bilden die Garantien des Erfolges unserer gerechten Sache.
Fester den Tritt gefaßt. Höher das Haupt erhoben. Mit aller Kraft ans Werk. Dann wird aus Not und Tod, Ruinen und

Schmach die Freiheit des Volkes und ein würdiges Leben entstehen.«

»Hm!« meint Frank. »Nicht schlecht! Nur der »feste Tritt« gefällt mir nicht, das riecht nach SA. Zum mindesten nach deren Schlagworten. Und was sagen die anderen Parteien?« »Nichts«, lacht Andrik. »Weil sie noch gar nicht vorhanden sind. Weder mit einem Flugblatt noch mit einem Zentralkomitee.« »Also abwarten«, entscheidet Frank. »Und wenn sie alle beisammen sind, seine Wahl treffen, reingehen und mitmachen.« – »Du willst tatsächlich Pg. werden?« Heike schaut ihm ungläubig ins Gesicht. »Du etwa nicht?« fragt Frank ebenso ungläubig zurück. »Meinst du, wir schaffen es, wenn wir draußen bleiben? Und mit pädagogisch erhobenem Zeigefinger abseits stehen?« Er springt in die Höhe. »Ich flehe euch an. Zwölf Jahre haben wir am gleichen Strang gezogen. Wenn wir jetzt nicht verantworten wollen ...« Heike schüttelt den Kopf. »Du wirst mir doch nicht einreden, daß Verantwortung an ein Parteibuch gebunden ist.« »Nicht immer, aber im Augenblick. Begreif es doch, Menschenskind. Das faule Erbe einer Staatskatastrophe anzutreten ist kein Anspruch, sondern eine Pflicht ... Vom Reden wird die Welt nicht besser. Mitmachen, teures Mädchen. Auf das Mitmachen kommt es an!« »Vielleicht hast du recht«, mischt sich Andrik ins Gespräch. »Nur daß es leichter ist, gegen etwas solidarisch zu sein als für etwas. Und wenn erst die Parteien alle da sind ...« »Parteien hin, Parteien her«, unterbricht ihn Fabian. »Streiten wir uns nicht um ungelegte Eier. Wenn die Küken ausgekrochen sind, ist es immer noch Zeit, sich zu entschließen. Vorläufig« – er hebt seinen Teetopf – »auf dein Wohl, Pg. Matthis. Es lebe der ›gleiche Strang‹.« Etwas bedrückt leeren wir unsere Tassen. Sollte es wirklich so schwer sein, sich auf ein Positives zu einigen? Dunkel beschleicht mich die Ahnung, daß auch unsere Gemeinschaft sich auflösen könnte. Noch ziehen wir am gleichen Strang. Doch das Ziel hat sich geändert. Und nicht nur ein Weg führt diesmal zum neuen Ziel.

Mittwoch, 13. Juni 1945

Frank trägt sich mit Reiseplänen. Per Fahrrad, denn der Bahnbetrieb ist noch nicht eröffnet. Es sieht auch kaum so aus, als ob man ihn in absehbarer Zeit eröffnen würde. Statt aufzubauen, baut man emsig ab. Die Russen die Schienen, die Deutschen das Inventar der Eisenbahnwaggons. Ob sie wohl Hosen nähen aus den braungrauen Plüschstücken der Zweiter-Klasse-Sitze? Ob sie Scheuerlappen daraus anfertigen oder Morgenschuhe? Die Aschenbecher und die Fensterriemen, Gepäcknetze, Polsterbezüge, Klapptische und Lampenfassungen, alles verschwindet, alles scheint brauchbar und einsteckenswert. Wenn man die leichengefledderten S-Bahn- und D-Zug-Wagen betrachtet, könnte man meinen, ganz Deutschland sei ein Schrotthaufen. – Aber was wissen wir schon von Deutschland! Die Post ist noch nicht im Gange. Trotz Radio und gelegentlicher mündlicher Botschaft ahnen wir von den Bewohnern der Nachbarprovinzen kaum mehr als von den Bewohnern des Mars. Höchste Zeit, daß wir uns endlich ins Bild setzen. Frank drängt schon seit langem. Das Schicksal eines Freundes liegt ihm am Herzen. Noch kurz vor Kriegsende schlug er sich zum Oderlandkreis durch. Ist er dort eingetroffen? Kann man sich länger als zwei Monate mit dem Gedanken plagen, ob ein Mensch, den man liebt, dem man zwölf Jahre verbunden war, überhaupt noch am Leben ist? »Ich fahre«, entscheidet Frank. »Du bist verrückt geworden«, warnen die Neunmalklugen. »Barfuß und fahrradlos wirst du zurückkommen.« Auch Andrik zeigt sich bedenklich. »Man soll das Schicksal nicht herausfordern. Und wo du kein Wort Russisch verstehst ...« Doch Frank läßt sich nicht umstimmen. Was er sich in den Kopf gesetzt hat, das bringt aus diesem Kopf auch niemand heraus. Seine Entschlossenheit steckt mich an. »Fahren wir zusammen«, schlage ich ihm vor. »Zu zweien reist es sich leichter.« Er nickt erfreut. – »Also, wann starten wir?« »Morgen nachmittag um fünf. Wenn wir Schwierigkeiten kriegen, nutzen wir die Nacht zum Fahren aus.« »Die Nacht?« wende ich ein. »Und die Sperrstunden?

Sie werden schießen, wenn sie uns nach Sperrzeit erwischen.« – »Grund genug, uns nicht erwischen zu lassen«, versucht Frank, meine Bedenken zu zerstreuen.
Den ganzen Tag haste ich umher, um die Reiseutensilien zusammenzutragen. Was wir während vier Tagen und Nächten zum Essen, Trinken, Schlafen und Vorwärtsbewegen brauchen, müssen wir auf den Gepäckständern unserer Räder verstauen – einschließlich des Bestechungskoeffizienten. Mit fünf von Andrik geopferten Zigarren und sechzig Tabletten Pyrimal – dem begehrten Modemittel für böse Liebesfolgen – setzt ihn Frank in die Reiserechnung ein.

Donnerstag, 14. Juni 1945

Das Wetter verheißt Beständigkeit. Beladen wie Wüstenkamele stehen unsere Räder um sechzehn Uhr fünfzig vor der Tür. »Und eure Ausweise«, erkundigt sich Andrik. Stolz zieht Frank zwei Papiere aus der Tasche. »Alles bereit!« Er reicht sie ihm herüber. »Es wird hiermit bescheinigt, daß der Arzt Dr. Frank Matthis, Berlin, Straße Nr. Y das Recht hat, ein Fahrrad zu benutzen. Ich bitte, ihn ungehindert passieren zu lassen«, steht in deutscher und russischer Sprache darauf. Gezeichnet: Unleserlich und ein Stempel daneben. Auf dem zweiten Zettel erscheine ich als Sozialfürsorgerin mit gleichen Befugnissen und ähnlichen Begleitwünschen. »Wo hast du das denn aufgetrieben?« staunt Andrik. Frank lacht verschmitzt. »Mein Geheimnis. Aber der Stempel ist echt. Und was drin steht, die reine Wahrheit. Wenn es keine zuständige Stelle gibt, so muß man sie erfinden.« – »Daß wir auch im vierten Reich noch unsere eigene Paßbehörde sind«, seufzt Andrik. »Na, dann viel Glück, und vor allem – laßt euch nicht fassen.« Er umarmt mich und küßt mich nach russischer Sitte dreimal auf die Wangen. Seit wir unter sowjetischer Besatzung stehen, hat er viele seiner Moskauer Kindheitsgewohnheiten wieder angenommen.
Wir radeln gen Osten. Die Sonne ist noch weit vom Untergang. Rußlands Uhrzeit spart uns die Abendbeleuchtung. Wir

fahren und fahren. In endloser Trübsal dehnen sich die Straßen. Plötzlich gibt es einen Aufenthalt. Mitten auf dem Fahrdamm knien fünf Kulis. Kratzen eifrig an etwas herum, das graurot und zäh den Asphalt überkrustet. Wir springen ab. Was mögen sie dort ausgeschüttet haben? Neugierig treten wir näher. Um Gottes willen! Das war doch mal ein Mensch! Panzer sind über ihn hinweggerollt. Als blutiges Muster bügelten sie ihn in den Asphalt. Nun scheuert man ihn ab. Kratzt ihn Stück für Stück mit dem Messer vom Erdboden. Vielleicht weint auch um ihn eine Mutter, hofft noch nach Jahren ein Kind, daß er wiederkehrt. – Lange radeln wir schweigend. – Bis wir den letzten Vorort passiert haben, sind fast drei Stunden vergangen. Gute achtzig Kilometer mißt die Strecke zwischen Steglitz und dem Oderkreis. Wenn wir sie in anderthalb Tagen bewältigen wollen, müssen wir uns anstrengen.

Felder und Wiesen. Wälder und Landstraßen. Seltsam, daß man so wenig Leute trifft. Noch nie ist mir die Umgebung Berlins so menschenleer erschienen. Ab und zu überholt uns ein Lastwagen. Bepackt mit Hausrat rollt er der neuen Grenze zu. Frank blickt ihm nach. »Das sind die Spiegel und Vertikos, um die wir den Russen zu reich erschienen. Zu reich für einen Angriffskrieg. Vier Jahre sind ihre Klamotten von Osten nach Westen gerollt. Nun rollen unsere zurück. Ein sinniges Wechselspiel!« Wieder saust ein Lastwagen vorbei, überquellend von bürgerlichem Gepäck. Auf seiner höchsten Spitze schwankt ein altmodisches Umbausofa. Ein Soldat liegt darauf. Die Maschinenpistole unter dem Kopf, schläft er, als ruhe er in Abrahams Schoß, den Schlaf des Gerechten. Bei jedem Schlagloch hüpft sein rundlicher Körper wie ein Federball in die Höhe. Ich muß lachen. Weiß Gott, sie sind doch Kinder.

Als es dämmrig wird, schieben wir unsere Räder in eine Schonung. Vorsichtig sondiert Frank das Gelände. »Ich glaube, wir können abpacken.« Zwischen zwei Kiefern macht er das Zelt zurecht. Wir hocken uns davor und blinzeln hinaus in den Abend. Kein Laut weit und breit. Nur hin und wieder rauscht ein Windstoß durch die Wipfel der Bäume. Immer schneller sinkt die Nacht. Immer schattenhafter werden die Kiefern. Langsam wandert mein Blick hinauf an den hohen Stämmen. »O sieh, der Polarstern«, flüstere ich. Frank rückt näher an mich heran. »Daß wir das genießen dürfen«, flüstert er zurück. Wir empfinden es beide. Noch nie ist uns die Natur so liebenswert erschienen. So schön, so neu und so feierlich.

Während ich einschlafe, ist mir, als hörte ich in der Ferne Hundegebell und das Johlen von Stimmen. »Da grölen doch Betrunkene«, will ich sagen, doch der Schlaf bezwingt meine Zunge.

Freitag, 15. Juni 1945

Ich wache auf. Etwas Ungemütliches liegt in der Luft. Tageslicht scheint durch die Ritzen des Zeltes. »Pst«, haucht Frank neben mir. Er hat sich aufgerichtet und schiebt lauschend den Kopf nach vorn. Draußen knackt ein Zweig. Stille. Wir horchen so angestrengt, daß wir unsere Herzen klopfen hören. Wieder knackt ein Zweig. Mit einem Griff reißt Frank den Zeltvorhang auseinander. Jesses, ein Russe! Wir starren in das Mündungsloch seiner Pistole. »Drusja«, stammelt Frank und bemüht sich, ihn so freundlich wie möglich anzulächeln. Er winkt uns, herauszukommen. Prüfend tastet er unsere Taschen ab. Als er sieht, daß wir waffenlos sind, wird seine Miene sanfter. Frank zieht unsere Ausweispapiere hervor. Der Soldat dreht sie in den Händen, zuckt die Achseln und sagt einen langen russischen Satz. Wir verstehen kein Wort. »Drusja – Freunde«, versuchen wir es wieder. Statt zu antworten, schreit der andere etwas Unverständliches in den Wald. Hinter den Bäumen taucht ein zweiter Russe auf. Dann ein dritter, ein vierter. Schöne Bescherung! Wir blicken so heiter drein, wie der fatale Moment es gestattet. »Wer sie ansieht, als wären sie gefährlich, dem werden sie gefährlich«, memoriere ich im stillen. Der erste macht uns ein Zeichen.

»Zusammenpacken und mitkommen«, übersetzen wir es in unser Fassungsvermögen. Während wir das Zelt abbrechen und die Räder rüsten, wenden die vier kein Auge von uns. Was mögen sie wollen? Auf die Räder scheinen sie es nicht abgesehen zu haben. Auch nach Vergewaltigung sehen ihre Gesichter nicht aus. Wenn bloß Andrik jetzt hier wäre!

Unter vierfacher Bedeckung setzen wir uns in Marsch. Kreuz und quer durch den Wald, in genau entgegengesetzter Richtung zu unserem Reiseziel. Endlich halten wir an einem Bahndamm. Man bedeutet uns, stehenzubleiben. Wir stehen lange. Wir stehen noch länger. Unsere Wächter haben es sich bequem gemacht. Platt auf dem Bauch liegend, spielen sie Messerwerfen. Wie Kinder amüsieren sie sich über jeden gelungenen Stich. Sie beobachten uns kaum. Sobald wir jedoch einen Fuß von der Stelle rühren, streifen sie uns mit mißtrauischem Blick und rücken ein Stückchen näher. Im Schneckentempo kriecht die Zeit. Schließlich – die Sonne zeigt schon weit über Mittag – erscheint eine Offizierspatrouille. Die Soldaten springen auf und rapportieren. »Dokumente«, herrscht uns ein Dolmetscher an. Wir deuten auf unsere Papiere. »Öffnen Sie Ihr Gepäck, Ihr Portefeuille, Ihren Rucksack.« Gehorsam folgen wir seinem Befehl. In fünf Minuten ist alles durcheinandergestülpt. »Warum schlafen Sie im Walde?« – »Weil wir ... weil wir ...« Frank und ich sehen uns ratlos an. Wie soll man ihnen das erklären? »Nun?« drängt der Dolmetscher scharf und blickt bedeutsam auf seine Pistole. Frank gibt sich einen Ruck. »Wir lieben den Wald«, sagt er schlicht. Und, mit einem liebenswürdigen Lächeln zum Offizier gewendet: »lju-blju ljess.« Der Offizier lächelt zurück. Er hat verstanden und – Verständnis. »Wratsch?« fragt er kurz, aber freundlich. »Arzt?« Frank nickt und weist auf die Pyrimalröhrchen. Im Nu sind sie verteilt. Viel zu gering ist der mitgenommene Vorrat.

Wenige Minuten später hat sich die Szene verwandelt. Über einen Rezeptblock gebückt, umringt von andächtig zuschauenden Patienten, schreibt Dr. Frank Matthis Sulfonamidrezepte aus. »Ihr Name?« – »Iwanow.« Pyrimal 1 O. P. »Ihr Name?« – »Stepanow.« Pyrimal 1 O. P. »Ihr Name?« – »Iwanow.« Frank stutzt. »Iwanow?« – »Iwanow«, bestätigt der Befragte und lächelt undurchsichtig. Keiner der Umstehenden verzieht eine Miene. Stepanow – Iwanow. Es gibt kaum zwei Namen, die in Rußland häufiger vorkommen. Müller oder Schulze. Schulze oder Müller. Was kümmern uns ihre Namen. Was kümmern ihre Namen sie selbst? Sie wechseln sie aus wie Hemden vor der Wäsche, verschwinden hinter ihnen wie der Geist unter der Tarnkappe. Befremdlicher Unterschied zwischen Ost und West. Was uns vor allem teuer ist, der unvertauschbare, individuelle Name, ihnen gilt er nichts. Heute Iwanow, morgen Stepanow. In Wirklichkeit, Gott weiß wie sonst. Ein unteilbares Ganzes ist die Sowjetunion und nicht die Summe unzähliger Einzelwesen. Es geschieht nicht zum erstenmal, daß wir diesem Hang zur Anonymität bei unseren Befreiern begegnen. Aber es ist sicher nicht das letzte Mal, daß er uns befremdet. Er belehrt uns eindringlicher über ihr Kollektivgefühl als ein kommunistisches Parteiprogramm.

Vier Iwanows und fünf Stepanows sind abgefertigt. Man schreibt sich unsere Adresse auf und verspricht, uns zu besuchen. »Miiit Schnaaaps«, versichert strahlend der Offizier. Wir sind entlassen. Sieben Stunden nachdem man uns festgenommen hat, besteigen wir wieder unsere Räder. »Gemütliche Reiseunterbrechung«, sagt Frank. »Wenn uns noch mehr solcher Aufenthalte beschieden sind, erreichen wir die Oder nicht vor zwei Wochen.« Etwa eine Stunde lang radeln wir inbrünstig. »Wie spät mag es ein?« Frank nestelt die Ersatzuhr aus seiner Geheimtasche. »Kurz nach halb vier. Wir sollten allmählich das Frühstück nachholen.« Vor uns zeigt sich ein Dorf. Wir biegen in seine Hauptstraße ein.

Ein Hauch von Verlassenheit weht uns an. Nirgends ein Mensch. Nirgends ein lebendes Wesen. Nur eine Katze rennt quer über den Weg und verschwindet eilig unter der nächsten

Gartenhecke. »Sind die schon schlafen gegangen?« wundert sich Frank. »Oder gestorben?« »Wirtshaus zum Löwen« lesen wir an einem Haus. Aus seinem Schornstein ringeln sich gastliche Wolken. Frank drückt die Klinke. Geschlossen. Er klopft. Er hämmert mit den Fäusten gegen die Tür. »Aufmachen! Gäste!« Keine Antwort. Alles bleibt stumm. Mir wird unheimlich zumute. »Gehen wir weiter«, dränge ich. »Wer weiß, was hier ...« passiert ist, will ich sagen, doch Frank unterbricht mich. »Wenn sie kochen, müssen sie auch dasein. Halt ... wart mal!« Irgendwo klirrte ein Fenster. »Durchs Hoftor«, flüstert eine Frauenstimme. Gehorsam biegen wir um die Ecke. Dort ist der Hof. Ein Schlüssel scheppert im Schloß. Wir blicken in ein verschrecktes Gesicht. Das Kopftuch tief in die Stirn gezogen, vermummt wie ein altes Weib, steht vor uns eine noch junge Bäuerin. »Sie wünschen?« fragt sie unsicher. Und dann, als leiere sie einen auswendig gelernten Spruch: »Wir haben nichts. Weder Essen noch Trinken. Weder Tasse noch Teller.« Mit einer hoffnungslosen Gebärde weist sie über den Hof. »Alles leer ... alles hin ... alles ausgeräumt.« Wir schauen uns um. Kahle Schuppen, verödete Ställe, Türen, die aufgerissen in verbogenen Angeln baumeln. Hier und da ein Armvoll verdrecktes Stroh. In den Winkeln verstreut ein Gewirr von undefinierbarem Gerümpel. »Russen oder Deutsche?« fragt Frank. Die Frau zuckt die Achseln. »Räuber«, sagt sie stumpf. Was schert sie die Nationalität. Sie hat nur noch Angst, Angst, daß man gegen ihre Läden poltert, daß man sie packt und schändet, daß man schreit und schießt, daß man raubt und plündert.

Wir rücken zwei Kisten neben den Brunnen und halten kurze Frühstücksrast. Gierig blickt die Frau auf unsere ausgepackten Brote. »Daß ihr schon Brot kaufen könnt!« Sie weiß nichts von Berlin. Seit acht Wochen hockt sie in ihrer zerstörten Behausung. Ratlos und hoffnungslos, wie eine Maus in der Falle. Es gibt keine Männer im Dorf. Was man nicht zum Volkssturm geholt hat, ist geflüchtet oder fortgeschleppt. Hitlers Verteidigungsbefehl bis zum letzten Mauer-

stein hat ganze Landstriche entvölkert und Millionen von Menschen um ihre Habe gebracht.
Angst bedrückt das Land, wohin wir auch kommen. Sie lauert hinter den verrammelten Türen. Sie starrt uns an aus verlassenen Häusern, verwilderten Gärten und brachliegenden Feldern. Zwei Mädchen laufen vor uns her. »Wo geht der Weg nach Frankfurt?« rufen wir sie an. Aufkreischend fahren sie zusammen. Angst schuf die häßlichen Verkleidungen, hinter denen die Frauen der östlichen Okkupationszone seit Wochen ihre Jugend verbergen.
Ein schwarzgelbes Schild weist uns zur Autobahn. Wir klettern über eine Böschung und bleiben wie versteinert stehen. Barmherziger Himmel. Sind wir in die Völkerwanderung geraten? In endlosem Elendszug wälzt es sich vor uns von Osten nach Westen. Frauen und Männer, Alte und Junge, wahllos durcheinandergewürfelt, wie das Schicksal sie zusammentrieb. Aus Posen die einen, die anderen aus Ostpreußen. Diese aus Schlesien, jene aus Pommern. Sie schleppen ihre Habe auf dem Rücken. Irgendwohin, wohin die Füße sie tragen. Ein Kind wankt vorüber. Ein jämmerliches Bürschchen. »Tutt mer so weh«, schluchzt es in sich hinein. Kläglich balanciert es auf nackten Hacken und reckt seine blutenden Fußsohlen spitzwinklig in die Luft. »Vom Brotteig weg, direkt vom Backofen«, lallt hinter ihm eine Frau. Sie hat es schon tausendmal gesagt, auf ihrem Weg durch die Fremde. Sie sagt es immer wieder. Im gleichen Tonfall, in gleicher Verzweiflung. »Vom Brotteig weg ... direkt vom Backofen ...« Auf ihrem Rücken schaukeln zwei Kochtöpfe. Wie Schellendeckel klappern sie im Rhythmus ihrer Schritte. Alte und Junge, Männer und Frauen. – Sie ziehen über die Landstraße, sie schlafen auf der Landstraße, sie verenden auf der Landstraße. Da stirbt doch jemand, denke ich und schaue bestürzt auf den wackeligen Leiterwagen, den ein Mann hinter sich herkarrt. Es ist ein Kinderleiterwagen, kurz, schmal und niedrig. Man hat zwei Kissen hineingestopft, ein Bündel Stroh und eine wattierte Decke. Auf der Decke liegt eine Greisin.

Weißhaarig, in dörflichem Sonntagsstaat. Die Hände über der Brust gefaltet, blickt sie feierlich hinauf in den Himmel. Um ihre Nase dämmern blaue Schatten. Der Wagen holpert. Kraftlos schlenkert ihr Kopf hin und her. Noch zehn, zwölf Atemzüge, dann wird der Mann eine Leiche ziehen. Er dreht sich nicht um. Schwerfällig trottet er seines Weges. Er merkt es wohl kaum, daß ein Mensch hinter ihm stirbt. Nur die Kinder bemerken es, die, von einer Schwester geführt, dem Leiterwagen folgen. Doch die Kinder verziehen keine Miene. Vielleicht sind sie auch zu müde. Zu müde, sich zu entsetzen.
»Ihr kommt wohl weither?« erkundigt sich Frank mitleidig. Die Schwester sieht ihn an, als ob sie weinen wollte. »Wir waren dreißig, als wir von Kreuzberg aufbrachen. Jetzt sind wir zwölf. Die andern ...« Sie macht eine unbestimmte Bewegung und verstummt. Wir wagen nicht zu fragen, wo die andern geblieben sind. Wenn man nicht helfen kann, soll man nicht neugierig sein. – »Alle werden wir sterben«, seufzt ein Mädchen. »Warum auch nicht? Sterben ist nicht das Schlimmste.« Ausgemergelt von Hunger und Erschöpfung, wälzen Millionen den Fluch ihres Schicksals über das zerschundene Restdeutschland. »Wahnsinn wäre es, zehn Millionen aus ihrer Heimat zu verpflanzen«, sagte Churchill im Kriege. Man hat den Wahnsinn begangen. Man begeht ihn noch weiter. Zehn Millionen treibt man von Haus und Hof, jagt sie gnadenlos hinaus auf die Landstraße.
»Erbarm dich, Frank«, sage ich. »Was soll denn daraus werden? Wo schickt man sie denn hin, diese zehn Millionen?«
»Wohin? Irgendwohin! Nach Möglichkeit ins Himmelreich. Es sei denn, daß sich ein Baumeister fände, der Deutschland um eine Etage aufstockte.« Er mustert die Vorüberziehenden. »Was da kaputtgeht ... wer das verantworten will!« – Keiner wird es verantworten wollen. Das Leid der Kreatur interessiert nur die, die es angeht. Im Höchstfall noch jene, denen es vor Augen kommt. Gewiß, man bedauert. Doch man bedauert in Grenzen. Was fragt die Weltpolitik danach, ob deutsche Flüchtlinge ohne Schuhe gehen, ohne Strümpfe, auf

blutenden Füßen? Andere Dinge stehen auf dem Spiel. Größere ... entscheidendere. Und hat es uns denn etwas ausgemacht, als Hitler die Ukraine entvölkerte? Als in den Elendsbaracken der Ostarbeiter Tausende an Entkräftung zugrunde gingen. Zehntausende und Aberzehntausende in den Gaskammern ihr Leben ließen. »Machen wir uns doch nichts vor«, sagt Frank. »Daß wir Mitleid empfinden und Tränen vergießen, bedeutet gar nichts. Würden wir etwa jubeln, wenn man in unsere überfüllte Trümmerwohnung eine pommersche Flüchtlingsfamilie einquartierte? Es ist verdammt leicht, von Nächstenliebe zu reden, solange man sie nicht üben muß. Doch übe sie erst mal. Mit acht Quadratmetern Wohnraum pro Person. Mit durchlöcherten Wänden und undichten Türen. Wo jeder jedem auf dem Hals sitzt und jeder jedem auf die Nerven fällt. Du brauchst dir's bloß vorzustellen, dieses Idyll in der Pökeltonne. Du willst ins Badezimmer – besetzt! Du gehst in die Küche – dort trocknet man Windeln. Du fliehst in dein Zimmer – da dreht der Nachbar das Radio auf. Man haßt sich schließlich, weil man sich nicht ertragen kann. Man wird böse wie ein Teufel und zänkisch wie eine Xanthippe. Du wirst es erleben. – Keiner drängt sich nach diesen Millionen. Du nicht und ich nicht und niemand in Deutschland. Nicht weil wir hartherzig sind, sondern weil es einfach nicht mehr geht. Weil man in ein Faß, das schon überläuft, keinen Tropfen mehr füllen kann. Geschweige denn einen reißenden Strom.«
Wir sind von der Autobahn abgebogen. Die Sonne geht unter. Grau und schattenhaft verschwindet der Zug der Flüchtlinge hinter uns in der Ferne. Wenn wir vor Ausbruch der Dunkelheit noch an Ort und Stelle sein wollen, müssen wir uns sputen. »Halt!« schreit es da plötzlich. Drei Fußgänger tauchen vor uns auf und gestikulieren heftig mit den Armen. »Räderfalle im nächsten Ort! Nicht weiterfahren!« Das fehlt noch. Eine knappe Stunde vor Sperrzeit. Wir drehen ab. Umweg von sechs Kilometern. Schweißtriefend arbeiten wir uns durch Ginster und Heidekraut. Wenn sie uns nur nicht

schnappen! Wie Luchse lauschen wir in die Nacht, wie Eulen durchbohren wir mit unseren Augen die Finsternis. »Hölle und Teufel!« Mit aller Wucht schnellt mir ein armdicker Zweig gegen die Stirn. Ächzend reibe ich die schmerzende Stelle. »Laß gut sein«, tröstet Frank. »Immer noch besser als zu Fuß nach Berlin.«

Samstag, 16. Juni 1945

Um ein Uhr morgens erreichen wir unser Reiseziel. Es ist seltsam lebendig im Dorf. Männer patrouillieren durch die Gassen, spähen mißtrauisch nach allen Seiten. »Was bewacht ihr denn hier?« fragen wir den einen. »Unsere Frauen«, antwortet er und seine Augen werden schmal vor Haß. Wir halten am Gutshaus. »Burgomistr« lesen wir im Schein unserer Taschenlampe auf einem Zettel an der Tür. Darunter den Namen, den wir suchen. Sie leben also. Eine Last fällt uns vom Herzen. Klopfen, Hämmern, Rufen. Rütteln an verschlossenen Klinken. »Herrgott, seid ihr's?« ruft unser Freund Fritz Hallberg entgeistert und leuchtet uns mit einer Kerze ins Gesicht. Gestiefelt und gespornt tritt er aus der Tür. An seinem Arm schimmert eine rote Binde. Fritz von Hallberg ist Franks Schulfreund. Sein Studiengenosse und unser Kampfkamerad. Ein zarter Mann, dessen hohe, gewölbte Stirn mich immer an edles Porzellan erinnert. Mitte April verließ er Berlin, um sich hier mit seiner Familie zu treffen. »Man muß gemeinsam sterben«, erklärte er damals. – »Du bist also doch nicht gestorben«, begrüßt ihn Frank jetzt scherzend. »Du bist sogar ...« Er blickt auf die rote Binde. »Bur-go-mi-str«, buchstabiert er mit komischem Respekt. Hallberg nickt. »Man soll die Ämter nehmen, wie sie fallen, selbst wenn sie ...«, sein Gesicht beschattet sich, »so schwierig sind wie zur Zeit das meine.«

Wir haben inzwischen die Halle betreten. In einer Ecke am Tisch sitzt ein junger Mann und liest in einem Buch. »Sie können sich schlafen legen«, sagt Hallberg zu ihm. Der Bursche verschwindet. »Die reinste Alarmzentrale«, lächelt

Frank. »Habt ihr das wirklich nötig?« Hallberg runzelt die Stirn. »Nötig? – Solange dreihundert Dorfbewohner Nacht für Nacht damit rechnen müssen, daß mindestens zweihundert von ihnen vergewaltigt, ausgeplündert, beraubt oder bestohlen werden, brauchen wir uns über nötig oder unnötig kaum zu unterhalten.« »Hm! Und was meint die Besatzungsmacht?« – »Da wir uns kampflos ergeben haben, das Beste und Freundlichste. Sie hilft, wo sie kann, doch auch sie kann nicht alles. Zum mindesten nicht das Kunststück, ein Heer von siegestrunkenen Soldaten und eine Legion entlassener Fremdarbeiter über Nacht in Tugendapostel zu verwandeln.« Er stellt die Kerze auf den Tisch und rückt uns zwei Stühle heran. »Ob Stalin wohl weiß, was hier auf dem Spiel steht«, sagt Frank gedankenvoll. »Und selbst wenn er's wüßte, auch das würde nichts ändern. Bis der Frieden kommt, hat der Krieg so viel verdorben, daß jede Werbung ein Schlag ins Wasser ist. Nicht durch den Krieg, sondern durch den Frieden verliert der Eroberer das Spiel. Redet den Frauen vor, was ihr wollt. Daß Rußland ein Paradies sei und Bolschewismus der Himmel auf Erden. Sie werden an die vielen denken, die sie vergewaltigt haben, und euch antworten: Nein! Und keiner Macht der Welt wird es gelingen, sie umzustimmen.«
Bis zum Morgen sitzen wir und tauschen unsere Erlebnisse. Viermal im Laufe der Nacht wird Hallberg herausgerufen. Einmal, um einen Gallenkranken zu behandeln, zweimal, um an der Spitze seiner »Bürgerwehr« ein Dutzend randalierende Fremdarbeiter in Schach zu halten, das vierte Mal, um für die russische Kommandantur einen entlaufenen Hund einzufangen. »Du bist hier wohl Mädchen für alles«, frage ich mitleidig, als er nach der letzten Expedition etwas abgemattet in den Sessel sinkt. »Erraten!« nickt er. »Kriminalkommissar, Standesbeamter, Tierdoktor, Menschenarzt, Seelsorger, sowjetischer Vertrauensmann, Landwirt, Ortsvorsteher und Abdecker. In Personalunion, gewissermaßen. – Man sollte dem Tag vierundzwanzig Stunden anflicken«, setzt er hinzu und blickt auf die Uhr. »Zehn nach halb sechs. Noch zwanzig

Minuten bis Aufstehzeit.« Er gähnt und erhebt sich. Sein durchsichtiges Gesicht sieht im Grau des Morgens noch durchsichtiger aus. »Der bleibt sich immer gleich«, lobt Frank, als wir in unser Gastzimmer verschwinden. »Man denkt, er tut gar nichts, und plötzlich tut er alles. Das Gute, das Zweckmäßige und das einzig Notwendige.

Sonntag, 17. Juni 1945

Rückfahrt durch verwüstetes Land, auf welchem schwer und sengend der Sommer lastet. Zerfetzte Wälder, besät mit Kriegsmaterial, Kolonnen verlassener Fahrzeuge, zu Wracks geschossene Panzer, Stahlhelme auf Soldatengräbern, tote Pferde und Gestank nach Verwesung – das ist der Kessel von Halbe. Wie Hasen trieb man in ihm die deutschen Kampfverbände zusammen. Es ist nicht schön, über Schlachtfelder zu radeln. Und zehnfach schrecklich, wenn sie im Glanz des Sommers stehen. Ragt dort nicht ein Bein aus der Erde? Stumm streckt es sich gegen die lichtgrünen Buchenwipfel. Wir sehen weder nach rechts noch links. Wir möchten am liebsten die Augen schließen. Doch der Weg ist zu schlecht, um uns solchen Luxus zu gestatten. Schlaglöcher und Nägel, Glasscherben und scharfe Metallteile – ein Ruin für die Reifen. Dreimal müssen wir absteigen, um zu flicken, zweimal, um einer drohenden Fahrradjagd zu entkommen. »Die velozipedieren wohl ihre ganze Armee«, schilt Frank, als wir uns zum viertenmal auf wildfremden Umwegen befinden.

Am Abend liegt der Kessel von Halbe hinter uns. Vor uns breiten sich Wiesen und Felder in unberührtem Frieden. Immer von neuem erstaunt uns dieses Wunder. Daß der Krieg so sporadisch ist; daß er schont und vernichtet in übergangslosem Gegensatz. Chaos setzt er neben Idylle, Idylle neben Chaos. – Wo hört die Schonung auf? Wo hebt die Vernichtung an? Niemand weiß es, und keiner kann es voraussehen. »Schlesien ist sicher«, sagte man vor zwei Jahren. »Schafft eure Sachen nach Schlesien ...« Tausende folgten dem Rat. Sie verstopften die Züge, überfüllten die Güterwagen mit der

Last ihres Evakuierungsgepäcks. Es kam nach Schlesien und ging in Schlesien verloren. Wie weiß man, wo etwas verlorengeht? Wie ahnt man, wo etwas in Trümmer sinkt. Den Landstrich, der vor uns liegt, hat der Krieg vergessen. – »Hier ist gut sein, hier laßt uns Hütten bauen«, sagt Frank und springt von seinem Rade. Eine halbe Stunde später kriechen wir neben dem Ufergebüsch eines Flüßchens in unser Zelt.

Montag, 18. Juni 1945

Kühl dämmert der Morgen. Ein dünner Nebel löst sich von den Wiesen und schmilzt in der aufsteigenden Sonne rasch dahin. Die Gräser sind naß von Tau und riechen frisch, wie im Frühling. Man lacht vor Vergnügen aus reiner Lebensfreude. »Wir sollten baden gehen«, schlägt Frank vor. Er wirft die Kleider ab und taucht auch schon ins Wasser. »Komm«, ruft er prustend, »es ist wunderbar.« Gemeinsam schwimmen wir den Fluß hinunter. Die Sonne wirft breite Strahlenbündel über ihn. Sie tanzen auf den Wellen als funkelnde Goldkringel. Seerosen im Schilf. Sumpfdotter und schwankende Rohrkolben. Nun raschelt es zwischen den Halmen. Eine Ente schwirrt auf und fliegt schnatternd dem Ufer zu. Wie warm das Wasser ist. Wie klar und wie durchsichtig. Der Tümpel in der Linkstraße fällt mir ein. Mit den grasgrünen Bademädchen. Wenn man nicht wüßte, daß es Trümmer gäbe, könnte man denken, die Welt sei vollkommen. – Sie ist auch vollkommen. Jetzt eben – in diesem Augenblick. So wie sie den Mädchen vollkommen schien, als sie inmitten der Ruinen ihr Morgenbad nahmen. In uns liegt das Licht und nicht in den Dingen.

In der Ferne tönt Pferdegetrappel und das Bellen von Hunden. Wir steigen ans Ufer. Vorsichtig spähen wir durch sein dichtes Weidengebüsch. »O sieh nur«, rufe ich entzückt, »so viele Pferde.« Im hellen Licht des Morgens liegt vor uns eine Waldwiese. Hunderte von Pferden weiden auf ihr. Große und kleine. Weiße, schwarze und braune. Sie drängen sich durcheinander, jagen mit flatternden Mähnen über den grasigen

Waldboden. Schwerfällig trabt eine Stute auf uns zu. Sie mag kaum erst geboren haben. Mit dünnen, babysteifen Beinen hüpft ihr rotbraunes Füllen neben ihr her und drückt seine Flanke ängstlich gegen den mütterlichen Schenkel. Irgendwo wiehert ein Hengst. Schmetternd zerreißt der Schrei seiner Liebe die Luft. »Gott, ist das schön«, flüstert Frank. – So müssen die russischen Steppen aussehen oder die kirgisischen Weiden. Das ist Asien. Asien in ganzer Pracht. – Am Rand der Koppel stehen fünf Bauernfuhrwerke. Plump und planüberdeckt, mit ineinandergeschobenen Deichseln, grenzen sie den Lagerplatz ab, in dessen Mitte ein Feuer flackert. Drei Russen sitzen an ihm. Sie stützen die Arme auf die Erde und blinzeln gemächlich in den Tag. Neben dem einen liegt eine Ziehharmonika. Gleich wird er nach ihr greifen und ein paar schwermütige Töne klimpern: »Keinen roten Sarafan, näh mir, Mütterlein ...« Wie gut doch die Menschen sind, wenn man sie gut sein läßt.

Morgen werden sie die Pferde nach Osten treiben. Die deutschen Pferde mit ihren russischen Hirten. Über einer anderen Wiese wird das Lied vom Sarafan tönen und der Rauch des Lagerfeuers emporsteigen. Sind wir noch in Deutschland? Leben wir schon in Asien? Alles fließt. Dschingis-Khans Atem weht durch die brandenburgischen Wälder. »Njetschewo!« sagen die Russen. »Was macht es denn aus. Was tut es uns schon, ob wir hier oder dort sind.«

Nachdenklich schwimmen wir zurück zu unserem Uferplatz. Da liegt noch alles, wie wir es verlassen haben. Niemand hat unsere Räder gestohlen, keiner uns inzwischen die Kleider entwendet. Man ist direkt dankbar für so viel Glück.

Die Uhr zeigt halb neun. Es wird Zeit, daß wir uns auf den Heimweg besinnen. Noch vierzig Kilometer liegen vor uns, die redlich abgefahren sein wollen. Doch der Gott der Reisenden scheint uns gewogen. Keine Räderfallen, keine Umwege, keine bestürzenden Aufenthalte. Ohne Unterbrechung erreichen wir Berlin. Dort leuchten uns rote Fahnen entgegen. Sie wehen aus allen Häusern. Manche hat man auf

Halbmast gesetzt, andere tragen einen Trauerflor. »Ist etwas passiert?« Wir wenden uns an ein paar Vorübergehende. »Schukow soll tot sein«, sagt der eine. »Vielleicht ist auch Stalin gestorben«, meint der nächste. Am Potsdamer Platz treffen wir einen Zeitungshändler. Menschen umdrängen ihn, reißen ihm die Blätter aus der Hand. »Held der Sowjetunion Generaloberst Bersarin« steht schwarz umrandet auf der Titelseite. »Vorzeitiger Tod des Militärkommandanten der Stadt Berlin durch ein Kraftradunglück« lesen wir darunter. »Schade um den Mann«, sage ich. »Er war gewiß nicht der Schlechteste.« »Schade um Berlin«, verbessert mich Frank. »Er war gewiß einer der Besten.« – »Was für ein Unglück für mich«, empfängt uns Andrik. »Er förderte die Kunst wie kein zweiter.«

Daheim bestaunt man uns, als kämen wir geradewegs aus einer Räuberhöhle. »Daß sie euch nicht eingesteckt haben! Daß man euch die Räder nicht wegnahm!« – »Anstrengung genug hat es gekostet«, lacht Frank. »Sieben Stunden Aufenthalt, zweiunddreißig Kilometer Umweg, neun Rezepte und sechzig Tabletten Pyrimal.« Fabian betrachtet mich aufmerksam. »Aber sonst geht's dir gut«, fragt er anzüglich. »Keine Übelkeit, kein Erbrechen, kein Heißhunger auf saure Gurken?« Ich ahne, worauf er hinaus will. »Daß du auch gleich immer an Vergewaltigung denkst.« »Ich nicht – nur die Russen.« Jo räuspert sich. »Oder vielleicht auch die Deutschen?« »Na, na!« empört sich Heike. Jo verzieht das Gesicht. »Sie reden ein bißchen viel über das Thema, wie mir scheint. Ein bißchen zuviel und ein bißchen zu gern.« »Bist du irrsinnig geworden?« tobt Dagmar los. »Wo wir Abend für Abend ...« »Nicht alle natürlich«, lenkt Jo Thäler ein. »Aber immerhin manche. Auch Notzuchtgespräche können ›Ersatzhandlung‹ sein.«

Ob er recht hat mit seinen Worten? Kein Zweifel, die Not unserer Frauen zeugt manchmal verdächtigen Nebengewinn. Wie Fliegen um die Leimtüte summen die Gespräche gewisser Kreise um das tragische Thema. »Zwölfmal vergewaltigt ...

siebenundzwanzigmal vergewaltigt... neunundfünfzigmal vergewaltigt.« Die Augen der Aufzählenden glitzern. Beängstigend ausführlich verweilen sie beim fatalen Detail... Ja, gütiger Himmel, wer zählt sie denn mit, die Etappen des Grauens, und verrechnet sich nicht, bei so scheußlicher Registrierung? Noch nie haben bürgerliche Menschen so unverblümt über den Sexus gesprochen. Meinen sie wirklich die Opfer? Oder meinen sie den Luststachel der Sensation? Es gibt viel Verlangen nach Liebe in unserer männerarmen Stadt. Und manchen Ersatzweg, es unbewußt zu erfüllen.

Freitag, 22. Juni 1945

Vor zehn Tagen haben sich die siegreichen Heerführer in Frankfurt am Main getroffen. »Im Geiste herzlicher Freundschaft«, kommentieren die Zeitungen. Schukow überreicht Montgomery den höchsten russischen Orden, Montgomery Schukow den höchsten englischen. Man tauscht seine Photos, stößt auf die friedliche Zusammenarbeit der Völker an und betont die »außerordentliche Rolle, die Truman bei der Aufrechterhaltung der russisch-amerikanischen Freundschaft zukäme«. Mit jeder Gebärde unterstreicht man den Wunsch nach Verständigung. Verständigung heißt team-work. Team-work heißt Aufbau. Aufbau heißt Leistung, heißt Weg aus dem Chaos. Wenn die Könige bauen, haben die Kärrner zu tun. – »Es riecht nach Hoffnung«, sagt Fabian und schnuppert vergnügt in die Luft. – Es riecht nach Hoffnung, geht es aufatmend durch die ganze Stadt. Was jetzt seinen Anfang nimmt, prägt das Gesicht unserer Zukunft. Jeder Schritt wird zum Neubeginn. Jeder Handgriff trägt Wert und Gewicht eines Gründungsakts. »Anpacken und zugreifen« ist die Devise der Kärrner. Dem X.schen Bezirk fehlt dringend ein Bürgermeister. Anpacken und zugreifen, denkt der Staatstheaterschauspieler Ypsilon und springt beherzt in die ungewohnte Bresche. In der ehemaligen Volksoper sammelt sich das erste Opernkollektiv. Die Bühne – ein Schutthaufen, der Dachgiebel – ein Sieb, der Hofplatz – ein

Arsenal verrotteter Kampfreste. »Anpacken und zugreifen«, spricht der Intendant. Zwei Dutzend Sänger und Sängerinnen krempeln die Ärmel auf und beginnen, den Augiasstall auszumisten. Anpacken und zugreifen! Musiker werken als Zimmerleute, Fabrikdirektoren als Kartenstellenleiter. Anwälte werden Bauhandwerker, Sportflieger Bäckergesellen und Tänzerinnen Stenotypistinnen. Anpacken und zugreifen! Die Aufgaben quellen unter den Händen. Von zwölfhundert Kilometern Straßenbahnoberleitung hängen tausend zerfetzt auf die Straße. Im Zentrum der Stadt gibt es bis heute weder Wasser noch Gas. Die Stromzufuhr funktioniert so unregelmäßig, daß man praktisch kaum mit ihr rechnen kann. Anpacken und zugreifen! Werkstätten schießen aus der Erde. Schulklassen werden Nottheater, ehemalige Kinos Konzerthallen. In Lagerschuppen macht man Krankenhäuser auf, in Arbeitsdienstbaracken Flüchtlingsheime. Eilanfrage nach Äxten, nach Schaufeln, nach Nägeln und Schraubschlüsseln. Eilofferten in russischem Unterricht, russischen Dolmetscherkursen, russischen Sprachführern, russischen Übersetzungen. Ob Rohstoffe oder Fertigwaren, ob Fachkenntnisse oder Arbeitskräfte, ob Wohnraum, Büro, Fabrik oder Vergnügungsstätte, alles wird gesucht, alles muß improvisiert, getauscht, erhandelt, aus den Trümmern gepreßt werden. Banken und Sparkassen sind geschlossen. Was in den Tresoren lag, ist dem Sieger anheimgefallen. Doch man braucht gar kein Geld. Noch nie ist uns der Inhalt unserer Portemonnaies so unwichtig erschienen. Wo etwas verlangt wird, da tauscht man, requiriert oder sammelt es aus den Ruinen. Am Anfang steht das Chaos! Wir kommen uns vor, wie Gottvater am ersten Schöpfungstag. Wir strengen uns an, wir geben uns Mühe, wir laufen ab wie Uhrwerke, die man bis zur letzten Umdrehung aufgezogen hat. Wer sein Schöpfungsziel noch nicht kennt, setzt den allgemeinen Tätigkeitsrausch in private Motorik um. Er macht sich auf und besucht die Bekannten. In stundenlangen Fußmärschen, mit rastloser Beharrlichkeit. Selten sind so viele Berliner von so vielen anderen Berlinern besucht worden. Wenn man keine Taten zu tauschen hat, so tauscht man wenigstens Erlebnisse. Übervoll ist eines jeden Herz vom Erlebnis der Kampfzeit. Man möchte sich aussprechen und mitteilen, sich trösten und abreagieren. Geplündert – verhaftet – gefallen – nicht wiedergekehrt – vergewaltigt. Es sind keine erfreulichen Konfessionen, die man einander zu machen hat. Das Beste, was sich von der Vergangenheit sagen läßt, ist, daß sie einen übrigließ. Übrig für ein Kärrnerwerk, das seit zehn Tagen zum erstenmal »nach Hoffnung riecht«.

Samstag, 24. Juni 1945

Ein Uhr mittags. Andrik kommt verstört aus der Probe. »Sie haben den Direktor vom Titaniapalast verhaftet«, berichtet er gedrückt. Ungläubig blicke ich auf. »Wie denn? Den reizenden Menschen? Er stand sich doch so gut mit den Russen?« »Mit allen stand er sich gut«, erwidert Andrik. »Nur hat er uns leider zu sagen vergessen, daß er fünf Jahre lang Schulungsleiter einer Ordensburg war. Und noch zwei Tage vor Kampfschluß als Zivilist einen Russen erschlug.« »Ordensburg? ... Einen Russen erschlug?« wiederhole ich verwirrt. »Ja, aber wie konnten wir denn ...« »Konnten ... konnten«, unterbricht mich Andrik. »Das ist es ja gerade. Daß man keine Augen hat, um zu sehen. Keinen Instinkt, die Spreu vom Weizen zu scheiden.« Er schüttelt sich. »Warum sind Menschen bloß so jämmerlich. So gierig darauf erpicht, von allen Suppen den Rahm zu schöpfen.« »Weil sie leben wollen«, entgegnet Frank. »Keiner sägt gern den Ast ab, auf dem er sitzt. Oder meintest du etwa, zwischen dem 28. April und dem 10. Mai wären alle Nazis Bekenner geworden? Weil Hitler gestorben sei, habe sich die Moral der Erde verändert?« Er ist ans Fenster getreten und trommelt gereizt gegen die Drahtgeflechte des Wizellaglases. »Sie werden sich alle zu tarnen versuchen«, fährt er fort. »Die großen Schurken und die kleinen, die Anstifter und die Mitläufer. Weil sie nicht trainiert darauf sind, zu ihren Taten zu stehen. ›Letzte Verantwortung trägt der Führer‹, hat man ihnen gepredigt. Der Führer ist tot. Wer leben will, muß essen. Wer essen will – gut essen will –, darf kein Nazi sein. Also sind sie keine Nazis. Also waren sie keine und schwören Stein und Bein, es niemals gewesen zu sein.« – »Hoffnungsvoller Aufbau«, bemerkt Fabian. »Mit sieben Millionen verkappten Pg.s als demokratischem Einschußkapital. Wie sollen wir sie denn rausfinden, die Schafe zwischen den Böcken?« Andrik seufzt. »Man müßte sie alle auf einmal entsühnen. – Steck dein Abzeichen an, Parteigenosse! Steck es an, wie die Juden den gelben Stern, und geh an die Arbeit. Räum auf, was du kaputtgemacht hast. Räum ein Jahr auf, räum zwei Jahre auf. Mit dem Hakenkreuz im Knopfloch und der Reue im Herzen. Am Schuldobjekt muß man strafen, wenn die Strafe sich lohnen soll. Arbeit ist keine Schande. Und gewiß kein Anlaß, sich entwürdigt zu fühlen. Sieben Millionen Schuttbeseitiger, Brückenbauer und Dachreparateure. Was glaubt ihr, wie das schaffen würde. Nicht nur für den Aufbau, sondern auch für die Volkserziehung.« »Und wer soll den Erzieher dafür abgeben?« »Diejenigen, die den Anspruch erheben, besser zu sein als die Nazis. Normal trompeten ist zwecklos. Denunzieren und verdammen macht die Menschen nicht vollkommener. Helft ihnen aufstehen, wenn sie gefallen sind. Gebt ihnen Gelegenheit wiedergutzumachen, wo sie gefehlt haben. Dann aber schließt ab mit der Vergeltung. Endgültig und für immer.« – »Ob die Alliierten das fertig kriegen?« Andrik wiegt den Kopf. »Sie müssen es. Sonst kauen wir an dem Naziproblem noch zehn Jahre herum. Und keiner wird dann mehr wissen, wo Recht oder Unrecht liegt.«

Donnerstag, 28. Juni 1945

Wieder ein Erfolg für die Könige und eine Hoffnung für die Kärrner. Auf der Völkerkonferenz von San Francisco ist vorgestern durch Delegierte von einundfünfzig Staaten die »Charta der Vereinten Nationen« unterzeichnet worden. »Das große Instrument des Friedens, der Sicherheit und des menschlichen Fortschritts in der Welt« nennt sie Truman und ruft den einundfünfzig Konferenzteilnehmern zu: »Zwischen dem Sieg in Europa und dem endgültigen Sieg in Japan haben Sie den Sieg gegen den Krieg selbst gewonnen.« – Einundfünfzig Nationen! Ein Weltsicherheitsrat, ein Weltwirtschaftsrat, ein Weltsozialrat und ein internationaler Gerichtshof. »Kein schwächlicher Völkerbund«, sagt die Iswestija, »der durch Widersprüche zerrissen und durch windige Diskussionen angenagt wurde. Nein, eine feste internationale Organisation, stark genug, jede künftige Aggression zu unterbinden.« – Ihr Wort in Gottes Ohr! Not genug täte es der Welt, sich für ein Weilchen von Aggressionen zu erholen. Deutschland, Österreich, Italien und Japan sind nicht mit dabei. Wie sollten sie auch! Die Aggressoren von gestern und der Kriegsgegner von heute. Vorerst sind wir froh, wenn man uns leben läßt. Uns und den Rest unseres zusammengebrochenen Landes. Nicht mehr plündert und abmontiert, sondern gründet und aufbaut. Nicht mehr Unrecht gegen Unrecht setzt und Rechtsbeugung gegen Rechtsbeugung, sondern Gerechtigkeit gegen Schuld und Ordnungssinn gegen Chaos. Und wenn erst die Willkür ein Ende haben wird ... Weltsicherheitsrat! Weltwirtschaftsrat! Vereinte Nationen! Verbrüderte Völker! Wahrhaftig, die Musik dieser Botschaft klingt uns lieblich in den Ohren.

Dienstag, 3. Juli 1945

Die Amerikaner sind da! Frank hat sie mit eigenen Augen gesehen. Zum mindesten einen von ihnen. In der Nähe der Schloßstraße. Es ist kaum anzunehmen, daß man es bei dem einen bewenden ließ. Also sind sie doch gekommen. Die Sieger aus dem Westen, auf die wir seit Anfang April gewartet hatten. Von Tag zu Tag mehr, von Nacht zu Nacht dringender. Schon lange ging das Gerücht in der Stadt. Seit sieben Tagen welken an den Laternen der westlichen Ausfallstraßen die Tannengirlanden und Begrüßungsarrangements. Bis wir aufhörten, es zu glauben, uns endgültig vornahmen, zum letztenmal auf dieses Märchen hereingefallen zu sein. Nun ist das Märchen Wirklichkeit. Über den Stadtplan gebückt grenzen wir Ortsteil um Ortsteil die Okkupationsbezirke ab. Russisch, französisch, englisch, amerikanisch. Vier Siegernationen – vier Besatzungsgrenzen. Merkwürdig, denke ich, daß die Weltversöhnung mit der Vierteilung von Berlin beginnt.

»Steglitz bleibt russisch«, behauptet Dagmar und weiß es angeblich aus sicherster Quelle. Frank schüttelt den Kopf. »Steglitz wird amerikanisch. Sie nehmen den Süden im ganzen. Der Westen wird englisch. Rußland behält den Osten; den Wedding und alles was nördlich liegt, bekommen die Franzosen.« Kreuz und quer fährt sein Blaustift durch die Berliner Straßenzüge. »Und die Linden? Wer kriegt die Linden?« erkundigt sich Dagmar. Wir schauen uns an. Vor unserem geistigen Auge tauchen die Ruinenreste der ehemaligen Prachtstraße auf. Schutthaufen neben Schutthaufen. Ein Sinnbild der Öde. Wahrhaftig, mit diesem Staatsgebiet ist kein Staat mehr zu machen. Frank greift zum Radiergummi. »Also meinetwegen russisch«, entscheidet er wohlwollend. Zwei Blaustiftstriche vom Schloß bis zum Reichstag – mit einer großzügigen Handbewegung sind die Linden russifiziert. – »Beten wir nur, daß sie einig bleiben«, sagt Heike im Kassandraton. »Wenn sich die vier in die Haare kriegen ...« »... kann der Berliner sein Testament machen«, ergänzt Frank. Doch warum den Teufel an die Wand malen. Vorerst gibt es eine »UNO«, gibt es Freundschaft in Frankfurt und herzliches Wohlwollen auf der ganzen Linie.

Ob man ein Visum braucht, wenn man von Steglitz nach Grunewald radelt? Einen Zonenausweis? Einen Passierschein? Ob sie Grenzbäume aufrichten? Ob man Zoll zahlen muß? Wir rätseln über hundert Fragen und wissen wieder mal nur eines – nämlich daß wir nichts wissen. »Zum mindesten wird man sich besser verständigen«, tröstet Fabian, dreht ein paar Kippen in Seidenpapier und wendet sich strahlend an Heike: »Hallo, old girl, how do you think about a Chesterfield?« – Wir lachen. Morgen, spätestens übermorgen werden wir amerikanisch sein.

Am Nachmittag radeln wir zum Funkhaus. In geschlossenem Zuge, denn noch immer sind Fahrräder Mangelware. Wer sich allein auf den Weg begibt, gerät in Gefahr, sein Verkehrsmittel einzubüßen. »Maschina ... Maschina ...« Erst gestern entrann Jo Thäler mit Mühe einem unfreiwilligen Eigentumswechsel. Im Funkhaus eröffnet man den »Kulturbund zur demokratischen Erneuerung Deutschlands«. Andrik mit den Philharmonikern bietet die musikalische Umrahmung zu dem Fest.

Der Saal ist gefüllt bis in die letzte Ecke. Man will sich demokratisch erneuern. Man hat den ehrlichen Willen zu Aufbau und verantwortlicher Leistung. Wenn man nur nicht immer soviel reden würde. Frank, der neben mir sitzt, schielt schon zum drittenmal verzweifelt auf die Uhr. Seit zweieinhalb Stunden folgt eine Festansprache der anderen. »Wir Männer der Kunst«, tönt es mir in den Ohren, »wir Männer der Wissenschaft ... wir Männer des neuen Deutschland.« Empört zupfe ich Frank am Ärmel: »Ob die vergessen haben, daß es bei uns auch Frauen gibt?« – Sie haben es offenbar vergessen. Ebenso wie die Tatsache, daß man eine demokratische Erneuerung nicht gut mit nazistischen Superlativen beginnt. Fast keiner der acht Prominenten, die hier mit der Vergangenheit abrechnen und sich um die Bereinigung unseres Kulturlebens bemühen, scheint zu bemerken, wie wenig ihm bisher die Bereinigung des eigenen Sprachstils gelungen ist. Noch immer geht es ihnen um Höchstes und Letztes, um Gewaltigstes und Erhabenstes. Von Schulung, Einsatz, Planung, Zielsetzung und Marschrichtung sprechen sie mit schöner Unbefangenheit. »Fester den Tritt gefaßt im Kampf für den Pazifismus«, rief kürzlich ein Politiker und ahnte wohl kaum, wie paradox sich sein gut gemeinter Eifer in solcher Formulierung ausnehmen mußte. Es mag nicht leicht sein, sich aus eigener Kraft aus Übersteigerungen zurückzuschrauben.

Als der letzte Redner sein Schlußwort gesprochen hat, steht Andrik auf, besteigt das Pult und dirigiert die Vierte Tschaikowsky. Gelassen, sicher und selbstverständlich. »Wenigstens eine Handlung, nach diesem Nachmittag der Reden«, flüstert Frank erleichtert. »Daß sich die Deutschen doch niemals kurz fassen können.« Ich muß ihm beistimmen. Zudem verdrießen mich die vergessenen Frauen. Ein wenig enttäuscht versammeln wir uns im Künstlerzimmer zur Heimfahrt. Irgendwie hatte sich jeder von uns den Start in die demokratische Erneuerung anders vorgestellt. Handgreiflicher gewissermaßen, aktiver und tatenvoller. »Man darf nicht alles auf einmal erwarten«, begütigt Andrik. »Gemeint war es jedenfalls großartig.« »Zum mindesten für euch Männer«, kann ich mir nicht verkneifen, etwas bissig einzuwerfen.

Als wir von der Kaiserallee in die Schloßstraße einbiegen, bietet sich uns ein idyllischer Anblick. In einen Rohrsessel gelehnt, eine blumengefüllte Vase zu ihren Füßen, sitzt mitten auf der Kreuzung ein rundliches Russenmädchen. Hochbusig, in Soldatenbluse und Mütze. Bei unserem Näherkommen erhebt sie sich gemächlich, nimmt militärische Haltung an und schwenkt energisch ein rotes Verkehrsfähnchen. Achtung, Durchfahrt, winkt uns das Fähnchen. Dann setzt sich die Kleine und zupft behutsam an ihrem Strauß von Ringelblumen. »Da hast du deine Frauen«, lacht Andrik belustigt. »Berufskultur auf der Straßenkreuzung. In medias res, wenn auch ohne Kulturbund.« Mit dankbarem Solidaritätsgefühl blicke ich auf die kulturbeflissene Verkehrspolizistin. Die »Ehre der Frauen« ist für diesmal gerettet.

Samstag, 7. Juli 1945

Die ganze Stadt lebt in einem Rausch der Erwartung. Man möchte sich zerreißen vor Arbeitseifer, möchte tausend Hände haben und tausend Gehirne. Die Amerikaner sind da. Die Engländer, die Russen. Auch die Franzosen sollen im Anzug sein. Vielleicht haben sie ihr Besatzungsgebiet sogar schon bezogen. Man weiß das alles nicht so genau. Gerüchte

schwirren, werden verteidigt und widerlegt. Es kommt ja gar nicht auf sie an. Nur darauf kommt es an, daß wir im Zentrum der Tätigkeit stehen. Daß sich vier Weltmächte in unseren Trümmern begegnen und wir den Vertretern dieser Weltmächte beweisen, wie ernst es uns ist mit unserem Eifer, wie grenzenlos ernst mit den Bemühungen um Wiedergutmachung und Aufstieg. Berlin läuft auf Hochtouren. Wenn man uns jetzt versteht und verzeiht, wird man alles von uns erreichen. Alles! Daß wir dem Nazismus abschwören, daß wir das Neue besser finden, daß wir arbeiten und grundsätzlich guten Willens sind. Noch nie waren wir so erlösungsreif. So müde des Terrors, der Furcht und des Unrechts. Wenn unsere Sieger nur halten, was sie uns versprochen haben ...
Wie wenig verstehen sich geschulte Politiker auf den einfachen Trick, daß man Völker nur dann gewinnt, wenn man ihnen Besseres bietet als bisher. Den Befreier bejubelt die Menge, den Erlöser vom Übel. Haben wir die Ukraine vom Übel erlöst? Die Holländer oder die Norweger? »Elsaß-Lothringer, kommt heim ins Reich«, sagte Hitler 1940. »Fünfundzwanzig Jahre habt ihr unter welschem Joch gelitten. Nun kehrt zurück an die deutsche Mutterbrust.« Und was fanden sie an der deutschen Mutterbrust? Ausplünderungen ihrer Reserven, Abwertung ihrer Währung, Verlust ihrer Sparkonten und Verhaftungen über Verhaftungen. Weil wir das Schlimmere brachten, mußten sie uns hassen. Weil sie auf ihre Not noch eine zusätzliche häuften, hassen heute die Bewohner der Ostzone die Russen. Trägt das Regime die Schuld an dem Fehlschlag? Sorgt vielleicht das Geschick auf solche Weise dafür, daß die diktatorischen Räume nicht in den Himmel wachsen, sondern sich zu guter Letzt durch die eigenen Fehler ruinieren? – Die Amerikaner werden es anders machen. Die Engländer auch und auch die Franzosen. Sie werden die psychologischen Mißgriffe der ersten Besatzungsmacht korrigieren und Recht und Vertrauen wiederherstellen.

Montag, 9. Juli 1945

Es läutet an der Haustür. Erschrocken fahre ich aus dem Schlaf. Erschrocken streift mein Blick den Wecker. Zehn Minuten vor sechs. Gott soll mich schützen. Wer vor sechs Uhr klingelt, hat nichts Gutes im Sinn. Abholung. Wie den Nachbarn von nebenan. Wie Hunderte und Tausende, die im Laufe der Kriegs- und Nachkriegszeit ohne Begründung aus ihren Betten ins Gefängnis überwechselten. Soll ich mich totstellen? Mit trockener Kehle schleiche ich zur Tür und spähe durch das Guckloch. Kein Mensch zu sehen. Halt, oder doch? Zusammengekauert hockt ein dunkles Etwas auf den Treppenstufen. Jetzt regt es sich. Ich höre unterdrücktes Räuspern. »Ist dort jemand?« rufe ich gedämpft. »Post aus dem Westen«, antwortet eine Stimme. »Post?« Mit einem Griff reiße ich die Tür auf. Daß es wieder Briefträger gibt. Seit mehr als zweieinhalb Monaten haben wir keinen gesehen.

Ich sehe auch jetzt noch keinen. Was vor mir auf den Treppenstufen sitzt, ist ein Bündel Lumpen, überragt von einem hohlwangigen Männergesicht. »Sie wünschen?« frage ich verlegen. Der Fremde erhebt sich. »Ein Glas Wasser und ...«, er stockt, » ... wenn möglich ein Stückchen Brot.« Als schäme er sich seiner Bitte, fingert er hastig in den Taschen und fördert etwas Zerknittertes zutage. Stumm schiebt er es mir zu. Tatsächlich, ein Brief. Ich lese meinen Namen auf dem schmuddeligen Couvert. »Absender: Konrad Bauer, Bad Homburg v. d. Höhe.« – »Sie kommen von drüben?« Er nickt. »Zu Fuß?« Wieder nickt er und weist auf seine verstaubten Schuhe. »Seit drei Wochen. Über die grüne Grenze.« Der erste Bote aus dem »Jenseits«. Die erste Post seit Beendigung des Krieges. Hastig reiße ich den Umschlag auf. »Ihr Lieben«, schreibt unser Freund Konrad. »Ihr sehr Lieben. Wir leben und wünschten, daß auch Ihr es tätet. Trotz aller Furchtbarkeiten, die man sich von Berlin erzählt. Gebt Nachricht. Bleibt behütet und seid umarmt von Eurem ...«

»Konrad?« denke ich gerührt. »Daß du es geschafft hast!« Dann streiche ich behutsam den zerknüllten Umschlag glatt und wende mich an dessen Überbringer. »Wenn Sie für einen Moment hereinkommen wollen?« Er folgt mir. So groß scheint seine Erschöpfung, daß er wie ein Betrunkener über die eigenen Füße stolpert. »Sie sind wohl sehr müde«, sage ich und schiebe ihm einen Stuhl an den Küchentisch. Das Elektrizitätswerk ist gnädig. Nach fünfzehn Minuten steht das Frühstück vor uns. »Erzählen Sie«, bitte ich meinen Gast. »Man weiß so wenig und man hört so viel.« Schwerfällig beginnt er zu berichten. Daß er aus Cottbus stamme und es vor Heimweh nach den Seinen nicht ausgehalten habe. Keine Nachricht seit über fünf Monaten. Daß ihn beim Grenzübertritt die Sowjets geschnappt, doch nach vier Tagen wieder laufengelassen hätten. Ohne Uhr zwar, ohne Geld und Feuerzeug, aber sonst unversehrt. Daß man sich drüben erzähle, in Berlin herrsche Leichenpest. Und ob es tatsächlich wahr ist, daß jeder, der hier eine kommunistische Versammlung besuche, zwei Zigarren und ein halbes Pfund Butter erhielte. Ich schlage die Hände zusammen über soviel Unsinn. Doch als ich ihm meine Vermutungen über den Westen mitteile, ist seine Reaktion kaum anders. Alles schief, alles unzutreffend. Wenn einer von uns malaiisch spräche, könnten wir uns kaum unverständlicher sein. Getrenntes Schicksal schafft getrennte Welten. Wie lange wird es dauern, bis unser Schicksal sich wieder gemeinsam und nicht mehr hinter vier Zonenmauern unter Ausschluß der Weltöffentlichkeit vollzieht.

Dienstag, 10. Juli 1945

Die Kammer der Kunstschaffenden ist das Brennglas des Berliner Kulturlebens geworden. Abteilung Musik, Abteilung Bühne, Abteilung Film, Abteilung Schrifttum. Wie Gottvater persönlich waltet über allem als Präsident der Schauspieler Paul Wegener. Andrik sitzt im Präsidialrat. Der »Vorbildstelle« für demokratisches Kunststreben. Er möchte gern Vorbild sein. Auch die anderen Präsidialräte möchten es wohl gern. Nur schade, daß sie sich in ihren Sitzungen so selten mit dieser

Aufgabe befassen und so häufig der Versuchung erliegen, untereinander in Streit zu geraten. Als ob keiner dem anderen das Vorbildsein gönnte. Und doch hätten wir gerade heute Vorbilder nötiger denn je. Die richtigen Persönlichkeiten an die richtigen Plätze. Vielleicht liegt ein Teil unseres Unglücks darin, daß es bei uns zu wenig Persönlichkeiten gibt. Jedem Volk ist von Natur etwa der gleiche Prozentsatz zugemessen. Zehn Prozent Führende gegen neunzig Prozent Geführte. Das heißt, unter sechzig Millionen Deutschen etwa sechs Millionen aller Stände und Schichten, die selbständig denken, selbständig handeln, selbständig urteilen, gegen vierundfünfzig Millionen Indifferente, Unmündige und grundsätzlich »Mitlaufende«! Was ist nach den letzten fünfundzwanzig Jahren von diesen kostbaren zehn Prozent geblieben? Der erste Krieg und der zweite Krieg, die Emigration, die Gasöfen, Gestapokeller und Konzentrationslager, sie alle forderten ihren Teil, forderten ihn in erster Linie aus den Reihen der Führenden. Nicht mehr zehn Prozent, sondern im Höchstfall noch fünf sind uns von unseren Besten erhalten. Ein gefährlicher Nachteil gegenüber anderen Nationen. Noch gefährlicher, wenn es sich eines Tages herausstellen sollte, daß der verbliebene Rest nicht mehr ausreicht, den deutschen Karren aus dem Sumpf zu ziehen. Daß wir auf die zweite, dritte und vierte Garnitur angewiesen sind, weil die erste unter dem Rasen liegt, an die Galgen gehängt wurde, in Gasöfen erstickte oder für fremde Völker tätig ist.
Die richtige Persönlichkeit an die richtige Stelle. Gewiß, man bemüht sich darum. In der Kammer hat sich ein »Gremium zur Rehabilitierung von Nationalsozialisten« gebildet. Ein regelrechter Gerichtshof mit Beisitzer und Vorsitzendem, der die Böcke von den Schafen scheidet und ehemalige Nazis aus den verantwortlichen Kulturstellen ausmerzen soll. Wer aber wird hier wen ausmerzen? Wer in der Welt ist objektiv genug, über sieben Millionen Pg.s ein salomonisches Urteil zu fällen?

Donnerstag, 12. Juli 1945

Die Amerikaner haben den Titania-Palast beschlagnahmt. Als Klubhaus für ihre Truppen. Andrik rennt herum wie ein Verzweifelter. Der einzige Konzertsaal im amerikanischen Bezirk! Was soll aus den Philharmonikern werden!

Auch das Ahornschlößchen ist beschlagnahmt. Heike und Fabian reichen ein Gesuch nach dem anderen ein. Fragebogen: »Geben Sie an, was Sie seit 1933 jährlich verdient haben. Welche Partei wählten Sie im November 1932. Nennen Sie Ihre sämtlichen Bank-, Sparkassen- und Postscheckkonten sowie die Ihrer Eltern, Geschwister, direkten Onkel und Vettern.« Die Haare stehen einem zu Berge. Wer soll sich an das alles erinnern. Muß man einen Meineid schwören, nur weil man ein schlechtes Gedächtnis hat?

Sonntag, 15. Juli 1945

Die Beschlagnahmungen gehen weiter. Wohnungen in Dahlem, Wohnungen in Wannsee; ganze Wohnviertel, wie es heißt, in Zehlendorf und Charlottenburg. Gewiß, die Truppen wollen untergebracht sein. In Trümmerhaufen können sie nicht wohnen. Auch unsere Soldaten haben in Rußland und Frankreich Quartiere beschlagnahmt. Nur daß man so etwas offenbar viel bitterer empfindet, wenn es einem selber geschieht. Räumung innerhalb weniger Stunden. Kaum das Notwendigste zum Mitnehmen erlaubt. Wenn die Wohnungstür hinter den Ausgesiedelten ins Schloß klinkt, können sie sich als totalausgebombt betrachten. Und wie bei Totalausgebombten fallen die Unglückslose ohne Unterschied der Person. Ob Nazigegner oder Nazifreund, ob reich oder arm, wer heraus muß, muß heraus. Mag er dann zusehen, wo er ein Unterkommen findet. Andrik jammert: Meine Konzerte! Fabian stöhnt: Mein Kabarett! Es ist schmerzlich, von einer Minute zur anderen abbauen zu müssen, was man in zweieinhalbmonatiger Mühsal aus dem Nichts geschaffen hat. –

Aber im Rundfunk wurde heute abend bekanntgegeben, daß Stalin, Truman und Churchill zu gemeinsamer Konferenz in

Berlin eingetroffen seien. Das ändert zwar nichts an den Beschlagnahmungen, trägt jedoch immerhin dazu bei, die Enttäuschung darüber nicht allzu groß werden zu lassen. Was bis heute geschehen ist, müssen wir als Kriegsnachwehen buchen. Einschließlich der Vergewaltigungen, der Plünderungen und Beschlagnahmungen. Die Besprechung der großen Drei wird die Ordnung begründen. Sie wird den Boden bereiten, auf dem das Gute gedeihen kann.

Mittwoch, 18. Juli 1945

Andrik hat es geschafft. Nach tagelangen Radfahrten von Dienststelle zu Dienststelle, nach zahlreichen Eingaben und endlosen Verhandlungen ist der Titaniapalast wieder freigegeben worden. Zum mindesten stundenweise, für Konzerte und Proben. Daß der diensttuende Offizier es angebracht findet, das Hauptportal zu sperren und den Strom der Besucher und Künstler auf den engen Hintereingang zu verweisen, beschämt mehr ihn als uns. Der Genuß an Beethoven und Mozart wird nicht geringer, wenn man ihn über die »Treppe für Lieferanten und Dienstpersonal« erreicht.

In Charlottenburg bemühen sich die Engländer um Kultur und Kunst. Konzert der Philharmoniker vor englischen Truppen in der ehemaligen Volksoper. Konzert der Philharmoniker am gleichen Ort, mit gleichem Programm vor deutschen Bewohnern des englischen Besatzungsbezirks. Als wir den langen Weg von Steglitz nach Charlottenburg radeln, lesen wir an einer der Ausfallstraßen ein frisch angebrachtes Schild: »Achtung Flüchtlinge. Zuzug nach Berlin gesperrt. Benutzt die Umleitungen. Meidet die Stadtgrenze. Wandert westwärts.« – »Gastfreundliche Aufforderung«, bemerkt Andrik. »Auch der Westen wird sich bedanken.« Es ist grauenvoll, sich das vorzustellen. Wie ruhelose Perpendikel pendeln die Ostflüchtlinge zwischen den Städten. Kein Zuzug, keine Aufnahme, keine Quartiere, keine Lebensmittelkarten. »Schon dreimal sind wir von Fürstenberg nach Genthin und zurück gelaufen«, berichtet eine sechsköpfige Flüchtlingsfamilie. »Einundfünfzigmal hat man uns abgewiesen, siebenmal uns auf später vertröstet und zwölfmal uns ein Nachtquartier für höchstens drei Tage in Aussicht gestellt. Was tun wir mit einem Nachtquartier für höchstens drei Tage? Einer fragwürdigen Aussicht auf vielleicht in vier Wochen?« Immer neue Flüchtlinge ziehen von Osten heran. Ihre Zahl ist Legion, ihre Leiden sind ohne Maß. Hitlers Programm der deutschen Ostansiedlung wurde zur »gigantischsten Entvölkerung aller Zeiten«. Und ich denke mit Frank: Was da kaputtgeht ... Wer das verantworten will ...

Donnerstag, 19. Juli 1945

Unsere Nachbarin, der man im Mai den Mann fortgeholt hat und die mit fünf Kindern allein zurückgeblieben ist, liegt im Bett und steht nicht wieder auf. »Wegen Hunger«, flüstert sie matt, als Heike sich nach ihr umsieht. Hausfrauen, Berufslose und Nazis erhalten Lebensmittelkarten Fünf. Was macht eine Mutter, wenn sie dreihundert Gramm Brot am Tage erhält? Sie teilt es unter ihre Kinder und sättigt sich am Zusehen. Vom Zusehen setzt man kein Fett an. Auch dann nicht, wenn der Mann Parteigenosse gewesen ist. Unsere Nachbarin wiegt noch knapp achtzig Pfund. Und liegt im Bett »wegen Hunger«. Man spart Kalorien, wenn man sich weniger bewegt. Nicht nur sie ist zu dieser Entdeckung gelangt. Die Motorik der Fünfer-Karten-Besitzer hat in den letzten Wochen erheblich nachgelassen. Schuhsohlen sparen, Kräfte sparen, Kalorien sparen. Immer häufiger hört man die gleiche Begründung. »Während das Gras wächst, stirbt die Kuh«, sagt ein Sprichwort. In Potsdam tagt die Konferenz der großen Drei. Die ganze Gegend ist abgesperrt. Kein Deutscher darf den Fuß in die geheiligten Verhandlungsbezirke setzen. Möge das Gras in ihnen wachsen. Möge es wachsen, noch ehe die Kühe verendet sind.

Freitag, 20. Juli 1945

Der Tag von Witzleben und Stauffenberg. Heute vor einem Jahr glaubten wir, daß in wenigen Stunden der Terror zu Ende sei. Er war nicht zu Ende. Millionen von Menschenleben, Hunderttausende von Wohnungen und Häusern, Milliardenwerte an Volksvermögen hat es die Welt gekostet, daß er an diesem Tag nicht zu Ende ging. Warum haben uns die Weltmächte damals nicht geholfen? Warum haben sie auch diese letzte unter den vielen Chancen, Herrn Hitler den Lebensfaden abzuschneiden, vorübergehen lassen. Rheinlandbesetzung. Österreich, Sudetenland, Tschechoslowakei. Danzig, Polen. Hitlers Abneigung gegen den Zweifrontenkrieg – eine Fülle von Möglichkeiten, von unterlassenen Eingriffen und verpaßten Gelegenheiten. Wird Potsdam das Versäumte aufholen? In der Stadt verbreitet sich seit heute morgen ein grausiges Gerücht. Es stehe nicht gut um Potsdam. Man sei sehr verschiedener Meinung auf dieser Konferenz. Durchaus nicht mehr so freundlich wie in Frankfurt und San Francisco. »Vielleicht wird es Krieg geben«, flüstern sich die Menschen zu und machen erschrockene Gesichter. »Man sagt, es könne möglich sein« ... Krieg! Wir hatten doch erst einen Krieg. Noch vor elf Wochen. Es ist doch ausgeschlossen ...

In Potsdam tagt man sehr diskret. Kein Laut dringt durch die kilometerbreite Absperrung. Es sei denn, die aufregende Mitteilung, daß die auswärtigen Staatsführer die »Innenstadt und den Bezirk Tiergarten besucht und die zerstörten Gebäude und Luftschutzkeller der Reichskanzlei Hitlers besichtigt hätten ... Zu ihren Ehren sei ein Salut abgefeuert worden, und die Gestaltung des neuen Europa bilde den Hintergrund der gegenwärtigen Ereignisse.« – So die Presse. Die Zivilbevölkerung steckt die Köpfe zusammen und raunt: »Truppenzusammenziehungen ... Schießereien zwischen Amerikanern und Russen jede Nacht. Sie grüßen sich nicht mal auf der Straße, die verbündeten Uniformträger. Sie scheinen einander nicht zu lieben, unsere alliierten Besatzungsmächte.« – Laut allerdings darf man das nicht werden lassen. Wenn wir den

Amerikanern oder Engländern vorsichtig andeuten, daß es mit der russischen Besatzung einige Schwierigkeiten gegeben hätte, werden ihre Mienen kalt wie Eis. Unsere Verbündeten, sagt ihr zurückweisender Blick und läßt uns respektvoll verstummen.

Am Abend kommt ein amerikanischer Künstler zu Andrik. Ein Schwarzer. Er ist schön wie ein Panther und an Bach und Beethoven leidenschaftlicher interessiert als die meisten Deutschen. Er hat die ganze Welt bereist, in unzähligen Ländern Konzerte gegeben. »Sie drängen sich zu meinen Konzerten«, sagt er und blickt uns an mit den Augen Ahasvers. »Aber nicht, weil sie meine Musik meinen, sondern weil sie sehen wollen, wie es ist, wenn ein Neger ihre Musik macht. Wir sind das mißachtetste Volk in der Welt. Noch tiefer mißachtet als die Juden oder ...«, wieder sieht er uns an mit den Augen Ahasvers, »... oder die Deutschen.« Ist es ein Sieger, der vor uns steht? In seiner elegant zugeschnittenen amerikanischen Uniform, schön wie ein Panther und leidenschaftlich interessiert an Bach und Beethoven? Plötzlich schämen wir uns alle voreinander. Bis Andrik sich verlegen zu seinem Partituren-Regal bückt, eine Bachkantate hervorzieht und sie dem schönen Gast herüberreicht. »If you would like to have it ...«

Mittwoch, 25. Juli 1945

Das »Gremium zur Rehabilitierung von Nationalsozialisten« ist wegen »Klärung der Kompetenzen« durch Magistrat und Präsidialrat vorläufig ausgesetzt worden. Drei Fälle hat es im Laufe seines Bestehens bereinigt. Drei oder fünf. Es können auch sieben gewesen sein. Wenn es in diesem Tempo weitergeht, werden Enkel und Urenkel den letzten Pg.s ihre Bereinigungsurkunden auf die Grabhügel legen. Vorerst mal streitet man sich um die Kompetenzen. Und wird, wenn es hart auf hart kommt, ziemlich unfreundlich gegeneinander. Die aus Moskau zurückgekehrten Emigranten – vom Volk Moskowiter genannt – sind der Meinung, daß sie die besten Antinazis gewesen seien und daher den ersten Anspruch auf Gestaltung der Zukunft hätten. Die hier Verbliebenen vertreten den entgegengesetzten Standpunkt. Antinazi contra Antinazi. Wie naiv waren wir noch vor wenigen Wochen zu denken, daß alle am gleichen Strange ziehen würden.

In den kaum enttrümmerten Wohnungen kämpft man um jede Minute Strom. Er kommt und geht wie launisches Aprilwetter. »Kabelbrüche«, sagen die einen. »Stimmt nicht«, widersprechen die anderen. »Als die Russen die Westsektoren räumten, haben sie sämtliche Kohlenvorräte aufgepackt und in ihr Okkupationsgebiet mitgenommen.« Wer hat recht? Wahrscheinlich beide. Vielleicht auch keiner. Nur eines steht fest: daß wir wohl oder übel zum Ziegelherd zurückkehren müssen.

Freitag, 27. Juli 1945

Diesmal bauen wir ihn auf dem Balkon. Wegen Hitze und Rauchentfaltung. Schließlich sind wir keine Räucherschinken und haben trotz Trümmern und Stegreifleben im Laufe der letzten zwei Monate zu gewissen Zivilgewohnheiten zurückgefunden. Während ich mit Töpfen, Schürhaken und Kochlöffel hantiere, kommt Heike gelaufen. »Sie haben Churchill gestürzt«, sagt sie. »Und Eden. Attlee soll Premierminister geworden sein.« Ich lasse den Kochlöffel fahren. Und das alles mitten in der Konferenz? »Ein bodenloser Undank!« – »Gar kein Undank«, mischt sich Andrik von drinnen ins Gespräch. »Nur ein Beweis dafür, wie objektiv die Engländer Politik treiben. Für den Krieg war Churchill ihr bester Mann. Für den Frieden, vor allem wenn er ein alliierter Frieden sein soll, hat der Konservative Churchill seine Schattenseiten. Attlee ist Labour-Mann. Zwischen Sozialdemokraten und Kommunisten sollte es keine unüberbrückbaren Gegensätze geben. Jedenfalls nicht an einem gemeinsamen Konferenztisch.« Ich verstehe. Und trotz Mitleid mit Churchill freue ich mich heimlich der entschwindenden Kriegsgefahr.

Montag, 30. Juli 1945

O großer Gott! Wie schlimm kann Elend sein! Manchmal, wenn man durch die Straßen geht, glaubt man, den Jammer kaum ansehen zu können. Zwischen den smarten amerikanischen Uniformen, den wohlgenährten Gestalten unserer Besatzungsmächte, tauchen zerlumpt und abgezehrt, scheu um sich blickend wie ertappte Sünder, die ersten deutschen Soldaten auf. Kriegsgefangene, von irgendwoher. Sie schleichen durch die Straßen. Man möchte wegblicken, wenn man sie sieht, weil man sich ihrer Scham so schämt, ihres trostlosen, jämmerlichen Aussehens. Sind das die strahlenden Sieger, die Adolf Hitler wohlausgerüstet vor Jahren in den Krieg schickte! Als wandelnde Ruinen wanken sie dahin. Beinlose, Armlose, Sieche, Kranke, Verlassene und Verlorene. An eine Mauer gelehnt steht ein graubärtiger Mann in zerschlissenem Soldatenrock. Er hat die Arme über den Kopf geschlagen und weint in sich hinein. Menschen fluten an ihm vorüber, bleiben stehen, bilden einen scheuen Kreis um ihn. Er sieht sie nicht. Hilflos, die Arme über den Kopf geschlagen, schluchzt er wie ein kleines Kind. »Mutter ... Mutter ...« »Haben Sie Hunger?« fragt eine Frau und kramt verlegen in ihrer Einkaufstasche. »Vielleicht sind Sie krank ...?« Er hört sie nicht. Er weint. Es ist entsetzlich, wenn graubärtige Männer weinen. Wenn sie nicht aufhören können zu weinen ...

Manchmal sieht man nur Rümpfe. Amputiert bis fast zu den Hüften, sitzen sie in einer alten, auf Räder gestellten Margarinekiste, stoßen sich mit den Armen ab wie Flößer und lavieren ihre traurigen Verkehrsmittel durch den Strom der Autos und Lastwagen. »Heil Hitler!« möchte man in wütendem Erbarmen fluchen, wenn man ihnen begegnet.

Dienstag, 31. Juli 1945

Der Krieg gegen Japan ist in ein neues Stadium getreten. Die gesamten in Europa freigewordenen Streitkräfte konzentrieren sich auf den Fernen Osten und bereiten eine Invasion auf

die japanischen Mutterinseln vor. Die Bombardierungen japanischer Städte steigern sich von Tag zu Tag. Amerika, England und China haben an Japan ein Ultimatum gerichtet. Ausgerechnet aus Potsdam, soweit die Oberhäupter der betreffenden Staaten dort vertreten sind. Sie fordern bedingungslose Kapitulation. »Die Alternative für Japan«, so erklärt das Ultimatum, »ist völlige Zerstörung.« Ohne Zweifel. Auch der Krieg gegen den Tenno nähert sich seinem Ende. Kein Staatsoberhaupt kann so selbstmörderisch sein, solche Drohungen in den Wind zu schlagen.
Nach dem Wahlsieg der Labour-Party in England ist Attlee statt Churchill an den Potsdamer Konferenztisch zurückgekehrt. Schon in den nächsten Tagen sollen die Besprechungen ihren Abschluß finden. Wir teilen unsere Spannung zwischen Potsdam und Tokio, zwischen Stromsperren und neuen Wohnungsbeschlagnahmungen.

Samstag, 4. August 1945

Große Schlagzeilen in allen Zeitungen. »Das Potsdamer Schlußabkommen. Gemeinsame Politik in allen Besatzungszonen. Einigung über die Friedensordnung in Europa.« Ein Stein fällt uns vom Herzen. Also kein neuer Krieg. »Gemeinsamer Aufbau und gemeinsame Ordnung. Die Dreier-Konferenz hat die Beziehungen zwischen den drei Regierungen gefestigt und den Bereich ihrer Zusammenarbeit und das gegenseitige Verständnis weiter ausgebaut«, betont das Schluß-Communiqué. »Die Staatsmänner verlassen die Konferenz mit der neugestärkten Zuversicht, daß die Regierungen und Völker ihrer Länder in Verbindung mit den anderen vereinten Nationen die Schaffung eines gerechten und dauerhaften Friedens gewährleisten werden.« Es klingt fast zu schön, um wahr zu sein. Zwar will man eine zentrale deutsche Regierung vorläufig noch nicht einsetzen, als Vorstadium dazu jedoch mehrere Staatssekretäre ernennen, die reichseinheitlich Transport- und Verkehrswesen, Finanzen, Außenhandel und Industrie verwalten sollen. Solange die Besatzungszeit dauert, wird man Deutschland als ein einheitliches wirtschaftliches Ganzes behandeln, vor allem im Hinblick auf Bergbau, Landwirtschaft und Industrieproduktion, Lebensmittelzuteilung, Bankwesen, Verkehrswesen, Wiedergutmachungsleistungen und Währung. – Wenn das geschieht, müssen über kurz oder lang alle Zonengrenzen überflüssig werden. Ich sehe bereits die Friedenstaube. »Sieh sie nicht zu früh«, warnt Frank. »Nicht alles in diesen Beschlüssen realisiert sich so rosig, wie es gedruckt erscheint. Und was den Artikel der Wiedergutmachungen betrifft, der Gebietsabtrennungen und der russischen Westgrenze, ganz zu schweigen von der Rückführung deutscher Minderheiten, sprich Flüchtlinge aus den abgetrennten Gebieten, so schaudert mir, wenn ich an ihre Folgen denke. Mein politisch ungeschulter Verstand kommt nicht ganz mit.« »Wieso?« frage ich. Frank zählt an den Fingern auf: »Königsberg und die angrenzenden Gebiete russisch, Ostpreußen, Westpreußen, Posen, Schlesien und Pommern bis an die Oder polnisch. Aus der russischen Besatzungszone zur Befriedigung der russischen Wiedergutmachungsforderungen Demontage von Industrie- und Wirtschaftsanlagen in unbestimmter Höhe. Wiedergutmachungsansprüche der Westalliierten aus Aktiven der westlichen Besatzungszonen und aus deutschen Auslandsguthaben gedeckt.« Die Zahl seiner Finger ist zu Ende. Er ballt beide Hände zu Fäusten. »Was meinst du«, fragt er düster, »auf welche Hilfsquellen die Deutschen bei diesem Programm zurückgreifen sollen, um, wie es in den Beschlüssen heißt, ohne Unterstützung von außen ihre Existenz aufrechtzuerhalten? Wenn dieser Wahnsinn durchgeführt wird! Rückführung deutscher Minderheiten aus Polen! Das heißt, sofern sie Pommern, Posen, Schlesien und das halbe Preußen als polnisch betrachten, Ausquartierung von Millionen Deutschen. Ich danke ergebenst! Das sind doch Kautschukparagraphen! Auslegbar nach Belieben und Laune.« – Ich schweige bedrückt. So hatte ich mir die Dinge nicht vorgestellt. Das Potsdamer Abkommen beginnt mir unheimlich zu werden.

Sonntag, 5. August 1945

Berlin hat den Postverkehr eröffnet. Seit gestern gibt es wieder Briefzustellung. Richtige Briefpost, durch einen echten Briefträger mit Amtsmiene und Umhängetasche ins Haus gebracht. Hier und dort ist es auch eine Briefträgerin. Die Zivilisierung schreitet fort.

Montag, 6. August 1945

Etwas Beklemmendes liegt in der Luft. Wie Schwüle vor einem Gewitter. Nachdem der Tenno das Kapitulationsangebot der Alliierten abgelehnt hat, scheint sich in aller Stille Gefährliches vorzubereiten. Stündlich erwartet Japan die Invasion und zerbricht sich den Kopf, auf welche der Mutterinseln sie gerichtet sein wird. Zerbräche es sich lieber darüber den Kopf, wie man so schnell wie möglich zu einem Frieden kommt. Die Selbstaufopferung bis zur Volksausrottung ist nicht Heldentum, sondern Verbrechen.

Mittwoch, 8. August 1945

Da haben wir es. Wer den Krieg wählt, wird durch den Krieg vernichtet. Nicht Invasion, sondern Atombombe. Jene fürchterliche Waffe, von der seit Wochen gemunkelt wurde, ist gestern gegen Japan eingesetzt worden. Auf die Stadt Hiroshima. Mit einer Sprengwirkung, zweitausendmal größer als die der englischen Zehntausend-Kilo-Bomben. Zu Pulver muß sie die Stadt und deren Bewohner zermalmt haben. Wenn es Hitler gelungen wäre, ein solches Vernichtungsinstrument zu schaffen. Vergeltungswaffe Numero X. Nicht vorzustellen! Was aber das Groteske daran ist: drei der Gelehrten, die an der Erfindung mitwirkten, sind deutsche Emigranten. Er *hätte* ihn also ausspielen können, den mörderischen Trumpf, wenn er sich nicht – o sinnvoll rächende Nemesis – durch seinen Rassenhaß den Weg dazu versperrt hätte. Ein neuer Beweis, daß Diktatoren sich im entscheidenden Augenblick durch ihre eigenen Maßnahmen zugrunde richten. Hiroshima ist ein Trümmerhaufen. Vielleicht wird es morgen ganz Japan sein.

Donnerstag, 9. August 1945

Die Welt hält den Atem an. Werden sie zu Kreuze kriechen? Neue Bombenabwürfe sind angekündigt. Über Hiroshima lagern noch die Rauchschwaden des Todes, und durch den Rundfunk wird soeben bekanntgegeben, daß Rußland in den Krieg gegen Japan eingetreten sei. Fünf Minuten vor Torschluß. Vielleicht auch nur eine. Man sagt, so sei es in Potsdam beschlossen worden.

Mittwoch, 15. August 1945

Vor dem Hebbeltheater in der Stresemannstraße – alias Saarlandstraße – alias Stresemannstraße – alias Königgrätzerstraße – stauen sich die Menschen. In ununterbrochener Folge rollen Wagen prominenter Besatzungsmitglieder heran. Eröffnung des Theaters mit Neueinstudierung der Dreigroschenoper. Die Oper der Bettler, bezugreiches Symbol. Es ist vier Uhr nachmittags. Wenn man es genau überlegt, eine ungewöhnliche Zeit, um in festliche Theaterstimmung zu geraten. Aber um elf Uhr ist curfew. Wer sich nach elf noch auf der Straße bewegt, hat zu gewärtigen, verhaftet oder gar erschossen zu werden. Und bis man vom Hebbeltheater zu Fuß in die verschiedenen Vororte gelangt ... So beginnt die Vorstellung zu einer Stunde, die es dem Publikum ermöglicht, ohne Gefahr für Leib und Leben seine Heimstätten zu erreichen.

Seit anderthalb Monaten arbeitet das Ensemble. Kämpft sich mühselig durch einen »Engpaß« nach dem anderen. Kabelbruch. Fünftausend Volt. Um mindestens drei Tage muß die Premiere verschoben werden. Kostüme gestohlen. Requisiten demoliert. Jede Neubeschaffung bedeutet einen Berg von Hindernissen. Dann regnet es durchs Dach. Dann tropft es in den Zuschauerraum. Ein sommerliches Unwetter spült die Kulissen fast davon. Unermüdlich probt das Ensemble. Manchmal unter dem Regenschirm, manchmal in ägyptischer Finsternis. Es gehört ein beachtlicher Idealismus dazu, nach stundenlangen Fußmärschen, kaum mehr als ein Stück trockenes Brot im Leibe, tagein, tagaus mit Begeisterung die

Dreigroschenoper zu proben. Heike ringt jeden Morgen um ihn, um jeden Abend todmüde zu schwören, daß sie es nun ganz bestimmt nicht mehr schaffen würde. – Heute ist Premiere. Und wieder mal radeln wir in geschlossenem Zuge durch die Trümmerstraßen Berlins. Gottlob, kein neuer Kabelbruch. Kein Platzregen und keine sonstige Störung. »Ihr Herren, die ihr uns lehrt, wie man brav leben/Und Sünd und Missetat vermeiden kann«, singt es in unsere Ohren. Mir schnürt sich die Kehle zusammen. Das war das Lied unserer illegalen Zeit. Trost und Aufrichtung in hundert verzagten Stunden ». . . Zuerst müßt ihr uns was zu fressen geben. Dann könnt ihr reden: damit fängt es an.« Ein Beifallssturm bricht los. Er reißt mich unsanft aus meiner Versunkenheit. Wen meinen sie denn da? – Wie peinlich, denke ich. Müssen wir unsere erste demokratische Äußerung ausgerechnet mit einer Kritik an anderen beginnen?

Donnerstag, 16. August 1945

Der Krieg in Japan ist aus. Am zehnten haben die Japaner erklärt, daß sie bereit seien, die Kapitulationsforderungen aus Potsdam unter gewissen Einschränkungen anzunehmen. Am elften traf die Antwort der Alliierten ein. Am vierzehnten kapitulierte Japan bedingungslos. Gestern um zwei Uhr morgens wurde in London, Moskau, Washington und Tschunking das Ende des Krieges bekanntgegeben. Die japanische Nachrichtenagentur meldet, daß der Kriegsminister, Korschika Anami, Harakiri begangen habe, um »für seine Versäumnisse in der Erfüllung seiner Pflichten als Minister Seiner Majestät einzustehen«. Wann wird man endlich anfangen, das Heldentum nicht in der Lebensvernichtung, sondern in seiner Erhaltung zu sehen.

Samstag, 18. August 1945

Lebensvernichtung oder Lebenserhaltung. Fünf Stunden lang beraten die Berliner Amtsärzte über diese Frage. Zur Debatte steht § 218 des Strafgesetzbuches: »Eine Schwangere, welche ihre Frucht vorsätzlich abtreibt oder im Mutterleibe tötet, wird mit Zuchthaus bis zu fünf Jahren bestraft. Sind mildernde Umstände vorhanden, so tritt Gefängnis nicht unter sechs Monaten ein. Dieselben Strafvorschriften finden auf denjenigen Anwendung, welcher mit Einwilligung der Schwangeren die Mittel zu der Abtreibung oder Tötung bei ihr angewendet oder ihr beigebracht hat.« – Zur Debatte stehen die §§ 177 und 178 des gleichen Gesetzbuches: »Mit Zuchthaus wird bestraft, wer durch Gewalt oder durch Drohung mit gegenwärtiger Gefahr für Leib oder Leben eine Frauensperson zur Duldung des außerehelichen Beischlafs nötigt ... Ist durch die bezeichnete Handlung der Tod der verletzten Person verursacht worden, so tritt Zuchthausstrafe nicht unter zehn Jahren oder lebenslängliche Zuchthausstrafe ein.«

Die Saat, die während der letzten April- und ersten Maiwochen von unseren liebesbrünstigen Siegern gesät wurde, ist inzwischen fürchterlich aufgegangen. Noch sechs Monate, und Tausende von Kindern werden das Licht der Welt erblicken, die ihren Vater nicht kennen, die in Gewalttat erzeugt, in Furcht empfangen, in Grauen geboren werden. Soll man sie leben lassen? Die Amtsärzte tagen in der Charité, unter Vorsitz von Sauerbruch. Hinter verschlossenen Türen und in Abwesenheit der zuständigen Besatzungsmacht. Die Hälfte aller Berliner Frauen ist vergewaltigt worden, bestätigen ihre Berichte. Zehn Prozent haben die unfreiwillige Liebesstunde mit einer Geschlechtskrankheit bezahlt. Gewiß, Geschlechtskrankheiten kann man kurieren. Zum mindesten, sofern sie bekannt und die notwendigen Heilmittel vorhanden sind. Pyrimal: 2 O. P., Salvarsan: eine Kurpackung. Zwei Pfund Kaffee bietet man bereits unter der Hand für eine Salvarsan-Kur. Zwei Pfund Kaffee oder hundert Mark pro Spritze. Sulfonamide sind kaum aufzutreiben. Und wem das Unglück widerfuhr, sich eine »mongolische« Syphilis zu holen, dem soll überhaupt nicht zu helfen sein. Penicillin? – Vielleicht. Doch Penicillin existiert nicht für uns. Es zu benutzen, ist Vorrecht der Alliierten.

Verstört hocken die Mädchen und Frauen in den Wartezimmern der Ärzte. Ihre Gesichter sind gedunsen, ihre Augen verschattet. Furchtbar tragen sie an der Last ihres Verhängnisses. »Werde ich sterben? Werde ich siech bleiben?« fragen die einen. »Muß ich es austragen? Muß ich es zur Welt bringen?« ängstigen sich die andern. Noch ist der § 218 in Kraft. Niemals zuvor hat sich seine Fragwürdigkeit so deutlich erwiesen. »Natürlich bejahen wir die Indikation«, sagt Frank mit dem Nachdruck des Bekenners. »Aufgezwungene Kinder sind ein Verstoß gegen die Menschenwürde. Auch die Frau hat ein Recht auf Selbstbestimmung. Es wird höchste Zeit, daß wir endlich von dem trostlosen Standpunkt abrücken, sie wäre nichts anderes als eine Gebärmaschine. Ein Mittel zum Zweck. Eine bevölkerungspolitische Milchkuh.« »Und der Respekt vor dem Ungeborenen?« werfe ich ein. »Können die Embryos etwas dafür, daß sie nicht gewollt wurden? Vielleicht ist ein Goethe darunter. Ein Leonardo oder ...« – »... ein Hitler«, ernüchtert mich Frank. »Natürlich ist es nicht erstrebenswert, in keimendes Leben einzugreifen. Aber solange man es den Frauen verwehrt, nach eigener Verantwortung darüber zu entscheiden, ob und wann sie ein Kind haben wollen, so lange bleibt der Eingriff eine unvermeidliche Notlösung. Zum mindesten bei gesundheitlichen Gefahren, in sozialer Bedrängnis oder in Fällen von Notzucht. – Ich frage dich«, fährt er fort, »was wird denn aus der Würde der Frauen, aus ihrer menschlichen Ebenbürtigkeit, wenn man sie zwingt, Verantwortungen zu übernehmen, die sie nicht tragen können, fünfzehn oder gar zwanzig Jahre ihres Lebens in einen Pflichtenkreis eingespannt zu sein, für den sie sich nicht freiwillig entschieden haben. Gewiß magst du einwenden, daß es ihnen freistünde, enthaltsam zu bleiben, auf Liebe und Liebestun überhaupt zu verzichten. Dann aber bist du kein Mensch, sondern ein Klotz. Ein frigides Geschöpf, dem die Wunder des Eros nicht aufgegangen sind. Denn auch der Eros ist Selbstzweck, hat sich in Jahrhunderttausenden menschlicher Vergeistigung vom Urtrieb der Fortpflanzung gelöst und zum Selbstzweck entwickelt. Auch letzte Verschmelzung zweier Liebender bedeutet Erfüllung an sich.« – »Mag sein«, erwidere ich. »Nur nicht die von der Natur gemeinte.« Frank schüttelt den Kopf. »Leben wir noch in der Steinzeit? Ist etwa die ewig spendende Milchkuh, das freigebig eierlegende Huhn von der Natur ursprünglich so gemeint? Meint die Natur die Askese des Heiligen, die himmlische Liebe der Klosterfrauen? Hier sagst du ja – dort sagst du nein. Mit welcher Berechtigung, wenn ich bitten darf? Gib den Menschen die Freiheit und Aufklärung, die Verantwortung und technische Möglichkeit, ohne Gefahr für ihre Gesundheit, ohne Beeinträchtigung ihrer Gefühle und ohne inneres Schuldbewußtsein Kinder zu wollen oder nicht. Wenn sie sich lieben und alle Voraussetzungen dafür gegeben sind, so werden sie sich freudig zum Kinde bekennen. Die Menschheit stirbt nicht aus, auch wenn der § 218 fällt. Aber sie wird bestimmt nicht verantwortungsvoller, wenn er erhalten bleibt. Bestimmt nicht freier und sich ihrer Würde bewußter.« – »Und bleibt er denn erhalten?« erkundige ich mich. »Ich meine jetzt ... unter den augenblicklichen Umständen?« Frank sieht mich an. »Wie willst du ihn abschaffen, ohne Regierungsgewalt, ohne Ermächtigung zur Legislative? Selbstverständlich bleibt er erhalten. Aber nach stillschweigendem Übereinkommen ...«, er schweigt, »wird man ihn vorübergehend außer Kraft setzen«, deute ich sein Verstummen. Und atme im stillen auf, daß bei unserem Bevölkerungsüberschuß, bei Hunger, Wohnungsmangel und Elend im Laufe der nächsten neun Monate nicht noch Zehntausende von Russenkindern zusätzlich geboren werden.

Donnerstag, 23. August 1945

Immer besser beginnen sich Andriks Konzerte einzuspielen. Titania-Palast, Volksoper. Umschichtig wechseln die Programme, wechselt das Publikum, das ihnen lauscht. Amerikanische Truppen, englische Truppen, deutsche Zivilpersonen aus dem einen Sektor, deutsche Zivilpersonen aus dem anderen. Für Mischung der Interessengruppen zeigt man noch wenig Neigung. Fraternisierung ist verboten. Nur auf den abendlichen Parkbänken, sofern die Holzdiebe sie übrigließen, beginnt sie sich heimlich anzubahnen. Auch in Andriks Künstlerzimmer vergißt man über Tschaikowsky, Beethoven und Richard Strauss, daß es Sieger und Besiegte gibt. Heute abend sind wir bei einem Engländer eingeladen. Gestern baten uns zwei Amerikaner zu Gast. Wir freuen uns über jede Gelegenheit, um Verständnis zu werben, jede winzige Chance, die Sieger davon zu überzeugen, daß deutsche Menschen keine anderen Menschen sein müssen als sie. Erst wenn man sich versteht, kann man einander richtig behandeln. Verstehen denn wir die anderen? Würden wir die Indianer richtig behandeln, wenn wir morgen als Besatzungsmacht über sie gesetzt wären? Es ist kein Fehler, ein fremdes Volk unrichtig einzuschätzen. Eine verhängnisvolle Unterlassungssünde aber wäre es, sich nicht aller Möglichkeiten zu bedienen, dieses fremde Volk kennenzulernen, sofern man dazu ausersehen ist, es zu regieren. Wir brennen darauf, daß man uns kennenlernt. So kennenlernt, wie wir wirklich sind. Wir möchten es in alle Ohren sagen, alle Hirne, alle Herzen dafür aufschließen. Wir möchten ... o lieber Himmel, was möchten wir nicht, in unserem leidenschaftlichen Wunsch, den Karren aus dem Schlamm zu ziehen. – Um sieben Uhr soll der Wagen des englischen Obersten uns abholen. Er liebt die Musik. Liebt Bach, Händel und Brahms. Er wird auch uns nicht hassen und wir nicht ihn.

Freitag, 24. August 1945

Um sieben Uhr bringt uns der Wagen des Colonels in die Villa am Grunewald. Wir sitzen in schönen Sesseln, trinken Whisky und essen unvorstellbar weiße Sandwiches mit unvorstellbar echtem Fleisch. Wir reden über Bach und Deutschland. Wir reden in offene Ohren und fühlen beglückt, daß wir Freunde sind. Im Fluge vergeht die Zeit. Ein Viertel vor elf. Curfew in fünfzehn Minuten. Erschreckt erinnern wir uns daran, daß es

Besatzungsgesetze gibt. »Ich bringe Sie nach Hause«, sagt der Oberst ... Pfeilschnell fliegen wir durch die Straßen. Kaum ein Deutscher mehr unterwegs. Nur hin und wieder steht ein fremder Soldat am Straßenrand und hebt auffordernd seine Daumen. Hitch-hiking, deuten wir die Gebärde und sind stolz auf die zugelernte Vokabel ... Hildegardstraße – Kaiserallee – Kaiserplatz. Unter der Bahnunterführung stehen drei Schatten. Tragen sie Lämpchen in den Händen? Hitch-hiking! ... Hitch-hiking! – Vor mir sitzt Andrik. Ich sehe sein schönes Profil dem englischen Freunde zugewandt. Sie reden über das Dritte Brandenburgische Konzert. »Das nächstemal werde ich Ihnen Bach ...«, sagt Andrik. Ein merkwürdiges Geräusch. Als würfe jemand eine Handvoll Kies gegen den Wagen. Kies oder ... grundgütiger Vater! Ich höre irgendeinen Lärm. Feindseligen Lärm, wie mir scheint. Ich rutsche zurück in die Kissen. Immer tiefer ... Jetzt knallt es. Etwas spritzt um mein Gesicht, schlägt mir mit hackenden Stößen gegen Schultern und Arme. Pulvergeruch. Beißend und schweflig. Und noch ein Geruch. Was riecht hier nur so fremd ... Tack-tack-tack ... tack-tack-tack ... Der Wagen steht. Knapp zehn Meter hinter der Bahnunterführung. Hat man geschossen? Bin ich getroffen? Benommen richte ich mich auf. »Andrik!« rufe ich. »Ist etwas passiert? – Andrik!« Still, die Schultern nach vorn gebeugt, sitzt er vor mir im Wagen. Der Wind hat ihm die Haare hochgeweht. Wie ein Flammenkranz stehen sie um seinen Kopf. »Andrik!« rufe ich noch einmal. Schweigen. Die Schultern nach vorn gebeugt, als dächte er über etwas nach, sitzt Andrik im Sessel. Warum antwortet er nicht? Mit einem Satz springe ich aus dem Auto, reiße die Tür vor mir auf. Mein Gott, was ist das. Tropfend rinnt es mir entgegen. Tropfend rinnt es von Andriks Schultern. Dunkel und zäh. Wie ein Bach ... wie ein Bach. Blut ..., denke ich entsetzt, ... alles Blut. Ich höre es tropfen, wie in einer Regenrinne, ich sehe es fließen. Es klebt ... klebt entsetzlich an meinen Händen, unter meinen Füßen, überall ... überall. »Hilfe«, schreie ich. »Er verblutet ja ...« Von der Bahnunterführung kommt der englische Freund. Sein Gesicht ist grau wie Asche. Warum kommt er von dort, denke ich flüchtig. Warum ist er nicht hier? Habe ich gar nicht gemerkt, daß er aus dem Auto sprang? Mit unendlich behutsamer Gebärde tritt er neben mich. »Ich fürchte ...«, sagt er und stockt, »... ich fürchte ... es ist zu spät ...«

Die Welt versinkt. Unwirklich und schattenhaft ist alles, was sich fortsetzt. Andrik sitzt dort. Die Schultern nach vorn gebeugt. Still ... immer stiller. Wie aus einer Regenrinne tropft es über seine Hände auf Wagentritt und Straße. Ich gehe vor dem Auto auf und ab. Jemand sagt, daß ein Krankenwagen bestellt sei. Daß er Andrik mitnehmen würde. Der englische Freund hat seinen Arm in den meinen geschoben. Durch das Grün der Bäume schimmert das gelbe Licht der Bogenlampen. Andrik ... Andrik. Vergeht eine Stunde? Vergehen viele? Mechanisch wandern wir die Straße hinauf und herab. Arm in Arm. Plötzlich wankt mein Begleiter. Wankt und stürzt schwerfällig auf das Pflaster. Alles ist unwirklich. Alles, wie ein Nebel. Ist er tot? Jemand hebt ihn auf. »Nur eine Ohnmacht«, höre ich eine Stimme. Dann kommt der Hospitalwagen. Und dann ist Nacht. Immerfort Nacht. Bis ich mich zu Hause die Treppen emporsteigen sehe. In der Siedlung am Wasserturm. Ich wecke Frank, Jo, Heike und Fabian. »Andrik ist tot«, sage ich. »Steht auf und zieht euch an. Man darf nicht im Pyjama sein, wenn Andrik gestorben ist.«

Der Morgen naht. Wir warteten lange auf ihn. Um acht erscheint der englische Freund. Es gibt so vieles zu erledigen. Man kann nicht alles mit dem Fahrrad tun. Man kann überhaupt nichts erledigen, wenn man ein Deutscher ist. Noch immer ziehen sie die Leichen auf Leiterwagen zu den Friedhöfen, betten sie, in eine Pferdedecke gewickelt, auf einen handtuchschmalen Platz ins Massengrab. Andrik darf nicht im Massengrab liegen. Er hat es nicht verdient, daß wir ihn im Leiterwagen auf den Friedhof karren, daß er jetzt – jetzt, während wir an seinem Tisch sitzen, in seinem Sessel, vor seinen Büchern – auf den kalten Fliesen eines Leichenkellers liegt. Toter neben Toten. Fremder neben Fremden. »Helfen Sie, daß alles richtig wird«, bitte ich den englischen Freund. Er hat aus seinen Taschen ein paar Sandwiches gezogen. Unvorstellbar weiß, mit unvorstellbar echtem Fleisch. »Sie müssen auch essen«, sagt er und legt sie auf den Tisch.

Den ganzen Tag fahren wir kreuz und quer durch Berlin. Frank, er und ich. Von einer Dienststelle zur anderen. Wir bitten immer um die gleichen Dinge. Einen Sarg für Andrik. Ein Grab für Andrik. Eine menschenwürdige Überführung. Eine menschenwürdige Aufbahrung. Wir bitten überall vergebens. »Auch amerikanische Soldaten werden in einer Zeltbahn begraben«, bedeutet man uns. »Wir sehen keinen Anlaß, einen Deutschen besser zu behandeln.« »Auch nicht, wenn ihr ihn erschossen habt?« möchte ich fragen. Ich frage es nicht. Es macht Andrik nicht lebendig. Also hat es keinen Sinn. Wir fahren und fahren. Stempel, Bescheinigungen, Leichenbeschlagnahmung, Leichenfreigabe. Wenn ich einen Augenblick zur Besinnung komme, höre ich es rauschen, wie in einer Regenrinne. »Andrik ist tot . . . Andrik ist tot«, hämmert es mir im Kopf. Man müßte Makar Iwanow verständigen, fällt mir plötzlich ein. Makar Iwanow ist Andriks Freund. Ein Jugendgefährte aus Moskau. Als die Russen Berlin besetzten, holten sie ihn als Dolmetscher. In irgendeine Dienststelle. Dort arbeitet er seitdem. Dort schläft er auch. Wo war doch gleich die Dienststelle? Zwei Querstraßen hinter dem Bahnhof Friedrichstraße. »Wir müssen zum Bahnhof Friedrichstraße fahren«, bitte ich den englischen Freund. »Makar Iwanow verständigen.« Er nickt. Eine halbe Stunde später halten wir vor einer frisch getünchten Mietskaserne. Mißtrauisch mustert der russische Posten das englische Militärauto, die britische Oberstuniform. »Wir möchten zu Makar Iwanow«, bitten wir ihn durch einen Dolmetscher. Er schüttelt den Kopf und blickt auf seine Maschinenpistole. »Es handelt sich um einen Unglücksfall«, sagt der englische Freund. »Der Dirigent der Philharmoniker ... In meinem Wagen ... Ich bin englischer Oberst ... Wir möchten seinen Freund, Makar Iwanow benachrichtigen ...« Der Posten schüttelt den Kopf und bedeutet uns, vom Haustor fort auf die andere Straßenseite zu treten. Hat er Angst, daß wir eine Bombe werfen? »Wenn Sie ihn wenigstens herunterrufen lassen«, versuche ich es ein drittes Mal durch den Dolmetscher. Langwieriges Hin und Her. Nach zehn Minuten erscheint Makar Iwanow. »Andrik ist verunglückt«, sage ich zu ihm. »Vielleicht wird man dir Urlaub geben bis zur Beerdigung.« Makar Iwanow verschwindet. Wir warten auf der gegenüberliegenden Straßenseite. Nach weiteren zehn Minuten kehrt er zurück. Der Urlaub sei bewilligt. Als wir aufatmend ins Auto steigen, läuft ein russischer Offizier über die Straße, reißt den Wagenschlag auf und ruft etwas hinein. Es klingt nicht freundlich. Aber wir verstehen es nicht. Und ich vergesse, Makar Iwanow zu bitten, daß er es uns verständlich macht.

Samstag, 25. August 1945

Jetzt wissen wir, wie es geschehen ist. Unselige Verkettung von Verhängnissen. In der Nacht vor dem dreiundzwanzigsten gab es eine Schießerei zwischen Russen und Amerikanern. In der Mitte der Stadt, wie fast jede Nacht. Vielleicht war sie etwas schlimmer als sonst, etwas ausgedehnter und feindseliger. Vielleicht hatte das die amerikanischen Dienststellen bewogen, ihren Posten Befehl zu geben, ab elf Uhr abends jeden Wagen anzuhalten, der die Sektorengrenze passiere. Und sofort zu schießen, wenn er nicht stillstünde. Scharf zu schießen, denn die Russen reagierten nicht auf Schüsse in die Luft. Der Wagen unseres Freundes hat starke Lichter. Man sah offenbar nicht, daß er englische Kennzeichen trug. Man hielt ihn für einen russischen Wagen. Und als er nicht stehenblieb, schoß man ihm nach. Scharf, weil die Russen auf Schüsse in die Luft nicht reagieren. Mag sein, daß man die Reifen treffen wollte. Oder auch flach übers Dach. Der Boden senkt sich an jener Stelle. Man schoß. Sechs

Schüsse hintereinander. Aus der schnellsten Maschinenpistole der amerikanischen Armee. Man meinte nicht Andrik. Nur den Befehl und die Wut wegen gestern. Andrik aber traf der Schuß. Und wer auch die Schuld dafür auf sich nimmt, er wird ihn niemals lebendig machen.

In den frühen Abendstunden fahren wir zur Volksoper. Die Philharmoniker spielen. Andriks Programm, von Andrik einstudiert mit einem neuen Dirigenten. Tschaikowsky, Beethoven und Richard Strauss. Nur den Beethoven haben sie ausgewechselt. Statt der Ersten Symphonie klingt schwer und schleppend der Trauermarsch. Andrik, denke ich und wundere mich, daß ich nicht weinen kann. Später bringt uns der englische Freund weit hinaus vor die Stadt. Im Krankenzimmer eines englischen Hospitals liegt Andrik. Auf einem weißen Bett. Still, schmal und feierlich. Man hat seinen Kopf verbunden und in die gefalteten Hände einen Rosenstrauß gelegt. Zu seinen Füßen steht ein weißgedeckter Tisch. Aufgeschlagen auf ihm die Partitur des Dritten Brandenburgischen Konzerts und ein Taktstock darunter. »Ich danke Ihnen«, sage ich zu dem englischen Freund. »Wir alle danken Ihnen.« »Er wird auch einen Sarg haben«, spricht der Oberst sanft. »Einen Überführungswagen und einen Platz auf dem Friedhof.« »Ich danke Ihnen«, sage ich noch einmal. Und fühle plötzlich, daß ich jetzt weinen könnte. Teurer, behutsamer englischer Freund!

Montag, 27. August 1945

Man muß die Beerdigung verschieben, weil der Sarg noch nicht fertig ist. Selbst englischen Colonels fällt es schwer, in Berlin einen Sarg aufzutreiben. Doch das Wetter ist heiß und im Krankenhaus beginnt man unruhig zu werden. Dienstag vielleicht – aber keinesfalls später als Mittwoch. Man hätte kein Eis und überhaupt sei man nicht darauf eingerichtet. Dienstag will man Andrik zum Friedhof bringen. Makar Iwanow hat bis zum Wochenende Urlaub.

Mittwoch, 29. August 1945

Die Friedhofskapelle ist durch Bomben vernichtet. Alles spielt sich gewissermaßen aus dem Stegreif ab. Aber es gibt Blumen, viel Blumen, einen richtigen Sarg und die Sonne scheint. Unter einem Eichbaum haben sie das Grab geschaufelt. »Der Herr lasse leuchten sein Angesicht über dir und sei dir gnädig«, betet der Pfarrer. Die Sonne scheint. Auf das Grab, auf den Sarg, auf die Blumen, auf uns alle. Sie scheint sehr zärtlich – aber Andrik ist tot.

Freitag, 31. August 1945

»An das deutsche Volk. Alliierte Kontrollbehörde. Kontrollrat. Proklamation Nr. 1 ... Laut Bekanntmachung vom 5. Juni 1945 ist die oberste Regierungsgewalt in bezug auf Deutschland von den Regierungen der Vereinigten Staaten von Amerika, der Union der Sozialistischen Sowjetrepubliken, des Vereinigten Königreiches von Großbritannien und Nordirland und der Provisorischen Regierung der Französischen Republik übernommen worden ... – Kraft der obersten Regierungsgewalt und der Machtbefugnisse, die damit von den vier Regierungen übernommen werden, ist der Kontrollrat eingesetzt und die oberste Machtgewalt in Angelegenheiten, die Deutschland als ganzes angehen, dem Kontrollrat übertragen worden.«

Dem Kontrollrat also! Nun wissen wir wenigstens, von wem wir regiert werden. Warum schwatzen die Zeitungen so viel über Demokratie. Demokratie heißt Herrschaft des Volkes. Uns beherrscht der Kontrollrat. Wir sollten uns hüten, das schöne Wort abzunutzen. »Und das will Demokratie sein?« murren die Leute, wenn sie Schlange stehen, sich wütend in den Verkehrsmitteln drängen oder auf irgendeine andere Weise unliebsam mit den Folgen des Naziregimes in Berührung kommen. »Das nennen *die* Demokratie! Wir danken verbindlichst.« – Nein, keiner, der verständig ist, wird den augenblicklichen Zustand in Deutschland Demokratie nennen. Er ist auch keine Demo-

kratie. Er kann gar keine sein, solange uns ein Kontrollrat regiert. Nur ein Anlauf ist es vielleicht, ein langsames »Sicheinüben«.
Manchmal kommt man sich beinahe merwürdig vor ohne den altüberlieferten Rückhalt nationaler Gepflogenheiten. Nicht etwa, daß wir Nationalisten wären. Es fällt einem nur der Unterschied auf. Vor einer amerikanischen Dienststelle ziehen Wachtposten die Fahne ein. Stramm heben sie ihre Hände zum Salut. Wir haben keine Fahne, denkt man plötzlich. Wie sonderbar eigentlich, daß ein Volk ohne Fahne ist. Zu jedem Konzertbeginn vor englischen Truppen spielt man die Königshymne »God save the King«, und feierlich erhebt sich das Publikum von seinen Sitzen. Es ist nicht unsere Hymne. Wir haben keine Hymne. Wir haben keinen König und kaum einen Anlaß, uns zu irgendeines Staatsoberhauptes Ehren von unseren Sitzen zu erheben. Es sind oft merkwürdige Zufälle, die einen unversehens daran erinnern, daß man etwas verloren hat. Einen Besitz, dessen man sich nie deutlich bewußt wurde, in den man sozusagen hineingeboren war. – Man sollte nicht zu vielen Deutschen Gelegenheit geben, sich plötzlich an solche Zusammenhänge zu erinnern. Sie könnten falsche Schlüsse daraus ziehen.

Montag, 3. September 1945

Makar Iwanow will um Nachurlaub bitten. Heute vormittag ging er in seine Dienststelle. Um zwei Uhr wollte er zurückkommen. Die Uhr zeigt fast zehn. In einer Stunde haben wir curfew. Wo bleibt er nur so lange?

Donnerstag, 6. September 1945

Wir fragen, wir suchen, wir warten. Von Makar Iwanow fehlt jede Spur. Der englische Freund wiegt bedenklich den Kopf. »Man darf nicht unvorsichtig sein. Zu starkes Interesse könnte Verdacht erregen.« – In seiner Dienststelle wagen wir nicht vorzusprechen. Man tut sehr geheim mit gewissen Behörden. Vielleicht war es falsch, daß wir damals dort vorgefahren sind. Vielleicht ...Wenn nur Andrik jetzt hier wäre. Es ist so schwer, wenn man nicht mal die Sprache versteht.

Sonntag, 16. September 1945

Im Hebbeltheater ehrt man die Dichter des Zwischenreichs, sprich nazistisch: der Systemzeit. Was 1933 vor der Berliner Universität auf dem Scheiterhaufen verbrannt wurde, das feiert jetzt hier seine würdige Auferstehung. Toller, Tucholsky, Brecht, Heinrich Mann, Erich Mühsam, Frank, Rubiner, Feuchtwanger und wie sie alle heißen. Die Menschen sitzen ergriffen. Unfaßbar erscheint es, daß so etwas verboten war. – »Ich hab meinen Rosenberg schon abgeliefert«, höre ich mitten im Lärm des Beifalls eine Stimme. »Verbrennung von Naziliteratur. Steht heute in allen Sonntagsausgaben.« Verblüfft drehe ich mich um. Die Dame, die eben gesprochen hat, lächelt unangenehm. »Scheiterhaufen«, sagt sie bissig. Ihr Lächeln verdrießt mich. Am liebsten möchte ich eine scharfe Antwort geben. Man muß auch gerade heute – und sei er selbst noch so gerechtfertigt – einen neuen Scheiterhaufen anordnen. Bedenkliches Doppeltun. Daheim stürze ich mich auf die Zeitung. »Ausmerzung nationalsozialistischen Schrifttums ... Säuberung der Bibliotheken bis ersten Oktober ... Öffentliche Verbrennung«, lese ich. Und komme mir sehr unglücklich und einsam vor ...

Sonntag, 23. September 1945

... so unglücklich und so einsam! Vor einem Monat starb Andrik. Heute erreicht uns über verstohlene Wege das erste Lebenszeichen von Makar Iwanow. »Helft ihm«, fleht der anonyme Bote. »Helft ihm, um Christi willen ... Sie zerschlagen Knüppel auf ihm. Sie sagen, er sei Spion.«
Entsetzliche Gewißheit! Armer Makar Iwanow. Warum haben wir dir das angetan? Der englische Wagen, der englische Oberst. Und ausgerechnet vor einer sowjetischen Dienststelle. Einer Dienststelle, deren Namen und nähere Anschrift du nie

und nimmer hättest verraten dürfen! – Sie zerschlagen Knüppel auf ihm. Vielleicht auf deinem Rücken. Oder auf deinen Händen. Man sagt darüber nichts. Sagt nur, daß man dir helfen soll. – Wie sollen wir dir denn helfen? Gegen die Knüppel und den aberwitzigen Verdacht. Vielleicht nennt man auch uns eines Tages Spione. Frank Matthis und mich oder Heike und Fabian. Wer weiß das denn alles. Nur, daß man Knüppel auf dir zerschlägt, wissen wir seit heute. Kann man denn leben, wenn man so etwas weiß?
Vor zwei Tagen veröffentlichten die Russen einen Bericht über deutsche Zerstörungen in der Sowjet-Union. 1670 orthodoxe und 237 katholische Kirchen seien verbrannt, 69 Kapellen und 532 Synagogen. Etwa vier Millionen Wohnhäuser zerstört, anderthalb Millionen Pferde, neun Millionen Rindvieh, 12 Millionen Schweine, 13 Millionen Schafe und Ziegen. Sowie eine unübersehbare Menge von Hausrat, Maschinen, Lokomotiven, Motoren, Kraftwagen und Büchern verschleppt, beschlagnahmt und unbrauchbar gemacht. – Man versteht, daß sie uns hassen, ihre Wut an uns auslassen. Was aber hat Makar Iwanow damit zu tun? Und was das englische Auto vor der sowjetischen Dienststelle?

Montag, 1. Oktober 1945

Keine Hilfe für Makar Iwanow. In zwei Monaten will man ihm den Prozeß machen. Wegen Spionage zugunsten Englands. Die Quelle, die uns das zuträgt, ist allerdings eine fragwürdige. Eine Flasche Schnaps und zweihundert Zigaretten pro Auskunft. »Für Bestechung«, sagt die fragwürdige Quelle. Ob sie sich nicht selbst besticht mit dem Judaslohn? Den Wodka austrinkt, die Zigaretten raucht und dann kommt und uns das Blaue vom Himmel vorlügt? Man ist sehr üblen Elementen ausgeliefert, wenn man Beziehungen zu GPU-Gefängnissen braucht.

Mittwoch, 3. Oktober 1945

Ich spreche den Chef einer russischen Dienststelle. Er ist klug und liebenswürdig. Beängstigend klug, wie die meisten Offiziere in Schlüsselstellungen der sowjetischen Militärregierung. – »Die Amerikaner haben ihre zweite Garnitur nach Deutschland geschickt, die Engländer ihre dritte, die Russen ihre erste«, resümiert man in Berlin fünf Monate Besatzungserfahrung.

Der Major empfängt mich freundlich. »Makar Iwanow«, beginne ich bittend. »Es muß ein Irrtum vorliegen. Eine Verkettung von Mißverständnissen. Die Dienststelle in der X-Straße ...« Der Major der Roten Armee faltet das Gesicht zu einem Lächeln, in dem die Augen wie versperrte Fenster stehen. »Die Dienststelle?« fragt er verbindlich. »Ich kenne keine Dienststelle in der X-Straße.« – O Gott, denke ich entsetzt. Er lügt ja! Jedes Kind weiß, daß sich dort die GPU befindet. Wie immer, wenn ein anderer die Unwahrheit sagt, werde ich verlegen und unsicher. »Man könnte sich erkundigen«, meint der Major, »den Kommandanten fragen ...« Mechanisch nicke ich mit dem Kopf. Die Augen, die auf mich gerichtet sind, sehen blicklos durch mich hindurch. Bin ich aus Glas? In welchem Winkel meiner Seele soll ich Makar Iwanow verstecken? Verstecken vor der Macht hinter jenen blicklosen Augen. Es gibt keinen Makar Iwanow, möchte ich schreien. Vergessen Sie – um Gottes willen vergessen Sie, daß es einen Makar Iwanow gibt. Höflich erhebe ich mich und gebe der »Macht« die Hand. »Danke schön«, höre ich mich sagen. Der Major verbeugt sich. Als wäre ich aus Glas, sehen seine Augen durch mich hindurch. Makar Iwanow ist verloren. Jetzt – in diesem Augenblick – weiß ich es ganz, daß nichts auf der Welt ihn mehr retten kann.

Zu Hause erwarten mich Kälte und Dunkelheit. Die Kommandantura hat der Stadtverwaltung rücksichtslose Stromdrosselung befohlen. Das heißt Sperrstunden auf unbestimmte Zeit, Holzsammeln in Ruinen, Schwarzkauf von Kerzen, Ziegelherd und ein unerfreulicher Winter. Das Kohlenproblem beginnt sich zum schlimmsten Nachkriegsproblem auszuwachsen. Und das in einem Land, das ehemals halb Europa mit Kohle versorgte. Allmählich dämmert selbst den Optimisten die Erkenntnis, daß wir am Tiefpunkt des Abgrunds noch immer nicht angekommen sind. »Also weiter durchhalten«, seufzen die Gutwilligen. »Also endgültige Vernichtung«, stöhnen die Erschöpften, die Enttäuschten und Verzagten. Sollte der Tiefpunkt des Abgrunds noch lange vor uns liegen, dürften nur wenige bleiben, ihn ungebeugt zu durchschreiten. In Brandenburg beträgt, nach amtlicher Aussage, die Säuglingssterblichkeit etwa achtzig bis neunzig Prozent. Die Stadt Ruppin meldet bei fünfundvierzig Neugeborenen einundvierzig Todesfälle innerhalb des ersten Lebensjahres. Zehntausend Kinder vagabundieren fünf Monate nach Kriegsende elternlos durch Deutschland und ernähren sich ausschließlich von Betteln und Stehlen. Nöte, Nöte, wohin man blickt. Wird die eine gelöst, klafft eine andere auf. »Landzuteilung an Arbeiter und Flüchtlinge«, proklamiert man in der sowjetischen Besatzungszone. Vortreffliche Forderung! »Entschädigungslose Enteignung des Großgrundbesitzes über hundert Hektar«, lautet der Lösungsversuch dieses Problems durch die Provinzialverwaltung der Mark Brandenburg. Siebentausend Großgrundbesitzer werden über Nacht obdachlos. Man gibt ihnen nicht einmal, auf ihrer eigenen Scholle, einen Kleinsiedleranteil. In den westlichen Zonen gibt es keine Bodenreform. Keine Enteignung, ja sogar – wie das Gerücht behauptet – nicht einmal eine Bankkontensperre. Warum wohnen wir nicht im Westen, denken siebentausend Enteignete. Besteht die Lösung des deutschen Problems etwa darin, daß jede Zone mit der Zeit zum Kolonialgebiet ihrer Besatzungsmacht wird? Dann adieu, deutsche Einheit. Fahr wohl, schöne Nachkriegshoffnung auf eine gemeinsame Aufbaupolitik der Verbündeten. »Während der Besatzungszeit ist Deutschland als ein einziges wirtschaftliches Ganzes zu betrachten«, heißt es im Potsdamer Abkommen. Wie kann ein Ganzes entstehen, wenn jedes der Teile sich in entgegengesetzter Richtung entwickelt! Oder sollten ausgerechnet wir dazu verurteilt sein, es gleich der Blume Tulipan an den Tag zu bringen, daß sich die Kriegsallianz unserer Sieger in eine Friedensallianz nie und nimmer umwandeln läßt.

Dienstag, 16. Oktober 1945

Frank bringt einen Berg von Zeitungen aus der Stadt. »Da hätten wir sie also«, sagt er und wirft den Haufen auf den Tisch. »Wen bitte«, forsche ich. »Die Parteien. Das Sprachrohr des politischen Volkswillens, wenn du es poetischer ausdrücken willst.« Er zeigt auf die Titelköpfe. »Neue Zeit, Tageszeitung der Christlich-Demokratischen Union Deutschlands«, »Deutsche Volkszeitung, Zentralorgan der Kommunistischen Partei Deutschlands«, »Der Morgen, Tageszeitung der Liberal-Demokratischen Partei Deutschlands«, »Das Volk, Tageszeitung der Sozialdemokratischen Partei Deutschlands«. – »Komisch«, meint Heike. »›Partei Deutschlands‹ sind sie alle und ›demokratisch‹ nennen sich drei unter vieren. Dabei besteht Deutschland seit Kriegsende für uns nur aus Berlin und Demokratie aus den vereinten – beziehungsweise unvereinten – Befehlen der Besatzungsmächte. Wozu also der Aufwand?« – »Weil dieser ›Aufwand‹ der Ausdruck unserer politischen Verantwortungsbereitschaft ist«, klärt Frank sie auf. »Und weil mit Verantwortung die Freiheit beginnt, der erste Schritt vom Untertanen zum Staatsbürger.« – »Sie lassen uns doch aber gar keine Verantwortung«, murmelt Heike etwas verwirrt. Frank runzelt die Brauen. »Vielleicht. Aber enthebt dich das etwa der Verpflichtung, dich um die Zukunft zu kümmern. ›Nie wieder Hitler‹, schworen wir im April. In die Tat umgesetzt bedeutet das nicht mehr und nicht minder, als selber denken, selber handeln, selber urteilen zu lernen. Glaubst du, das lernt ein Volk in drei Wochen? England hat ein paar hundert Jahre dazu gebraucht. Amerika kaum minder. Sollen wir es schneller schaffen? Daß aber zu den zwei- bis dreihundert Jahren staatsbürgerlicher Übung nicht noch die Wochen und Monate hinzukommen, um die wir jetzt

das Anfangen vertrödeln, dafür sind *wir* verantwortlich. Du und ich und sämtliche Zeitgenossen. Und folglich bin ich heute ...« »Was bist du heute?« unterbreche ich ihn. »... der Sozialdemokratischen Partei beigetreten.« Wir sehen ihn verdutzt an. »Ausgerechnet der SPD!« Er zuckt die Achseln. »Was bleibt einem sonst. Für die CDU fühle ich mich zu sehr als Naturwissenschaftler. Den Kommunisten von heute bin ich nicht sowjetisch genug. Und die Liberal-Demokraten? Wie können wir uns nach dreizehn Jahren Nazismus mit siebzehn Millionen Flüchtlingen und zwanzig Millionen Bevölkerungsüberschuß einen individualistischen Standpunkt leisten. Massenelend fordert soziale Lösungen. Sozialdemokratische.« – »Und wenn auch diese Pg.schaft eines Tages unter Anklage kommt?« »So kommt sie es eben. Zum mindesten kann sich dann keiner darauf herausreden, daß er zum Eintritt gezwungen worden sei.«
Am Abend besuchen Frank, Jo und ich eine sozialdemokratische Versammlung. Es ist nicht leicht, einer Partei beizutreten, wenn man sein Leben lang gegen Vereine, Abzeichen und Mitgliedschaften gewesen ist. Aber Frank hat recht. Vom still vor sich Hinträumen wird die Welt nicht besser, wird kein Untertan zum Staatsbürger. Dennoch zucken wir etwas geziert zusammen, als man uns das erste Mal mit »Genosse« anspricht.

Freitag, 19. Oktober 1945

In Nürnberg ist ein internationaler Gerichtshof zusammengetreten, um die »Hauptkriegsverbrecher der Achsenstaaten« abzuurteilen. Das heißt, soweit diese Hauptkriegsverbrecher sich solcher internationalen Aburteilung nicht vorzeitig entzogen haben. Hitler, Himmler, Goebbels und Bormann, die eigentlichen Rädelsführer, sitzen nicht auf der Anklagebank. Hitler erschoß sich, Goebbels erschoß sich ebenfalls. Himmler hat sich vergiftet, Bormann mit unbekanntem Ziel das Weite gesucht. Fritzsche genießt die zweifelhafte Ehre, für Goebbels den Stellvertreter zu spielen. Vierundzwanzig Angeklagte. In dreißig Tagen soll der Prozeß eröffnet werden. Der Anklageakt füllt sieben engbedruckte Zeitungsseiten. Ausrottung der Juden, Verbrechen gegen die Menschlichkeit, Verbrechen gegen den Frieden, Ermordung von Geiseln, Mißhandlung von Kriegsgefangenen, Euthanasie, Gasöfen, Konzentrationslager, Fronarbeit, Galgen. Ein Konglomerat menschlicher Scheußlichkeit. Warum treibt es uns nicht die Galle ins Blut, die Scham in die Augen? Wenn man die Menschen gleichgültig das siebenseitige Schanddokument überfliegen sieht, scheint es fast so, als ginge sie das alles nichts an. Weder die Verbrechen noch die Verbrecher, weder die Schuld noch die Strafe. »Unverständlich!« sagen die Alliierten. »Vollkommen rätselhaft! Wo steckt denn jener Haß, der angeblich Millionen von Deutschen verzehrt hat.«

Er steckt ... Wo steckt er eigentlich? Sieben Monate Hunger, Verzweiflung, Existenzkampf und Lebensunsicherheit haben ihm den Wind aus den Segeln genommen. Ja, damals im Februar, im März oder im April, in den Wochen des Endkampfs, als das Denunziantentum blühte und selbst der Törichtste begriff, wie schurkenhaft ihn der Nazismus betrogen hatte, damals, da war man reif für die Abrechnung. Drei Tage Frist zwischen Zusammenbruch und Eroberung – und Tausende und Abertausende von enttäuschten, gekränkten, vom Nazismus geschundenen Deutschen hätten sich ihre Feinde vors Messer geholt. Ein jeder seinen privaten Tyrannen. »Auge um Auge«, schwor man sich damals. »Die erste Stunde nach dem Zusammenbruch gehört den langen Messern!« Das Schicksal wollte es anders. Die erste Stunde, der erste Tag, die ganzen ersten Wochen nach dem Zusammenbruch gehörten den Schrecken der Vergewaltigung. Nicht eines Atemzuges Frist stand zwischen einer Greueltat und der nächsten. Ehe die Bartholomäusnacht herabsinken konnte, war aus dem Blutsauger von gestern der Leidensgefährte von heute geworden. Genosse in Abwehr gemeinsamen Unglücks. Wie kann man mit vergangenen Sünden abrechnen, wenn jeder Augenblick randvoll ist von neuen? So haben wir unsere

Chance verpaßt und die Stoßkraft unseres Zornes abgenutzt. Keitel, Rosenberg, Ribbentrop, Frick – was bedeuteten sie den meisten. Unter hunderttausend Deutschen kannte sie kaum einer, hatten sie kaum einem persönlich etwas zugefügt. Rache ist Triebreaktion auf persönliche Kränkung. Nicht gegen die nazistische Idee schärften sich im Frühjahr die »langen Messer«, sondern gegen die, die sie gegen uns anwandten. Den Blockwalter, der uns schikaniert, den KZ-Aufseher, der uns mißhandelt, den Denunzianten, der uns an die Gestapo verraten hatte. Um die Privatabrechnung mit ihnen hat uns das Schicksal betrogen. Nun werden die Bonzen abgeurteilt. Nicht von uns, sondern von einem ausländischen Gerichtshof. Und für die entgangene persönliche Vergeltung tauschten wir eine nebelhafte Kollektivschuld ein. Zu nebelhaft, um den Durchschnittsdeutschen ernstlich zu bedrücken. Zu kollektiv, um individueller Verantwortung verständlich zu sein.

Montag, 29. Oktober 1945

Ein Raunen geht durch Berlin. Ein aufgeregtes Volksgemurmel. Einer trägt es dem anderen zu, tuschelt es – ängstlich, triumphierend, schadenfroh oder verzweifelt – je nachdem sein Gewissen es zuläßt – dem nächsten ins Ohr. »Die Amerikaner haben die Listen gefunden. Die ganze Mitgliedskartei der NSDAP. Sieben Millionen Parteigenossen. Nein, zehn – nein, elf oder sogar zwölf. Das wäre . . .«, man sieht sich erschreckt in die Augen, ». . . das wären ja zwanzig Prozent des deutschen Volkes!« – »Nichts wie Bluff«, beruhigen die Leichtherzigen. »Sie wollen nur rauskriegen, wer dringewesen ist.« – »Und wenn es doch wahr sein sollte?« Vor drei Wochen sind die ersten Maßnahmen gegen Parteigenossen erlassen worden. Entfernung aller Nazis aus führenden Stellen des Industrie- und Wirtschaftslebens. Ausschließung der Parteigenossen von kultureller Tätigkeit. Ehemalige Mitglieder der NSDAP dürfen in Betrieben nur noch als Arbeiter beschäftigt werden. Wer gegen das Gesetz verstößt,

macht sich strafbar. Wer seine Mitgliedschaft verschweigt, wird strengstens zur Rechenschaft gezogen. – Dazu kommt, daß ab 1. November Lebensmittelkarten erst nach Vorlage des Arbeitsbuchs verabfolgt werden sollen. Eine Hiobspost jagt die andere – besonders für diejenigen, die es nach Kriegsende mit dem Bekennermut nicht allzu genau glaubten nehmen zu müssen. Nun verschanzt sich ihr bedrängtes Fragebogenwissen hinter beleidigten Protesten. »Unerhört, dieser Terror! Haarsträubend, die neue Ungerechtigkeit. Man kann doch nicht zwanzig Prozent des Volkes unter Ausnahmegesetz stellen.« Man kann! Haben sie vergessen, wie gut man es kann? Ist es ihnen entfallen, daß diese Ausnahmegesetze fast wörtlich den gleichen Inhalt trugen wie acht Jahre zuvor die Ausnahmegesetze gegen die Juden? Mit der Erinnerung an verflossene Parteizugehörigkeit hat offenbar ein Großteil der Pg.s auch das Gedächtnis für nazistische Gesetzgebung verloren. »Entfernung der Juden aus dem deutschen Wirtschafts- und Kulturleben. Ab 1. Januar 1939 keine jüdischen Geschäfte, Handwerker und Betriebsführer mehr. Sühneleistung aller Juden deutscher Staatsangehörigkeit an das Deutsche Reich durch Zahlung von einer Milliarde Reichsmark. Gezeichnet, November 1938, Hermann Göring, Frick, Goebbels, Gürtner, Schwerin-Krosigk, Funk.«
Wer hat sich damals über Terror und Ungerechtigkeit beschwert! Wer gegen Ausnahmegesetze gewettert, als jene Verordnung in den Zeitungen stand? Man sollte die vergleichende Erinnerung zu Nutz und Frommen des eingebüßten Gerechtigkeitssinnes gelegentlich etwas auffrischen. Den Judenstern dem Kausalzusammenhang des Hakenkreuzes nicht allzu weit entrücken.

Donnerstag, 1. November 1945

Seit heute verkehrt die Post durch das ganze Reich. Wieder ein Schritt aus der Isolierung, beglückende Chance, mit Freunden jenseits der Elbe legal in Verbindung zu treten. Der Tag vergeht mit Briefeschreiben. »Lebt Ihr noch? Bliebet Ihr übrig? Steht Eure Wohnung? Habt Ihr zu essen?« So viele Fragen, so viele Ungewißheiten. Man müßte hundert Seiten füllen, um auch nur stichworthaft zu umreißen, was sich inzwischen ereignet hat. »Andrik ist tot«, schreibe ich fünfzehnmal an diesem Nachmittag. Und weiß noch beim fünfzehnten Mal, daß ich es selber nicht glaube.

Sonntag, 11. November 1945

Der Winter hat bestürzend früh eingesetzt. Viel zu zeitig für unsere kümmerlichen Holzvorräte, die unverglasten Fenster, den Wind, der von Tag zu Tag eisiger durch die Mauerrisse fährt. Kein Mensch spricht von Kohlenzuteilung. Auch in den Zeitungen wird nichts darüber erwähnt. Man muß wohl auch ohne Kohlen existieren können ...

Freitag, 16. November 1945

... nicht nur existieren, sondern sogar Theater spielen. Sich bei etlichen Grad unter Null vier Stunden lang an einer Macbeth-Aufführung begeistern. O liebenswertes Berlin! Wer in der Welt würde dir das nachmachen! Zitternd vor Kälte steht die Lady auf der Bühne. Wie eine Wolke dampft den Schauspielern der Atem vom Mund. Die Bäume, auf denen sich die Hexen wiegen, tragen eine Glatteisschicht. Und im Parkett? In Decken gehüllte Gestalten. Fußsäcke, hochgeschlagene Mantelkragen, tief über die Ohren gezogene Hüte. Tapfer frieren die Menschen im Zuschauerraum. Tapfer friert in ihrem dünnen Seidenkleid die Lady. Tapfer friert Heike – jüngste der Hexen – auf ihrem glatteisüberkrusteten Theaterbaum. Was die Außentemperatur nicht hergibt, muß die Innentemperatur ersetzen. Daß sie es tut, daß sie trotz allem vorhanden ist – trotz Hunger und Kälte, trotz Trümmern und Zusammenbruch –, das ist und bleibt das Wunder. Ein Wunder, das man erlebt haben muß, um es in seiner ganzen Tröstlichkeit zu begreifen. Leidensintensität weckt Lebensintensität. Was die Schwachen verzagen läßt, scheint die Starken zu stärken. Als hätte sie das Schicksal für ihr jahrelanges Training in Not und Tod durch gesteigertes Daseinsbewußtsein belohnt. Noch nie hat sich in Berlin soviel leidenschaftlicher Lebens- und Kulturwille gezeigt wie jetzt, wo jeder Schritt aufwärts so mühsam errungen werden muß. Das ist der Gewinn, den wir denen voraushaben, die mit einer satteren Existenz gesegnet sind. Es kränkt uns nicht mehr, ohne den Nagellack der letzten Modefarbe zu existieren. Wir machen uns nichts daraus, wenn der Hut, den wir tragen, von vorgestern ist. Mögen wir nie wieder in die Lage kommen, uns aus solchen Dingen etwas zu machen. Leben ist wichtiger als Nagellack. Shakespeare ist wichtiger. Und wichtiger das mit nichts zu vergleichende Entzücken, ihn bei etlichen Grad unter Null auf eine ganz neue, leidenschaftliche Art zu entdecken. Etwa so, wie man gestern beim Holzsammeln entdeckte, daß ein Baum ein Baum ist und daß es ein Wunder sein kann, einen blätterlosen Baum gegen den Horizont eines Winterhimmels zu erleben. – Seit Jahren balancieren wir auf der Grenze zwischen Sein und Nichtsein. Vielleicht bedeutet es nicht Fluch, sondern Gnade, auf dieser letzten, allerletzten Grenze balancieren zu dürfen.

Montag, 26. November 1945

»Merkwürdig«, sagt Frank und betrachtet den blondlockigen Mädchenkopf in der Beilage des Tagesspiegel, »wie schlecht es unseren Siegern gelegentlich gelingt, die Wirkung ihrer Handlungen abzuschätzen.« Ich blicke über seine Schulter. »Zwei Sommerbilder von Eva Braun, die von Spezialisten der amerikanischen Militärregierung auf einem Gut in Bayern gefunden wurden«, lese ich. – Das also ist Adolf Hitlers geheimnisvolle Geliebte. Die Frau, die vierundzwanzig Stunden nach der Hochzeit mit ihm in den Tod ging. »Ganz nettes Mädchen«, muß ich zugeben. Frank sieht mich an. »Das ist es ja. Hältst du es etwa für unsere Aufgabe, sieben Monate nach Kriegsende Frau Eva Hitler, geborene Braun ein ›nettes Mädchen‹ zu finden? – Nachdem sie sich ein halbes Jahr darum bemüht haben, dem deutschen Volk den Nazismus

auszutreiben, schüren sie ihn nun in aller Unschuld wieder an.« Er weist auf die Zeitung. »Durch solche Bilder. Durch rührselige Berichte über Adolf Hitlers letzte Stunden, letzte Worte, letzte Abschiedsgrüße. Als ob sie nicht wissen müßten, wie gefährlich es ist, den Durchschnittsmenschen mit Sentimentalitäten zu kommen. Der schlimmste Raubmörder gewinnt ihre Sympathie, wenn er unter dem Fallbeil nach seiner Mutter schreit. – Trauung im Todesbunker. Giftkapseln beim Hochzeitsmahl, Totenfeier mit Artilleriebeschuß. Benzinübergossene Leichen, Arme, die sich in letztem Gruß zum rauchgeschwärzten Himmel recken. Eine Mustersammlung von Sensationstiteln für Zwei-Groschen-Romane. Der erfolgreichste Weg, eine Hitler-Renaissance anzubahnen.« – »Ja, warum machen sie denn das?« – »Weil sie unberaten sind und viel zu mißtrauisch, sich von uns beraten zu lassen. Es ist ein altes Gesetz. Wer kolonisieren will, darf nicht in ›splendid isolation‹ leben. Fast alle Sieger machen das falsch. Verbauen sich durch ihren Hochmut, durch ihr Unverständnis für den Besiegten die besten Möglichkeiten zum Erfolg.«
Auch mir ist es schon aufgefallen. Wie auf einer Insel der Seligen leben die meisten Besatzungsmitglieder in abgetrennten Stadtvierteln. Die wenigsten beherrschen die Sprache ihrer Besiegten. Wie kann man die Kultur eines Landes beurteilen, wenn man seine Sprache nicht kennt. Wie dem Wesen seiner Bewohner gerecht werden, wenn man nur im Auto an ihnen vorüberfährt. »Laßt uns euch helfen!« haben wir oft und oft gefleht. »Zieht uns heran, um euch das Verständnis, das ihr als Fremde nicht haben könnt, aus unserer Erfahrung zu vermitteln. Glaubt uns doch, wenn wir euch sagen, daß wir ehrlich sind. Erlaubt uns, euch durch unseren Rat dabei zu helfen, Fehler zu vermeiden. Fehler, die gefährlich werden können. Für euch – für uns – für unsere gemeinsame Sache. Selten – betrüblich selten – erteilt man uns diese Erlaubnis. Es muß wohl schwer sein, sich aus Siegern und Besiegten in Mitmenschen zu verwandeln.

Samstag, 1. Dezember 1945

Erste Post aus den Westzonen. Nach vierwöchiger Reise hat sie uns endlich erreicht. Früher brauchte ein Brief zwischen Deutschland und Südamerika kaum länger. Fremd, wie aus einem anderen Erdteil klingen uns die Nachrichten aus Stuttgart, Köln, aus Hamburg und Frankfurt. Trotz allem – es bleiben Nachrichten. Und wenn man heute etwas fragt, kann man immerhin hoffen, in zwei Monaten Antwort zu erhalten.

Montag, 3. Dezember 1945

Die Kammer der Kunstschaffenden ist von der Kommandantura aufgelöst worden. Man sagt, es stecke der »Kampf zwischen Osten und Westen« dahinter. Die moskowitischen Emigranten bestünden auf ihrem Führungsanspruch und erkennten die westlich unterstützte Emigration nicht an. Immer weniger heißt »Anti-Hitler« zu sein, im gleichen Aufbaulager zu stehen. Bedrohliche Spaltungen stellen sich heraus. In der SPD erörtert man den Zusammenschluß der Linksparteien. Wird er der Spaltung entgegenwirken? Vorerst hat man fast den Eindruck, als geschähe er nicht ganz freiwillig. Als wäre eine Absicht dabei, die nicht mehr mit deutschen Interessen, sondern mit Schachzügen der Weltpolitik zu tun hat. Aber was sind schon deutsche Interessen? Solange die Post von Frankfurt bis Berlin vier Wochen unterwegs ist, solange man heute auflöst, was man gestern gründete, das Leben des einzelnen für nichts achtet und niemand weiß, wer hü oder wer hott sagt, ist alles wie ein trüber Strom, in dessen strudelnden Fluten der Mensch wie ein Schiffbrüchiger schwimmt. Zufrieden, wenn es ihm gelingt, im Kampf mit den Wellen nicht unterzugehen, dankbar für jeden Strohhalm, der sich ab und zu erhaschen läßt.

Dienstag, 11. Dezember 1945

Im Tiergartenviertel – im englischen Sektor – lebt Makar Iwanows Freund, der baltische Baron X. Als Adjutant von Canaris sperrten ihn die Nazis ins Konzentrationslager. »Ich liebe Rußland«, sagte er nach Kriegsende. »Und wenn ich auch kein Sowjet bin, so will ich mich doch – um dieser Liebe willen – mit seiner Regierung verständigen.« Also kam er nach Berlin. Aus dem Westen. Bezog sein ehemaliges Quartier im Tiergartenviertel. Vor etlichen Tagen erscheinen zwei Herren bei ihm. Bitten ihn höflich zu einer Auskunft in die englische Kommandantur. »Selbstverständlich«, erklärt er bereitwillig, steigt in das unten wartende Auto und fährt mit den Herren davon. Drei Stunden vergehen. Seine Frau beginnt unruhig zu werden. Schließlich läuft sie zur Kommandantur. »Ihr Mann?« fragt man verwundert. »Wir wissen nichts von ihm.« – »Um Gottes willen! ... Die GPU.« Die Frau jammert. Der englische Kommandant telefoniert mit dem russischen. »Unmöglich«, protestiert dieser. »In unserem Sektor kommt so etwas nicht vor.« Gewiß, er würde sich erkundigen, würde in spätestens vierundzwanzig Stunden Antwort geben. – Vierundzwanzig Stunden Angst. Dann kommt der Bescheid. »Baron X bei unseren Dienststellen nicht ermittelt.« Niemand wird ihn mehr ermitteln. Es sei denn, man ginge zu Fuß durch alle Konzentrationslager der Ostzone und durch das ganze russische Reich. Vielleicht fände man dann auch Makar Iwanow, von dem die fragwürdige Quelle flüstert, daß er bei jedem Verhör gefoltert würde. Daß man ihm zwölf Jahre Zuchthaus angedroht habe. Die Baronin X. sitzt zu Hause und weint. »Wenn er wenigstens Gift bei sich hätte«, klagt sie. – Man kann doch einen Menschen nicht einfach aus seiner Wohnung stehlen.

Wahrhaftig, wir schwimmen in einem trüben Strom. Nacht für Nacht werden in Jo Thälers Krankenhaus Zivilpersonen eingeliefert, die durch irgendeine Kontroverse mit unbekannten Uniformträgern verwundet, niedergeschlagen oder getötet wurden. Meist sind diese »Zwischenfälle« durch Alkohol bedingt, verbunden mit der jahrelangen Gewohnheit Uniformierter, spontan zur Maschinenpistole zu greifen. Wo bleibt das Recht? Wo bleibt die Sicherheit? – Vor einer Woche wurde, fast unter der Nase seines Besitzers, vor unserer

Haustür ein Jeep gestohlen. Vorgestern nacht klaute man aus Franks Wagen das Benzin. Gestern klaute man den Wagen selbst. Man braucht nur den Rücken zu kehren, und schon ist ein Reifen abmontiert, die Batterie entfernt oder das ganze Fahrzeug verschwunden. Manchmal findet man die kläglichen Reste auf einem Autofriedhof wieder. Und hat dann die Chance, sie als Schrott oder Alteisen zu veräußern. Was aber nützen die paar hundert Mark, die es dafür gibt, wenn ein Pfund Butter unter der Hand das Doppelte kostet.
Im Schatten der Reichstagsruinen ist die Börse des Schwarzhandels – bisher das einzige Gewerbe, das während der Nachkriegsmonate zum Blühen kam. Alles was man auf Karten nicht erhält, dort wird es getauscht, verschoben, zu sündhaften Preisen unters Volk gebracht. Manchmal fegt bei einer Razzia ein Kommando die Kauf- und Tauschgierigen auseinander, lädt, was nicht schnell genug entkam, auf Lastwagen und befördert sie zu Ausweiskontrolle und Leibesvisitation für eine Nacht ins Polizeigefängnis. Aber nach fünf Minuten wogt und quirlt es vor den Reichstagsruinen schon wieder durcheinander. Männer, Frauen, Halbwüchsige, dazwischen ein paar Uniformen von Besatzungssoldaten. »Speck – wollen Sie Speck? Zigaretten? Schokolade?« Eine Nacht auf dem Alexanderplatz? – Es gibt Schlimmeres als das. Gefängnis ist keine Schande mehr, seitdem man es millionenfach für unschändliche Zwecke mißbrauchte.

Freitag, 21. Dezember 1945

Es gehen Gerüchte, daß am ersten Januar die Mark entwertet würde. »Zahlt eure Schulden.« »Erlegt den Mietzins im voraus.« »Schafft Waren an oder tragt euer Geld auf die Sparkasse.« So schwirren die Ratschläge durcheinander. Keiner weiß recht, was er wirklich tun soll. Sparkonten anlegen? Damit zum zweitenmal das Geld beschlagnahmt wird, wie die Bankguthaben nach der Eroberung. Flucht in die Ware, deren hundert- oder gar fünfhundertfacher Mehrpreis den Prozentsatz der Geldentwertung vielleicht um das

Vielfache übertrifft? – Sparen oder nicht sparen, anlegen oder ausgeben. Zwischen Trümmern, Hunger und Schwarzmarkt wird auch die Ehrfurcht vor Geld und Geldeswert allmählich abgewertet.

Samstag, 22. Dezember 1945

»Wenn es Ihnen lieb ist, stelle ich für Sie die Verbindung mit dem Ausland wieder her«, sagte vor einem Monat der englische Freund. Ach, mehr als lieb, denn endlos mag es dauern, bis ein Deutscher über die Grenzen schreiben darf. Ich gab ihm drei Adressen. Von meiner Vizemutter Salomon in Kalifornien, von Karla Simson und Erich Tuch in Nanking. Vor fast fünf Jahren habe ich Karla und Erich zum letzten Mal gesehen. Am 7. April 1941, als wir uns auf dem Bahnhof verabschiedeten. Es ist schlimm, fünf Jahre ins Leere zu denken, wenn man einander sucht. Werden sie uns noch lieben? Heute kam die Antwort an die Feldpostnummer des englischen Freundes. Ich sitze über fünf engbeschriebenen Briefseiten und weine wie ein Kind. Geliebte Freundin Karla! Teure, ferne Vizemutter!

Dienstag, 25. Dezember 1945

Erstes Nachkriegsweihnachten. Wie anders hatten wir es uns gedacht. Kein Baum. Kein Geschenk. Kein Andrik. Nur daß seit vorgestern das curfew aufgehoben ist und man, wenn man Mut dazu hat, auch nach elf Uhr abends noch ausgehen darf.

Samstag, 5. Januar 1945

Das Geld ist nicht entwertet worden. Wieder einmal haben die Gerüchte gelogen. Man handelt weiter auf dem schwarzen Markt, tauscht seine entbehrlichen Sachwerte gegen Speck, Zucker, Schnaps, Kaffee oder Rauchwaren und gewöhnt sich allmählich daran, daß für einen Teil der Bevölkerung das Kleingeld beim Tausendmarkschein, für den anderen beim Fünf-Pfennig-Stück beginnt. Immer grotesker entwickelt sich das Nebeneinander wirtschaftlicher Extreme. Zwischen dreißig und vierzig Mark im Monat liegt der Höchstsatz der Sozialunterstützung für nicht mehr arbeitsfähige Männer und Frauen. Etwa einundzwanzig Mark benötigt der Berliner zum Kauf seiner Lebensmittelrationen. Groß ist die Zahl der nicht mehr arbeitsfähigen Männer und Frauen in Berlin. Neunzehn Mark monatlich verbleiben ihnen nach Abzug der Zuteilungsrationen für ihren restlichen Lebensbedarf. Das heißt: mit dem Pfennig zu rechnen und die Mark dreimal umzudrehen. Lieber einmal mehr zu Fuß laufen, als zwei Groschen für die Straßenbahn verschwenden. Zwei Groschen! – Was sind zwei Groschen. Der Kaufpreis für siebzig Gramm Fett, die dem Durchschnittsbürger pro Dekade zustehen. Der Kaufpreis für eineindrittel Milligramm Fett auf dem schwarzen Markt. Zehn Gramm gleich fünfzehn Mark, gleich dem Belag einer Butterschnitte. Sieben legale Butterschnitten in zehn Tagen machen den Kohl nicht fett, geschweige denn einen Durchschnittsbürger satt. Das Problem der zusätzlichen Butterschnitten schichtet unmerklich die ganze Gesellschaftsordnung um, bildet neue Stände, neue wirtschaftliche Rangstufen. Auf Sparguthaben kann man nicht zurückgreifen. Das Kapital von gestern hat aufgehört zu existieren. Hie Neu-Kapitalismus – hie Neu-Proletariat. Wer ausschließlich auf seine Lebensmittelkarten angewiesen ist, gehört zur besitzlosen Klasse. Neu-Kapitalist sein heißt über genügend Mangelware zu verfügen, um friedensmäßig leben zu können. In Geld umgerechnet über zwanzig- bis dreißigtausend Mark Schwarzwarenwert pro Monat. Das sind die Händler mit Mangelware, die Produzenten von Mangelware, die Produzenten von Mangelleistungen, Schwarzhändler, Fabrikanten, Bauern, Handwerker – lebensmittelmäßig heute der erste Stand im Reiche. Die, denen die Monatsrationen zwar Existenzbasis, nicht aber einzige Lebensmöglichkeit bedeuten, bilden die breite Schicht des neuen Mittelstandes. Kleinbürger in bezug auf die Lebensführung. Ländliche Beziehungen, Gelegenheitsgeschäfte, sonntägliche Hamsterfahrten, Umtausch verbliebener Sachwerte in zusätzliche Kalorien heißen – von Notfall zu Notfall – ihre bescheidenen Kapitalquellen. Ob Karl Marx die Umschichtung der bürgerlichen Gesellschaft wohl auf diese Weise geträumt hat?

Montag, 14. Januar 1946

Selbständigkeit oder Verschmelzung? Immer mehr rückt diese Frage in allen Kreis- und Abteilungsversammlungen der Sozialdemokratischen Partei in den Vordergrund. Natürlich Verschmelzung! sagt das Gefühl. Was können sich die sozialistischen Parteien Besseres wünschen, als brüderlich ineinander aufzugehen. Gemeinsam sind sie unschlagbar. Gemeinsam bringen sie der Welt das Heil. – Heil Moskau? fragt der sorgende Vorstand. Oder Heil Weltproletariat? Heil Marx oder Heil Stalin? Heil Internationale oder Heil Sowjetrepublik? Beunruhigender Konflikt für ein sozialistisches Gewissen. – Seit neunundzwanzig Jahren heißt die Erscheinungsform des Sozialismus »Union der Sozialistischen Sowjetrepubliken«, heißt Abgetrenntheit von der Weltöffentlichkeit, heißt Staatskapitalismus, GPU, Angst, Unfreiheit und ausgerichtete Meinung. Sind das die Ideale des Erfurter Programms? Seit neun Monaten heißt die Erscheinungsform des deutschen Kommunismus Befehlsempfang aus Moskau. Stecken wir den Kopf in *diese* Schlinge, dann sind nicht nur wir selber, dann ist auch Berlin, dann ist ganz Ostdeutschland verloren.

Dienstag, 29. Januar 1946

»Und also geloben wir dir, deutsches Volk, daß unsere Arbeit und unser Wissen nur noch deinem Wohle und dem der Menschheit dienen soll.« Feierlich tönt das Gelübde von den Lippen des Studentenvertreters. Wiedereröffnung der Berliner Universität. Festakt im Admiralspalast. Ich sitze mit Frank im überfüllten Parkett. Durch den Saal schweben süß und schmelzend die Klänge des Rigoletto-Quartetts. Verstohlen mustere ich die Gesichter der Umsitzenden. Asketische Köpfe, edle Profile. Noch nie sah ich so viele kluge Gesichter auf einem Fleck. Die Elite Berlins hat sich hier zusammengefunden. Juristen und Mediziner, Theologen und Naturwissenschaftler, Forscher, Gelehrte und führende Männer der Stadtregierung – O Jahrhundert, o Wissenschaften, es ist eine Lust zu leben, denke ich und das Herz klopft mir vor Freude. Wenn von hier aus der Aufbruch erfolgt, die Brücke zu neuen Ufern geschlagen wird ... »... nur noch deinem Wohle und dem der Menschheit dienen soll ...«, steht es als Vorsatz und Verheißung auf allen Gesichtern. Nichts ist verloren, nichts kann verloren sein, wenn diese Verheißung in Erfüllung geht.

Mittwoch, 6. Februar 1946

Frank hat einen Ruf an die Universität bekommen. Vorerst allerdings besteht sein »Dienst am Wohle des Volkes und der Menschheit« im wesentlichen in der Bemühung um ein neues Dach für seine Klinik, Enttrümmerung der Laboratorien, Beschaffung von Patientenbetten und rastlosem Kampf um die Einsetzung von Fensterscheiben. Fünfundsiebzig Granateinschläge weist das Klinikgebäude auf. Und ehe man daran denken kann, der Forschung zu leben, muß zum mindesten ein Raum geschaffen sein, in dem es nicht mehr in jedes Reagenzglas staubt, hineinschneit oder hineinregnet. – Die russischen Dienststellen helfen, wo sie können. Von Sonnenaufgang bis Sonnenuntergang wimmelt es auf dem Charitégelände wie auf einem Ameisenhaufen. Bauarbeiter, Handwerker, Architekten, Lastwagen. Mit Leidenschaft bemüht man sich um den Neubeginn des Geisteslebens. – »Kultur!« sagen unsere östlichen Sieger. – »Wir haben Respekt vor Kultur! Nichts liegt uns dringender am Herzen als ihre großzügige Förderung.«

Zweihundert Meter weiter steht das Dienstgebäude der GPU, in dem vor fünf Monaten Makar Iwanow verschwunden ist. In dem man »Knüppel auf ihm zerschlug«, ihn drangsalierte und folterte. Wo steckt die Wahrheit? Aus welcher Perspektive lassen sich diese Gegensätze vereinen?

Freitag, 22. Februar 1946

Es gibt eine Perspektive. Und wenn man sie gefunden hat, werden manche Widersprüche verständlich. »Neue Grundlagen der sowjetischen Bevölkerungspolitik«, berichtet der Nachrichtendienst aus Rußland. »Zwei Milliarden Rubel für russische Mütter. Heiligkeit der Ehe, Sondersteuern für Junggesellen, drastische Wege zur Erschwerung der Ehescheidung. Das Gesetz gegen Abtreibung tritt wieder in Kraft.« Man liest und liest und kann es nicht fassen. »Frauen mit zehn oder mehr Kindern erhalten eine Medaille und den Titel ›Heroische Mutter der Sowjetunion‹. Die Medaille ›Mütterlicher Ruhm‹ wird denen verliehen, die fünf bis sechs Kinder zur Welt bringen.«

Und das in einem Staat, der die Registrier-Ehe einführte, die freie Liebe förderte und den § 218 endgültig außer Kraft setzte. Wechselt man in Rußland seine Ideale wie ein Nachthemd am Wochenende? – Nein. Nur daß jedes Ideal, wie immer es beschaffen sein mag, einem Hauptideal untergeordnet ist. Dem Ideal der Ideale gewissermaßen, das da lautet: Gut ist, was dem Staate nützt. Nützt es ihm heute, die Bevölkerungsziffer niedrig zu halten, wird der Abtreibungsparagraph abgeschafft. Nützt es ihm morgen, sie zu erhöhen, führt man ihn morgen wieder ein. Es ist fast so wie mit den chinesischen Bildern. Nicht auf den Beschauer bezieht sich die Perspektive, sondern auf den Hauptpunkt des Bildes. Hauptpunkt des Sowjetbildes ist der Staat. Von ihm her und zu ihm hin ordnet sich alle Betrachtung. Wüßte man nur, wie sich in dieser Perspektive das Problem der Verschmelzung ausnimmt.

Dienstag, 26. Februar 1946

Ungünstig – beängstigend ungünstig, wenn man der Flut der Gerüchte traut, die seit Tagen Berlin erfüllt. Einheitsfront, sagen die Kommunisten ... Diktatur bis zur Elbe. Falls die SPD nicht freiwillig den Anschluß vollzieht, wird man ihn einfach befehlen. »Das werden wir sehen«, entrüsten sich die

Genossen. »Die Zeit ist vorbei, in der wir uns widerspruchslos zu Entscheidungen zwingen ließen.«
Herr Grotewohl, der Vorstand der SPD, scheint anderer Meinung zu sein als seine Parteikollegen. Man munkelt, daß er den Anschluß bereits vollzogen habe. Im Namen des Parteivorstands für die gesamte Berliner SPD. Ohne Befragen, ohne Befugnis und ohne Abstimmung. Übermorgen um neun Uhr früh will er sich im Admiralspalast vor seinen Funktionären darüber aussprechen.

Mittwoch, 27. Februar 1946

Was wird eigentlich gespielt? Im wirren Strudel des Geschehens entdeckt man nur mühsam die wahren Zusammenhänge. »Nie wieder Bruderkampf«, sagte nach Kriegsende die SPD und schlug den Kommunisten gemeinsame Parteigründung vor. Die Kommunisten zögerten, verlangten zuvor eine ideologische Klärung. Fürchteten sie, daß ihr Einfluß nicht groß genug würde? Statt einer Partei entstehen zwei, deren eine sich vom Tage ihrer Gründung des besonderen Wohlwollens einer Besatzungsmacht erfreut. Es ist nicht die beliebteste unter den Besatzungsmächten, die das Wohlwollen ausübt. Man hat mit ihren Methoden nicht immer günstige Erfahrungen gemacht.
Im Dezember wird auf ihre Initiative plötzlich der Zusammenschluß der Linksparteien in der Ostzone betrieben. Eine Partei, ein Wille, eine Staatsgewalt. Den Kommunisten, noch wenige Monate zuvor auf »ideologische Klärung« bedacht, kann nun die Verschmelzung nicht schnell genug gehen. »Ehe wir uns vereinigen, muß erst die einseitige Förderung eurer Partei durch die Besatzungsmacht aufhören, müssen beide Parteien durch Reichsparteitagsbeschluß die Verschmelzung bejaht haben«, erklärt der Vorstand der Berliner SPD, Otto Grotewohl. »Nicht nötig«, drängen die Kommunisten. »Man kann sich auch örtlich, bezirklich, in Provinzen und Ländern verschmelzen.« – »Wenn man muß, vielleicht. Aber wir wollen nicht müssen«, erwidert Grotewohl. »Wir sind nicht

gegen die Zusammenarbeit, wohl aber gegen die überstürzten und undemokratischen Methoden ihrer Durchführung. Wie sollen wir zu einer einheitlichen deutschen Arbeiterklasse kommen, wenn wir diese Einheit gesondert in einer Zone schaffen.«

Das Parteihaus der SPD liegt im russischen Sektor. Am 21. Dezember treten die Berliner Funktionäre zusammen, um über die Vereinigung zu beraten, alle Für und Wider sorgfältig gegeneinander abzuwägen. Man wartet auf Grotewohl. Man wartet viele Stunden. Er ist zur Besprechung nach Karlshorst gebeten, stellt sich schließlich heraus. Bis in die frühen Morgenstunden währt dort sein Gespräch. Als Paulus ging er hin, als Saulus kehrt er heim. Fanatischer Apostel des sofortigen Zusammenschlusses. Die Funktionäre sind fassungslos. Die Mitglieder schlagen die Hände über den Kopf. Die ganze SPD gleicht einem aufgescheuchten Bienenhaus. Was ihr Parteivorstand Otto Grotewohl seit dem 22. Dezember sagt, schreibt und handelt – hat nichts mehr mit sozialdemokratischen Grundsätzen zu tun. Nichts mit Recht und nichts mit Freiheit. »Sollen wir uns«, fragen bedrückt die Genossen, »aus Abscheu gegen Bruderkampf und Sozialistenzwist zum zweitenmal einer Diktatur unterordnen?«

Donnerstag, 28. Februar 1946

»Wie man's auch wenden mag, es bleibt ein Problem«, meint jeder, mit dem wir die Frage diskutieren. »Wenn ihr nein sagt, werden die Russen es euch übelnehmen. Es ist nicht gut, sie zu Feinden zu haben.« – Das wissen wir selbst. Seit dem Nazizusammenbruch bemühen wir uns um Verständigung. Um Ausgleich der Interessen zwischen Osten und Westen. Können wir es uns denn leisten, mit einer der Besatzungsmächte auf Kriegsfuß zu leben? Sind wir nicht vielmehr darauf angewiesen, uns um den Frieden zu bemühen, der unseren Nachbarn gefällt. Dem östlichen wie dem westlichen, dem südlichen wie dem nördlichen. Immer schwerer erweist sich die Kunst, hier allen Herren gerecht zu werden.

Freitag, 1. März 1946

Neun Uhr Funktionärskonferenz im Admiralspalast. Schon lange vor der Zeit ist jeder Sitzplatz vergeben, drängt es sich übervoll in Rängen und Gängen. Fünfzehnhundert Funktionäre warten mit verbissener Spannung darauf, was ihnen ihr Parteivorstand zu sagen haben wird. Am 11. Februar hat Herr Grotewohl nach Besprechungen mit russisch-zonalen Parteivertretern im Namen des Berliner SPD-Vorstands auf der Zonenkonferenz des Freien Gewerkschaftsbundes die Vereinigung der Arbeiterparteien in der russischen Besatzungszone befürwortet. Auf derselben Konferenz wurde ihr Beschluß bekanntgegeben. »Ihr habt uns nicht gefragt«, protestieren die Berliner Funktionäre. »Ihr habt nur die befragt, die nicht nein sagen dürfen. Die auf Befehl ihrer Besatzungsmacht jeden Neinsager aus der Partei ausschließen. Wir wollen aber nein sagen. Wir sind gekommen, um für ganz Deutschland dieses Recht zu verteidigen.«

Gewitterschwüle lastet im Raum. Von Minute zu Minute wird die Stimmung gereizter. Schon ehe das Hauptreferat beginnt, gehen am Vorstandstisch Dutzende von Diskussionsmeldungen ein. Jetzt besteigt Otto Grotewohl das Pult. »Befehlsempfänger«, bricht aus einer Ecke der erste Zuruf los. »Geh nach Karlshorst, Otto!« – Herr Grotewohl läßt sich nicht beirren. »Schädlicher Separatismus ... Die Reaktion auf der Lauer ... Aktivität des Vatikans ... drohende Rückkehr des Nazitums ...«, beschwört er die Folgen einheitsfeindlicher Haltung. – »Wir wollen keine Zwangsverschmelzung«, antwortet es feindselig aus dem Parkett. Getrampel und Zwischenrufe ... »Wir lassen uns nicht vergewaltigen!« Immer zahlreicher prasseln die Proteste. Immer wütender, immer leidenschaftlicher. Wie eine Springflut spülen sie über die Worte des Redners. »Verrat ... Betrug ... Abtreten ... Aufhören ...« Ein paar vereinzelte Zustimmungen verhallen kläglich im allgemeinen Lärm. »Urabstimmung! Wir fordern Urabstimmung!« schält es sich immer deutlicher aus dem Getöse. Hände fliegen in die Höhe. Mit überwältigender

Mehrheit wird der Beschluß zur Urabstimmung angenommen. Irgendwo beginnt einer zu singen: »Brüder zur Sonne, zur Freiheit...« Wie von selbst formen sich auf seinen Lippen die Worte. Wie von selbst stimmen die Genossen in sie ein. Auf allen Gesichtern glüht stolze Erregung. »Diesmal sind wir nicht zu Kreuze gekrochen. Zum erstenmal seit dreizehn Jahren haben wir unsere Freiheit verteidigt.«

Sonntag, 3. März 1946

Wenn man das Volk, die Parteizeitung der SPD studiert, so findet man über diese Verteidigung allerdings nichts zu lesen. Mit keiner Silbe ist der Beschluß der Funktionärkonferenz zur Urabstimmung erwähnt. Immer merkwürdiger werden die Gepflogenheiten des im russischen Sektor tätigen Parteivorstands. Statt dessen hat Wilhelm Pieck, Vorsitzender der KPD, im ehemaligen Großen Schauspielhaus eine Einheits-Gegenversammlung einberufen und seinen Zuhörern mitgeteilt, daß die Verschmelzung befohlen werden würde. Von wem wohl, wenn man fragen darf.

Montag, 4. März 1946

Der Kampf hat begonnen. Und niemand kann voraussagen, wie er enden wird.

Dienstag, 5. März 1946

Frank ist zum Verwaltungsdirektor seiner Klinik gerufen und wegen angeblicher antikommunistischer Äußerungen aufs schärfste verwarnt worden. Die Klinik liegt im russischen Sektor. Fast fühlt man sich versucht, mit den Toren zu fragen: »Und das nennt sich Demokratie?«

Donnerstag, 7. März 1946

Es heißt, daß die Besatzungsmächte zur Abhaltung der Urabstimmung keine Genehmigung geben würden. Auch im Magistrat steht man der Urwahl ablehnend gegenüber. Herr Pieck und Herr Grotewohl lassen sich gemeinsam photographieren.

Samstag, 9. März 1946

»Helft uns«, bitten wir unsere englischen und amerikanischen Freunde. »Setzt alles dafür ein, daß wir wählen dürfen.« Sie zucken die Achseln. »Es ist eine innerdeutsche Angelegenheit«, erwidern sie ausweichend. »Unsere russischen Verbündeten ...«

Montag, 11. März 1946

In der Täglichen Rundschau, dem Organ der russischen Verbündeten, scheint man die Sache nicht ganz so überzeugt als »innerdeutsche Angelegenheit« zu betrachten. Der Ton gegen die »Einheitsfeinde« wird von Tag zu Tag schärfer.

Dienstag, 12. März 1946

»Helft uns ... helft uns«, beschwören wir die westlichen Freunde. Begreift doch endlich, daß unsere Sache eure Sache ist. Wenn die Berliner SPD von der KPD aufgesogen wird, ist es aus mit der Demokratie in Berlin. Aus mit der Demokratie in Deutschland. Aus – über kurz oder lang – mit der gesamten Demokratie in Europa.

Donnerstag, 14. März 1946

Unser Parteivorstand setzt alles daran, die Urabstimmung überflüssig zu machen. Er plant, mit den Gegnern der Einheit in Einzelkonferenzen zu verhandeln, um sie wirksamer umstimmen zu können. Auf hundertfünfundsiebzig Propagandaversammlungen sollen durch geschickte Redner alle Gründe widerlegt werden, die der Vereinigung im Wege stehen. Für morgen hat er eine Betriebs-Delegiertensitzung anberaumt, auf der der spontane Charakter der Verschmelzungsforderung durch demonstrative Einmärsche in den Versammlungsraum unterstrichen werden soll. Für die Veranstaltung hat man besondere Ausweise vorbereitet, die nur den Funktionären zugestellt werden, die als zuverlässige Einheitsfreunde bekannt sind. Immer leidenschaftlicher spalten sich die Lager, immer persönlichere Formen nimmt die Gegnerschaft an.

Menschen, die sich noch vor einem Jahr gegen den Terror der Gestapo geholfen, ihr Leben für das Leben des anderen riskiert hatten, beschimpfen sich heute wie bitterste Feinde. Für oder wider die Einheit. Lump oder Ehrenmann. Auch unser alter Freund Dr. Flamm ist anderer Meinung. Er hat bei einer östlichen Zeitung eine Stellung als Chefredakteur angenommen. Aus Verbündeten von gestern beginnen politische Gegner von heute zu werden.

Montag, 18. März 1946

Herr Grotewohl streut eine Flut von Propagandamaterial über die Stadt. Wurfzettel, Flugblätter, Extraausgaben von Zeitungen und Zeitschriften. Wahrhaftig, er läßt es sich etwas kosten. Von unserem Geld, in unserem Namen und rücksichtslos gegen unsere Interessen. Helft uns . . . helft uns, bitten wir alle alliierten Stellen, die uns zugänglich sind.

Dienstag, 19. März 1946

Im Magistrat droht man den Einheitsgegnern mit Stellenverlust und noch Schlimmerem. Kein Zweifel, wer sich zur unabhängigen SPD bekennt, wird in Zukunft weder in der Ostzone noch im kommunistisch regierten Berlin etwas Gutes zu erwarten haben. »Sollen wir nochmals in die Opposition gehen«, fragen sich die Arbeiter. »Zum zweitenmal auf unabsehbare Zeit unsere Stellungen, unsere Freiheit, wohl gar unser Leben riskieren? Ein saurer Entschluß. Doppelt sauer für die, die während der letzten dreizehn Jahre im KZ oder in der Illegalität mit Ungeduld auf die Stunde der Befreiung gewartet hatten. »Helft uns . . .«, beschwören wir die westlichen Freunde. »Laßt es nicht zu, daß gerade die Besten an diesem Konflikt zugrunde gehn.«

Mittwoch, 20. März 1946

Kreisdelegiertenversammlung. Einstimmig hat sie sich gegen die Verschmelzung entschieden. Nun fehlt uns nur noch die alliierte Genehmigung zur Wahl.

Samstag, 23. März 1946

Der Kreisvorsitzende von Tempelhof, der Kreisvorsitzende von Kreuzberg und der Jugendleiter von Charlottenburg sind vom Vorstand aus der Partei ausgestoßen. Wegen »parteischädigendem Verhalten durch Fraktionsbildung und Herausgabe von Flugblättern parteizerstörenden Inhalts«, verbreitet das Parteibüro in der Behrenstraße. Schärfer und schärfer werden die Geschosse, mit denen es auf seine Mitglieder schießt. Fünf weitere Kreisvorsitzende erwarten ihren Ausschluß. Fünfzehn einheitsfeindliche Angestellte wurden fristlos aus ihrer Arbeit entlassen.

Sonntag, 24. März 1946

Immer noch steht die Genehmigung zur Urabstimmung aus. Wird sie von den Alliierten verweigert, tragen sie selbst daran Schuld, wenn Berlin sich nicht halten läßt ... Ohnehin haben die SPD- und die KPD-Leitung schon erklärt, daß sie nicht gewillt seien, sich der Entscheidung einer Urabstimmung zu beugen. Im Ostsektor richtet man bereits sozialistische Einheits-Parteibüros ein.

Mittwoch, 27. März 1946

Auf einer Konferenz der Berliner KPD-Funktionäre und der Einheitsfreunde unter den Funktionären der SPD wurde gestern beschlossen, den Bezirksvorstand beider Parteien zu ersuchen, alle Maßnahmen zur Verschmelzung unmittelbar in die Wege zu leiten. Eine Urabstimmung wurde für überflüssig erklärt.

Auf einer Konferenz des Berliner Bezirksvorstands der SPD wurde gestern beschlossen, nach Genehmigung der westlichen Besatzungsmächte die Urabstimmung endgültig am 31. März durchzuführen. Da das Presseorgan der Partei die Gegner der Verschmelzung nicht zu Worte kommen läßt, hat ihnen der Tagesspiegel und der vor kurzem gegründete Telegraf seinen Raum zur Verfügung gestellt.

Samstag, 30. März 1946

Morgen findet die Urabstimmung statt. Unser Parteivorstand boykottiert ihre Vorbereitung, wo immer er kann. In allen Berliner Bezirken herrscht heillose Verwirrung. Hier fehlen die Mitgliedsregister, da fehlen die Stimmzettel, hier fehlen die Wahllisten, dort bleiben die Wahlberechtigten ohne Benachrichtigung. Es mangelt an Urnen, es mangelt an Plakaten, es mangelt an Flugblättern, Wahlzellen, Bleistiften und Umschlägen. Bis in die Nacht hinein basteln wir an einer Wahlurne, stöbern wir in unseren kargen Textilbeständen nach einem Vorhang für die Stimmzelle. Das Parteiblatt hat es nicht für nötig gehalten, die Adressen der Wahllokale bekanntzugeben. Tausende von Stimmberechtigten wissen bis heute nicht, wo sie ihre Stimme abgeben sollen. Wenn sie nicht zufällig eine »Gastzeitung« in die Hände bekommen, werden sie der Wahl fernbleiben. Die einheitsfeindlichen Genossen arbeiten wie Kulis. Stimmlisten ausschreiben, Benachrichtigungszettel, Wurfsendungen vorbereiten, Flugblätter entwerfen. Alles aus eigenem Antrieb, alles aus eigenen Mitteln. Herzlich bescheiden sind diese Mittel in der Mehrzahl der Fälle. Daß sie aufgebracht werden, geopfert mit solcher Selbstverständlichkeit, muß man ehrlich bewundern.

Die Alliierten haben ihre Unterstützung für eine korrekte Durchführung zugesagt. Nur die sowjetische Kommandantur macht die Genehmigung zur Urabstimmung in ihren Bezirken von der Klärung so komplizierter Fragen abhängig, daß kein menschlicher Verstand sie bis morgen befriedigend beantworten kann. Acht von den zwanzig Bezirken Berlins unterstehen der russischen Besatzungsmacht. Wir sind ängstlich um das Wahlschicksal dieser Bezirke. Wenn die westlichen Alliierten so klug und geschickt wären, wie wir sie uns wünschten, würden sie gegen eine sowjetische Wahlkontrolle in ihren Sektoren die Kontrolle in jenen einhandeln. Besäßen sie wie wir das diktatorische Training, sie täten es gewiß. Doch leider ... Schlimm genug, daß die Verhältnisse uns zwingen, zu solchem positiven Manko »leider« zu sagen.

Montag, 1. April 1946

Die Würfel sind gefallen. Mit zweiundachtzigeinhalb Prozent haben sich die sozialdemokratischen Wähler Berlins gegen die Verschmelzung entschieden. Die Kommunisten bezeichnen das Resultat der Urabstimmung als »überwältigenden Sieg der Einheitsfront«. Auf Grund welcher Gehirnakrobatik sie zu diesem Ergebnis gekommen sind, wird selbst der geschickteste Rechenkünstler nicht aufklären. Bis zur letzten Wahlminute währte der Widerstand unseres Parteivorstands. Es hat ihm nichts genützt. Wider Gewalt, Bedrohung und Propaganda siegte der Wille zur Selbstbestimmung, wenn auch nur in zwölf unter zwanzig Bezirken. Im russischen Sektor wurde die Wahlgenehmigung nicht erteilt. »Wegen technischer Schwierigkeiten«, wie die Begründung lautet. Die gleichen »technischen Schwierigkeiten« scheinen veranlaßt zu haben, daß vor einigen Wahllokalen dieses Besatzungsgebiets am Frühnachmittag russische Wachtposten aufzogen, daß viele schon um neun Uhr morgens, der Rest am späten Vormittag geschlossen und sämtliches Wahlmaterial beschlagnahmt oder vernichtet wurde. Dann wählen wir eben in einem anderen Sektor, sagten sich 539 Wähler des Kreises Prenzlauer Berg, als sie ihr Wahllokal bewacht und geschlossen fanden. Sie drehten auf dem Absatz um, marschierten zum Wedding und gaben ihre Stimme unter französischer Obhut ab. Der Jubel bei den Genossen ist groß. Fast ebenso groß wie das Mißvergnügen ihres Parteivorstandes. Am kommenden Sonntag werden die Vertreter der zwölf westlichen Wahlkreise über die endgültige Loslösung von ihm beschließen.

Mittwoch, 3. April 1946

Vorgestern wurde der Postverkehr mit dem Ausland eröffnet. Wir haben wenig Zeit zum Briefeschreiben. Wir haben alle Hände voll zu tun, den errungenen Sieg wenigstens soweit auszunutzen, daß er uns nicht zur Niederlage zerrinnt. Wütend beschimpft uns die gesamte Linkspresse. Wütend boykottiert uns ein Großteil der Stadtregierung. Die Kasse der

Partei liegt beim Vorstand im Ost-Sektor. Propaganda kostet Geld. Kann man mit bloßen Fingern einen Panzerzug aufhalten, der alles niederwalzend von Osten nach Westen rollt? Was nützt der Postanschluß an die Welt, wenn die Welt uns im Stich läßt. »Unsere Verbündeten ...«, entschuldigen sich die angelsächsischen Freunde. Aber zum erstenmal klingt dabei in ihrer Stimme ein resignierter Unterton.

Montag, 8. April 1946

Bezirksparteitag der westlichen Stadtkreise. In der Zinnowaldschule in Zehlendorf hat sich gestern nachmittag die Sozialdemokratische Partei neu konstituiert und vom alten Parteivorstand losgesagt. »Zehlendorfer Spalter«, höhnen ihre Feinde. Sie tun, als hätte es ein Abstimmungsergebnis von zweiundachtzigeinhalb Prozent nicht gegeben. »Und ihr könnt platzen«, sagen unsere kommunistischen Bekannten. »Am ersten Mai ist die Einheit da. Dann schlucken wir im Zuge des antifaschistischen Blocks die CDU, die paar LDP-Stimmen fallen sowieso unter den Tisch, und in sechs Monaten rufen wir nach Anschluß.« Dahin also läuft der Kurs. Zum erstenmal haben sie die Katze aus dem Sack gelassen, und diese Katze zeigt ein bedenklich sowjetisches Fell. Kämpfen wir wirklich auf verlorenem Posten?

Samstag, 20. April 1946

Vorerst sieht es ganz so aus, als müßten wir uns allein helfen. Adam und Eva nach der Vertreibung aus dem Paradies konnten nicht nackter sein als wir. Der ganze Bestand der SPD, Barmittel, Büroräume, Inventar, Briefbogen, Parteizeitung, jeder Stuhl, jeder Tisch, jeder Bleistift verblieben in den Händen des alten Parteivorstands. Mit einem gespendeten Tisch, einer geborgten Schreibmaschine und etlichen Dutzend zusammengeschnorrter Briefbogen fangen die »Zehlendorfer Spalter« ihren Kampf um die Demokratie wieder an. »Und ihr könnt platzen«, gellt es in ihren Ohren. Es ist nicht leicht, eine Gegenpropaganda zu starten, wenn die Zuteilung für das

Papier, auf der man sie drucken muß, von unseren Siegern abhängt, der Lizenzantrag für eine eigene Zeitung an die Ausfüllung von zahllosen Fragebogen geknüpft ist und man uns immer wieder entgegenhält, daß wir als neue Partei überhaupt noch nicht zugelassen seien. Soll der Kampf um die Demokratie am Bürokratismus der Demokraten scheitern? Die Drohung des »Ersten Mai« hängt wie ein Damoklesschwert über unserem Kopf. Acht Tonnen Papier hat die sowjetische Besatzungsmacht dem Einheitskomitee für Plakate und Flugblätter zur Verfügung gestellt. Acht Tonnen gleich 3 Millionen Flugblätter. 3 Millionen Flugblätter gegen eine Handvoll Habenichtse, die sich jeden Fetzen Papier erst mühsam zusammenbetteln müssen. Die bürgerlichen Parteien stehen tatenlos abseits. »Wir fühlen uns nicht betroffen«, erklärt die CDU. Nur die LDP springt mit einem Flugblatt in die Bresche. »Nie wieder Diktatur! Noch ist es Zeit, Demokraten!« plakatiert sie an den Straßenecken und hilft uns wenigstens so, das Kind beim Namen zu nennen.

Mittwoch, 1. Mai 1946

Ein ungleicher Kampf! Und doch wird er gekämpft. Und doch ist er gewonnen. Maifeier der am Ostersonntag im russischen Sektor und in der russischen Zone gegründeten Sozialistischen Einheitspartei. Großaufzug im Lustgarten. Die SPD marschiert nicht mit. Es gibt kein »Verschlucken« der CDU, kein »unter den Tisch fallen« der LDP, keinen Anschlußruf nach Osten. Der Geist besiegte die Macht. Die Sozialdemokratische Partei bleibt in Berlin bestehen. Ob auch im Ostsektor oder gar in der Ostzone ... Bisher hat es nicht den Anschein, als wäre die sowjetische Besatzungsregierung zu großem Entgegenkommen bereit. Weder den »Spaltern« gegenüber noch gegenüber der Berliner Bevölkerung. Seit fünf Tagen herrscht Verkehrskrise auf der S-Bahn. Der jämmerlich zusammengeschrumpfte Nachkriegswagenpark ist um dreißig Züge vermindert. Reparationskonto Rußland. Wenn man gerecht denkt, kann man es den Sowjets nicht verargen, daß sie zurückholen, was wir ihnen fortgenommen haben. Nur daß der Augenblick so ungünstig gewählt ist. Daß der endlose Abstand des Zugverkehrs die übervollen Bahnsteige, der trostlose Anblick der ramponierten fenster- und polsterlosen Ersatzwagen den Verlust so sinnfällig macht. »Wie Vieh lassen sie uns fahren, wie Frachtgut pferchen sie uns ein«, murren die Berliner und werden der Einheitsidee nicht holder.

Dienstag, 14. Mai 1946

Dagmar hat die Lust an Berlin verloren. Sie ist nicht die erste, die zu Fuß nach dem Westen aufbricht. In Baskenmütze, Skistiefeln und Trainingsanzug steht sie vor mir, um Abschied zu nehmen. »Hier kommt man doch auf keinen grünen Zweig«, sagt sie und lüftet resigniert ihren Dreißig-Kilo-Rucksack. Dagmar Meyerowitz. Erst jetzt fällt es mir auf, daß wir sie in den letzten Monaten fast völlig vergessen haben. Dagmarchen, denke ich beschämt und möchte plötzlich alles gutmachen. Das Vergessen und das Abwandern, den Mangel an Freundschaft und ihre Enttäuschung um Berlin. Aber es ist hier nichts gutzumachen. Je mehr ich mich darum bemühe, desto deutlicher wird es mir bewußt, daß sich nicht nur in dieser, sondern auch in mancher anderen Beziehung eine Wandlung vollzogen hat. Meinten wir überhaupt einander? Oder meinten wir nicht vielmehr unseren gemeinsamen Zorn auf die Nazis, den Austausch der Nachrichten aus dem englischen Sender, die Angst vor den Bomben, die täglich und stündlich uns drohende Lebensgefahr. Auch Zweckfreundschaften können gute Freundschaften sein. Nur daß sie, wenn ihr Zweck sich erfüllte, nicht unbedingt zu Lebensfreundschaften werden müssen. Der Magnet, der die Antinazis zusammenhielt, hat seine Anziehungskraft verloren. Verzeih mir, Dagmar, denke ich, doch ich spreche es nicht aus. Es hat keinen Sinn, jetzt so etwas auszusprechen. »Leb wohl«, sage ich nur, »und wenn du mal was brauchst, so schreib.« Sie nickt. »Du auch.« Und plötzlich, als hätte uns eine Erinnerung übermannt, umarmen wir uns und küssen uns dreimal auf die Wangen. Wie Andrik es zu tun pflegte. »Bleib übrig«, flüstern wir unwillkürlich unseren alten Nazigruß.

Samstag, 25. Mai 1946

Auch Fabian dreht sein Kippen nicht mehr bei uns in Seidenpapier. Er schreibt Bücher und Theaterstücke, trinkt und schwört mal auf den Westen, mal auf den Osten. Er war von jeher ein Zugvogel, und nur der »Antinazi-Magnet« hat ihn vorübergehend seßhaft gemacht. Wenn der Zufall uns hin und wieder zusammenweht, lachen wir uns an und fragen »Weißt du noch?« und »Denkst du noch daran?« – Wir denken oft daran. An den weißen Ochsen, an die Kellerzeit und das Himbeergelee auf dem Friedhof. Wie an ein Märchen, das einem die Kinderfrau erzählt. Sehr weit, unvorstellbar weit liegt das alles in der Vergangenheit.

Mittwoch, 29. Mai 1946

Es ist erreicht. Auf seiner gestrigen Sitzung hat der Kontrollrat die Sozialdemokratische Partei und die Sozialistische Einheitspartei als selbständige Parteien in allen vier Sektoren zugelassen. Der Kampf war also nicht umsonst. Ja, er gewinnt sogar ein von Tag zu Tag steigendes Wohlwollen bei unseren westlichen Siegern. Nicht ganz offiziell, aber immerhin spürbar. Als wisse man es doch zu schätzen, daß es hier Menschen gibt, die nicht in jedem Fall bedingungslos ja sagen. Selbst wenn das »ja« einem alliierten Besatzungswunsch gilt.
Die SED erscheint mit triumphierenden Proklamationen auf dem Plan. »Unsere Parole heißt: Kein Einparteiensystem, aber Festigung der antifaschistisch-demokratischen Einheitsfront. Die Zukunft gehört der Sozialistischen Einheitspartei. Neben dieser Millionenpartei ist auf die Dauer nirgends Platz für Splittergruppen«, schreibt das »Neue Deutschland«, Zentralorgan der SED. Verstehe das, wer kann. »Kein Einparteiensystem«, aber auch keine anderen Götter neben der SED. Ist das nicht Rabulistik?

Und doch – wir haben unser Ziel erreicht, und was uns jetzt zu tun bleibt, ist nicht mehr Bruderkampf, sondern brüderlicher Wille zur Zusammenarbeit. Mit allen Parteien. Auch mit der SED.

Donnerstag, 13. Juni 1946

Es liegt keine gute Stimmung in der Luft. Der brüderliche Wille zur Zusammenarbeit läßt manches zu wünschen übrig. Nicht zuletzt bei unseren Besatzungsmächten. Der Ton, in dem der Kontrollrat seit etlichen Wochen miteinander verkehrt, klingt beängstigend gereizt. Und wie ein Echo teilt sich diese Gereiztheit der Bevölkerung mit. Wir wissen nicht, was man in Moskau, London und Washington im Sinn hat. Aber je weniger wir darüber wissen, desto üppiger wuchern die Gerüchte, desto stärker fühlt man sich geneigt, sie auf einen Nenner zu bringen. Die Russen haben die SPD in ihrer Zone nicht anerkannt. In ihrem Sektor sehen sie sie ungern. Wenn die Entwicklung so weitergeht ... »Preisgabe von Berlin ... Abtrennung der Ostzone ... ein dritter Weltkrieg«, steigert unsere Phantasie die Möglichkeiten der Schrecknisse.

Montag, 17. Juni 1946

»Glauben Sie an Krieg? Glauben Sie an Zonentrennung?« frage ich Andriks englischen Freund, während ich mit ihm auf der Terrasse seiner Dienstvilla beim Cocktail sitze. Er lächelt. »Weder an das eine noch an das andere. Wie kommen Sie darauf?« »Weil alle es glauben.« – »Alle?« meint er zweifelnd. »Oder fast alle«, verbessere ich mich. Nachdenklich schaut er vor sich hin. »Jetzt nicht. Vielleicht in zehn Jahren. Aber ob es in zehn Jahren zum Kriege kommen wird oder nicht, darüber werden wir in zwei Jahren Gewißheit haben.« – Um dann acht Jahre lang das Unglück vorauszusehen. Entsetzliche Vorstellung. »Man muß doch etwas tun können«, flehe ich ihn an. »Nicht davon reden und im übrigen ... Lichtchen anzünden. Mit jedem Lichtchen wird es etwas heller in der Welt.« »Und das soll alles sein?« »Alles«, nickt er. »Nur daß die meisten es bisher nicht getan haben.« –

Lichtchen anzünden, denke ich auf dem Heimweg. Vielleicht heißt das auch: in Berlin ausharren, sich gegen Willkür zur Wehr setzen, den mühsamen Kampf gegen Terror und Kollektivismus noch einmal von vorn anfangen. Wenn man es so versteht ... Das Herz klopft mir schneller. Wir müssen alle bitten, um jeden Preis hierzubleiben, nehme ich mir vor. Noch nie ist es in Berlin so sehr auf den einzelnen angekommen. Noch nie hat der einzelne hier soviel zu vermitteln, soviel zu beweisen, so ungeheuer viel zu verantworten gehabt.

Samstag, 29. Juni 1946

»Wenn du Lust hast«, sagt Frank, »könnten wir morgen nach Werder fahren. Der Zug geht zehn Minuten vor sieben.« »Der Zug?« Ich habe ganz vergessen, daß es in Deutschland auch Eisenbahnen gibt. »Gut«, willige ich ein. »Aber wie kriegt man eine Fahrkarte?« Frank fingert in seiner Tasche. »Durch Anstehen, wie alles. Länger als die Fahrzeit hat es zum Glück nicht gedauert.« Er zieht zwei Dritter-Klasse-Karten hervor. »Warum man immer noch dritter Klasse schreibt, wenn man weder zweiter noch erster hat«, wundert er sich und überreicht mir die Billetts. Ich schaue sie an wie ein Weltwunder. Richtige Fahrkarten. Genauso wie früher. Man kann es kaum fassen, daß Dinge existieren, die genauso wie früher sind.

Sonntag, 30. Juni 1946

Der Himmel ist blau, wie man ihn blauer nicht wünschen kann. Proviantgerüstet brechen wir gegen fünf Uhr auf. Bis auf einen Trunk Wasser wird man uns unterwegs kaum etwas anbieten. Die Straßenbahnen verkehren noch nicht. Also Fußmarsch von Steglitz zum Anhalter Bahnhof. Wir sind in Weltreisestimmung. So fern, so abenteuerlich abgelegen erscheint uns der ehemalige Sonntagsausflugsort von Berlin. Vor dem Anhalter Bahnhof staut es sich in Massen. Der

Personenzug auf dem Perron ist mit Fahrgästen wie mit Trauben behängt. Frank schnallt mich mit dem Rucksackriemen über zwei Puffern fest. »Stehst du bequem?« erkundigt er sich besorgt und klettert selbst auf das Dach eines Bremshäuschens. »Es geht«, antworte ich. Ich bin von jeher kein Kletterfreund gewesen. Mit zwanzig Minuten Verspätung fahren wir ab. Mit einstündiger Verspätung treffen wir in Werder ein. Die ganze Strecke entlang zieren rostige Schienenhaufen die Eisenbahnböschung. Warum man sie nur abmontiert hat, grüble ich. Und wenn man es schon tat, warum verwendet man sie nicht? – Njetschewo, gebe ich mir selbst die Antwort. Steif wie ein Storch klettere ich in Werder von meinen Puffern. »Radfahren ist einfacher«, sage ich zu Frank und – »offensichtlich auch sauberer«, setze ich mit einem Blick auf sein rußverschmiertes Gesicht hinzu. Er lacht. »Dafür bist du jetzt im Ausland.« Ich schaue mich um. Tatsächlich. Die Anschriften, die mir ins Auge fallen, könnten ebensogut in Rußland stehen. Kyrillische Buchstaben, russische Wegsperren, sowjetische Uniformen und der Atem – der fremde Atem einer anderen Welt. Wie eine Provinzstadt in der Ukraine mutet das Berliner Kirschenparadies uns an.
Wir schultern unsere Rucksäcke und setzen uns in Bewegung. Die Ebene leuchtet im Glanze des Sommertages. Auf Wiesen und Feldern blüht es mit inbrünstiger Leidenschaft. Haben die Heckenrosen je so geduftet wie in diesem Jahr. Gab es je so viele Kornblumen, so brandroten Mohn, einen so überschwenglichen Lebenswillen in dieser kärglichen Landschaft. Gewaltsam scheint die Natur wiedergutmachen zu wollen, was die Menschen vernichteten. Lodernd und gelb stehen am Wege die Königskerzen. Die Kirschbäume biegen sich unter der Last ihrer Früchte. Frank preßt meinen Arm. Wir leben, spüren wir mit jedem Schritt. Und um uns, unter uns, über uns lebt es im gleichen Rhythmus. Ein Waldstreifen nimmt uns auf. Eine einfache Kiefernfläche. Doch wenn man Augen hat zu sehen, wird auch die Kiefernfläche sehenswert. Federzart stehen ihre Zweige vor dem mittäglichen Himmel. Wir

wandern dahin wie im Rausch. »Hörst du«, fragt Frank und lauscht in die Luft. Vom gegenüberliegenden Ufer der Havel weht uns der Wind ein paar Töne zu. »Wolga, Wolga ...«, klingt es aus einem Lautsprecher. »Wolga, Wolga ...«, murmeln die breit hinfließenden Wellen der Havel. Ein russischer Soldat radelt an uns vorüber. Sein rundes Gesicht glänzt von der Hitze wie mit Fett überpinselt. »Otschen sharko ... särr heiß«, ruft er uns zu und lächelt gutmütig. Wir sehen, wie er ein paar Meter weiter vom Rade steigt, Hemd, Hose und Schuhe abwirft und sich mit einem Kopfsprung ins Wasser stürzt. »Otschen sharko« – auch dieses Bild gehört in die Landschaft.

Am Straßenrand liegt ein sowjetischer Friedhof. Rot eingezäunt. Rot glänzen die fünfzackigen Sterne auf seinen hölzernen Grabpyramiden. »Wolga, Wolga ...«, summe ich vor mich hin. Die Sonne rückt in den Westen. Wir nähern uns dem Ort unserer Heimreise. Er ähnelt dem Ausgangspunkt dieses Tages wie ein Ei dem anderen – Spruchbänder mit russischen Inschriften. Rote Barrieren, rote Plakattafeln, die in weithin sichtbaren Buchstaben der Bevölkerung mitteilen, daß die Sowjetunion keinen Rassenhaß kenne. Auf dem Marktplatz stehen, in würdigem Halbkreis, die überlebensgroßen Portraits verdienstvoller Sowjethelden. Frank nähert sich einem der Kunstwerke und betrachtet es kritisch. »Ein farbenfroher Meister«, konstatiert er. »Nur leider kein Perspektivenfreund.« Unter dem ordengeschmückten Konterfei des Feldmarschalls Schukow spielen drei Kinder Murmeln. Wolga, Wolga ..., denke ich wieder. Wie anders wirkt hier alles als im vergangenen Jahr. Auf die Eroberung ist die Besitznahme gefolgt. Auf die Vergewaltigung die – Verschmelzung. Mein Blick fällt auf das frischgemalte Anschlagschild über einem Haustor. »Ortsgruppe der Sozialistischen Einheitspartei, Zweigbüro Thälmannstr.«, lese ich.

Nach zweistündigem Warten auf menschenvollem Bahnhof besteigen wir wieder den Bummelzug Werder–Berlin. Diesmal reisen wir auf dem Trittbrett. Im Schneckentempo zuckelt das

Bähnchen durchs Land. Ruckt an, steht still, ruckt wieder an und keucht dann träge ein Stückchen weiter. Bis wir den Anhalter Bahnhof erreichen, ist die letzte U-Bahn längst abgefahren. Dreieinhalb Stunden Verspätung. Das Dreifache der gesamten Fahrtzeit. »Wolga, Wolga . . .«, seufzen wir, während wir mit müden Beinen nach Hause traben. Nicht immer passen sich russische Maßstäbe den deutschen Verhältnissen an.

Dienstag, 16. Juli 1946

Immer noch klingt der Ton im Kontrollrat gereizt. Immer noch machen die Sozialisten einander das Leben zur Hölle. Nach dem Grundsatz »Erst hör du auf zu schimpfen, dann hör ich auf zu schimpfen« schimpft schließlich jeder auf jeden. Und beklommen fragt sich das Volk, wo das einmal enden soll.

Freunde brachten uns die erste Nachricht von Kurt Eckhardt, dem Putschisten und Nazisaboteur. Auch er ist durchgekommen und soll im Westen arbeiten. Seltsam, wie die Wege unserer Clique auseinanderlaufen.

Samstag, 3. August 1946

»In der Preisgabe von Berlin . . . In der Abtrennung der Ostzone . . . In einem dritten Weltkrieg.« Wir haben es satt, in Daueropposition zu leben. Wir möchten »Brücke« sein, doch alles weist darauf hin, daß uns das Schicksal zum Brückenkopf bestimmt.

In zwei Monaten sind die Wahlen in Berlin. In sechs Wochen die Wahlen in den Zonen. Jede Stimme zählt. Jedes Wort wiegt doppelt, das hier oder dort zugunsten der Verständigung gesprochen wird. Hinter der SED steht groß und mächtig ihr östlicher Schutzpatron. Und hinter der SPD? . . . »Helft uns«, werben wir wieder in wachsender Bedrängnis.

Donnerstag, 29. August 1946

Manchmal kommen wir uns vor wie Kinder, die gegen anrollende Wogen ihre Sandburg verteidigen. Wer sind wir, daß wir dem Druck einer Weltmacht standhalten wollen! Mit unerbittlicher Stetigkeit schreitet die Einschmelzung in der Ostzone fort. Berlin ist auf allen Seiten von ihr umschlossen. Nur ein schmaler Korridor, ein eingleisiger Schienenstrang verbindet es mit dem Westen. Unser Gemüse, unser Obst, unsere Kartoffeln, den Hauptteil unserer Ernährung beziehen wir aus den umliegenden Provinzen. Ein einziger Wink ihrer Besatzungsmacht und unsere Lebensader ist abgeschnitten. Man braucht nur ein paar Züge nicht ankommen, eine Brücke sperren, den eingleisigen Schienenstrang in Unordnung geraten zu lassen ... Vielfältig sind die Wege des Zufalls. Vor allem für eine Besatzungsmacht, die nicht ja sagen mag. Werden die Westalliierten im Notfall drei Millionen Berliner mit Kartoffeln versorgen? Mit Obst, mit Gemüse, mit Kohlen und Strom? Oder werden sie uns mitteilen, daß auch diese Sorge eine »innerdeutsche Angelegenheit« sei. »Helft uns!« wiederholen wir, immer denselben Refrain – wie Cato den seinen.

Freitag, 6. September 1946

»Haben Sie die Rede von Byrnes gehört? ... Der amerikanische Außenminister hat in Stuttgart gesprochen. Sie wollen uns den Osten wiedergeben ... Es gibt keinen Krieg. Es gibt keine Zonentrennung ... Mit Blitzesschnelle verbreitet sich die Nachricht über Berlin. »Wir kriegen die Ostprovinzen zurück.« Zehn Millionen Flüchtlingen klopft das Herz höher. Von allem, was in Stuttgart gesagt wurde, hören und behalten sie nur einen Satz: Die Oder-Neisse-Linie ist nicht endgültig. – Man gibt uns die Ostprovinzen zurück. »Nach Hause«, jubeln sie. Einmal wird der Tag kommen, an dem wir uns aufmachen dürfen, um nach Hause zu gehn. Selten hat eine Außenministerrede so viel verschüttete Hoffnung befreit wie die Ansprache von Byrnes vor den Ministern der Westzonen.

Ob sie richtig verstanden wurde? Der Wunschtraum der Flüchtlinge verwandelt die schöne Verheißung bereits in ein fait accompli. – »Fait accompli«, lächelt verbindlich ein Sprecher der russischen Besatzungsmacht, »ist die Oder-Neisse-Linie. Ich bitte Sie. Was wollen Sie von uns? Deutschland hat die Ostprovinzen im Kampfe erobert. Auch Burgund war einmal deutsch. Ist Burgund schlechter als Schlesien? Ich bitte Sie. Ganz einfach. Wir rückten unsere Grenze um dreihundert Kilometer nach Westen. Tun Sie es ebenfalls. Wir helfen Ihnen dabei. Ganz einfach.« – Ein Glück, daß dieses Gespräch noch nicht, wie die Byrnes-Rede, mit Blitzesschnelle in die Öffentlichkeit drang. In der Öffentlichkeit ist man beschwingt und hoffnungsfroh. »Endlich«, sagt das Volk, »haben die Westmächte ein Einsehen. Endlich fangen sie an, auch uns Deutsche als Menschen zu behandeln.«

Mittwoch, 11. September 1946

Es ist schwer, auf menschliche Behandlung Anspruch zu erheben, wenn Not, Begierde und chaotische Zustände alle menschlichen Hemmungen niedergebrochen haben. Fast jeder von uns tut Dinge, die er vor wenigen Jahren noch unmöglich gefunden hätte. Unmöglich, sich damals vorzustellen, daß man im Foyer eines Theaters Brotrinden kaut. Unmöglich, nach fremder Leute Tabakresten zu haschen, sie gierig einander abzujagen, sie mit bloßen Fingern aus dem Aschenbecher öffentlicher Verkehrsmittel zu klauben. Unmöglich, auf der Jagd nach Kalorien Mülleimer zu durchstöbern, in Abfallhaufen alliierter Küchen nach eßbaren Resten zu wühlen. Unmöglich? Wenn der Hunger im Magen brennt, ist nichts mehr unmöglich. Wenn ein Raucher nichts zu rauchen hat, gerät seine Würde ins Wanken. »Fang«, sagt ein amerikanischer Soldat und wirft einem Deutschen seine halbgerauchte Zigarette zu. »Wie ein Huhn schießt der nach dem Stummel, bückt sich und pickt ihn auf.« Der Soldat lacht. Wenn er sich's recht überlegte, müßte er weinen, statt zu lachen.
Um die Messen der Alliierten wimmelt es von Beutesuchern.

Fang, denken sie und schleppen die weggeworfenen Konservenbüchsen nach Hause, um dort ihre letzten Reste herauszukratzen, zu lecken, mit Wasser in die Suppe zu spülen. Fang! – Bist du hungrig genug, so vergeht dir der Ekel. Tausenden, die »einst bessere Tage gesehen« haben, ist während der Nachkriegsjahre der Ekel vergangen.

Dienstag, 17. September 1946

Am Sonntag fanden in Brandenburg, Mecklenburg und den Westzonen die ersten Gemeindewahlen statt. Absolute Mehrheit für die SED in der Ostzone. Der verbliebene Drittelrest verteilt sich auf CDU und LDP. Die SPD ist im russischen Besatzungsgebiet nicht vorhanden. Was nicht vorhanden ist, kann man auch nicht wählen. Nicht alle CDU- und LDP-Wähler aus Vorpommern, Mecklenburg und der Mark meinten das Programm ihrer Wahlpartei. Und wohl keiner hat sich die erste demokratische Willensäußerung nach dem Nazizusammenbruch als Ersatzhandlung geträumt.
In den englischen und französischen Zonen sieht das Ergebnis anders aus. Die SED-Praxis der Ostzone steht den Westkommunisten schlecht zu Gesicht. Unter den vier großen Parteien rangieren sie fast überall an letzter Stelle. Warten wir ab, was sich weiter entwickelt. Am 20. Oktober wählt Berlin.

Sonntag, 29. September 1946

In wenigen Tagen soll das Urteil über die Nazibonzen gesprochen werden. Seit fast einem Jahr ist die Auslandspresse mit Berichten über das Nürnberger Gerichtsverfahren überschwemmt. »Typisch für die Deutschen, daß das Schicksal ihrer Kriegsverbrecher ausgerechnet sie am wenigsten interessiert«, tadeln noch immer die Alliierten. Und vergessen dabei, von diesem Tadel abzuziehen, daß die Welt am Nürnberger Prozeß weit größeres Interesse haben muß als gerade die Deutschen. Denn: »Wofür führten wir diesen Krieg? Wofür wurde mein Sohn, mein Bruder, mein Vater in einem fremden Land zum Krüppel geschossen?« fragt sich der

Bürger Amerikas, der kanadische Bauer, der australische Farmer. »Damit diese Verbrecher an den Galgen gehängt werden«, antwortet die alliierte Presse. Antwortet es mit täglichen Reportagen aus dem Nürnberger Gerichtssaal, mit Scheinwerfern und Stimmungsbildern, mit Dokumentenmaterial und detaillierter Milieuschilderung. Die Nürnberger Prozeßberichte haben den Tod von Millionen Menschen zu rechtfertigen. Also sind sie gut, also sind sie notwendig. Nicht so sehr für uns, sondern für den Farmer in Oklahoma, der dem abgeschossenen Bein seines Sohnes einen Sinn geben muß.

Dienstag, 1. Oktober 1946

Sie sind verurteilt. Zwölf von zweiundzwanzig Angeklagten zum Tod durch den Strang. Drei zu lebenslänglichem Gefängnis. Vier zu Gefängnisstrafen zwischen zehn und zwanzig Jahren. Schacht, Papen und Fritzsche hat man freigesprochen. Rundfunk, Telefon und Telegraphenkabel tragen die Nachricht in alle Welt. Extrablätter, Sondermeldungen, Bildberichte. Blitzphotos der Richter bei der Urteilsverkündung. Blitzphotos der Angeklagten beim Urteilsempfang. Interview mit Fritzsche. Interview mit Papen. Die Gefangenen in ihrer Zelle. Gnadengesuche. Termin der Vollstreckung. Codetexte surren durch den Äther. Bis in die letzten Dörfer der Erde beschäftigt man sich mit dem Schicksal der deutschen Kriegsverbrecher. »Totschweigen ist die beste Form der Hinrichtung«, sagt Frank und dreht das Radio ab, in dem wir zum siebentenmal erfahren haben, mit welcher Gefühlsnuance jeder der Todgeweihten sein Urteil entgegennahm. Von Witzlebens Gefühlen wurde nicht soviel hergemacht. Und ob es gut ist, dem Farmer in Oklahoma das auszumalen, ob es gut ist, die Deutschen das wissen zu lassen?

Sonntag, 6. Oktober 1946

Man malt immer weiter aus. Was sie seufzen, was sie sagen, was sie beten, wie sie verzweifeln. Die Rührsal der »letzten Stunde« vernebelt alle Gemüter. Das kann nicht der Weg sein,

Demokratie zu lernen. Vielleicht sie zu üben in Ländern, die es nicht mehr lernen müssen. Uns fällt es schwer, sei es mit hämischer Genugtuung, sei es mit unbefangener Sensationsfreude auf diese Stimmungsmalerei zu reagieren. Totschweigen ist die beste Hinrichtung. Und nicht vielleicht auch die würdigste? ...

Fünfundzwanzigtausend Berliner Arbeiter treten in Kurzstreik, weil Papen, Schacht und Fritzsche freigesprochen wurden. Was sollen die kleinen Pg.s dazu sagen. Noch sitzen viele Millionen und warten auf ihre Entnazifizierung. Füllen Fragebogen aus, schaffen Leumundszeugnisse bei, schreiben Lebensläufe, Erklärungen und Rechtfertigungen. Sie hungern auf Karte Fünf, klopfen Steine, räumen Schutt, machen Botengänge und, wenn sie endlich entnazifiziert worden sind, warten sie monatelang darauf, daß der Kontrollrat ihre Entnazifizierung anerkennt. Vorher kein Arbeitsvertrag. Vorher kein Posten mit gehobener Beschäftigung. »Was haben *wir* getan, und was hat Papen sich erlaubt?« fragen sie verbittert. »Sind wir es gewesen, die im Rundfunk die Goebbelsreden interpretierten oder war es Herr Fritzsche. Herr Fritzsche ist freigesprochen. Frau Göring lebt in ihrem Landhaus in Bayern, läßt sich täglich mit einem anderen Alliierten photographieren, und wir klopfen Steine. Wo bleibt die Gerechtigkeit, wenn wir Steine klopfen, während Herr Papen spazierengeht.«

Mittwoch, 16. Oktober 1946

Auch Goering entzog sich dem Strafvollzug. Drei Stunden ehe er am Galgen hängen sollte, beging er in seiner Zelle Selbstmord. Hitler, Himmler, Goebbels, Göring. Keiner von ihnen hat den Tod gefunden, zu dem er Millionen seiner Mitmenschen verurteilte. Keiner von ihnen hätte – wäre es anders gekommen – seinen Feind aus dem Netz schlüpfen lassen. Warum lassen Demokratien ihren Feind aus dem Netz schlüpfen. Nicht der Henker imponiert der Menge, der vergebens am Galgen steht, sondern der Verbrecher, der ihm ein Schnippchen schlägt. Wie viele Fehler könnten vermieden werden, wenn die Alliierten uns erlaubten, ihnen ab und zu einen Ratschlag zu geben. Weckt nicht die deutsche Sentimentalität, würden wir ihnen jetzt raten. Weckt sie um keinen Preis im Zusammenhang mit den Nazis. Verantwortungswille ist wichtiger als Sensationslust. Und sind die Geister erst gerufen, wird man sie so bald nicht wieder los.

Donnerstag, 17. Oktober 1946

Tot ist Hermann Göring. Tot sind Ribbentrop, Keitel, Rosenberg, Frank und Frick. Tot Julius Streicher, Kaltenbrunner, Sauckel, Jodl und Seyss-Inquart. »Ribbentrop wurde nach 14 Minuten und 45 Sekunden für tot erklärt. Jodls Tod dauerte etwas länger«, schreibt die Berliner Zeitung Der Abend. Gefährlich nisten sich die letzten Worte der Verurteilten in den Herzen der Empfänglichen ein. Spielt nicht mit dem Feuer, möchten wir die Nürnberger Reporter beschwören. Vergebliche Mühe. Sie ersparen uns keine noch so abgeschmackte Sentimentalität.

Samstag, 19. Oktober 1946

Die ganze Nacht haben Heike, Frank und ich Plakate geklebt. Sobald wir unsere Strecke abgearbeitet hatten, erschien die Konkurrenz und »klebte nach«. Wählt SPD – wählt SED. Mindestens dreimal wechseln in dieser Nacht auf der südlichen Ausfallstraße Berlins die politischen Werbeaffichen. »Trösten wir uns«, sagt Heike und mustert das Resultat ihrer letztstündigen Niederlage. Auch die CDU ist vom Schauplatz verschwunden. »Es geht eben nichts über ein entsprechendes Papierkontingent.«

Sonntag, 20. Oktober 1946

Wahlfieber, Wahlhitze, Wahlleidenschaft. Fast 90 Prozent der Berliner Bevölkerung beteiligen sich an der Stimmabgabe. 851 000 Männer, eineinhalb Millionen Frauen. »Die Frauen Berlins haben sich gegen den russischen Liebhaber entschieden«, sagt ironisch ein SEDist, als am späten Abend die endgültigen Wahlergebnisse bekannt werden. 48,9 Prozent für die SPD, 21,5 für die CDU, 20,4 für die SED. Die »Sandburg« hat standgehalten. Nun werfe, wer bereit ist, unter gleichen Umständen das gleiche zu tun, den ersten Stein auf das Nachkriegsberlin.

Dienstag, 22. Oktober 1946

So triumphal hatten sich die Sozialdemokraten ihren Wahlsieg nicht vorgestellt. Ob nicht auch hier ein Großteil der Wähler das Programm der Partei viel weniger meinte als die Front gegen den Osten? »Jetzt dürfen wir zwei Fehler nicht begehen«, sagen die Einsichtigen in der SPD. »Wir müssen aufhören mit dem Bruderkrieg und aufhören, die Russen vor den Kopf zu stoßen.«

Mittwoch. 23. Oktober 1946

Das Vor-den-Kopf-Stoßen haben wir bereits geschafft. Und genau die Dinge getan, die wir »um der Brücke willen« am dringendsten hätten vermeiden sollen. Erste »Regierungshandlung« der SPD nach dem Wahlsieg. Funktionärkonferenz in der »Neuen Welt«. Franz Neumann und Schumacher sprechen. Die Lage ist wenig erfreulich. Abtransport deutscher Arbeiter in die Sowjetunion. In der Nacht zum 21. Oktober hat es begonnen und bis heute nicht aufgehört. In der sowjetischen Zone und im russischen Sektor Berlins werden Facharbeiter, Wissenschaftler und Spezialisten verschiedener Schlüsselindustrien unter überraschenden Begleitumständen abgeholt und – mit unbekanntem Ziel – in östlicher Richtung verfrachtet. Demokraten nennen das Menschenmord. Diktatoren »Erfüllung früherer Verpflichtungen«. Wer hier wem verpflichtet war, ist aus den Kommentaren nicht festzustellen. In den Familien der Verschleppten herrscht panische Aufregung. Der SPD-Vorsitzende Franz Neumann protestiert. Er schüttelt die Faust gegen die SED und appelliert mit Leidenschaft an das Gewissen der zuständigen Besatzungsmacht. Keiner übertrifft ihn an Kühnheit. Doch wenn man bedenkt, daß die SPD ihren Regierungsantritt mit einem Minimum des Wohlwollens beginnt, das die SED bis zum Maximum genoß, kann einem vor soviel Kühnheit beklommen werden.

Mittwoch, 30. Oktober 1946

Im Kontrollrat wird die Zwangsverschickung der Zwangsarbeiter diskutiert. »Wir werden uns erkundigen«, erklärt der sowjetische Vertreter. »Wir werden alles in Bewegung setzen...« Barmherziger Himmel! Es ist schon »in Bewegung gesetzt«. Die Züge mit den Spezialisten rollen bereits gen Osten. »Warum sind die Gauner des Telegrafs und ihre Genossen so erregt?« wundert sich die Tägliche Rundschau. »Es ist allgemein bekannt, daß deutsche Spezialisten auch früher sehr oft zur Arbeit in die Sowjetunion auf Grund von Vereinbarungen reisten.« Gewiß – doch berührt es befremdlich, wenn solche Abreise bei Nacht und Nebel, nach Umzinglung des Wohnblocks erfolgt. Die Züge rollen. Und keine Interpellation im Kontrollrat ist in der Lage, sie aufzuhalten.

Samstag, 2. November 1946

Stromsperren... Stromsperren. Die SPD beginnt ihre Regierung mit einer schweren Kreditbelastung. Ohnehin hat sie genügend zu tun, die Postenfülle, die ihr der Wahlsieg überraschend in den Schoß warf, entsprechend zu besetzen. So komisch es klingen mag: Weder die SPD noch die CDU verfügen über das Ausmaß an Prominenzen, das ihr neues Magistratskontingent von ihnen fordert. Die Funktionäre beraten – Verlegenheitslösungen. Hat man deshalb am 21. März nein gesagt, damit man am 1. November nicht weiß, wie man das Nein in die Tat umsetzt.

Stadträte gesucht, Referenten gesucht, Bürgermeister, Abteilungsleiter und Bezirksvorstände. Die SED lächelt ironisch. Wir wüßten, was wir täten. Wir hätten es nicht nötig, uns den Kopf wegen Amtsbesetzung zu zerbrechen. – Auch nicht wegen Genehmigung dieser Amtsbesetzung durch die Besatzungsmacht, denken die Sozialdemokraten. Und warten immer dringender darauf, daß man in den russisch besetzten Stadtbezirken ihren Regierungsantritt anerkennt.

Mittwoch, 20. November 1946

Der Berliner Bürger schlägt vor Kälte den Kragen hoch, bläst in die Hände und schiebt das letzte Stück Holz in den Ofen. Die Berliner Westpresse streitet über die Frage, ob es in Deutschland eine Widerstandsbewegung gegeben habe oder nicht. Gabriele Strecker, die als erste deutsche Frau im Oktober nach Amerika reiste, hat dort diese Frage mit nein beantwortet. Auch der Tagesspiegel beantwortet sie mit nein. Und die Welt zieht aus diesem Nein die entsprechenden Konsequenzen. Bis heute gibt es in Deutschland keinen Zusammenschluß der Kämpfer gegen den Nazismus, so wie sich die Widerstandskämpfer in Polen zusammenschlossen, in Frankreich, in Holland, in Belgien und Norwegen. Was man bei uns bisher zustande brachte, ist nur ein Bund der Opfer des Faschismus. Verein der Dulder, Sozialverband der Opferlämmer. Es ist schön, der Leidenden zu gedenken. Es ist nur gerecht, die Mißhandelten zu entschädigen. Doch warum sich auf das Passive beschränken.

Freitag, 6. Dezember 1946

Mit dem Sturz des Thermometers sinkt auch die Quecksilbersäule unseres Optimismus. Werden wir diesen Winter durchhalten? »Wer heut noch lebt, ist selber schuld. Bomben sind genug gefallen«, sagt der Berliner melancholisch und verkriecht sich frostbebend in sein Schneckenhaus.

Montag, 16. Dezember 1946

20 Grad minus während der Nacht. Am Morgen hat man in unserem Wohnblock das Wasser abgestellt. Wir schleppen Eimer und erinnern uns trübselig der Zeiten der Eroberung.

Samstag, 21. Dezember 1946

»Was hältst du von einem Weihnachtsbaum?« fragt Frank mich heute morgen. »Viel«, antworte ich, »nur gibt es leider keine. Es sei denn, du hättest einen Ausweis als Kinderreicher oder als Opfer des Faschismus.« Frank lacht. »Oder eine Säge«, ergänzt er listig. »Ach so!« erwidere ich. Mir dämmert eine Ahnung. Wir sitzen gemeinsam am Frühstückstisch. Brot, Margarine und lauwarmer Kaffee. Soeben schlug die Uhr halb sieben. Um sechs Uhr hat man den Strom abgeschaltet. Zwanzig Minuten nach Weckerklingeln und zehn Minuten nachdem wir das Eis aus dem Wassereimer geklopft und zum Kochen in den Kaffeekessel gelegt hatten. Wieder mal fühlen wir uns von der Elektrizitätsgesellschaft um eine Nasenlänge geschlagen. Ärgerlich! Man friert ohnehin genug. Mit 20 Grad Kälte draußen, einem Grad unter Null in der Küche und vier Grad minus im Badezimmer. Schon zweimal ist Heike während der letzten Nächte das Wärmflaschenwasser im Bett gefroren. Seit letzten Montag hat man in der Siedlung das Wasser nicht mehr angestellt. Über siebzig Rohrbrüche, behauptet der Verwalter. Es fehle das Lötzinn. Vor drei Monaten sei an Reparaturen nicht zu denken. Gesegnete Aussichten! Man möchte fluchen wie ein Fuhrknecht. Noch 22 Briketts im Keller, acht bis zehn Stunden Stromsperre täglich – im englischen Sektor brennt zur Zeit nur zwanzig Minuten am Tage das Licht – kein Wasser, keine Kochmöglichkeit und keinerlei Chance, Toilette oder Badewanne zu benutzen. Päckchenweis trägt der Berliner seine Körperschlacken aus dem Haus und versenkt sie diskret in den nächsten Trümmerhaufen. Ein unwürdiger Zustand. Frank hält die Nase gegen den Zylinder der Petroleumlampe – Schwarzkauf, fabriziert aus dem Vorsatzstück einer Gasmaske. »Frierst du auch so wie ich?« Zur Antwort schnattere ich ein bißchen mit den Zähnen. »Wenn man wenigstens Petroleum bekäme oder eine vernünftige Kerze.« »Sechs Mark pro Stück«, sagt Frank. »Unter der Hand, soviel du haben willst.« Er schlägt den Mantelkragen hoch und wickelt sich in etliche

Wollschals. »Also, wie ist es mit dem Weihnachtsbaum?« Ich nicke. »Um drei, wenn du kannst, um sechs wird es dunkel.«
Als er fortgegangen ist, krieche ich noch mal ins Bett. Was soll man anfangen bei einer Durchschnittstemperatur von minus ein Grad in der Wohnung, mit klammen Füßen und frostblauen Fingern? Selbst das Gehirn beginnt zu streiken, wenn man es in den Frigidaire steckt.
Um zehn Uhr erscheint Heike. Rotnasig, in Pelzmantel und Überschuhen. »Wenn ich nicht gleich einen Schnaps trinke, taue ich nie mehr auf!« sagt sie kläglich. Ich schüttle die letzten Tropfen aus der Cognacflasche. »Mit Andacht, Liebling«, beschwöre ich sie, »du schlürfst pures Gold.« Siebenhundert Mark die Flasche ist kein Pappenstiel. Gemeinsam setzen wir den frisch erworbenen Kanonenofen in Brand. Er raucht, wie fast jeden Morgen, und was er an Wärme spendet, lüften wir hustend wieder hinaus. Wasserholen – Holzspalten, Strom abpassen, Spüleimer in die Ruinen schleppen – bis drei Uhr vergeht der Tag mit Arbeit und Plage. Dann starten Frank und ich, eine Säge unter dem Mantel, zur verabredeten Weihnachtsbaumaktion. Knöcheltief liegt der Schnee am Teltower Ufer, und über dem glatten Eisspiegel des Kanals flimmert die Sonne mit tausendfältigem Glitzern. »Komisch«, sage ich, »daß man die Kälte im Zimmer ärger spürt als draußen.« Frank lacht. »Es bleibt dir unbenommen, dein Bett im Grunewald aufzuschlagen.« Nach einer Stunde begegnen wir kaum einem Menschen mehr. Wie Watte liegt der Schnee über den verödeten Schrebergärten. Wie in Watte packt er die Ruinen, die zerborstenen Eisenträger der gesprengten Kanalbrücken. Kopfschüttelnd blickt Frank auf die schweigsame Landschaft. »Und das nennt sich Großstadt!« »Nicht mehr«, verbessere ich ihn, »seit fünf Minuten befindest du dich in der russischen Zone.« »Ach so!« – Mit den Sektorengrenzen ist für viele Berliner die Welt zu Ende. Was jenseits liegt, dünkt sie Wüste und Wildnis. Unzählige aus den westlichen Sektoren haben seit Mai 45 noch keinen Fuß in

den russischen Sektor gesetzt – geschweige denn in die russische Zone.
In der Ferne taucht die Teltower Schleuse auf. Ein russischer Schlagbaum. Ausweiskontrolle. »Um Himmels willen, ich hab meine Papiere vergessen.« Wie gelähmt vor Schrecken taste ich alle Taschen ab. »Mädchen!« sagt Frank entgeistert. Im nächsten Moment zieht er mich mit geistesgegenwärtigem Griff hinter den Lattenzaun des Schleusengasthofs. Durch Küche und Wirtschaftsräume dringen wir, Entschuldigungen murmelnd zur Gaststube vor. Ihr Ausgang liegt drei Meter jenseits der Barriere. Am Schanktisch demonstrieren wir bürgerliche Unbescholtenheit und bestes Gewissen. Wer ohne Personalausweis auf der Straße getroffen wird, macht sich strafbar. Jede Kontrolle hat das Recht, ihn zu verhaften. Verhaftung durch die Russen? Unerfreulich, höchst unerfreulich! Schon mancher kam von solcher Festnahme erst nach Wochen oder gar nicht mehr zurück. Bei einem Korn besprechen wir unsere Klemme. Der Korn kostet fünf Mark fünfzig. Aber man bekommt ihn immerhin. Das ist ein Vorzug der russischen Zone. »Schöner Vorzug«, jammern ihre Bewohner, »er verschlingt unsere halbe Kartoffelernte.« Doch diese Sorgen sind zur Zeit nicht unsere. Frank schlägt vor, das Terrain zu sondieren. Nach fünf Minuten kehrt er zurück. »In einer Viertelstunde kommt der Autobus nach Stahnsdorf. Sobald der Posten ihn kontrolliert, sausen wir um die nächste Ecke.« Wie er sagt, geschieht es. Und gottlob mit Erfolg. Als wir in verdächtiger Eile über die Dorfstraße laufen, wendet uns die Schlagbaumkontrolle ahnungslos den Rücken.
Hinter der Teltower Schleuse beginnt der Wald. Wir spähen nach allen Seiten. Es gibt nicht viele Fichten in der Umgebung Berlins. »Kiefer tut es schließlich auch«, beschließt Frank, nachdem wir zwanzig Minuten durch knietiefen Schnee gewatet sind und nicht ein einziges Exemplar der gewünschten Gattung gefunden haben. Eilig packt er die Säge aus. Walddiebstahl, zwickt mein Gewissen. Quatsch, beruhige ich mich selbst, die Wälder von Brandenburg werden uns das

Bäumchen schon gönnen. Ein rascher Blick nach rechts und nach links – den illegalen Blick hat ihn Andrik getauft –, und sauber abgesägt liegt neben uns im Schnee eine bildschöne Kiefer. Zufrieden räumen wir unser Handwerkszeug zusammen. Als wir auf dem Drei-Lindener S-Bahnhof dem Abteil für »Reisende mit Traglasten« zustreben, entdecken wir in seinem unbeleuchteten Dunkel eine ganze Versammlung von Weihnachtskiefern. Verschämt stehen sie neben ihren illegalen Besitzern. Also nicht wir nur allein waren heute nachmittag mit der Säge unterwegs. Selten schien uns ein Weihnachtsbaum so teuer.

Sonntag, 22. Dezember 1946

»Wenn man nur wüßte, was man dranhängen soll«, grübelt Heike, als sie unsere Trophäe von gestern betrachtet. Dranhängen und drunterlegen. Ein schwieriges Problem. Gewiß, es gibt Geschäfte. Nur mag man das, was in ihnen verkäuflich ist, nicht kaufen. Das was man kaufen möchte aber befindet sich nicht dort. Man kann sich schließlich nicht zu jeder Gelegenheit mit einer unschön bemalten Schmuckkachel beschenken, einem neuen Aschbecher, einer Ansteckblume oder einem sinnlosen Kunstgegenstand. Auch die Aufnahmefähigkeit für Feuerhaken, Kartoffelstampfer, Schöpfkellen und Schaumlöffel hat ihre Grenzen, selbst wenn sie aus wertvollstem Edelmaterial bestehen. Im Drange nach Aufbau und Produktion fertigten beflissene Unternehmer im ersten Friedensjahr millionenweise Feuerhaken und Aschbecher an. Zum Teil aus den Heeresbeständen höchstwertigen Edelstahls. Warum gerade Feuerhaken? Warum ausgerechnet Aschbecher, wenn man im Monat nur sechs Zigaretten erhält? Man sagt, für kompliziertere Produkte fehlten die Maschinen. Sie seien abmontiert oder durch Bomben vernichtet. Zehn Feuerhaken kommen auf jeden Berliner, hat ein Statistiker ausgerechnet. Was tut ein einzelner Mensch mit zehn Feuerhaken? Wie viele Feuerhaken entfallen dann auf eine fünfköpfige Familie? Nicht auszudenken! Dafür billigt die Bezugscheinstelle Kochtopf, Bratpfanne oder Kaffeekessel im Höchstfall einem Haushalt von nicht unter drei Personen zu. Den kleineren Haushalten bietet sich die Chance, ihren Kaffee in Aschbechern zu kochen oder ihr Gemüse auf Feuerhaken zu dämpfen.

Inzwischen ist die Fabrikation vielfältiger geworden. Bloß nicht um das, was man braucht. Was in den Schaufenstern liegt, ist Luxus oder Schund. Die eigentliche Bedarfsware befindet sich unter dem Ladentisch, wird auf dem schwarzen Markt verhandelt oder ergibt sich im Höchstfall aus der Ablieferung eigener Zutaten. Puppenanfertigung bei Abgabe von 65 cm Stoff und 50 Meter Nähgarn. Eine neue Grammophonplatte gegen Abgabe einer alten. Handschuhanfertigung bei Abgabe von ... Pantoffelanfertigung bei Abgabe von ... Blusen, Hüte, Schlipse, Pullover. Die Anfertigung nach Maß oder ohne, aus eigenen Beständen, aus vorhandenem Material beherrscht das gesamte Geschäftsleben. Wenn man Pech hat, muß man drei Preßkohlen und ein Bündel Holz für die Ladenbeheizung zusteuern. Für den schwarzen Markt reicht nur noch die Kaufkraft der Schieber. Ein Stück Seife – vierzig Mark. Eine Weihnachtsgans – tausendvierhundert Mark. Ein Paar Schuhe – tausend Mark. Ein Pfund Schokolade – fünfhundert Mark. Ein Anzugstoff – dreitausend Mark. Kein Mensch kann legal so viel verdienen, wie er bezahlen müßte, um das Lebensnotwendigste anzuschaffen. Dafür sorgt auf der einen Seite die Höhe der Schwarzpreise, auf der anderen das Finanzgesetz. Denn wie man es auch anstellen mag, man kommt im Monat nicht über tausend Mark Einkommen. Was höher hinaufgeht, und sei es selbst noch so hoch, verschlingt die Steuerkasse. Warum soll ich mich anstrengen, fragt sich der Bürger. Für das Finanzamt? Für den Staatssäckel? Denkt's und paßt sich den Verhältnissen an. Er bremst seine Arbeitskraft und tut nur noch so viel, wie ihm das Finanzamt nicht wegsteuert. Darüber hinaus lebt er vom Tausch: von einem andersgearteten Tausch allerdings als im Mai 45. Steuerentzogener Schwarzhandel gegen steuerentzogenen

Schwarzhandel. Den Silberkasten der Aussteuer gegen Zigaretten, Kaffee, einen Wintermantel, einen Anzugstoff. Das Meissner-Service der Urgroßmutter gegen zehn Pfund Zucker, fünf Flaschen Schnaps, drei Päckchen Tabak, zwölf Zentner Kohlen, ein Paar Überschuhe. Der Preis regelt sich nach der Nachfrage. Groß ist die Nachfrage unserer Sieger nach Wert- und Kulturgegenständen. Groß – fast beschämend groß – unser Eifer, sich ihrer zu entäußern. Fünfundachtzig Prozent aller Berliner leben über ihre Kartenzuteilung hinaus von zusätzlichen Produkten, stellte kürzlich eine amerikanische Umfrage fest. Das heißt, mehr als Dreiviertel der Bevölkerung beteiligen sich heute am Schwarzhandel. Kann man bei so was von moralischer Gesundung sprechen?

»Also was hängen wir dran und was legen wir drunter?« unterbricht Heike mein Wirtschafts-Resumé. Nach einstündiger Beratung und gemeinsamem Kassensturz einigen wir uns auf ein Dutzend Kerzen – Kostenpunkt zweiundsiebzig Mark, zwei Päckchen Lametta – Kostenpunkt je acht Mark fünfzig, ein Dutzend Lichthalter – Kostenpunkt, da legal erhältlich, je zwanzig Pfennig – und Zutaten für vier Teller voll Weihnachtsgebäck. Der Rest muß durch Handarbeiten bestritten werden, durch »Auskämmen der Bestände« und milde Spenden aus amerikanischen Liebesgabenpaketen. »Ich handarbeite zehnmal freiwillig Wasserholen«, erbietet sich Heike. »Auch zehnmal Holzspalten wäre ein gutes Geschenk!« Gemeinsam malen wir Bons für die entsprechenden Leistungen. Dann werden die Bestände »ausgekämmt«. Für Frank eine fast neue Brieftasche, für Jo einen seidenen Schal. Das Weihnachtsfest ist gesichert, und wenn uns die Elektrizitätsgesellschaft den Strom dazu schenkt ...

Dienstag, 24. Dezember 1946

Sie hat ihn uns geschenkt. Mit nobler Geste während der Feiertage die Sperren aufgehoben. Entzückt erfreuen wir uns der unbehinderten Koch- und Leuchtmöglichkeit. Nur mit dem Wasser hapert es weiter. Tag für Tag schleppen wir drei

Straßen weit die Eimer. Nacht für Nacht friert ihr Inhalt in ihnen fest. Trotzdem ist Weihnachten. Und plötzlich gibt es sogar Christbäume. Woher, weiß kein Mensch, ohne Schein, ohne Schwarzpreis, auf jedem Güterbahnhof. Wir bleiben unserer Weihnachtskiefer treu. Man soll nicht undankbar sein. Als es dunkel wird, gehen Heike und ich in die Kirche. Was ist Heiligabend ohne Weihnachtslied. Eiskaltes Dunkel empfängt uns. An den hohen Fichten rechts und links vom Altar brennen sechs trübselige Paraffinlichte. Wie graue Schatten hocken zwischen den Bänken ein paar Dutzend verhärmter Menschen. »Friede auf Erden«, sagt der Pfarrer. Als er die Hände zum Segen erhebt, wird unter seinem Talar eine graue Strickweste sichtbar. Er friert, daß es einen erbarmen kann. Wir frieren ebenfalls. Alles friert. Um uns, in uns, neben uns. In dicken Wolken geht uns der Atem vom Munde. Auch der Christus am Kreuz scheint zu frieren. Und wie vom Frosthauch erstarrt dringt das Wort seiner Lehre an unser Ohr. Vergebens suche ich in mir nach einem Widerhall. Ist das die Botschaft, die die Hungrigen speist, die Verlassenen tröstet, die Elenden aufrichtet. Grau und gedrückt hocken die Zuhörer zwischen ihren Bänken. So mögen sie nach dem Dreißigjährigen Krieg in den Kirchen gesessen haben. So jammervoll müde, so armselig und trostlos. »Glaubst du, daß die Kirche das noch schafft?« fragt Heike mich auf dem Heimweg. Ich schüttle den Kopf. »Die Lehre vielleicht, aber nicht ihre Mittler. Sie leuchten zu wenig. Zum mindesten der von heute abend. Es ist kein Zufall, daß die theologische Fakultät die kleinste Studentenzahl hat. Im Mittelalter war es umgekehrt. Ganz einfach, weil man anders glaubte. Viel stärker und kindlicher. Heike nickt. »Kindlicher«, bestätigt sie. »Bei uns sind schon die Kinder verbitterte Greise.« Vor der Tür erwarten uns Frank und Jo. »Gesegnete Weihnachten.« Zur Feier des Tages haben wir den Tisch vor dem Kamin gedeckt. »Vom Himmel hoch, da komm ich her«, schallt es aus dem Radio. »Vorgestern ist aus Polen der zweite Flüchtlingszug mit Erfrorenen angekommen«, berichtet Jo. »Dreiundfünfzig Tote, hundertzweiundachtzig schwere Erfrierungen, fünfundzwanzig Amputationen. Auch Kinder sollen dabeigewesen sein. Ich glaube, beinahe dreißig.« Frank springt auf und stellt das Radio ab. »Daß sie sich nicht schämen, so was zuzulassen«, schimpft er. Jo zieht eine Grimasse. »Zuzulassen – ohnehin gibt es bei uns zwanzig Millionen Menschen zuviel.« Heike schüttelt sich. »Red doch nicht wie ein Rohling.« Wortlos drückt Frank wieder auf den Radioknopf. »O du fröhliche, o du selige gnadenbringende Weihnachtszeit«, singt ein hellstimmiger Kinderchor. Die Kerzen brennen. Andrik, denke ich. Geliebter Andrik!

Montag, 30. Dezember 1946

Kein Strom, kein Wasser, keine Kohlen. Und nach wie vor fünfzehn bis zwanzig Grad Kälte jede Nacht. Schon hört man von Menschen, die in ihren Betten erfroren seien. Kein Gedanke an eine vernünftige Arbeit. Unzählige Betriebe wurden wegen Mangel an Heizmaterial geschlossen. Es läßt sich wenig anfangen mit hundert Pfund Brikett-Zuteilung! Auf dem Schwarzmarkt stieg der Kohlenpreis bis zu fünfundneunzig Mark pro Zentner. Nur kriegt man meistens keine. Zum mindesten nicht als normaler Sterblicher. Auch Kohlenhändler wollen bestochen sein. Mit Zigaretten, mit Butter oder anderen Raritäten. Es ist schon traurig, wie man sich anschmieren muß. Kein Handwerker kommt ohne entsprechendes Lockmittel. Kein Schuster flickt einem die Schuhe, kein Schneider repariert einem den Mantel, wenn man ihm vorher nicht irgend etwas in die Hand drückt. Nur für die Arbeit, denn Nägel und Sohlen, Garn, Nadeln und Flickzeug, Lötzinn, Benzin für den Lötkolben oder was sich sonst an Reparaturmaterial ergibt, muß man ohnehin liefern. Wir tragen unsere Körperschlacken päckchenweis in die Ruinen, wir sparen mit jeder Gabel, jedem Löffel, jedem Stück Geschirr, wir geizen mit jedem Wassertropfen. Wir sitzen in Mantel und Pelzmütze des Abends um die Petroleumlampe, und wenn wir zu Bett gehen, kringeln wir uns zusammen wie Regenwürmer. Zur Ablenkung liest Frank uns Goethe-Gedichte vor. »Die sind auch bei zwanzig Grad Kälte noch schön«, behauptet er. Sie sind es auch. Ja, wenn man es recht bedenkt, sind sie bei zwanzig Grad Kälte, ohne Strom, ohne Wasser, ohne Kohlen beinahe noch schöner.

Dienstag, 31. Dezember 1946

Silvesterabend. Wir sitzen um den Kamin. Wir möchten am liebsten in ihn hineinkriechen. Von vorne brät man, und der Rücken ist kalt wie Eis. Kaum einer unter uns fühlt sich in sonderlicher Feststimmung. Ob es nächstes Jahr besser sein wird? Jo Thäler macht eine hoffnungslose Gebärde. »Nicht nächstes und nicht übernächstes. *Das* Spiel ist für uns verloren. Für uns und für das Abendland.« Er spricht aus, was uns allen wie ein Albdruck auf der Seele liegt. Wir haben keine Hoffnung mehr. Die strahlende Beschwingtheit von 1945, der Rausch, aus der Kraft unseres Glaubens einen neuen Aufschwung zu schaffen, ist einer flügellahmen Enttäuschung gewichen. Schon längst haben wir begriffen, daß es gar nicht mehr um uns, sondern um den Machtstreit zweier Weltanschauungen geht. Auf unserem Rücken wird er ausgetragen. Ob heute – ob morgen –, die Entscheidung darüber fällt, wir werden es zweifellos zuletzt erfahren. Weder Frank noch Heike, noch Jo oder ich haben ein Wort in dieser Sache mitzusprechen.

Alle sind sie müde geworden während der letzten zwei Jahre. Die Pg.s, die immer noch auf ihre Entnazifizierung warten, begreifen schon längst nicht mehr, in welchem Zusammenhang ihre Helotenstellung von heute zu ihrer politischen Haltung von vorgestern steht. Sie sind nur noch beleidigt und lassen an keiner Besatzungsmacht ein gutes Haar. »Die Masse – das Volk – der Teil der Nation«, wie Hegel sagt, »der nicht weiß, was er will«, ärgert sich, daß es nicht aufwärts geht. Der Magen diktiert ihre Meinung und diese Meinung spricht: »Warum gibt es keine Kartoffeln. In Westpreußen und Posen, in Pommern und Schlesien liegen die Felder brach. Warum liegen die Felder brach? Warum bekommen wir keine Kartoffeln? Bei Hitler haben die Felder nicht brach gelegen. Bei Hitler gab es Kartoffeln. Er will uns eben verhungern lassen, der Engländer und der Amerikaner, der Franzose und der Russe. Sonst würde er uns doch Kartoffeln geben. So aber bekommen wir keine Kartoffeln.« Und die ehemaligen Nazigegner? Hundertmal denke ich an Andriks Worte: »Es ist viel leichter, gegen etwas solidarisch zu sein als für etwas.« Nur im Schimpfen über einen anderen, über die Fehler der Besatzungsmächte oder über die schlechten Verhältnisse sind wir heute noch solidarisch. Hie SPD – hie SED. Hie Bayern – hie Preußen. Hie Frauenzeitschrift sie – hie Frauenzeitschrift Für Dich – hie Tagesspiegel – hie Neues Deutschland. Man spricht von der großen Linie, aber man meint nur sich selbst. Und hat es überhaupt denn Sinn, an die »große Linie« zu denken? Jede Zone nimmt von Monat zu Monat stärker das Gesicht ihrer Besatzungsmacht an. Von Tag zu Tag vergrößert sich die Kluft, die die eine von der anderen trennt. Wer weiß, ob sie am Ende nicht endgültig ist? – Im Radio schlägt es zwölf. »Prost Neujahr«, ruft man draußen. Aber auch dieser Ruf klingt nicht froh. »Auf die Wiedergeburt des Abendlandes«, sagt Frank und hebt sein Glas mit schwarzgekauftem »Cognac«. »Auf die Wiedergeburt des Abendlandes«, wiederholen wir, miteinander anstoßend. Dann lösen wir die Lichtstümpfchen von der Weihnachtskiefer, stecken sie in die Tasche und klettern über den Friedhofszaun. Auf Andriks Grab stehen sechs Tännchen. Und als wir an ihnen die Lichter angezündet haben, fühlen wir uns doch plötzlich wieder »für etwas« solidarisch.

Donnerstag, 2. Januar 1947

Die ganze Stadt spricht von den erfrorenen Flüchtlingen. »Sie haben sie verrecken lassen«, schimpfen die Leute. »Sie haben ihnen nichts zu essen gegeben und nichts zum Wärmen, weder Wasser noch Brot, weder Decke noch Stroh. Sie wußten, daß sie sterben müßten. Sie wollten, daß sie sterben müßten.« Wenn man vorsichtig einzuwenden versucht, daß auch Hitler davon wußte, daß Millionen Juden in Gasöfen starben, schauen sie einen böse an und verstummen. Spitzel! sagt ihr feindseliger Blick. Alliiertenknecht! Erbärmlicher Volksverräter! Manchmal überlegen wir uns, ob wir wirklich so schlechte Deutsche sind. Jeder Mensch, der unschuldig zugrunde geht, ist des Erbarmens der Mitmenschen wert. Alle, die von seinem Martyrium wissen und es nicht verhindern, machen sich schuldig vor ihm. Heute sammeln deutsche Märtyrer feurige Kohlen auf die Häupter ihrer Peiniger, gestern taten es die Juden. Morgen werden es vielleicht die Neger tun und übermorgen die Araber. Geht uns der eine mehr an als der andere. Ist es nicht das gleiche für unser Rechtsgefühl, ob in diesem oder in jenem Winkel der Erde ein Mensch gekränkt, ein Unschuldiger verfolgt, ein Schutzloser ohne Schutz gelassen wird?

Dreiundfünfzig Erfrorene zog man in der Weihnachtswoche aus polnischen Flüchtlingszügen. Das ist ein winziger Bruchteil der Tausende und Abertausende, die während der letzten zwanzig Jahre auf der Flucht aus der Heimat umgekommen sind. »Die größte Völkerwanderung aller Zeiten«, schreibt ein englisches Journal. Frank hat sich die Ziffern herausgeschrieben. »Wahrhaftig, wenn man das zusammenrechnet«, sagt er und starrt deprimiert auf seinen Zettel voll Zahlen. »Also lies schon«, dränge ich. Er rückt sich die Kerze heran – seit vierzig Minuten warten wir auf das Ende der Stromsperre – und liest.

»Hör auf!« ruft Heike und hält sich die Ohren zu. Frank verstummt. Bedrückt starren wir alle vor uns hin. In meiner Erinnerung tauchen die Flüchtlinge der Frankfurter Autobahn auf. »Tutt mer so weh«, sagte das Kind aus Schlesien, balancierte auf nackten Hacken und reckte seine blutenden Fußsohlen spitzwinklig in die Luft. »Tutt mer so weh!« – Vielleicht ist er gestorben inzwischen. Kein Wasser, kein Strom, keine Heizung, keine Kartoffeln. Knirschende Kälte

Tag und Nacht. In Kürze wird man die Theater schließen, Kinos und Luxuslokale in öffentliche Wärmehallen umwandeln. »Kohlenversorgung vor dem Zusammenbruch«, schreiben die Zeitungen. Straßenbahnlinien werden eingezogen, S-Bahnzüge verringert, Betriebe geschlossen, Dienststellen zusammengelegt. An den zugigen Haltestellen staut sich die Fülle der Wartenden. Man stürmt die Verkehrsmittel. Wie Preßstroh in einer Kiste quetscht man sich eingeklemmt in ungeheizten Abteilen. Dort hängen Eiszapfen von der Decke, und jede Türklinke trägt eine Rauhreifschicht. »Schwan kleb an«, brummte gestern neben mir ein Fahrgast, während er sich wütend bemühte, seinen festgefrorenen Wollhandschuh vom Messinggriff loszuzerren. Strommangel ... Strommangel. Die Kohlenpreise im Schwarzhandel stiegen auf hundertfünfzig. Für unzählige Berliner ist ihr Bett heute die einzige Heizung. Wenn nur Petrus ein Einsehen hätte oder diejenige Besatzungsmacht, die angeblich mit ihrer Kohlenlieferung nach Berlin um Tausende von Tonnen im Rückstand sein soll. »Die Flüchtlinge aus Polen werden nicht die einzigen Erfrorenen bleiben«, seufzt Frank.

Sonntag, 12. Januar 1947

»Guck mal«, sagt Heike und reicht mir ein Zeitungsblatt. »Die Ratten verlassen das sinkende Schiff.« Ich betrachte die Rubrik mit Familiennachrichten. »Ihre Verlobung geben bekannt: Eva Schmidt – Lester Stone, New York ... Renate Hoffmann – Charles Miller ... Cläre Frank – Edward Grey, Chicago ... Detroit ... Los Angeles.« »Hm«, sage ich. »Deutsche Männer scheinen nicht gefragt.« »Das mein' ich ja«, erwidert Heike. »Zwölf Familienanzeigen, davon zehn Verlobungen mit Amerikanern. Und das in einer Berliner Zeitung.« »Vielleicht lieben sie sich«, wende ich ein. Heike wehrt zweifelnd ab. »Vielleicht.«

Am Abend bespreche ich mich mit Frank darüber. Der lacht mich aus. »Warum nimmst du es so tragisch. Laß sie sich doch in Gottes Namen verbrüdern. Es hat manches für sich, wenn amerikanische Schwiegermütter merken, daß auch deutsche Mädchen nicht immer Hyänen sind, und amerikanische Soldaten erfahren, wie man hier in bürgerlichen Haushalten mit Anstand hungert und friert. Und was die Schokolade, die Zigaretten und Cocktails betrifft ...« Er lächelt nachsichtig. »Nicht jeder hat eine Präzisionswaage zum Gewissen. Und nicht von jedem darfst du verlangen, daß er eine hat.« »Ja aber ...«, werfe ich ein. »Was für ein Aber?« fällt mir Frank, ernster werdend, ins Wort. »Kannst du es hungrigen Kindern verdenken, daß sie nach einem Stück Zucker haschen? Der Trübsal ihrer Tage ein bißchen Lebenslust abstehlen? Was hast du ihnen denn zu bieten, außer Trümmern und Tränen, zerstörten Hoffnungen und mageren Versprechen. Wir waren kaum geboren, als Hitler ans Ruder kam, werden sie dir vorhalten. Wir haben ihn nicht gewählt. Ihr habt ihn gewählt. Ihr habt uns in seinem Geiste erzogen. Nun wollt ihr, daß wir die Folgen tragen. Wir pfeifen auf eure Folgen. Wir fordern für uns das Recht, unser Leben zu genießen.« – »Aber doch nicht so«, protestiere ich. »So penetrant materiell, so peinlich egoistisch.« – »Wie denn sonst?« fragt Frank. »Willst du Idealismus ernten, wo du ihn nie gesät hast? Um sich für Gedankenfreiheit zu begeistern, muß man zuvor begriffen haben, daß Gedankenfreiheit etwas Begeisterungswürdiges ist. Nicht aber dazu erzogen sein, sie als Verbrechen zu mißachten. Wir theoretisieren über Demokratie, über Freiheit und Pazifismus, als ob wir an Analphabeten chinesisch schrieben. Den Boden müssen wir umgraben, wenn etwas Neues darauf wachsen soll, nicht nur an den Ästen herumschnipseln. Dann wundern wir uns am Schluß, daß die verschnittenen Äste faule Früchte tragen.« »Stimmt«, erwidere ich kleinlaut. »Ab morgen werde ich Ackerbauer.« – »Oder Missionar«, scherzt Frank belustigt. »Wie man sagt, haben Missionare die meiste Begabung für solche Art Akkerbau.«

Montag, 13. Januar 1947

Die Kälte läßt nach. Und auf irgendeine geheimnisvolle Weise hat das Kraftwerk Klingenberg neue Kohlenzufuhr erhalten, noch ehe die endgültige Stromkatastrophe eingetreten ist. Wir wickeln uns einen Schal weniger um den Hals und atmen wieder auf. Für heute nachmittag um fünf steht ein Mann in Aussicht, der mit zwei Liter schwarz gekauftem Benzin für zehn Zigaretten und ein Pfund Mehl unsere eingefrorenen Wasserrohre auftauen wird.

Donnerstag, 16. Januar 1947

Wir haben kein Wasser, das heißt, um ganz aufrichtig zu sein, wir hatten es. Aber nur für vierundzwanzig Stunden. Dann froren die Rohre wieder zu. Vom Keller bis zum Boden. Aus war es mit den zwei Litern schwarz gekauftem Benzin, den zehn Zigaretten und dem abgesparten Pfund Mehl. Wieder tragen wir – wie die meisten Berliner – unsere Körperschlakken päckchenweise aus dem Haus und versenken sie schamhaft in der nächsten Ruine. Wieder schleppen wir Wasser drei Straßen weit, klopfen es am Morgen aus dem Eimer und ärgern uns wütend, wenn der Strom erlischt, noch ehe der Mischkaffee fertig ist. Aber in der Täglichen Rundschau triumphieren sie: »Deutschland kann zuversichtlich sein. Vertreter der SED beim Marschall Sokolowskij. Abschaffung der Lebensmittelkarte VI in der sowjetischen Zone. Einstellung der Demontage. Erhebliche Entlastung von der Entnah me aus laufender Produktion. Rückgabe von 74 Großbetrieben an das Volk. Drei- bis vierfache Erhöhung des Industrieniveaus.« Es klingt, als hätte das Goldene Zeitalter begonnen. Schaut man jedoch näher hin, so erfährt man, daß die zweihundert von der Demontage verschonten Großbetriebe statt dessen in Sowjet-Aktiengesellschaften umgewandelt worden sind. Fürwahr, ein beträchtlicher Gewinn! Nun arbeitet man statt in Rußland in Deutschland für russische Interessen. Aber ob man es morgen noch tun wird. »Jeder Arbeiter und Angestellte wird an dem Werkplatz beschäftigt, an dem er notwendig ist«, lautet die übliche Arbeitsvertragsregel. »Es bleibt der Werkleitung vorbehalten, ob sie ihn im Innen- oder Außendienst einsetzt.« Noch sind uns die »freiwilligen Zwangsversetzungen zum Außendienst« aus den vergangenen Herbstwochen in Erinnerung. Wissen wir, ob die zweihundert in russischen Besitz übergegangenen Großbetriebe nicht ebenso viele Zweigfabriken in Simbirsk oder in Archangelsk haben? Ob der Arbeiter Schulze aus Kötzschenbroda dort nicht schon nächste Woche dringender benötigt wird als hier? Wenn man nur einmal dahinterkäme, wo sie einen betrügen und wo sie es wirklich ehrlich mit uns meinen. »Ehrlich?« höhnt die Bevölkerung. »Ehrlich meint es keiner. Weder der Tommy noch der Ami, noch der Iwan. Sie lassen uns alle verrecken. Sie hauen uns alle übers Ohr.«

Freitag, 31. Januar 1947

Wieder sinkt das verfluchte Thermometer. Eine Kältewelle löst die andere ab. Stromabschaltungen acht bis zehn Stunden am Tag. Wer heute noch heizen kann, heizt »schwarz«. Verschwindend wenige können schwarz heizen. Mit Rucksäkken, Kiepen und Markttaschen ziehen die Menschen in den Grunewald, drängen sich in den überfüllten Zügen, verschwenden Stunden um Stunden, um für einen einzigen Tag Feuerung zu suchen. Mit dürren Worten melden die Zeitungen: »Verhungert und erfroren wurden in ihren Betten aufgefunden ... der dreiundsiebzigjährige Rentner Gerhard Z. ..., die vierundsechzigjährige Anna K. ..., die neunundfünfzigjährige Bertha O. ..., der einjährige Joachim D. ...« Je tiefer das Thermometer fällt, desto gespenstischer wächst die Statistik der Kälteopfer.

Ich komme aus der Stadt. Im Kamin brennt ein spärliches Heizfeuer. Frank sitzt davor, einen Stapel Zeitungen um sich verstreut, und liest in seinem Schein das »Neueste vom Tage«. »Unsere Sieger haben Zuwachs bekommen«, empfängt er mich. »Post festum? Ich dachte, der Krieg sei vorüber.« »Ich auch«, erwidert Frank. »Aber nicht so Herr Figl. Zum mindesten scheint er bemüht, sein Resultat nachträglich zu revidieren.« »Zeig«, sage ich und hocke mich neben ihn vor das Feuer. » . . . als eine Nation behandelt zu werden, die durch Hitler bedrückt und erst jetzt befreit worden ist«, steht da zu lesen. »Österreich das erste Opfer der Aggression Hitlers . . . als nichtfeindliches Land keine Reparationen. Ersatzansprüche Österreichs an Deutschland . . .« – »Das ist ja ein tolles Stück«, stammle ich fassungslos. »Ausgerechnet die Achsenbrüder. Die beflissenen Jasager und Zujubler von 1938!« Frank grinst. »Das muß ihnen entfallen sein. Zugleich mit dem Faktum, daß Adolf Hitler kein Deutscher, sondern ein Österreicher war.« – »Du glaubst, sie meinen das im Ernst? Ich kann es immer noch nicht fassen. Mir ist, als dröhnte mir noch in den Ohren das Sieg-Heil-Gebrülle an jenem schrecklichen zwölften März, als Andrik und ich am Radio saßen und es einfach nicht wahrhaben wollten, daß aus dem erwarteten Aufstand ein nationalsozialistischer Triumphzug geworden war. ›Österreich ist ein Land des Deutschen Reiches. Seyss-Inquart Reichsstatthalter. Das Bundesheer der deutschen Wehrmacht eingegliedert. Heer, Polizei und Beamte auf den Führer vereidigt‹, hieß es am 13. März 1938 zwischen Fanfarengetös und Badenweilermarsch-Geschmetter im deutschen Sender. Hatte sich einer geweigert, den Eid zu leisten? War auch nur einer aufgestanden, dem einziehenden Triumphator eine Bombe an den Kopf zu werfen? 1933 ahnte man noch nicht, welcher Verbrechen dieser Mann fähig war. 1938 wußte man es – mußte es wissen, aus Emigrantenberichten, Judengesetzen, Kommunistenverfolgungen, Konzentrationslagern. Warum zog man nicht die Konsequenzen? Wagt sie erst heute zu ziehen, nachdem Herr Hitler im Grabe liegt. In Österreich fing der Nazismus an, in Bayern fand er seinen Aufschwung, in Preußen nahm er sein Ende. Preußen löst man jetzt zur Strafe auf, die Bayern wollen es nicht mehr gewesen sein, und Österreich verlangt von uns Reparationen. Ist die Welt denn ganz verrückt geworden?« »Auf jeden Fall gebärdet sie sich so«, brummt Frank. »Und wenn es tatsächlich denkbar sein soll, daß man eines Tages aus Versehen den Erdball durch Atomenergien in die Luft sprengen kann, so muß ich feststellen, daß an der Menschheit wenig verloren ist... Wenn sie nichts Besseres zustande gebracht hat in den Jahrhunderttausenden ihres Bestehens...«

Montag, 3. Februar 1947

Der X-Verlag hat mich aufgefordert, zu einer Besprechung nach Hamburg zu kommen. Es sei sehr dringend, telegraphierte man mir. Dringend! Wie kann man heute dringend von Berlin nach Hamburg reisen. Mit einem Langinterzonenpaß? Vor fünf Monaten habe ich ihn beantragt. Befürwortet von einer amerikanischen und einer englischen Dienststelle. »Grund genug, ihn russischerseits abzulehnen«, spotteten die befürwortenden Behörden. Es scheint ein unausgesprochenes Gesetz zu sein. Eine Befürwortung der Westalliierten bedingt eine Interzonenpaßablehnung bei den Russen. Eine Befürwortung der Russen – vice versa. Übermorgen soll ich in Hamburg sein. Bis übermorgen muß ich das Wunder zuwege bringen, eine Lebensmittelabmeldung, eine Reisebefürwortung, einen Kurz-Interzonenpaß, eine Zulassung und eine Fahrkarte errungen zu haben. Anstehzeit für normale Sterbliche zusammen mindestens viermal vierundzwanzig Stunden. Erforderliche Formulare und Anträge ca. sechzehn. Darin zu beantwortende Fragen: je zwanzig bis achtzig. Bestechungskoeffizient: im voraus nicht berechenbar.

Mittwoch, 5. Februar 1947

Das große Los einer englischen travel-order enthebt mich aller Bemühungen. Innerhalb von fünf Stunden ist die Fahrkarte für Militärzugbenutzung Berlin–Hannover zur Stelle. Von Hannover bis Hamburg dürfte es ein Kinderspiel sein. Morgen abend reise ich. Es sind siebzehn Grad unter Null. Aber da es ein englischer Militärzug ist, kann man mit heilen Fensterscheiben, mit Licht und sogar mit Beheizung rechnen.

Hamburg, Freitag, 7. Februar 1947

»Im Westen haben sie es besser als wir«, sagt man in Berlin. – »In Berlin haben sie es besser als wir«, sagt man in Hamburg. »Die Russen sind die am meisten in Mißkredit stehende Besatzungsmacht«, erklärte mir kürzlich ein sowjetischer Offizier. »Wir hassen die Engländer mehr als ihr die Russen«, erklären mir heute drei Hamburger Bürger. Kein Zweifel: ich bin ins Ausland gekommen. Zwischen Helmstedt und Marienborn verläuft die Grenze zweier Welten.

Im Zuge von Hannover nach Hamburg ist es übervoll. Ich stehe gedrängt zwischen Koffern und Menschen. Anderthalb Stunden Verspätung in Hannover. Mit dreieinhalb Stunden Verspätung trifft der Hamburger D-Zug ein. Von sieben bis halb zehn Uhr morgens stehe ich zähneklappernd und mit den Füßen stampfend auf dem ungedeckten Bahnsteig. Niemand sagt etwas an. Keiner weiß, wie lange der Zug Verspätung hat. Man wartet. Wartet im grauenden Morgen bei fünfzehn Grad Kälte auf einen Zug nach Hamburg. »So ist es täglich«, nörgelt an mir vorüberstapfend ein Unzufriedener. »Seit die verdammten ...« Er sieht sich um und verstummt.

Langsam rüttelt der Zug durch die verschneite Landschaft. Ich döse vor mich hin, lausche mit halbem Ohr auf das Gewirr der Gespräche. Ihr Inhalt klingt ungut. »... schließlich ist heute ganz Deutschland ein einziges KZ mit einer alliierten Flagge darüber ...« » ... und meinem Sohn hab' ich gesagt, wenn du nur einen Polen am Leben läßt ...« – »mehr zu essen hatten wir damals, das versteht sich. Na, und überhaupt ...« Da haben wir die neue Solidarität! Die Abwehrfront gegen die Besatzungsmacht. Dringt einmal ein positives Wort an mein Ohr, so gilt es der Erinnerung an Gewesenes. »Als wir seinerzeit in Frankreich lagen« ... »da sagte mein Kommandeur« ... »und plötzlich hat es mir ein Ding verpaßt« ... Die Augen leuchten. Der eben noch bitter verkniffene Mund verzieht sich zu einem Lächeln. Soldatenromantik. Landserlatein. Genau die Seelenverfassung, der wir im Mai 45 für immer abgeschworen hatten.

Hamburg, Montag, 10. Februar 1947

Ich gehe durch die Stadt und erkunde die Volksmeinung. »Warum schimpft ihr so sehr? Warum haßt ihr die Engländer?« – »Weil sie alles, was sie machen, falsch machen«, antwortet man mir. »Und was machen sie falsch?« – »Sie haben aus ihrer Zone einen Polizeistaat gemacht. – Sie schikanieren die Bevölkerung durch die deutsche Polizei. Sie mischen sich in jede Kleinigkeit, ersticken unsere Initiative in Papieren und Formularen und halten praktisch die ganze Wirtschaft unter Druck.« – »Ja, sind sie nicht die Sieger?« »Sieger?« Ich pralle gegen eine Mauer von Eis und Hohn. »Schöne Sieger! Wenn sie uns unsere Atombombe nicht geklaut hätten.« – – – »*Unsere* Atombombe?« Man nickt überlegen. »Natürlich unsere. Sie war ja fix und fertig. Nur daß die Saboteure, diese ...« ein nicht salonfähiger Ausdruck unterbricht den grollenden Redeschwall, »... sie dem Führer vorenthalten haben.« »Aber das ist ja ...« Wahnsinn, will ich sagen, doch man läßt mich nicht aussprechen. »Bitte«, unterbricht man mich triumphierend, »wann sind die Amis bei uns eingerückt? Im April 45. Und wann haben sie die Atombombe auf Japan geworfen? Im August. Also!« Ein Blick der Genugtuung unterstreicht die verblüffende Logik. Das sind ja Nazis, denke ich entsetzt.

Das sind ja Nazis, fällt es mir immer wieder auf, wenn ich den Eifer sehe, mit dem hier ehemalige Pg.s einander in den Sattel helfen. Und selbst der neueste Volkswitz – Am besten, man wird Pg., dann kriegt man wenigstens eine Stellung – bestärkt mich nur in meiner bestürzten Feststellung. Das also haben die Engländer in zweijähriger demokratischer Erziehungsarbeit zuwege gebracht. Daß man sie blind verurteilt, sich aus der Enttäuschung durch sie in ein neues beängstigendes Nationalgefühl flüchtet. An einer Hauswand steht mit Kreide die Zahl achtundachtzig. Da steht sie auch – dort steht sie wieder. Mehr als sechsmal lese ich im Laufe eines Nachmittags die gleiche Zahl. Zufall, meine ich zuerst. – »Absicht«, bedeutet man mir augenzwinkernd. H ist der achte Buchstabe im Alphabet. HH – 88 – Heil Hitler. Ich greife mir an den Kopf. Bin ich ins Vorgestern zurückgerutscht?

Wie ein Fremder schlendre ich durch zertrümmerte Straßen. Eigenartig, man liebt nur die Ruinen, die man entstehen sah, zu den anderen – ich schaue gleichgültig auf das Schuttfeld von St. Pauli – hat man kein Verhältnis. Im Höchstfall Unwillen, daß sie noch vorhanden sind. Keine Frage: sehr aufgeräumt sieht es in Hamburg nicht gerade aus. Man bemerkt auch nirgends Frauen auf dem Bau. Und dennoch riecht alles irgendwie nach Frieden. Nach einem kärglichen Frieden zwar, aber immerhin nach Frieden. Hier verschwinden keine Makar Iwanows. Hier gibt es überhaupt keine Angst. »88!« – Heil Hitler, schreiben Menschen an die Mauern. Wie undankbar sie sind. Wissen sie nicht, daß auch Freiheit von Furcht ein Gewinn ist? Das sind die Früchte der Hakenkreuz-Emigration während der letzten Kriegswochen, des ständigen illegalen Zuzugs nazistischer Elemente in die englische Zone seit 1945. »In der englischen Zone sieht man den Nazis durch die Finger«, hieß es damals. – So wurde die englische Zone zum Naziparadies. Entnazifizierung – ein Kinderspiel. Verhaftungen – nicht nennenswert. Behandlung im Internierungslager – gentleman-like. Bis – die Nazis vergessen hatten, daß sie einst Nazis waren, die Engländer sich darauf besannen, den Gürtel der Besatzungsmaßnahmen etwas enger zu ziehen. Wohnungsbeschlagnahmungen, Kohlenmangel, karge Ernährung. Die Bevölkerung ist empört. »Wie denn? Zwei Jahre nach Kriegsende! – Und das soll Demokratie sein?«

Was in der Ostzone als Mißstand gilt – die dortige fünffache Stufung des Kartensystems –, hier preist man sie als vielbeneideten Vorzug. – »Sie lockt eure Frauen auf den Bau, eure Arbeiter in die Fabriken«, sagen die Hamburger Arbeitgeber. »Wir kriegen keine Arbeiter. Unsere Frauen gehen nicht auf den Bau. Schwarzhandel ist leichter, denken sie. Zeit haben, um ranzuschaffen, ist einträglicher als Stundenlohn. Was bleibt uns übrig, wenn die Fabriken nicht stillstehen sollen? Wir bestechen mit Mangelware. Wir setzen Prämien aus, um unsere Arbeit verlockend zu machen. Schwarzhandel von Amts wegen. Pro Monat ein Mangelprodukt. Das Mangelprodukt im Tauschhandel gleich vier Pfund Speck. Eure Prämie ist die Karte Eins. Wie grenzenlos einfach! Wie beneidenswert bequem.«

Unleugbar, wenn man die Dinge von dieser Seite ansieht, bekommen sie ein neues Gesicht. Zum erstenmal sehe ich die »Hungerkarte« in einer anderen Beleuchtung. Druckmittel zur Wirtschaftsankurbelung. Therapeutikum gegen mangelndes Verantwortungsgefühl für den Wiederaufbau. Hier spielt sich die Wirtschaftsankurbelung im wesentlichen unter Ausschluß der Öffentlichkeit ab. Im sicheren Besitz seiner Einheitskarte geht der arbeitslose Bürger hin und tauscht. Ein halbes Paket Seifenpulver gleich fünf Mark, gleich drei Bier, gleich dreißig Mark. Ein Viertelpfund Tee gleich hundert Mark, gleich ein Pfund Butter, gleich zweihundertvierzig Mark. Es gilt nur, die richtige Bezugsquelle mit dem richtigen Abnehmer zu koppeln. Ein Haus wird repariert. Startkapital: fünfzehn Liter Alkohol. Aus fünfzehn Litern Alkohol entstehen achtunddreißig Flaschen Likör. Drei Flaschen Likör gleich ein moderner Teppich, gleich zehn Zentner Kartoffeln, gleich dreißig Sack Zement. Fünfzehn Sack Zement verschlingt die Hausreparatur. Die restlichen vertauscht man in eine Weihnachtsgans, gleich ein Kilo Kaffee, gleich zwei Eisenträger. Zehn Flaschen Likör ergeben sechs Kubikmeter Tischlerholz. Einen Kubikmeter beträgt der Tischlerlohn, der zweite wandelt sich in Fensterglas, der dritte in zweitausend Mauersteine. Vier, fünf und sechs verlangt der Neubau. Verwirrendes Puzzlespiel, in dem sich nur der Eingeweihte einigermaßen zurechtfindet. Mir schwirrt der Kopf von Zahlen und Tauschobjekten.

Hamburg, Mittwoch, 12. Februar 1947

Das einzige, das mich an Berlin erinnert, ist die Kälte. In den Hamburger Nissenhütten erfrieren die Menschen ebenso trostlos und scharenweise wie in den Schreberlauben um

Berlin. Kohle ... Kohle! Ein Königreich – ein Verbrechen – einen Totschlag, wenn es sein muß, für einen einzigen Eimer Kohle! – Man beraubt die Lagerplätze, man plündert die Güterzüge. Ein Heuschreckenschwarm, stürzt sich die Meute der Weiber und Kinder auf jede einfahrende Lore. Es wimmelt und krabbelt. Immer mehr, immer mehr. In die Beutel gefüllt, in die Taschen geborgen. Steinkohle um Steinkohle, Brikett um Brikett. Im Nu sind die Haufen zusammengeschmolzen. Von ferne ertönt eine Trillerpfeife. Für eine Sekunde sieht die Kohlenlore aus, als wäre ein Ameisenhaufen auf ihr zu Stein erstarrt. Dann ein blitzartiges Zappeln. Husch – rechts in die Büsche, husch – links in die Büsche, und der Spuk ist verschwunden. Einsam steht der ausgeleerte Güterwagen auf frostspröden Schienen. – »Kohlenklau«, sagen die Hamburger gleichgültig. »Kein Zug, der nicht geplündert wird.« – »Und die Polizei?« »Kommt grundsätzlich zu spät. Was den Kohlenklau angeht, steht sie auf seiten der Besiegten.«

Freitag, 14. Februar 1947

Frierend reise ich zurück nach Berlin. Anderthalb Stunden vor Abfahrt am Kopfbahnhof. Durchs Fenster in den Zug. Zwischen Kisten und Kartoffelsäcken eingeklemmt sechs Stunden im unbeleuchteten Gang. Man kann es nur aushalten, wenn man sich Gedichte aufsagt. »Zum Kampf der Wagen und Gesänge«, memoriere ich krampfhaft. Es riecht nach Zwiebeln, Fisch und ungewaschenen Menschen. Eine Wohltat, wenn sich hin und wieder in diesen Mief der beizende Geruch einer »homemade« Zigarette mischt. In der Toilette quetschen sich vier Leute. Und dann der sogenannte Brothusten. Diese furchtbare Auswirkung schlecht verdaulicher Ernährung, die heute die Luft in jedem öffentlichen Verkehrsmittel vergiftet. – Maschinendefekt. Halten auf schneeverwehter Strecke. Als der Zug um drei Uhr nachts in Hannover eintrifft, ist der Militärzug nach Berlin vor einer Stunde abgefahren. »Das passiert hier öfters«, sagt der Mann mit roter Mütze ungerührt. »Der nächste Zug geht morgen

nacht um eins.« – Zweiundzwanzig Stunden Wartezeit. Bei fünfzehn Grad Kälte.
Im Bahnhofstunnel liegen die Menschen bündelweise auf nassem Steinfußboden. Sie sehen blaß aus und müde. Auch sie warten auf einen Zug. Und bis er kommen wird, ist der Steinfußboden des Bahnhofstunnels ihnen Rastplatz und Logis. »Kann man hier irgendwo übernachten?« frage ich. Man glotzt mich an. Mit steifen Beinen stolpere ich durch die Sperre. Die Zunge klebt mir am Gaumen. Wenn man wenigstens etwas zu trinken bekäme. Ein Menschenfreund weist mich zur linken Bunkertreppe. Fünfundzwanzig Minuten steht man Schlange, bis man sich die Stufen hinabgekämpft hat. Ein niedriger Kellerraum. Die Luft fast zum Ersticken. Menschen hocken auf Tischen und Stühlen, hingefällt von Erschöpfung, als hätte der Schlaf sie niedergemäht. Gedränge vor dem Schanktisch. Dort gibt man eben frischen Kaffee aus. Zehn Mark Pfand, wenn man den Blechbecher, in dem er gereicht wird, an einen der Tische nimmt. Zehn Mark Pfand für eine Lauge aus Spülwasser. Ich schlucke das heiße Getränk wie eine schlechtschmeckende Medizin. Hauptsache, es ist etwas Warmes. Dann räume ich meinen Platz einem neuen Bedürftigen. Trink schneller, Genosse! würde Soschtschenko sagen. Er sagt es nicht, denn was er sagte, ist in Sowjet-Rußland unbeliebt.
Bis ich den Bunker verlassen habe, ist es vier Uhr geworden. Die kälteste Stunde der Nacht. Noch neunzehneinhalb Stunden. Mir scheint, die Zeit hat bereits aufgehört und die Ewigkeit begonnen. Eine trostlose Ewigkeit, häßlich zur Schau gestellt unter dem Bogenlicht zweier grellweißer Lampen. Wenn es wenigstens dunkel wäre, wünsche ich, während ich widerstrebend in das Menschengewühl der Bahnhofshalle eintauche. Da kauern sie in Winkeln und Ecken. Da krabbeln sie durcheinander, drängen sich vor den Sperren, quellen aus allen Ritzen und Löchern. Zerrupft, zerlumpt, entwurzelt, wie der Zufall sie anschwemmte. Strandgut des deutschen Zusammenbruchs. Ein Inferno des Jammers. Jetzt stolpere ich über

etwas Weiches. Ein Mann liegt vor mir und schnarcht. Grunzend wälzt er sich auf die andere Seite. Seine Hosen sind ausgefranst. Statt der Schuhe trägt er bindstrippenumschnürte Lappen um die Füße. Wenn ihm der Kopf noch einen Zentimeter rückwärts sinkt, wird er in einer Schmutzlache liegen. Der Bahnhofswaschraum ist sein Ankleidezimmer. Der Tunnelfußboden sein Bett, die zugige Eingangshalle seine Wohnstube, seine Küche, sein Geschäftslokal. Zwei Zigarettenkippen – eine Mark vierzig. Ein trophäierter Wollhandschuh – fünfzehn Mark. Man lebt von dem, was einem in die Finger fällt. Heute von diesem – morgen von jenem. Und wenn die Zeit gekommen ist, wird man irgendwo verrecken. Vielleicht auf der Bahnhofstreppe von Hannover. Vielleicht im Wartesaal von Braunschweig. Oder verkrochen in den Strohsack eines zufälligen Zwanzig-Pfennig-Betts. Drei Tage bietet die Stadt den Durchreisenden Verpflegung. Drei Tage Verpflegungskarten machen das »Durchreisen« zum Selbstzweck – zur Dauerbeschäftigung – zum Lebensinhalt. Ich winde mich durch Menschen, Koffer, Körbe und Rucksäcke. Noch nie habe ich auf fünfzig Quadratmeter Boden so viele Dialekte und Sprachen gehört. »Ami-Seife, Stück fünfzig Mark«, flüstert eine Frau. Die Hand, in der sie mir ihre Schwarzware entgegenstreckt, ist so schmutzig, daß ich vorschlagen möchte, sich selbst damit zu waschen. Ich tue es nicht. Wer weiß, wann sie ihr letztes Stück Brot gegessen hat.

Um fünf Uhr morgens lande ich vor dem Rote-Kreuz-Bunker. Wieder eine Menschenschlange vierzig Stufen abwärts über schmierige Treppen. Man reicht mir einen grauen Zettel. »Unterkunft Hauptbahnhof Hannover, Innere Mission«, steht in Druckschrift darauf. Ausweiskontrolle. Die Hälfte der um mich Wartenden verkrümelt sich schlechten Gewissens. Den Rest verschlingt die Eingangssperre. Man zieht zwanzig Pfennig von mir ein und fragt mich, ob ich auf ein Bett reflektiere. Die Bettkarte ist gelb und kostet eine halbe Mark. Während man sie mir aushändigt, werden neben mir fünf Mädchen abgeführt. Sie schreien, als steckten sie am

Spieß. Kaum eine unter ihnen mag über sechzehn Jahre alt sein. »Warum, um Gottes willen«, forsche ich erschrocken. Das Kontrollfräulein an der Sperre blickt ihnen teilnahmslos nach. »Keine Papiere«, sagt sie, als handle es sich um die langweiligste und alltäglichste Geschichte. »Ausreißerinnen. Stromern herum und stecken Männer an.« – Die hinter mir Drängenden murren. »Weitergehen. Nicht stehenbleiben.« Wie durch ein Haarsieb werde ich durch den Engpaß der Sperre in die »Unterkunft Hauptbahnhof Hannover« gepreßt. Holzbänke stehen in Reihen hintereinander. Man kauert auf ihnen, halb sitzend, halb liegend. Man schläft oder döst vor sich hin, die Kiefer heruntergeklappt, den Kopf auf die Brust gesunken. Im nächsten Raum ist der Schlafsaal für Männer. Aufstockbetten, drei Pritschen übereinander. Es röchelt und schnarcht für fünfzig Pfennig von jedem Strohsack. Auf Zehenspitzen schleiche ich weiter. Schlafraum für Frauen. Ein mürrisches Fräulein teilt mir meine Strohmatratze zu. Zweite Reihe links, fünfter Bettplatz, dritte Etage. »Ihren Koffer legen Sie am besten unter den Kopf«, rät sie griesgrämig. »Und, was ich noch sagen wollte, um acht Uhr wird der Bunker geräumt.« Acht Uhr? Jetzt ist es Viertel nach fünf. Schlaf zeitgerafft, rede ich mir aufmunternd zu, während ich mich und meinen Koffer zweite Reihe links, fünfter Platz in die dritte Bettetage praktiziere. Unter mir liegt eine Frau und wimmert. Sie wimmert so trostlos, daß ich nicht einschlafen kann. »Fehlt Ihnen etwas?« frage ich schließlich. Sie wirft sich ächzend auf die andere Seite. Ein Geruch nach Blut und irgend etwas Ekligem schlägt mir entgegen. »Ver ... ver ... vergewaltigt«, röchelt sie stoßweise. »Zer ... zer ... zerrissen. ... acht ... mal an der ...« Sie schafft es nicht mehr. Der Rest versinkt in kläglichem Gewinsel. Ich zerre an meinem Koffer. »Watte«, denke ich. »Taschentücher.« Doch was helfen Watte und Taschentücher gegen den unvergeßbaren Schock, beim illegalen Grenzübertritt achtmal von brünstigen Männern vergewaltigt worden zu sein. Zweidreiviertel Stunden lang schluckt und stöhnt die fremde Frau unter mir ihren Jammer in einen schmutzigen Strohsack. Um acht Uhr ist die Nacht zu Ende. Schon daß es draußen hell wird, erscheint mir wie ein Trost. Man kann in ein Kino gehen, ein Kaffeehaus besuchen, am Rand des Ruinenbezirks einen geheizten Sitzplatz ausfindig machen. Nur fort von dieser Bahnhofsgegend, diesem Nistplatz des Grauens. Zweimal sehe ich mir zwischen zehn und sieben Uhr in einem ungeheizten Kino »Das Rendezvous um Mitternacht« an. Dreimal trinke ich in trübseligen Bierstuben ein »kleines Helles«, eine Tasse Brühe, ein Heißgetränk. Um acht Uhr abends wird der Bunker geöffnet. Besser als das vierte »kleine Helle« ist eine Strohmatratze zweite Reihe links, fünfter Bettsack, dritte Etage, entscheide ich und sinke bis fünfzehn Minuten vor Mitternacht in bleiernen Schlaf. Seit achtzehn Stunden zähle auch ich mich zu dem Strandgut von Hannover.

Sonntag, 16. Februar 1947

Am Bahnhof Charlottenburg steht Frank. »Gut, daß du da bist«, empfängt er mich und wirft es mir kein bißchen vor, daß er gestern und heute je drei Stunden auf dem Bahnsteig gewartet hat. Zu Hause ist dort, wo man geliebt wird, geht es mir auf, und dankbar kehre ich heim in Franks und Heikes vertraute Nähe.

Montag, 24. Februar 1947

Eine neue Frostperiode. Man kann sie schon nicht mehr zählen in diesem Winter. »Ansteigen der Todesziffern ... Wenig Kohlen, weniger Strom ... Zugverkehr eingeschränkt. Fast dreitausend Betriebe geschlossen ... Katastrophe in der ganzen Welt.« Es ist ein schwacher Trost, daß auch andere Menschen frieren, wenn man vor Kälte unter seiner eigenen Bettdecke erstarrt. Die Zeitungen fordern durchgreifende Hilfsmaßnahmen. Wie soll ein Magistrat durchgreifende Hilfsmaßnahmen treffen, wenn von fünfundsiebzig Stadtverordnetenbeschlüssen seit November 1946 erst drei durch den Kontrollrat genehmigt worden sind. Der Rest aber abgelehnt wurde oder nach viermonatiger »Ablagerung« immer noch auf Entscheidung wartet. Furchtbar rächt es sich jetzt, daß die Sozialdemokraten ihre Regierungsperiode mit einem Minimum an Wohlwollen seitens der russischen Besatzungsmacht antraten. Die SPD-Funktionäre treffen sich zu leidenschaftlichen Debatten. »Niederlegen«, fordern die Unabhängigen. »Dem Kontrollrat den Krempel vor die Füße werfen. Sollen wir für die Chimäre einer demokratischen Regierung den Popanz abgeben? Daß die SED sich ins Fäustchen lacht und den Vorteil daraus sieht? Das Kind beim Namen nennen! Keine Beschlüsse mehr fassen. Die Öffentlichkeit davon in Kenntnis setzen, daß nicht wir die Verantwortung tragen, sondern die Uneinigkeit des Kontrollrats.« – »Aber unsere Posten«, wenden die Utilitaristen ein. »Wir können doch nicht alle stellungslos werden.«

Die Vorsichtigen und Ängstlichen, die Kompromißler und Abhängigen tragen den Sieg davon. Wie sie ihn jetzt überall davontragen. In allen Amtsstellen, allen Parteien, in allen Konferenzen, in der gesamten Weltpolitik. Die Menge, die niemals nach Ursachen forscht, sondern nur die Wirkung sieht – die Wirkung des Mißerfolgs – ist es verwunderlich, daß sie sich heimlich nach einem Erlöser sehnt? – »Vergiß nicht«, sagte Frank erst gestern, »daß wir in der vergleichenden Weltgeschichte im Augenblick etwa in der Höhe der Napoleonischen »Hundert Tage« halten. Bis zum 20. März 1815 hat der Kongreß in Wien erfolglos hin und her diskutiert, haben sich die Alliierten der Befreiungskriege über das Nachkriegseuropa nicht einigen können. Dann war das Volk reif für einen neuen Napoleon. Und heute? Versuch es mal! Laß die Amerikaner durch Radio melden, daß Hitler mit tausend Flugzeugen auf dem Tempelhofer Feld gelandet sei. Laß morgen sein Double in Großaufmachung – Autokarawane, Absperrung, Siegheil-Gebrüll und was sonst noch dazu gehört – über den Kurfürstendamm brausen. Dann schau nach, was passieren wird. Und wie es um die demokratische Erziehung des deutschen Volkes bestellt ist.« Ich glaube ihm aufs Wort. Es ist zuviel gefroren und gehungert worden in der Zwischenzeit. Zuviel hat man sich gezankt, zuwenig die menschliche Unvollkommenheit in Rechnung gestellt. Warum sollte, was vor hundertzwanzig Jahren dem französischen Volk unterlief, nicht auch bei uns möglich sein. Bei uns, die wir ohnehin dank unseres Persönlichkeitsverlustes während der letzten dreiunddreißig Jahre nur noch in zweiter oder gar in dritter Besetzung auf der Weltbühne sind. Wenn nicht Moskau die Sache bereinigt ... Am zehnten März sollen sich die Außenminister der vier siegreichen Nationen, Molotow, Marshall, Bevin und Bidault zur Klärung der Lage zusammensetzen. Diesmal in Moskau, damit es wenigstens einen Unterschied in der Konferenzfolge gibt. Die Welt ist optimistisch genug, wieder mal alles von der neuen Zusammenkunft zu erwarten. Die Einigung, den Fall der Zonengrenzen, Ordnung im europäischen Raum, Beilegung sämtlicher Streitigkeiten und Frieden – den heiß und verzweifelt seit zwei Jahren ersehnten Frieden. Der Wiener Kongreß hat seinen Biedermeierfrack abgelegt und einen Smoking angezogen. Beten wir nun, daß der Smoking die »Hundert Tage« verhindert.

Dienstag, 4. März 1947

Die Moskauer Konferenz drängt selbst das Thema Hunger, Kälte und Kohlennot vorübergehend in den Hintergrund. Wie ein Ertrinkender sich an einen Strohhalm klammert, so werfen die Berliner ihre Hoffnung auf sie, vertrauend, sie »werde es wohl machen«. Als könnten Marshall, Bevin, Bidault und Molotow plötzlich Kohlen vom Himmel regnen lassen, als könnten sie Wohnungen aus den Trümmern stampfen, das Thermometer um zwanzig Grad aufwärts schnellen oder in ihrer flachen Hand ein Kornfeld zum Reifen bringen. So viele Utopien. Solange der Mensch sich noch mit Illusionen tröstet, ist er nicht ganz verloren.

Montag, 10. März 1947

Heute sind die Außenminister an ihrem Bestimmungsort angekommen. Vier Menschen ist es in die Hand gelegt, über Sein oder Nichtsein von Millionen Verzweifelter zu entscheiden. »Wenn sie uns wenigstens unsere Kriegsgefangenen freihandeln würden«, sagen die Menschen. »Freihandeln?« antwortet man höhnisch. »Wo es trotz zweijähriger inbrünstiger Bemühungen bis heute nicht gelungen ist, auch nur ihre endgültige Ziffer, geschweige denn ihre Namen zu erfahren.«

Noch fehlen zwei bis drei Millionen Männer in Deutschland. Verschollen seit Stalingrad. Vermißt nach der Kesselschlacht von Orel, der Niederlage von Warschau, dem Rückzug aus Polen, den Straßenkämpfen in Berlin. Leben sie? Starben sie? Sind sie verwundet, gefangen, verhungert, verschleppt oder erschlagen? – Seit zwei Jahren schweigt die russische Militärregierung beharrlich auf alle Anfragen nach dem Schicksal der deutschen Kriegsgefangenen. Briefe gehen ins Leere. Bittschriften bleiben unbeantwortet. In den Parteibüros und den Redaktionen der Zeitungen stapeln sich die Zuschriften aus allen Teilen des Reichs. »Helft, daß wir unsere Männer wiedersehen. Appelliert an ihre Menschlichkeit. Fleht um die Namen! Fleht um die Zahlen! Setzt alles daran, daß wir die Ziffer der Überlebenden erfahren.« – Vergebliches Bemühen. Man läuft wie gegen eine Wand von Watte. Warum quälen sie uns so? Warum schwiegen sie bis heute?

Gewiß, auch russische Mütter haben vier Jahre lang nicht gewußt, ob ihre Söhne fernab von der Heimat den Krieg überstanden. Millionen sowjetischer Gefangener sind unter Hitlers Regime in Deutschland gestorben, verhungert, von Seuchen weggerafft, unter Mißhandlungen verendet. Uns – ausgerechnet uns – kommt es am wenigsten zu, den Richter zu spielen, wenn sie nun Leid gegen Leiden, Vergeltung gegen Vergeltung setzen. Aber seit dreiundzwanzig Monaten ist Waffenstillstand. Und in Nürnberg tagt ein internationaler Gerichtshof, um im Namen Frankreichs, Englands, Amerikas

und Rußlands die von den Nazis begangenen Verbrechen gegen die Menschlichkeit zu richten.
»Sie meinen ja gar nicht die Vergeltung«, spricht das Volk. »Um die zusätzlichen Arbeitskräfte geht es ihnen. Um das Vorab an Reparationskosten.« Schon recken sich die Finger zu hämischer Abrechnung: »Zwei Millionen Männer gleich acht Millionen Mark Arbeitsertrag pro Tag. Die Stunde zu sechzig Pfennig. Abzüglich achtzig Pfennig Verpflegungskosten. Acht Millionen Mark täglich gleich fünf Milliarden Mark in zwei Jahren.« Man grinst voller Schadenfreude. »Fünf Arbeitsmilliarden. Eine staatliche Reparationssumme, um sie diskret in die Taschen zu stecken. Daß sich die Westlichen das bieten lassen ...« – Es gibt viel Achselzucken und Kopfschütteln um dieses »Schuldkonto« in Berlin. So viel, daß unser eigenes darüber fast vergessen wird.

Sonntag, 16. März 1947

Molotow hat die Zahlen der Kriegsgefangenen bekanntgegeben. Wenigstens dies eine Ergebnis zeitigte bisher das Moskauer Treffen. Doch statt eines Seufzers der Erlösung geht eine Welle der Enttäuschung und Verzweiflung durch das Volk. 890 532. Fast fühlt man sich versucht zu fragen, ob es nicht etwa zweiunddreißigeinhalb oder -dreiviertel seien. Eine knappe Million. Und wo blieben die anderen? Herrn Molotows Bekanntmachung hat sie allesamt ausgelöscht. Wie Spreu in den Wind geweht. Auf immer vom Erdboden vertilgt. Erst heute, zwei Jahre nach Kriegsende, fiel für eine Million Mütter, für viele Millionen Schwestern, Kinder und Frauen der Sohn, der Vater, der Mann oder Freund. Fiel bei den Worten Molotows: »Noch 890 532 Männer in russischer Kriegsgefangenschaft.« Setzt Halbmast über Deutschland! O weine, Hekuba!
»Auch das ist Lüge«, versucht man die Trauernden zu trösten. »Sie haben die Facharbeiter von der Rechnung abgesetzt. Facharbeiter sind Wertobjekte. Keine Kriegsgefangenen mehr, sondern Towarisch-Anwärter. Mit mindestens fünfhundert-

tausend kann man sie der Endsumme zuziehen.« Ein Strohhalm von Hoffnung. Und doch gibt es Tausende, die sich heute blind und verzweifelt dieses Strohhalms bemächtigen.

Mittwoch, 26. März 1947

Die Außenminister in Moskau entscheiden nicht allein. Auch die Natur bemüht sich, das Problem des deutschen Bevölkerungsüberschusses auf ihre Weise zu lösen. Das ganze Land scheint, wie ehemals Ägypten, unter sieben Plagen zu stehen. Kaum hat die Plage Krieg sich abgewendet, so beginnt die Plage Vergewaltigung. Ihr folgt die Plage Flüchtlingsnot. Noch ist sie unbeendet, da setzt mit beißenden Frösten die Plage Kälte ein. Das Sterben geht weiter. Am vierzehnten März, innerhalb dreier Stunden, ein Wärmeanstieg um fünfundzwanzig Grad, wie ihn Europa seit hundert Jahren nicht erlebte. Matsch, Glatteis, Stromsperre. Die Menschen rutschen wie auf Spiegeln über das Pflaster. Ein Veitstanz jeder Schritt durch die Dunkelheit. Ein Veitstanz, der über Nacht alle Krankenhäuser Berlins mit Verunglückten füllt. Knochenbrüche durch Glatteis, schwere Verstauchungen. Zahlreiche Schädelbrüche mit letalem Ausgang. Auch die vierte Plage hat das ihrige getan. Schon nähert sich die fünfte. Während das große Schmelzen beginnt und in den Ruinen böse Gerüche an die Folgen winterlicher Rohrbrüche gemahnen, während die Berliner an offenen Fenstern sitzen, um erste Frühlingswärme in ihre durchkälteten Zimmer zu lassen, drängen die Wasser der Oder über ihre Ufer. Sie überschwemmen im Oderbruch siebzigtausend Hektar Ackerland, schwemmen Dörfer hinweg, Vieh, Häuser, Menschen. Auf Kähnen rettet die Bevölkerung ihr nacktes Leben. Wieder werden Tausende obdachlos, finden Zahllose einen unerwarteten Tod.

»Vierhundertfünfundvierzig neue Tuberkulosefälle in einer Woche ... jeder siebenundsechzigste Berliner geschlechtskrank«, berichtet die Statistik. »Das Durchschnittsalter der Geschlechtskranken liegt zwischen siebzehn und achtundzwanzig Jahren.« Bis in den Mutterleib hinein erstreckt sich das große Sterben. Wenn jetzt nicht die Moskauer Konferenz der Apokalypse Einhalt gebietet ...

Dienstag, 1. April 1947

»Bad news, bad news«, sagen unsere alliierten Freunde. Das Moskauer »Streitgespräch« kommt nicht vom Fleck. Jedes Thema wird aufgegriffen und resultatlos beiseite gelegt. In keinem wichtigen Punkt sind die Meinungen der vier – hier räuspern sie sich ironisch – »Verbündeten« unter einen Hut zu bringen. – Das kommt davon, wenn sich entgegengesetzte Weltanschauungen an den Verhandlungstisch setzen, um für etwas »solidarisch« zu sein. Im großen wiederholt sich, was wir täglich im kleinen erfahren. Solange Herr Hitler Weltfeind Nummer Eins war, spielte die Lebensanschauung seiner Gegner keine Rolle. Weder die seiner inländischen noch die seiner ausländischen. Als aber der Welt*feind* besiegt war, trat die Frage nach der Welt*anschauung* wieder in den Vordergrund. Und siehe, man entdeckte sie als gegensätzlich. Gegensätzlicher von Tag zu Tag. Urabstimmung, Pressezank, Uneinigkeit im Magistrat, erbarmungslose Fehde aller gegen alle hießen die Etappen dieser Einsicht bei den inländischen Gegnern des Weltfeindes Nummer Eins. Spannungen im Kontrollrat, Ergebnislosigkeit von Konferenzen, Verbot des Besuchs der russischen Zone für westliche Besatzungstruppen, Ernennung George Marshalls zum Amerikanischen Außenminister, Trumans kürzliche Rede gegen den Kommunismus. Ansteigen der antisowjetischen Stimmung in den Vereinigten Staaten, immer unverhülltere Aggressionen der westlichen und östlichen Sieger gegeneinander, heißen die Etappen dieser Einsicht bei seinen ausländischen Gegnern.
Daß auch wir Deutschen erst allmählich dahintergekommen sind, wie und nach welcher Richtung hin sich der anfängliche Verständigungskurs inzwischen geändert hat, nehmen unsere Sieger uns beinahe übel. Und wieder droht die Situation einzutreten, daß die Staatsmänner vom Durchschnittsdeut-

schen mehr politische Einsicht, mehr Klugheit und Vorausblick verlangen, als sie selber besitzen. Vom Durchschnittsdeutschen des Hitlerregimes die Entscheidung gegen den Nazismus fünf Jahre vor Godesberg. Vom Durchschnittsberliner der Nachkriegszeit die Entscheidung gegen den Kommunismus, rückwirkend vom Zeitpunkt der Frankfurter Freundschaft, der UNO und des Potsdamer Abkommens.

Im Ruhrgebiet und in der englischen Zone demonstriert das Volk gegen die seit Wochen rapide sich verschlechternde Versorgung. Streiks wechseln mit Hungermärschen. Achthundert Kalorien täglich erhält die Bevölkerung in der französischen Zone. Auf dem Papier steht es anders. Aber Papier ist geduldig und verschweigt, daß die betreffenden Rationen zwar zugedacht, aber nicht zugeteilt werden. 125 Gramm Fett im Monat statt 450 Gramm. Gar keinen Zucker im Monat statt 430 Gramm. Gar keine Nährmittel im Monat statt tausend Gramm. »Statt macht nicht satt«, äffen die Leute. Also streiken sie. Oder probieren es mit einem Hungermarsch. Die Freude, ungestraft oder nur wenig bestraft demonstrieren zu dürfen, haben sie lange nicht gekostet.

Im russischen Besatzungsgebiet antwortet man auf den *geistigen* Streik bestimmter Kreise mit schärferen Methoden. Verhaftung von acht Stunden für die, die sich erlaubt haben, anderer Meinung zu sein als die SED. Spurloses Verschwinden von Menschen, die sich in irgendeiner Form dem Regime unbeliebt machten. Die Methode ist es, die die Gegensätze der Weltanschauung unüberbrückbar aufklaffen läßt, der Unterschied des Verfahrens, der den Freund von gestern in den Feind von heute verwandelt. Im Leben der einzelnen, wie in den Streitfragen der Völker. Was darf, was kann man unter solchen Auspizien von Moskau erwarten?

Samstag, 5. April 1947

Nichts! Und abermals nichts. Weder den Frieden noch die Revidierung der Ostgrenze, weder die Aufhebung der Zonenschranken noch eine gemeinsame Währungsregelung. Offenbar haben sie sich dort nur zusammengesetzt, um der Welt vorzuführen, wie man am kunstfertigsten aneinander vorbeireden kann. »Auf unsere Kosten ... auf unserem Rücken«, klagt das Volk und steckt seine Moskauer Hoffnungen von Tag zu Tag weiter zurück.

Mittwoch, 16. April 1947

Im Kreml quälen sich die Verhandlungen hin, in Berlin quält man sich durch den Wust der täglich und stündlich neuerlassenen Verordnungen, Formulare und Fragebögen. Kaum je hat der Amtsschimmel so mißtönend über einem Lande gewiehert wie jetzt über Deutschland.

Ich spreche mit einem Unternehmer aus dem Ostsektor. »Wenn das so weitergeht«, sagt er und weist auf einen Stapel von Formblättern, die sich vor ihm auf dem Schreibtisch häufen, »ist in Kürze auch der letzte Rest unserer Initiative im Bürokratismus erstickt. Achtundzwanzig Fragebogen im Monat. Seit vier Wochen beschäftige ich eine Sondersekretärin ausschließlich mit der Ausfüllung von Amtsformularen. Industriebericht. Bericht über Produktionserfüllung. Bericht über Auflage der Produktion. Alle fünf Tage Bestandsmeldung. Zehntägige Meldung, Monatsmeldung, Quartalsmeldung. Ich bitte Sie, wo sollen wir die Zeit hernehmen, um produktiv zu arbeiten?«

Am Nachmittag besuche ich eine Kollegin von Heike. »Zustände sind das«, jammert sie und weist auf ihre von Anstrengung geschwollenen Füße. »Wenn das so weitergeht, kann ich meinen Beruf an den Nagel hängen. Seit drei Tagen liegen meine Kinder masernkrank. Um zwölf Uhr fahre ich los und hole für den Kleinsten die Säuglingsspeisung. Eine Stunde Fahrzeit, ein halber Liter Essen. Um zwei Uhr fahre ich los und hole für die Große die Schulspeisung. Eine Stunde Fahrzeit, ein halber Liter Essen. Um vier Uhr fahre ich los und hole für mich die Theaterspeisung. Anderthalb Stunden Fahrzeit, ein halber Liter Essen. Um sieben tue ich alles in einen Topf, danke dem Schicksal und den Alliierten, daß sie mir eine Säuglingsspeisung, eine Schulspeisung und eine Theaterspeisung beschert haben, und male mir aus, wie wunderbar das Leben wäre, wenn man alle drei Halbliter auf einmal im Haus hätte.« Man hat sie nicht auf einmal im Haus. Und wenn man die dreieinhalb Stunden Fahrzeit nicht braucht, so braucht man drei Stunden Anstehen, drei Stunden Kampf gegen mangelhafte Verteilungsorganisation, drei Stunden Kopfzerbrechen, was um Himmels willen man wohl heute seinen Lieben auf den Teller legen soll. Der Leerlauf füllt die Stunden. Nicht nur im Berufs-, sondern auch im Privatleben. Und tritt man im Kreml etwa weniger am Ort?

Freitag, 25. April 1947

Gestern sind die Außenminister abgereist. Resultat: Die Aussicht auf Frieden, Freundschaft und Zonenöffnung ist in unbestimmte Ferne gerückt, und wir haben eine Million Männer weniger, als unsere Hoffnung uns vortäuschte.

Montag, 5. Mai 1947

Bleierne Ratlosigkeit liegt seit dem Moskauer Ende über den Menschen von Berlin. »Soll man hierbleiben?« »Soll man fortgehen?« »Wird es Krieg geben?« »Wird es keinen Krieg geben?« – Unsere Instinkte sind unsicher geworden, seitdem wir uns so ausschließlich als Schachfiguren im Brettspiel der großen Weltpolitik vorkommen. Als Hitler regierte, gab es für jeden ein unverrückbares Ziel: für den Nazi den Sieg Adolf Hitlers, für den Antinazi das Ende des Nazismus. Wie heißt das Ziel von heute? Verständigung? Zonentrennung? Krieg? Die Gerüchte überschlagen sich. »Ganz Bayern ist ein einziges Waffenlager. Jede Nacht rollen russische Truppentransporte nach Westen. Berlin wird preisgegeben. Europa überrannt. Die Westalliierten können froh sein, wenn sie den russischen Vormarsch im Atlantik aufhalten.« Man zieht den Kopf ein und verstopft sich die Ohren.

»Krieg«, sagt der Zeitungshändler. »Krieg«, sagt der Straßenbahnschaffner. »Krieg«, sagt der Briefträger, der Gemüsemann und die Metzgersfrau an der Ecke. Die gleichen Menschen, die noch vor drei Jahren lieber Schuhsohlen kauen als auch nur einen Tag länger den Jammer der Bombenangriffe aushalten wollten, sprechen heute von einem neuen Krieg als dem einzig möglichen Ausweg. Aus der Mühsal des Schlangestehens, der Monotonie des Grützeessens, den Ungerechtigkeiten der Entnazifizierung, der Sinnlosigkeit der Fragebogen, der Enttäuschung über die Alliierten, der hoffnungslosen Verfahrenheit unserer gesamten Nachkriegssituation. Seit langem hat man aufgehört danach zu fragen, durch welche Umstände wir in diese Situation geraten sind, sich daran zu erinnern, wie Deutschland aussah, als Hitler kam und als Hitler ging. Heute, am 5. Mai 1947, ist Hitler zwei Jahre tot. Und was ihm folgte, erscheint den Erben seines Zusammenbruchs so unerträglich, daß sie bereit sind, jedes Ende mit Schrecken diesem Schrecken ohne Ende vorzuziehen. »Lieber Krieg. Lieber Schuhsohlen kauen als noch länger diesen sinnlosen Schlamassel.«

Was nützt es, daß sich im Westen die amerikanische und die englische Zone zu einer Einheit zusammenschließen. Die westliche Einheit macht die west-östliche Uneinheit nur sichtbarer. »Wir rechnen damit, daß die positiven Wirtschaftsauswirkungen des bizonalen Zusammenschlusses bis zum Jahr 1950 voll in Erscheinung treten werden«, erklärt ein amerikanischer Wirtschaftsfachmann. Und die Hungerdemonstrationen? Die Streiks? Die Demontagen und das Erlahmen jeder Initiative am Bürokratismus, jeder zukunftsfrohen Planung an den nicht mehr zum Schweigen kommenden Kriegsgerüchten? Keiner hat Lust, sein Haus für neue Bomben aufzubauen. Keinem ist es zuzumuten, sein Geld für das Finanzamt oder die Währungsreform zu sparen. Wozu? Warum? An diesem »Warum?« und »Wozu?« auf allen Gebieten des täglichen Lebens sind wir drauf und dran, den Verstand einzubüßen.

Donnerstag, 8. Mai 1947

Auch in Bayern scheinen sie nicht mehr weit von diesem Zustand entfernt. Nur verliert man den Verstand dort offenbar auf andere Weise als in Berlin. Der bayerische Kultusminister Dr. Hundhammer plädiert für die Wiedereinführung der Prügelstrafe in den Schulen. Der Kreisdirektor des Bayerischen Bauernverbandes Dr. Fischbacher verlangt, daß man alle Preußen aus Bayern hinausjagen und Mischehen zwischen Bayern und Auswärtigen als »Blutschande« erklären solle. Statt den Keil, den die Gegensätzlichkeit der Alliierten zwischen Ost- und Westdeutschland treibt, durch brüderliches Zusammenhalten herauszuziehen, hackt man ihn mit Fleiß immer tiefer in die Kerbe. »Krieg gibt es«, sagen die Münchener. »Doch da die Atombombe, die dann auf Berlin fällt, in ihrem Wirkungskreis nur bis Hof reicht, so brauchen wir uns deswegen kaum Sorgen zu machen.«

Bayern den Bayern. Baden den Badenern. Und Berlin? Der ersten fallenden Atombombe. Ein trauriger Dank des Vaterlandes für zwei Jahre »Brückenbaubemühung«.

Sonntag, 11. Mai 1947

»Vergiß nicht, deine Uhr vorzustellen«, mahnte Frank mich gestern abend. Kein Anlaß, es zu vergesen. Seit Tagen brummen einem alle die Ohren voll über die »neue Schikane«. Ab Sonntag Moskauer Sommerzeit. Auch im Sommer 45 stellten wir die Uhr zwei Stunden vor. Und dachten uns dabei nichts Böses. Stromersparnis, Vereinfachung im Besatzungsverkehr, Gott weiß, was für ein Beweggrund dahinterstecken mochte.

»Selbst noch um unseren Nachtschlaf betrügen sie uns«, nörgelt es heute von rechts und von links. »Nicht mal ein paar armselige Schlummerstunden gönnen uns die Verdammten. Bestürzend, wenn der Mensch die Fähigkeit verliert, die positive Seite der Dinge zu sehen. Nicht nur bestürzend für ihn selbst, sondern noch mehr für diejenigen, die es übernommen haben, ihn zu regieren. Reaktion, Reaktion. Von allen

Seiten mehren sich die Zeichen, daß ein dritter Weltkrieg doch stattfinden wird. Ganz gleich, gegen was. Ganz gleich, gegen wen ...

Mittwoch, 28. Mai 1947

»... gegen den Bolschewismus«, sagen die einen. »Immer bedrohlicher streckt er die Hand nach dem restlichen Europa. Die kommunistische Internationale, im Kriege den westlichen Verbündeten zum Opfer gebracht, jetzt ist sie im Kominform, dem kommunistischen Informationsbüro wiederauferstanden. Die fünfte Kolonne marschiert. Und wenn sie ihr Ziel erreicht haben, wird ...« – »... gegen den Faschismus«, sagen die anderen. »Seht ihr es nicht, wie er überall in der Welt sein Haupt erhebt? In Frankreich gewinnt de Gaulle von Tag zu Tag stärkeren Einfluß. Ein winziger Staatsstreich, und die Diktatur sitzt im Sattel. Nicht nur die französisch-faschistische, sondern auch die spanisch-faschistische.« Amerika? »In zehn Jahren wird Amerika den Faschismus haben, erklärte kürzlich ein Amerikaner. »Nur daß man ihn dort dann Antifaschismus nennen wird.« Ein bitteres Wort. Wenn sich hinter ihm etwa Wahrheit verbirgt. – »... gegen die Reaktion«, sagen die dritten. »Wo kommen wir hin, wenn sich – wie in Bayern – die Pfarrer von ihren Gemeindemitgliedern den Besuch der Beichte quittieren lassen, wenn man in moralischer Entrüstung das gemeinsame Baden der Geschlechter verbietet, die Prügelstrafe wieder einführt und das Muckertum aufs Papier schreibt. Zurück zur Inquisition. Zurück zur Hexenverbrennung. Sieht so die Wirklichkeit unserer demokratischen Träume aus.« – Weder so noch so. Aber es hat den Anschein, als ob zwischen roter, brauner und schwarzer Diktatur für die sozialdemokratischen Ideale im Augenblick wenig Platz vorhanden sei. Zuwenig fast, um auf ihre praktische Verwirklichung hoffen zu dürfen.

Freitag, 6. Juni 1947

Immer wenn man denkt, daß es nicht mehr weitergeht, tut sich von irgendeiner Seite ein Hoffnungsschimmer auf. Diesmal kommt er aus dem Auditorium der Harvard Universität, wo der amerikanische Außenminister Marshall gestern vor versammelter Studentenschaft einen umfangreichen Hilfsplan für den Wiederaufbau von Europa verkündet hat. Endlich ein konstruktiver Vorschlag. Doppelt konstruktiv, sofern er dem Osten und Westen in gleicher Weise dient. Auch die Deutschen scheinen sich auf ihre Gemeinsamkeit zu besinnen. Gestern trafen zum erstenmal nach Kriegsende die Ministerpräsidenten aller vier Zonen in München zusammen, um sich über Maßnahmen zur Abwendung neuer deutscher Winternot zu beraten. Wenn einer mit gutem Beispiel vorangeht ...

Samstag, 7. Juni 1947

... brauchen die anderen noch lange nicht zu folgen. Ehe der letzte der ostzonalen Ministerpräsidenten die bayerische Staatskanzlei betreten hatte, hatten seine östlichen Kollegen den Sitzungssaal bereits verlassen. Die Delegierten der Ostzone sind nach Berlin zurückgereist. Nicht einmal über die Aufstellung der Tagesordnung konnte man sich einigen. Rein in die Hoffnung, raus aus der Hoffnung. Wenn sich auch der Hilfs-Plan für Europa in ähnlicher Richtung entwickelt.

Sonntag, 22. Juni 1947

Bisher noch nicht; Gott Lob und Dank, bisher noch nicht. Mit Windeseile scheint man diesmal der Theorie die Praxis folgen lassen zu wollen. Neue Einladung an die alliierten Außenminister, sich am 27. Juni in Paris zu treffen. Gegenstand der Konferenz: der Marshall-Plan. Rußland hat zugestimmt. Fast ehe die Einladung ausgesprochen war. »Sie kriegen einen amerikanischen Kredit und gehen dafür zurück bis zur Oder!« jubeln die Gerüchte. Raus aus der Hoffnung – rein in die Hoffnung!

Donnerstag, 26. Juni 1947

Wir sind nicht heiter. Die amerikanische Regierung hat die Zigaretteneinfuhr gesperrt. Und das in ein Land, in dem die Chesterfield seit Jahren einziger Währungsmaßstab ist. »Wie, glauben Sie, läßt sich der Schwarzmarkt am wirksamsten bekämpfen«, fragte mich kürzlich ein amerikanischer Finanzfachmann. »Wenn man uns Zigaretten gibt«, antwortete ich ihm. Er sah mich mißbilligend an. »Darf ein besiegtes Volk so süchtig nach Rauschmitteln sein?« las ich aus seinem Blick. Hundertmal hatte ich mich das gleiche gefragt. Warum rauchen plötzlich Menschen, die ihr Leben lang keine Zigarette im Munde hatten. Warum verkaufen sie ihre Lebensmittelkarten, nur um sich auf dem Schwarzmarkt zu sündhaften Preisen ein Päckchen Tabak dafür einzutauschen. Ausgerechnet zu einem Zeitpunkt, in dem die monatliche Zuteilung zwölf Zigaretten pro Kopf beträgt. Das heißt pro männlichem Kopf. Den Frauen billigt der Dank des Vaterlandes nur die Hälfte zu. Warum ziehen wir nicht die Konsequenzen aus diesem Zuwenig an Angebot und gewöhnen uns das Rauchen ab? – Weil wir nicht können. Täglich und stündlich stellt uns das Schicksal vor neue Schrecksituationen. Der Schock einer Bombennacht, die Angst vor Vergewaltigung, die Unsicherheit der Berliner Situation, der ganze Jammer unseres Trümmerdaseins – sie lassen sich nicht durch Haferflocken kompensieren. Oder durch Grützbrei und Muckefuck. Es ist die Diskrepanz zwischen der Intensität unseres Schicksals und dem Grau unserer Lebensführung, die uns rauchsüchtig stimmt. Flucht aus der unerträglichen Wirklichkeit in den Rausch einer freundlicheren Minute. Das ist das Geheimnis, das die Chesterfield zum Währungsmaßstab macht. Es wird sie so lange in den Mittelpunkt unserer Sehnsucht rücken, wie wir dazu verurteilt sind, mehr zu bewältigen, als unsere Normalkräfte hergeben.

Jetzt hat man die Tabakeinfuhr eingestellt. O trügerische Hoffnung, die damit rechnet, daß ein Fortfall des Angebots die Nachfrage auslöscht. Wenn doch die Besatzungsmächte für unsere privaten Nöte etwas mitfühlender wären. Was wissen Satte von Hungrigen? Menschen, die halbdaumenlange Kippen fortwerfen von solchen, die für jene Kippe mit Freuden drei Mark fünfzig opfern. Auf dem Schwarzmarkt oder wo immer sie sie kriegen.

Dienstag, 1. Juli 1947

Amerika denkt und Rußland lenkt. In diesem Falle den Tabakschwarzhandel. Und zwar direkt in seine Tasche. Als Heike heute mittag von der Probe kommt, hält sie mir ein weißes Stäbchen unter die Nase. »Weißt du, was das ist?« fragt sie, und ohne meine Antwort abzuwarten fährt sie hochtrabend fort, »Drug, der Freund der Armen. Hoffnung und Trost für alle Nikotinsüchtigen.« Sie hebt die Zigarette in die Höhe. »Der Sieg des Ostens über den Westen – zum mindesten auf dem Zigarettengebiet. Und Angebot, soviel du haben willst. Das also hätten sie geschafft.« »Was?« frage ich etwas nervös. »Nun«, sagt Heike vergnügt, »das Geschäft in ihre Taschen zu schleusen.« Sie steckt das weiße Stäbchen in Brand und hockt sich neben mich auf die Sessellehne. »Also, hör zu. Was sagt der kluge Amerikaner? Tabak ist die Seele des Schwarzhandels. Also sperren wir den Import. Was sagt der kluge Raucher? Ohne Tabak kann ich nicht leben. Die Amerikaner sperren den Import, also muß ich mich auf Verdopplung der Preise einstellen. – Was sagt der kluge Pole? Ohne Tabak können die Deutschen nicht leben. Die Amerikaner sperren den Import. Also investieren wir dreißigtausend Dollar, kaufen amerikanische Zigaretten und pumpen sie auf den deutschen Schwarzmarkt. Ein Päckchen gleich 20 Cents. Ein Päckchen gleich 120 Mark. Das heißt pro Dollar sechshundert Mark. Hurra, wir machen das Geschäft! – Was sagt der kluge Russe? Ohne Tabak können die Deutschen nicht leben. Sechs Mark pro Zigarette ist für die Dauer zu viel. Also werfen wir uns auf Massenproduktion. Drug statt Chesterfield. Zwei Mark statt sechs Mark. Hurra, wir machen das Geschäft.« – »Und wie schmeckt das Ding?« »Nicht übel, zum mindesten besser als fremder Leute Kippen.« Ich schüttele den Kopf. »Tolle Sache! Daß sie doch immer einen Dreh finden, die anderen übers Ohr zu hauen.« Heike lacht. Und läßt zum erstenmal ihre Kippe achtlos im Aschbecher verglühen.

Freitag, 4. Juli 1947

Panikstimmung! Die Pariser Konferenz ist gescheitert. »Ein Übereinkommen zwischen den Außenministern von Frankreich, England und Rußland konnte nicht erzielt werden«, schreibt die Tägliche Rundschau. »Die unabhängigen europäischen Staaten sollen durch den Marshall-Plan ihrer Selbständigkeit beraubt und unter amerikanische Kontrolle gestellt werden«, erklärt Molotow in Paris. »Also ist Rußland gegen den Marshall-Plan, denn er spaltet Europa in zwei Teile.« Spricht's, verbeugt sich höflich, sagt »Auf Wiedersehen« und geht. Bidault begleitet ihn bis zur Tür. »C'est fini!« seufzt er, als er sich umdreht. Aus ist es mit der Hoffnung, aus mit dem unteilbaren Europa.

Ohne daß ein Wort darüber gesprochen wurde, begann sich der Vorhang zwischen Ost und West an der Elbe zu senken. Die Menschen wissen es nur noch nicht. Ahnen es höchstens durch erste mittelbare Auswirkungen. Panik! Die Schwarzpreise für Lebensmittel und Gebrauchsgüter springen hektisch in die Höhe. Kein Liter Benzin zu bekommen. Für Autos und Motorräder werden unsinnige Summen bezahlt. Abtrennung droht, verraten alle diese Maßnahmen. Rette sich, wer kann! In den Westen ... in den Westen ... Man steht wie auf schmelzender Eisfläche, die jeden Augenblick zusammenbrechen kann. Werden wir den Sprung ans Ufer schaffen? Doch wo ist dieses Ufer. In Frankreich kriselt es gewaltig. Streiks, Aufdeckung von Umsturzplänen, ständiges Anwachsen der rechten und linken Radikalparteien, die die winzige gemäßigte Mitte zwischen sich zu erdrücken drohen. In Spanien der faschistische Franco. In Italien der Kommunismus ante portas. Wohin das Auge blickt: Kollektivismus, Katastrophen oder Katastrophennähe. Womöglich irren wir uns doch im Grunde. – Einzelgänger, die gegen die Weltentwicklung, wenn wir uns einem kollektivistisch gemeinten zwanzigsten Jahrhundert in den Weg stellen. Was bleibt vom demokratischen Europa, wenn Frankreich gaullistisch wird, Spanien unter Franco, Italien unter Togliatti, Polen und Ostdeutschland – sprich Rußland – unter Stalin marschieren! Groteske Situation, in der der schmale Streifen Westdeutschland zwischen Elbe und Rhein zusammen mit England die europäische Demokratie verteidigt. Gegen den Faschismus von Westen und den Kommunismus von Osten. Eines Tages wird man sich noch Herrn Hitler aus dem Grabe rufen, um die kollektivistische Lücke zu schließen. Rette sich, wer kann! Wohin nur! Und wozu?

Montag, 7. Juli 1947

Frank kommt erregt in mein Zimmer. »Sichere Nachrichten, daß die Westalliierten innerhalb der nächsten drei Monate Berlin verlassen. Schaff die Koffer aus dem Keller. Es wird Zeit, daß wir packen.« Ich bin entsetzt. Die Aussicht, nach kaum zwei Jahren Ruhe wieder mit Gepäckevakuierung zu beginnen, erscheint mir mehr als trostlos. »Denk an unsere jüdischen Freunde«, warnt Frank. »Wer zuletzt geht, geht am schlechtesten, der wird noch dankbar sein dürfen, wenn er im bloßen Hemde davonkommt.« »Und Berlin? Und die Brücke? – Wer bleibt denn, wenn wir mit schlechtem Beispiel vorangehen?« Frank zieht mich tröstend in seine Nähe. »Wir gehen ja nicht gleich«, beruhigt er mich. »Nur sollten wir allmählich begreifen, daß wir eines Tages gehen müssen. Und dann nicht ›totalausgebombt‹ jenseits des Vorhangs stehen wollen. Mit einem Taschentuch in der Hand als letztem Stück unserer Habe.« Drei Stunden später geht der erste Koffer zur Post. Etwas von jedem, nach dem Muster des Luftschutzgepäcks.

Am Abend bin ich auf einem alliierten Presseempfang. »Was würden Sie an unserer Stelle tun«, frage ich einen amerikanischen Journalisten. »Wenn ich unter achtzehn Jahren wäre, in die Kommunistische Partei eintreten. Wenn ich über achtzehn Jahre wäre, Europa verlassen.« – »Und warum in die Kommunistische Partei eintreten?« – »Weil Europa in spätestens zehn Jahren ohnehin kommunistisch wird«, erwidert er, »und weil es für einen jungen Menschen nicht lohnt, sein Leben lang in Opposition zu stehen.« Erbauliche Prognose! Mir schmeckt der Cocktail nicht mehr, den ich soeben an den Mund setze. »Aber Sie werden uns doch mitnehmen ... ich meine, wenn Sie gehen?« wage ich zu fragen. Er macht ein undurchsichtiges Gesicht. »In so einem Notfall ...« Der Rest des Satzes bleibt aus. Und ich ergänze ihn stillschweigend dahin, daß Gott auch in solchem Fall wohl nur denen helfen wird, die sich selber helfen.

Dienstag, 8. Juli 1947

Es kann ja gar nicht gutgehen. Täglich erhellt eine neue Tatsache, wie unerbittlich sich die Länder westlich und östlich der Elbe auseinanderentwickeln. Schon gibt das Berliner Stadtkontor, Ersatzinstitut für die seit Kriegsende immer noch geschlossenen Banken, kaum mehr deutsche Geldscheine aus, sondern beschränkt sich fast ausschließlich auf Ausgaben von russisch-alliierten Noten. »Minusscheine« nennt sie das Volk, weil sie sich von den seitens der Westmächte gedruckten Scheinen durch ein Minuszeichen vor der Kennummer unterscheiden. Minusscheine werden von den westdeutschen Banken nicht oder nur ungern in Zahlung genommen. Auch hier klafft schon der Abgrund: »Und ihr könnt platzen«, fallen mir die Worte unserer kommunistischen Bekannten nach der Urabstimmung ein. »Am ersten Mai ist die Einheit da ... und in sechs Monaten rufen wir nach Anschluß.« Die sechs Monate sind vorüber. Das Ziel aber blieb bestehen. Und unmerklich, in zäher Beharrlichkeit rückt man Schritt für Schritt zu ihm vor. Wehe dem Gegner, der bisher dieser Mentalität nicht gewachsen ist. Der arglos immer von neuem auf sie hereinfällt.

Mittwoch, 9. Juli 1947

England und Frankreich haben die Hoffnung nicht aufgegeben. An zweiundzwanzig europäische Nationen schickten sie ein Einladungsschreiben, sich am 12. Juli zur Besprechung des Marshall-Planes in Paris zu versammeln. Westdeutschland soll durch seine Militärgouverneure vertreten sein. Sechzehn Nationen gaben bereits ihre Zustimmung. Auch die Tschechoslowakei ist darunter. Ihr Ministerpräsident allerdings hat eine verdächtig überstürzte Reise nach Moskau angetreten. – Jugoslawien, Rumänien, Bulgarien, Polen und Albanien haben abgesagt. »Danke, wir brauchen nichts«, erklärten sie zu dem amerikanischen Hilfsangebot und duckten sich tiefer unter den »Schatten des großen Bruders«. In Paris spricht man viel von der Türe, die »offenstehe«. Warten wir's ab, wer durch sie noch hereinspaziert.

Freitag, 11. Juli 1947

Ungarn nicht und Finnland nicht. Statt dessen hat sich in letzter Minute der eine der Gäste wieder hinausgeschlichen. Herr Gottwald, Ministerpräsident der Tschechoslowakei. »Mensch, muß der in Moskau auf den Kopf gekriegt haben«, sagt Heike mehr hellsichtig als respektvoll. – Schneller als wir es dachten konsolidierten sich die Fronten diesseits und jenseits des »Vorhangs«. Ostblock gegen Westblock. Satellitenstaaten der Sowjetunion – sagen die Westalliierten – gegen Satellitenstaaten des US-Kapitals – sagen die Ostalliierten. Eines unterliegt keinem Zweifel: Der Trennungsstrich läuft mitten durch Deutschland ... »Koffer packen!« drängt Frank.

Montag, 21. Juli 1947

Überraschend flink hat man sich in Paris geeinigt. Erstaunlich, wie einfach es sich verhandeln läßt, wenn nicht einer dazwischen sitzt, der immer nein sagt, wenn die anderen ja sagen, und immer ja, wenn die anderen nein meinen. Manchmal fragt man sich, ob den Westalliierten an einer Verständigung mit Rußland überhaupt noch gelegen ist. Schon im Juni sah es in Paris fast so aus, als hätte die rasche Zusage Molotows seine Verbündeten eher unangenehm als angenehm berührt. Ein krankes Glied soll man abhauen. Ein infiziertes Land isolieren. Vielleicht hat die Gründung des Kominform diese Erkenntnis bei den Westalliierten ausgelöst, hat sie die Taktik ihrer östlichen Verbündeten endgültig durchschauen lassen. Unordnung schaffen, heißt die sowjetische Taktik. Wo Chaos herrscht, wo Hunger und Unzufriedenheit regieren, fallen die Völker dem Kommunismus ganz von selber anheim. Also muß man die Streiks schüren, den Wiederaufbau hindern, die Währung verwässern, Verzögerungspolitik treiben, auf jede nur denkbare Weise. Jeder Monat des Hinhaltens ist ein Plus für die Aufrüstung, kostbarer Zeitgewinn zur Fertigstellung der Atombombe. – Amerika hat die Atombombe. Und, seit der Rede von Marshall in Harvard, offenbar auch die Einsicht, daß nur ein wirtschaftsgesundes Europa den stabilen Block bilden kann, der den sowjetischen Westvormarsch aufhält.

Und die Rolle Deutschlands in diesem Programm? Man tadelt an törichten Eltern, daß sie den heranwachsenden Sohn auf der einen Seite künstlich klein halten, auf der anderen Seite als Helden gefeiert sehen wollen. Er soll gleichzeitig ihr »braver kleiner Junge« sein und die bedeutende Persönlichkeit, deren Ruhm glanzvoll auf sie zurückwirkt. Zwei Gegensätze unvereinbar in einer Person. »To eat the cake and have it«, pflegt der Amerikaner solchen Zwiespalt zu nennen. »Deutscher Wall gegen den Bolschewismus und Demontage aller Fabriken, die Deutschland konkurrenzgefährlich machen«, ließe sich das Zitat zeitgemäß abwandeln. Soll der Wall an der Oder beginnen, an der Elbe oder am Rhein? Vielleicht schiebt das Schicksal doch den Westalliierten die Aufgabe zu, unmerklich am Eisernen Vorhang zu zupfen, bis er tiefer und tiefer niedersinkt.

Samstag, 2. August 1947

Aufatmen! Die Räumung Berlins ist verschoben. Überhaupt sei es fraglich, ob sie je ernsthaft geplant worden sei. Noch nie habe Amerika einen Vorposten aufgegeben, betonen die maßgebenden Kreise der Militärregierung. Und das Gerücht? Es sei nur entstanden, weil England die Kosten für die Berliner Besatzung nicht länger mehr aufbringen wolle, vielleicht auch nicht könne. Kein Grund zur Besorgnis. Amerika spränge in die Bresche, übernähme in Zukunft acht Zehntel der Besatzungsspesen. Acht zu zwei zugunsten der USA. Man wird sich in Berlin daran gewöhnen, noch weniger als bisher von den englischen und französischen Besatzungsmächten zu sprechen. Die neue Regelung folgt nur der inneren Wahrheit. Es gibt nicht mehr als zwei Kontrahenten in der Welt, sie heißen Rußland und Amerika.

Fühlen wir uns darum sicherer in Berlin? Das ewige Auf und Ab von Hoffnung und Furcht hat uns das Problem unserer Lage unter einem neuen Blickpunkt sehen gelehrt. Gewiß, die Westalliierten werden Berlin nicht aufgeben. Aber sie werden es nicht verhindern können, daß die Stadt eine Festung wird. In einer Festung kann man nicht Kultur treiben. Eine Festung ist Front. Und nur wer sich als Frontkämpfer fühlt, sollte in ihr verharren. »O Himmel,« flehen wir, »gib uns ein Zeichen!« – Je klarer unsere Einsicht wird, daß wir eines Tages Berlin verlassen müssen, desto geringer ist unsere Entschlußkraft, es auch wirklich zu tun. Hoffen wir etwa auf den unterirdischen Gang, der uns eine Minute vor zwölf aus der Festung ins Freie führt? Ein einziger D-Zug fährt täglich von Berlin über die Zonengrenze. In zwölfstündiger Reise muß man sich auf ihm bis Hannover durchstehen. Mit vierstündiger Gepäck- und Ausweiskontrolle am Grenzort Marienborn. Wer Augen hat zu sehen, bedarf kaum eines überzeugenderen Zeichens für den geringen Grad der Verbundenheit von Berlin und dem Westen.

Sonntag, 17. August 1947

Das Schicksal hat Frank die Entscheidung abgenommen und ihm einen Ruf nach München beschieden. Am 1. September verläßt er Berlin. Mich friert, wenn ich daran denke. Abgetrenntsein! Nicht mehr die Möglichkeit haben, zueinander zu sagen: Du, mir ist heute nicht fröhlich zumute. – Die Post von Berlin nach München geht fünf Tage. Manchmal auch zehn. Noch öfter fünfzehn oder gar zwanzig. Man schreibt ins Leere und aus dem Leeren kommt irgendwann eine Antwort. Oder auch keine. Wie der Zufall es fügt. Vor zwei Jahren starb Andrik. Fabian ist fort und Dagmar davongezogen. Jo Thäler wohnt im Krankenhaus. Als der Krieg zu Ende ging, waren wir eine Gemeinschaft. Was hat uns auseinandergetrieben? Mich friert. Bleib hier, Frank, möchte ich sagen. Ich tue es nicht. Ich weiß, daß es unvernünftig wäre, es zu tun. Man hält keinen Menschen, der einer Festung entschlüpft. Seit vorgestern, erzählt man, ist die Möbelausfuhr nach dem Westen gesperrt. Noch fährt der Interzonenzug. Man braucht etwa vier Wochen, bis man einen Interzonenpaß, eine Zulassungskarte und einen Fahrschein dafür bekommt. Auf dem Charlottenburger Bahnhof prügeln sich täglich zwischen neun und eins die Menschen um einen Platz in ihm. »Bleib hier, Frank«, rufe ich in die Erde von Andriks Grab hinein. Aber die Erde schweigt und aus dem Grab steigt der Dunst von Verwesung.

Mittwoch, 20. August 1947

»Frank geht nach München ... Frank geht nach München.« Unablässig zernagt dieser Satz meinen Kopf. Ich wandere durch die Straßen, und jeder Baum, jede rauchgeschwärzte Trümmerfassade sagt: »Hier wart ihr zusammen.« Wie kann man leben, wenn man getrennt ist. Durch vierzehn Tage Postzeit, vier Wochen Anstehen nach Stempeln und Genehmigungen und einen fragwürdigen mehr als fragwürdigen Interzonenverkehr. Wir packen zweihundert Pakete. Je acht Kilo schwer. Das Limit, nach dem man, nach neuester Bestimmung, seinen Besitz nach den Westzonen bringen darf.

Für Frachtguttransporte braucht man so viele Bewilligungen, daß man darüber ins Grab sinken kann. Der Postweg ist unsicher. Wer sicher gehen will, arrangiert seinen Umzug durch Einschreibpäckchen. Zweikiloweise. In Kleinstraten gewissermaßen. Auf mehr als tausend Päckchen hat es ein Vorsichtiger gebracht. Wir packen auf Risiko. Dreimal acht Kilo Fahrradteile sind immerhin ein Fahrrad. – Noch anderthalb karge Wochen ...

Freitag, 22. August 1947

... noch neun karge Tage. Was gilt denn mehr? Die Treue zur Stadt oder die Treue zum Menschen. »Ich bleibe dir ja«, tröstet Heike. »Gewiß«, lächle ich und sehe sie dankbar an.

Montag, 1. September 1947

Rucksack packen, Brote streichen, eine Whiskyflasche mit Kaffee füllen. 35 Stunden wird Frank unterwegs sein. Wir sitzen zum Abschiedsfrühstück in der Siedlung am Wasserturm. Auf dem Tisch steht Andriks Bild. Jeder grübelt in sich hinein. Man wird schweigsam, wenn man sich viel zu sagen hat. Gestern kam ein Gerücht, daß Makar Iwanow in Sibirien sei. Wie schnell kommt man nach Sibirien. Und wie weit ist es bis München. Frank schaut nach der Uhr und erhebt sich. Seine Blicke gleiten durch den Raum. Hier haben wir Ausweise gefälscht, unsere Illegalen verborgen, vor englischen Bomben gezittert, neun Jahre gehofft, gewagt, gerungen und gezweifelt. Wir waren ein Team. Berlin war ein Team, die Schar unserer Sieger war ein Team. In diesem Augenblick – ich spüre es – erlischt die Widerstandsgruppe »Onkel Emil«, versinkt endgültig und unwiederbringlich das Wunder jener Gemeinschaft im Schatten der Vergangenheit. – Leben heißt: sich anpassen. Sechzehn Monate haben wir gebraucht, um zu lernen, daß das Anpassen an die Nachkriegszeit im Sichabsondern besteht.

Mittwoch, 10. September 1947

Eine »displaced person« ist eine Person, die fehl am Platze ist. Allmählich gewinnt man fast den Eindruck, als ob die halbe Welt fehl am Platze sei. Wenn man in zweihundert Jahren darüber im Geschichtsbuch nachschlägt, wird man vielleicht lesen, daß »die zweite europäische Völkerwanderung um das Jahr 1900 begann und gegen 1960, nach Abschluß des dritten Weltkrieges, ihr Ende fand«. Drei Zeilen im Lexikon unter V siehe Völkerwanderung und dahinter ein Ozean von Tränen, Hekatomben von Toten, ein Her und Hin unendlicher Flüchtlingsmassen. Wo fing es nur an? Bei den Griechen, die man aus Kleinasien verjagte, den Armeniern, die die Türken vertrieben, bei den russischen Emigranten, bei den spanischen, den italienischen oder den deutschen. Werden die Ostflüchtlinge die letzten sein oder die illegalen Auswanderer nach Palästina. Keiner ist da, wo er hinwill, keiner ist da, wo er hingehört. »Displaced persons sind der faschistische Abschaum ganz Europas«, sagt die russisch lizenzierte Neue Berliner Illustrierte. »Sie werden in ihren Ländern als Kriegsverbrecher gesucht und ziehen daher das Lagerleben in Deutschland der Rückkehr vor.« Wo aber sollen sie denn hin, diese Unglücklichen.

Gestern wurden im Hamburger Hafen 4 500 jüdische Flüchtlinge von den drei Schiffen der Exodus-Flotte ausgeschifft und in zwei Internierungslager bei Lübeck gebracht. »Wir wollen irgendwo zu Hause sein«, hatten sie beschlossen und sich ohne amtliche Genehmigung Mitte Juli nach Haifa eingeschifft. Die englischen Einwanderungsstellen sind empört. Das Schiff wird geentert, man zwingt die illegalen Einwanderer, auf drei englische Transporter umzusteigen und Rückkurs nach Europa zu nehmen. »Wir wollen irgendwo zu Hause sein«, trotzen sie und machen einen vierundzwanzigtägigen Hungerstreik. Die Schiffe fahren nach Frankreich. Ihre Passagiere weigern sich auszusteigen. »Bringt uns zurück nach Palästina«, fordern sie. Ein Monat vergeht. Die Transporter nehmen Kurs nach Gibraltar und von dort nach Hamburg. In

der englischen Besatzungszone läßt sich ein Schiff, wenn nötig, auch mit Gewalt ausladen. Displaced persons!
England will sie nicht haben, Amerika will sie nicht haben. An den zehntausend Personen, die Amerika aufzunehmen sich erbot, knabbert es bereits ein Jahr herum. Und wundert sich zugleich, daß es Deutschland nicht möglich sein soll, im zertrümmerten Restgebiet ein paar Millionen anzusiedeln.
In Berlin trifft eine Gruppe von Königsberger Rückkehrern ein. Hohläugig blicken sie aus gestorbenen Gesichtern. Von zweihunderttausend Deutschen leben noch sechstausend, berichten sie. In Kellern, in Löchern, wie Maulwürfe unter der Erde. Ernähren sich von Abfall, vergreifen sich an Leichen, sind mehr Vieh als Mensch, mehr Kadaver als Lebewesen. Auch die es erzählen, haben nur noch wenig Ähnlichkeit mit lebendigen Menschen. Displaced persons!
Durch die russische Zone rollt ein Güterzug. Zerlumpte Gestalten quellen aus seinen Türen. Kinder und Frauen, ein paar Greise darunter. »Wer seid ihr, woher kommt ihr?« werden sie von einem Gegenzug angerufen. »Wir sind die letzten Breslauer«, greint aus zahnlosem Mund eine zittrige Alte. – Displaced persons! Der sechste Stand in der Menschheitsrangordnung. Die Zeitungen klagen über die Unmoral in den Durchgangslagern, den Schwarzhandel in den Baracken der Unnra. »Asoziale Elemente«, tadeln sie und möchten am liebsten hinzufügen: Da sieht man mal wieder, es sind eben Juden! Wie soll man sich eingliedern, wenn man fehl am Platze ist. Seit 2000 Jahren ist die Mehrzahl der Juden fehl am Platze. Seit zwanzig Jahren ein Teil der Europäer, seit zwei Jahren ein Großteil der Deutschen. Leicht lassen sich Wurzeln ausreißen, schwer wachsen sie wieder ein. Fast nie bei denen, die emigrierten. Wenn es gutgeht, bei ihren Kindern. Es muß ein schreckliches Schicksal sein, gleich Ahasver zu wandern, ohne Heim, ohne Ziel, und zu den displaced persons zu gehören.

Donnerstag, 18. September 1947

Nachricht von Frank. In Süddeutschland herrscht die größte Dürre seit hundert Jahren. Die Flüsse versiegt, zahlreiche Bezirke ohne Wasser, Stromstockungen, Verkehrsstockungen, Staub, Hitze und tiefe, abgrundtiefe Niedergeschlagenheit. Die sechste der ägyptischen Plagen hat sich auf uns gesenkt. Plage Krieg, Plage Vergewaltigung, Plage Flüchtlingselend, Plage Kälte, Plage Hochwasser, Plage Dürre. Wie wird die siebente aussehen? Unbarmherzig blau strahlt der Himmel seit vielen Wochen. Die Ernte verdorrte am Halm, das Vieh brüllt in den Ställen. Man wundert sich, was alles der Himmel erfindet, um die Menschheit zu prüfen.

Mittwoch, 24. September 1947

In Nürnberg reiht sich Prozeß an Prozeß. Den neunzehn Verurteilungen vom Oktober sind zahlreiche weitere gefolgt. Die NS-Juristen, die NS-Ärzte, die verantwortlichen Leiter des IG-Farben-Konzerns, hohe Militärs, hohe Parteiführer. Seit anderhalb Jahren vergeht kein Tag, in dem nicht mindestens eine Spalte der ersten Zeitungsseite mit Berichten über die Nürnberger Verhandlungen gefüllt ist. Man schaut schon gar nicht mehr hin. Weltgericht in Permanenz hört auf, an die Zerknirschung zu appellieren. Die Prominenten und Höchstprominenten im Scheinwerferlicht journalistischer Sensationsgier. Der Bettvorleger Heinrich Himmlers geht zu Höchstpreisen nach Amerika. Ein scheußlicher Silberpokal, den der Einfall eines Schlaumeiers mit der Gravierung »Adolf Hitler – seinem lieben Reichsjägermeister« verzierte, trägt dem Besitzer vier Stangen Chesterfield ein. Justitia verhüllt ihr Antlitz. Und wer geht als Sieger durch das Schneckenrennen der Spruchkammern? Wer nachweisen kann, daß er in die Partei »nur hereingezwungen« war. Wer glaubhaft zu machen weiß, daß er einem oder auch mehreren Juden während der Nazizeit Unterstützung gewährte. Wenn man die Berichte der Spruchkammerentlastungen liest, so entfallen auf jeden gehetzten Juden etwa sechzig Parteigenossen, die, zum mindesten durch gelegentliche Kartoffelspenden, sein grausames Los zu erleichtern trachteten. Ganz zu schweigen von den fünfzig Millionen Nicht-Pg.s, denen man so mutige Nächstenliebe viel eher hätte zutrauen können. In manchen Berliner Bezirken kann man sich Unterlagen über den Tatbestand seines »Hereingezwungenseins« und einen kartoffelunterstützten jüdischen Zeugen für tausend Reichsmark besorgen. »Die Grundregelung ist falsch«, sagen die Vernünftigen. »Wer sich in etwas hineinzwingen läßt, ist kein mutiger Mann. Geschweige denn ein Demokrat. Wenn unsere Richter uns zu Demokraten erziehen wollen, müssen sie nicht das Hereinzwingen belohnen, sondern das Bekennen. Ein Heer von Verantwortungslosen entlassen sie in das künftige Deutschland.« Jedes Entnazifizierungsverfahren dauert etwa zehn Monate. Drei Monate, bis man einen Verhandlungstermin erhält, zwei Monate bis zur Bestätigung des Spruchs durch die deutschen Behörden, etwa sechs Monate bis zur endgültigen Bestätigung durch die zuständige Besatzungsbehörde. Dazwischen schwebt man im Leeren. Weder Fisch noch Vogel, weder Staatsbürger noch Verbrecher. Fehl am Platze – eine displaced person.

Montag, 29. September 1947

Manchmal frage ich mich, wie es hat kommen können, daß sich die Dinge so trostlos verfahren haben. Und es scheint mir, als rühre alles Unglück davon her, daß kein Mensch sich in den anderen hineinversetzen kann. Weder die Nichtnazis in die Situation der Nazis noch die DPs in die der Nicht-DPs, noch die Sieger in die der Besiegten. Jeder denkt, er hätte an des anderen Stelle anders gehandelt. Besser, sittlicher, verantwortungsvoller. Hat er es ausprobiert? Jeder tadelt jeden. Niemand tadelt sich selbst. Und über dem ewigen Hin und Her der gegenseitigen Anklage versäumt man den einzigen Weg, der uns nottut – den Weg des guten Beispiels.

Mittwoch, 15. Oktober 1947

Schwer drückt die Angst vor dem Winter auf alle Berliner. Noch einmal so frieren müssen ... Heike organisiert zwei Kachelöfen. Unter der Hand, denn mit den Bezugscheinen sieht es kümmerlich aus. Erst kürzlich hat eine Bezugscheinstelle ihre Tätigkeit eingestellt, weil sie im Laufe eines halben Jahres nicht mehr als ein Taschentuch vermitteln konnte. Die Öfen kosten vierhundert Zigaretten, das Aufstellen fünfzig. Zahlbar in Drug, dem Freund der Armen. »Und wie willst du einheizen?« forsche ich. Heike lächelt tapfer. »Kommt Zeit, kommt Rat.« Als hätte sie in die Zukunft geblickt, kommt der »Rat« schon vierundzwanzig Stunden später. In Gestalt eines Mannes, der gegen Abend den Klingelknopf drückt. Bescheiden zupft er an seinem Rock, murmelt etwas von freien Spitzen, von günstiger Gelegenheit und sofortigem Zugriff. Aus all seinem Gestammel trifft nur ein Wort elektrisierend mein Ohr: Briketts! »Wieviel?« frage ich hastig. »Zwanzig Zentner.« »Und was kosten sie?« Wieder versickert die Antwort im Gemurmel. »35 Mark pro Zentner oder eineinhalb Kilo Brot«, fange ich mühsam auf. »Arbeiter ... Abladen ... Hunger ...«, tropft es hinterdrein. – Ein Wunder! Mein schwarzhandelfeindliches Gewissen macht schwache Versuche, die Lockung zu übertönen. Vergebens. Vielleicht, wenn es etwas wärmer gewesen wäre. In Windeseile überschlage ich unsere Bestände. Brot haben wir reichlich. Die ganze Wochenration liegt draußen in der Küche. Also Brot! Vier Laibe wandern als Anschlagzahlung unter die Arme des Mannes an der Tür. In zwei Stunden wird er liefern ... »In zwei Stunden?« fragt Heike zweifelnd und lächelt maliziös. Wir warten bis Mitternacht. Wir warten bis drei Uhr morgens. Der Ofen ist kalt und unsere Mägen knurren. Kein Krümel Brot mehr im Haus. Heike geht um mich herum wie um eine Schwerkranke. Leise irre, sagt ihr Blick. Vier Laibe Brot! Einem Mann an der Tür! – »Er sah so sympathisch aus«, versuche ich schwach, mich zu rechtfertigen.

Freitag, 17. Oktober 1947

Vorsichtige Erkundigungen haben ergeben, daß die hungrigen Ablader offenbar an Magenüberfüllung zugrunde gegangen sind. Siebzehn Brote fielen in ihre Hände. Seit Wochen trieben sie ihr Geschäft mit der Winterangst ihrer Mitmenschen. Hereingefallen! O ich Närrin! Adieu Briketts. Adieu warmer Ofen. Und was das schlimmste ist: Man kann sie nicht einmal anzeigen. Denn wer im Glashaus sitzt ...

Montag, 20. Oktober 1947

Immer noch können sich unsere Sieger nicht entscheiden, ob sie den Kuchen essen oder haben wollen. Essen: rät ihre Angst vor einer neuen deutschen Aggression vor allem den Franzosen. Haben: rät ihre Angst vor einer sowjetischen Aggression vor allem den Amerikanern. Vor vier Tagen forderte Marshall »Sofortmaßnahmen, um einen politischen, wirtschaftlichen und psychischen Zusammenbruch in Europa zu vermeiden«. Zur gleichen Stunde veröffentlichen die Zeitungen die Liste der in den Vereinigten Westzonen zu demontierenden Industrieanlagen. 682 Werke, darunter 302 Rüstungsbetriebe. Man kann sich nicht vorstellen, was danach noch übrigbleibt.

Heute vor einem Jahr waren die ersten Wahlen in Berlin, die uns nach der 1945 vom sowjetischen Oberbefehlshaber eingesetzten Verwaltung eine freie Stadtregierung bringen sollten. Was ist daraus geworden? Der gewählte Oberbürgermeister Reuter wird von den Russen nicht anerkannt. Willkürlich greift die sowjetische Besatzungsmacht in die Magistratsarbeit ein. Zank in jeder Stadtverordnetensitzung. Passiver Widerstand gegen alle bürgerlichen Maßnahmen von seiten der SED. Da jede wichtige Regierungshandlung der einstimmigen Genehmigung des Kontrollrates bedarf, läßt sich ermessen, wieviel da zustande kommt. »Nein«, sagen die Russen, wenn es um einen Antrag der Sozialdemokraten geht, und lächeln sehr höflich. »Nein«, sagen die Westalliierten, wenn es um einen Antrag der SED geht, und lächeln ebenso höflich. Ein Schritt vorwärts, zwei zurück. Der Berliner Magistrat tanzt wie auf Eierschalen. Fremde, die zu uns kommen, behaupten, Berlin sei die interessanteste Stadt der Welt. Uns wäre wohler, wenn wir uns etwas uninteressanter fühlen dürften. Was sind wir denn mehr als die Matte, auf der zwei Ringer ihre Weltmeisterschaftstitel austragen. Hätten sie Kötzschenbroda zum Schauplatz ihres Zweikampfes gewählt, nun so wäre vielleicht Kötzschenbroda in den Mittelpunkt des Interesses gerückt. Auch von Marienborn wußte man nichts, ehe es zum Loch im Eisernen Vorhang wurde. Das Schicksal entschied für Berlin und warf ihm das Los einer Viermächtestadt in den Schoß. Ehrlich ringt der Berliner, seiner Bestimmung nachzukommen. Als »Brückesein« verstand er sie im Jahre 45. Als »Brückenkopf sein« lernte er sie 46 und 47 verstehen. Wird er sie 1948 als »Fußmatte sein«, 1949 etwa gar als »Schlachtfeld sein« verstehen müssen?

Freitag, 31. Oktober 1947

Die feindlichen Verbündeten beginnen, ihre Visiere zu öffnen. Amerika kündet einen umfassenden Propagandafeldzug gegen den Kommunismus an. Alle amerikanisch ausgerichteten Zeitungen und Zeitschriften in Deutschland sollen daran teilnehmen. Über Deutschland erhebt sich das häßliche Geräusch des Säbelrasselns. Und da Berlin im Brennpunkt liegt, hört man es dort am lautesten. Dabei treffen sie in London bereits Vorbereitungen zu einer neuen Außenministerkonferenz. Erstaunlich ist die Geduld der Diplomaten, dort immer noch einen Ausweg zu suchen, wo es schon längst keine Verständigungsmöglichkeiten mehr gibt.

Dienstag, 4. November 1947

Der Zufall spielt mir einen Ausschnitt aus der Neuen Zeitung in die Hand. »Zonensituation« ist er überschrieben. »Die Franzosen«, sagt der Verfasser, »sind der Meinung, daß Politik zu machen den Deutschen unzuträglich sei. Auch sogenannte Innenpolitik. Sie ermutigen weder die Parteien noch die Gewerkschaften. Sie kühlen den Ehrgeiz der Funktionäre, sie zügeln den Eifer des Parlaments. Sie glauben, daß selbst eine schlechte Verwaltung besser ist als eine gute Politik. Die Mentalität ihrer Zone wird durch eine Art politischer Unzufriedenheit bestimmt. – Die Russen sind anderer Auffassung. Politik ist notwendig: ihre Politik: Einheitspolitik. Sie fördern deren Funktionäre, sie protegieren deren Propagandisten. Sie glauben, daß selbst eine schlechte Politik besser ist als eine gute Verwaltung. Und sie tun, weil sie konsequent sind, alles, diese Anschauung zu verwirklichen. So gedeiht die SED. Aber die Mentalität ihrer Zone ist eine Mentalität der Furcht. – Die Engländer denken, es müsse das bei ihnen Bewährte sich auch in Deutschland bewähren: das Mehrheitswahlrecht, die Sozialdemokratie, die Planwirtschaft, die völlige Freiheit der Kritik. In Wahrheit funktioniert nur die Kritik. Hierin sind die britischen Deutschen Meister. Ihre Zonenmentalität ist die der verhinderten Besserwisser. Die Amerikaner halten dafür, daß demokratische Gesinnung jedem Parteidogma vorzuziehen sei. Ihre Haltung der deutschen Innenpolitik gegenüber ist infolgedessen am wenigsten fixiert. Die Haltung der deutschen Innenpolitik ihnen gegenüber ist am wenigsten mit Ressentiments belastet. Die amerikanische Zonenmentalität der berechnenden Erwartung ist paradoxerweise die europäischste.« – Eine kluge Feststellung, der es kaum etwas zuzufügen gibt. Es sei denn die Charakterisierung der Mentalität in der fünften Zone – der Viermächtestadt Berlin. Sie faßt sich am besten in die Worte zusammen: Tanz auf dem Vulkan.

Freitag, 14. November 1947

Von Zeit zu Zeit tut sich der Krater auf und reißt den einen oder anderen Tänzer hinab in die Tiefe. Jetzt hat es den Journalisten Dieter Friede gepackt. Vor Tagen rief man ihn in seiner Wilmersdorfer Wohnung an und bat ihn telefonisch zu einem verunglückten Freund nach Friedrichshagen. Er ging und kehrte nicht wieder. Immer mehr gehen und kehren nicht wieder – verschwinden, als hätte sie der Erdboden verschluckt. Die Polizei stellt sich unwissend, Herr Margraf, ihr Präsident, gehört dem Nationalkomitee »Freies Deutschland« an und sieht es nicht gern, wenn sowjetische Belange beeinträchtigt werden. »Wo ist Dieter Friede?« fragen beunruhigt die Kollegen und Freunde. »Wo ist Dieter Friede?« greift die westlizenzierte Presse die Frage auf, trägt sie von Haus zu Haus, von Ohr zu Ohr, bis alle Berliner beängstigt in sie einstimmen: »Wo ist Dieter Friede?« In der Stadtverordnetenversammlung wird der Fall zur Debatte gestellt. Die ostlizenzierte Presse höhnt: In einer Bar hat man ihn gesehen! Betrunken im westlichen Sektor! Man hat ihn dort ebensowenig gesehen wie die 5413 anderen Berliner, die nach den Unterlagen der SPD seit 1945 in unserer Stadt verschwunden sind. – Was nützt es, daß wir Sartre aufführen und Schostakowitsch, Thornton Wilder und Benjamin Britten. Daß wir Filme in vier Sprachen sehen und die interessanteste Stadt der Erde sind, wenn wir aus unseren Wohnungen gestohlen werden können und dann nicht wissen, ob wir unser Leben in Sibirien beschließen oder unter den Verhören der GPU. In Nürnberg wird man für so etwas zum Tode verurteilt. Aber Nürnberg liegt in den Westzonen und Berlin ... Armer Dieter Friede! Daß er Berichte über die Ostzone schrieb, gibt noch keinem das Recht, ihn in eine Falle zu locken und spurlos verschwinden zu lassen. O Andrik, teurer Andrik. Vielleicht bist du zum richtigen Zeitpunkt gestorben. Frank ist in München, Jo Thäler zeigt sich nur selten. Auch ihn hat die Zeitentwicklung in die Absonderung gedrängt. Wenn Heike und ich am Abend eng aneinandergedrückt vor dem kalten Kamin sitzen, kommt es uns vor, als ob wir niemals mehr warm werden würden. Im Radio spielen sie einen Swing. Wir drehen den Knopf etwas weiter, da schlagen fünf Takte eines russischen Kirchenchors an unser Ohr. Sanft, gut und gläubig. »Wenn sie immer so wären«, seufzt Heike und winkt resigniert mit der Hand.

Mittwoch, 26. November 1947

Gestern begann die Londoner Außenministerkonferenz. Wie üblich erfährt man vorerst nur, daß alle Prominenten eingetroffen seien. Herr Molotow, in Begleitung seiner Leibwache und Polizeieskorte, sagte schon vor Eröffnung der Sitzung das erstemal nein. Auch der österreichische Außenminister hat sich eingefunden. Um im Bedarfsfall zur Stelle zu sein. Unser »siegreicher Achsenbruder« erträumt einen »honourable peace«. Um dann seinen ehemaligen Nazismus um so gründlicher vergessen zu können. »Es geht ja doch schief«, prophezeit der Mann von der Straße. »Es muß schiefgehen, weil es nicht gerade gehen kann!«

Freitag, 12. Dezember 1947

Geduldig wartet der österreichische Minister in seinem Hotel. Es ist keine leichte Aufgabe, bestellt zu sein und nicht abgeholt zu werden. Die Londoner Besprechungen machen wenig Fortschritte. Statt dessen schreitet etwas anderes fort, schleichend wie ein Panther und gefährlich wie eine Seuche. Generalstreik in Frankreich. Generalstreik in Rom. Anschwellen der Unruhen im Balkan. Während Herr Molotow mit liebenswürdigem Lächeln in London nein sagt, bemüht sich seine fünfte Kolonne, Europa sturmreif zu machen. Nur jetzt keine Katastrophe, flehen wir im stillen. Nur jetzt nicht, wo es so kalt und so dunkel ist.

Samstag, 13. Dezember 1947

Ein Schlager geht um in der Stadt. Man singt ihn im Cabaret, man pfeift ihn auf der Straße.

Kenn'n Sie den kleinen Gustav?
Wenn ja, dann sag'n Sie's der Bewag nicht.
Rückwärts und ohne Fehler
Dreht sich der Zähler
Und Sie hab'n Licht.

Die ihn hören, schmunzeln verständnisinnig. »Freilich, der kleine Gustav!« »Man kann aber auch ...« Hier machen sie eine Bewegung mit der Hand, als drehten sie ein Schräubchen locker, und schmunzeln noch listiger. »Worum geht es eigentlich?« fragt der Außenstehende. Es geht um das Stromkontingent. Wieder einmal ist es zum Leben zuwenig, zuviel, um zu sterben. Und da Not erfinderisch macht, erfand sie den kleinen Gustav, Wundergerät, das, auf den elektrischen Zähler gelegt, diesen in rückläufige Bewegung setzt. – Man kann aber auch ... O, man kann viel Illegales, wenn man friert, daß die Zähne klappern. Ohne Heizung ist man ein halber Mensch. – Mit Heizung ein Stromsünder, der kaum mehr die Türe zu öffnen wagt, wenn die Hausglocke schrillt. Es könnte ... großer Gott, es könnte doch der Zählerableser sein! – Wird ein Gesetz von einem zu großen Prozentsatz der Bevölkerung übertreten, muß etwas mit ihm nicht stimmen. Oder mit der Bevölkerung. In England, sagt man, gibt es keine Stromsünder. Und erst recht keinen kleinen Gustav. Aber in England verschwinden auch keine Leute. Und niemand braucht Angst zu haben, daß er für etwas bestraft wird, was er gar nicht getan hat.

Dienstag, 16. Dezember 1947

Nach drei fruchtlosen Sitzungswochen ist der Londoner Außenministerrat auf unbestimmte Zeit vertagt. »Es hat keinen Zweck, die Debatte fortzusetzen«, erklärte Marshall. Wir waren, schon ehe die Konferenz begann, dieser Meinung. Wieder spricht man von »offenen Türen« und »nicht abgerissenen Beziehungen«. Seltsam, jede Zeit braucht offenbar ihr Schlagwort. In der Nazizeit riß man immerfort seinem Gegner die Maske vom Gesicht, jetzt hält man unentwegt eine Tür offen. Es zieht! möchte man rufen. Fragt sich nur, wer sich zuerst einen Schnupfen dabei holt.

Samstag, 20. Dezember 1947

Von neuem gehen Gerüchte um über eine in Kürze bevorstehende Währungsreform. Allmählich wird man abgebrüht gegen solche Prognosen. Man kann doch nicht dauernd seine

Miete fünf Monate vorausbezahlen. Ohnehin spielt das Geld im täglichen Geschäftsverkehr keine maßgebende Rolle mehr. Wer zum Friseur geht, um sich den Kopf waschen zu lassen, muß Seife, Handtuch und fünf Stück Holz mitbringen. Gegen 2 Kilo Lumpen gibt es ein Scheuertuch. Gegen einen Zentner Lumpen einen Anzug. Für 3 Kilo Knochen kriegt man ein Stück Seife, für 2 Kilo Altpapier ein Buch. Wenn man Glück hat, erwischt man für vier Pfund Völkischen Beobachter sogar den Homer, Lieblingsdichter von Puschkin bis Goethe, Shakespeare und Racine. Für zwei Kilo Nazizeitungen fühlt man sich wundersam eingereiht in die Gemeinschaft aller Großen der Erde.

Mittwoch, 24. Dezember 1947

Das erstemal seit vielen Jahren verbringen Heike und ich den Weihnachtsabend allein. Frank sandte ein Telegramm. Jo feiert im Krankenhaus. Wie jeden Festtag überklettern wir abends den Friedhofszaun. Wenigstens Andrik soll sich nicht einsam fühlen. Die Grabhügel glänzen matt von Schnee. Plötzlich bleibt Heike stehen. »Du«, ruft sie leise, »da ist doch jemand.« Mit verhaltenem Atem lauschen wir in die Nacht. Beklemmendes Gefühl. Man hört nur sein Herz und spürt doch genau, daß jemand zugegen ist. Daß sich Augen auf einen richten, die man nicht sieht, Gedanken nach einem tasten, die man nicht abschätzen kann. Ein Tropfen fällt neben uns vom Baum und schlägt auf den darunterstehenden Grabstein. Wir zucken zusammen. Ich greife nach den Streichhölzern. »Bist du wahnsinnig«, tuschelt Heike. »Die sehen uns ja!« – Allmählich gewöhnen sich unsere Augen an die Finsternis. »Nichts, es ist nichts«, versuche ich uns zu beruhigen und mühe mich, das Dunkel zu durchdringen. Heike bückt sich und hebt etwas auf. Ein Immortellenzweig. Irgendwie kommt er mir bekannt vor. Das ist doch ... jetzt weiß ich es genau. Erst gestern trug ich ihn auf Andriks Grab. – »Diebe!« Mit drei Sätzen bin ich vor seinem Hügel. Diebe! – Fort die Blumen, fort die Tännchen. Fort die Bretter der

Grabbank. »Ausgerechnet am Heiligen Abend«, stammelt Heike und blickt fassungslos auf den Matsch aus Schnee und Erde. Es ist nicht das erstemal, daß sie den Friedhof plündern. Was brauchen die Toten Blumen, wenn die Lebenden nichts zu essen haben. Was brauchen sie Grabbänke, wenn der, der sie abholzt, frierend vor kaltem Ofen sitzt. Hinter der Hecke des Nachbarwegs knirscht es im Schnee. Wir drehen uns nicht um.

Freitag, 2. Januar 1948

Gesegnetes Jahresende! König Michael von Rumänien hat abgedankt. In Bukarest rief man eine Volksregierung aus. Der König kann von Glück sagen, wenn man ihn ungeschoren das Land verlassen läßt. Hie Ostblock – hie Westblock. Zwar ist die Sperre für Interzonentransporte von Privatgut wieder aufgehoben worden, ihre Durchführung jedoch so kompliziert, daß es praktisch das gleiche bleibt. Zuzugsgenehmigung in die Westzonen, Freistellungsbescheinigung des Bergungsamts, eidesstattliche Erklärung mit Inhaltsangabe, Zustimmung des örtlichen Militärbefehlshabers und Warenbegleitschein der Deutschen Interzonen-Transportbehörde, genehmigt durch die russische Militäradministration. Was aber genehmigt schon die russische Militäradministration! Auf keinen Fall Transporte, die einem Westorientierten zugute kommen. Wir sehen das Unheil näher rücken und fühlen uns machtlos, es aufzuhalten, machtloser noch, es wohl gar zu verhindern.

Sonntag, 10. Januar 1948

»Haben Sie gehört?« flüstert mein Zeitungshändler und beugt sich vertraulich über den Ladentisch. »Der Stalin ist tot.« Überrascht fahre ich zurück. »Seit wann denn?« – »Seit vorgestern.« Er kneift die Lippe zusammen und zwinkert bedeutsam. »Revolution!« haucht er prophetisch. – Gedankenschwer gehe ich nach Hause. »Stalin soll tot sein«, empfängt mich Heike. »Du glaubst doch nicht etwa, daß es wahr ist«, erwidere ich. »Kann nicht auch so was mal wahr sein«, widerspricht sie. »Irgendwann sterben selbst Diktatoren.« Nur nicht die richtigen und nur nicht zur passenden Zeit, denke ich trübsinnig. Fast immer um Jahre zu spät.

Montag, 19. Januar 1948

Ist Stalin tot? Liegt er schwerkrank im Kreml? Wir wissen es nicht. Vor drei Tagen hat die sowjetische Militärregierung die Propuske eingezogen, das heißt, alle Autofahrgenehmigungen von Berlin nach außerhalb für ungültig erklärt. »Nur vorübergehend«, beruhigen die zuständigen Stellen. »Es kommen neue. Es bleibt alles beim alten.« – Wohl mag man eines Tages neue Propuske ausstellen. Fragt sich nur, für wen – noch besser, für wen nicht. Vorerst einmal stockt jeder Kraftwagenverkehr über die Grenze. Scharfe Kontrollen auf sämtlichen Hauptstraßen. Abriegelung der Nebenstraßen durch Autofallen. Die Menschen stecken die Köpfe zusammen: »Wenn das keine Generalprobe ist ...« Und kämpfen noch verbissener um einen Platz im Interzonenzug.

Donnerstag, 29. Januar 1948

Wir lesen General Clay jedes Wort von den Lippen, wägen es ab auf all seine Auslegungsmöglichkeiten. Wird er in Berlin bleiben? Werden die Amerikaner die Stadt verlassen? »Falls die Russen die Züge sperren, werden wir unsere Truppen durch die Luft versorgen, und es bliebe den Sowjets nichts anderes übrig, als die Verpflegung der Westsektoren mit zu übernehmen«, soll er kürzlich geäußert haben. Schön und gut. Wie aber werden wir dabei fahren? Das Beispiel der russischen Zone wirkt wenig ermutigend. Das Beispiel der Heimkehrer aus sowjetischer Kriegsgefangenschaft schon beinahe zum Gas Aufdrehen. Heike rechnet unseren Monatsrest auf der Lebensmittelkarte zusammen. Vier Kilo Brot, ein Kilo Nährmittel. »Wir sollten einen Notvorrat anlegen«, schlägt sie vor. »Besser noch eine Roggenmehlsuppe als Grasspinat und Baumrindenragout.«

Montag, 2. Februar 1948

Nach neun Monaten Antrageinreichung, Fragebogenausfüllung und politischer Prüfung ist der Verlag, in dem ich arbeite, endlich von der zuständigen Militärregierung zugelassen worden. Im gleichen Augenblick, in dem die Belieferung mit Papier durch die steigende Transportverengung immer schwieriger wird. Wir kämpfen um jede Tonne. Ohne Papier kann man nicht drucken. Die Russen haben Papier. Aber sie geben es verständlicherweise nur denen, die gewillt sind, ihr Lied auf ihm zu singen. Uns klingt das Lied ihrer Propaganda immer mißtönender in den Ohren. Nicht weil es Kommunismus heißt, sondern weil es Zwang heißt, ihn anzunehmen. Nötigung mit unerwünschten Mitteln, nach Moskauer Pfeife zu tanzen. Wir wollen keine Seligkeit nach Moskauer Fasson.

Mittwoch, 18. Februar 1948

Beißende Kälte. Auf dem Weg zum Verlag zerschneidet der Frost mir beinahe die Ohren. Unwirsche Leute hasten an mir vorüber. Es ist der dritte Winter, den wir im Kalten verbringen. In der Redaktion hockt alles eng aneinandergedrängt um den einzigen Ofen. »Wieder kein Papier«, empfängt mich der Chefredakteur. Auf dem Schwarzmarkt kletterte die Tonne auf dreitausend Mark. »Verdammt teuer lassen sich die Sowjets ihr Weltanschauungsgeschäft bezahlen.« Er malt ein paar Kringel auf das vor ihm liegende Löschblatt. »Wenn sie weiter soviel Schwierigkeiten mit den Propusken machen, können wir einstellen, kaum daß wir angefangen haben.« – »Oder uns um eine russische Lizenz bemühen«, brummt es aus einer Ecke, in der unser Lehrling mit klammen Fingern etwas auf eine Liste schreibt. Ich schaue, was er dort treibt. »Mr. David Smith, 119 West Avenue, Chicago«, entziffere ich. »Mrs. Gladys Brown, 7740 Bradford Street, Los Angeles.« »Was machen Sie denn da?« Er blickt von seiner Arbeit auf. »Adressen für Care-Pakete abschreiben«, brummelt er undeutlich. Ich stutze. »Für Care-Pakete?« »Na ja«, klingt es bockig zurück. »Wenn sie nicht selbst darauf kommen ...« Mir steigt das Blut ins Gesicht. »Und da schreiben Sie einfach irgendwelche Adressen ab?« – »Aus ›Who is who‹« nickt er und begreift nicht, warum ich in Zorn gerate. Der Chefredakteur räuspert sich. Wortlos weist er auf zwei vor ihm liegende Zeitungsausschnitte. Ich überfliege den ersten: »Erst heute erhalte ich die traurige Nachricht, daß meine geliebte Mutter Frau Rosa X, meine drei Schwestern Hanna, Clara und Käthe sowie mein Neffe Franz K. und meine beiden Nichten Esther und Miriam O. in Auschwitz ums Leben gekommen sind.« – Trauerrand, Unterschrift und eine Adresse in Kalifornien. – Erschüttert lege ich das Blatt beiseite. Sieben Menschen! Aus einer Familie! Mein Blick fällt auf den zweiten Ausschnitt. Drei Zeilen. Mit Blaustift unterstrichen. »... erhielt ich auf Grund dieser Anzeige vierzig Briefe von unbekannten Deutschen, darunter siebenunddreißig, in denen ich um ein Liebesgabenpaket angegangen wurde.« Ich schaue auf den Chefredakteur. Er grinst. Ich schaue auf den Lehrling. Am liebsten möchte ich ihm eine Ohrfeige geben. »Sie wollen uns doch bloß aushungern«, knurrt der rebellisch. Vor Wut fällt mir keine Antwort ein. »Und wieviel Pakete haben Sie geschickt, als in China Millionen Chinesen verhungerten?« »Oder in Indien oder in Griechenland«, mischt sich da plötzlich unsere Sekretärin ins Gespräch. Betretenes Schweigen. Verlegen schaut jeder vor sich hin. Dann greift der Befragte nach seiner Liste und knüllt sie zusammen. Ich habe auch keine geschickt, denke ich. Wie groß und bewundernswert sind Menschen, die an unbekannte Mitmenschen Liebesgaben schicken. Ganz gleich, ob diese Mitmenschen in China, in Indien oder ... in Deutschland leben.

Donnerstag, 19. Februar 1948

Heike dreht unwirsch am Radioknopf. »Das schlägt doch dem Faß den Boden aus«, höre ich sie schelten. »Weißt du, wen sie festgenommen haben? Die Scholtz-Klink! Unsere liebe Reichsfrauenführerin.« – »Ich denke, die ist tot.« »Nicht die Spur. Auf ein Schloß hat sie sich verkrochen. Unter falschem Namen. Sogar entnazifiziert worden soll sie sein. Fehlt nur noch, daß man ihr einen Orden stiftet.« Heike schüttelt sich. »Mal wieder typisch. Die kleinen Diebe hängt man, die großen laufen selber.« »Das haben wir schon 1945 festgestellt«, versuche ich ihren Zorn zu dämpfen. »Um so schlimmer«, klagt Heike.

Sonntag, 22. Februar 1948

Die Gegensätze verschärfen sich. Regierungskrise in Prag. Gewaltstreich der kommunistischen Minderheit. Auch die Tschechoslowakei scheint heim ins Sowjetreich zu kehren. Schach dem Westen, lächelt Stalin.

Montag, 23. Februar 1948

In London treffen sich Vertreter aus England, Frankreich und Amerika, um über den Wirtschaftsaufbau Westeuropas zu beraten. Rußland protestiert. Schach dem Osten, lächelt Truman.

Mittwoch, 25. Februar 1948

Moskau bietet Finnland einen Militärpakt nach dem Muster des rumänischen und des ungarischen an. Wenn er zustande kommt, ist es um Finnlands Selbständigkeit geschehen. Schach dem Westen, lächelt ...

Donnerstag, 26. Februar 1948

Auch die Beneluxstaaten sind zu den Londoner Dreimächtebesprechungen zugezogen worden. Man plant, durch Erweiterung des bizonalen Wirtschaftsrats die Vorstufe zu einer gesamtdeutschen Regierung zu schaffen. Schach dem Osten, lächelt ...

Mittwoch, 3. März 1948

In der Tschechoslowakei haben sich Aktionskomitees gebildet, um im ganzen Land eine Säuberung von politisch unzuverlässigen Elementen durchzuführen. Weh dem, der anders denkt! Schach ..., lächelt Stalin.

Samstag, 6. März 1948

Vor zwei Tagen wurden in Brüssel Verhandlungen über den Abschluß eines Westeuropapaktes aufgenommen. Schach ..., lächelt Truman.

Dienstag, 9. März 1948

Rußland protestiert gegen die Beschlüsse der Londoner Dreimächtekonferenz und regt unter dem Titel »Deutsche Wirtschaftskommission« die Bildung einer Ostzonenregierung an. Schach – aber nicht schachmatt!

Freitag, 19. März 1948

Während das westliche und das östliche Macht-Barometer umschichtig in die Höhe schnellen, rüsten die Berliner Parteien zur Volkskundgebung am achtzehnten März, dem Jahrestag der Achtundvierziger Revolution. »Freiheit, Friede, Demokratie«, rufen fünfzigtausend Demonstranten auf dem Platz der Republik im westlichen Sektor. Regen strömt auf sie herab. Wind reißt den Rednern die Worte von den Lippen und trägt sie zerflatternd über die wogende Menge. »Wir wollen keine zweite Diktatur! Wir fordern unsere Verschleppten zurück«, schreit Franz Neumann, Vorsitzender der Berliner SPD und schüttelt seine Fäuste gegen den östlichen Sektor. »Freiheit ... Freiheit ... Freiheit«, applaudiert ihm die Menge. Zwei sowjetische Offiziere stehen stumm dazwischen. Sie verziehen keine Miene, und ihre Augen blicken stumpf wie Eisen.

»Freiheit, Friede, Einheit«, rufen fünfzigtausend Demonstranten zwischen Gendarmenmarkt und Friedrichshain im östlichen Sektor. Regen strömt auf sie herab. Wind reißt den

Rednern die Worte von den Lippen und trägt sie zerflatternd über die wogende Menge. Revolutionäre Lieder klingen auf. »Kriegsanstifter, Nazis, Reaktionäre, Spalter«, schreit der Redner und schüttelt seine Fäuste gegen den westlichen Sektor. »Einheit ... Einheit ... Einheit«, applaudiert ihm die Menge. Ein paar amerikanische Reporter stehen stumm dazwischen. Sie verziehen keine Miene, und ihre Augen blicken hart wie Stahl.

Sonntag, 21. März 1948

Die westliche und die östliche Presse überbieten sich, die eigene Kundgebung gigantisch, die gegnerische so belanglos wie möglich hinzustellen. Jeder wirft dem anderen Befehlsempfang vor, und zweifelnd fragt sich der Zuschauer, für welchen der beiden Demonstrantenzüge die Märzrevolutionäre wohl gefallen sein mögen.

Gestern ist eine finnische Abordnung nach Moskau gefahren, um abschließend über das russische Bündnis zu verhandeln. »Wenn Finnland fällt, kommen wir an die Reihe«, prophezeit der Mann von der Straße. Es mehren sich die Zeichen. Schon bringt fast jede Stunde eine neue Schreckenspost. Am Samstag haben die Sowjets nach scharfer Debatte den Kontrollrat verlassen. Auch die SED setzt – in Nachahmung des tschechischen Vorbilds – revolutionäre Aktionsausschüsse zur Säuberung von nicht mehr zuverlässigen Elementen ein. Wieder beginnt eine Massenflucht in den Westen. Die ostzonalen Landesverbände der CDU und LDP, der einzigen Parteien, die neben der SED in der sowjetischen Besatzungszone zugelassen waren, haben sich, nach längerem Besuch ihrer Landesvorsitzenden in Karlshorst, vor etlichen Wochen überraschend gleichgeschaltet. Gegen die nichtgleichgeschalteten Berliner Verbände ging im Ostsektor ein böses Kesseltreiben los. Täglich fast verschwinden Menschen auf geheimnisvolle Weise. »Macht, daß ihr aus Berlin rauskommt«, schreibt Frank. »Wenn ihr noch lange wartet, wird es vielleicht zu spät sein.« Wo aber sollen wir hin? Der Verlag sitzt in Berlin, und als ich mit unserer Lizenzbehörde über die Möglichkeit einer Evakuierung spreche, sieht man mich verwundert an. »Warum denn, ich bitte Sie? *Wir* bleiben in Berlin.« – Und wir? Zum hundertsten Mal diskutieren wir in der Redaktion diese Frage. Bleiben sie wirklich? – »Natürlich nein«, sagt der eine. »Natürlich ja«, sagt der nächste. »Ganz einfach«, behauptet der dritte. »Man tauscht eben Berlin gegen Thüringen und stellt den Status von 1945 wieder her.« Die Westprestige schonende Formulierung geht ihm so geläufig von der Zunge, daß man vermuten darf, sie sei nicht zum erstenmal an dieser Stelle laut geworden. Mir scheint das Ganze gar nicht einfach. Und wenn ich mir die bedrückten Gesichter meiner Mitmenschen ansehe, so kommt es mir vor, als ob es auch ihnen nicht einfach erschiene.

Donnerstag, 25. März 1948

Dieter Friede. Dieter Friede! Entsetzlich hat sich sein Verschwinden inzwischen aufgeklärt. Am 1. November um zwei Uhr mittags erscheinen bei dem Ostberliner Arzt Dr. Dau drei GPU-Beamte in Zivil. »Schreiben Sie«, sagen sie höflich, »daß in Ihrer Wohnung ein Mann namens Seiler mit schwerer Knieverletzung liegt.« »Aber ich kenne ja gar keinen Mann namens Seiler«, wendet der Arzt ein. »Schreiben Sie«, wiederholen die Beamten. Ihr Ton ist höflich, aber sehr bestimmt. Dr. Dau schreibt. »Rufen Sie Herrn Friede an und bitten Sie ihn zu dem Verletzten in Ihre Wohnung.« »Aber es liegt ja gar kein Verletzter in meiner Wohnung«, wehrt sich der Arzt. Einer der Beamten zieht einen Zettel aus der Tasche. »Hier ist die Nummer von Herrn Friede. Und wenn ich Sie jetzt bitten darf ...« Sein Ton ist höflich, aber sehr bestimmt. Dr. Dau telefoniert. Dr. Dau ruft Herrn Friede in seine Wohnung. Der Abend vergeht, die Nacht und der Morgen. Im Wartezimmer des Arztes sitzen drei Beamte der GPU. Ihre Haltung ist höflich, aber sehr bestimmt. Dann kommt Dieter Friede. Und kurze Zeit später fährt eine weinrote Limousine mit ihm und seinen Häschern davon.

Irgendwo im Westen lebt eine Tochter des Verschollenen. Christiane, ein Kind von kaum zehn Jahren. »Hoffentlich hat sich der Papi noch vorher selbst erschlagen können«, weint das Kind, als es die Nachricht erfährt. Es ist nicht gut, wenn zehnjährige Kinder vom »Erschlagen« sprechen. Die Weltordnung sollte das nicht zulassen. Aber die Weltordnung ...

Mittwoch, 31. März 1948

... immer bedenklicher gerät sie aus den Fugen. An der Zonengrenze scheint sich Aufregendes vorzubereiten. Man munkelt von Stacheldrahtverhauen, von Truppenzusammenziehungen und verstärktem Polizeiaufgebot. Der Schwarztransport einer Zweizimmerwohnung nach dem Westen kostet zwanzigtausend Mark. Save our souls, funken Millionen Berliner Seufzer durch den Äther. General Clay sprach in Washington davon, daß die »Trennungslinie zwischen der östlichen und der westlichen Ideologie längs der Elbe« verlaufe. »Wir sind der Ansicht, daß wir hier eine Grenze errichtet haben, die wir auch halten werden«, fügte er hinzu. Und Berlin? Und Thüringen? Und der Status von 1945? O daß man die Zukunft wie mit Röntgenstrahlen durchdringen könnte! Dann aber würde man vielleicht gleich Dieter Friedes Tochter beten: Hoffentlich haben wir uns vorher noch selbst erschlagen können.

Freitag, 2. April 1948

Tableau! Die Sowjets haben auf den Knopf gedrückt, und die ohnehin schon kümmerliche Ost-West-Verbindung ist auf ein Minimum zusammengeschrumpft. »Um Unregelmäßigkeiten abzustellen und Garantie für einen geordneten Interzonenverkehr zu bieten«, erklären sie offiziell und befehlen ab sofort eine scharfe Überwachung des gesamten Güterverkehrs von und nach Berlin und Kontrolle aller Reisenden, die, vom Westen kommend, ihre Zone passieren.
Aus dem Grenzgebiet überstürzen sich die Nachrichten. »Einsatz starker Polizei- und Militärpolizeieinheiten im Ab-

schnitt Helmstedt ... die beiden fahrplanmäßigen amerikanischen Dienstzüge in Marienborn aufgehalten ... die englischen Dienstzüge nicht durchgelassen ... siebenundsechzig Reisende des französischen Dienstzuges von russischen Beamten an der Weiterfahrt gehindert.« – Am Brandenburger Tor und anderen Übergangsstellen vom russischen zu den westlichen Sektoren stehen sowjetische Soldaten oder deutsche Polizisten und stoppen jedes Fahrzeug, das die Sektorengrenze überquert. Die Stadt fiebert vor Unruhe. Noch nie lag der Krieg so greifbar in der Luft.
Kaum komme ich in die Wohnung, so stürze ich zum Radio. RIAS – der Sender Amerikas. »General Clay hat alle notwendigen Vollmachten zum Handeln. Wir sind auf alles vorbereitet.« Ein Alp löst sich mir vom Herzen. Also werden sie handeln! – Berliner Sender – die Stimme Sowjet-Rußlands. »Erweiterung des Interzonenverkehrs.« – Wie bitte? Ich glaube, ich höre nicht richtig. »Die außerordentliche Belastung des Schienenmaterials hat Reparaturen notwendig gemacht, auf Grund deren einige der Grenzübergänge vorübergehend nicht benutzt werden können.« – Da wären sie also, die Brückenreparaturen, die Schienendefekte und technischen Schwierigkeiten. Wie dienstbare Geister stellen sie sich ein, sobald Aladin Sokolowski die Wunderlampe reibt. – Vorübergehend! – Vorübergehend wird man die Schienen von Marienborn spaßeshalber im Ural reparieren. Wenn jetzt die Amerikaner nicht auf den Tisch schlagen!

Sonntag, 4. April 1948

Sie schlagen auf den Tisch. Mit gesperrten Lettern steht es heute morgen in der Zeitung. »General Clay hat Vollmacht, wenn nötig schießen zu lassen.« » ... schießen zu lassen«, echot es innerhalb einer Stunde von Mund zu Mund durch sämtliche Stadtgegenden. Die Lippen, die es sich zurufen, zuflüstern, zutelefonieren, lächeln befreit. Seit Wochen wirkte kein Wort so erlösend wie dieses. Wollen wir ernsthaft einen neuen Krieg. »Er ist der einzige Ausweg«, sagen viele. »Ehe der Machtkampf Rußland–Amerika nicht ausgetragen wurde, gibt es keine Ruhe.« »Wahnsinn«, entgegnen die Besonnenen. »Aber die Erfahrung hat gezeigt, daß Diktatoren immer so weit gehen, wie Demokraten sie gehen lassen. Schachzug gegen Schachzug. Warum fällt nicht auch den Amerikanern mal eine Brückenreparatur ein. Warum kommen nicht auch sie mal auf die Idee, etwa auf der Autostraße Helmstedt–Berlin alle zweihundert Meter eine Tankstelle notwendig zu finden. Zum Beispiel aus Panzerwagen. Es gibt keinen Krieg, wenn die Amerikaner bereit sind, einen zu führen.« – Ob sie recht haben mit ihren Argumenten. Vorerst ruht der Verkehr über die Grenze, und General Clay hat Vollmacht, »wenn nötig zu schießen«.

Montag, 5. April 1948

Jetzt beginnt auch die alliierte Kommandantura in Berlin sich aufzulösen. »Zur Vereinfachung und Beschleunigung ihrer Arbeit« hat der sowjetische Kommandant die Einstellung mehrerer Arbeitsausschüsse vorgeschlagen und zugleich verkündet, daß sowjetische Vertreter an ihnen nicht mehr teilnehmen würden. Wir nehmen es zur Kenntnis und warten auf die »amerikanischen Tankstellen«. Vorerst tankt der Berliner Westen, was ihm an Güterzufuhr abgeht, im wesentlichen durch die Luft. Seit drei Tagen haben Engländer und Amerikaner eine sogenannte »Luftbrücke« errichtet und, wie verlautet, schon 25 Tonnen Lebensmittel durch Flugzeuge in die Stadt gebracht. 25 Tonnen sind 25 000 Kilo. Das macht bei etwa zwei Millionen Bevölkerung der Westsektoren 12,5 Gramm pro Kopf. Die Zahl der Besatzungsmitglieder nicht eingerechnet. Der Himmel möge uns bewahren, daß dieser Versorgungsweg Dauerzustand wird.

Donnerstag, 8. April 1948

Ebenso überraschend, wie sie begonnen hat, ist die Sperre wieder aufgehoben worden. Kein Mensch spricht mehr von Schienendefekten, und auch die Brücken scheinen über Nacht in Ordnung gekommen zu sein. Aus den Westzonen treffen Briefe ein. »Macht euch marschbereit. Benutzt die Atempause. Wenn die Tür das nächste Mal zuschlägt, wird sie nicht so bald wieder aufgehn.« Noch einmal versuche ich einen Vorstoß bei unserer Lizenzbehörde. Man schüttelt den Kopf. »Unser Prestige«, bedeutet man mir. »*Wir* bleiben.« »Natürlich«, stottere ich und komme mir wie ein Verräter vor.

Samstag, 17. April 1948

Der Schein des Normalen trügt. Unter der Decke angeblicher Ordnung wühlt es maulwurfhaft. Am 7. April wurde der Berliner Post mitgeteilt, daß jeder Transport nach dem Westen in Zukunft von den Russen genehmigt werden müsse. Bis heute ist es ihr trotz aller Bemühungen nicht gelungen, auch nur die Formblätter aufzutreiben, auf denen solche Genehmigungsanträge zu stellen sind. In den Postämtern stapeln sich die Pakete. Hunderttausend – zweihunderttausend – dreihunderttausend. Vergebens flehen die Postämter, eine Annahmesperre zu verhängen. Gleich dem märchenhaften Hirsebrei, der nicht aufhören will, über den Topfrand zu quellen, sch.villt der Paketsegen über den Rand aller Speicher. Und immer noch stehen keine amerikanischen Panzer auf der Autobahn zwischen Helmstedt und Berlin. »Man kann doch wegen Berliner Paketen keinen Krieg anfangen«, sagen die Amerikaner. Beileibe nicht. Auch nicht wegen des Interzonenkorridors. *Ein* Korridor als Weltkriegsgrund sollte wahrhaftig genügen.

Morgen sind die Wahlen in Italien. Man rechnet mit kommunistischen Putschmöglichkeiten. Wenn die Kommunisten in Italien einen Staatsstreich machen, wird Amerika marschieren, ist die allgemeine Meinung. Wir wünschen uns den Staatsstreich nicht. Finnland hat bewiesen, daß man auch ohne Marschieren standhaft bleiben kann. Nach sechswochenlangen Verhandlungen ist es ihm gelungen, sich nicht von Rußland schlucken zu lassen. Nie hätten wir gedacht, daß gerade Finnland uns den Rücken stärken würde.

Donnerstag, 22. April 1948

Durchhalten. Nicht die Nerven verlieren. Die Zähne zusammenbeißen und sich daran aufrichten, daß es auch wieder einmal anders kommt. Drei aus unserem Bekanntenkreis sind in den letzten Tagen verschwunden. Der eine ein Reporter, der zweite aus der SPD, der dritte angestellt in einem amerikanischen Office. Er brachte Akten von einem Amt zum anderen und kehrte nicht zurück. Seit achtunddreißig Stunden ist er überfällig. Es nützt nichts, daß die Gerichte Woche für Woche Menschenräuber verurteilen. Der Diebstahl an lebendem Fleisch nimmt unaufhörlich zu. Im Tagesspiegel veröffentlichen sie fortsetzungsweise die Liste der Frauen und Männer, die in Berlin seit 1945 abhanden gekommen sind. »Hoffentlich haben sie sich vorher noch selber erschlagen können«, fleht man verzweifelt bei jedem Namen.

Da der Polizeipräsident Margraf schweigt, hat die Presse zur Selbsthilfe gegriffen und die Bevölkerung darüber aufgeklärt, wie sie sich gegen Entführung und illegale Verhaftungen am sichersten schützt. »Laßt euch den Ausweis zeigen ... Merkt euch die Dienstnummer, schreit laut, wenn man euch Gewalt antut, wehrt euch, schlagt um euch, erregt soviel Aufsehen wie möglich, damit Nachbarn, Familienmitglieder, Bewohner der umliegenden Häuser aufmerksam werden«, warnt sie ihre Mitbürger. Und das im zwanzigsten Jahrhundert!

Freitag, 23. April 1948

Auch Italien hat standgehalten. Kein Putsch, kein Umschwung, keine Notwendigkeit zum Marschieren. Vielleicht sehen die Sowjets allmählich ein, daß sie mit ihrem Plan der Europabolschewisierung den Anschluß an den Zweiten Weltkrieg verpaßt haben. Vielleicht einigt man sich doch noch in Berlin. Auf den Silberstreifen am Horizont gönnen sich Heike und ich einen Feiertagsschnaps. Das Glas für acht Mark fünfzig. »Verdammt teuer«, finde ich. Heike aber lacht. »Der Währungsreform entzogen«, sagt sie und kippt vergnügt ihr Glas herunter.

Samstag, 1. Mai 1948

Plakate, Aufzüge, festliche Maikundgebungen. Wieder demonstrieren die Bruderparteien in entgegengesetzter Richtung. Auf den Postämtern schwillt der Paketsegen um weitere hunderttausend an, und in Marienborn stehen seit gestern fünf vollbeladene Waggons mit Briefsendungen aus dem Westen und warten vergebens auf Abfertigung. Ich fürchte, wir haben unseren Schnaps zu früh getrunken. Es gibt keinen Silberstreifen am Horizont.

Mittwoch, 12. Mai 1948

Radio Moskau: »Notenaustausch zwischen Amerika und der Sowjetunion. Wunsch nach Erörterung und Bereinigung der bestehenden Differenzen.« – Radio London: »Die englische Regierung hat von der Fühlungnahme zwischen den Vereinigten Staaten und Rußland erst durch die Zeitung Kenntnis erhalten.« – Radio Paris: »Sollte die Friedenstaube Moskaus nicht vielmehr eine Friedensbombe sein?« Radio Stockholm: »Im Falle eines Konflikts muß sich die skandinavische Staatengruppe bemühen, außerhalb der kriegführenden Gruppe zu bleiben.« – Radio Berlin: »USA und Sowjetunion erklären sich zu Verhandlungen bereit.« – »Klärungsversuch. Meinungsaustausch. Keine feindseligen oder aggressiven Absichten der Vereinigten Staaten gegen die Sowjetunion.« – Wie eine Lichtrakete schießt es durch die Welt. Zündet, schlägt ein und entfesselt Stürme von Diskussionen. Amerika verhandelt mit Rußland! – Wenn verhandelt wird, gibt es keinen Krieg. Wenn verhandelt wird ... O Hoffnung, o Silberstreifen. O wundersam aufdämmerndes Morgenrot. – Warum nur haben die Alliierten nichts davon gewußt. Und warum, so grübeln wir, hatten es die Russen so eilig, diesen Friedensfühler bekanntzugeben.

Donnerstag, 13. Mai 1948

Weil alles wieder mal ein Schlag ins Wasser war. Eine Klärung der Standpunkte, aber nicht der Probleme. Was übrig blieb von diesem »Silberstreifen«, ist die »Tür«, die »immer offensteht«. Rußland spricht von ihr. Amerika spricht von ihr, und im Kontrollrat und an der Zonengrenze fällt eine Tür nach der anderen geräuschvoll ins Schloß.

Montag, 24. Mai 1948

An unserem Haustor klebt ein Schild: »Willst du Deutschlands Not abwehren, zeichne dich ein beim Volksbegehren.« Am Nachbarhaus klebt ein Schild: »Ein zerrissenes Deutschland verlängert unsere Not. Die Einheit Deutschlands sichert unser Brot.« – An allen Türen der Straße kleben Schilder. Trottoire und Fahrdämme sind mit Flugzetteln übersät. »Berlin kämpft für das Volksbegehren. Großaktion der SED vom 23. Mai bis 13. Juni. Volksentscheid über die Einheit Deutschlands.« – Die Botschaft klingt verlockend. Aber hinter dem Volksbegehren steht der Volkskongreß. Hinter dem Volkskongreß die Ostzonenregierung. Hinter der Ostzonenregierung die SMA, sprich sowjetische Militär-Administration. »Für das Volksbegehren als Verhinderung eines westdeutschen Spaltungsstaates«, sagt die SED. »Gegen das Volksbegehren als eine Angelegenheit der russischen Außenpolitik«, sagt die SPD. Also ja – also nein. Wer seiner Sache nicht sicher ist, kann es sich an den Knöpfen abzählen. Man muß es zugeben, der Schein der moralischen Rechtfertigung liegt auf seiten der Sowjetunion. Sie fordert, was wir wollen müßten. Einheit, gemeinsame Währungsreform, Abzug der Besatzungstruppen und einen raschen Frieden mit Deutschland. Warum sträuben wir uns dagegen? – Weil wir uns fürchten. Seit 1933 haben wir uns gefürchtet. Erst vor der Gestapo, vor den KZs, vor dem Risiko, im Hitlerdeutschland eine antinazistische Meinung zu äußern. Dann vor der GPU, vor den KZs, vor dem Risiko, im sowjetbesetzten Deutschland eine antisowjetische Meinung zu äußern. Zu deutlich für unser Mißtrauen tönt aus der neuen Friedensschalmei die fatale Zukunftsmusik des Anschlusses. Es schmeckt nach Schloß und Riegel. Eingeschlossen ist der winzige Punkt Berlin in der riesigen Sowjetzone. Abgeschlossen von der westlichen Welt sind seit 1917 alle Länder, die unter sowjetischem Einfluß stehen. Und hinter Kerkerschlössern verschwindet jeder, der in jenen Ländern anderen Willens ist, als seine Machthaber es wünschen. 200 000 Menschen wurden nach mutmaßlicher Schätzung seit 1945 aus der Ostzone nach Rußland transportiert. Etwa dreißigtausend Häftlinge siechen in den Konzentrationslagern Sachsenhausen und Buchenwald dahin. Vielleicht ist Makar Iwanow unter ihnen. Vielleicht der Baron X, der Nachbar vom Nebenhaus, Dieter Friede, oder jener SPD-Funktionär, der vor zwei Wochen, als er zur Einsegnung seiner Nichte in die russische Zone fuhr, des Nachts von Soldaten und Polizisten aus seiner Wohnung geholt und verschleppt vurde. Größer und größer wird die Liste der Menschen, um die wir trauern. Mag sein, daß das kein Maßstab ist. Wohl möglich, daß es in Berlin und selbst in der Ostzone Kreise gibt, die keinen ihrer Freunde vermissen. Auch in der Nazizeit gab es viele, die niemanden vermißten, die nichts von KZs und Abholungen wußten, keinen Juden, keinen politisch Verfolgten kannten und Stein und Bein schworen, daß alles, was man darüber erzählte, ein Greuelmärchen sei. Vielleicht waren wir hier wie dort nur zu einseitig in der Wahl unserer Freunde, nur zu starr in der Ablehnung bestimmter Verhaltensweisen. Wie soll man sich da zurechtfinden!

Am 15. Mai ist in Palästina der Staat Israel proklamiert worden. Am gleichen Tag wurden von den Arabern vier Luftangriffe auf Tel Aviv geflogen. Gestern stand die jüdische Hauptstadt Jerusalem vor der Kapitulation. Wie soll man sich da zurechtfinden?

Dienstag, 1. Juni 1948

Die Preise ziehen an. Vom Schwarzmarkt verschwindet eine Mangelware nach der anderen. Es scheint endgültig ernst zu werden mit der Währungsreform. »Abwertung 10 : 1 ... Die Russen machen mit ... die Russen machen nicht mit ... Berlin wird in die Ostwährung einbezogen ... Berlin wird in die Westwährung einbezogen ... Berlin erhält eine Sonderwährung.« Wir können uns aussuchen, auf welche Lösung wir uns einrichten wollen. »Ich denke, zunächst mal auf die Lösung von der Reichsmark«, sagt Heike resolut, stülpt den Inhalt ihres Portemonnaies auf den Tisch und beginnt zu zählen. Sie rechnet lange und inbrünstig. Dann blickt sie auf den Papierhaufen und spricht: »Heute Tinnef, morgen Tapete. Ich bin für Tinnef.« »Wie meinst du?« forsche ich interessiert. »Ich meine, daß wir für den Stapel Lappen heute noch irgendeinen Tinnef kaufen könnten, während er vielleicht morgen im Höchstfall einen Papierfetzen wert ist, kaum gut genug, unsere Wände zu tapezieren.«

Am Nachmittag gehen wir »Reichsmark anlegen«. Der Anlagemarkt ist begrenzt. Spielsachen, Haushaltswaren, Lampen, Kosmetika, Backaromen, Bijouterien. Der Großteil des Angebots durch das Wort »Tinnef« treffsicher gekennzeichnet. Heike hat eine Liste angefertigt: Spielwaren zum Verschenken, Haushaltsgeräte für den eigenen Bedarf, ein oder zwei Lampen – sofern sie nicht gar zu scheußlich sind – auf keinen Fall Backaromen, auf keinen Fall Kunstgewerbe und, was die Kosmetika angeht, nur das, von dem man vermuten darf, daß es der Schönheit und Gesundheit nicht geradezu abträglich ist. »Also gar nichts«, ziehe ich das Fazit aus unseren letztjährigen Erfahrungen mit Zahnpasten, die unter der Hand zu Zement versteinten, mit krümelnden Lippenstiften, mit übelriechenden Allerweltscremes und Haarwässern aus Wasser plus farbgebendem Unbekannt.

Die Geschäfte sind voll wie im Frieden. Wir scheinen nicht die einzigen zu sein, die sich zu diesem Zeitpunkt für Vorratswirtschaft in Spielwaren, klobigem Küchengerät und geschmacklosen Lampen interessieren. »Was sollen wir bloß mit dem Krempel«, frage ich grimmig, als wir unter der Last unserer Anschaffungen die Steglitzer Hauptstraße entlangwandern. Sechs Küchenmesser, die nicht schneiden, sechs Blechlöffel, deren Rand desto schärfer schneidet, ein sinnloses Soda-Seife-Sand-Service, vier rissige Holzkellen, zwei Lampen ohne Fassung und Schalter, dafür mit einem Faltschirm, dessen Muster einem Albdrücken macht, trotz allem fünf Tuben Zementzahncreme, trotz allem sechs bröckelnde Lippenstifte und Spielsachen – Spielsachen, um damit einen Weihnachtsmarkt auszustatten. »Laß nur«, besänftigt mich Heike, »wir haben immerhin den Rahm abgeschöpft. Wer nach uns kommt, fährt schlechter.«

Freitag, 11. Juni 1948

Kauffieber, Währungsangst, Gedränge um jeden Ladentisch. Gleich einer Seuche greift die Anlagewut um sich, lockt die Geldscheine aus den Taschen, jagt die Menschen durch die Geschäfte, straßauf, straßab, läßt sie nicht ruhn und nicht rasten, bis sie den letzten Hunderter an den Mann gebracht haben. Für Mangelwaren zahlt man Phantasiepreise. Ein Pfund Erdbeeren 25 Mark, ein Pfund Kirschen 12 Mark. – »Wir geben sie nicht ab«, weigern sich die Baumbesitzer in den westlichen Vororten, wir warten bis zur Währungsreform.« »Dann wartet, bis ihr schwarz werdet«, toben die Kaufwütigen und rennen nach der nächsten Chance. Anlegen, anlegen ... nur nichts verfallen lassen! Von Stunde zu Stunde büßt die Reichsmark an Wertschätzung ein. Die Banknoten fliegen. Fünf Mark Trinkgeld, zehn Mark Trinkgeld, zwanzig Mark einem Bettler. Hunderterzechen in Kneipen, die Schnaps ausschenken, Tausenderzechen in Schwarzlokalen. Das Gespräch in der U-Bahn: Geldanlage. Das Gespräch im Verlag: Geldanlage, das Gespräch zu Haus, auf der Straße, rechts, links, draußen und drinnen: Geldanlage. »Ich kaufe Kaffee«, sagt jemand. »Kaffee kann man immer brauchen.« Geht hin und kauft zehn Pfund Kaffee, das Pfund zu zwölfhundert Mark. Seine Ersparnisse aus drei Arbeitsjahren. Abwertung 1 : 10. Einen teuren Kaffee wird der Gute trinken vom Tage der Währungsreform. Dieser kauft hundert Stemmeisen, jener zweitausend Reagenzgläser, der eine für dreihundert Mark Abführmittel, der andere für neunzig Gesundheitstee. An den S-Bahn-Haltestellen machen diskrete Aktentaschenträger nie erlebte Umsätze in »Amischokolade«, Dessertstangen und Karamelriegeln. Sie verschwinden, sobald eine Polizistenmütze auftaucht, und sind, kaum daß die Luft wieder rein ist, desto zahlreicher zur Stelle. Berlin verkauft sich aus. Berlin rotiert auf Höchsttouren. Anlegen ... anlegen, nur nichts verfallen lassen.

Montag, 14. Juni 1948

Dabei wissen wir immer noch nicht, in welche Währung wir einbezogen werden, ob die Sowjets mitmachen oder nicht mitmachen. Nach Verlautbarungen in der Presse gibt es auch hier eine »Tür, die immer offensteht«. Forscht man jedoch in alliierten Kreisen, so vernimmt man bestürzt, daß »mit vorübergehender Grenzsperre« in Kürze zu rechnen sei. Was für eine Tür bleibt denn offen, wenn auch diese wieder ins Schloß fällt. Zum mindesten für uns, die nicht vor, sondern hinter ihr wohnen.

Dienstag, 15. Juni 1948

Stündlich klettern die Preise. Ein Pfund Kaffee zweitausend Mark. Eine Zigarette dreißig. Wer sie erwischt, kann von Glück sagen, denn auch die Schwarzhändler fangen an, ihre Schäfchen ins trockene zu bringen. Horten ... horten, nur nichts in Reichsmark umsetzen! – Aus den Schaufenstern verschwinden die letzten Ladenhüter und Dekorationsstücke. »Krankheitshalber geschlossen ... wegen Materialbeschaffung vorübergehend gesperrt.« Wie weißes Fleckfieber breiten sich die Schilder »Ausverkauft« hinter den Türscheiben der Geschäftsstraßen aus. Ich betrete mein Stammlokal. Vor drei Tagen drängten sich in ihm die Gäste, rasten die Kellner mit

beladenen Tabletts und geschwollener Brieftasche schwitzend von Tisch zu Tisch. Leer stehen jetzt die Stühle. Nur vor der Theke trinkt ein einsamer Stehkunde eine bescheidene Selter. Bier – ausverkauft. Schnaps – ausverkauft. Streichhölzer, Zigaretten, Tabak – vollkommen ausgeschlossen! Ich bitte. Ich flehe. Ich bestürme den Kellner, den Hausknecht, den Besitzer. Mit Mühe und Not ringt sich der schließlich eine zerdrückte Chesterfield ab. »Weil Sie es sind! Meine letzte!« Spricht's und streicht kaltblütig vierzig Reichsmark dafür ein. Wer zuletzt kauft, kauft am teuersten, konstatiere ich still in mich hinein und fühle mich ziemlich unmoralisch.
Vor lauter Anlegeeifer kommt man kaum dazu, in die Zeitung zu blicken. Sokolowskij soll nach wie vor von gemeinsamer Währungsreform sprechen und ganz so tun, als merke er nicht, was rings um ihn geschieht. Weder in Berlin noch an der Zonengrenze. Zwischen zwei Einkäufen hört man von aufgehaltenen Postzügen und Gütertransporten, von Aushebung neuer Grenzgräben, Verhaftung der Reisenden und – o liebvertraute Ausrede – von Sperrung der Autobahnbrücke auf der Straße Helmstedt–Berlin auf längere Zeit wegen »dringend notwendiger Bauarbeiten«.

Mittwoch, 16. Juni 1948

Aus dem Gedränge wird Panik, aus dem Fieber Raserei. Anlegen, horten, einheimsen, abstoßen. Der Kaffeepreis steigt auf 2400 Mark. Heike und ich sitzen daheim und betrachten zufrieden unsere Spielsachen, Küchenwaren, Lampen und Kosmetika. Verglichen mit dem Schund von heute, haben wir wirklich den Rahm abgeschöpft. Die rissigen Holzkellen, die Küchenmesser, die nicht schneiden, kommen uns jetzt wie beste Qualitätsware vor. »Und außerdem zerrte man uns nicht die Kleider vom Leib«, sagt Heike mit Genugtuung. »Es stärkt das Selbstgefühl zu feiern, wenn andere sich abjagen.« Sie stellt das Radio ein und wendet sich mit der Miene beschaulichen Genießens dem Anhören der Nachrichten zu. Kein endgültiger Termin für die Bekanntgabe der Währungs-

reform. Dafür Krach in der Alliierten Kommandantura. Und – Schande über Schande: Die Spruchkammer Marburg erklärt den Oberst Herber, beschuldigt »am 20. Juli 1944 mit einem Trupp schwerbewaffneter Offiziere in das Zimmer von General Olbricht eingedrungen zu sein, diesen verhaftet, auf Graf von Stauffenberg geschossen und damit einen vernichtenden Schlag gegen die Aktion des 20. Juli geführt zu haben«, als »nicht belastet«. Dann schweigt das Radio ... Und dann ... erzählt es uns die Wahrheit über Dieter Friede. Frank Howley, der Direktor der amerikanischen Militärregierung in Berlin, gibt seinen Briefwechsel mit General Kotikow, dem sowjetischen Stadtkommandanten, über den Vorfall bekannt. Interpellation der US-Regierung bei den zuständigen russischen Behörden am 7. November. Am 17. November schreibt General Kotikow zurück. »Ihr Brief mit der Bitte um Nachforschung nach dem verschwundenen Reporter des Abend, Dieter Friede, erreichte mich unglücklicherweise erst heute vormittag. Zur Zeit kann ich Ihnen mitteilen, daß weder mir noch meinem Stabe irgend etwas über diese Angelegenheit bekannt ist.« Und er schließt mit dem zuvorkommenden Versprechen: »Ich werde alle notwendigen Maßnahmen in meinem Sektor treffen, um jede nur mögliche Auskunft einzuholen, und werde Sie sofort benachrichtigen.« Genau einen Monat später, am 18. Dezember, trifft diese »Sofort-Benachrichtigung« ein. – »Ich möchte Sie davon in Kenntnis setzen, daß es sich nach einer von der russischen Kommandantur sorgfältig geführten Untersuchung des Falles Dieter Friede herausgestellt hat, daß die russischen Dienststellen keinen Deutschen dieses Namens inhaftiert haben, weder an dem von Ihnen genannten Tage noch zu irgendeinem späteren Termin. In den Krankenhäusern und anderen Einrichtungen des russischen Sektors konnte niemand dieses Namens gefunden werden. Wenn Friede tatsächlich verschwunden ist, stelle ich anheim, die anderen Kommandanten der alliierten Besatzungsmächte zu befragen.«
Das geschah vor sieben Monaten. Jetzt teilen die Russen mit,

daß sie Dieter Friede am 2. November verhafteten und seitdem in Gefangenschaft hielten. »Er war ein Spion. Er hat es selbst gestanden«, rechtfertigen sie ihr Tun. Warum leugnen sie dann sieben Monate lang. Warum lügen sie und behaupten, was sie selber nicht glauben. Wir lauschen dem Bericht, und das Blut friert uns in den Adern. Auch Makar Iwanow sollte irgend etwas gestehen. Man »zerschlug Knüppel auf ihm«, um ihn dazu zu bringen. Was gilt Besitz und Geldanlage, was taugen alle Worte von Einheit, Frieden, Volksregierung, solange die Wirklichkeit so ist, wie sie ist. So grausam, verlogen und undurchsichtig.

Donnerstag, 17. Juni 1948

Wie Feuer brennt jeder Markschein in der Hand oder in der Tasche. Kaufen, kaufen, ganz gleich ob man es brauchen kann. Ein Gerücht fliegt durch die Stadt. »Briefmarken sollen im Kurs bleiben.« Gierig stürzt die Meute der Käufer auf Postämter und Markenschalter. Menschenschlangen, Geschrei und Gedränge. »Zehn Bogen 24-Pfennig-Marken. Fünfhundert Ortskarten, fünfhundert Fernkarten.« Bis zu den Urenkeln deckt man sich mit Postbedarf ein. Zehnerkarten der S-Bahn sollen im Kurs bleiben. Fünfer-Karten der Straßenbahn. Es gibt kaum einen, der noch einen Einzelfahrschein kauft. Wenn dieser Wahnsinn noch lange dauert, werden wir alle im Tollhaus landen. Und doch ahnt auch jetzt noch keiner der Horter, ob Berlin überhaupt in die Währungsreform einbezogen wird. Ostmark, Westmark, Bärenmark. Man handelt auf Verdacht. »Egal, was kommt. Wir sind ja doch schon pleite.«

Sondermeldung im Radio. Morgen um sechs Uhr abends wird in den Westzonen der Termin für die Geldumstellung bekanntgegeben. Die Russen haben heute nacht demonstrativ die Sitzung der Alliierten Kommandantura verlassen. Folglich werden sie nicht mitmachen.

Freitag, 18. Juni 1948

Zwei Stunden Galgenfrist. Wir kleben am Radio. Auf der Straße rennen Menschen. Fast kein Geschäft ist mehr geöffnet. Fünfzehn Minuten, zehn Minuten ... Stille! Nach dem Sturm – oder vor dem Sturm. – Wer weiß! Jetzt kommt es! Der Ansager räuspert sich. Wir hören ihn atmen und ein Konzeptpapier knistern. »Das erste Gesetz zur Reform der deutschen Währung, das von den Militärregierungen der USA, Großbritanniens und Frankreichs erlassen wurde, tritt am 20. Juni in Kraft. Abwertung 10:1. Die neue Währung heißt Deutsche Mark. Das alte Geld wird am 21. Juni aus dem Verkehr gezogen. Münzen und Noten mit einem Nennwert von höchstens einer Mark sowie Briefmarken bleiben zum Zehntel ihres Nennwertes vorläufig gültig.« Und dann: » ... Die Währungsneuordnung erstreckt sich zunächst nicht auf Berlin. Berlin als Viermächtestadt behält vorläufig seine alte Geldrechnung. Keine wirtschaftliche Schranke zwischen Berlin und den Westzonen.« Der Sturm bläst mit Windstärke elf. Über die Zonengrenzen, über die Sektorengrenzen und über die Zeitungsdruckereien von Berlin.

Samstag, 19. Juni 1948

Protest der Sowjetischen Militäradministration. Protest der Sozialistischen Einheitspartei. Protest des zu außerordentlicher Sitzung einberufenen Volksrats, des auf sowjetische Anregung entstandenen »Ostzonenparlaments«. – Marschall Sokolowskij wendet sich mit einem Aufruf an die Bürger und Bürgerinnen Deutschlands. »Die separate Westwährung ist illegal. Berlin ist Bestandteil der Ostzone. Die in den Westzonen herausgegebenen Geldscheine sind für den Umlauf im sowjetischen Besatzungsgebiet und im Gebiet Groß-Berlins, als Teil der sowjetischen Zone, nicht zugelassen. Ihre Einfuhr steht unter Strafe.« – Verdammt, das klingt sehr deutlich. »Wenn sie klug sind, sperren sie die Grenze«, sagt Heike. »Sonst kriegen sie den ganzen Reichsmarksegen auf den Hals.

Bis übermorgen läßt sich von drüben Beachtliches transferieren ...«
Die Grenze ist bereits gesperrt. Mit rasselndem Getöse fiel gestern nacht um zwölf zwischen Helmstedt und Marienborn endgültig der Eiserne Vorhang. Eben verkündet die SMA: »Im Zusammenhang mit der separaten Währungsreform war die Sowjetische Militärverwaltung gezwungen, zum Schutze der Interessen der Bevölkerung und der Wirtschaft folgende Maßnahmen durchzuführen:
Der Passagierverkehr sowohl aus der sowjetischen Besatzungszone Deutschlands heraus als auch zurück wird eingestellt.
Die Einreise für alle Arten des Gespann- und Kraftwagenverkehrs aus den westlichen Zonen, einschließlich des Verkehrs auf der Autostraße Helmstedt–Berlin, wird gesperrt.
Der Durchlaß von Fußgängern aus den westlichen Zonen in die sowjetische Besatzungszone über die Kontrollpassierstellen an der Demarkationslinie wird eingestellt.« – Da haben wir die Bescherung! Schnapp, sagte die Maus und saß in der Falle! Wir armen Berliner Mäuschen!

Sonntag, 20. Juni 1948

»Was nun?« sage ich zu Heike. »Was nun?« sagt Heike zu mir. »Was nun?« fragen sich alle Berliner an diesem Sonntag der westlichen Währungsreform.
Die Zeitungen wissen wenig Neues. Nur daß in den Druckereien der ostlizenzierten Presse eine fieberhafte Tätigkeit eingesetzt habe, über deren Sinn und Ziel die mannigfachsten Gerüchte kreisen. Man spricht von neuem Ostzonengeld. Von Notenabstempelung, Perforierung und der Herstellung sogenannter Klebemarken, die, dem alten Geld aufgeklebt, eine improvisierte Eilneuwährung schaffen sollten. Auf jeden Fall scheinen es die Russen bis zur letzten Sekunde nicht geglaubt zu haben, scheinen mit nichts, aber auch mit gar nichts auf den westlichen Schritt vorbereitet gewesen zu sein.
Wir haben kein Geld mehr zum Ausgeben und – hätten wir es

selbst – kaum eine Möglichkeit, es noch irgendwo an den Mann zu bringen. Die Spannung der letzten Tage ist jäh in ein Vakuum abgesackt. Ganz Berlin hat sich am Thema Währungsreform endgültig den Magen verdorben. Katerstimmung liegt in der Luft. Man fühlt sich bestellt und nicht abgeholt. »Am besten, wir gehen spazieren«, empfiehlt Heike, »dann lüftet man den ganzen Quatsch mal gründlich aus den Sachen.«

Gesagt, getan. Am Nachmittag schlendern wir der Havel entlang, dem Kladower Badestrand zu. Die Luft weht heiß und sommerlich. »Was meinst du zu einer Paddelfahrt«, erkundige ich mich und schiele sehnsüchtig auf die kühlfeuchten Havelwellen. Heike nickt einverstanden. In einer Bootsverleihanstalt mieten wir ein Kanu. Es heißt »Klein aber mein« und sieht nicht sehr dauerhaft aus. Wenig später treiben wir auf der Mitte des Flusses. Rechts und links gleiten die Ufer vorüber. Binsen und Kiefern. Irgendwo wird geschossen. »Sind wir eigentlich im englischen oder im amerikanischen Sektor?« frage ich Heike. Sie lacht. »Weder noch. Aber wenn du die Geographie genau wissen willst, so darf ich dir vorstellen« – sie weist auf das rechte Ufer – »Britisches Besatzungsgebiet« – sie weist auf das linke Ufer – »Amerikanisches Besatzungsgebiet« – sie weist mit umfassender Gebärde nach vorn – »Russisches Besatzungsgebiet«. – »Und die Havel?« – »Dreizoneneck. Im Zweifelsfall . . .«, sie hält inne und deutet auf die erblindeten Messingbuchstaben unseres Bootsnamens. Mir wird etwas schwül vor der Symbolik dieses Zusammentreffens. Ich sehe den schmalen Havelarm. Das brüchige Paddelboot, in dem wir auf ihm dahintreiben. Schwankend und kümmerlich zwischen den Ufern der Weltmächte. »Klein aber mein«, eine Nußschale im Strom. Wenn ein Gewitter aufzieht, werden wir umkippen. Wir können nur hoffen, daß lange Gutwetter bleibt.

Montag, 21. Juni 1948

Die Ostzeitungen melden: »Gewaltiger Reichsmarkschmuggel in die sowjetische Zone.« Verstärkte Grenzüberwachung. Verschärfung der Spannung zwischen Ost und West. Im Verlag ist die Stimmung gedrückt. Die Papierfabriken zur Versorgung der westlichen Lizenzen liegen jenseits der Zonengrenze. Heute sollen sie bei Magdeburg die Elbbrücke, über die bisher der gesamte Autoverkehr zwischen Helmstedt und Berlin verlief, wegen »dringender Reparaturarbeiten« abgerissen haben. Adieu, schöne Hoffnung, auf den westalliierten Konvoizug, der in energischem Durchstoß die Öffnung des Interzonenkorridors erzwingen würde.

Austragen des Machtstreits auf unserem Rücken; immer weniger Papier, um zu drucken, immer weniger Strom, um die Druckmaschinen in Gang zu setzen. Also von Woche zu Woche – vielleicht schon von Stunde zu Stunde – sich verringernde Chancen, unsere Berufsarbeit fortzusetzen. Ja, wenn wir noch eine Kampfzeitung wären. Aber als schlichtes Kulturblatt, eingeschlossen in die Festung Berlin, westlich lizenziert und für sowjetisches Wohlwollen abgeschrieben ... »Keine erfreulichen Perspektiven«, resümiert der Verlagsleiter.

Zwei Stunden später erfahren wir von unserer Lizenzbehörde, daß wir ab sofort einen Teil der Zeitschrift in Westdeutschland drucken können. Wie kommt sie nur dorthin. Und wie kommt sie wieder zurück. »Abwarten«, strahlt optimistisch unser Chefredakteur. »Auf alle Fälle läßt man uns nicht sitzen. Also wird man auch Mittel und Wege finden ...« So endet der Tag, der in Sorgen begann, doch wieder mit einer Hoffnung.

Dienstag, 22. Juni 1948

Kaffeepfundpreis dreitausend Mark. Ein Brot zweihundert Mark. Eine Chesterfield fünfundsiebzig Mark. Man wundert sich, woher die Waren noch kommen. In der Luft brummt es wie zur Bombenzeit. Die amerikanische Militärregierung hat ab sofort den Flugverkehr nach Berlin um ein Mehrfaches erhöht. »Wir sind in der Lage«, sagt General Clay, »die zehntausend Amerikaner in Berlin auf unbeschränkte Zeit über Luftweg zu versorgen.« Und von neuem ergänzt er zuversichtlich: »Die russischen Besatzungsbehörden werden die deutsche Bevölkerung der Westsektoren nicht verhungern lassen.« Wir sind minder hoffnungsvoll. Zwar soll Sokolowskij, wie es heißt, die Einladung der Westalliierten zu einer Viermächtebesprechung über die Währungsreform angenommen, zugleich aber auch befohlen haben, die geheimnisvollen Vorarbeiten im Druckhaus der Täglichen Rundschau nach Kräften zu beschleunigen. Was können wir tun? An Ort treten und abwarten, wie man über uns beschließen wird. Kopf oder Schrift – Reichsmark. Ostmark, Westmark oder Bärenmark.

»Im Westen essen sie jetzt Kirschtörtchen«, sagt Heike träumerisch, als wir unter Fliegergebrumm ins Bett steigen. – »Und rauchen Chesterfield für zehn Pfennig«, ergänze ich ihre RIAS-Kenntnisse, während ich den Millimeterrest meiner Stummelzigarette wehmütig im Aschbecher zerdrücke. »Ob wir es auch mal erleben, daß ein Währungswunder über Nacht alle Mangelwaren in die Läden zaubert«, meditiert Heike. Dann höre ich, wie sie die Bettdecke über den Kopf zieht und schlaftrunken vor sich hin murmelt: »Kirschtörtchen!« ...

Nach einer Stunde wache ich auf. Mir ist unruhig zumute. Ich trete ans geöffnete Fenster und starre hinaus in die Nacht. Schläfrig rauschen die Bäume. Vom Friedhof herüber schlägt ein Geruch nach Erde und welken Blumen. Dort liegt Andrik und ist sehr allein. »Andrik«, rufe ich und wünschte, daß er antworten möge. Er antwortet nicht. Auch die Bäume haben aufgehört zu rauschen. Kein Laut, kein Geräusch, kein Windhauch. Die echolose Stille dünkt mich so unerträglich, daß ich zum Radio laufe und einen Spätsender einstelle.

Nachrichten: »Die Sitzung der Finanzsachverständigen der

vier Besatzungsmächte schloß um 22 Uhr 30, ohne daß eine Enigung erzielt wurde. Für eine neue Sitzung ist keine Vereinbarung getroffen.«

Mittwoch, 23. Juni 1948

Sonderausgabe der Täglichen Rundschau: »Befehl des Obersten Chefs der Sowjetischen Militärverwaltung in Deutschland Nr. 111. Demokratische Währungsreform in der sowjetischen Besatzungszone und in Berlin. Ab 24. Juni 1948 sind auf dem gesamten Territorium der sowjetischen Besatzungszone Deutschlands und auf dem Gebiet Groß-Berlins neue Geldscheine einzuführen: Reichsmark und Rentenmark alten Musters mit aufgeklebten Spezialkupons. Scheidemünzen bleiben nach ihrem Nominalwert im Umlauf. Als einziges gesetzliches Zahlungsmittel in der sowjetischen Zone und im Gebiet von Groß-Berlin gelten Reichsmark und Rentenmark mit aufgeklebten Spezialkupons sowie im Umlauf befindliche Scheidemünzen. Vom 26. Juni 1948 ab ist der Umlauf der Mark der Alliierten Militärbehörden sowie der Reichsmark und Rentenmark ohne aufgeklebte Spezialkupons einzustellen. Gezeichnet: Marschall der Sowjetunion W. Sokolowskij.«

Sonderausgabe des Telegraf, der englisch lizenzierten Berliner Tageszeitung: »Die sowjetischen Befehle für eine Umwandlung der Währung in Groß-Berlin widersprechen dem Viermächteabkommen über die Viermächteverwaltung von Groß-Berlin. In den französischen, britischen und amerikanischen Sektoren sind diese Befehle null und nichtig und finden keine Anwendung auf die Einwohner dieser Sektoren. Wer dieser Anordnung zuwiderhandelt, setzt sich strafrechtlicher Verfolgung aus. Erforderliche Vorkehrungen werden getroffen, um in den drei Westsektoren von Groß-Berlin die neue Westzonen-Währung einzuführen.«

Es ist also soweit. Statt einer neuen Währung haben wir zwei. Und zu dem Eisernen Vorhang an der Elbe gesellt sich ab übermorgen der Eiserne Vorhang quer durch Berlin. Gefährlich brodelt es in allen Kesseln. Fremde sprechen sich auf der Straße an und erörtern kummervoll die prekäre Lage. Um vier Uhr soll das Stadtparlament zu außerordentlicher Sitzung zusammentreten. »Es wird Krach geben«, sorgen und seufzen alle, die wir hören oder sprechen.

Um drei Uhr machen sich Heike und ich auf den Weg zum Stadthaus. Je näher wir dem Magistratsgebäude kommen, desto beängstigender verstopfen sich die Straßen. Lastwagen, Radfahrer, Fußgänger. Die ganze SED-Gefolgschaft scheint zum Antritt befohlen. Rote Fahnen flattern. Über den Köpfen schwanken Transparente: »Wir wollen nur eine Währung.« – Vor dem Tor des Stadthauses ballt es sich gefährlich. Irgend jemand brüllt: »Nieder mit den Spaltern!« Irgend jemand antwortet: »Verfluchte Sowjets!« Die Umstehenden johlen. Ihre Gesichter verzerren sich wie in Krämpfen. Es wogt nach vorn. Stampft, bohrt, schiebt sich voran wie ein Lavastrom. Da! Ein Ruck, ein Stoß, ein flutendes Gedränge. »Sie stürmen das Rathaus«, kreischt eine Frau. Der Strom schwemmt uns mit fort. »Sie haben die Tür aufgebrochen«, höre ich jemanden rufen. »Sie besetzen den Sitzungssaal.« – Bastille! denke ich erschrocken. Jetzt geht es ums Ganze. – Schon sind wir im Rathaus. Breite Menschenwellen spülen über Treppen und Gänge. Vergebens sucht sich der sozialdemokratische Stadtverordnetenvorsteher Suhr Gehör zu verschaffen. »Wir werden die Sitzung nicht eher beginnen, als bis die Tribünen geräumt sind«, ruft er in die Menge. Man brüllt ihn nieder. »Schlagt ihn aufs Auge ... Wir wollen die Spalter sehn.« Sprechchöre setzen ein. »Anfangen ... anfangen.« Dann kommt Louise Schröder, die stellvertretende Oberbürgermeisterin. »Seid doch vernünftig. Geht nach Hause, ihr könnt die Verhandlung ja heute abend im RIAS hören.« Hohnlachen dröhnt in ihre Worte. Sie ruft, sie bittet, sie beschwört. Vergeblich. Zwei Stunden verrinnen. Die ungeladenen Gäste sitzen fest wie Eisen. Endlich springt der SED-Stadtverordnete Chwalek ans Pult. »Genossen«, ruft er. »Wartet draußen. Unsere Fraktion wird euch laufend über den Gang der Verhandlungen verständigen.« Seine Worte gießen Öl auf die Wogen der Erregung. Wer gewohnt ist, Parteidisziplin zu halten, folgt der Stimme seines Führers. Fünf Minuten noch schwankt das Zünglein der Waage zwischen Aufruhr und Ordnung, dann hat die Ordnung entschieden. Der »Sturm auf die Bastille« ist aus. Unter den Klängen der Internationale räumen die Demonstranten den Saal.

»In Frankreich hätten sie nicht nachgegeben«, sagt Heike, als wir uns zerrupft und atemlos im Freien wiederfinden. »Auch zum Revolutionieren braucht man wohl Veranlagung.« Ein Glück, daß wir sie nicht haben, denke ich und reibe mein schmerzhaft geschundenes Schienbein. Oder sollte es vielleicht ein Unglück sein?

Donnerstag, 24. Juni 1948

Die Repressalien beginnen. In der Diplomatensprache nennt man es Sanktionen. »Sanktionen« klingt feiner und weniger brutal. Seit heute morgen haben die Sowjets die Stromzufuhr nach den Westsektoren abgeschnitten. Wir sitzen ohne Radio, ohne Licht, ohne Kochstrom, das heißt – wie schon so oft – ohne jede Möglichkeit, auch nur ein Tröpfchen Kaffeewasser heiß zu machen. Der Ziegelherd von 1945 ist abmontiert. Heike bereitet ein Frühstück aus Brot und geweichten Backpflaumen. Bis zum Abend müssen wir unbedingt ein paar Kerzen auftreiben. Aber womit zahlt man die Kerzen. Womit zahlt man überhaupt, um etwas zu erwerben, ohne sich strafbar zu machen?

Heute beginnt der Geldumtausch im Ostsektor. Gegen Vorlage des Stammabschnitts der Juni-Lebensmittelkarte für Zukker erhält jeder Bürger 70 Kuponmark im Umtauschwert 1:1. Bis 5 000 Mark Altgeld können sofort in 500 Mark Kupongeld umgewechselt werden. Was darüber hinausgeht, wird geprüft. Das Vermögen von Parteien, Gewerkschaften und volkseigenen Betrieben bleibt unabgewertet.

Die Kuponmark gilt auch in den Westsektoren. Allerdings nur

zum Erwerb bewirtschafteter Lebensmittel, zur Zahlung des Mietzinses, des Fahrgelds in öffentlichen Verkehrsmitteln, der Post- und Fernsprechgebühren, der Strom-, Gas- und Steuerschulden. Münzen behalten den alten Wert.
Morgen beginnt der Geldumtausch in den drei Westsektoren. Gegen Vorlage und Abstempelung der Kennkarte erhält jeder Bürger 60 Deutsche Mark Kopfgeld im Umtauschwert 1:1. Was darüber hinausgeht, muß angemeldet werden. Münzen behalten ein Zehntel des Wertes. Die Deutsche Mark ist im Ostsektor verboten. Wer sie dort in Umlauf setzt, gilt als »Schädiger der Wirtschaft« und wird nach Befehl 111 von Marschall Sokolowskij bestraft.
Am Bahnhof Zoo und Ecke Potsdamer- und Kurfürstenstraße, der früheren Schwarzmarktzentrale für Weißbrot und Brötchen, handelt man bereits ganze Bogen Kuponmarken gegen Reichsmark mit 50 % Aufschlag. Die Tausender springen aus den Taschen. Jeder sein eigener Neugeldfabrikant. Zehn Schritt aus der Menge – und hinter der nächsten Ruinenwand beklebt man sich selbst den Rest seiner Reichsmarkhabe. Das Geschäft fordert Eile. Lecken – kleben, lecken – kleben. Als Kupongeldkapitalist entsteigt man den Trümmern. »Achtung, Razzia!« – Um die Ecke fegt ein vollbeladenes Polizeiauto. Alles spritzt auseinander. Wie Mäuse jagen die fliegenden Schwarzbankiers in die umliegenden Löcher. Noch ehe die Polizisten Zeit fanden sich umzusehen, liegt die Straße verödet. Achselzuckend klettern sie zurück in ihren Jeep. Der rattert von dannen. Irgendwann wird er wiederkommen. Vielleicht in einer Stunde, vielleicht in zweien. Und wieder werden dann die Menschen auseinanderspritzen. Werden sich wenige Minuten später am gleichen Ort, mit gleicher Habgier um die gleichen Kuponbogen scharen. Geld, Geld! Was es auch kosten mag. Rafft es, säckelt es ein, soviel ihr nur kriegen könnt.

Freitag, 25. Juni 1948

Der letzte Tag der alten Währung. Torschlußpanik. Im Ostsektor hat die Hälfte der Bevölkerung ihr Kopfgeld noch nicht eingetauscht. Man rast von Umtauschstelle zu Umtauschstelle. Überall die gleiche Fülle, überall die gleiche Frage: Wo tauscht man am meisten? Wie tauscht man am günstigsten? »Erst im Osten, dann im Westen«, raten die Schlaumeier. »Im Osten lassen sie sich die Kennkarte zeigen, im Westen aber nicht die Zuckerkarte.« Glorioser Einfall, denken die Oberschlaumeier, beschaffen sich eine ganze Zuckerkarte-Stammabschnitt-Kollektion und kassieren ihr Kopfgeld en gros. Pro Umtauschstelle ein Stammabschnitt. »Pfennigkrämer«, spotten die Reichsmarkmillionäre. Sie heuern ein paar Arbeitskräfte, beteiligen sie am Gewinn und schicken sie zum Anstehen. Pro Umtauschstelle drei Schlangesteher. 70 Mark Kopfgeld plus 5 000 Mark Sofortumtausch 1:10. Zahlt man von jeder gelungenen Transaktion dem Ansteher 50 %, bleibt immer noch ein nettes Sümmchen. Nicht unflott, um frisch damit anzufangen.

Zwar, das Anfangen ist schwer! Die Geschäfte sind leer, und es sieht nicht so aus, als würden sie sich, wie im Westen, über Nacht mit Wunderwaren füllen. Um Waren zu verkaufen, muß man sie erst haben. Die SMA aber hat befohlen, ab sofort jede Belieferung der Westsektoren mit Gütern aus der Ostzone oder dem Ostsektor einzustellen. Auch der Güterverkehr über die Zonengrenze findet seit gestern nicht mehr statt. Die russische Militärregierung bedauert. »Infolge einer technischen Störung der Eisenbahnstrecke sieht sich die Transportverwaltung gezwungen, nach dem Passagierverkehr auch den Güterverkehr vorübergehend einzustellen. Vorkehrungen sind getroffen, die Strecke schnellstens in Ordnung zu bringen.« Wer es nicht glauben will, läßt es bleiben. Solange sich keiner findet, um ernsthaft zu protestieren, ist es ganz gleichgültig, ob man glaubt oder nicht.

In führenden amerikanischen Kreisen spricht man von der schwersten Krise, die sich seit Beendigung des Krieges zwischen den westlichen Alliierten und der Sowjetunion entwikkelt habe. Wir sind Schauplatz dieser Krise. Ihr Objekt, ihr Subjekt, ihr Held wider Willen. Und das nennt sich Währungsreform. Wir haben kein Licht, wir haben kein Radio. Und können bei Kerzenschein in Muße darüber nachdenken, wie wir mit unserer fragwürdigen Berühmtheit zu Rande kommen.

Samstag, 26. Juni 1948

Vorerst haben wir genug zu tun, mit dem Kursproblem unserer Doppelwährung zu Rande zu kommen. Seit heute gilt die neue Mark. Nur daß sich noch nicht ausklügeln läßt, wo sie gilt und was sie gilt. Im Ostsektor hat man die ersten Verhaftungen von Westgeldbesitzern vorgenommen. Wegen »Betrug und Verstoß gegen Befehl 111«. Am Zeitungskiosk zahlt man für eine Zeitung zehn Pfennig Hartgeld oder eine Rentenmark Papiergeld. Im Lebensmittelgeschäft für eine Dekadenzuteilung Margarine ein Fünfzigpfennigstück oder fünf unbeklebte Markscheine. Der Kurswert des »Tapetengeldes« sinkt von Stunde zu Stunde. 8:1 für Westgeld stand der Kurs heute morgen. 18:1 heute mittag. Briefmarken gelten im Westsektor ein Zehntel ihres Nennwertes. Da man sie jedoch auch mit Ostgeld zahlen kann, hat man die Wahl, ob man für zwei Zehnpfennigmarken lieber zwei Groschen oder zwei unbeklebte Markscheine opfert. Ganz Berlin spielt verrückt. Und in den wilden Wechselexzessen fischen die Schieber im trüben.

Die Militärregierungen erlassen eine Verordnung nach der anderen, um der Unordnung Herr zu werden. Da aber jede westliche Verordnung eine östliche Gegenverordnung nach sich zieht, wird die Verwirrung nicht kleiner. Die Tägliche Rundschau erklärt, daß die bereits gemeldeten technischen Störungen an der Eisenbahnstrecke Berlin–Helmstedt leider viel ernsterer Natur seien als zunächst angenommen und daß die starken Stromeinschränkungen in den Westsektoren auf eine Störung im Kraftwerk Golpa-Tschornewitz, das Berlin mit Fernstrom versorge, zurückzuführen wären. – O heiliger Simplicius! Zum Trost hat Oberst Howley, der amerikanische Kommandant von Berlin, uns versichert, daß wir trotz Warensperre aus der Ostzone, trotz Einstellung des Interzonenverkehrs, trotz Aufhörens jeder ostzonalen Milchlieferung an Westsektorensäuglinge nicht zu verzagen brauchten. Noch dreißig Tage reichten die Lebensmittelvorräte im amerikanischen Sektor. Und dann ... »Wir werden nicht zulassen, daß die Berliner Bevölkerung hungert«, erklärt er laut und deutlich. Uns fällt eine Last von der Seele. Also nicht nur die Besatzungstruppen, auch wir dürfen hoffen ... Wir hoffen wieder! Denn was Oberst Howley sagt, das hat er bisher auch gehalten.

Sonntag, 27. Juni 1948

Zwei Stunden Stom am Tage. Am Sonntag nur eine. Der Gerechtigkeit wegen soll es nach Plangruppen gehen. So hat ein jeder mal Aussicht, zu brauchbarer Zeit an sein Stromquantum zu kommen. Unsere Stromstunden sind von zwölf bis zwei Uhr nachts. Was davor- und dahinterliegt, ist stromlos, lichtlos, radiolos. Seit kurzem fahren Lautsprecherwagen des RIAS durch die Straßen der Westsektoren und ersetzen den Nachrichtendienst. Es ist verdrießlich, im Zentrum des Weltgeschehens zu stehen und nur zwischen zwölf und zwei Uhr nachts von ihm unterrichtet zu werden. Also rennen wir, wenn der RIAS-Wagen kommt. Er meldet das Neueste und Wichtigste: »Weitere Verstärkung der Luftbrükke auf 100 Flugzeuge täglich. Das Baden in freien Gewässern verboten, da infolge der Stromsperren eine Verunreinigung durch Abwässer zu befürchten ist. Weitere Verhaftungen im Ostsektor von Inhabern Deutscher Mark. Kurs des Tapetengeldes 30:1 zugunsten der Westmark.« – Der RIAS-Wagen entfernt sich. Bestürzt bleiben wir zurück. Das sieht nicht so aus, als ob es bald besser würde.

Im Gegenteil. In den Kommentaren der Presse steigert sich die Beurteilung der außenpolitischen Lage wieder mal von »ernst« über »sehr gut« zu »außerordentlich ernst«. Wie zufällig sind als Gäste in Berlin gleichzeitig der stellvertretende amerikanische Kriegsminister, der Leiter der US-Armeeplanungsabteilung, der Oberbefehlshaber der britischen Rheinarmee und ein Sonderbeauftragter Trumans eingetroffen. »Entscheidungen stehen bevor«, bringt der Tagesspiegel in großer Aufmachung. »Die russische Expansionspolitik hat mit ihrer jüngsten Serie von Vertragsverletzungen in Berlin eine Lage geschaffen, über deren Ernst man sich in den Vereinigten Staaten keinen Illusionen hingibt. In der Regierung sind Beratungen im Gange, um über die Schritte zu entscheiden, die durch das russische Vorgehen notwendig geworden sind oder notwendig werden. Die Entscheidungen werden in Kürze bekanntgegeben.« – »Kein zweites München«, hört man von allen Seiten.

Im Moskauer Sender veröffentlichen sie die Vorschläge, auf die sich die Außenminister der russischen Satellitenstaaten in Warschau zur Lösung des Deutschlandkonfliktes geeinigt haben: »Bildung einer gesamtdeutschen Regierung. Frieden mit Deutschland, Abzug sämtlicher Besatzungsmächte ein Jahr nach Abschluß des Vertrages, Beibehaltung der Oder-Neiße-Grenze und Viermächtekontrolle der Ruhr.« Wenn wir wirklich Frieden hätten ... Und wenn nach Abzug der Besatzungstruppen ein neuer Verschmelzungsschrei, der langerstrebte »Ruf nach Anschluß« laut würde ... Wer sagt dann nein? Wer sagt dann ja? Wer sorgt dafür, daß wir ohne Nötigung ja oder nein sagen können? Amerika ist weit, und Rußland ist nahe. Tagesmarschnahe, um im Nu als Beschützer zur Stelle zu sein. Warum sind wir bloß so mißtrauisch, in jedem sowjetischen Vorschlag den Pferdefuß zu suchen. Vielleicht meinen sie es diesmal ehrlich. – Blockade, brummt alle acht Minuten ein neues Luftbrückenflugzeug über uns. Blockade, mahnen die Stromsperrstunden, die RIAS-Wagen, die verödete Autostraße nach Helmstedt, die rostenden Eisenbahnschienen der Interzonenstrecke, die ausfallenden Trambahnen, die stilliegenden Betriebe, die lichtlosen Straßen und Häuser im westlichen Sektor der Festung Berlin. »Wir werden die Westsektoren austrocknen wie eine abgeschnürte Warze«, sollen die Sowjets gesagt haben. Und *diesmal* meinten sie es fraglos ehrlich.

Freitag, 2. Juli 1948

Am Bahnhof Zoo wird Währung gehandelt. Man braucht sich nur zwischen die Menschen zu mischen, die vom Stadtbahnbogen bis zur Gedächtniskirche die Straßen füllen, und seine Ost- oder Westscheine sichtbar in der Hand zu halten. Noch keine zwei Minuten – und das Wechselgeschäft ist im Gange. »Brauchen Sie Ostmark ...?« »Brauchen Sie Westmark ...« Jemand streift an einem vorbei, flüstert einem ins Ohr. Ein Blick in die Runde ... Ein Griff in die Brieftasche ... Wie durch Zauberschlag verwandeln sich die sechs Westmark zwischen den Fingern in fünfzehn Tapetenscheine. Seit vier Tagen ist der Kurs von 30 oder gar 40 auf zweieinhalb gefallen. Warum? Wir wissen es ebensowenig, wie wir alles andere wissen, das mit dem Auf und Ab unseres Blockadeschicksals zusammenhängt. »Nun stell dir das mal vor«, klagt Heike. »Streichhölzer, nur Westgeld. Zwiebeln, halb Ost und halb West. Rosinenzuteilung, Westgeld. Dekadenzucker, Ostgeld. Ein Bündchen Schnittlauch, halbe-halbe. Seifenaufruf, Ostwährung, die zugehörigen Einweichmittel, Westwährung. Ja, sind wir denn Mathematikakrobaten?«

»Nun stell'n Sie sich das mal vor«, klagt unser Verlagsleiter. »Für Zeitungen geben sie nur Ostgeld. Für die Druckrechnung verlangen sie Westgeld. Die Angestellten haben Anspruch auf 25 % Westwährung, und was wir einnehmen, ist 100 % Ostwährung.«

Samstag, 10. Juli 1948

»Es ist toll, wie sich in den letzten drei Wochen hier alles verändert hat«, schreibt Frank aus München. »Man spricht nicht mehr von Kalorien, weil es genug zu essen gibt. Die Läden sind voll mit Waren, die Kioske mit Zeitungen und Zeitschriften. Das einzige, was uns fehlt, ist Geld ... Aus Berlin kommen beängstigende Nachrichten. Ich sorge mich um Euch. Kommt nach dem Westen!«

Sollen wir gehen? Sollen wir bleiben? Ich schaue in die leeren Läden. Ich rechne Ostgeld in Westgeld um und Westgeld in Ostgeld. Ich lese im Tagesspiegel, daß das Gaskontingent gekürzt werden müsse und das Stromkontingent nicht mehr aufrechtzuerhalten sei, daß bereits 50% der Westberliner Betriebe wegen Strommangel stillgelegt wären und U-Bahn und Trambahn nur noch bis sechs Uhr abends verkehren. Ich höre, daß die SMA dreißig Proteste wegen Verletzung der Flugregeln im Luftkorridor eingereicht und seit heute wegen »Schleusenreparatur in Rathenow« auch den Wasserverkehr zwischen Berlin und den Westzonen eingestellt habe. Und ich denke: wir sollten wohl gehen. – Ich sitze in der Straßenbahn nach Moabit. Neben mir sitzt eine Frau. Behutsam, als hätte sie Angst, etwas zu verschütten, bückt sie sich über ihre Einkaufstasche. Wir kommen ins Gespräch. »Ich will rasch zu Bekannten«, sagt sie. »Der Russe soll in Moabit das Wasser abgestellt haben. Da will ich hin und denen etwas Wasser bringen. Daß sie sich wenigstens ihren Kaffee kochen können.« Wasser nach Moabit. In leeren Essig- und Seltersflaschen. – Ich schaue auf die Frau und denke: wir müssen doch bleiben. Menschen, die Kaffeewasser von Charlottenburg nach Moabit tragen, darf man nicht im Stich lassen.

Dienstag, 20. Juli 1948

Also bleiben – also gehen. Also gehen – also bleiben. Wenn man nur wüßte, wie es weiterginge. Immer noch schwanken wir unentschlossen hin und her. Die Luftbrücke stabilisiert sich. Alle drei Minuten ein Flugzeug. Seit kurzem sollen sie sogar Kohlen einfliegen. »Wir bleiben«, versichern uns täglich die Amerikaner. Aus welchem Grunde aber bleiben sie? »Weil sie durch die Luftbrücke eine wunderbare Chance haben, Piloten für den Kriegsfall auszubilden«, sticheln die Antiwestlichen. »Und weil sie sich durch den Ausbau der Berliner Flugplätze die schönsten Luftstützpunkte vor der Nase der Russen schaffen. Oder dachtet ihr etwa, daß sie euretwegen blieben?« Brücke – Brückenkopf – Fußmatte, rekapituliere ich im stillen die Stationen unseres Abstiegs. Sollten wir wirklich nur Fußmatte sein? ... »Berlin kämpft für die Freiheit Europas. Die tapfere Haltung der Westberliner rettet die Europäische Demokratie«, beteuert uns ein westzonaler Politiker nach dem anderen. Verbundenheitstelegramme aus allen Ländern. Niedersachsen spendet eine Tagesration für Berlin. Man sammelt Eier, man sammelt Butter, man sammelt Fleisch, Käse, Trockenmilch und Arzneimittel. »Dank an die tapfere Hauptstadt!« – Die Kisten türmen sich auf den Abflughäfen. Es fehlt nur der Frachtraum, sie zu befördern. Das Mitgefühl der Welt rührt uns nicht wenig. Also sind wir doch nicht nur Fußmatte. Und wenn wir noch ein Weilchen durchhalten ...

Freitag, 23. Juli 1948

Ohne Licht, ohne Radio, ohne Kochstrom. Gut, daß es Sommer ist, denken wir jeden Tag. Die Abende sind länger, und es macht nicht soviel aus, wenn man tagelang nichts anderes zu sich nimmt als Margarinebrote und Schnittlauchbrote. Man könnte auch Wasser dazu trinken. Aber seit die Kläranlagen nicht mehr funktionieren, ist es ratsam, Wasser nur in abgekochtem Zustand zu genießen. Abkochen kann man nachts. Zwischen zwölf und zwei, wenn Plangruppe C – wie Cäsar – ihren dieswöchigen Strom bezieht. Manchmal kommt er schon um halb zwölf. So sitzen wir und warten. Wir tappen durch die Wohnung wie Blinde. Wir gähnen und reden über die Blockade. Ob die Luftbrücke es schafft und ob sich Berlin wird halten können. »Berlin wird sich halten«, sagen wir, wenn wir die Abendkerze anzünden. »Es ist eine Energie- und Nervenfrage.« – »Berlin kann sich nicht halten«, seufzen wir, während die Kerze niederbrennt und die Minuten wie Schnecken dahinschleichen. Immer lahmer werden die Gespräche. Schlafen, nur schlafen. Wenn es noch lange so weitergeht, werden wir zusammenbrechen. ... Es ist eine Nervenfrage. Heike fängt vor Müdigkeit an zu weinen. – »Ah«, rufen wir plötzlich wie aus einem Mund, »Licht!« Wir rennen durcheinander, wir lachen und lärmen, als hätten wir Wein getrunken. Zum Schalter, zum Kochherd, zum Radio. Kochen, Strümpfe waschen, ein Hemdchen aufbügeln, Nachrichten hören. Vor allen Dingen Nachrichten hören. Der RIAS sendet stündlich, die ganze Nacht. Wir hören Ost, wir hören West. Über uns brummen Flugzeuge. Alle drei Minuten ... Es ist eine Nervenfrage. Zwischen zwölf und zwei Uhr nachts fühlen wir uns mit unseren Nerven sehr stabil. Nicht Fußmatte, sondern Helden. Berufene Verteidiger der europäischen Freiheit. Um zwei Uhr ist der Tag zu Ende. Um sieben Uhr beginnt der neue. Ohne Licht, ohne Radio, ohne Kochmöglichkeit.

Sonntag, 25. Juli 1948

Es ist eine Nervenfrage. Heute vor einem Monat war der Geburtstag der Tapetenmark. Heute schlägt ihre Sterbestunde. Im Ostsektor und in der Ostzone wird, laut Befehl des Obersten Chefs der Sowjetischen Militärverwaltung, die Kuponmark in die Deutsche Mark der Deutschen Notenbank umgewandelt. Der Umtausch erfolgt 1:1. Kopfgeld 70 Mark. Darüber hinausgehende Beträge werden dem Inhaber nach Prüfung der »Echtheit und Umlauffähigkeit« der vorgelegten Geldscheine auf ein Sparkonto gutgeschrieben, über das er ab 15. August uneingeschränkt verfügen können soll. Von übermorgen an werden Kuponmark nicht mehr in Zahlung genommen. Die Kopfgeldumtauschstellen sowie die Sparkonten befinden sich im Ostsektor. Wieder mal rennen wir »umtauschen«. Schlangen ohne Ende. Püffe, Gekeif und

Gezeter. Der Antrag des Magistrats, auch in den Westsektoren Umtauschstellen einzurichten, wurde von der SMA abgelehnt. Nun jagt man nach Köpenick oder nach Lichtenberg, nach Weißensee oder nach Hoppegarten, um seine Kuponmark an den Mann zu bringen. Um sechs Uhr hören Tram- und U-Bahn auf. »Mit uns können sie's ja machen«, schimpfen die Leute und boxen sich verbissen in die überfüllten Verkehrsmittel. Held oder Fußmatte. Was sich heute hier abspielt, ist nackter Selbsterhaltungskampf.

Freitag, 30. Juli 1948

Immer mehr gewinnt es den Anschein, als sollte uns die Blockade als Dauergeschenk erhalten bleiben. Schon längst hat uns die nazistische und postnazistische Praxis gelehrt, daß von allen Lösungen, die möglich sind, fast immer die schlechteste eintrifft: das Permanentwerden eines unerträglichen Zustandes.

Am 6. Juli protestieren die drei Westmächte in Moskau gegen die Blockade Berlins, erklärten sich jedoch zu Verhandlungen bereit, sobald diese aufgehoben sei. Am 15. Juli teilte die Sowjetunion ihren westlichen Verbündeten mit, daß sie gleichfalls zu Verhandlungen auf Viermächtebasis bereit, jedoch nicht willens sei, die Blockade als Voraussetzung für weitere Gespräche aufzuheben. Zwei »offene Türen«, durch die niemand eintrat. Vorgestern wurde bekannt, daß die drei westalliierten Botschafter in Moskau persönlich die Antwort ihrer Regierungen auf die letzte sowjetische Note dem Außenminister überbringen sollten. »Herr Molotow ist verreist«, heißt es heute in der Presseabteilung des sowjetischen Außenministeriums. Wann er zurückkehren werde, sei unbestimmt.

Alles erscheint unbestimmt. Die »offenen Türen« knarren, und unter ihrem unangenehmen Geräusch richten wir uns langsam darauf ein, eine Frontstadt auf Lebenszeit zu werden. Ob man nicht doch in den Westen gehen sollte? Ich erkundige mich im amerikanischen Luftreisebüro. Für die nächsten vierzehn Tage seien die D-Mark-Flugplätze ausverkauft, bedeutet man mir. Es sei denn – man mustert mich verstohlen –, ich könne den Flug in Dollar bezahlen. Der Besitz von Dollars ist strafbar. Auf dem schwarzen Markt handelt man sie mit 28 Westmark pro Stück. Diskret, denn wer als Deutscher bei Dollarbesitz ertappt wird, kommt ins Gefängnis. Man kann sich höchstens den Flug von einem Besitzberechtigten schenken lassen und dem Spender den Gegenwert seines Geschenks zum Schwarzkurs ... Aber darüber spricht man nicht, das tut man nur, erfahre ich von Leuten, die diskret zu verstehen geben, daß sie »es bereits getan« hätten. 28 Dollar kostet der Flug von Berlin nach Frankfurt. 28 mal 28. Wer hat schon 784 Westmark für einen einzigen Flug von Berlin nach Frankfurt. Noch dazu mit der Chance, beim Erwischtwerden ins Gefängnis zu wandern – »Komm! Komm!« drängt Frank in jedem Brief. Und wenn er im Sterben läge und wenn ich ihn nie mehr wiedersehen sollte – ich könnte nicht kommen. Die D-Mark-Flugkarten sind für die nächsten zwei Wochen ausverkauft. Meine »Tapetenmark« liegt im Ostsektor auf »Sparkonto«. Unser Verlag nimmt nur Ostgeld ein. Und da unsere Zeitung kein Kampfblatt, sondern nur eine Kulturzeitschrift ist, rangieren wir mit der Papierzuteilung über Luftbrücke an letzter Stelle. Wir müssen noch dankbar sein, wenn der Verkauf der winzigen Auflage wenigstens den Hauptteil der Ostmarkunkosten deckt. Berlin ist ein Gefängnis, aus dem nur wenige, vom Glück Begünstigte, hin und wieder befristete Ausgeherlaubnis erhalten. Treue zur Stadt – oder Treue zum Menschen? Ich hasse es, in einem Gefängnis zu sein.

Dienstag, 3. August 1948

Gestern abend waren die drei westlichen Botschafter in Moskau persönlich bei Stalin. »Sie fuhren fünf Minuten vor neun, Moskauer Zeit, durch das Tor des Kreml«, wird heute berichtet. Im übrigen – kein Kommentar.

Mittwoch, 4. August 1948

Alle russischen Zeitungen veröffentlichen in Großaufmachung das offizielle sowjetische Communiqué über die Besprechung Stalins mit den Diplomaten der Westmächte. Es umfaßt vierunddreißig Worte und lautet: »Der Präsident des Ministerrats der UdSSR J. W. Stalin empfing am 2. August den Botschafter der Vereinigten Staaten W. Smith, den Botschafter Frankreichs Chataigneau und F. Roberts, den persönlichen Delegierten des britischen Außenministers Bevin. Der Außenminister der UdSSR W. Molotow nahm an dem Empfang teil.« Punkt, Schluß. Und wir sind ebenso klug wie zuvor. Die Reporter der ganzen Welt ergehen sich in Mutmaßungen. Daß die drei Botschafter »lächelnd und gutgelaunt« den Kreml verlassen hätten, daß sie sich bei ihrer Rückkehr zur amerikanischen Botschaft »nicht einmal die Zeit genommen hätten, auf den Fahrstuhl zu warten, sondern die drei Treppen zum Büro Bedell Smiths zu Fuß hinaufgeeilt« wären, wird als günstiges Zeichen gedeutet. Ebenso, daß es »die längste Unterredung« gewesen sei, die Stalin seit Jahren gewährt habe.

Donnerstag, 5. August 1948

»Kein Kommentar«, sagt Außenminister Marshall in Washington. »Kein Kommentar«, sagt Außenminister Bevin in London. »Kein Kommentar«, sagt Außenminister Schuman in Paris.

Mittwoch, 11. August 1948

Kein Kommentar. Aber am 9. haben die drei Botschafter mit Molotow verhandelt, und man erwartet, daß dieser und der ersten Verhandlung noch viele und lange Besprechungen folgen würden ... Es ist eine Nervenfrage!

Samstag, 14. August 1948

Vorschläge und Gegenvorschläge in Moskau. Über ihren Inhalt ist nichts bekannt. Den einen Tag sieht es günstig aus, den anderen wieder ungünstig. Die Östlichen sagen: Viermächteverhandlungen und anschließend Aufhebung der Blockade. Die Westlichen sagen: Aufhebung der Blockade und anschließend Viermächteverhandlungen. – »Es ist unwürdig, wenn vier Parteien ein Haus bewohnen und eine von ihnen nötigt die anderen drei, dieses Haus statt durch die Tür nur durch den Schornstein zu betreten«, heißt es in England. – Wir schwanken zwischen himmelhochjauchzend und zu Tode betrübt. Aber auch das Schwanken wird allmählich Strapaze, wenn man nicht der Hund ist, der sich um den Knochen zankt, sondern der Knochen, um den sich die Hunde streiten.

Donnerstag, 19. August 1948

Auf Herrenchiemsee in Bayern tagt ein Verfassungskonvent, um über die neue deutsche Verfassung zu beraten. – Eine westdeutsche Verfassung! Die Grenzen zwischen den drei Westzonen fallen. Die Berliner Sektorengrenzen wachsen höher und höher. »Aufhebung der Blockade und anschließend Viermächteverhandlungen.« »Nein, Viermächteverhandlungen und anschließend Aufhebung der Blockade«, streitet man in Moskau. Und während man sich in Moskau »kommentarlos« streitet, auf Herrenchiemsee den Westdeutschen Staat vorbereitet, sitzen wir stromlos und radiolos, bei Trockenkartoffeln, Trockengemüse, Backobst und Büchsenfleisch und grübeln über unsere Lage. Held oder Fußmatte. – »Sehr einfach«, sagt Heike. »Der ganze Unterschied ist der: Der Westen hat eine Chance, und Berlin hat keine. Es sei denn die, zu schlechter Letzt doch in der Ostzone zu versinken.« – »Aber die Amerikaner bleiben«, wende ich ein. »Gewiß, sie bleiben. Wie der Wachtposten auf einem Turm in der Brandung. Nur das, was sich da auf Herrenchiemsee abspielt, wird uns bloß als Zuschauer angehen und nicht ... und nicht als Nutznießer«, endet sie seufzend.
Zuschauer! Je länger ich darüber nachdenke, desto stärker muß ich ihr zustimmen. »Die Trennungslinie zwischen der östlichen und der westlichen Ideologie verläuft längs der

Elbe«, sagte Clay vor einem halben Jahr. »Hier haben wir eine Grenze errichtet, die wir auch halten werden.« – Wir liegen östlich dieser Grenze. Ein Wachtturm in der sowjetischen Brandung. Das Problem der »törichten Eltern«, das Problem des »to eat the cake and have it« hat sich auf überraschende und einfache Weise gelöst. Die Grenze verläuft längs der Elbe. Was jenseits von ihr liegt, ist Deutschland – wird Deutschland sein. Ein kleines Deutschland, aber ein sympathisches. Ohne preußische Aggression, ohne Gefahr eines Weltmachtanspruches, sowjetisch nicht infiziert, kurzum geeignet und würdig, der großen europäischen Völkerfamilie eingegliedert zu werden. – Der einzige Schutz gegen ein Vordringen des Bolschewismus ist ein wirtschaftsstabiles Westeuropa. Der Marshallplan hilft, es zu gründen. Westdeutschland erhält eine Regierung. Westdeutschland wird Deutscher Staat. Wirtschaftsstabil und sympathisch klein. Ein fester Wall gegen das Vordringen des Bolschewismus; ein braves unaggressives Kind in der Familie Europa. – Was diesseits der Elbe liegt . . . Schwamm drüber! Je weniger man davon spricht, desto leichter läßt es sich vergessen. Eine bittere Wahrheit und doch – voraussichtlich die einzige, die Europa zu retten vermag. Seit meiner Kinderzeit schwärmte ich für die Vereinigten Staaten von Europa. Nun, da sie näher rücken, stehe ich auf einem Wachtturm in der Brandung, und dreihundert Kilometer »östlicher Ideologie« trennen mich von ihrer Grenze. Von ihr – und von Frank. Was taugt ein Pazifist auf einem Wachtturm in der Brandung. Was tut eine Kulturzeitschrift mit wenig Papier in der Festung Berlin. – »Die Stellung halten«, antwortet man mir. »Das Unmögliche möglich machen!« »Nein«, sträube ich mich gegen die fatalvertrauten Formulierungen. »Die Schicksalsgemeinschaft nicht im Stich lassen«, drängt man mich vorwurfsvoll. »Ja«, muß ich reuevoll zugeben. Und wieder endet mein Konflikt mit einem Schwanken zwischen ja und nein.

Sonntag, 22. August 1948

Am Potsdamer Platz, dem Schnittpunkt der amerikanischen, britischen und sowjetischen Sektorengrenze, verläuft die Trennungslinie zwischen der östlichen und der westlichen Ideologie. Dort schossen vor drei Tagen erstmalig Deutsche auf Deutsche. Berliner auf Berliner. Schon vor längerer Zeit hatte der Polizeipräsident Margraf erklärt, daß er Befehle nur noch von der sowjetischen Besatzungsmacht entgegennähme, hatten die Westalliierten als Erwiderung darauf in ihren Sektoren eine eigene Polizeitruppe bewilligt. Die »illegale Westpolizei« – sagte die Ostpolizei. »Die illegale Ostpolizei« – sagte die Westpolizei, und es begann von hüben und von drüben ein gereiztes Geplänkel. Ein »Kidnappen im kleinen Grenzverkehr«. Razzien. Herüberzerren auf das andere Sektorengebiet. Proteste der Bevölkerung. Schüsse, Steinwürfe. Verhaftete und Verletzte. Wo steht der Feind? In Moskau verhandelt man – ohne Kommentar. Auf Herrenchiemsee arbeitet man einen westdeutschen Verfassungsentwurf aus. Die Luftbrückenflugzeuge bringen innerhalb vierundzwanzig Stunden 3-4000 Tonnen Versorgungsgüter nach Berlin. Und die Berliner Selbstmordziffer, in normalen Zeiten pro Tag 1,5, ist auf etwa sieben Fälle täglich gestiegen. – Nervenfrage!

Mittwoch, 1. September 1948

Die Blockade wird aufgehoben. Man wagt es kaum zu glauben, und doch soll es wahr sein. Gestern nachmittag trafen sich seit fünf Monaten erstmals wieder alle vier Militärgouverneure zu gemeinsamer Sitzung im Kontrollratsgebäude, um über die Aufhebung der Verkehrseinschränkungen und die Einführung einer einheitlichen Währung für ganz Berlin zu beraten. Erst wenn die technischen Voraussetzungen für diese beiden Punkte geklärt wären, würde ein Communiqué über den Stand der Moskauer Verhandlungen veröffentlicht werden. Im Helmstedt stünden schon die Kohlen und Lebensmittelzüge bereit, um in der ersten Minute des Grenzaufgangs ostwärts zu rollen. Berlin jubelt. Keine Trockenkartoffeln mehr, kein Büchsenfleisch, keine Stromsperren, keine mühsame Umrechnungsakrobatik Ost-D-Mark gegen West-D-Mark, Papier für die Zeitschriften und – was das wichtigste ist – keine Feindschaft mehr, keinen unauslöschlichen Haß von Berlinern gegen Berliner. – Heute begann in Bonn das erste deutsche Nachkriegsparlament seine verfassungsgebende Arbeit. Auch wir werden jetzt ihre Nutznießer sein. Am Abend illuminieren Heike und ich unsere Wohnung mit vier Kerzen statt mit einer. Wer weiß, vielleicht morgen schon knipsen wir unbekümmert unser Licht an jedem Schalter an.

Donnerstag, 2. September 1948

Die Beratungen der Militärgouverneure nehmen ihren Fortgang. Die Gerüchte über eine Aufhebung der Blockade haben sich nicht bestätigt. Wir sitzen bei einer Kerze und warten auf Strom.

Samstag, 4. September 1948

Flakübungen der Sowjets im Luftkorridor. Die Ostmark fiel auf 3,20, und im Kontrollratsgebäude tagt man immer noch geheim. Zum drittenmal mußte die Stadtverordnetenversammlung wegen Demonstrationen der SED vor dem Stadthaus verschoben werden. »Komm nach München«, schreibt Frank. Sein Brief ging einundzwanzig Tage, ehe er mich erreichte.

Montag, 6. September 1948

Heike stürzt ins Zimmer. »Putsch in der Stadt«, ruft sie. »Die SED macht einen Staatsstreich.« – Ich springe auf: »Wo?« – »In der Parochialstraße. Sie haben das Stadthaus erobert. Die Ostpolizei hält die Zufahrtstraßen besetzt. Wenn sie es schaffen ...« Sie ringt die Hände. Herrgott, jetzt Nachrichten hören! Ich reiße am Radioknopf. Tot. Plangruppe C – wie Cäsar – schaltet diese Woche von 22 bis 24 Uhr an, erinnere ich mich. Ich schaue auf mein Zifferblatt. 25 Minuten vor neun. Noch anderthalb Stunden. Ich laufe zum Fenster, beuge mich weit hinaus und lausche in den Abend. Alles still. Auf der Bismarckstraße ziehen zwei Frauen gemächlich ihren Leiterwagen hinter sich her. Ich lausche noch angestrengter. Kein Lärm, kein Knattern von Schüssen. »Wenn es geglückt ist, wären sie schon hier«, rede ich mir zu. Es kann nicht geglückt sein.

Endlich ist es zehn. RIAS: Gegen 11 Uhr vormittags erschienen Gruppen, Marschkolonnen und auf Lastwagen kommunistische Demonstranten vor dem Neuen Stadthaus. Sie zertrümmerten die Glasscheiben der Eingangspforte, überwältigten die sich zur Wehr setzenden Magistratsordner und besetzten den Sitzungssaal und die Besuchertribüne. Gegen 14 Uhr eröffnete ein Vorstandsmitglied der SED eine Stadtverordnetenversammlung, an der lediglich die SED-Fraktion und die Leiter der Ostzonen-CDU-Arbeitsgemeinschaft teilnahmen. Gegen 15 Uhr verließen die Demonstranten das Stadthaus. Um 20 Uhr 15 wurde es von Ostpolizisten besetzt und die Zufahrtstraßen wurden abgeriegelt. – Um 18 Uhr 30 traten die Stadtverordneten mit Ausnahme der SED-Fraktion zu einer außerordentlichen Sitzung in der Taberna Academica im Britischen Sektor am Steinplatz zusammen. Sie beschlossen, bis zur Rückkehr normaler Verhältnisse in den Westsektoren zu tagen und auf den 14. November die Wahl für ein neues Stadtparlament anzusetzen.

Also mißglückt! Zum mindesten nicht so geglückt, daß ein Staatsstreich daraus wurde. Ab heute haben wir nicht nur zwei Stadtpolizeibehörden, sondern auch zwei Stadtparlamente. Möglich, daß wir schon ab morgen zwei Stadtregierungen und eine chinesische Mauer mit Wehrgang und Wachttürmen längs der Sektorengrenzen haben. Vielleicht braucht man dann ein Auslandsvisum, um von Charlottenburg nach den Linden zu fahren. So wie wir damals dachten, als im Juli 45 die Viermächtebesetzung begann. Vielleicht.

Im Gebäude des Kontrollrats hielten die vier Militärgouverneure heute ihre bisher längste Besprechung ab. Sie dauerte 5 Stunden und 45 Minuten. Es ist eine Nervenfrage.

Montag, 13. September 1948

Hunderttausend Berliner demonstrieren am Donnerstag gegen die empörenden Vorgänge im Stadthaus und für die demokratischen Freiheiten auf dem Platz der Republik. Sie taten es in heiligem Zorn, für eine gerechte Sache. Frauen liefen vom Kochherd weg, der Friseur ließ seine Kundin unter der Wasserwellhaube im Stich, der Zeitungshändler schloß seine Bude, und jeder rannte und dachte: Ich muß demonstrieren. Wir gehören zum Westen. Wir müssen es beweisen. Wir sind Berliner. Wir sind eine Schicksalsgemeinschaft. Es ist herrlich, sich als Schicksalsgemeinschaft zu fühlen ... Als die Kundgebung zu Ende war, kam es am Brandenburger Tor zu gefährlichen Zwischenfällen. Man riß die Sowjetfahne vom Tor, man drohte und schrie. Russische Polizei griff ein. Sie schoß. Es gab einen Toten und mehrere Verwundete. Fünf Demonstranten wurden verhaftet. Gestern verurteilte sie das Sowjetische Militärgericht zu je fünfundzwanzig Jahren Arbeitslager. Das heißt Tod. Über kurz oder lang irgendwo im KZ oder in einem Uranbergwerk.

Am Sonntag gedachten hunderttausend Bewohner der Ostzone und des Ostsektors in einer von der SED einberufenen Kundgebung im Lustgarten der »Opfer des Faschismus aller politischen Richtungen und aller religiösen Bekenntnisse«. – Sollten etwa auch dort Frauen vom Kochherd weggelaufen sein, Friseure ihre Kundinnen im Stich gelassen und Zeitungshändler ihre Kioske geschlossen haben, um »demonstrieren« zu gehen. Rennend und denkend: Wir sind Berliner. Wir sind eine Schicksalsgemeinschaft. – Unheimlich kann es einem werden vor solcher Perspektive. Als schrieben wir alle uns eine Aufgabe zu, die gar nicht in unserer Macht stünde. Steht es in *unserer* Macht, ob die Alliierten sich streiten oder einigen? Steht es in *unserer* Macht, ob wir am westdeutschen Staat beteiligt werden oder nicht? Steht es in *unserer* Macht, ob über Berlin die Blockade verhängt oder ob sie aufgehoben wird? Wir demonstrieren dafür oder wir demonstrieren dagegen. In kindlichem Übereifer immer drei Schritte unserer jeweiligen Besatzungsmacht voraus. »Die Berliner sind wie die Hähne in den spanischen Hahnenkämpfen«, sagte kürzlich ein ›Neutraler‹. »Jede Besatzungsmacht stellt ihren Hahn im Korb vor sich hin. Dann hacken die beiden so lange aufeinander los, bis der eine tot, der andere sterbend vom Platz getragen wird. Und noch im Sterben reckt sich der Siegerhahn und schreit ein triumphierendes Kikeriki.«

Donnerstag, 16. September 1948

Das Gebäude des Kontrollrats steht verlassen. Die Konferenz der Militärgouverneure ist gescheitert, und man bereitet einen neuen Schritt in Moskau vor. Es heißt, man will versuchen, ein zweites Mal direkt bei Stalin zu intervenieren. Generalissimus Stalin sei verreist, berichtet die sowjetische Presse. Er habe die Stadt bereits seit mehreren Tagen verlassen und verbringe einen einmonatigen Urlaub am Schwarzen Meer. – Erstaunlich konservativ sind die Sowjets in ihren Ausreden. Brückenreparaturen, Schleusenreparaturen, Schienendefekte und Urlaubsmeldungen. Jetzt soll die Berliner Angelegenheit an den Sicherheitsrat der UNO weitergegeben werden. Zum drittenmal seit Kriegsende steigern sich die kommentierenden Adjektive zur Skizzierung der außenpolitischen Lage von schlimm, schlimmer zum »beinahe schlimmsten«.

Montag, 20. September 1948

Wir verdrucken unser letztes Papier. »In absehbarer Zeit kann über die Luftbrücke für Zeitschriften keines mehr eingeflogen werden«, erklärte unsere Lizenzbehörde. – Es ist verständlich. Ehe man für tagespolitisch unwichtige Zeitschriften Papier einfliegt, muß man Kohlen für die Betriebe einfliegen, die tagespolitisch wichtige Zeitungen drucken. Und ehe man Kohlen für die Betriebe einfliegt, muß man Trockenkartoffeln einfliegen und Dörrobst, Fett, Eiweiß und Kohlehydrate, um die, die in den Betrieben arbeiten, am Leben zu halten. Die Möglichkeit der Schwarzlieferung aus

Ostsektor und Ostzone verringert sich ständig. Schon kleinste Lebensmittelmengen beschlagnahmt an der Sektorengrenze die Ostpolizei. Kontrollen in den U-Bahnen, Kontrollen in den S-Bahnen. Straßenrazzien, Gepäcküberprüfung und Einziehung sämtlicher Westgeldbeträge, die die Opfer der Kontrollaktion in der Tasche tragen.
Wohl gibt es auch Schwarz-Papier. Trotz allem, denn die Sowjets sind an Westgeldeinnahmen interessiert. Woher aber Westgeld nehmen, wenn man es nicht hat. Der Umrechnungskurs schwankt zwischen drei Mark fünfzig und vier Mark fünfzig. Jede Schwarzmarktware verlangt in Westwährung den dreieinhalb- bis viereinhalbfachen Ostmarkbetrag. Es ist ohne Sinn, Produkte zu verkaufen, deren Gestehungskosten über dem Verkaufspreis liegen. Als würfe man alle vierzehn Tage fünfzigtausend Zehnpfennigstücke unter das Volk. Also verzichten wir auf die Schwarzpapierchance. »Die Stellung halten ... das Unmögliche möglich machen«, beharrt unser Chefredakteur verbissen. – Heute sind die Westvertreter aus Moskau abgereist. Ergebnislos. Nun bleibt es der UNO überlassen, die »Stellung zu halten« und das Unmögliche einer west-östlichen Einigung im Berliner Konflikt nach Möglichkeit möglich zu machen.

Dienstag, 5. Oktober 1948

Jo Thäler verließ Berlin. »Es ist zwecklos, hier zu bleiben«, sagte er beim Abschied. »Berlin hat keine Chance mehr.« Einer nach dem andern rüstet sich zum Aufbruch. Mit zwanzig Kilo Gepäck, wenn er die Luftbrücke benutzt. Mit Rucksack und Handköfferchen, wenn er sich schwarz über die Grenze wagt. Was darüber hinausgeht, bleibt zurück. Nicht zum erstenmal fangen wir ein neues Leben ohne Möbelstücke an. Immer kleiner wird der Kreis der Vertrauten. Immer größer die Mühsal, sie zu erreichen. Man kann ja nicht alle Wege zu Fuß gehn, und selbst in der Großstadt hat der Tag für einen Fußgänger nur vierundzwanzig Stunden. Ganz zu schweigen vom Bewirtungs- und Beleuchtungsproblem.

»Kommen Sie abends um neun«, sagen die Bekannten. »Von neun bis elf haben wir Strom. Sie kriegen auch eine Tasse heißen Tee.« – »Kommen Sie nachts um zwölf, sagt der Friseur zur Dauerwellkundin. »Von zwölf bis zwei haben wir Strom. Wenn Sie in der Nähe wohnen, wird es Ihnen nichts ausmachen.«
Es gibt etliche, die sich nach anderen Gesichtspunkten orientieren. Zum Beispiel die, die an einem »alliierten Strang« hängen. Der »alliierte Strang« ist die Glücksvokabel Westberlins. Kennwort für die Tatsache, daß man mit seiner Lichtleitung an ein Kabel angeschlossen ist, das eine Dienststelle oder einen Wohnblock der Besatzungsmächte versorgt. Zwar, auch sie haben Sperrstunden. Aber von achtzehn bis dreiundzwanzig Uhr gibt es Licht. Und um dreiundzwanzig Uhr kann ein vernünftiger Mensch zu Bett gehen, mit dem befriedigenden Bewußtsein, in Ruhe seine Nachrichten gehört, seine Strümpfe gestopft, seine Wäsche gewaschen, sein Essen gekocht, seine Freunde bewirtet, seine Zeitung gelesen, kurzum alles erledigt zu haben, was man sich normalerweise an außerberuflichen Tageserledigungen wünscht. – Wir hängen an keinem Strang. Es ist ein Zufall. Ein schmerzlich spürbarer allerdings, wenn man in einer elektrischen Siedlung wohnt.

Donnerstag, 14. Oktober 1948

Unser Chefredakteur hat einen Weg ausgeklügelt, auch ohne Papier in Berlin zu bleiben. »Das Ei des Kolumbus!« strahlt er. »Wir setzen in Berlin, fliegen die Matern über die Luftbrücke nach Süddeutschland, drucken dort aus und schaffen die fertige Auflage mit dem Postzeitungszug zurück nach Berlin.« »Also vier Kolumbuseier«, kann ich mich nicht enthalten zu bemerken. »Und noch dazu das vierte eines von Sowjets Gnaden.« Er sieht mich vorwurfsvoll an. »Der Zeitungszug fährt!« – Sein Optimismus rührt mich. Ich mustere sein mageres Gesicht, den faltig um seine Glieder schlotternden Anzug. Er klagt nicht über Trockenkartoffeln, er jammert nicht über Stromsperren. Seine Finger sind gelb vom Stummelrauchen, und jeder, der Berlin verläßt, ist für ihn ein Verräter. An der Sache Berlins. – Die Sache der Freiheit!

Um der Freiheit willen ist heute auch der westorientierte Magistrat aus dem Stadthaus ausgezogen und hat sein Quartier im britischen Sektor aufgeschlagen. Zwei Stadtparlamente, zwei Polizeibehörden, zwei Stadtregierungen und – seit neuestem – auch zwei Berliner Universitäten. Die chinesische Mauer an der Sektorengrenze steigt langsam, aber sicher.

Samstag, 23. Oktober 1948

Länger werden die Nächte, die Tage kühler. Wenn man einem Bekannten auf der Straße begegnet, fragt er: »Haben Sie Kohlen? Wissen Sie, wo es Kohlen gibt?« Der Hundertjährige Kalender soll einen milden Winter prophezeien. Wenn wir schon nicht an die Aufhebung der Blockade glauben, so klammern wir uns wenigstens an diese Prophezeiung. Nur nicht mehr so frieren wie im Winter 46. Ohne Licht. In dunklen Häusern und an kalten Öfen. Damals teilte man uns einen Zentner Preßkohlen zu. Für die gesamte Heizperiode. Heute hört man nichts von Kohlenzuteilung. »Meldet eure Lebensmittelkarten an euern Haushaltsausweis im Ostsektor an«, werben die ostlizenzierten Zeitungen. »Die sowjetische Besatzungsmacht ist in der Lage, auch die Bewohner der Westsektoren ausreichend zu versorgen.« – Ein verführerisches Angebot, wenn man an die Möglichkeit reichlicher Kohlenzuteilung denkt. Ein utopisches, wenn man sich vergegenwärtigt, daß man jeden seiner Einkäufe über die Sektorengrenze schleppen muß. Durch die Kontrollen der Ostpolizei in die übervollen Verkehrsmittel, bei jedem Weg ausgesetzt dem Risiko, daß ausgerechnet *die* Fett-Seifen-Kohlen- oder Fleischration, die man einkaufen will, noch nicht aufgerufen worden ist. Dann schon besser Trockenkartoffeln, entscheidet die Mehrzahl der Westberliner. Und demonstriert wieder einmal – halb Heldentum, halb Selbsterhaltungstrieb – die Verbundenheit gegen den Osten.

Mittwoch, 27. Oktober 1948

Den ganzen Monat hindurch haben sich die Neutralen, an ihrer Spitze der argentinische Außenminister Bramuglia, bemüht, im Sicherheitsrat eine Lösung des Berliner Konflikts zu erreichen. Bis auf Stundenkürze hatten sie die verschiedenen Standpunkte – Aufhebung der Blockade, dann Viermächtekonferenz, Viermächtekonferenz, dann Aufhebung der Blockade – einander nahegebracht. Was nicht nacheinander möglich ist, kann vielleicht gleichzeitig annehmbar werden, dachte Bramuglia, arbeitete mit seinen neutralen Kollegen einen entsprechenden Vorschlag aus und überreichte ihn den Vertretern der Streitparteien. »Ja«, stimmten die Westlichen. »Nein«, sagte Wyschinskij, der sowjetische Delegierte, und legte in Rußlands Namen sein Veto gegen die Entschließung ein. Auch diese Aktion zur Rettung Berlins dürfte damit abgeschlossen sein.

»Geh nach dem Westen«, rät mir jetzt auch Heike. »Wer hier nichts zu demonstrieren hat, soll abhauen. Es paßt ein College nicht nach Stalingrad, ein menschliches Erziehungsblatt auf keinen vorgeschobenen Frontposten.« »Und du?« frage ich. Sie hebt die Achseln. »Solange wir hier noch Theater spielen ...« »Solange der Postzeitungszug noch verkehrt ...«, ergänze ich ihren Gedankengang, und keiner von uns beiden spricht den Satz zu Ende.

Freitag, 29. Oktober 1948

Auch Andriks englischer Freund hat Berlin verlassen. Viele Mitglieder der Besatzungsmächte sind während der letzten Monate ausgewechselt worden. Ihre Dienstzeit war abgelaufen. Neue traten an ihre Stelle. Man muß erst warm werden mit ihnen. Aber das Warmwerden ist schwer, denn fast alle sprechen nur Englisch. Wenn man sie fragt, wie lange die Blockade andauern würde, lächeln sie philosophisch und antworten: »Oh, about fifty years.« Es mag sich leichter an fünfzig Jahre denken lassen, wenn man Angehöriger einer Besatzungsmacht ist, zwischen siebzehn und dreiundzwanzig Uhr Strom hat und, sofern es einem nicht mehr paßt, ganz einfach nach Hause reisen kann. Unser Zuhause ist Berlin. Mit einer Ost- und einer Westwährung. Luftbrükkenversorgt und durch zweihundert Kilometer östlicher Ideologie vom Restdeutschland getrennt. Ein Wachtturm in der Brandung.

Von Woche zu Woche nagt diese Brandung gefährlicher an seinen Mauern. Der Volksrat rüstet zu neuer Zusammenkunft. Wichtige Dinge, so heißt es, sollen auf ihr besprochen werden. Die Vorbereitung des Oststaats, Ausarbeitung eines Verfassungsentwurfs für das Gebiet sowjetischer Besatzung. Seit kurzem reist General Seydlitz, Mitkapitulator von Stalingrad und Stellvertretender Präsident des Nationalkomitees »Freies Deutschland«, durch die Ostzone und inspiziert die Volkspolizei. Flüchtlinge aus der Zone erzählen, daß sie auf 200 000 Mann, gut ausgerüstet und mit Waffen versehen, erhöht worden sei. »Es ist kaum anzunehmen, daß sie die Gewehre nur zum Putzen erhielt«, kommentieren die Zonenflüchtlinge ihren Bericht. Und lassen durchblicken, daß man sich in absehbarer Zeit auf einen neuen Putschversuch gefaßt machen müsse – wenn die Nacht am längsten und der Winter am kältesten sei. Unter diesen Auspizien nimmt sich die Warschauer Forderung auf »Abzug aller Besatzungstruppen ein Jahr nach Friedensvertrag« durchaus nicht verlockend aus.

Dienstag, 2. November 1948

Präsidentenwahl in den Staaten. Man setzt auf Dewey, den Kandidaten der Republikaner. »Wenn er durchkommt, wird der Kurs gegen Rußland schärfer«, sagen die Berliner und wissen nicht, was sie wünschen sollen.

Mittwoch, 3. November 1948

Er ist nicht durchgekommen. Zur Überraschung aller hat nicht Dewey, sondern Truman den Sieg davongetragen. »Beweis, daß das Volk keinen Krieg will«, schließen die

Optimisten. »Beweis, daß die Blockade weitergeht«, resignieren die Pessimisten. Der Schwarzkohlen-Zentnerpreis steht auf D-Mark 15 West. Der Durchschnitt der Berliner kauft sein Brennmaterial pfundweise. Von Zuteilung ist noch immer keine Rede. Allerdings wird geflüstert, daß zunächst ein Viertelzentner zu erwarten sei. In den U- und S-Bahnen pressen sich die Reisigsammler. Jeder Fahrgast ein Bündelschlepper. Man kann von Glück sagen, wenn man seine Strümpfe heil aus ihrer sperrigen Nähe bringt. Die Gartenbesitzer holzen ihre Bäume ab. Durchhalten ... – O daß man wüßte, wie lange es noch durchzuhalten gilt!

Freitag, 5. November 1948

Aus und vorbei! Der Postzeitungszug hat seine Tätigkeit eingestellt. »An der Grenze aufgehalten«, heißt es dürr im amtlichen Bericht. Fünfzigtausend Exemplare unserer Zeitschrift liegen irgendwo zwischen Helmstedt und Marienborn. Zwischen Bebra und Eisenach oder wo sonst sich der Zug über die Zonengrenze schob. Das bedeutet schlicht gesagt: Pleite. Zugegeben, es ist nicht die erste während der letzten vier Monate. Es mag auch die letzte nicht sein. Nur trifft solcher Tatbestand einen nachhaltiger, wenn er einem selbst passiert. Unmittelbarer, als wenn man ihn bloß aus der Zeitung erfährt. Frank telegraphiert: »Nimm das nächste Flugzeug.« »Durchhalten«, trotzt unser Chefredakteur ... »Am 5. Dezember sind die Wahlen in Berlin. Am 5. Dezember wird es sich entscheiden.«

Montag, 22. November 1948

Wir frieren. Heike stochert im mattglimmenden Ofen und seufzt. »Hätten wir nur die fünfzigtausend Zeitungen. Wer weiß, an welcher Zonengrenze sie jetzt modern.« Unsere Mottenkiste ist bis auf den letzten Rest geleert. Wenn wir zu Bett gehen, ziehen wir uns an, als rüsteten wir zu einer Grönlandtour. »Man wird so unschön«, tadelt Heike und blickt auf ihr in drei Strickjacken, zwei Paar Wollschlüpfer

und vier unterschiedlich gemusterte Schals gemummtes Figürchen. – Man wird so unschön, denke ich deprimiert, wenn ich die blaugefrorenen Gesichter, die in Hüllen undefinierbarer Farbe gewickelten Gestalten meiner Mitmenschen betrachte.
Dreizehn Tage bis zur Wahl. Im russischen Sektor hat man sie verboten. In Kürze sei in ganz Berlin die Abhaltung freier und allgemeiner Wahlen zu erwarten, gibt man als Grund bekannt. Und proklamiert zugleich für den betreffenden Tag im gesamten Gebiet des Ostsektors einen »Arbeitssonntag für den Aufbau Berlins«. Mit Sonderzuteilungen und markenlosem Essen. »Womöglich gar mit Kohlen«, streut ein Gerücht in die Welt. Hundertzehntausend Berliner wohnen im West- und arbeiten im Ostsektor. Wenn sie an dem Aufbausonntag nicht teilnehmen, fürchten sie Entlassung. Wenn sie an dem Aufbausonntag nicht teilnehmen, können sie nicht wählen. – Es ist eine Nervenfrage!

Mittwoch, 1. Dezember 1948

»Die Mehrheit des am 20. Oktober 1946 gewählten Berliner Magistrats hat seine Pflicht nicht erfüllt. Der Magistrat wird deshalb abgesetzt«, beschloß der »Demokratische Block Berlin«, gestern vom Stellvertretenden SED-Stadtverordnetenvorsteher Geschke in einer außerordentlichen Sitzung im Ostsektor bekanntgegeben. Zur Vorbereitung allgemeiner demokratischer Wahlen sei ein provisorischer demokratischer Magistrat gebildet worden. Friedrich Ebert, der Sohn des ehemaligen Reichspräsidenten, träte ab sofort als Oberbürgermeister an seine Spitze. – Herzlichen Glückwunsch! Zum Doppelmagistrat gesellt sich ganz folgerichtig ein zwiefacher Oberbürgermeister. Die SMA beteuert ihm ihr Wohlwollen. Und vor der Linden-Universität – der ostorientierten – demonstrieren hunderttausend Berliner. Für Frieden, Einheit, Demokratie. – Und gegen den »Spalter-Magistrat«.

Sonntag, 5. Dezember 1948

Westberlin wählt. Keine Unruhen. Keine Störversuche. Man spricht von riesiger Stimmbeteiligung.

Dienstag, 6. Dezember 1948

Westberlin hat gewählt. Von rund anderthalb Millionen Stimmberechtigten entschieden sich fast eineinviertel Millionen gegen die Politik der SED. Ein bewunderungswürdiges Ergebnis, wenn man bedenkt, daß diese Entscheidung mit aller Wahrscheinlichkeit Verschärfung der Blockade, einen Winter ohne Kohlen, Abende ohne Licht und ein Dauermenü von Trockenkartoffeln, Trockengemüse und Büchsenfleisch nach sich zieht. Wir gehen umher wie auf Flügeln. Es ist großartig, Berliner zu sein, fühlen wir. Es ist herrlich, in einer Stadt zu leben, die lieber Tod als Sklav, lieber Entbehrung als Diktatur zu wählen sich entscheidet. – »Dank den Kämpfern für die Freiheit«, drahtet es von allen Seiten. Aber der Postzeitungszug verkehrt nicht mehr, und auch der Kampf um die Freiheit bedarf einer materiellen Existenzgrundlage.

Montag, 13. Dezember 1948

Wenn ich in den Verlag komme, empfängt mich der Chefredakteur: »Kein Papier.« Wenn ich zu unserer Lizenzbehörde komme, sagt mir der zuständige Offizier: »Kein Papier.« – Die Luftbrücke ... »Es ist der nebligste Winter seit achtzig Jahren«, behaupten Wetterkenner. Die Luftbrücke tut ihr möglichstes. Aber das Unmögliche kann auch sie nicht ermöglichen. »Du mußt raus«, redet mir Heike zu. »Vielleicht, daß du im Westen ...« »Mach, daß du rauskommst«, redet mir Frank zu. »Ich bin sicher, daß du im Westen ...« Andrik, denke ich. Man kann doch Andrik nicht im Stich lassen. Auf dem Friedhof stehen die Grabsteine wie Gespenster im Nebel. Es kommt kein Trost von den feuchten Hügeln. Es kommt kein Trost von Andrik. Was für ein Irrtum, daß ich ihn hier suche.

Am Frühnachmittag gehe ich auf das Reisebüro der Overseas Airlines. Zum 29., sagt man, könne ich mich vormerken lassen. Vormerken ist noch keine Entscheidung. Vielleicht fliegt die Maschine nicht an diesem Tag. Vielleicht gibt es Bodennebel, Sturm, einen sonstigen Zwischenfall . . .

Samstag, 18. Dezember 1948

Wir haben die erste Kohlenzuteilung. Einen Viertelzentner Steinkohlen. Genau das Quantum, das das Gerücht prophezeite. Über der Luftbrücke nebelt es weiter. Ob sich der Himmel mit den Sowjets verbündet hat? Für heute in elf Tagen bin ich zum Abflug vorgemerkt. Heike und ich sprechen wenig darüber. Ich treffe auch keine Vorbereitungen. Wir tun so, als bliebe alles beim alten. Das Heimkommen im Dunkeln. Das Warten auf den Strom. Die Gespräche über die Blockade. Das Grübeln über Ostgeld und Westgeld. Der tägliche Gutenachtkuß. O kleine, süße Heike.

Dienstag, 21. Dezember 1948

Etwas Bestürzendes hat sich ereignet. Dorf und Stadtgut Stolpe, am Nordrand von Berlin, fast tausend Einwohner, die sich am 5. Dezember »für die Freiheit entschieden« hatten, sind von ihrer bisherigen französischen Besatzungsmacht an die Ostzone abgetreten worden. »Eingemeindung in das Land Brandenburg, laut Abkommen vom 29. Oktober 1945.« – Heute morgen zwischen eins und drei besetzten sowjetische Truppen überraschend das Dorf. Die Bevölkerung ist verzweifelt. »Und was tun wir, wenn Berlin eines Tages wie Stolpe eingemeindet wird?« verbreitet bissig ein Spottvogel. O wüßten wir es doch! Um uns bestürzte Augen, verstörte Gesichter und auf allen Lippen die gleiche Frage: »Sieht so die Zukunft derer aus, die die Freiheit wählten?«

Mittwoch, 22. Dezember 1948

Der Westmagistrat protestiert im Namen der Menschenrechte gegen die unerwartete Abtrennung. Er werde alles zur Unterstützung der Stolper Einwohner tun, die nicht unter sowjetischer Herrschaft bleiben wollten. Aber ihre Häuser! Ihre Wohnungen, ihre Stellung, ihr Vieh, ihr ganzes gewohntes Leben. Wieder fliehen Menschen über eine Grenze. Lieber Tod als Sklav. Lieber besitzlos im Westen als daheim unter Terror.

Freitag, 24. Dezember 1948

Alle Papiere sind in Ordnung. Für heute in fünf Tagen ist mein Flug nach Frankfurt fest gebucht. Ich sage weder ja noch nein. Die Wetterprognose verkündet Anhalten des Nebels. Wer weiß ...

»Übrigens habe ich einen Tannenstrauß besorgt«, eröffnet mir Heike gegen Abend. Ach richtig, ich vergaß. Es ist Weihnachten. Als der Strom kommt, macht sie einen Punsch aus Branntwein und Zucker. »Prost«, murmelt sie, und wir sehen uns nicht an.

Sonntag, 26. Dezember 1948

Abschied. Ich laufe durch die Straßen und möchte jeden Stein anfassen. Ich gehe auf fremde Menschen zu und frage irgend etwas. Es sind Berliner, denke ich. Wie nah sie mir stehen, wie lieb ich sie habe. Hier sagt keiner, daß man uns die Atombombe geklaut hätte. Niemand will die Prügelstrafe wieder einführen oder sein Werturteil über einen Menschen davon abhängig machen, ob er aus Bayern, aus Baden oder vom Spreeufer stammt.

Mein Chefredakteur schaut mich an wie einen Fahnenflüchtigen. Aber auch er hat keine Hoffnung mehr. Es gibt nicht viele Menschen, von denen ich mich verabschieden muß. Wie im Traum laufe ich durch die Straßen. – Dort, vor jener Bahnunterführung starb Andrik. Auch er liebte Berlin und würde nicht wollen, daß ich es verließe. Hier ist das Haus, aus dem sie Jakobs geholt haben und Bernsteins und die kleine Evelyne, die schon einmal in ihrem Leben eine richtige Birne gegessen hatte. Das Café, in dem Heinrich Mühsam seine Papiere ordnete, steht längst nicht mehr, genauso zerstört wie die Villa in Dahlem in der Ihnestraße. Ich lege einen letzten Strauß auf die Gräber von Ursula Reuber und Eva Gerichter. Ihr hattet uns zu Sachwaltern eurer unvollendeten Lebensaufgaben gemacht. Haben wir den Auftrag ausgeführt, den Funken weitergetragen über die Zeit? Ich denke an Graf Moltke, an Trott, an Wolfgang Kühn, an Anna Lehmann, Peter Tarnowsky und Margot Rosenthal, ich denke an den unbekannten Herrn Erichsohn, der nicht mehr mitmachen wollte und sich anders entschieden hatte. Und ich komme mir ein bißchen wie ein Verräter vor. Aber liegt ihr Auftrag nicht jenseits von Berlin, jenseits von Zeit und Ort? Die Worte von Freya Moltke fallen mir ein: »Es ist eine Gnade, den Funken tragen zu dürfen. Einmal – am Ende der Wüste – wartet auch auf uns – das Kind.«

Spät komme ich nach Hause. Im Flur läuft mir Heike entgegen. Sie lächelt ein bißchen krampfhaft. »Ich wartete so auf dich!«

Mittwoch, 29. Dezember 1948

Nie habe ich mir klargemacht, daß zwanzig Kilo Gepäck so wenig sind. Ich packe auf der Waage. Wintersachen. Bis der Sommer kommt, bin ich längst wieder hier. Nur jetzt nicht sentimental werden. Heike hat eine Flasche Cognac besorgt. »Prost!« murmelt sie. Und wieder sehen wir uns nicht an.

Nun muß ich gehen. Zwei Stunden Fahrt bis zum Flughafen Tempelhof. Man wird scharf kontrolliert. Gepäckvisitation. Leibesvisitation. Eidesstattliche Versicherung, daß man nicht mehr als dreihundert Westmark ausführt. Dann trennt eine Schnur die Abfliegenden von den Zurückbleibenden. »Heike«, stammle ich. Sie winkt. Ich sehe ihr Kindergesichtchen in dickem Nebel. »Bodennebel«, rede ich mir zu. »Die Maschine fliegt nicht.« Draußen knattert ein Motor. »Die Fluggäste

Berlin–Frankfurt werden gebeten, ihre Plätze einzunehmen«, ruft jemand durch den Lautsprecher. Mechanisch setze ich mich in Bewegung. Mechanisch sinke ich in einen Sessel und schließe die Schnalle des Sturzgürtels. »In die Freiheit!« sagt mein Platznachbar. In die Freiheit, will ich antworten. Doch aus meiner Kehle dringt kein Laut.

Die Motoren heulen auf. Wir rollen über die Startbahn, erst langsam, dann schneller, bis sich das Flugzeug mit einem Ruck in die Luft hebt. Rasen, Lichter, Häuserwände, S-Bahnschienen, Straßen verschwinden wie Fetzen im Nebel. Irgendwo da unten steht Heike und weint wie ich. Irgendwo da unten liegt verschwimmend im Nebel der Schauplatz BERLIN.

Nachwort

»Dieses Buch hat eine Geschichte, so unstet wie die Zeit, in der es entstand«, schreibt Ruth Andreas-Friedrich 1964 im Vorwort zur Taschenbuchausgabe ihres Buches »Der Schattenmann«, das bei Rowohlt unter dem Titel »Schauplatz Berlin. Ein Tagebuch aufgezeichnet 1938-1945« erschien. In der Tat hat dieses Tagebuch eine höchst merkwürdige Entstehungsgeschichte und – nicht zuletzt durch den Wechsel der Titel der diversen Ausgaben – auch eine verwirrende Publikationsgeschichte.

Zunächst wurde »Der Schattenmann« 1947 in englischer Übersetzung unter dem Titel »Berlin Underground« als erstes Buch eines nichtemigrierten Deutschen nach dem Kriege im Henry Holt Verlag in New York und kurz darauf bei Latimer House in London publiziert. Ruth Andreas-Friedrich hatte dem Manuskript, das sie Ende 1945 per Besatzungspost in die USA schickte, eigentlich einen anderen Titel gegeben: »Ich hatte das Buch ›Nein‹ genannt. ›Nein‹ zur Politik Adolf Hitlers. Durch eine Besprechung in der ›New York Times‹ erfuhr ich, daß es statt dessen den Titel ›Berlin Underground‹ trug. Als Gegenstück zu dem gleichzeitig im gleichen Verlag erschienenen Dokumentarbericht ›Germany Underground‹ von Allan Dulles.« Im Juli 1947 verlegte es Peter Suhrkamp im Suhrkamp Verlag Berlin unter dem Titel »Der Schattenmann. Tagebuchaufzeichnungen 1938-1945«. Danach war es jahrelang vergriffen; das Interesse an Berlin mochte in dieser Zeit wohl gestiegen sein, aber das Interesse an einer Wiederbegegnung mit der Nazi-Zeit war in den selbstzufriedenen und wirtschaftswunderlichen fünfziger und frühen sechziger Jahren offenbar gesunken. 1962 kam es wieder als »Schauplatz Berlin. Ein deutsches Tagebuch« im Rheinsberg Verlag Georg Lentz in München heraus; diesmal allerdings reichten die Aufzeichnungen nicht nur bis zum Kriegsende 1945, sondern waren ergänzt durch Aufzeichnungen der Autorin bis Ende 1948. 1964 veranstaltete Rowohlt die erwähnte Taschenbuchausgabe (rororo

660), die ein neues Vorwort von Ruth Andreas-Friedrich enthielt und deren Inhalt nun wieder nur bis 1945 reichte; allerdings stammt die letzte Eintragung nicht vom 28. April, sondern vom 29. August 1945. 1972 erschien das Buch, mit den Aufzeichnungen bis April 1945, in der DDR, in zweiter Auflage 1977; die Aufzeichnungen aus den Jahren von 1945 bis 1948 konnte die DDR natürlich in diese Ausgaben nicht einschließen, da man diese nicht mehr als »antifaschistisch« rechtfertigen konnte und die Autorin darin auch scharfe Kritik an der Zwangsvereinigung von SPD und KPD zur SED übte. Hinzu kamen Übersetzungen, neben der ins Englische eine französische (1966), eine holländische (1966), eine hebräische (1967) und eine ungarische Ausgabe (1975).
1983 griff der Suhrkamp Verlag auf den Titel aus der Frühzeit des Verlages zurück und veröffentlichte das Buch unter dem korrekten Titel der deutschen Erstausgabe in seinem »Weißen Programm«. Es stieß beim Publikum erneut auf überraschend großes Interesse; über 10000 Exemplare wurden verkauft; das Buch zählte damit zu den erfolgreichsten Titeln des »Weißen Programms«. Im Frühjahr 1984 wurde es nochmals – außerhalb des »Weißen Programms« – nachgedruckt; die Resonanz bei den Buchkäufern wie auch die Anmahnungen der Kritik machten es möglich, daß nun, 1986, auch der zweite Teil der Aufzeichnungen unter dem Titel »Schauplatz Berlin. Tagebuchaufzeichnungen 1945 bis 1948« neu aufgelegt wurde (suhrkamp taschenbuch 1294), diesmal ungekürzt; außerdem erschien 1986 eine Taschenbuchausgabe von »Der Schattenmann« (suhrkamp taschenbuch 1267) mit einem Nachwort, das Namen und Anspielungen im Buch historisch erläuterte. In Berlin wurden Teile von »Der Schattenmann« und »Schauplatz Berlin« im Mai 1985 zur Erinnerung an den Jahrestag der Kapitulation im Radio vorgelesen, in Berliner und Münchner Buchhandlungen fanden Lesungen aus dem Buch und Diskussionen dazu statt, und damit war eine Autorin einer zeitweiligen Vergessenheit entrissen, die selbst, ganz uneitel, nie sehr viel für die Verbreitung ihres Ruhms getan hatte.

Wer war Ruth Andreas-Friedrich? Sie wurde am 23. September 1901 in Berlin Schöneberg als Tochter des »Wirklichen Geheimen Kriegsrats« Dr. jur. Max Behrens und seiner Frau Margarete geb. von Drewitz geboren, verlebte ihre Kindheit in Berlin, Stettin und Metz, verließ 1918 das Lyzeum in Magdeburg, besuchte ein Jahr lang die Pawel'sche Frauenschule in Breslau und legte 1922 das Staatsexamen als Wohlfahrtspflegerin in Breslau ab. 1922/23 machte sie eine Buchhändlerlehre bei Trewendt & Granier in Breslau, übersiedelte nach Berlin und heiratete 1924 Otto A. Friedrich, den späteren Direktor der Phoenix-Gummiwerke Hamburg-Harburg und Präsident des westdeutschen Arbeitgeberverbandes. 1925 wurde ihre Tochter Karin Friedrich geboren; die Ehe wurde 1930 geschieden. In den zwanziger Jahren schon begann Ruth Andreas-Friedrich ihre journalistische Tätigkeit mit Buchbesprechungen und Feuilletons bei der »Neuen Badischen Landeszeitung« und der »Königsberger Allgemeinen« und schrieb später für zahlreiche Frauenzeitschriften und Illustrierte. »Seit Ausbruch des Krieges Übernahme des ›Briefkastens‹ und sämtlicher menschlicher Themen bei der Zeitschrift ›Die junge Dame‹«, schreibt sie in einem 1946 verfaßten Lebenslauf. Nach Kriegsende wird sie Konzessionärin und Mitherausgeberin der Wochenzeitung »sie« und danach Alleinherausgeberin der Frauenzeitschrift »Lilith«, die wegen des Papiermangels während der Berliner Blockade einging. Ende Dezember 1948 verläßt Ruth Andreas-Friedrich wegen der immer schwieriger werdenden Arbeits- und Lebensbedingungen Berlin und geht in die Bundesrepublik, wo sie ihre journalistische Tätigkeit fortsetzt. Sie lebt in München und heiratet 1955 Professor Walter Seitz, den Direktor der Münchner Universitäts-Poliklinik. Nach ihrem Tod am 17. September 1977 schreibt Alfred Frankenstein in den »Israel Nachrichten«: »Sie ist eine jener gerechten Deutschen, die den guten Namen des Volkes in seiner schlimmsten Zeit gerettet haben. Ihr Andenken sei gesegnet.«
Geht man die Bücher durch, die sie neben den beiden Tagebüchern veröffentlicht hat – Lieder- und Gedichtanthologien,

Benimm- und Lebenshilfe-Bücher von »Woher kommen die kleinen Kinder?« (1957; das erste Aufklärungsbuch nach dem Zweiten Weltkrieg, immerhin) bis zu »Jung durch Gymnastik« und »Schlank durch Diät« –, so wird deutlich, daß ihre Arbeit einzig durch die Tagebücher in den Bereich des Literarischen hineinragt, wenn auch ihre Bücher zur angewandten Psychologie, »Überwindung der Lebenskrisen« (1955), »Ursprung und Sinn der Träume« (1958) und »Wege aus der Einsamkeit« (1966), durchaus ernst zu nehmen und anspruchsvoll sind; Ruth Andreas-Friedrich interessierte sich immer für Psychotherapie und hatte Ende der dreißiger und in den frühen vierziger Jahren auch intensiven Kontakt mit dem Berliner Psychoanalytiker John F. Rittmeister, der wegen seiner engen Kontakte zu der Widerstandsorganisation »Rote Kapelle« im September 1942 verhaftet und am 13. Mai 1943 in Plötzensee hingerichtet wurde. Die Motivation aber, diese Tagebücher zu schreiben und zu veröffentlichen, lag gar nicht in literarischem Ehrgeiz; vielmehr wollte sie – zunächst und vordringlich für die Jahre von 1938 bis 1945 und vor allem vor denen, die nicht in Hitler-Deutschland geblieben waren oder hatten bleiben können – Zeugnis ablegen dafür, daß nicht alle Deutschen Nazis gewesen waren, daß es zwar keinen großen Aufstand gegen Hitler, aber doch einen »lautlosen Aufstand«, wie Günther Weisenborn dies in seinem Buch von 1953 nannte, gegeben hatte, einen Aufstand, der mit zur Wahrheit über jene Jahre gehörte. Im Vorwort zur Ausgabe von 1964 berichtet sie dazu etwas ausführlicher als in der kurzen Vorbemerkung zur deutschen Erstausgabe von 1947:

> »Im Spätsommer 1938 begegnete ich in Stockholm der Tochter Carl von Ossietzkys. Sie fragte mich: ›Nicht wahr, Sie bleiben doch in Schweden?‹ ›Nein‹, sagte ich, ›ich gehe zurück nach Deutschland.‹ Schroff wandte sie sich von mir ab. Plötzlich wurde mir klar, wie schwer es einmal sein würde, denen von draußen zu beweisen, daß nicht jeder, der in Deutschland blieb, ein Nazi sei. Ihnen verständlich zu ma-

chen, warum wir blieben und nicht gingen. Warum wir dennoch, im ganzen genommen, weder schlechter noch besser waren als sie. So begann ich, mir über alles, was um mich geschah, Notizen zu machen, Berichte und Zeitungsartikel zu sammeln, um mich für diese ›Zeugenaussage am Tage X‹ vorzubereiten. Als dann, wenige Wochen später, die Synagogen brannten, entschloß ich mich, meine Aufzeichnungen sofort so niederzuschreiben, daß ich sie am ›Tage X‹ unverzüglich denen vorlegen könne, um deren Verständnis es mir ging. Das geschah. Tag für Tag schrieb ich auf, was ich hörte, sah, erlebte. Verschlüsselt in einer Art Geheimschrift, mit Decknamen für alle, die ich nannte. Daß es sie und mich den Kopf kosten würde, wenn man dieses Tagebuch fand und es zu lesen verstand, war mir klar. Die fertigen Seiten verbarg ich. In der Bombenzeit nahm ich sie mit in den Keller. Sollten sie mit mir überleben oder vernichtet werden. So lag mein Tagebuch, notiert bis zum 28. April 1945, fertig da, als am 8. Mai 1945 der Krieg zu Ende war.«

Das Tagebuch lag da, war aber nicht das, was wir heute als Buch lesen. Von Juni bis September 1945 fertigte Ruth Andreas-Friedrich in Berlin eine maschinenschriftliche Fassung ihrer Tagebücher von 1938 bis 1945 an, für deren Publikation sie zunächst den Titel »Wir anderen«, dann, wie schon erwähnt, den Titel »Nein« vorsah. Die umfangreichen Notizen aus den sieben Jahren seit 1938 enthalten wesentlich mehr Material als das dann in »Der Schattenmann« veröffentlichte; die Autorin schied allzu Privates, Amouröses und Berufliches fast ganz aus, da es ihr nicht von allgemeinerem Interesse zu sein schien. Sie konzentrierte ihre Darstellung auf die politische Atmosphäre und ihre Arbeit in der Widerstandsgruppe »Onkel Emil«. Nach zwei fehlgeschlagenen Versuchen, ihre Aufzeichnungen in die USA befördern zu lassen, gelang es ihr, das Typoskript mit dem Titel »NEIN. Aufzeichnungen aus den Jahren 1938-1945«, von dem ein Durchschlag im Besitz von Karin Friedrich noch erhalten ist, an ihre inzwischen in New

York lebende Freundin Eva Landshoff (geborene Salomon, Tochter des Berliner Ehepaares Ernst und Margarete Salomon) zu schicken; auf Umwegen hörte sie, daß Carl Zuckmayer sich sehr für die Veröffentlichung ihres Tagebuchs einsetze und daß Barrows Mussey, Zuckmayers Übersetzer, es bereits ins Englische übertrage. Erst durch eine Besprechung in der »New York Times« erhielt sie dann Gewißheit, daß das Buch unter dem Titel »Berlin Underground« wirklich erschienen war. Ihre Absicht, die Aufzeichnungen zuerst und vor allem einem ausländischen Publikum als Zeugnis eines ›Anderen Deutschland‹ *im* Nazi-Deutschland vorzulegen, war erreicht.

»Wir haben ›Nein‹ gesagt – Gott, was rühme ich mich! – ›Nein‹ gedacht«, lautet eine der ersten Eintragungen des Tagebuchs am 27. September 1938. An diesem Tag hatte während der sogenannten Sudetenkrise Hitler in Berlin Truppen paradieren lassen, um zu testen, wie kriegsbereit die Bevölkerung sei; Ruth Andreas-Friedrich war mit einer Kollegin in die gar nicht jubelwillige, ostentativ stumme Zuschauergruppe vor der Reichskanzlei geraten. Und sie fährt fort: »Wir meinen Nein. Und wir wollen nicht. Aber was bedeutet unser Wollen? Was bedeutet es schon im Nazi-Regime, wenn zweihundert Menschen so tun, als ob sie eine Meinung äußern! Und dabei doch nichts anderes zuwege bringen als den kläglichen Mut, Herrn Hitler auf seinem Balkon zu übersehen!« Ruth Andreas-Friedrich und ihre »Clique«, ihr Berliner Freundeskreis, litten aber nicht nur unter dieser Situation, in der offener Widerstand gleichbedeutend mit Märtyrertum oder glattem Selbstmord gewesen wäre, sondern sie handelten. Im Zentrum der Aufzeichnungen von Ruth Andreas-Friedrich steht die jahrelange, mit Todesstrafe oder KZ bedrohte Hilfe, die sie und ihre Freundesgruppe Hitler-Gegnern, vor allem aber Juden und Halbjuden leisteten, ihre immer wieder auf die Probe gestellte Findigkeit im Ausnutzen von Lücken in der Überwachung durch die Gestapo und im Fälschen von Dokumenten, ihre Verzweiflung, wenn es ihnen nicht gelang, jemand erfolgreich zu verstecken und vor dem Tod zu retten. Es ist dieser Einsatz in dem langsam in Trümmer fallenden Berlin, der ihr in dem zitierten Nachruf den jüdischen Ehrennamen einer »Gerechten« eingetragen hat.

Es grenzt an ein Wunder, daß von den ungefähr 40000 Berliner Juden, die Ende September 1942 noch in Berlin waren, einige wenige die Mordaktionen der Nazis überlebt haben. Ende Februar 1943 war ihre Zahl durch den Fortgang der Deportation und durch die zahlreichen Selbstmorde schon auf ungefähr 26.000 gesunken; dann leitete Goebbels die sogenannte »Fabrik-Aktion« ein (vgl. Ruth Andreas-Friedrichs Tagebucheintragung vom 26. Februar 1943) und schätzte danach am 11. März 1943 die Zahl der Berliner Juden, deren die SS nicht hatte habhaft werden können, auf 4000, verkündete aber aus Propaganda-Gründen am 19. Mai 1943: »Berlin ist judenrein!« Die Zahl der versteckten Juden, die bis zum Mai 1945 überlebten, wird von einigen Hundert bis höchstens 7500 geschätzt. Nach Informationen, die Gershom Scholem 1946 in Berlin vom Leiter der Jüdischen Gemeinde erhielt, waren es 1500; dabei scheint aber nicht mitgerechnet die Zahl derer, die sich nach dem Krieg bei der Jüdischen Gemeinde nicht meldeten und/oder als »privilegierte Juden« (als Ehepartner von »Ariern«) aufgrund einer unerfindlichen Systematik verschont geblieben waren.

Die Decknamen, die Ruth Andreas-Friedrich in ihren Aufzeichnungen während des Dritten Reiches denen gab, die mit ihr den Verfolgten Hilfe leisteten, hatte sie im Typoskript für das Buch und dann im Buch beibehalten, teils, da sie nicht wußte, ob die Betreffenden nach 1945 mit der offenen Namensnennung einverstanden sein würden, teils auch, weil sie nicht ihre Freunde und sich mit ›Heldentaten‹ schmücken wollte. Inzwischen scheint es aber aus der historischen Distanz und aus Gründen der zeitgeschichtlichen Dokumentation nützlich und notwendig, die Identität derer zu kennen, die unter Decknamen im Buch auftauchen, sowohl in den Aufzeichnungen bis 1945 als auch zum Teil in der Fortsetzung des Tagebuchs bis 1948; damit wird auch deutlicher, wo die Querverbindungen zu anderen Hitler-Gegnern in den offiziellen Stellen und zu anderen Widerstandsgruppen lagen. Mit Hilfe von Hinweisen der Tochter von Ruth Andreas-Friedrich, Karin Friedrich, und unter Zuhilfenahme der einschlägigen Hilfsmittel konnte soviel ermittelt werden:

»*Andrik Krassnow*«: Leo Borchard, geboren am 21. März 1899 in Moskau als Sohn deutscher Eltern, 1918 nach Berlin emigriert, Dirigent, Lebensgefährte von Ruth Andreas-Friedrich in den dreißiger und vierziger Jahren. Nach Kriegsende erster Dirigent der Berliner Philharmoniker; gestorben am 23. August 1945. Vgl. zu seiner Biographie jetzt auch Matthias Strässner: »Der Dirigent Leo Borchard. Eine unvollendete Karriere«. Vorwort von Elmar Weingarten. Berlin: Transit 1999.

»*Heike Burghoff*«: Karin Friedrich(-Hess), Tochter von Ruth Andreas-Friedrich, geboren am 18. Februar 1925, in den vierziger Jahren Schauspielschülerin, dann fünf Jahre Schauspielerin am Hebbeltheater in Berlin, später für 39 Jahre Journalistin bei der »Süddeutschen Zeitung« in München. Autorin der Bücher »Wege ins Gelobte Land«, Berlin: Metropol 1994; »Zeitfunken. Biographie einer Familie«, München: C. H. Beck 2000. (Das Buch ist zugleich auch eine Biographie von Ruth Andreas-Friedrich und eine Darstellung der Zeit von 1938 bis 1948 aus der Sicht der Tochter von Ruth Andreas-Friedrich). Sie lebt heute in Gauting bei München und in Gruissan bei Narbonne.

»*Frank Matthis*«: Walter Seitz, geboren am 24. Juli 1905, damals Arzt an der Charité in Berlin; später untergetaucht. Aus Gründen der Tarnung bisweilen auch »Onkel Emil« genannt und danach dann die ganze Gruppe. Ging 1947 nach München, 1950 bis 1954 Abgeordneter des Bayerischen Landtags; langjähriger Direktor der Münchner Universitäts-Poliklinik. Gestorben 1997.

»*Flamm*«: Günther Brandt, Dr. jur., Landgerichtsrat; gestorben.

»*Hinrichs*«: Hans Peters, Dr. jur., geboren 1896, gestorben 1966 in Köln. Damals Major im Luftwaffenführungsstab, obwohl von den Nazis immer mißtrauisch beobachtet. Professor an den Universitäten Breslau, Berlin (Humboldt-Universität) und später Köln. 1940-41 und ab 1948 Präsident der Görres-Gesellschaft zur Pflege der Wissenschaften. Verbindungsmann der Gruppe »Onkel Emil« zum »Kreisauer Kreis« (vgl. hierzu »Der Kreisauer Kreis. Porträt einer Widerstandsgruppe. Begleitband zur Ausstellung der Stiftung Preußischer Kulturbesitz«. Bearbeitet von W. E. Winterhager. Berlin 1985, S. 72-75).

»*Erich Tuch*«: Dr. Erich Kordt, geboren 1903, Legationsrat im Auswärtigen Amt, 1941-1943 Gesandter bei der Deutschen Botschaft in Tokio und 1943-1945 in Nanking; später Professor für Völkerrecht an der Universität Köln; gestorben 1970.

»*Karla Simson*«: Susanne Simonis, damals zuerst Redakteurin, dann im Auswärtigen Amt, ging mit Kordt nach Japan, später wieder im Auswärtigen Amt; gestorben.

»*Hartmann*«: Friedrich Wilhelm Heinz, Soldat im Ersten Weltkrieg, Freikorpsangehöriger, SA-Führer, dann aus den NSDAP ausgeschlossen; später Oberstleutnant bei der Abwehr (Canaris); beteiligt an den Putsch-Plänen des Generals Oster. In den fünfziger Jahren in der BRD im »Amt Blank«. Vgl. zu dieser schillernden Figur auch Margret Boveri, »Der Verrat im 20. Jahrhundert«, Bd. II, Reinbek b. Hamburg 1956, S. 109 ff., und: Graf Thun-Hohenstein, »Der Verschwörer«, Berlin 1982, S. 52 u.ö. Gestorben.

»*Wolfgang Kühn*«: Dr. Wolfgang Kühn, Pazifist, lebte von 1934 bis 1942 in Jugoslawien, leistete der Partisanenarmee ärztliche Hilfe, von der Gestapo verhaftet und wieder freigelassen. Arzt am Berliner Paul-Gerhardt-Stift. Am 19. Juli 1944 erneut verhaftet, überlebte die Haft. Gestorben.

»*Ludwig Wald*«: Ludwig Lichtwitz, Buchdruckermeister; später in Berlin-West; Jude. Gestorben.

»*Jo Thäler*«: Dr. Josef Schunk, damals Luftwaffenstabsarzt; später im Innenministerium in der Abteilung für Zivilschutz. Gestorben.

»*Fabian Trooth*«: Fred Denger, geboren 1920 in Darmstadt, Schriftsteller und Schauspieler, 1982 gestorben.

»*Tegel*«: Dr. Harald Poelchau, geboren 1903, Theologe. Assistent von Paul Tillich 1932, ev. Gefängnispfarrer in Tegel (Plötzensee). Autor des autobiographischen Buches »Die letzten Stunden«, Berlin 1949. Zweiter Verbindungsmann der Gruppe »Onkel Emil« zum »Kreisauer Kreis« (vgl. hierzu »Der Kreisauer Kreis«. Bearb. von W. E. Winterhager. Berlin 1985, S. 54-57). Gestorben 1972.
»*Gregor Schulz*«: Wolfgang Schmidt von der kommunistisch orientierten »Widerstandsgruppe Ernst«, wanderte 1946 nach Australien aus; zu seiner Gruppe gehörten auch Alex Vogel, der Graphiker Schwabe, Borris von Borresholm, Vgl. hierzu auch das Nachwort von Klaus Drobisch zur DDR-Ausgabe von Ruth Andreas-Friedrichs »Der Schattenmann«, Berlin 1972, S. 275 ff.
»*Zweidorf*«: Gottfried von Einem, geboren am 24. Januar 1918, Komponist. Gestorben 1996.
»*Konrad Bauer*«: Wie aus Peter Schneiders Aufsatz »Konrad oder die Liebe zur Musik. Wie ein jüdischer Musiker die Nazi-Jahre in Berlin überlebte« (»Der Spiegel«, Nr. 42, 16. Oktober 2000, S. 86-108) zu ersehen, handelt es sich um Konrad Latte, Musiker und Dirigent, geboren 1920; er lebt in Berlin.
Die Flurnachbarin im Haus, in dem Ruth Andreas-Friedrich in Berlin wohnte (Steglitz, Hünensteig 6), Frau Held, beherbergte (= versteckte) damals ebenfalls einen Untergetauchten, Bernhard Pampuch, der von seiner Frau getrennt war, die 1938 bis 1946 in sibirischen Straflagern saß: die Schriftstellerin Wanda Bronska-Pampuch. Frau Held lebt heute in der Schweiz.
»*Vetter*«: Ewald Vetter, Maler, Verbindungsmann zwischen Walter Seitz und Alex Vogel.

Und nun wären von den »Vizeeltern« der Autorin – dem bereits genannten Ehepaar Ernst und Margarete Salomon; vgl. die Eintragung unterm 15. Oktober 1938 – bis zu Ursel Reuber und Eva Gerichter vielleicht teilweise noch die Lebensdaten eruierbar und aufzuführen; diese Lebensläufe enden meist – soviel ist bekannt und in unserem Deutschland, das von

1933 bis 1945 wahrhaft ein Schlachthaus war, ja nicht ungewöhnlich – mit »emigriert«, »hingerichtet«, »im KZ ermordet« oder »bei Luftangriffen getötet«. Es genüge, daß aus der großen Zahl der namenlosen oder vergessenen Helden und Opfer Ruth Andreas-Friedrich stellvertretend einige Namen bewahrt hat, auch jene Decknamen, die durch ihre damalige Funktion und die Taten, die ihre Träger vollbrachten, eine eigene Würde erlangt haben. »So unvorstellbar ist das Grauen, daß die Phantasie sich sträubt, es als Wirklichkeit zu begreifen« – dieser Satz von Ruth Andreas-Friedrich, niedergeschrieben am 4. Februar 1944, als sie sich das Schicksal der Deportierten vor Augen stellt, könnte als Motto und Summe über dem ganzen Buch stehen, diesem deutschen Lesebuch in der abgründigsten Bedeutung des Wortes.

Die sechs zentralen Mitglieder der Gruppe »Onkel Emil«, die weniger aus politischen als aus ethisch-humanitären Motiven unter dem Nazi-Regime Verfolgten geholfen hatte, gaben am 14. Mai 1945 und dann noch einmal in einem Nachtrag vom 1. März 1946 einen kurzen Rechenschaftsbericht über ihre Hilfe und ihre Widerstandsarbeit zwischen 1938 und 1945. Ein Exemplar dieses »Tätigkeitsberichts«, der, wie Karin Friedrich vermutet, auf Anforderung einer russischen Stelle in Berlin oder zur Vorlage dort geschrieben wurde, findet sich, gebunden und beschnitten, im Besitz von Karin Friedrich; ein weiteres, das aussieht wie die einzelnen Blätter eines Bürstenabzugs, ist aufbewahrt unter der Signatur ED 106/39 im Münchner Institut für Zeitgeschichte. Da das Dokument nur auszugsweise zitiert ist in Günther Weisenborns »Der lautlose Aufstand« (Hamburg 1953; 4., verbesserte Auflage Frankfurt/Main 1974, S. 120/121) und weitere Informationen über Personalia und Selbstverständnis der Gruppenmitglieder bietet, sei es hier vollständig zitiert:

Tätigkeitsbericht der Gruppe »Onkel Emil« aus den letzten Monaten der Kampfjahre

Die Gruppe »Onkel Emil« setzt sich aus folgenden Mitgliedern zusammen:

Stammgruppe:
Leo Borchard, Dirigent,
Fred Denger, Journalist
Karin Friedrich, Schauspielerin
Ruth Friedrich, Schriftstellerin
Josef Schunk, Arzt
Walter Seitz, Facharzt, Docent, Berlin-Zehlendorf,
Schillerstraße 10
genannt »Onkel Emil«.

Aktive Mitarbeiter:
Fritz von Bergmann, Pharmakologe, Berlin-Wannsee, Lindenstraße 3
Curt Eckmann, Vorarbeiter, Berlin-Wilmersdorf, Bregenzerstraße 9
Benno Kaminsky, Kaufmann, Berlin-Wilmersdorf, Paulsbornerstraße 92
Ludwig Lichtwitz, Meister d. Buchdruckgewerbes, Berlin-Charlbg., Kantstr. 30
Dagmar Meyerowitz, Kontoristin, Berlin-Steglitz, Hünensteig 6
Hans Peters, Professor f. öffentl. Recht, Berlin-Charlottenburg, Herbarthstr. 16
Harald Poelchau, Gefängnispfarrer, Berlin-Tegel, Afrikanische Straße 140 b
Walter Reimann, Konditormeister, Berlin-Charlottenburg, Kantstraße 153
Charlotte Reimann, Ehefrau, Berlin Charlottenburg, Kantstr. 153
Ursula Reuber, Studentin (Zwangsarbeiterin), Berlin-

Dahlem, Ihnenstr. 40, gestorben
Joachim Graf von Zettwitz, Arzt und Schriftsteller, Berlin-Stahnsdorf, Heidestraße 13

Von den aufgezählten Mitgliedern haben politische Freiheitsstrafen verbüßt:
Kaminsky, Lichtwitz, Schunk, Zettwitz.
Von den aufgezählten Mitgliedern sind aus der Haft ausgebrochen:
Kaminsky, Lichtwitz.
Von den aufgezählten Mitgliedern lebten illegal:
Kaminsky, Lichtwitz, Schunk, Seitz.
Von den aufgezählten Mitgliedern wurden von der Gestapo durch Fahndungsbrief gesucht:
Kaminsky, Lichtwitz, Seitz.
Von den aufgezählten Mitgliedern sind aus Oppostion gegen das Naziregime desertiert bzw. haben sich dem Militär- und Volkssturmdienst bewußt entzogen:
Borchard, Denger, Poelchau, Walter Reimann, Schunk, Seitz, Zettwitz.
Von den aufgezählten Mitlgiedern haben sich dem Zwangsarbeitsdienst bewußt entzogen:
Denger, Karin Friedrich, Ruth Friedrich, Charlotte Reimann.
Von den aufgezählten Mitgliedern sind Juden bzw. Halbjuden:
Kaminsky, Lichtwitz, Meyerowitz, Reuber.

Aufgeführt sind hier ausschließlich die antinazistischen Handlungen der Gruppe während der letzten Monate, nicht aber die zahlreichen Gesamt- und Einzel-Aktionen während der ganzen Dauer des Naziregimes:
Beherbergung und Betreuung von Untergetauchten und politischen Flüchtlingen, sowohl Gewährung von vorübergehenden Quartieren als auch Beschaffung von Dauerwohnungen.
Beschaffung von Lebensmitteln und Lebensmittelkarten

bzw. Kartenmonatssätzen für Untergetauchte durch Sammlung von einzelnen Lebensmittelmarken im gesamten Bekanntenkreis und Verzicht auf einen Teil der eigenen Karten. – Als im Laufe der letzten Monate die Zahl der Untergetauchten in so großem Umfang zunahm, daß bei der gleichzeitigen Senkung der Lebensmittelzuteilungen eine ausreichende Versorgung der Bedürftigen gänzlich unmöglich wurde, entschlossen wir uns, zur Selbsthilfe zu schreiten und – ausschließlich zu Gunsten der Getauchten – eine groß angelegte Hilfsaktion in die Wege zu leiten. Es gelang, zu diesem Zweck durch eine geschickt durchgeführte Maßnahme aus einer Kartenstelle so viele Papiere herbeizuschaffen, daß eine großzügige Unterstützung zahlreicher politischer Flüchtlinge möglich wurde.

Sämtliche Hilfsaktionen standen den Untergetauchten selbstverständlich ohne jede Gegenleistung zur Verfügung.

Versorgung untergetauchter und politischer Flüchtlinge mit Ausweispapieren, roten und weißen Volkssturmscheinen, Fahrtberechtigungsausweisen, Dienstreiseausweisen für Wehrmachtsangehörige, Verkehrsausweisen, Wehrpaßausweis-Ersatzkarten usw., durch Falschdruck von Naziausweisen und Fälschung von Nazi-Stempeln.

Entziehung zahlreicher Nazigegner vom Wehr- und Volkssturmdienst durch Ausstellung entsprechender ärztlicher Atteste und künstliche Herbeiführung von Krankheitszuständen.

Werkssabotage gegen die Kriegsmaschine Hitlers, u.a. Durchschneidung zahlreicher für die Verteidigung Berlins wichtiger Kabelleitungen in und um Berlin, wie Fernsprechkabel, Sprengkabel usw. Unbrauchbarmachung kriegswichtiger Maschinen und Rohstoffe.

Entfernung von Nazihoheitssymbolen, von Naziaufrufen, nazistischen Maueranschlägen und ähnlichen Nazipropagandamitteln.

Weiterleitung politischer Informationen und Lageberichte ins Ausland.

Einsatz für zahlreiche politische Strafgefangene, um ihr Los zu erleichtern, die Verbindung mit der Außenwelt herzustellen oder ein milderes Strafmaß zu erwirken. Betreuung der Familienmitglieder von Gefangenen und zum Tode Verurteilten.

Unterstützung ausländischer Arbeiter (Franzosen, Holländer, Belgier, Polen) durch Verabreichung von warmen Mahlzeiten, Zigaretten, Kleidungsstücken, Waschmitteln, Verbands- und Nähzeug, Beihilfe zur Flucht von ausländischen Arbeitern und Kriegsgefangenen.

Einsatz sämtlicher Mitglieder in der »NEIN«-Aktion der Widerstandsgruppen Ernst, wobei unsere Gruppe in der Nacht vom 18. zum 19. 4. 1945 in den Stadtteilen Steglitz, Südende, Schöneberg, Wilmersdorf, Friedenau und Zehlendorf mit Ölfarbe und Kreide das »NEIN« als Ausdruck der Ablehnung des Hitlerregimes und der weiteren sinnlosen Kriegsfortsetzung an sämtlichen ins Auge springenden Punkten aufmalte und niederschrieb. In der Nacht vom 19. zum 20. 4. 1945 wurden von denselben Mitgliedern in denselben Stadtteilen Hunderte von Flugblättern angeklebt und verteilt, die den Sinn des »NEIN« erläuterten und zum aktiven Widerstand gegen Hitler aufforderten.

Während der letzten Kampftage Aufspürung und Bekämpfung von Wehrwölfen.

Abschließend sei betont:

Keines der Gruppenmitglieder hat jemals der Partei angehört oder zum Nutzen der Partei gearbeitet. Jedes der Mitglieder hat sich im Gegenteil bemüht, wo immer es in seinen Kräften stand, Opposition zu treiben – sei es durch passiven Widerstand in Form von Ablehnung des »deutschen Grußes«, Nichthissen der Nazifahne; Nichtaufhängen von Hitlerbildern, keinerlei Teilnahme an Parteiveranstaltungen, keinerlei Förderung und Unterstützung von Sammelaktionen, weder Kauf noch Verbreitung von Nazischriften – sei es durch aktiven Widerstand, durch regelmäßiges Abhören und systematische Weiterverbreitung der ausländischen Nachrichten, Einschmuggeln und Weiterleiten antifaschistischer Bücher, Broschüren, Zeitschriften, Zeitungen und Schallplatten, antifaschistische Materialsammlung ab 1933, Vervielfältigung nazifeindlichen Schriftwerks, Unterminierung und Zersetzung der nazistischen Weltanschauung, wo immer sie uns entgegentrat.

Alle Gruppenmitglieder haben während des Naziregimes größtenteils erhebliche persönliche und berufliche Opfer gebracht. Sie fühlten sich verpflichtet, bis zuletzt unmittelbar am Ort der Gefahr für ihre Überzeugung einzutreten und alle Bemühungen daranzusetzen, im Dienste der Menschlichkeit zu wirken.

Berlin, den 14. Mai 1945.

Leo Borchard — Ruth A. Friedrich — Dr. Walter Seitz
Dr. Josef Schunk — Fred Denger — Karin Friedrich

Nachtrag
vom 1. März 1946

In der Zeit zwischen dem 14. Mai 1945, an dem der Tätigkeitsbericht der Gruppe »Onkel Emil« aus den letzten Monaten der Kampfgruppe abgeschlossen und unterschrieben wurde, und der Gegenwart haben sich bei verschiedenen Mitgliedern der Gruppe wesentliche berufliche und personelle Änderungen ergeben, die nachstehend mitgeteilt werden:

Stammgruppe:

Leo Borchard, seit Mai 1945 Leiter und Dirigent des Berliner Philharmonischen Orchesters, Mitglied des Präsidialrates in der Kammer der Kunstschaffenden und im Kulturbund zur Demokratischen Erneuerung Deutschlands. Tödlich verunglückt am 23. August 1945.

Fred Denger, Autor des Bühnenverlages Gustav Kiepenheuer, Berlin. Verfasser des Schauspiels »Wir heißen euch hoffen« und der Tragödie »Hunger«. Beide Stücke wurden von Intendant Gustav von Wangenheim zur Uraufführung im Deutschen Theater erworben. Premiere von »Wir heißen euch hoffen« am 3. April 1946.

Karin Friedrich, Schauspielerin am Hebbel-Theater (in der Stresemannstraße) unter der Intendanz von Karl-Heinz Martin. Erste größere Bühnenrollen: Ruth Mamlock in »Professor Mamlock« von Friedrich Wolf. Spatz in »Die Illegalen« von Günther Weisenborn. (Gemeint ist die Figur der jungen Sekretärin ›Spatz‹ in Weisenborns Theaterstück »Die Illegalen. Drama aus der deutschen Widerstandsbewegung« (Text: Berlin: Aufbau 1946).)

Ruth Friedrich, Verfasserin des Buches »Nein. Aufzeichnungen aus den Jahren 1938-1945«. Lizenzträgerin und Mitherausgeberin der Frauen-Wochen-Zeitung »Sie«. Mitglied der Sozialdemokratischen Partei.

Josef Schunk, Oberarzt der Inneren Abteilung des Augusta-Viktoria-Krankenhauses, Berlin-Schöneberg, Canovastraße.

Walter Seitz (Onkel Emil), Professor für Innere Medizin an der Universität Berlin (Charité, I. Medizinische Klinik), Chefarzt der Städtischen Krankenhäuser Steglitz und Lankwitz. Verfasser des im Verlag Urban & Schwarzenberg erscheinenden Lehrbuchs für Infektionskrankheiten. Mitglied der Sozialdemokratischen Partei.

Aktive Mitarbeiter:

Fritz v. Bergmann, Abteilungsleiter in der Zentralverwaltung für das Gesundheitswesen der Sowjetischen Okkupationszone. Mitherausgeber der Medizinischen Wochenzeitung »Das Deutsche Gesundheitswesen«.

Ludwig Lichtwitz, Inhaber der Buchdruckerei Max Lichtwitz. Komm. Leiter der Eyck'schen Buchdruckerei. Beide: Berlin C2, Dircksenstraße 47. Wirtschaftsbeirat für das Buchdruckgewerbe beim Magistrat Charlottenburg.

Dagmar Meyerowitz, Dolmetscherin für Englisch bei der Amerikanischen Militärregierung, Frankfurt a. Main.

Hans Peters, Professor für Öffentliches und Verwaltungsrecht an der Universität Berlin, Professor an der Technischen Hochschule Berlin. Lizenzträger und Mitherausgeber der politischen Monatszeitschrift »Das Fundament«. Vorsitzender des verfassungspolitischen Ausschusses der Christlich-Demokratischen Union.

Harald Poelchau, Vortragender Rat der Deutschen Justizverwaltung. Referent für den Aufbau des Strafvollzugs. Bis Januar 1946 Generalsekretär des Evangelischen Hilfswerks in Deutschland.

Walter Reimann, Inhaber von Konditorei und Restaurant Reimann, Berlin W 15, Kurfürstendamm 62 (Ecke Leibnizstraße).

Joachim Graf von Zettwitz, Oberarzt am Krankenhaus Prenzlauer Berg, Berlin NO 55, Christburgerstraße 7.

Ruth Andreas-Friedrich hatte ihre Aufzeichnungen nach dem Ende des Krieges fortgesetzt und sie 1949, in ihrem ersten Jahr in Westdeutschland, zu einem zweiten Manuskript zusammengestellt, das den Titel »Schauplatz Berlin« trägt. Auch diese Aufzeichnungen erweisen die Autorin als scharfsichtige Beobachterin der Stadt Berlin und ihrer Landsleute, die sich nun mit einer atemberaubenden Mischung aus Verdrängung, Anpassungsbereitschaft, Glücksgefühl der Davongekommenen und Tapferkeit an das tägliche mühevolle Geschäft des Überlebens, Trümmerräumens und Aufbauens machen. Die Notizen der Jahre 1945 bis 1948 sind bewegend und niederschmetternd aus zwei Gründen: weil sie ein knappes , schmerzensreiches, aber nicht selbstmitleidiges Bild des aufs jämmerlichste darniederliegenden Berlin geben, dessen Hunger, Kälte und Elend wir uns kaum noch vorzustellen vermögen, und weil sie zugleich geprägt sind von der entsetzten Ahnung der Autorin, daß ihre Hoffnungen auf eine Erneuerung Deutschlands aus Vernunft und Scham illusorisch sind. Die Notizen sind das unbestechliche Dokument des Scheiterns eines wirklichen Neuanfangs in

Deutschland, abgelesen am Modell Berlin – eines politischen und moralischen Scheiterns aus vielen Gründen.

Das beginnt damit, daß noch beim Einsichtigsten, zum Umdenken wirklich Bereiten der Hunger und also der Schwarzmarkt konkreter war als die »Kollektivschuld« oder die »Kollektivscham«. Hinzu kam, daß die Angst vor der Gestapo leider mit guten Gründen leicht auszutauschen war gegen die Angst vor den Russen, die mit den bekannten Begleiterscheinungen – inklusive der Nutzung eines Teils der Nazi-Konzentrationslager als neue Lager, nun unter veränderten ideologischen Vorzeichen, aber oft ähnlich barbarisch – ihren Sieg über das Land feierten, das 1941 sie überfallen und bis 1945 über 20 Millionen ihrer Landsleute ermordet hatte. Daß die Deutschen nach 1945 nicht die Bekanntschaft mit Rußland, sondern mit dem *stalinistischen* Rußland machten, bereitete auf fatale Weise den Boden für die antirussischen Ressentiments, deren sich auch die Amerikaner bei ihrer Psychologie des Kalten Krieges bedienen konnten. »Wie ein Spuk ist das Dritte Reich zerstoben« – das Erstaunen und die Erleichterung über den Zusammenbruch des Hitler-Regimes verflogen aber sehr schnell, und schon im Mai 1945, bei der ersten interalliierten Krise, zeichnete sich die Ost-West-Konfrontation ab, die dann Berlin in eine Frontstadt verwandelte. Bis heute ist schwer im Detail nachzuweisen, durch welches Zusammenspiel von Faktoren und Absichten, durch welche Mißverständnisse und welche langfristig angelegten machtpolitischen Intentionen es dazu kam, daß sich dann im Frühjahr 1947 der Eiserne Vorhang über Europa und quer durch Deutschland zu senken begann. Die Ströme von Flüchtlingen durch das nach Leichen stinkende Berlin, die Zwangsvereinigung der SPD und der KPD zur SED, von der Autorin, die am 1. Oktober 1945 in die SPD eingetreten war, besonders verzweifelt beobachtet, die Problematik der Entnazifizierungen, die so schematisch und ahnungslos durchgeführt wurden, daß der Notwendigkeit, zwischen den harmlosen und den wirklich üblen Parteigenossen zu unterscheiden, praktisch nie Rechnung getragen wurde, die psychologisch fatale Wirkung der Nürnberger Kriegsverbrecherprozesse auf einen Teil der Bevölkerung und die Trotzreaktionen hervorrufende These von der »Kollektivschuld« der Deutschen, die moralisch so total war, wie das Regime der Nazis politisch total gewesen war, der Hungerwinter 1946/47, unter dem die Berliner mehr als das übrige besetzte Deutschland litten, schließlich die Blockade Berlins – dies alles verhinderte eine fruchtbare Besinnung der Deutschen und insbesondere der Berliner.

Ruth Andreas-Friedrich mußte nach 1945 voller Enttäuschung erleben, wie sich auch die Mitglieder ihrer kleinen Widerstandsgruppe nach dem Ende des Krieges politisch ganz verschieden orientierten und der kleine »Stoßtrupp«, der »Ringverein«, die »Gruppe Onkel Emil« sich zerstreute: »Aus Verbündeten von gestern beginnen politische Gegner zu werden.« Mit geradezu prophetischem Blick die Ereignisse des 13. August 1961 vorausahnend, notierte sie schon am 6. September 1948: »Möglich, daß wir ab morgen zwei Stadtregierungen und eine chinesische Mauer mit Wehrgang und Wachtürmen längs der Sektorengrenze haben. Vielleicht braucht man dann wirklich ein Auslandsvisum, um von Charlottenburg nach den Linden zu fahren.« Ihre Arbeit, zunächst an der Zeitschrift »sie«, später an ihrer eigenen Zeitschrift »Lilith«, wurde dann immer frustrierender, da unter den Bedingungen der Blockade Zeitschriften aus Papiermangel kaum noch erscheinen konnten. Am 29. Dezember 1948 verläßt sie das geliebte Berlin: »Hier zwischen den Trümmern leben, heißt nicht viel anderes, als schon in seinem eigenen Sarge schlafen«, schrieb Gottfried Benn am 26. Dezember 1945 aus Berlin an F. W. Oelze; in diesem Sarg, diesem »Gefängnis«, wie Ruth Andreas-Friedrich es nannte, konnte sie nicht mehr leben.

Was sie uns hinterließ, ist nicht große Sprachkunst. Aber das war ja auch nicht ihr Ziel. »Dieses Buch will kein Kunstwerk sein. Dieses Buch ist Wahrheit«, lautet der erste Satz ihres Vorworts zu »Der Schattenmann«. Er klingt zum Verwechseln ähnlich wie Sätze aus Wolfgang Weyrauchs Forderung nach einer »Kahlschlag«-Literatur von 1949 oder wie die in der Zeitschrift »Der Ruf« 1946 formulierte Ablehnung von »Kalligraphie«, von schönschreiberischer, beschwichtigender, verharmlosender Literatur durch Gustav René Hocke. Das Tagebuch stelle, so meinte Robert Musil einmal verächtlich, die »bequemste, zuchtloseste Form« der Literatur dar, aber das kann im Zweifelsfall auch sein Gutes haben: wenn nämlich ›Vollendung‹ gar nicht gefragt ist und ihrerseits nur verlogen wirken würde. Ruth Andreas-Friedrich hat das Kunststück fertiggebracht, ihr privates Tagebuch in ein öffentlich interessierendes zu überführen, ohne nun im alten Sinn wieder Literatur daraus zu machen. Ihre beiden Bücher sind wohl vor allem deshalb so – sagen wir ruhig: – spannend lesbar, weil sie ihren Aufzeichnungen den hastigen, hingeworfenen, unprätentiösen Duktus ihrer Original-Notizen erhalten hat und weil ihr gewissermaßen naiv eine ganze Skala von Möglichkeiten ganz unauffällig zu Verfügung steht, von der flüchtigen Eintragung über die bezeichnende Miniatur (»In den Kneipen sitzen sie wie jede Nacht. Trinken ihr Bier, ihren Korn, und über der Theke steht: ›Der Deutsche grüßt mit Heil Hitler!‹ Daneben vergilbt ein Spruch: ›An Gottes Segen ist alles gelegen.‹ Und ein grellfarbenes Reklameplakat: ›Dornberg-Liköre sind die besten.‹« – Eintragung vom 27. September 1938) bis zur Reportage, die, aus Einzeleintragungen ganz beiläufig zusammengesetzt, bisweilen sich doch zu einem Bild von Deutschland und den Deutschen im Elend verdichten. Besonders intensiv sticht in »Schauplatz Berlin« die Schilderung ihrer Fahrt nach Hannover und Hamburg zwischen dem 7. und 16. Februar 1947 hervor; hat man jemandem ganz unspektakulär klarzumachen, was die Realität des geschlagenen Deutschland war, muß man nur auf diese Schilderung der Nacht im Bahnhof Hannover verweisen. Sicher hat Ruth Andreas-Friedrich dabei nicht in dem Maße, wie wir es heute vielleicht erwarten würden, die Diktion der einzelnen Personen gewahrt, sondern den Ton etwas vereinheitlicht bei der Rekonstruktion und Rekapitulation der Ereignisse und der Ausformulierung der Stichworte ihres ursprünglichen Tagebuchs; ihre Tochter Karin Friedrich bemerkte zum Beispiel, Leo Borchard, der Freund ihrer Mutter, sei in Wirklichkeit nicht so salopp, sondern eher ein »Herr« gewesen, und der Musiker »Konrad Bauer«, in Wirklichkeit Konrad Latte, fühlt sich von Ruth Andreas-Friedrich nicht ganz zutreffend dargestellt, war aber doch wohl so tollkühn, wie Ruth Andreas-Friedrich ihn sah. Was bedeutet, daß wir an vielen Stellen entschieden durch die Brille der Autorin sehen, doch dem Sinn und der Essenz des Dargestellten wird sie offenbar immer und ohne Verfälschung gerecht.

In Peter Weiss' »Notizbüchern 1971 – 1980« stößt man auf die Eintragung »Hünensteig, Steglitz: die Wohnung von Ruth Friedrich, der Freundin unserer Familie während meiner Jugend.« (edition suhrkamp 1067, Frankfurt/Main 1982, Band I, S. 176.) Das bezieht sich nicht auf die Realität der Fiktion in der »Ästhetik des Widerstands«, sondern auf die außerliterarische Realität: Die Familien Friedrich und Weiss waren in der Tat befreundet schon im Berlin der Vor-Nazi-Zeit, und jene Reise nach Schweden, von der Ruth Andreas-Friedrich an der zitierten Stelle des Vorworts zum »Schauplatz Berlin« (1964) berichtet, galt auch dem Besuch bei Peter Weiss' Eltern in Alingsas und führte zu dem Zusammentreffen mit der Tochter von Ossietzky, mit der auch Peter Weiss befreundet war. Als er 1947 im Auftrag von »Stockholms Tidningen« von Juni bis August in Deutschland ist, nimmt er mit Ruth Andreas-Friedrich wieder Kontakt auf und erwähnt in seinem Zeitungsbericht vom Juni über eine Buchausstellung in Berlin auch Ruth Friedrich als eine der »Stimmen, die von der Gefangenschaft und dem Zusammenbruch« im Dritten Reich und des Dritten Reiches berichten (Peter Weiss, »Die Besiegten«. Aus dem Schwedischen von Beate Mazenauer, edition suhrkamp 1324, Frankfurt/Main 1985, S.129); er hat ihr Buch damals schon, noch als Typoskript oder gleich bei Erscheinen, gelesen. Vielleicht war es, Jahre später, Anfang der achtziger Jahre, das Wissen, daß auch Menschen wie Ruth Andreas-Friedrich und ihre Mitverschworenen und nicht nur Nazis in Hitlers Berlin gelebt hatten, was ihn Anstalten treffen ließ, sich eine Wohnung in Berlin zu neh-

men und wenigstens einen Teil des Jahres in Berlin zu verbringen. Dazu ist es nicht mehr gekommen, aber die Zufälle der verlegerischen Programmplanung bringen doch bisweilen auch etwas im höheren Sinn Richtiges zustande: Ruth Andreas-Friedrichs »Der Schattenmann« und Peter Weiss' »Ästhetik des Widerstands« erschienen 1983 nebeneinander als preiswerte Sonderausgaben in Suhrkamps »Weißem Programm« und gehörten zu den erfolgreichsten Titeln des Programms.
Die Schönheit der den künstlerischen Anspruch unterlaufenden Tagebücher von Ruth Andreas-Friedrich liegt in dem, was Peter Weiss die »Ästhetik des Widerstands« genannt hat: Das Gute ist schön. Ihre Bücher und sein Buch haben Namen gerettet und arbeiten dem Vergessen entgegen. Gänzlich sinnlos wären die Opfer erst gestorben, wenn nicht einmal mehr ihre Namen erinnert würden.

Der Text der vorliegenden Ausgabe folgt bei »Der Schattenmann« der deutschsprachigen Erstausgabe von 1947. Für »Schauplatz Berlin« diente als Druckvorlage ein Typoskript Ruth Andreas-Friedrichs von 1949, in dessen erstem Drittel sich Spuren einer Bearbeitung des Textes im Sinne leichter stilistischer Verbesserungen und kleiner Kürzungen finden, die sie selbst vorgenommen hat. Bei den Eintragungen zum 26. und zum 29. Dezember 1948 habe ich in Absprache mit Karin Friedrich zwei kurze Passagen eingefügt, die in der von Ruth Andreas-Friedrich noch nach der Niederschrift von 1949 redigierten und gebilligten Ausgabe von 1962 enthalten sind und nach ihrem Wunsch – soweit erkennbar – auch darin bleiben sollten.
Für Rat und Hilfe danke ich Karin Friedrich, Richard Albrecht/Mannheim und dem Institut für Zeitgeschichte in München.

München, 17. Oktober 2000 Jörg Drews

suhrkamp taschenbücher
Eine Auswahl

Isabel Allende
- Das Geisterhaus. Roman. Übersetzt von Anneliese Botond. st 1676. 501 Seiten
- Mayas Tagebuch. Roman. Übersetzt von Svenja Becker. st 4444. 444 Seiten

Maya Angelou
- Ich weiß, warum der gefangene Vogel singt. Übersetzt von Harry Oberländer. st 4897. 321 Seiten

Jurek Becker
- Jakob der Lügner. Roman. st 774. 288 Seiten

Louis Begley
- Lügen in Zeiten des Krieges. Roman. Übersetzt von Christa Krüger. st 2546. 223 Seiten. Großdruck: st 4092. 310 Seiten

Thomas Bernhard
- Alte Meister. Komödie. st 1553. 310 Seiten
- Holzfällen. Eine Erregung. st 1523. 336 Seiten

Lily Brett
- Chuzpe. Roman. Übersetzt von Melanie Walz. st 3922. 334 Seiten

Jaume Cabré
- Die Stimmen des Flusses. Roman. Übersetzt von Kirsten Brandt. st 4049. 666 Seiten

NF 266c / 1 / 01.19

Marguerite Duras
– Der Liebhaber. Übersetzt von Ilma Rakusa. st 4507. 143 Seiten

Hans Magnus Enzensberger
– Gedichte 1950-2020. st 5013. 250 Seiten

Elena Ferrante
– Meine geniale Freundin. Übersetzt von Karin Krieger. Roman. st 4930. 488 Seiten

Peter Handke
– Immer noch Sturm. st 4323. 165 Seiten
– Wunschloses Unglück. Erzählung. st 3287. 96 Seiten

Hermann Hesse
– Der Steppenwolf. Roman. st 175. 288 Seiten
– Siddhartha. Eine indische Dichtung. st 182. 128 Seiten
– Narziß und Goldmund. Erzählung. st 274. 320 Seiten

Uwe Johnson
– Jahrestage. Aus dem Leben von Gesine Cresspahl. 4 Bände. st 4455. 2150 Seiten

James Joyce
– Ulysses. Roman. Übersetzt von Hans Wollschläger. st 3816. 987 Seiten

Andreas Maier
– Das Haus. Roman. st 4416. 165 Seiten
– Wäldchestag. Roman. st 3381. 315 Seiten

Robert Menasse
– Die Hauptstadt. Roman. st 4920. 459 Seiten
– Die Vertreibung aus der Hölle. st 4863. 729 Seiten

NF 266c / 2 / 01.19

Amos Oz
– Eine Geschichte von Liebe und Finsternis. Roman. Übersetzt von Ruth Achlama. st 3788 und st 3968. 828 Seiten

Marcel Proust
– Auf der Suche nach der verlorenen Zeit. 3 Bände in Kassette. Übersetzt von Eva Rechel-Mertens. st 4830. 5200 Seiten

Ralf Rothmann
– Der Gott jenes Sommers. Roman. st 4959. 260 Seiten
– Im Frühling sterben. Roman. st 4680. 233 Seiten

Judith Schalansky
– Der Hals der Giraffe. Bildungsroman. st 4388. 222 Seiten

Uwe Tellkamp
– Der Turm. Roman. st 4160. 976 Seiten

Hans-Ulrich Treichel
– Der Verlorene. Erzählung. st 3061. 176 Seiten

Martin Walser
– Ein fliehendes Pferd. Novelle. st 600. 160 Seiten

Don Winslow
– Tage der Toten. Kriminalroman. Übersetzt von Chris Hirte. st 4340. 689 Seiten

NF 266c / 3 / 01.19